古典名著

〔宋〕司马光 著　弘丰 译注

资治通鉴

中国文联出版社
http://www.clapnet.cn

图书在版编目（CIP）数据

资治通鉴 /（宋）司马光著；弘丰译注. -- 北京：中国文联
出版社，2016.10（2022.8重印）
（翰墨文库）
ISBN 978-7-5190-2074-3

Ⅰ.①资… Ⅱ.①司…②弘… Ⅲ.①中国历史—古代史—编年体
②《资治通鉴》—译文 ③《资治通鉴》—注释 Ⅳ.①K204.3

中国版本图书馆CIP数据核字（2016）第230188号

资治通鉴

著　　者:(宋)司马光	译　　注:弘丰

终 审 人:姚莲瑞　　　　　　　　　　复审人:卞正兰
责任编辑:陈若伟　　　　　　　　　　责任校对:郑红峰
装帧设计:余　微　　　　　　　　　　责任印制:陈　晨

出版发行:中国文联出版社
地　　址:北京市朝阳区农展馆南里 10 号, 100125
电　　话:010-85923053（咨询）85923000（编务）85923024（邮购）
传　　真:010-85923000（总编室）, 010-85923025（发行部）
网　　址:http://www.clapnet.cn　http://www.claplus.cn
E - m a i l:clap@clapnet.cn　　　chenrw@clapnet.cn

印　　刷:德富泰（唐山）印务有限公司
装　　订:德富泰（唐山）印务有限公司
本书如有破损、缺页、装订错误, 请与本社联系调换

开　　本:880×1230　　　　　　　　1/32
字　　数:474 千字　　　　　　　　　印　　张:16.5
版　　次:2016 年 10 月第 1 版　　　　印　　次:2022 年 8 月第 4 次印刷
书　　号:ISBN 978-7-5190-2074-3
定　　价:30.00 元

前　言

　　《资治通鉴》是由我国北宋史学家司马光与他的助手刘恕、刘攽、范祖禹等人共同编撰的编年体通史。

　　司马光，字君实，号迂夫，晚号迂叟。陕州夏县（今山西夏县）涑水乡人，世称涑水先生。司马光是北宋著名政治家、文学家、史学家，历仕仁宗、英宗、神宗、哲宗四朝。治平三年（1066年），司马光为龙图阁直学士，撰成一部战国迄秦共八卷本的编年史，名为《通志》，进呈宋英宗，英宗命其设局续修。此后，司马光无论在政治上如何进退沉浮，书局一直随身而设。1067年神宗即位，擢翰林学士，开经筵，司马光进读《通志》，神宗以其"鉴于往事，有资于治道"，命名为《资治通鉴》。王安石行新政时，司马光竭力反对，被任命为枢密副使，他坚辞不就。熙宁三年（1070年）出知永兴军（今陕西西安）。次年退居洛阳，专心编撰《资治通鉴》，至元丰七年（1084年）成书。从治平三年开局，至此共用了19年的时间。元祐元年（1086年），哲宗即位，召主国政，拜左仆射兼门下侍郎，卒于位，年六十八。赠温国公，谥文正。有文集八十卷，杂著多种。

　　《资治通鉴》简称"通鉴"，全书共294卷，三百万字，记载了上起周威烈王二十三年（前403年），下讫后周世宗显德六年（959年），共1362年，计跨16个朝代，包括秦、汉、晋、隋、唐统一王朝和战国七雄、魏蜀吴三国、五胡十六国、南北朝、五代十国等政权的盛衰之由，生动地刻画了帝王将相们的为政治国、待人处世之道，以及他们在历史旋涡中的生死悲欢。时至今日，《资治通鉴》仍是一本了解和学习中国历史的必读之书。

　　《资治通鉴》既是一部伟大的史学著作，也是一部伟大的文学著作，不仅为封建统治阶级提供了统治经验，同时也具有很高的史料价值。在这部巨著中，司马君实运用敏锐而深刻的观察力，匠心独具的艺术手法，生动地展现了当时波澜壮阔的社会生活，成功地塑造了栩栩如生的各类历史人物。

　　除此之外，《资治通鉴》全书体例严谨，前后脉络分明，语言文字也极为简练。这些对后世史学产生了极大影响。毛泽东曾说，他将《资治通鉴》这部300多万字的史书读过17遍；清代学者王鸣盛也说："此天地间必不可无之书，亦学者必不可不读之书也。"通过《资治通鉴》看历史的兴衰变迁，以借鉴治国理政的经验教训——由此看来，《资治通鉴》这部书确实名副其实。

不过，对于普通读者而言，要从头到尾通读《资治通鉴》，绝非易事，因此，为读者提供一版看得懂的《资治通鉴》就十分必要。此版，以中华书局1956年版为底本，选其重要主题，各加标题，重新注释，并附白话译文，形成了这本文白对照的精华本，相信会受到广大读者的喜爱。虽然我们努力使它没有错误，可是限于能力，又因为时间仓促，没有来得及广泛地参考书籍，也许尚有个别标点及校勘的错误，希望读者们多提意见，以便再版时更正。

编者

2016年9月

宋神宗御制《资治通鉴》序

朕惟君子多识前言往行以畜其德，故能刚健笃实，辉光日新。书亦曰："王，人求多闻，时惟建事。"诗、书、春秋，皆所以明乎得失之迹，存王道之正，垂鉴戒于后世者也。

汉司马迁绅石室金匮之书，据左氏国语，推世本、战国策、楚汉春秋，采经摭传，罔罗天下放失旧闻，考之行事，驰骋上下数千载间，首记轩辕，至于麟止，作为纪、表、世家、书、传，后之述者不能易此体也。惟其是非不谬于圣人，褒贬出于至当，则良史之才矣。

若稽古英考，留神载籍，万机之下，未尝废卷。尝命龙图阁直学士司马光论次历代君臣事迹，俾就秘阁翻阅，给吏史笔札，起周威烈王，讫于五代。光之志以为周积衰，王室微，礼乐征伐自诸侯出，平王东迁，齐、楚、秦、晋始大，桓、文更霸，犹讬尊王为辞以服天下；威烈王自陪臣命韩、赵、魏为诸侯，周虽未灭，王制尽矣!此亦古人述作造端立意之所系也。其所载明君、良臣，切摩治道，议论之精语，德刑之善制，天人相与之际，休咎庶证之原，威福盛衰之本，规模利害之效，良将之方略，循吏之条教，断之以邪正，要之于治忽，辞令渊厚之体，箴谏深切之义，良谓备焉。凡十六代，勒成二百九十六章乙十一行本，"六"作"四"卷，列于户牖之间而尽古今之统，博而得其要，简而周于事，是亦典刑之总会，册牍之渊林矣。

荀卿有言："欲观圣人之迹，则于其粲然者矣，后王是也。"若夫汉之文、宣，唐之太宗，孔子所谓"吾无间焉"者。自余治世盛王，有惨怛之爱，有忠利之教，或知人善任，恭俭勤畏，亦各得圣贤之一体，孟轲所谓"吾于武成取二三策而已"。至于荒坠颠危，可见前车之失；乱贼奸安全，厥有履霜之渐。诗云："商鉴不远，在夏后之世。"故赐其书名曰"资治通鉴"，以著朕之志焉耳。

治平四年十月初开经筵，奉圣旨读资治通鉴。其月九日，臣光初进读，面赐御制序，令候书成日写入。

目　录

魏文侯问相于李克

周威烈王①二十三年（前403年）

文侯谓李克曰②："先生尝有言曰：'家贫思良妻；国乱思良相。'今所置非成则璜③，二子何如？"对曰："卑不谋尊，疏不谋戚。臣在阙门之外④，不敢当命。"文侯曰："先生临事勿让！"克曰："君弗察故也。居视其所亲，富视其所与，达视其所举，穷视其所不为，贫视其所不取，五者足以定之矣，何待克哉！"文侯曰："先生就舍，吾之相定矣。"李克出，见翟璜。翟璜曰："今者闻君召先生而卜⑤相，果谁为之？"克曰："魏成。"翟璜忿然作色曰："西河守吴起，臣所进也。君内以邺为忧，臣进西门豹。君欲伐中山，臣进乐羊。中山已拔，无使守之，臣进先生。君之子无傅，臣进屈侯鲋⑥。以耳目之所睹记，臣何负⑦于魏成！"李克曰："子言克于子之君者，岂将比周⑧以求大官哉？君问相于克，克之对如是⑨。所以知君之必相魏成者，魏成食禄千钟⑩，什九在外，什一在内；是以东得卜子夏、田子方、段干木。此三人者，君皆师之；子所进五人者，君皆臣之。子恶⑪得与魏成比也！"翟璜逡巡⑫再拜曰："璜，鄙人也，失对，愿卒⑬为弟子！"

（《通鉴》第1卷19～20页）

【注释】

①周威烈王：姬午，周考王之子。前425—前402年在位。②文侯：魏文侯，名魏斯（《史记·魏世家》曰"魏都"）。前424年继位。文侯二十二年（前403年），韩、赵、魏三家分晋。前387年卒，在位38年。李克：战国初年魏国政治家。由翟璜推荐，任中山相。曾建议魏文侯："食有劳，禄有功，使有能，赏有行，罚必当。"并推出了选拔国相的标准。一说李克即李悝。③置：任命国相。成：魏成，魏文侯之弟。璜：翟璜。④在阙门之外：疏远的意思。⑤卜：选择。⑥屈侯鲋：屈，魏地。魏封鲋为屈侯。⑦负：不胜。⑧比周：比，与坏人勾结；周，与人团结。比周，结党营私的意思。⑨克之对如是：李克自述其答魏文侯的话。⑩禄：俸禄。用谷子支付（或折算）。钟：春秋时

度量的单位。六斛四斗为一钟。⑪恶（wū）：疑问代词。何，怎。⑫逡（qūn）巡：后退。⑬卒：终生。

【译文】

魏文侯问李克："先生曾经说过：'家贫思良妻，国乱思良相。'现在我决定从魏成和翟璜中选一个任宰相，两人谁好一些？"李克回答说："下属不参与尊长的事，外人不过问内眷的事。臣子我在朝外任职，不敢妄议朝政。"魏文侯说："先生你可不要临事推卸责任！"李克说道："国君您没有仔细观察呀！看人，平时看他所亲近的，富贵时看他所交往的，显赫时看他所推荐的，穷困时看他所不做的，贫贱时看他所不取的。仅此五条，就足以判断人的高下了，又何必要我指明呢！"魏文侯沉思片刻，说："先生请回府休息吧，我的宰相已经选定了。"李克告辞离去，遇到翟璜。翟璜问他："听说今天国君召您去征求对宰相人选的看法，到底定了谁呢？"李克说："魏成。"翟璜立刻变了脸色，愤愤不平地说："西河守令吴起，是我推荐的，使秦兵不敢东犯。国君担心内地的邺县，也是我推荐西门豹。国君征伐中山国，又是我推荐乐羊。中山国攻克之后，一时物色不到合适守将，我推荐了先生您。国君的公子没有老师，还是我推荐了屈侯鲋。以耳闻目睹的这些事实，我哪点儿比魏成差！"李克慢慢回答说："你把我介绍给你的国君，难道是为了结党营私以谋求高官显职吗？今天国君问我宰相的人选，我不过说了刚才那一番话。我之所以推断国君肯定会选中魏成为相，是因为魏成享有千钟俸禄，十分之九都用来结交外面的贤士，只有十分之一留作家用，所以得到了卜子夏、田子方、段干木这样的英才。这三人，国君都奉为老师；而你所举荐的五人，国君都任用为臣属。仅此一点，你怎么能和魏成比呢！"翟璜听罢十分惭愧，再三道歉说："我翟璜，真是个粗鄙之人，刚才的话失礼了，我愿终身拜您为老师！"

智伯之亡

周威烈王二十三年（前403年）

初，智宣子将以瑶为后①，智果②曰："不如宵③也。瑶之贤④于人者五，其不逮⑤者一也。美鬓长大则贤，射御⑥足力则贤，伎艺毕给⑦则贤，巧文辩惠则贤[8]，强毅果敢则贤；如是而甚不仁。夫以其五贤陵人而以不仁行之，其谁能待[9]之？若果立瑶也，智宗必灭。"弗听。智果别族于太史，为辅氏。

赵简子[10]之子，长曰伯鲁，幼曰无恤。将置后，不知所立，乃书训戒之辞于二简[11]，以授二子曰："谨识[12]之！"三年而问之，伯鲁不能举其辞；求其简，已失之矣。问无恤，诵其辞甚习[13]；求其简，出诸袖中而奏[14]之。于是简子以无恤为贤，立以为后。

简子使尹铎为晋阳[15]，请曰："以为茧丝[16]乎？抑为保障[17]乎？"简子曰："保障哉！"尹铎损[18]其户数。简子谓无恤曰："晋国有难，而无以尹铎为少[19]，无以晋阳为远，必以为归。"

及智宣子卒，智襄子为政[20]，与韩康子[21]、魏桓子[22]宴于蓝台。智伯戏康子而侮段规[23]，智国[24]闻之，谏曰："主[25]不备难，难必至矣！"智伯曰："难将由我。我不为难，谁敢兴之！"对曰："不然。《夏书》[26]有之：'一人三失，怨岂在明，不见是图。'[27]夫君子能勤小物，故无大患。今主一宴而耻人之君相，又弗备，曰'不敢兴难'，无乃不可乎！蚋[28]、蚁、蜂、虿[29]，皆能害人，况君相乎！"弗听。

智伯请地于韩康子，康子欲弗与。段规曰："智伯好利而愎[30]，不与，将伐我；不如与之。彼狃[31]于得地，必请于他人；他人不与，必响之以兵，然后我得免于患而待事之变矣。"康子曰："善。"使使者致万家之邑[32]于智伯。智伯悦。又求地于魏桓子，桓子欲弗与。任章[33]曰：何故弗与？"桓子曰："无故索地，故弗与。"任章曰："无故索地，诸大夫必惧；吾与之地，智伯必骄。彼骄而轻敌，此惧而相亲；以相亲之兵待轻敌之人，智氏之命必不长矣。《周书》[34]曰：'将欲败之，必姑辅之。将欲取之，必姑与之。'主不如与之，以骄智伯，然后可以择交而图智氏矣，奈何独以吾为智氏质[35]乎！"桓子曰："善。"复与之万家之邑一。

智伯又求蔡、皋狼之地于赵襄子[36]，襄子弗与。智伯怒，帅韩、魏之甲以攻赵氏。襄子将出，曰："吾何走乎?"从者曰："长子[37]近，且城厚完。"襄子曰："民罢[38]力以完之，又毙死以守之，其谁与[39]我！"从者曰："邯郸之仓库实。"襄子曰："浚[40]民之膏泽以实之，又因而杀之，其谁与我！其晋阳乎，先主之所属也，尹铎之所宽也，民必和矣。"乃走晋阳。

三家以国人围而灌之，城不浸者三版[41]；沈[42]灶产蛙，民无叛意。智伯行水，魏桓子御，韩康子骖乘[43]。智伯曰："吾乃今知水可以亡人国也。"桓子肘康子、康子履桓子之跗㊹，以汾水可以灌安邑，绛水可以灌平阳也。絺疵谓智伯曰："赵、魏必反矣。"智伯曰："子何以知之？"絺疵曰："以人事知之。夫从㊺韩、魏之兵以攻赵，赵亡，难必及韩、魏矣。今约胜赵而三分其地，城不没者三版，人马相食，城降有日，而二子无喜志，有忧色，是非反而何？"明日，智伯以絺疵之言告二子，二子曰："此夫谗人欲为赵氏游说，使主疑于二家而懈于攻赵氏也。不然，夫二家岂不利朝夕分赵氏之田，而欲为危难不可成之事乎！"二子出，絺疵入曰："主何以臣之言告二子也？"智伯曰："子何以知之？"对曰："臣见其视臣端而趋疾，知臣得其情故也。"智伯不悛㊻。絺疵请使于齐。

赵襄子使张孟谈潜出见二子，曰："臣闻唇亡则齿寒。今智伯帅韩、魏以攻赵，赵亡则韩、魏为之次矣。"二子曰："我心知其然也；恐事未遂而谋泄，则祸立至矣。"张孟谈曰："谋出二主之口，入臣之耳，何伤也！"二子乃潜与张孟谈约，为之期日而遣之。襄子夜使人杀守堤之吏，而决水灌智伯军。智伯军救水而乱，韩、魏翼㊼而击之，襄子将卒犯其前，大败智伯之众，遂杀智伯，尽灭智氏之族。惟辅果在。

臣光㊽曰：智伯之亡也，才胜德也。夫才与德异，而世俗莫之能辨，通谓之贤，此其所以失人也。夫聪察强毅之谓才，正直中和之谓德。才者，德之资也；德者，才之帅也。云梦㊾之竹，天下之劲也；然而不矫揉㊿，不羽括[51]，则不能以入坚。棠溪[52]之金，天下之利也；然而不镕范[53]，不砥砺[54]，则不能以击强。是故才德全尽谓之"圣人"，才德兼亡谓之"愚人"；德胜才谓之"君子"，才胜德谓之"小人"。凡取人之术苟不得圣人、君子而与之，与其得小人，不若得愚人。何则？君子挟才以为善，小人挟才以为恶。挟才以为善者，善无不至矣；挟才以为恶者，恶亦无不至矣。愚者虽欲为不善，智不能周，力不能胜，譬如乳狗搏人，人得而制之。小人智足以遂其奸，勇足以决其暴，是虎而翼者也，其为害岂不多哉！夫德者人之所严[55]，而才者人之所爱；爱者易亲，严者易疏，是以察者多蔽于才而遗于德。自古昔以来，国之乱臣，家之败子，才有余而德不足，以至于颠覆者多矣，岂特智伯哉！故为国为家者苟能审于才德之分而知所先后，又何失人之足患哉！

（《通鉴》第 1 卷 6 ~ 15 页）

【注释】

①智宣子：名申，晋卿，荀跞之子。智氏本姓荀。瑶：智宣子之子，智伯之名，后为晋卿，谥曰襄子。②智果：晋大夫。智宣子的族人。③宵：智宣子的庶子。④贤：胜于。⑤逮：及。⑥射御：射箭和驾驭车马。⑦毕给：全部给予。⑧巧文：擅长文辞。辩惠：也作"辩慧"。口才好，善于论辩。⑨待：宽容。⑩赵简子：赵鞅，晋卿。⑪简：竹简。古代无纸，用以记事的竹片。⑫识（zhì）：记住。⑬习：通晓，熟悉。⑭奏：进，上。⑮为：治理。晋阳：在今山西省太原市南晋源镇。⑯茧丝：谓榨取民脂民膏如抽茧丝，不尽则不止。⑰保障：谓让老百姓生活富裕，如筑堡垒以为屏障，愈培则愈厚。⑱损：减少。⑲而：通"尔"。汝，你。少（shǎo）：轻。重者为多，轻者为少。⑳为政：主持政事。㉑韩康子：韩虎。其祖先与周同姓（姬氏），后事晋，封于韩原，其后有韩氏。㉒魏桓子：魏驹。其祖先毕公高与周同姓，封于魏，其后有魏氏。㉓段规：韩康子的相。㉔智国：智伯的家臣。㉕主：自春秋以来，大夫的家臣称大夫为主。㉖《夏书》：《尚书》的组成部分。㉗此句出自《夏书》的《五子之歌》。意思是说：如果一人屡有过失，不一定到民怨明显时就可以知道，不要在发现后才去处理。见（xiàn）：同"现"，发现。㉘蜹（ruì）：同"蚋"。蚊属。㉙虿（chài）：蝎子一类的毒虫。㉚愎（bì）：狠。㉛狃（niǔ）：贪心。㉜邑：都邑、城市。大者为都，小者为邑。㉝任章：魏桓子的相。㉞《周书》：《尚书》的组成部分。㉟质：的、箭靶。㊱蔡，皋狼：春秋时晋无蔡地，《战国策》鲍彪本"蔡"作"蔺"，赵地。"蔡"可能是"蔺"之误。《汉书·地理志》西河郡有蔺县和皋狼县。赵襄子：赵简子之子赵无恤。㊲长子：地名，晋邑。㊳罢（pí）：通"疲"。㊴与：新附。㊵浚（jùn）：掘取，榨取。㊶版：古代高二尺为一版。三版，六尺。㊷沈：没于水中。㊸骖乘（cān chéng）：古代乘车在车右陪乘的人。春秋时尚左。兵车，尊者居左，执弓矢；御者居中；有力者居右，持矛以备倾侧，即所谓车右。战时称车右，平时称骖乘。㊹跗（fū）：脚背。㊺从：使跟随。这里是被动词，意思是使韩魏之兵跟随。㊻悛（quān）：悔改，停止。㊼翼：两侧。㊽光：司马光（1019—1086）。字君实，陕州夏县（今属山西）涑水乡人。世称涑水先生。二十岁中进士，是北宋著名的历史学家。英宗时，进龙图阁直学士，献《通志》八卷（《资治通鉴》前八卷），命设局续修。神宗初，任翰林兼侍读学士，《通志》赐名《资治通鉴》，受命续编。后因反对王安石的变法，熙宁三年（1070年）出知永兴军（今陕西西安）。次年，退居洛阳，十五年致力于编撰《资治通鉴》。元丰八年（1085年），哲宗即位，高太后听

政，起为门下侍郎。次年，任尚书左仆射，主国政，尽废新法。同年病死，追封温国公，谥文正。《资治通鉴》是其代表作。㊾云梦：古泽薮名。大致包括今湖南益阳县、湘阴县以北，湖北江陵县、安陆县以南，武汉市以西地区。㊿矫揉：使曲变直为矫。使曲木变直，直木变曲，皆为揉。(51)羽括：羽，箭翎；括，箭的末端。(52)棠溪：也作"堂溪"，古地名，在今河南西平县西，产金属，铸剑戟甚精利。(53)镕范：铸器的模型。(54)砥砺：磨刀石。(55)亡：通"无"。(56)严：尊敬。

【译文】

起初，统治晋国的智宣子想确定诸子中的智瑶为继承人，族人智果说："他不如智宵。智瑶有超越他人的五项长处，只有一项短处。仪表堂堂是第一项长处，精于骑射是第二项长处，才艺双全是第三项长处，能言善辩是第四项长处，坚毅果敢是第五项长处。他的唯一短处就是居心不仁。如果他以五项长处来制伏别人而做不仁不义的恶事，谁能和他和睦相处？要是真的立智瑶为继承人，那么智氏宗族一定离灭亡不远了。"智宣子置之不理。智果便向太史请求脱离智族姓氏，另立为辅氏，以避灭族之祸。

赵国的大夫赵简子有两个儿子，大的叫伯鲁，小的叫无恤。赵简子想确定继承人，不知立哪位好，于是把他的日常训诫言辞写在两块竹简上，分别交给两个儿子，嘱咐说："好好记住！"过了三年，赵简子问起两个儿子，大儿子伯鲁张口结舌，竹简上的话一句也记不起来；再问他的竹简安在，却早已丢失了。又问小儿子无恤，竟然滚瓜烂熟地背诵出竹简训词；追问竹简，他立即从袖子中取出献上。于是赵简子认为无恤十分贤德，便立他为继承人。

赵简子派尹铎去治理晋阳，临行前尹铎请示说："您是打算让我去抽丝剥茧般地搜刮财富呢，还是安抚人心作为他日退路？"赵简子说："当然要作为他日退路。"尹铎到了晋阳，便用少算居民户数的办法，减轻当地的赋税，笼络人心。赵简子又对儿子赵无恤说："一旦晋国发生了大危难，你不要嫌尹铎地位不高，不要怕晋阳路途遥远，一定要投奔那里，作为归宿。"

待到智宣子去世，智襄子智瑶当政统治晋国，一天与国中另两位大夫韩康子、魏桓子在蓝台饮宴，席间智瑶戏弄韩康子，又侮辱他的家相段规。智瑶的家臣智国听说此事，就告诫说："主公您不提防招来灾祸的话，灾祸就真的会来了！"智瑶狂妄地说："人的生死灾祸都取决于我。我不给他们降临灾祸就算不错，谁还敢对我兴风作浪！"智国又说："这话可不妥。《夏书》中说过：'一个人屡次三番犯错误，结下的仇怨岂能在明处，应该在它没有表现出来时就设法提防。'贤德的人能够谨慎地处理小事,所以不会招致大祸。现在主公一次宴会就开罪了人家的主君和臣相,又不戒备他们报复,只一味说'谁敢对我兴风作浪。'这种态度实在不可取。蚊子、蚂蚁、蜜蜂、蝎子是小虫,却都能害人,何况是家族庞大的韩康子、段规呢!"智瑶毫不在意,只一笑而已。

智瑶又向韩康子索要领地,韩康子不想给他。段规进言说:"智瑶贪财好利,又刚愎自用,如果不给,他一定起兵讨伐,不如姑且给他。他拿到地更加狂妄,一定又会向别人索要;别人不给,他必定向人动武用兵,这样我们就可以避其锋芒而伺机行动了。"韩康子说:"好主意。"便派使臣去见智瑶,送上有万户居民的一个县。智瑶大喜,果然又向魏桓子提出索地要求,魏桓子想不给。家相任章问:"为什么不给呢?"魏桓子说:"无缘无故来要地,所以不给。"任章说:"智瑶无缘无故强索他人领地,一定会引起其他大夫官员的警惕;我们给他地,智瑶一定会骄傲,他骄傲而轻敌,我们警惕而团结众人;用精诚团结之兵来对付狂妄轻敌的智瑶,智家的命运一定不会长久了。《周书》说:'要打败敌人,必须暂时听从他,引导他犯错误;要夺取敌人利益,必须先给他一些好处做诱饵。'主公不如先答应智瑶的要求,让他骄傲自大而无备,然后我们可以乘机联络其他人共同图谋,又何必我们一家现在去激怒他遭受出头鸟的打击呢!"魏桓子说:"很好。"也交给智瑶一个有万户之民的县。

智瑶得寸进尺,又向赵襄子家索要蔡和皋狼两处地方。赵襄子断然拒绝。智瑶勃然大怒,集合韩、魏两家,率领甲兵前去攻打赵家。赵襄子准备出逃。问属下:"我到哪里去呢?"随从说:"长子城最近,而且城墙厚,刚完工。"赵襄子说:"百姓精疲力竭地刚修完城,又要他们出生入死地为我守城,谁能和我一条心?"随从又说:"邯郸城里仓库丰盈。"赵襄子仍是摇头说:"搜刮民脂民膏才使仓库充满粮食,现在又因战争让他们送命,没人会和我同心对敌。还是投奔晋阳吧,那是先主的老地盘,尹铎又待百姓宽厚,人民一定能和我们同甘共苦。"于是前往晋阳。

智瑶、韩康子、魏桓子三家出兵团团围住晋阳,又引水灌城。大水一直漫到离城墙头只差三版的地方,城中百姓的锅灶都被泡塌,鱼虾孳生,然而人民仍是对赵襄子忠心耿耿,誓死不降。一天,智瑶在城外水中巡视,魏桓子为他驾车,韩康子站在一边护卫。智瑶望着浩瀚水势,得意地说:"我今天才知道水可以让人亡国。"听到这话,魏桓子用胳膊肘碰了一下韩康子,韩康子也会意地用脚踩了一下魏桓子。两人不约而同地想到,汾河水也可以灌魏国都城安邑,绛河水也可以灌韩国都城平阳,都不寒而栗。事后,智家的谋士缔疵对智瑶说："韩、魏两家肯定会反叛。"智瑶问："你何以见得？"絺疵说："以人之常情而论。我们调集韩、魏两家的军队来围攻赵家，一旦赵家覆亡，他们会想到，下次灾难的对象一定是韩、魏两家了。现在我们约定灭掉赵家后三家分割其地，晋阳城仅差三版就被水淹没，城内宰马为食，破城已是指日可待的事了。然而韩康子、魏桓子两人却面无喜色，反倒忧心忡忡，这不是心怀异志又是什么？"第二天，智瑶把絺疵的话告诉了韩、魏二人，二人忙说："这一定是离间小人想为赵家游说，让主公您怀疑我们韩、魏两家而放松对赵家的进攻。不然的话，我们两家岂不是放着早晚就分到手的赵家田土不要，而去干那危险万分必不可成的傻事吗？"两人告辞而出，絺疵进来说："主公为什么把臣下我的话告诉他们两人呢？"智瑶惊奇地反问："你怎么知道的？"回答说："我刚才碰到他们，两人神色慌张地看了我一眼就匆忙离去，因为他们知道我看穿了他们的心思。"智瑶仍是不以为然。于是絺疵请求派他出使齐国，以避大祸。

赵襄子派张孟谈秘密出城来见韩、魏二人，劝说道："唇亡齿寒，古之常理。现在智瑶率领韩、魏两家来围攻赵家，赵家灭亡就该轮到你们韩、魏自身了。"韩康子、魏桓子也说："我们心里也知道他会这样做，只是怕事情还未发动计谋先泄露出去，就会马上大祸临头。"张孟谈又说："计谋出自二位主公之口，只有我一人听见，有什么可担心的？"于是两人秘密地与张孟谈商议，约好起事日期后送他回城了。夜里，赵襄子派人杀掉智军守堤士兵，使大水决口反灌智瑶军营。智瑶军队为救水淹，大乱阵脚，韩、魏两家军队乘机从两翼夹击，赵襄子率士兵从正面迎头痛击，大败智家军，杀死智瑶，又将智家族人尽行斩杀。只有智果因改姓辅氏得以幸免。

臣司马光说："智瑶的灭亡，在于他多才少德。才与德，是不同的两回事，而世俗之人往往分不清，一概而论之曰贤明，于是就看错了人。所谓才，是指聪明、明察、坚强、果毅；所谓德，是指正直、公道、平和待人。才，是德的辅助资本；德，是才的中心统帅。湖北云梦地方的竹子，天下都称为刚劲，然而如果不矫正其曲，不配上羽毛箭簇，就不能作为利箭穿透坚物。河南棠溪地方出产的铜材，天下都称为精利，然而如果不经熔烧铸造，不锻打出锋，就不能作为兵器击穿硬甲。所以，德才兼备，称之为圣人；无德无才，称之为愚人；德胜过才，称之为君子；才胜过德，称之为小人。挑选人才的标准，如果找不到圣人、君子而委托，与其得到小人，不如得到愚人。原因何在？因为君子持有才干，把它用到善事上；而小人持有才干，就会用来作恶。持有才干做善事，能处处行善；而凭借才干作恶，就无恶不作了。愚人如想作恶，因为智慧不济，气力不胜任，还有所限度，好像小狗咬人，人还能制伏它。而小人既有足够的阴谋诡计来发挥邪恶，又有勇猛的力量来逞凶施暴，就如恶虎生翼，为害之大可想而知了！有德的人令人尊敬，有才的人使人喜爱；对尊敬的人往往敬而远之，对喜爱的人往往宠信专任，所以察选人才者经常被人的才干所蒙蔽而忘记了考察他的品德。自古至今，国家的乱臣奸佞，家族的败家浪子，因为才能有余而品德不足，导致家国覆亡的真是举不胜举，又何止智瑶一个人。所以治国治家者如果能审慎地考察才与德两种不同的标准，知道选择的先后，就不会重蹈前人的覆辙！

魏武侯与吴起论山河之固

周安王十五年（前387年）

魏文侯薨①，太子击立，是为武侯。

武侯浮西河②而下，中流顾③谓吴起④曰："美哉山河之固，此魏国之宝也！"对曰："在德不在险。昔三苗氏⑤，左洞庭，右彭蠡⑥，德义不修，禹灭之。夏桀之居，左河济⑦，右泰华⑧，伊阙⑨在其南，羊肠⑩在其北；修政不仁，汤放之。商纣之国，左孟门⑪，右太行，常山⑫在其北，大河⑬经其南；修政不德，武王杀之。由此观之，在德不在险。若君不修德，舟中之人皆敌国也！"武侯曰："善。"

（《通鉴》第1卷28页）

【注释】

①薨（hōng）：周代诸侯死称薨。②浮：乘船在水上泛行。西河：古称西部南北流向的黄河。这里指今山西陕西界上自北而南一段。③顾：回过头看。④吴起（？—前381）：战国时的军事家。卫国左氏（今山东曹县北）人。此时为魏国西河守（西河，地名，今山西陕西间黄河沿岸地区）。⑤三苗氏：我国古代南方部落名。⑥彭蠡：湖名，即彭蠡泽。战国时，该湖在安徽西南、湖北东南及江西北部的长江两岸。即今泊湖、大官湖、龙湖、源湖及鄱阳湖北端距长江较近处。⑦河济：河，即黄河。济，即济水，发源于河南济源县西

王屋山，从荥阳附近穿过黄河东流入渤海，大致是今黄河河道。⑧泰华：泰，即太。泰华，即太华山（今华山），今陕西省华阴县南华山的主峰。古称"西岳"。⑨伊阙：山名。又名阙塞山、龙门山。因两山相对如阙门，伊水从中间流过，故名。在今河南省洛阳市南。⑩羊肠：羊肠坂，因坂道萦曲如羊肠而得名。在山西省有三：晋城县南天井关之南；平顺县东南；交城县东北。说法不一。⑪孟门：古隘道名。在今河南辉县西。⑫常山：恒山。因避讳汉文帝刘恒和宋真宗赵恒，故改名常山。五岳中的北岳，在今山西省浑源县东。⑬大河：黄河。

【译文】

魏国魏文侯去世，太子魏击继位为魏武侯。

魏武侯乘船顺黄河而下，在中游对吴起说："多么美丽而险要的山河呀，这是魏国的无价之宝啊！"吴起回答说："国宝在于德政而不在于地势险要。当初三苗氏部落，左面有洞庭湖，右面有彭蠡湖，但他们不讲仁义道德，结果被禹消灭了。夏朝的君王桀居住之地，左边是黄河、济水，右边是泰华山，伊阙山在其南面，羊肠坂在其北面，但朝政腐败，也被商朝汤王把他驱逐了。商朝纣王的都城，左边是孟门，右边是太行山，常山在其北面，黄河经过其南面，只因他多行不义，最终还是被周武王杀了。由此可见，国家应当珍视的，在于德政而不在于地势险要。如果君主您不修朝政，恐怕就是这条船上的人，也要成为您的敌人。"魏武侯听罢说道："说得对。"

子思言苟变于卫侯

周安王二十五年（前 377 年）

子思言苟变于卫侯①曰："其才可将五百乘②。"公曰："吾知其可将；然变也尝为吏，赋于民而食人二鸡子，故弗用也。"子思曰："夫③圣人之官人，犹匠之用木也，取其所长，弃其所短；故杞梓④连抱而有数尺之朽，良工不弃。今君处战国之世，选爪牙之士，而以二卵弃干城⑤之将，此不可使闻于邻国也。"公再拜曰："谨受教矣！"

（《通鉴》第 1 卷 33 ~ 34 页）

①子思：孔子的孙子孔伋，字子思，于公元前402年卒，距当时已二十五六年。此子思是另一子思。卫侯：卫文侯。卫，战国时已成为一个小国，其地在今河南濮阳市。②乘（shèng）：古代一车四马为一乘。兵车一乘配备甲士三人，步卒七十二人。五百乘则有三万七千五百人。③夫：发语词。④杞梓：杞和梓。两种优质木材。⑤干城：干，盾牌。城，城郭。都起防御作用。

【译文】

子思向卫国国君推荐苟变说："他的才能足以统率五百辆战车的军队。"卫侯说："我也知道他是个将才，然而苟变做官吏的时候，有次征税吃了老百姓两个鸡蛋，所以我不用他。"子思说："圣人选人任官，就好比木匠使用木料，取其所长，弃其所短；一根合抱的巨木，只有几尺朽烂之处，高明的工匠是不会扔掉它的。现在国君您处在战国纷争之世，正要收罗英武人才，却因为两个鸡蛋而舍弃了一员上将，这话可不能让邻国知道啊！"卫侯一再拜谢说："我接受你的指教。"

子思言于卫侯

周安王二十五年（前377年）

卫侯①言计非是，而群臣和者如出一口。子思②曰："以吾观卫，所谓'君不君，臣不臣'者也！"公丘懿子曰："何乃若是？"子思曰："人主自臧③，则众谋不进。事是而臧之，犹却④众谋，况和非以长恶乎！夫不察事之是非而悦人赞己，闇⑤莫甚焉；不度⑥理之所在而阿谀求容，谄莫甚焉。君闇臣谄，以居百姓之上，民不与⑦也。若此不已，国无类矣！"

子思言于卫侯曰："君之国事将日非矣！"公曰："何故？"对曰："有由然焉，君出言自以为是，而卿大夫莫敢矫其非，卿大夫出言亦自以为是，而士庶人莫敢矫其非。君臣既自贤矣，而群下同声贤之，贤之则顺而有福，矫之则逆而有祸，如此则善安从生！《诗》曰：'具曰予圣，谁知乌之雌雄？'⑧抑⑨亦似君之君臣乎！"

【注释】

①卫侯：卫文侯。②子思：孔子的孙子孔伋，字子思，已于公元前402年卒。此子思为另一人。③自臧：自善，自以为是。④犹却：犹，尚且。却，拒绝，推却。⑤闇：昏暗。⑥度：考虑，推测。⑦与：亲附。⑧此句出自《诗经·正月》。意思是：君臣都说自己圣明，就像乌鸦雌雄相似，谁能分辨清楚呢？具，通"俱"。⑨抑：发语词。

【译文】

卫侯提出了一项不正确的计划，而大臣们却众口一词附和。子思说："我看卫国，真是'君不像君，臣不像臣'呀！"公丘懿子问："为什么这样说？"子思说："君主自以为是，大家不提出自己的意见。自以为是即使事情处理对了，也是排斥了众人的意见，更何况现在众人都附和错误见解而助长邪恶之风呢！不考查事情的是非而沉溺于别人的赞扬声中，是无比的糊涂；不判断事情是否有道理而一时阿谀奉承，是无比的谄媚。君主糊涂而臣下谄媚，这样来统治百姓，老百姓是不会同心同德的。长期这样不改，国家就没有多久的日子了。"

子思对卫侯说："你的国家将要一天不如一天了。"卫侯问："为什么？"回答说："事出有因，国君的发号施令，自以为是，卿大夫等官员没人敢指出你的错误；于是他们也对下刚愎自用，自以为是，士人百姓也不敢有不同意见。君臣都骄横自得，下属又是一片颂扬逢迎，便造成说好话的人青云直上，指出错误的人大祸临头的恶劣风气，这样，怎么会有好的结果！《诗经》所说：'都称自己是圣贤，乌鸦雌雄谁能辨？'不正像你们这些君臣吗？"

齐威王辨臣之毁誉

周烈王六年（前370年）

齐威王召即墨大夫①，语之曰："自子之居即墨也，毁言日至。然吾使人视即墨，田野辟②，人民给③，官无事，东方以宁；是子不事吾左右以求助也！"封之万家④。召阿⑤大夫，语之曰："自子守阿，誉言日至。吾使人视阿，田野不辟，人民贫馁⑥。昔日赵攻鄄，子不救；卫取薛陵，子不知；是子厚币事吾左右以求誉也！"是日，烹⑦阿大夫及左右尝誉者。

于是群臣耸惧^⑧，莫敢饰诈，务尽其情，齐国大治，强于天下。

（《通鉴》第 1 卷 39 页）

【注释】

①齐威王（？—前 320）：战国时齐国国君。见《齐威王与魏惠王论国宝》注①。即墨：战国时齐国城邑。因城临墨水，故称即墨。②辟：开辟，开发。③给：丰足，富裕。④封之万家：将规定一万户的赋税赏赐给即墨大夫。⑤阿：战国时齐国城邑。在今山东阳谷县东北五十里的阿城镇。⑥馁（něi）：饥饿。⑦烹：煮。⑧耸惧：恐惧。

【译文】

齐威王召见即墨大夫，对他说："自从你到即墨任官，每天都有指责你的话传来。然而我派人去即墨察看，却是田土开辟整齐，百姓安居乐业，官府平安无事，东方十分安定。于是我知道这是你不巴结我的左右内臣谋求内援的缘故。"便封赐即墨大夫享用一万户的俸禄。齐威王又召见阿地大夫。对他说："自从你到阿地镇守，每天都有称赞你的好话传来。但我派人前去察看，只见田地荒芜，百姓贫困饥饿。当初赵国攻打鄄地，你坐视不救；卫国夺取薛陵，你不闻不问；于是我知道你专门用重金来买通我的左右近臣替你说好话！"当天，齐威王下令烹死阿地大夫及替他说好话的左右近臣。于是臣僚们毛骨悚然，不敢再弄虚作假，都尽力做实事，齐国因此大治，成为天下最强盛的国家。

秦孝公、卫鞅变法

周显王七年（前 362 年）

秦献公薨，子孝公^①立。孝公生二十一年矣。是时河、山以东强国六^②，淮、泗之间小国十余^③，楚、魏与秦接界。魏筑长城，自郑滨洛以北有上郡^④；楚自汉中，南有巴、黔中；皆以夷翟遇秦^⑤，摈斥之，不得与^⑥中国之会盟。于是孝公发愤，布德修政，欲以强秦。

八年（前 361 年）

孝公下令国中曰："昔我穆公^⑦，自岐、雍之间修德行武，东平晋乱，以河⑧为界，西霸戎⑨翟，广地千里，天子致伯⑩，诸侯毕贺，为后世开业甚光美。会往者厉、躁、简公、出子之不宁⑪，国家内忧，未遑⑫外事。三晋⑬攻夺我先君河西地，丑莫大焉。献公即位，镇抚边境，徙治栎阳⑭，且欲东伐，复穆公之故地，修穆公之政令。寡人思念先君之意，常痛于心。宾客群臣有能出奇计强秦者，吾且尊官，与之分土。"于是卫公孙鞅⑮闻是令下，乃西入秦。公孙鞅者，卫之庶孙⑯也，好刑名之学。事魏相公叔痤，痤知其贤，未及进。会病，魏惠王往问之曰："公叔病如有不可讳，将奈社稷何？"公叔曰："痤之中庶子⑰卫鞅，年虽少，有奇才，愿君举国而听之！"王嘿⑱然。公叔曰："君即不听用鞅，必杀之，无令出境！"王许诺而去。公叔召鞅谢曰："吾先君而后臣，故先为君谋，后以告子。子必速行矣！"鞅曰："君不能用子之言任臣，又安能用子之言杀臣乎！"卒⑲不去。王出谓左右曰："公叔病甚，悲乎，欲令寡人以国听卫鞅也！既又劝寡人杀之，岂不悖⑳哉！"卫鞅既至秦，因嬖臣景监㉑以求见孝公，说以富国强兵之术；公大悦，与议国事。

周显王十年（前359年）

卫鞅欲变法，秦人不悦。卫鞅言于秦孝公曰："夫民不可与虑始，而可与乐成。论至德者不和于俗，成大功者不谋于众。是以圣人苟可以强国，不法其故㉒。"甘龙曰："不然，缘法而治㉓者，吏习而民安之。"卫鞅曰："常人安于故俗，学者溺㉔于所闻，以此两者，居官守法可也，非所与论于法之外也㉕。智者作法，愚者制㉖焉；贤者更礼，不肖者拘焉。"公曰："善。"以卫鞅为左庶长㉗，卒定变法之令。令民为什伍而相收司㉘、连坐，告奸者与斩敌首同赏，不告奸者与降敌同罚。有军功者，各以率㉙受上爵；为私斗者，各以轻重被刑大小。僇力㉚本业，耕织致粟帛多者，复㉛其身；事末利及怠而贫者，举以为收孥㉜。宗室非有军功论㉝，不得为属籍㉞。明尊卑爵秩等级，各以差次名㉟田宅、臣妾、衣服。有功者显荣，无功者虽富无所芬华㊱。

令既具㊲未布，恐民之不信，乃立三丈之木于国都市南门，募民有能徙置北门者予十金。民怪之，莫敢徙。复曰："能徙者予五十金！"有一人徙之，辄予五十金。乃下令。

令行期年㊳，秦民之国都言新令之不便者以千数。于是太子犯法。卫鞅曰："法之不行，自上犯之。"太子，君嗣㊴也，不可施刑，刑其傅公子虔，黥㊵其师公孙贾。明日，秦人皆趋㊶令。行之十年，秦国道不拾遗，山无盗贼，民勇于公战，怯于私斗，乡邑大治。秦民初言令不便者，有来言令便。卫鞅曰：“此皆乱法之民也！”尽迁之于边。其后民莫敢议令。

臣光曰：夫信者，人君之大宝也。国保于民，民保于信；非信无以使民，非民无以守国。是故古之王者不欺四海，霸者不欺四邻，善为国者不欺其民，善为家者不欺其亲。不善者反之，欺其邻国，欺其百姓，甚者欺其兄弟，欺其父子。上不信下，下不信上，上下离心，以至于败。所利不能药⑫其所伤，所获不能补其所亡，岂不哀哉！昔齐桓公不背曹沫之盟⑬，晋文公不贪伐原之利⑭，魏文侯不弃虞人之期⑮，秦孝公不废徙木之赏，此四君者道非粹白，而商君尤称刻薄，又处战攻之世，天下趋于诈力，犹且不敢忘信以畜⑯其民，况为四海治平之政者哉！

（《通鉴》第 2 卷 43～49 页）

【注释】

①秦孝公（前381—前338）：姓嬴，名渠梁，战国时秦国国君。公元前361—前338年在位。任商鞅（卫鞅）为相，进行变法。并把国都南雍（今陕西凤翔南）迁到咸阳（今陕西咸阳东北）。秦国自此日益富强。②河、山：河，黄河。山，崤山。强国六：指韩、魏、赵、齐、楚、燕六国。③淮、泗：淮水、泗水。小国十余：指宋、鲁、邹、薛等十余国。④郑：地名，周宣王弟郑桓公（名友）封于此，在今陕西华县东。滨：靠近。洛：洛水。⑤夷：古代对东方各族的泛称。亦用以泛指四方少数民族。翟（dí）：通“狄”，古族名。春秋前流动于黄河中下游地区，公元前7世纪时，分为赤狄、白狄、长狄等。居住在北方，故名为北狄。遇，对待。⑥与（yù）：通“预”，参与。⑦穆公（？—前621）：姓嬴，名任好，春秋时秦国国君。公元前659—前621年在位。任用百里奚、蹇叔、由余为谋臣，击败晋国，俘虏晋惠公。后在崤（今河南三门峡东南）被晋军打得大败。后向西发展，称霸西戎。⑧河：黄河。⑨戎：古族名。殷周有鬼戎、西戎等。春秋时秦西北有狄、豲、邽、冀之戎、义渠之戎、大荔之戎等。⑩天子致伯：天子，指周王。致，给予。伯，古代管辖一方的长官。意思是周王对秦穆公委以管辖一方长官的重任。⑪厉：秦厉公。躁：秦躁公。出子：秦惠公之子，继位两年即被杀。⑫未遑（huáng）：没有闲暇。⑬三晋：春秋末，韩、赵、魏三家卿大夫分晋，各立为国，史称三晋。⑭栎（lì）阳：秦置，在今陕西临潼北渭水北岸。⑮卫公孙鞅：卫，卫国，春秋时为诸侯国，此时已沦为魏国的附庸，国都在今河南濮阳市。公孙，非姓氏。公孙，即

卫公之孙。鞅，名字。卫鞅入秦后封于商，故又叫商鞅。⑯卫之庶孙：卫国国君的妾所生的儿子的儿子。⑰中庶子：门客。⑱嘿：同"默"。⑲卒：终于。⑳悖（bèi）：荒谬。㉑嬖（bì）：宠爱，宠幸。景监：姓景的太监。㉒不法其故：不一定依照旧的制度办事。㉓缘法而治：依据现行法规来处理政务。㉔溺：局限。㉕非所与论于法之外也：不能和他们研讨常法以外的事情。㉖制：从。㉗左庶长：秦爵位，第十等爵。同卿大夫、偏裨将军。但《史记·秦本纪》记载，卫鞅为左庶长时，是在变法开始三年之后。㉘收司：督察检举。㉙率（lǜ）：规格，标准。㉚僇（lù）力："僇"通"戮"，亦作"戮力"。尽力。㉛复：免掉赋税或徭役。㉜举以为收孥：全家被没为官奴婢。㉝论：议论。㉞属籍：载入谱牒。即写进贵族的名册上，否则不能享受贵族待遇。㉟名：占有。㊱芬华：显荣。㊲令既具：变法之令已经准备就绪。㊳期（jī）年：一周年。㊴嗣：继续，接续。㊵黥（qíng）：古代的一种肉刑，用刀在犯人面部刺字，再涂上墨。又称"墨刑"。㊶趋：服从。㊷药：治疗。㊸齐桓公不背曹沫之盟：《史记·刺客列传》记载：齐桓公伐鲁，鲁庄公请和，两国君在柯（今山东阳谷县东）订立盟约，鲁武士曹沫以匕首劫持桓公，迫使他归还所侵鲁国的土地。桓公答应了。后来桓公反悔，欲杀曹沫。管仲说：不可，这样会失信于诸侯。于是，齐桓公尽把侵占鲁国的土地归还鲁国。㊹晋文公不贪伐原之利：《左传》卷第十六记载：僖公二十五年冬，晋文公下令带三日干粮围困原（今河南济源县西北）。三日后原不投降，便下令撤退。间谍出来说："原快要投降了。"军吏请示晋文公继续围攻。文公说："诚实是国家的珍宝。得到原而失去诚实，那就损失太多了。"于是退军三十里，而原也投降了。㊺魏文侯不弃虞人之期：《战国策》卷二十二记载：魏文侯与虞人（守苑囿之吏）约会打猎。那天，他正与群臣饮酒作乐，天又在下雨，左右劝他不要前往赴约了，他不答应。㊻畜：牧畜，引申为管理。

【译文】

　　秦国秦献公去世，其子继位为秦孝公。孝公已经二十一岁了。这时黄河、崤山以东有六个强国，淮河、泗水流域十几个小国林立。楚国、魏国与秦国接壤。魏国筑有一道长城，从郑沿着洛水直到上郡；楚国自汉中向南占有巴郡、黔中等地。各国都把秦国当作未开化的夷族，予以鄙视，不准参加中原各诸侯国的会议盟誓。目睹此情，秦孝公决心发愤图强，整顿国家，修明政治，让秦国强大起来。

　　秦孝公在国中下令说："当年我国的国君秦穆公，立足于岐山、雍地，励精图治，向东平定了晋国之乱，以黄河划定国界；向西称霸于戎翟等族，占地广达千里；被周王赐予方伯重任，各诸侯国都来祝贺，所开辟的基业是多么光大宏伟。只是后来历代国君厉公、躁公、简公及出子造成国内动乱不息，才无力顾及外事。魏、赵、韩三国夺去了先王开创的河西领土，这是无比的耻辱。到献公即位时，平定安抚边境，把都城迁到栎阳，亲往治理，准备向东征讨，收复穆公时的旧地，重振穆公时的雄风。我想到先辈的未竟之志，常常痛心疾首。现在宾客、臣僚中谁能献上奇计，让秦国强盛，我就封他为高官，和他分享领土。"卫国的公孙鞅听到这道命令，于是西行来到秦国。公孙鞅，是卫国宗族后裔，喜好法家刑名之学。他在魏国国相公叔痤手下做事，公叔痤深知他的才干，但还未来得及推荐，就重病不起。魏惠王前来看望公叔痤，问道："您如果不幸去世，国家大事如何来处置？"公叔痤说："我手下任中庶子之职的公孙鞅，年纪虽轻，却有奇才，希望国君把国家交给他来治理！"魏惠王听罢默然不言，公叔痤又说："如果国君您不采纳我的建议重用商鞅，那就要杀掉他，不要让他到别的国家去。"魏惠王许诺后告辞而去。公叔痤又急忙召见公孙鞅道歉说："我必须先忠于君上，然后才能照顾属下；所以先为国君谋划，现在又告诉你。你赶快逃走吧！"公孙鞅摇头说："国君不能听从你的意见来任用我，又怎么能听从你的意见来杀我呢？"到底没有出逃。魏惠王离开公叔痤，果然对左右近臣："公叔痤病入膏肓，真是太可怜了。他先让我把国家交给公孙鞅去治理，一会儿又劝我杀了他，岂不是太糊涂了吗？"公孙鞅到了秦国后，托宠臣景监推荐见到秦孝公，陈述了自己富国强兵的计划，孝公大喜过望，从此与他共商国家大事。

公孙鞅想实行变法改革，秦国的贵族都不赞同。他对秦孝公说："对下层人，不能和他们商议开创的计划，只能和他们分享成功的利益。讲论至高道德的人，与凡夫俗子没有共同语言，要建成大业也不能去与众人商议。所以圣贤之人只要能够强国，就不必拘泥于旧传统。"大夫甘龙反驳说："不对，按照旧章来治理，才能使官员熟悉规矩而百姓安定不乱。"公孙鞅说："普通人只知道安于旧习，学者往往陷于所知范围不能自拔。这两种人，让他们做官守法可以，但不能和他们商讨旧章之外开创大业的事。聪明的人制定法规政策，愚笨的人只会受制于人；贤德的人因时而变，无能的人才死守成法。"秦孝公说："说得好！"便任命公孙鞅为左庶长的要职。于是制定变法的法令。下令将人民编为五家一伍、十家一什，互相监督，犯法连坐。举报奸谋的人与杀敌立功的人获同等赏赐，隐匿不报的人按临阵降敌给以同等处罚。立军功者，可以获得上等爵位；私下斗殴内讧的以其轻重程度处以大小刑罚。致力于本业，耕田织布生产粮食布匹多的人，免除他们的赋役。不务正业因懒惰而贫穷的人，全家收为国家奴隶。王亲国戚没有获得军功的，不能享有宗族的地位。明确由低到高的各级官阶等级，分别配给应享有的田地房宅、奴仆侍女、衣饰器物。使有功劳的人获得荣誉，无功劳的人即使富有也不能显耀。

　　法令已详细制定但尚未公布，公孙鞅怕百姓难以确信，于是在国都的集市南门立下一根长三丈的木杆，下令说有人能把它拿到北门去就赏给十金。百姓们感到此事很古怪，没人动手去搬。公孙鞅又说："能拿过去的赏五十金。"于是有一个人半信半疑地拿着木杆到了北门，立刻获得了五十金的重赏。这时，公孙鞅才下令颁布变法法令。

　　变法法令颁布一年后，秦国百姓前往国都控诉新法使民不便的数以千计。这时太子也触犯了法律，公孙鞅说："新法不能顺利施行，就在于上层人士带头违犯。"太子是国君的继承人，不能施以刑罚，将他的老师公子虔处刑，将另一个老师公孙贾脸上刺字，以示惩戒。第二天，秦国人听说此事，都小心翼翼地遵从法令，新法施行十年，秦国一片路不拾遗、山无盗贼的太平景象，百姓勇于为国作战，不敢再行私斗，乡野城镇都得到了治理。这时，那些当初说新法不便的人中，有些又来说新法好，公孙鞅说："这些人都是乱法的刁民！"把他们全部驱逐到边疆去住。此后老百姓不敢再议论法令的是非。

　　臣司马光曰：信誉，是君主至高无上的法宝。国家靠人民来保卫，人民靠信誉来保护；不讲信誉无法使人民服从，没有人民便无法维持国家，所以古代成就王道者不欺骗天下，建立霸业者不欺骗四方邻国，善于治国者不欺骗人民，善于治家者不欺骗亲人，只有蠢人才反其道而行之，欺骗邻国，欺骗百姓，甚至欺骗兄弟、父子。上不信下，下不信上，上下离心，以致一败涂地。靠欺骗所占的一点儿便宜救不了致命之伤，所得到的远远少于失去的，这岂不令人痛心！当年齐桓公不违背曹沫以非法手段胁迫订立的盟誓，晋文公不贪图攻打原地而遵守信用，魏文侯不背弃与山野之人打猎的约会，秦孝公不收回对移动木杆之人的重赏，这四位君主的治国之道尚称不上完美，而公孙鞅可以说是过于刻薄了，但他们处于你攻我夺的战国乱世，天下尔虞我诈、斗智斗勇之时，况且不敢忘记树立信誉以收服人民之心，又何况今日治理一统天下的当政者呢！

齐威王与魏惠王论国宝

周显王十四年（前355年）

　　齐威王、魏惠王会田于郊①。惠王曰："齐亦有宝乎？"威王曰："无有。"惠王曰："寡人②国虽小，尚有径寸之珠，照车前后各十二乘者十枚，岂以齐大国而无宝乎？"威王曰："寡人之所以为宝者与王异。吾臣有檀子者，使守南城③，则楚人不敢为寇，泗上十二诸侯皆来朝。吾臣有盼子者，使守高唐，则赵人不敢东渔于河。吾吏有黔夫者，使守徐州④，则燕人祭北门，赵人祭西门⑤，徙而从者七千余家。吾臣有种首者，使备⑥盗贼，则道不拾遗。此四臣者，将照千里，岂特十二乘哉！"惠王有惭色。

（《通鉴》第2卷50页）

【注释】

　　①齐威王（？—前320）：战国时齐国国君。姓田，名因齐，一作婴齐。公元前356—前320年在位，一说公元前378—前342年在位。任用邹忌为相，田忌、孙膑分别为将和军师。改革政治，国力逐渐强盛，起兵打败了赵、卫、魏等国。自称王，谥号威王。魏惠王：魏䓨。公元前370—前335年在位。因公元前362年由安邑（故城在今山西夏县北）迁都大梁（今河南开封市），所以又称梁惠王。会田：相会打猎。田，通"畋"，打猎。②寡人：寡是少的意思。寡人，少德的人。古代国君自谦之词。③南城：南武城，春秋时鲁国城邑，后属于齐国。汉置南城县。在今山东费县西南。④徐州：战国时齐国北部城邑，在今河北大城县。⑤燕人祭北门，赵人祭西门：燕在齐北，赵在齐西，燕、赵人畏齐，故祭以求福。⑥备：警戒。

【译文】

　　齐威王和魏惠王相约在郊外狩猎。惠王说："齐国也有宝物吗？"威王说："没有。"惠王说："寡人的国家虽小，还有十颗直径一寸的明珠，照耀前后十二辆车，难道像齐国如此的大国，反而没有宝物吗？"威王说："寡人所认为珍宝的东西和你不同。我有臣名檀子的，派他镇守南城，楚国人不敢侵扰，泗水附近的十二诸侯小国也都来朝见。我有臣名盼子的，派他镇守高唐，赵国人不敢向东渔猎黄河之地。我有官吏名黔夫的，派他镇守徐州，燕国人在北门祭拜祈福，赵国人在西门祭拜祈福，迁居追随他的有七千多家。我有臣子名种首的，派他防御盗贼，则民风淳朴，道不拾遗。这四位臣子足以照耀千里，岂止是十二辆车子呢！"惠王听了，面有惭愧的表情。

韩昭侯不仕申不害从兄

周显王十八年（前351年）

韩昭侯以申不害①为相。

申不害者，郑之贱臣也，学黄、老、刑名②，以干③昭侯。昭侯用为相，内修政教，外应诸侯，十五年，终申子之身，国治兵强。

申子尝请仕④其从兄，昭侯不许，申子有怨色。昭侯曰："所为学于子者，欲以治国也。今将听子之谒⑤而废子之术乎，已⑥其行子之术而废子之请乎？子尝教寡人修功劳，视⑦次第；今有所私求，我将奚听乎？"申子乃辟舍⑧请罪曰："君真其人也。"

（《通鉴》第2卷55页）

【注释】

①韩昭侯：战国时韩国的国君。任申不害为相，国家富强。在位二十六年（前358—前333）。昭是他的谥号。申不害（约前385—前337）：郑国京（今河南荥阳东南）人，战国时属法家。韩昭侯时曾任相十五年，使韩国国治兵强，各国不敢侵犯。他主张法治，尤其主张"术"，即人君南面之术。著有《申子》六篇，现仅存清人辑录的《大体》一篇。②黄、老：黄帝和老子。历史上以黄、老为道家始祖，故以黄、老代指道家。刑名：也作"形名"。原指形体和名称。先秦法家主张循名责实，慎赏明罪，因此称为"刑名之学"。③干：求。④仕：做官。⑤谒：请托。⑥已：同"抑"。选择连词，还是。⑦视：审察。⑧辟（bì）舍：避开正房，寝于他处。表示惭愧，不敢安居的意思。

【译文】

韩昭侯任用申不害为国相。

申不害，原是郑国的卑贱小臣，后来学习黄帝、老子著作和法家刑名学问，向韩昭侯游说。韩昭侯便用他为国相，对内整顿政治，对外积极开展交往，这样进行了十五年，直到申不害去世，韩国一直国盛兵强。

申不害曾经请求让他的堂兄做个官，韩昭侯不同意，申不害很不高兴。韩昭侯对他说："我之所以向你请教，就是想治理好国家。现在我是批准你的私请来破坏你创设的法度呢，还是推行你的法度而拒绝你的私请呢？你曾经开导我要按功劳高低来封赏等级，现在你却有私人的请求，我该听哪种意见呢？"申不害便离开了自己的正式居室，另居别处，向韩昭侯请罪说："您真是我企望效力的贤明君主！"

商君之死

周显王三十一年（前 338 年）

秦孝公薨，子惠文王①立。公子虔之徒告商君欲反，发吏捕之。商君亡②之魏；魏人不受，复内之③秦。商君乃与其徒之商於④，发兵北击郑。秦人攻商君，杀之，车裂以徇⑤，尽灭其家。

初，商君相秦，用法严酷，尝临渭论⑥囚，渭水尽赤。为相十年，人多怨之。赵良见商君，商君问曰："子观我治秦，孰与五羖大夫⑦贤？"赵良曰："千人之诺诺⑧，不如一士之谔谔⑨。仆请终日正言而无诛，可乎？"商君曰："诺"。赵良曰："五羖大夫，荆之鄙人也，穆公举之牛口之下⑩而加之百姓之上，秦国莫敢望焉。相秦六七年而东伐郑，三置晋君⑪，一救荆祸⑫。其为相也，劳不坐乘，暑不张盖，行于国中，不从车乘，不操干戈。五羖大夫死，秦国男女流涕，童子不歌谣，舂者不相杵⑬。今君之见也，因嬖人景监⑭以为主；其从政也，凌轹⑮公族，残伤百姓。公子虔杜门不出已八年矣。君又杀祝懽而黥公孙贾。《诗》曰：'得人者兴，失人者崩'。此数者，非所以得人也。君之出也，后车载甲，多力而骈胁⑯者为骖乘，持矛而操阖戟⑰者旁车而趋。此一物不具，君固不出。《书》曰：'恃德者昌，恃力者亡。' 此数者，非恃德也。君之危若朝露，而尚贪商於之富，宠秦国之政，畜⑱百姓之怨。秦王一旦捐宾客而不立朝⑲，秦国之所以收君者岂其微哉！"商君弗从。居五月而难作。

（《通鉴》第 2 卷 61～63 页）

①惠文王：嬴驷，秦孝公之子，公元前337—前331年在位。②亡：逃亡，逃跑。③内：通"纳"，入。④商於：商、於二县，共有十五城。在今陕西商县东南和河南西峡县一带，即丹江中下游流域。⑤车裂：又称"辕"或"辕裂"。古代一种酷刑，俗称"五马分尸"。即把人的头和四肢分别拴在一辆马车上，同时分驰、撕裂肢体。徇：示众。⑥论：定罪。⑦五羖（gǔ）大夫：羖，黑色的公羊。五羖大夫，即春秋时秦国大夫百里奚，虞人。他从秦国逃到宛，为楚人拘留，秦穆公用五张黑色的公羊皮将他赎回，并授以国政，故称五羖大夫。⑧诺诺：连声答应，以表示顺从。⑨谔谔：直言争辩。⑩牛口之下：相传，百里奚以五张羖羊皮自卖，为人养牛。⑪三置晋君：立晋惠公夷吾、晋怀公子圉、晋文公重耳。⑫一救荆祸：事实不详。荆即楚。⑬相杵：舂米时的劳动号子声。⑭嬖人景监：见《秦孝公、卫鞅变法》注㉑。⑮凌轹（lì）：欺压。⑯骈胁：肌肉壮健，不显肋骨。⑰阘（xī）戟：长戟。⑱畜（xù）：同"蓄"，积聚。⑲捐宾客而不立朝：指死去。捐：舍弃。

秦孝公去世，他的儿子惠文王继位。公子虔的门徒告商鞅谋反，于是派官吏追捕他。商鞅逃往魏国，魏国人不收留，又回到秦国。商鞅和部众到商於，发兵向北攻击郑国。秦人追击商鞅，杀了他，并且车裂尸体示众，又把他的家人全部处死。

当初，商君做秦国宰相，施法非常严酷，曾经在渭水边处决囚犯，杀人太多，渭水为之变红。做了十年宰相，人民都怨恨他。有一次，赵良会见商君，商君问他："你看我治理秦国是否比五羖大夫贤明？"赵良说："一千个人唯唯诺诺，不如一个读书人刚正直言。希望我这样直言，不会遭受杀身之祸，可以吗？"商君说："可以。"赵良说："五羖大夫是荆楚的卑微小民，穆公把他从喂牛工人中提拔起来，官居百姓之上，秦国无人能望其项背。做了六七年宰相，曾经向东攻打郑国，三度协助晋国立君，一次营救荆（楚）国的灾难。他做宰相，劳作不乘车马，天热了不张篷遮凉。在城内巡行，无车辆随从，也不带卫士保护。五羖大夫去世，秦国男女皆痛哭流涕，孩童不再唱歌，捣米的人也不再随着杵声欢笑。现在先生出任宰相，是借着宦官景监求见孝公的关系；先生施行的政令，欺凌权贵，伤害百姓。公子虔因太子犯法而受刑，已经八年闭门不出了。先生又杀祝懽，黥公孙贾。古诗上说：'得人心者兴盛，失人心者败亡。'上面这几件事，都不能赢得人心。所以当先生出门时，跟随在后的车辆，载满披甲的士兵，用力大的壮士做陪乘，而操持着戈矛、荷载的士兵在车旁疾走。若这中间有一样不具备，先生必不出门。书上说：'以恩德待人者昌，以武力待人者亡。'上面这几件事，都不是以仁德行事。先生处境的危险，如同朝露一般，到现在还要贪图商於的富裕，专擅秦国的政权，积聚百姓的怨恨。一旦秦王去世，秦国想要收拾先生的人，恐怕不在少数啊！"商君不听。果然过了五个月以后，就发生这个灾难。

孟尝君用谏

周显王四十八年（前321年）

　　孟尝君聘于楚^①，楚王遗之象床^②。登徒直^③送之，不欲行，谓孟尝君门人公孙戍曰："象床之直^④千金，苟伤之毫发，则卖妻子不足偿也。足下能使仆无行者，有先人之宝剑，愿献之。"公孙戍许诺，入见孟尝君曰："小国所以皆致相印于君者，以君能振达^⑤贫穷，存亡继绝，故莫不悦君之义，慕君之廉也。今始至楚而受象床，则未至之国将何以待君哉！"孟尝君曰："善。"遂不受，公孙戍趋^⑥去，未至中闺^⑦，孟尝君召而反之，曰："子何足之高，志之扬也？"公孙戍以实对。孟尝君乃书门版曰："有能扬文之名，止文之过，私得宝于外者，疾入谏^⑧！"

　　臣光曰：孟尝君可谓能用谏矣。苟其言之善也，虽怀诈谖^⑨之心，犹将用之，况尽忠无私以事其上乎！《诗》云："采葑采菲，无以下体。"^⑩孟尝君有焉。

（《通鉴》第2卷78～79页）

【注释】

　　①孟尝君：田文。战国时期齐国贵族，袭其父田婴封爵，封于薛（今山东滕县南），称薛公，号孟尝君。齐宣王拜他为相，门下食客数千人。聘：古代国与国之间遣使访问叫聘。②楚王：楚怀王芈槐。也称熊槐。遗（wèi）：赠送。象床：象牙做的床。③登徒直：登徒为姓，名直。④直：通"值"。价值。⑤振达：救济。达，以物送人。⑥趋（cù）：急速行走。⑦中闺：宫中的小门。

⑧谏：直言规劝。多用于下对上。⑨诈谖：欺骗。⑩采葑采菲，无以下体：出自《诗·邶·谷风》。葑、菲是两种菜，均可食。但其根有时不好吃。下体，指根茎。这句话的原意是，采者不应因其根茎不好吃而连叶子也抛弃。

【译文】

孟尝君代表齐国前往楚国访问，楚王送他一张象牙床。孟尝君令登徒直先护送象牙床回国。登徒直却不愿意去，他对孟尝君门下人公孙戍说："象牙床价值千金，如果有一丝一毫的损伤，我就是卖了妻子儿女也赔不起啊！你要是能让我躲过这趟差事，我有一把祖传的宝剑，愿意送给你。"公孙戍答应了。他见到孟尝君说："各个小国家之所以都延请您担任国相，是因为您能扶助弱小贫穷，使灭亡的国家复存，使后嗣断绝者延续，大家十分钦佩您的仁义，仰慕您的廉洁。现在您刚到楚国就接受了象牙床的厚礼，那些还没去的国家又拿什么来接待您呢！"孟尝君听罢回答说："你说得有理。"于是决定谢绝楚国的象牙床厚礼。公孙戍告辞快步离开，还没出小宫门，孟尝君就把他叫了回来，问道："你为什么那么趾高气扬、神采飞扬呢？"公孙戍只得把赚了宝剑的事如实报告。孟尝君于是令人在门上贴出布告，写道："无论何人，只要能宏扬我田文的名声，劝止我田文的过失，即使他私下接受了别人的馈赠，也没关系，请赶快来提出意见！"

臣司马光曰：孟尝君可以算是能虚心接受意见的人了。只要提的意见对，即使是别有用心，他也予以采纳，更何况那些毫无私心的尽忠之言呢！《诗经》写道："采集蔓菁，采集土瓜，根好根坏不要管它。"孟尝君具有这种兼容并包的雅度。

司马错论伐蜀

周慎靓王五年（前316年）

巴、蜀相攻击①，俱告急于秦。秦惠王欲伐蜀，以为道险狭难至，而韩又来侵，犹豫未能决。司马错请伐蜀。张仪曰："不如伐韩。"王曰："请闻其说。"仪曰："亲魏，善楚，下兵三川②，攻新城、宜阳，以临二周③之郊，据九鼎④，按图籍⑤，挟天子以令于天下，天下莫敢不听，此王业也。臣闻争名者于朝，争利者于市。今三川、周室，天下之朝市也，而王不争焉，顾争于戎翟，去王业远矣。"司马错曰："不然。臣闻欲富国者务广其地，欲强兵者务富其民，欲王者务博其德：三资者备而王随之矣。今王地小民贫，故臣愿先从事于易。夫蜀，西僻之国而戎翟之长也，有桀、纣之乱；以秦攻之，譬如使豺狼逐群羊；得其地足以广国，取其财足以富民，缮⑥兵不伤众而彼已服焉。拔一国而天下不以为暴，利尽四海而天下不以为贪，是我一举而名实附也，而又有禁暴止乱之名。今攻韩，劫天子，恶名也，而未必利也；又有不义之名，而攻天下所不欲，危矣。臣请论其故：周，天下之宗室也。齐，韩之与国⑦也。周自知失九鼎，韩自知亡三川，将二国并力合谋，以因乎齐、赵而求解乎楚、魏，以鼎与楚，以地与魏，王弗能止也。此臣之所谓危也。不如伐蜀完。"王从错计，起兵伐蜀；十月取之。贬蜀王，更号为侯；而使陈庄相蜀。蜀既属秦，秦以益强，富厚，轻诸侯。

（《通鉴》第 3 卷 84～86 页）

【注释】

①巴、蜀相攻击：巴、蜀皆古国名。巴，春秋巴子之国，约在今重庆市。蜀，周武王伐纣时，曾参加过会盟。西周中期其首领蚕丛始称蜀王。其后由郫县迁都成都，在今四川省中部偏西。据《华阳国志》记载：蜀王封其弟于汉中，号曰苴侯。苴侯与巴王为好。后巴与蜀为仇，蜀王怒，伐苴侯，苴侯奔巴。巴求救于秦，秦伐蜀，蜀王败死。秦灭蜀，又灭巴、苴，置巴、蜀二郡。②三川：指伊水、洛水和黄河。③二周：战国时，周分为东周和西周，故称二周。④九鼎：古代传说夏禹铸九鼎，象征九州。夏、商、周三代奉为传国之宝，成汤迁之于商邑，周武王迁之于洛邑。⑤图籍：地图和户籍。⑥缮：整治。⑦与国：友好的国家。

【译文】

巴国、蜀国互相攻击，都来向秦国告急求救，秦惠王想出兵讨伐蜀国，但顾虑道路险峻难行，韩国有可能来侵犯，所以犹豫不决。司马错建议他仍旧出兵伐蜀，张仪却说："不如去征讨韩国。"秦惠王说："请谈谈你的见解。"张仪便陈述道："我们应该与魏国、楚国亲善友好，然后出兵黄河、伊水、洛水一带，攻取新城、宜阳，兵临东西周王都，控制象征王权的九鼎和天下版图，挟持天子以号令天下，各国就不敢不从，这是称王的大业。我听人说，要博取名声应该去朝廷，要赚取金钱应该去集市。现在的黄河、伊洛一带和周朝王室，正好比天下的朝廷和集市，而大王您不去那里争雄，反倒纠缠于远方的戎狄小族争斗，这可不是帝王的大业啊！"司马错反驳张仪说："不对。我也听说有这样的话：想要使国家富强必须先开拓疆土，想要使军队强大必须先让老百姓富庶，想要成就帝王大业必须先树立德望。这三个条件具备，帝王大业也就水到渠成。现在大王的国家地小民贫，所以我建议先从容易之事做起。蜀国，是西南偏僻之国，又是戎狄之族的首领，政治昏乱，如同夏桀、商纣；以秦国大兵攻蜀，就像狼入羊群一样。攻占它的土地可以扩大秦国疆域，夺取它的财富可以赡养百姓，而军队不须有大的伤亡就可以使蜀国屈服。这样，吞并一个国家而天下并不认为秦国强暴，获取广泛的利益天下也不认为秦国贪婪，我们一举两得、名利双收，更享有除暴安良的美誉。秦国若是攻打韩国、劫持周天子，就会臭名远扬，也不见得有什么实际利益。蒙受不义之名，攻打天下人所不愿攻占的地方，那可是很危险的！请让我细说其中的原因：周朝，是天下尊崇的王室；齐国，是韩国的亲睦友邦。周朝自知要失去九鼎，韩国自知要失去伊洛一带领土，两国将会齐心合力，共同谋划，求得齐国、赵国的援助，并与有旧怨的楚国、魏国和解，甚至不惜把鼎送给楚国，把土地割让给魏国，对此，大王您只能束手无策。这就是我所说的危险所在。所以，攻打蜀国才是十拿九稳的上策。"秦惠王听从了司马错的建议，起兵伐蜀，仅用了十个月就攻克全境，把蜀王降为侯，又任命陈庄为蜀国国相。蜀国被秦国吞并以后，秦国更加富庶和强盛而轻视周围各国。

燕王哙务虚名而乱国

周慎靓王五年（前316年）

苏秦既死，秦弟代、厉亦以游说①显于诸侯。燕相子之与苏代婚，欲得燕权。苏代使于齐而还，燕王哙问曰："齐王其霸乎？"对曰："不能。"王曰："何故？"对曰："不信其臣。"于是燕王专任子之。鹿毛寿谓燕王曰："人之谓尧贤者，以其能让天下也。今王以国让子之，是王与尧同名也。"燕王因属②国于子之，子之大重。或③曰："禹荐益而以启人④为吏，及老而以启为不足任天下，传之于益。启与交党攻益，夺之，天下谓禹名传天下于益而实令启自取之。今王言属国于子之而吏无非太子人者，是名属子之而实太子用事也。"王因收印绶⑤，自三百石吏已上而效⑥之子之。子之南面行王事，而哙老，不听政，顾⑦为臣，国事皆决于子之。

周赧王元年（前314年）

燕子之为王三年，国内大乱。将军市被与太子平谋攻子之。齐王令人谓太子曰："寡人闻太子将饬⑧君臣之义，明父子之位，寡人之国唯太子所以令之。"太子因要⑨党聚众，使市被攻子之，不克。市被反攻太子。搆难⑩数月，死者数万人，百姓恫⑪恐。齐王令章子将五都⑫之兵，因北地⑬之众以伐燕。燕士卒不战，城门不闭。齐人取⑭子之。醢⑮之，遂杀燕王哙。

（《通鉴》第3卷86～88页）

【注释】

①游说(shuì)：周游各国向各国君主陈述自己的政见或主张。说，用言语劝说别人。②属(zhǔ)：通"嘱"。托付。③或：有人。④人：臣。⑤印绶：印，官印。绶，系印的丝带。⑥效：授予。⑦顾：反而。⑧饬(chì)：整治。⑨要：结。⑩搆难：造成祸乱。"搆"与"构"通。⑪恫(dòng)：恐惧。⑫都：城市。⑬因：依靠。北地：齐国北部的边境。⑭取：捕取。⑮醢(hǎi)：古代的一种酷刑。即把人剁成肉酱。

【译文】

苏秦死后，他的弟弟苏代、苏厉也以游说显名于诸侯各国。燕国宰相子之和苏代是姻亲，想取得燕国政权。苏代出使齐国回来，燕王哙问他："齐王能成就霸业吗？"苏代回答说："不能。"燕王问："为什么呢？"苏代回答说："因为他不信任臣下。"于是燕王完全信任子之，后来鹿毛寿对燕王说："人们所以称道帝尧贤能，是因为他禅让天下。现在王如果能把国家让给子之，王就有和尧同样的美名了。"燕王便把国家托付给子之，子之的权势大重。有人说："大禹推荐伯益得天下，让儿子启为执事的官吏，等到年老时，以启不足担任天子位，传位给益。启和党羽攻打益，夺回天子之位，因此，世人都说禹是名义上传位给益实际上是叫启夺回天子之位。现在王把国家托付给子之，而执事的官员无非是太子左右的人，这也是名义上托付给子之，实际是太子执政啊。"燕王便收回年禄三百石以上官吏的印绶，奉送给子之。子之真的执掌君王的职务了，而哙年纪老大，不想听政理事，反为臣子，国事都由子之去决定。

燕王哙务虚名而乱国 | 27

燕国子之做国王三年，国内大乱，将军市被与太子姬平合谋攻打子之。齐王派人对燕太子说："我听说太子你将要整饬君臣大义，申明父子名位，我的国家愿意支持太子你的号召，做坚强后盾。"燕太子于是聚集众人，派将军市被进攻子之，却没有得手，市被反倒戈攻打太子。国内动乱几个月，死亡达几万人，人心惶惶。此时，齐王命章子为大将，率领国都周围五城的军队及北方的部队征伐燕国。燕国士兵毫无战意，城门大开不守。齐国便捕获了子之，把他剁成肉酱，燕王姬哙也同时被杀。

孟子答齐宣王

周赧王元年（前314年）

齐王①问孟子曰："或谓寡人勿取燕，或谓寡人取之。以万乘之国②伐万乘之国，五旬而举之，人力不至于此；不取，必有天殃③。取之何如？"孟子对曰："取之而燕民悦则取之，古之人有行之者，武王是也。取之而燕民不悦则勿取，古之人有行之者，文王是也。以万乘之国伐万乘之国，箪食壶浆以迎王师④，岂有他哉？避水火也。如水益深，如火益热，亦运⑤而已矣！"

诸侯将谋救燕。齐王谓孟子曰："诸侯多谋伐寡人者，何以待之？"对曰："臣闻七十里为政于天下者，汤是也；未闻以千里畏人者也。《书》曰：'徯我后，后来其苏。'⑥今燕虐其民，王往而征之，民以为将拯己于水火之中也，箪食壶浆以迎王师。若杀其父兄，系⑦累其子弟，毁其宗庙，迁其重器⑧，如之何其可也！天下固畏齐之强也，今又倍地⑨而不行仁政，是动天下之兵也。王速出令，反其旄倪⑩，止其重器，谋于燕众，置君而后去之，则犹可及止也。"齐王不听。

已而燕人叛。王曰："吾甚惭于孟子。"陈贾曰："王无患焉。"乃见孟子，曰："周公何人也？"曰："古圣人也。"陈贾曰："周公使管叔监商，管叔以商畔⑪也。周公知其将畔而使之与⑫？"曰："不知也。"陈贾曰："然则圣人亦有过与？"曰："周公，弟也，管叔，兄也，周公之过不亦宜⑬乎！且古之君子，过则改之；今之君子，过则顺之。古之君子，其过也如日月之食⑭，民皆见之；及其更⑮也，民皆仰之。今之君子，岂徒顺之，又从为之辞！"

（《通鉴》第 3 卷 88 ~ 90 页）

【注释】

①齐王：齐宣王田辟疆，公元前 319—前 301 年在位。②万乘之国：周制，天子地方千里，出兵车万乘。战国时齐、燕都是大国，故称万乘之国。③殃：祸。④箪：竹制或者苇制的圆形盛器，常用来盛饭。浆：泛指饮料。⑤运：转，转移到他处。⑥徯我后，后来其苏：出自《尚书·仲虺之诰》。徯，等待。后，君。苏，苏息。⑦系：拘禁。⑧重器：国家的宝器。⑨倍地：指齐国攻占燕国后，土地增加了一倍。⑩反：通"返"，归还。旄（mào）倪：八十、九十岁叫旄。倪，通"儿"。旄倪即老幼。⑪畔：与"叛"同。⑫与（yú）：通"欤"。表示疑问语气。⑬宜：当然。⑭食：通"蚀"。⑮更：更改。

【译文】

齐王请教孟轲："有人建议我不要攻占燕国，有人却建议我吞并它。我想，以万乘兵车的大国去进攻另一个同样的大国，五十天就征服，这靠人的力量是做不到的，只能是天意。现在我若不吞并燕国，上天一定会降祸怪罪。我把燕国并入齐国，怎么样？"孟轲回答说："吞并后如果燕国人民很高兴，那就吞并吧，古代有这样做的，周武王便是。吞并而使燕国人民不高兴，就不要吞并，古代有这样行事的，周文王便是。齐国以万乘兵车大国征讨另一个大国，那里的百姓用竹篮盛着饭、用瓦罐装着酒浆，难道有别的原因吗？就是为了跳出水深火热的战祸啊！如果新统治下水更深，火更热，百姓又将转而投奔别的国家了。"

各国策划援救燕国。齐王又向孟轲问道："各国都谋划来攻伐我，怎么办？"回答说："我听说过只占有七十里而能统一号令天下的例子，就是商王汤。没听说过拥有千里之广的国家而畏惧别人的。《尚书》说：'等待我们的君主，他来了我们就可以复活了。'现在燕国虐待它的百姓，大王前往征服它。燕国人民认为是要从水深火热中拯救他们，都用竹篮盛着饭、用瓦罐装着酒浆前来迎接齐军。您如果杀了他们的父兄，囚捕他们的子弟，毁坏他们的祖庙，掠夺他们的国宝，那怎么可以呢！天下本来就畏惧齐国的强大，现在齐国土地又增加了一倍，如果不施行仁政，那么就会招致天下的讨伐。大王您应该立即下令，释放被捕的老幼百姓，停止掠夺燕国的宝器，与燕国众人商议，立新的国君，然后离开燕国，这样做还来得及使各国停止兴兵。"齐王没有听取孟轲的劝告。

　　不久，燕国人果然纷纷反叛齐国，齐王叹息道："我对孟子感到非常惭愧。"陈贾说："大王不用担心。"于是他前去见孟轲，问："周公是什么样的人？"回答："是古代的圣人。"陈贾又说："周公派管叔监视商朝旧地，管叔却在商地反叛。周公知道管叔会反叛而派他去吗？"回答说："周公不知道。"陈贾便说："如此说来圣人也会犯错误吗？"孟轲说："周公，是弟弟，管叔，是哥哥，周公的错误难道不是合乎情理的吗？况且古代的君子，有了错误就改；现在的所谓君子，有了错误却将错就错。古代的君子，他的过失像日食月食，人民都看得到；待到他改正，人民全都抬头望着。现在的君子，岂止将错就错，还要为错误辩护！"

张仪诳楚

周赧王二年（前 313 年）

　　秦王①欲伐齐，患齐、楚之从亲②，乃使张仪③至楚，说楚王④曰："大王诚能听臣，闭关⑤绝约于齐，臣请献商于⑥之地六百里，使秦女得为大王箕帚之妾⑦，秦、楚嫁女娶妇，长为兄弟之国。"楚王说⑧而许之。群臣皆贺，陈轸独吊。王怒曰："寡人不兴师而得六百里地，何吊也？"对曰："不然。以臣观之，商于之地不可得而齐、秦合，齐、秦合则患必至矣。"王曰："有说乎？"对曰："夫⑨秦之所以重楚者，以其有齐也。今闭关绝约于齐则楚孤，秦奚贪⑩夫孤国而与之商于之地六百里！张仪至秦，必负⑪王。是王北绝齐交，西生患于秦也，两国之兵必俱至。为王计者，不若阴合而阳绝于齐，使人随张仪，苟与吾地，绝齐未晚也。"王曰："愿陈子闭口，毋复言⑫，以待寡人得地！"乃以相印授张仪，厚赐之。遂闭关绝约于齐，使一将军随张仪至秦。

　　张仪详⑬堕车，不朝⑭三月。楚王闻之，曰："仪以寡人绝齐未甚邪？"乃使勇士宋遗借宋之符，北骂齐王⑮。齐王大怒，折节⑯以事秦，齐秦之交合。张仪乃朝，见楚使者曰："子何不受地？从某至某，广袤⑰六里。"使者怒，还报楚王。楚王大怒，欲发兵而攻秦。陈轸曰："轸可发口言乎？攻之不如因赂之以一名都，与之并力而攻齐，是我亡地于秦，取偿于齐也。今王已绝于齐而责欺于秦[18]，是吾合齐、秦之交而来[19]天下之兵也，国必大伤矣！"楚王不听，使屈匄帅师伐秦。秦亦发兵使庶长章击之[20]。

周赧王三年（前312年）

春，秦师与楚战于丹阳[21]，楚师大败；斩甲士八万，虏屈匄及列侯、执珪[22]七十余人，遂取汉中郡。楚王悉发国内兵以复袭秦，战于蓝田，楚师大败。韩、魏闻楚之困，南袭楚，至邓。楚人闻之，乃引兵归，割两城以请平[23]于秦。

（《通鉴》第3卷90～92页）

【注释】

①秦王：指惠文王嬴驷。②从（zòng）亲：合纵相亲。从，同"纵"。③张仪（？—前310）：战国时纵横家代表人物。魏国贵族后代。后至秦，秦惠文王十年（前328年），任秦相。游说各国服从秦国，瓦解齐楚联盟，使秦国日益强大。秦武王即位后，他入魏为相，不久即死。④说（shuì）：游说。楚王：指楚怀王熊槐。⑤闭关：战国时列国各置关尹，敌国宾客至，关尹以告。闭关，即拒绝敌国使者，不令其入关。⑥商于（wū）：古地区名。在今陕西商南县与河南淅川县、内乡县一带。⑦箕帚之妾：为嫁女的谦辞。意思是从事洒扫之事。⑧说（yuè）：通"悦"。⑨夫：发语词。⑩奚：为何。贪：爱。⑪负：背弃。⑫毋（wú）：不要。表示禁止或劝阻的词。复：再，又。⑬详（yáng）：通"佯"，假装。⑭朝（cháo）：古时凡访人皆称朝。后指臣见君。⑮借宋之符，北骂齐王：因齐楚断交，信使不通，故借宋符以至齐。⑯折节：屈己下人，降低身份。⑰广袤（mào）：东西的长度叫"广"，南北的长度叫"袤"。⑱责欺于秦：责问秦国不诚实。据《史记·张仪列传》，楚使者听了张仪的话后说："臣受令于王，以商于之地六百里，不闻六里。"⑲来：招致。⑳庶长：春秋战国时秦官爵名。章：姓魏。《史记·樗里子传》："魏章攻楚"。㉑丹阳：丹水之阳。丹水，发源于陕西商县冢领山，东入河南省，经内乡、淅川二县，东注均水。㉒执珪：楚爵。㉓平：讲和。

【译文】

秦王想征伐齐国，又顾虑齐国与楚国有互助条约，便派张仪前往楚国。张仪对楚王说："大王如果能听从我的建议，与齐国废除盟约，断绝邦交，我可以向楚国献上商于地方的六百里土地，让秦国的美人来做侍奉您的妾婢。

秦、楚两国互通婚嫁，就能永远结为兄弟之邦。"楚王十分高兴，允诺张仪的建议。群臣都前来祝贺，只有陈轸表示哀痛。楚王恼怒地问："我一兵未发而得到六百里土地，有什么不好？"陈轸回答："您的想法不对。以我之见，商于的土地不会到手，齐国、秦国却会联合起来，齐、秦一联合，楚国即将祸事临门了。"楚王问："你有什么解释呢？"陈轸回答："秦国之所以重视楚国，就是因为我们有齐国做盟友。现在我们如果与齐国毁约断交，楚国便孤立了，秦国又怎么会偏爱一个孤立无援的国家而白送商于六百里地呢！张仪回到秦国以后，一定会背弃对大王您的许诺。那时大王北与齐国断交，西与秦国生出怨仇，两国必定联合发兵夹攻。为您算计，不如我们暗中与齐国仍旧修好而只表面上绝交。派人随张仪回去，如果真的割让给我们土地，再与齐国绝交也不晚。"楚王斥责道："请你陈先生闭上嘴巴，不要再说废话了，等着看我去接收大片土地吧！"于是把国相大印授给张仪，又重重赏赐他。随后下令与齐国毁约断交，派一名将军同张仪到秦国。

张仪回国后，假装从车上跌下，三个月不上朝。楚王听说后自语道："张仪是不是觉得我与齐国断交做得还不够？"便派勇士宋遗借了宋国的符节，北上到齐国去辱骂齐王。齐王大怒，立即降低身份去讨好秦国，齐国、秦国于是和好。这时张仪才上朝，见到楚国使者，故作惊讶地问："你为何还不去接受割地？从某处到某处，有六里多见方。"使者愤怒地回国报告楚王，楚王勃然大怒，想发兵攻打秦国。陈轸说："我可以开口说话吗？攻秦国还不如用一座大城的代价去收买它，与秦国合力攻齐国。这样我们从秦国失了地，还可以在齐国得到补偿。现在大王您已经与齐国断交，又去质问秦国的欺骗行为，是我们促使齐国、秦国和好而招来天下的军队了，国家一定会有大损失！"楚王仍是不听他的劝告，派屈匄率军队征讨秦国，秦国也任命魏章为庶长之职，起兵迎击。

公元前 312 年春，秦军与楚军在丹阳大战，楚军大败，八万士兵战死，主将屈匄以及有侯爵封号的 70 多人被俘，秦国从此获得汉中郡。不久，楚王倾全国之兵攻袭秦国，决战于蓝田，楚军又遭惨败。韩、魏两国趁机攻袭楚国，到达邓州。楚国得知此消息后，撤军回归，割让两座城池与秦国议和。

郭隗之招贤策

周赧王三年（前312年）

　　燕人共立太子平，是为昭王^①。昭王于破燕^②之后。吊死问孤^③，与百姓同甘苦，卑身厚币以招贤者。谓郭隗曰：“齐因孤^④之国乱而袭破燕，孤极知燕小力少，不足以报；然诚得贤士与共国^⑤，以雪先王^⑥之耻，孤之愿也。先生视可者，得身事之！”郭隗曰：“古之人君有以千金使涓人^⑦求千里马者，马已死，买其首五百金而返。君大怒，涓人曰：‘死马且买之，况生者乎！马今至矣。’不期年，千里之马至者三。今王必欲致^⑧士，先从隗始，况贤于隗者，岂远千里哉！”于是昭王为隗改筑宫而师事之。于是士争趣^⑨燕：乐毅^⑩自魏往，剧辛自赵往。昭王以乐毅为亚卿^⑪，任以国政。

（《通鉴》第3卷93页）

【注释】

　　①燕人共立太子平，是为昭王：根据《史记·六同年表》所载：周赧王元年（前314年）燕“君哙及太子相子之皆死”。《纪年》云“子之杀公子平”。又云“立燕公子职”。《史记·赵世家》载，赵武灵王“召公子职于韩，立为燕王，使乐池送之”。由此看来原文中的“太子平”是“公子职”之误。“昭王”应是燕王哙的庶子姬职。昭王即位后，致力于改革政治，招徕人才。公元前284年（燕昭王二十八年），燕联合秦、楚、赵、魏、韩五国击齐，将军乐毅率燕军独自攻破齐国，占领齐国七十余城。昭王在位三十三年（前312—前279），是燕国最强盛时期。②破燕：指燕国在此之前两年（前314年）曾为齐国所攻破。③吊死问孤：哀悼死者，慰问失去父亲的幼儿。④因：趁。孤：古代侯王的谦称。⑤共国：共同掌握国政。⑥先王：指燕王姬哙。⑦涓人：在左右担任洒扫的人。也泛指亲信的侍臣。⑧致：引来。⑨趣（qū）：通“趋”。奔赴。⑩乐毅：战国时燕国的名将，号昌国君。中山国灵寿（今河北平山县东北）人，至燕封亚卿。公元前284年（燕昭王二十八年），率燕军攻破齐都临淄，几灭齐国。燕昭王死，惠王即位，齐使反间计，迫使乐毅奔赵，后死于赵

国。⑪亚卿：仅次于正卿的高级行政长官。

【译文】

燕国贵族共同推举太子姬平为燕昭王。昭王是在燕国被齐国攻破后即位的，他凭吊死者，探访贫孤，与百姓同甘共苦。自己屈尊降贵，用重金来招募人才。他问郭隗："齐国乘我们的内乱而攻破燕国，我深知燕国国小力少，不足以报仇。然而招揽贤士与他们共商国是，以雪先王的耻辱，始终是我的愿望。先生您如果见到合适人才，我一定亲自服侍他。"郭隗说："古时候有个君主派一个负责洒扫的涓人用千金去购求千里马，那个人找到一匹已死的千里马，用五百金买下马头带回。君主大怒，涓人解释说：'死马您还买，何况活的呢！天下人知道了，好马就会送上来的。'不到一年，果然得到了三匹千里马。现在大王您打算招揽人才，就请先从我郭隗开始，比我贤良的人，都会不远千里前来的。"于是燕昭王为郭隗翻建府第，尊他为老师。各地的贤士果然争相来到燕国：乐毅从魏国来，剧辛从赵国来。昭王奉乐毅为亚卿高位，委托以国家大事。

赵武灵王胡服骑射

周赧王八年（前 307 年）

赵武灵王北略中山之地①，至房子②，遂至代③，北至无穷④，西至河，登黄华⑤之上。与肥义⑥谋胡服骑射以教百姓，曰："愚者所笑，贤者察焉。虽驱⑦世以笑我，胡地、中山，吾必有之！"遂胡服。

国人皆不欲，公子成⑧称疾不朝。王使人请之曰："家听于亲⑨，国听于君。今寡人作教易服而公叔不服，吾恐天下议己也。制国有常⑩，利民为本；从政有经⑪，令行为上。明德先论于贱，而从政先信于贵，故愿慕公叔之义以成胡服之功也。"公子成再拜稽首⑫曰："臣闻中国者，圣贤之所教也，礼乐之所用也，远方之所观赴也，蛮夷之所则效⑬也。今王舍此而袭⑭远方之服，变古之道，逆人之心，臣愿王孰图之也！"使者以报。王自往请之，曰："吾国东有齐、中山，北有燕、东胡⑮，西有楼烦⑯、秦、韩之边。今无骑射之备，则何以守之哉？先时中山负⑰齐之强兵，侵暴吾地，系累吾民，引水围鄗⑱；微社稷之神灵⑲，则鄗几于不守也。先君丑^⑳之，故寡人变服骑射，欲以备四境之难，报中山之怨。而叔顺中国之俗，恶变服之名，以忘鄙事之丑，非寡人之所望也！"公子成听命，乃赐胡服；明日服而朝。于是始出胡服令，而招骑射焉。

(《通鉴》第 3 卷 104 ~ 105 页)

【注释】

①赵武灵王：赵雍。战国时赵国国君。公元前 325—前 299 年在位。公元前 307 年下令胡服骑射。先后灭掉中山、林胡、楼烦，国势大盛。公元前 299 年（赵武灵王二十七年）传位于子何（赵惠文王），自称"主父"。前 295 年在内讧中饿死于沙秋宫。略：取，迅速地占领。中山：国名。春秋时白狄别族建立。又称鲜虞。在今河北省正定县东北。战国初，建都于顾（今河北定县）。公元前 406 年被魏攻灭。后复国，迁都灵寿（今河北灵寿县西北）。前 296 年被赵所灭。②房子：在今河北省临城县境内。③代：国名。在今河北蔚县。④无穷：代北沙漠地带。⑤黄华：赵国西北境内黄河岸边的山名。⑥肥义：赵肃侯的贵臣，武灵王继位后加秩重用，后为惠文王的相国。公元前 295 年公子章作乱，被杀。⑦驱：逼迫，驱使。⑧公子成：赵武灵王的叔父。⑨亲：父、母。⑩制国：治理国家。常：法规。⑪从政：掌管政权。经：常法。⑫稽（qǐ）首：叩头至地。⑬则效：效法。⑭袭：穿衣。⑮东胡：古族名。因在匈奴（胡）以东得名。春秋战国（武灵王时）居燕国的北面。为燕将秦开击破，后迁至西辽河上游、老哈河和西喇木伦河流域。⑯楼烦：古族名。春秋末至战国中期，分布在今山西岢岚县、宁武县等地。⑰负：依靠。⑱鄗（hào）：在今河北省柏乡县北。⑲微：如果没有。社稷：国家。社，土神；稷，谷神。⑳丑：羞耻。

【译文】

赵武灵王向北进攻中山国，大军经房子城，抵达代地，再向北直至大漠中的无穷，向西攻到黄河，登上黄华山顶，与大臣肥义商议让百姓穿短衣胡服，学骑马与射箭。他说："愚蠢的人会嘲笑我，但聪明的人是可以理解的。即使天下的人都嘲笑我，我也这样做，一定能把北方胡人的领地和中山国都夺过来！"于是带头改穿胡服。

国中的士人有不少反对，公子成假称有病，不来上朝。赵王派人前去说服他："家事听从父母，国政服从国君，现在我向人民宣传改变服装，而叔父您不穿，我担心天下人会议论我徇私情。治理国家有一定章法，总以有利人民为根本；办理政事有一定常规，执行命令是最重要的。宣传道德要先针对卑贱的下层，而推行法令必须从贵族近臣做起。所以我希望能借助叔父您的榜样来完成改穿胡服的功业。"公子成拜谢道："我听说，中国是在圣贤之人教化下，用礼乐仪制，使远方国家前来游观，让四方夷族学习效法的地方。现在君王您舍此不顾，去仿效远方外国的服装，是擅改古代习惯、违背人心的举动，我希望您慎重考虑。"使者回报赵王。赵王便亲自登门解释说："我国东面有齐国、中山国；北面有燕国、东胡；西面是楼烦，与秦、韩两国接壤，如果没有骑马射箭的训练，怎么能守得住呢？先前中山国倚仗齐国的强兵，侵犯我们的领土，掠夺人民，又引水围灌鄗城，如果不是老天保佑，鄗城几乎就失守了。此事先王深以为耻。所以我决心改变服装，学习骑射，想以此抵御四面的灾难，一报中山国之仇。而叔父您一味依循中国旧俗，厌恶改变服装，已经忘记了鄗城的奇耻大辱，我对您深感失望啊！"公子成幡然醒悟，欣然从命，赵王亲自赐给他胡服，第二天他便穿戴入朝。于是，赵王开始下达改穿胡服的法令，提倡学习骑马射箭。

廉颇负荆请罪

周赧王三十六年（前 279 年）

秦王使使者告赵王[①]，愿为好会于河外渑池[②]。赵王欲毋行，廉颇、蔺相如计曰："王不行，示赵弱且怯也。"赵王遂行，相如从，廉颇送至境，与王诀[③]曰："王行，度道里会遇之礼毕[④]，还不过三十日；三十日不还，则请立太子以绝秦望。"王许之。

会于渑池。王与赵王饮，酒酣，秦王请赵王鼓瑟[⑤]，赵王鼓之。蔺相如复请秦王击缶[⑥]，秦王不肯。相如曰："五步之内，臣请得以颈血溅大王[⑦]矣！"左右欲刃[⑧]相如，相如张目叱[⑨]之，左右皆靡[⑩]。王不怿[⑪]，为一击缶。罢酒，秦终不能有加于赵；赵人亦盛[⑫]为之备，秦不敢动。赵王归国，以蔺相如为上卿，位在廉颇之右[⑬]。

廉颇曰："我为赵将，有攻城野战之功。蔺相如素贱人[⑭]，徒以口舌而位居我上，吾羞，不忍为之下！"宣言曰"我见相如，必辱之！"相如闻之，不肯与会；每朝⑮，常称病，不欲争列⑯。出而望见，辄⑰引车避匿。其舍人皆以为耻。相如曰："子视廉将军孰与秦王？"曰："不若。"相如曰："夫以秦王之威而相如廷叱之，辱其群臣；相如虽驽⑱独畏廉将军哉！顾吾念之，强秦所以不敢加兵于赵者，徒⑲以吾两人在也。今两虎共斗，其势不俱生。吾所以为此者，先国家之急而后私仇也！"廉颇闻之，肉袒负荆⑳至门谢罪，遂为刎颈之交㉑。

（《通鉴》第4卷135～136页）

【注释】

①秦王：秦昭王（昭襄王）嬴则，一名嬴稷。赵王：赵惠文王，即赵何。②好会：友好的会见。河外：春秋战国时称河南省黄河以南的地方为河外。渑（miǎn）池：今河南省渑池县西。③诀：告别。④度（duó）道里会遇之礼毕：度，估计。道里，路程。会遇，会谈。这句意思是：估计赵王在前往渑池的路程上直到与秦王会谈的礼节结束。⑤瑟：古代一种类似琴而比琴长的拨弦乐器。⑥缶（fǒu）：瓦质的打击乐器。⑦以颈血溅大王：暗示要与秦王拼命。⑧刃：作动词用，杀。⑨叱：大声呵斥。⑩靡：倒退。⑪不怿（yì）：不高兴。⑫盛：充分。⑬右：上。当时以右为尊。⑭素贱人：本来是地位卑贱的人。⑮朝：古代诸侯见天子、臣见国君叫朝。⑯争列：争位次的高低。⑰辄（zhé）：即，总是。⑱驽：能力低下的马。这里比喻才能低劣。⑲徒：只。⑳肉袒负荆：袒露上身，背负荆条。表示有罪，请求责罚。㉑刎颈之交：同生死共患难的朋友。

【译文】

秦王派使者通知赵王，愿意在黄河外的渑池和好相会。赵王不想赴会，廉颇、蔺相如建议说："大王若是不去，就显得赵国懦弱而又胆怯。"赵王于是决定前往，由蔺相如随行。廉颇送到边境，与赵王告别时说："大王此行，估计加上路程时间，到会议仪式全部结束，不超过三十天就会回来，如果超过三十天您还没有回来，请允许我们立太子为赵王，以断绝秦国的要挟念头。"赵王同意。

渑池相会，秦王与赵王饮酒。酒兴之间，秦王请赵王表演鼓瑟，赵王便演奏了。蔺相如也请秦王表演敲击瓦盆的音乐，秦王却不肯。蔺相如厉色说道："在五步之内，我就可以血溅大王！"秦王左右卫士想上前杀死蔺相如，蔺相如怒目呵斥，左右人都畏缩不敢行动。秦王只好非常不情愿地敲了一下瓦盆。直到酒宴结束，秦国始终不能对赵国加以非分之求。再加上赵国人也早有军队戒备，秦国到底没敢轻举妄动。赵王回国，加封蔺相如为上卿之职，地位在大将廉颇之上。

廉颇不满地说："我作为赵国大将，有攻城野战之功，蔺相如原不过是下层小民，只以能说善辩而位居我之上，我实在感到羞耻，忍不下这口气！"便宣称："我遇到蔺相如，一定要羞辱他一番！"蔺相如听说后，不愿意和他遇见。每逢上朝，常常称病，不和廉颇去争排列顺序。出门在外，远远望见廉颇的车驾，便令自己的车回避。蔺相如的门客下属都感到十分羞耻。蔺相如对他们说："你们看廉将军的威严比得上秦王吗？"回答都说："比不上。"蔺相如说："面对秦王那么大的威势，我都敢在他的朝廷上叱责他，羞辱他的群臣，我虽然无能，难道单单怕廉将军吗！我是考虑到：强暴的秦国之所以还不敢大举进犯赵国，就是因为我和廉将军在。我们两虎相争，必有一伤。我所以避让，是先考虑到国家的利益而后才去想个人的私怨啊！"廉颇听说了这番话十分惭愧，便赤裸着上身到蔺相如府上来负荆请罪，两人从此结为生死之交。

田单克狄

周赧王三十六年（前279）

田单将攻狄①，往见鲁仲连②。鲁仲连曰："将军攻狄，不能下也。"田单曰："臣以即墨破亡余卒破万乘之燕③，复齐之墟④，今攻狄而不下，何也？"上车弗⑤谢而去，遂攻狄。三月不克。齐小儿谣曰："大冠⑥若箕，修剑挂颐⑦，攻狄不能下，垒枯骨成丘。"田单乃惧，问鲁仲连曰："先生谓单不能下狄，请闻其说。"鲁仲连曰："将军之在即墨，坐则织蒉⑧，立则仗锸⑨，为士卒倡⑩曰：'无可往矣！宗庙亡矣！今日尚矣！归于何党矣⑪！'当此之时，将军有死之心，士卒无生之气，闻君言莫不挥泣⑫奋臂而欲战，此所以破燕也。当今将军东有夜邑之奉⑬，西有淄上之娱，黄金横带而骋乎淄、渑之间⑭，有生之乐，无死之心，所以不胜也。"田单曰："单之有心，先生志⑮之矣。"明日，乃厉气循城⑯，立于矢石⑰之所，援枹鼓之⑱，狄人乃下。

（《通鉴》第4卷144～145页）

【注释】

①田单：临淄（今山东淄博东北）人。战国时齐国大将。燕将乐毅破齐时，他坚守即墨，施反间计，使燕惠王改用骑劫为将，他以火牛阵败燕军，一举收复七十余城，被齐襄王任为相国，封安平君。齐王建即位，入赵，被任为相国，封平都君。狄：狄城。故址在今山东高青东南。②鲁仲连：战国时齐国人，善谋划，常周游各国，排解纠纷。③即墨：战国时齐邑。在今山东平度东南。破亡余卒：燕破齐，仅存即墨和莒二城，故称即墨之兵为破亡余卒。④墟：故城。⑤弗：义同"不"。⑥大冠：武冠。⑦修：长。拄：支撑。颐：下巴。⑧蒉（kuì）：草编的筐子。⑨仗：拿着。锸（chā）：锹。⑩倡：倡导。⑪尚：庶几，也许可以（表示希望）。党：类。这两句话是说，现在到了最后决战的关键时刻，若战不胜，非死即降，将归于何类？⑫挥泣：擦泪。泣：眼泪。⑬夜邑：邑名。在田单的封邑安平（今山东益都西北）东，即今山东掖县。奉：供奉。指租赋。⑭横带：带在腰间。骋：纵马奔驰。淄：指古淄水，今称淄河。源出于山东莱芜县，东北流经临淄东，北上合小清河入海。渑：指古渑水。源出于山东临淄县西北，注入时水，流入海。今已淤塞。⑮志：记住。⑯厉气：激励斗志。徇：巡视。⑰矢石：箭与石，古代作战，发矢抛石以打击敌人。全句是说亲临前线指挥战斗。⑱援：执。枹（fú）：同"桴"。鼓：动词，击鼓。

【译文】

田单准备攻打狄族，前去见鲁仲连，鲁仲连说："将军您去攻狄，恐怕攻不下来。"田单说："当年我以即墨的残兵败将击破拥有万乘战车的燕国，光复齐国沦亡土地；现在会攻不下狄族，有什么道理？"上车扬长而去。于是田单率军进攻狄族，三个月也未能攻克。齐国小孩子在歌谣中讥讽唱道："大冠像簸箕，长剑撑面皮，攻狄不能下，枯骨垒成丘。"田单开始惊惧起来，又去问鲁仲连："先生早日说我攻不下狄族，请让我知道原因。"鲁仲连说："将军在即墨的时候，坐着，手编草筐；站着，手拿铁锹；带领士兵们歌唱道：'无可往矣！宗庙亡矣！今日有没有救，看我们有没有胆！'当时，将军有战死的决心，士兵无偷生的念头，听见您的号召无不挥泪奋臂，决一死战，所以才能打败燕军。现在将军您东面有夜邑丰厚的俸禄，西边有淄上封地的游乐，腰系黄金带，驰骋于淄水、渑水之间，有的只是生活的乐趣，而无战死之心，所以无法取胜啊！"田单说："我田单有这样的决心，是先生您为我下的。"第二天，他振奋精神，亲临城下，站在箭雨弹雹之中，手持鼓槌，击鼓进军，于是攻克了狄族大营。

赵奢收租税

周赧王四十四年（前271年）

赵田部吏赵奢收租税①，平原君②家不肯出；赵奢以法治之，杀平原君用事者③九人。平原君怒，将杀之。赵奢曰："君于赵为贵公子④，今纵君家而不奉公则法削，法削则国弱，国弱则诸侯加兵，是无赵也。君安得有此富乎！以君之贵，奉公如法则上下平，上下平则国强，国强则赵固，而君为贵戚，岂轻于天下邪！"平原君以为贤，言之于王。王使治国赋⑤，国赋大平，民富而府库⑥实。

（《通鉴》第5卷155页）

【注释】

①田部吏：掌管征收农田租税的官吏。赵奢：战国时赵国的名将。初任赵国田部吏，接着主管国赋，后任将军，善用兵。赵惠文王二十九年（前270年），秦军攻打阏与（今山西和顺县），赵奢奉命救援，大败秦军，因功封马服君。②平原君：赵胜。赵惠文王之弟，封东武城（今河北故城县西南），号平原君。任赵相，有食客数千人。赵孝成王七年（前259年），秦军围困赵都邯郸，他组织力量坚守三年之久，后向魏、楚取得救援，打败秦军。③用事者：管事的人。④公子：古代称诸侯的儿子为公子。⑤国赋：国家的税收。⑥府库：官府储存财物和兵器的仓库。

【译文】

赵国一个收田租的小官赵奢到平原君赵胜家去收租税，他的家人不肯交。赵奢以法处置，杀死平原君家中管事人九名。平原君十分恼怒，想杀死赵奢，赵奢便说："您在赵国是贵公子，如果纵容家人而不奉公守法，法纪就会削弱，法纪削弱国家也就衰弱，国家衰弱则各国来犯，赵国便不存在了。您还到哪里找现在的富贵呢！以您的尊贵地位，带头奉公守法则上下一心，上下一心则国家强大，国家强大则赵国江山稳固，而您作为王族贵戚，难道会被各国轻视吗?"平原君认为赵奢很贤明,便介绍给赵王。赵王派他管理国家赋税,于是国家赋税征收顺利,人民富庶而国库充实。

触龙说赵太后

周赧王五十年(前 265 年)

秦伐赵,取三城。赵王①新立,太后用事②,求救于齐。齐人曰:"必以长安君为质③。"太后不可。齐师不出,大臣强谏。太后明谓左右曰:"复言长安君为质者,老妇必唾其面!"左师触龙愿见太后④,太后盛气而胥⑤之人。左师公徐趋而坐,自谢⑥曰:"老臣病足⑦,不得见久矣,窃自恕⑧:而恐太后体之有所苦也,故愿望见太后。"太后曰:"老妇恃⑨辇而行。"曰:"食得毋衰⑩乎?"曰:"恃粥耳。"太后不和之色稍解。左师公曰:"老臣贱息⑪舒祺,最少,不肖⑫,而臣衰,窃怜爱之,愿得补黑衣⑬之缺以卫王宫,昧死以闻⑭!"太后曰:"诺。年几何矣?"对曰:"十五岁矣。虽少,愿及未填沟壑而托之。"太后曰:"丈夫亦爱少子乎?"对曰:"甚于妇人。"太后笑曰:"妇人异甚⑮。"对曰:"老臣窃以为媪之爱燕后⑯贤于长安君。"太后曰:"君过矣!不若长安君之甚。"左师公曰:"父母爱其子则为之计深远。媪之送燕后也,持其踵⑰而泣,念其远也,亦哀之矣,已行,非不思也,祭祀则祝之曰:'必勿使反⑱',岂非为之计长久,为子孙相继为王也哉?"太后曰:"然。"左师公曰:"今三世以前,至于赵王之子孙为侯者,其继有在者乎?"曰:"无有。"曰:"此其近者祸及身,远者及其子孙。岂人主之子侯则不善哉?位尊而无功,奉⑲厚而无劳,而挟重器多也。今媪尊长安君之位,而封之以膏腴之地,多与之重器,而不及今令有功于国,一旦山陵崩⑳,长安君何以自托于赵哉?"太后曰:"诺,恣㉑君之所使之!"于是为长安君约车百乘质于齐。齐师乃出,秦师退。

(《通鉴》第 5 卷 163 ~ 164 页)

【注释】

①赵王:指赵孝成王,名赵丹,赵惠文王之子。在位二十一年。②太后:

指赵孝成王之母，惠文王后。用事：这里指掌政。③长安君：赵惠文王少子，长安君是他的封号。质：抵押，人质。当时各国之间结盟时，要把重要人物如王子或世子送去对方做人质，以示信用。④左师：官名。春秋时宋国有左、右师，上卿。此时的左师为冗散之官，借以优待老臣。愿：希望。⑤耆：等，待。⑥谢：道歉。⑦病足：脚病。⑧窃自恕：窃，谦辞。自恕，自己原谅自己。⑨恃：依靠，凭借。⑩衰：减少。⑪息：儿子。⑫不肖：不才。⑬黑衣：卫士之服。这里作卫士的代称。⑭昧死以闻：冒着死罪禀告给您听。⑮异甚：特别厉害。⑯媪：对老年妇女的尊称。燕后：赵太后的女儿为燕国王后，故称燕后。⑰持其踵：持，握。踵，脚后跟。女儿上了车，赵太后在车下握着女儿的脚跟。⑱反：同"返"。⑲奉：同"俸"，俸禄。⑳山陵崩：比喻赵太后之死。㉑恣：任凭放纵。

【译文】

秦国进攻赵国，夺取三座城市。赵王新即位，赵太后执掌政事，向齐国求救。齐国人答复说："必须以赵公子长安君做人质。"赵太后不答应。齐国的军队不出发，赵国大臣极力劝说赵太后。太后明白地对左右随从说："谁再提让长安君去做人质的事，我老婆子定要往他脸上吐口水！"左师触龙求见赵太后，太后气冲冲地等待他进来。触龙却慢吞吞走过来坐下，道歉说："老臣我的腿脚不好，很久没有来看望太后了，我私下宽恕自己。又担心太后的身体有什么不适，所以还是希望见到太后。"赵太后说："老婆子我只能靠人推车走了。"触龙又问："饭量该不会减少了吧？"太后说："只靠喝粥而已。"太后脸上的不悦之色稍稍宽解。触龙又说："我的儿子舒祺，年纪最小，不成器，而我因为年老，私下最怜爱他。想让他补个黑衣卫士的缺去护卫王宫，向您冒昧地请求！"太后说："可以。他年龄多大了？"回答说："十五岁了。虽然他年轻，可我想趁我这把老骨头还没入土为他做个安排。"太后说："大丈夫也疼爱小儿子吗？"回答说："比妇人厉害。"太后笑着说："妇人特别厉害！"触龙回答说："我觉得，老太太您爱女儿燕后胜过儿子长安君。"太后说："你错了！我对燕后远不如对长安君。"触龙又说："父母疼爱孩子，就要为他们考虑深远。老太太您送燕后出嫁时，抓住她的脚后跟而掉眼泪，想到她要到遥远的燕国去，心情十分哀伤。待到燕后离去，您不是不想她，祭祀时却祝愿说：'千万别让她回来！'这难道不是为她长久打算，希望她的子孙能在燕国相继为王吗？"太后点头说："是这样。"触龙又说："从现在起三代以前，赵王的子孙被封侯的，现在有继承人在位的吗？"太后回答："没有了。"触龙说："这就是说，近的，灾祸殃及其身；远的，殃及其子孙。难道说君王的儿子封侯就不成才吗？他们地位尊贵而无军功，俸禄丰厚而无劳苦，却享有国家的许多宝器。如今太后您提高长安君的地位，封给他肥沃的土地，赐给他许多宝器，却不让他趁现在为国家立功。一旦您不在世上，长安君靠什么在赵国自立呢？"太后说："好，任凭您去安排他吧！"于是下令为长安君套好一百乘车，去齐国做人质。齐国于是发兵，秦国军队退回。

赵王以名任赵括为将

周赧王五十五年（前 260 年）

秦左庶长王龁攻上党①，拔之。上党民走②赵。赵廉颇军于长平③，以按据④上党民。王龁因伐赵。赵军数战不胜，止一裨将⑤、四尉⑥。……

秦数败赵兵，廉颇坚壁⑦不出。赵王以颇失亡多而更怯不战，怒，数让⑧之。应侯⑨又使人行千金于赵为反间，曰："秦之所畏，独畏马服君之子赵括为将耳！廉颇易与⑩，且降矣！"赵王遂以赵括代颇将。蔺相如曰："王以名⑪使括，若胶柱鼓瑟⑫耳。括徒能读其父书传，不知合变⑬也。"王不听。初，赵括自少时学兵法，以天下莫能当；尝与其父奢言兵事，奢不能难⑭，然不谓善。括母问其故，奢曰："兵，死地也，而括易言之。使赵不将括⑮则已；若必将之，破赵军者必括也。"及括将行，其母上书，言括不可使。王曰："何以？"对曰："始妾⑯事其父，父时为将，身所奉饭而进食者以十数，所友者以百数，王及宗室所赏赐者，尽以与军吏士大夫；受命之日，不问家事。今括一旦为将，东乡⑰而朝，军吏无敢仰视之者；王所赐金帛，归藏于家，而日视便利田宅可买者买之。王以为如其父，父子异心，愿王勿遣！"王曰："母置之⑱，吾已决矣！"母因曰："即如有不称，妾请无随坐⑲！"赵王许之。

秦王闻括已为赵将，乃阴使武安君⑳为上将军而王龁为裨将，令军中："有敢泄武安君将者斩！"赵括至军，悉更约束㉑，易置军吏，出兵击秦师。武安君佯败而走㉒，张两奇兵以劫之㉓。赵括乘胜追造㉔秦壁，壁坚拒不得入；奇兵二万五千人绝赵军之后，又五千骑㉕绝赵壁间。赵军分而为二，粮道绝。武安君出轻兵击之，赵战不利，因筑壁坚守以待救至。秦王闻赵食道绝，自如河内发⑳民年十五以上悉诣长平，遮绝赵救兵及粮食。……九月，赵军食绝四十六日，皆内阴相杀食。急来攻垒，欲出为四队，四、五复之，不能出㉗。赵括自出锐卒搏战，秦人射杀之。赵师大败，卒四十万人皆降。武安君曰："秦已拔上党，上党民不乐为秦而归赵。赵卒反覆，非尽杀之，恐为乱。"乃挟诈而尽坑杀之，遗其小者二百四十人归赵，前后斩首虏四十五万人；赵人大震。

（《通鉴》第 5 卷 167 ～ 170 页）

【注释】

①左庶长：见前《秦孝公·商鞅变法》注释。上党：战国时韩置郡，治所在壶关（今山西长治市北）。后相继入赵、秦。辖境相当于今山西和顺、榆社以南，沁水以东地区。②走：逃往。③长平：赵国城邑。故址在今山西高平西北。④按据：抑止并援助。⑤止：有的版本作"亡"。裨将：副将。⑥尉：古官名，即军尉。⑦坚壁：坚守营垒。⑧让：责备。⑨应侯：指秦相范雎。他封于应（今河南宝丰县西南），称应侯。⑩易与：容易对付。⑪以名：根据名声。指赵括有熟读兵书的虚名。⑫胶柱鼓瑟：瑟上有柱张弦，旋转柱来调节声音。柱被粘住，音调就不会变换。比喻拘泥不知变通。⑬合变：常规与变化。⑭不能难：难不倒（赵括）。⑮不将括：不以赵括为将。⑯妾：古代妇女自谦之词。⑰东乡：面向东。乡，通"向"。⑱母置之：母，赵括母。置，放置。之，赵母说的话。不让赵括母亲再说了。⑲随坐：犹连坐。因别人犯法被牵连获罪。⑳武安君：战国时秦国名将白起，郿（今陕西眉县）人。屡获战功，夺得韩、魏、赵、楚的很多土地。秦昭王二十九年（前 278 年）攻克楚都郢（今湖北江陵县西北），因功封武安君。长平之战大胜赵军，坑杀俘虏四十余万人。后为相国范雎所妒忌，被逼自杀。㉑约束：指军中纪律、禁令。㉒走：跑。㉓张：伸开。劫：威胁，威逼。㉔造：到。㉕骑（jì）：名词，骑兵。㉖河内：春秋战国时，以黄河以北地区（大致相当于今豫北、晋南和冀南）为河内。发：征发。㉗这句是说赵括想分四队轮番攻秦垒，第五次由第一队攻击，但是不能出来。

【译文】

秦国派左庶长王龁进攻上党，予以攻克。上党百姓逃往赵国。赵国派廉颇率军驻守长平，接应上党逃来的百姓。王龁于是挥兵攻打赵国。赵军迎战，几战都不胜，一员副将和四名都尉阵亡。

赵兵屡次被秦军打败，廉颇便下令坚守营垒，拒不出战。赵王以为廉颇损兵折将后更加胆怯，不敢迎敌，气愤得多次斥责他。应侯范雎又派人用千金去赵国施行反间计，散布说："秦国所怕的，只是马服君赵奢的儿子赵括做大将。廉颇好对付，而且他也快投降了！"赵王中计，便用赵括代替廉颇为大将。蔺相如劝阻说："大王因为赵括有些名气就重用他，这是粘住调弦的琴柱再弹琴呀！赵括只知道死读他父亲的兵书，不知道随机应变。"赵王仍是不听。起初，赵括从小学习兵法时，就自以为天下无人可比。他曾与父亲赵奢讨论兵法，赵奢也难不倒他，但终究不说他有才干。赵括的母亲询问原因，赵奢说："带兵打仗，就是出生入死，而赵括谈起来却很随便。赵国不用他为大将也还罢了，如果一定要用他，灭亡赵军的必定是赵括。"待到赵括要出发，他的母亲急忙上书，指出赵括不能重用。赵王问："为什么？"回答说："当年我侍奉赵括的父亲，他做大将时，亲自去捧着饭碗招待的有几十位，他的朋友有几百人。大王及宗室王族给他的赏赐，他全部分发给将士。他自接受命令之日起，就不再理睬家事。而赵括刚刚做了大将，就向东高坐，接受拜见，大小军官没人敢抬头正脸看他。大王赏给他的金银绸缎，全部拿回家藏起来，每天忙于察看有什么良田美宅可买的就买下。大王您以为他像父亲，其实他们父子用心完全不同。请大王千万不要派他去。"赵王却说："老人家你不用管，我已经决定了。"赵括母亲便说："万一赵括出了什么差错，我请求不要连累我治罪。"赵王同意了赵母的请求。

　　秦王听说赵括已经上任为大将，便暗中派武安君白起为上将军，改王龁为副将，下令军中："谁敢泄露白起为上将军的消息，格杀勿论！"赵括到了赵军中，全部推翻原来的规定，调换军官，下令出兵攻击秦军。白起佯装战败退走，预先布置下两支奇兵准备截击。赵括乘胜追击，直达秦军营垒，秦军坚守，无法攻克。这时，秦军一支二万五千人的奇兵已切断了赵军的后路，另一支五千人的骑兵堵截住赵军返回营垒的通道，赵军被一分为二，粮道也断绝。武安君白起便下令精锐轻军前去袭击，赵军迎战失利，只好坚筑营垒等待救兵。秦王听说赵军运粮通道已经切断，亲自到黄河以北征发十五岁以上的百姓全部调往长平，阻断赵国救兵及运粮。九月，赵军已断粮四十六天，士兵们都在内部暗中残杀，互相吞吃。赵括穷急，便下令进攻秦军营垒，想派出四支队伍，轮番进攻，到第五次，仍无法突围。赵括亲自率领精兵上前肉搏，被秦兵射死。赵军于是全线崩溃，四十万士兵全部投降。白起说："当初秦军已攻克上党，上党百姓却不愿归秦而去投奔赵国。赵国士兵反复无常，不全部杀掉，恐怕会有后乱。"于是使用奸计把赵国降兵全部活埋，只放出二百四十个年岁小的回到赵国，前后共杀死四十五万人，赵国大为震惊。

毛遂自荐

周赧王五十七年（前258年）正月

　　赵王使平原君求救于楚①，平原君约其门下食客文武备具②者二十人与之俱，得十九人，余无可取者。毛遂自荐于平原君。平原君曰："夫贤士之处世也，譬若锥之处囊中，其末立见。今先生处胜之门下三年于此矣，左右未有所称诵③，胜未有所闻，是先生无所有也。先生不能，先生留！"毛遂曰："臣乃今日请处囊中耳！使遂蚤得囊中，乃脱颖而出④，非特其末见而已。"平原君乃与之俱，十九人相与目笑之。平原君至楚，与楚王言合从之利害⑤，日出而言之，日中不决。毛遂按剑历阶⑥而上，谓平原君曰："从之利害，两言而决耳！今日出而言，日中不决，何也？"楚王怒叱⑦曰："胡不下！吾乃与而君言⑧，汝何为者也？"毛遂按剑而前曰："王之所以叱遂者，以楚国之众也。今十步之内，王不得恃楚国之众也！王之命悬于遂手。吾君在前，叱者何也？且遂闻汤以七十里之地王天下，文王以百里之壤而臣诸侯，岂其士卒众多哉？诚能据其势而奋其威也。今楚地方五千里，持戟百万，此霸王之资也。以楚之强，天下弗能当。白起⑨，小竖子⑩耳，率数万之众，兴师以与楚战，一战而举鄢、郢⑪，再战而烧夷陵⑫，三战而辱王之先人⑬，此百世之怨而赵之所羞，而王弗之恶焉。合从者为楚，非为赵也。吾君在前，叱者何也？"楚王曰："唯唯⑭，诚若先生之言，谨奉社稷⑮以从。"毛遂曰："从定乎？"楚王曰："定矣。"毛遂谓楚王之左右曰："取鸡、狗、马之血来！"毛遂奉⑯铜盘而跪进之楚王曰："王当歃血⑰以定从；次者吾君、次者遂。"遂定从于殿上。毛遂左手持盘血而右手招十九人曰："公等相与歃此血于堂下！公等录录⑱所谓'因人成事'者也。"平原君已定从而归，至于赵，曰："胜不敢相天下士矣！"遂以毛遂为上客。

（《通鉴》第5卷176～178页）

①赵王：赵孝成王赵丹。平原君：赵胜。战国时赵国贵族，惠文王之弟。②文武备具：文武双全。③诵：通"颂"。④脱颖而出：脱，露出。颖，锥尖端。全句意为锥在囊中露出尖端，比喻有才能的人终能显示出来。⑤楚王：指楚国的考烈王熊完。在位二十五年。合从（zòng）：从，通"纵"。战国后期，齐、楚、燕、赵、韩、魏等国联合起来对抗强秦，叫合纵。⑥历阶：越级而趋。⑦叱：呵斥。⑧乃：是。而君：你的主人。而，通"尔"，汝，你。⑨白起：秦国名将。见《赵王以名任赵括为将》注⑳。⑩竖子：对人的鄙称。犹如"小子"。⑪鄢：楚国城邑。故城在今湖北宜城县东南。秦昭王二十八年（前279年）被秦将白起攻占。郢：楚国国都，故城在今湖北江陵县东北。公元前278年为白起攻占。⑫夷陵：战国楚邑。在今湖北宜昌县东南。⑬三战而辱王之先人：指公元前278年秦将白起烧毁、削平楚考烈王先世诸王的陵庙。楚王先人的陵墓在夷陵。⑭唯唯：应诺声。⑮社稷：见《齐王建之亡国》注⑫。指国家。⑯奉：捧。⑰歃（shà）血：口含牲畜的血。一说以指蘸血，涂在口旁。古代订盟时的一种仪式。⑱录录：同"碌碌"。平庸。

【译文】

赵王派平原君赵胜到楚国去求救，赵胜准备挑选门下食客中文武双全的二十个人一起前往，但只挑出十九个，剩下的都不足取。这时有个叫毛遂的人向赵胜自我推荐。赵胜说："贤良人才为人处世，好比锥子在口袋中，锥尖立即能露出来。如今先生来到我赵胜门下已经三年，我左右的人没有谁称赞过你，我也未听说过你的作为，说明先生没有什么长处，先生不能干，先生留下吧！"毛遂说道："我不过今天才请你把我放到口袋里而已！如果早把我放进去，我早就脱颖而出了，岂止是露出个锥尖呢！"平原君赵胜于是让毛遂一同赴楚，另外十九个人都相视嘲笑他。赵胜到了楚国，向楚王阐述联合抗秦的必要性，从太阳升起时开始谈，一直谈到中午，楚王仍是犹豫不决。毛遂于是手按宝剑顺着台阶走上去，对平原君说："联合抗秦的重要性，'利''害'两个字可以说清楚，做出决定！现在从日出时谈起，到中午还不能决断，是什么原因？"楚王怒斥毛遂道："还不赶快滚下去，我和你的主人说话，你算是什么东西？"毛遂按着剑又上前几步说："大王你之所以斥责我，是仗着楚国人多势众。现在咱们相距在十步以内，你不可能依仗楚国人多势众了！你的性命在我的手中。在我的主人面前，你为什么呵斥我？我毛遂听说商朝开国的汤王以七十里地方为开端，终于称王天下；周朝创业的周文王仅凭着一百里土地，使诸侯臣服。他们难道是仗着兵多将广、人多势众吗？只不过是顺应历史大势、振奋扬威而已。现在楚国有五千里广地，持戟战士一百万，这是称王称霸的资本呀！以楚国的强大，各国都难以抵挡。白起，不过是个小人物，带着几万兵，兴师动众与楚国作战，一战就夺去鄢、郢两城，再战便火烧夷陵，三战已将楚国宗庙平毁，侮辱楚王祖先。这是百世难解的仇怨，连赵国都替你羞愧，而大王却不以为难堪。现在提倡联合抗秦，实在是为了楚国，不是为赵国啊！我的主人在面前，你还呵斥我什么？"楚王只好说："是的是的，正像先生指教的那样，我愿意以全国的力量与你们合作。"毛遂便说："联合之事确定了吗？"楚王说："确定了。"毛遂便对楚王左右随从说："取鸡、狗、马的血来！"毛遂举起铜盘跪着上前对楚王说："请大王歃血宣誓订立同盟，其次是我的主人，再次是我毛遂。"于是在大殿上订立了抗秦同盟。这时毛遂又左手持铜盘右手对随行的十九人招呼说："你们也在堂下一起歃血宣誓吧！你们跟来跟去，还是靠着别人才办成了事情。"平原君赵胜与楚王订立盟约后回到赵国，叹息说："从今后我不敢再说能识别天下人才了！"于是奉毛遂为上等宾客。

李斯谏逐客令

秦始皇帝十年（前 237 年）

冬，十月，文信侯①免相，出就国②。

宗室大臣议曰："诸侯人来仕者，皆为其主游间③耳，请一切逐之④。"于是大索⑤，逐客。客卿楚人李斯⑥亦在逐中，行，且上书曰："昔穆公⑦求士，西取由余⑧于戎，东得百里⑨于宛，迎蹇叔⑩于宋，求丕豹公孙支⑪于晋，并国二十⑫，遂霸西戎。孝公用商鞅之法⑬，诸侯亲服⑭，至今治强。惠王⑮用张仪之计，散六国之从⑯，使之事秦。昭王得范睢⑰，强公室，杜私门。此四君⑱者，皆以客之功。由此观之，客何负于秦哉！夫色、乐、珠、玉不产于秦而王服御者众⑲；取人则不然，不问可否，不论曲直，非秦者去，为客者逐。是所重者在乎色、乐、珠、玉，而所轻者在乎人民也。臣闻太山不让土壤，故能成其大；河海不择细流，故能就其深；王者不却众庶，故能明其德；此五帝、三王⑳之所以无敌也。今乃弃黔首以资敌国㉑，却宾客以业㉒诸侯，所谓藉㉓寇兵，赍㉔盗粮者也。"王乃召李斯，复其官，除逐客之令。李斯至骊邑㉕而还。王卒用李斯之谋，阴遣辩士赍金玉游说诸侯，诸侯名士可下以财者厚遗结之㉖，不肯者利剑刺之，离其君臣之计，然后使良将随其后，数年之中，卒兼天下。

（《通鉴》第 6 卷 216～218 页）

【注释】

①文信侯：吕不韦。②国：文信侯的封国，在今河南洛阳。③游间：游说、离间。④请一切逐之：请求把国外来的人全部赶出秦国。⑤索：搜索。⑥楚人李斯：李斯，上蔡人。因战国末年上蔡属楚国，故称楚人李斯。⑦穆公：赢任好，在位三十九年。⑧由余：春秋时秦国大夫。其祖先原为晋人，逃亡至戎。以后由于降秦，受到重用。他帮助秦穆公谋划伐西戎，灭国十二，开地千里，称霸西戎。⑨百里：指百里奚。见《商君之死》注⑦。⑩蹇（jiǎn）叔：岐（今陕西省岐山县）人，当时住在宋国，与百里奚是好朋友。百里奚相秦后，推荐蹇叔，秦穆公拜为上大夫。⑪丕豹：春秋时秦大将。其父丕郑是晋国的大夫，为晋惠公所杀，丕豹由晋逃至秦国。公元前 645 年，秦穆公使丕豹为将攻晋，俘晋惠公，秦得晋黄河以西的土地。公孙支：字子桑，秦大夫。今陕西岐山县人。曾在晋寓居，后入秦为穆公的谋臣之一。⑫并国二十：《史记·秦本纪》为"益国十二"，并非二十。⑬孝公用商鞅之法：参考前《秦孝公·卫鞅变法》。⑭亲服：归附听命。⑮惠王：秦惠文王赢驷。公元前 337—前 311 年在位。⑯从：同"纵"，指东方六国的"合纵"。⑰昭王：秦昭襄王赢则。公元前 306—前 251 年在位。范雎（suī）（？—前 255）：一作范雎（jū），字叔，战国时魏国人，善口辩。在魏国遭迫害，逃至秦国。公元前 266 年被任为秦相，后封应（今河南宝丰县），号应侯。⑱四君：指秦穆公、秦孝公、秦惠文王和秦昭襄王。⑲色：女色。服御：使用。⑳五帝、三王：见《汉武帝以法论处昭平君》注⑰、⑱。㉑黔首：战国及秦代称国民为黔首。资：资助。㉒业：事业。作动词用，使（诸侯）成就事业的意思。㉓藉：借给。㉔赍（jī）：以物送人。㉕骊邑：地名，在今陕西临潼县。㉖厚遗（wèi）：丰厚的馈赠。结：结交，笼络。这句的意思是：那些可以用财物收买使其归附秦的诸侯名士，就赠送丰厚的财物笼络他们。

【译文】

冬天，十月，吕不韦罢相，被驱出都城回到封地。

秦国的王族大臣们建议说："各诸侯国到秦国来做官谋职的人，大都是为自己的君主来游说，以挑拨离间我们君臣上下之间的关系，因此，请大王将他们一律驱逐出境。"于是，秦王下令全国实行大搜索，驱逐外来人。客卿楚国人李斯也在被逐之列。他在临离开前还上书秦王说："从前穆公招纳贤才，由西部戎地选得由余，东方宛城物色到百里奚，在宋国迎取了蹇叔，晋国寻求到丕豹和公孙支。如此，秦国得以兼并二十多个封国，而称霸西戎。孝公任用商鞅实行变法，使各国都亲和服从，以至今日天下大治，国势强盛。惠王采纳张仪的策略，拆散六国的合纵联盟，使它们为秦国效力。昭王得到范雎的辅佐，加强了王室的权力，遏制了贵族家族的势力。这四位君王都是依靠客卿的作用而建功立业的。如此看来，客卿有什么地方辜负了秦国啊！美色、音乐、宝珠、美玉都不产在秦国，可大王搜集来使用、享受的却很多。但对人的取舍偏不是这样，不问可不可用，不论是非曲直，凡非秦国人就一概不用，凡是客卿就一律驱逐。如此便是只看重美色、音乐、宝珠、美玉等，而轻视人才了。我听说泰山不辞让细小的泥土，故能成就其巍峨；河海不择除细流，故能成就其深广；圣贤的君王不抛弃民众，故能明示他的恩德。这便是五帝三王所以能无敌于天下的原因。现在您抛弃那些非秦国籍的平民百姓，使他们去帮助敌国。辞退那些外来的宾客，令他们去为各诸侯效力，这就是所谓的把武器借给入侵者，把粮秣送给盗匪了。"秦王看了李斯上的这封信，随即召他入见，要恢复他的官职，并撤销逐客令。此时李斯已走到了骊邑，接秦王召令后即刻回返。嬴政最终采用了李斯的计策，暗中派遣能言善辩的人携带金珠宝玉去游说各国国君。对各国有名望、有势力的人，凡是可以用钱财贿赂的，便出重金收买，结交他们，凡是不肯受贿的，便持利剑刺杀他们。挑拨各国国君与臣民之间的关系，离间他们的感情，然后派良将率兵攻打各国。这样，几年之内，秦国终于兼并了天下。

齐王建之亡国

秦始皇帝二十五年（前222年）

初，齐君王后①贤，事秦谨②，与诸侯信，齐亦东边海上③。秦日夜攻三晋④、燕、楚，五国各自救，以故齐王建立四十余年不受兵。及君王后且⑤死,戒⑥王建曰:"群臣之可用者某。"王曰:"请书之。"君王后曰:"善!"王取笔牍⑦受言,君王后曰:"老妇已忘矣。"君王后死,后胜相齐,多受秦间金⑧。宾客入秦,秦又多与金。客皆为反间,劝王朝秦,不修攻战之备,不助五国攻秦,秦以故得灭五国。

齐王将入朝⑨,雍门司马前曰⑩:"所为立王者⑪,为社稷⑫耶,为王耶?"王曰:"为社稷。"司马曰:"为社稷立王,王何以去社稷而入秦?"齐王还⑬车而反。

即墨大夫闻之,见齐王曰:"齐地方数千里,带甲数百万。夫三晋大夫皆不便⑭秦,而在阿、甄⑮之间者百数;王收而与之百万人之众,使收三晋之故地,即临晋之关⑯可以入矣。鄢郢⑰大夫不欲为秦,而在城南下⑱者百数,王收而与之百万之师,使收楚故地,即武关⑲可以入矣。如此,则齐威可立,秦国可亡,岂特保其国家而已哉!"齐王不听。

秦始皇帝二十六年(前 221 年)

王贲⑳自燕南攻齐,猝㉑入临淄,民莫敢格㉒者。秦使人诱齐王,约封以五百里之地。齐王遂降,秦迁之共㉓,处之松柏之间,饿而死。齐人怨王建不早与诸侯合从,听奸人宾客以亡其国,歌之曰:"松耶,柏耶!住建共者客耶!"疾建用客之不详也㉔。

臣光曰:从衡之说虽反覆百端,然大要合从者,六国之利也。昔先生建万国,亲诸侯,使之朝聘㉕以相交,飨宴㉖以相乐,会盟㉗以相结者,无他,欲其同心勠力㉘以保家国也。鄂㉙使六国能以信义相亲,则秦虽强暴,安得而亡之哉!夫㉚三晋者,齐、楚之藩蔽㉛;齐、楚者,三晋之根柢㉜;形势相资,表里相依。故以三晋而攻齐、楚,自绝其根柢也;以齐、楚而攻三晋,自撤其藩蔽也。安有撤其藩蔽以媚盗㉝,曰:"盗将爱我而不攻",岂不悖㉞哉!

(《通鉴》第 7 卷 232 ~ 234 页)

【注释】

①君王后:齐襄王法章之后,太史敫之女。②事:侍奉。谨:慎重小心。③东边海上:意思是说,齐国东以海上为边,不与秦国接壤,不受其侵扰。④三晋:指韩、赵、魏三国。春秋末,晋国被韩、赵、魏三家卿大夫所分,各立为国,史称三晋。⑤且:将。⑥戒:警告,劝告。⑦牍(dú):古代写字用的竹木简。⑧间金:私金。⑨入朝:去秦国向秦王称臣。朝,臣见君称朝。

⑩雍门：齐城门。司马：官名。⑪所为：为，通"谓"。立王：即位为王。⑫社稷：社，指土神；稷，指谷神。古代君主都祭社稷。后以社稷代指国家。⑬还（xuán）：转。⑭便：顺，利。⑮阿、甄：阿，地名，即今山东阿城。甄，又作鄄，地名，在今山东鄄城之北。⑯临晋之关：在今陕西大荔东。⑰鄢郢：指楚国。⑱城南下：南城之下。南城，又名武城、南武城，在今山东费县西南。⑲武关：在今陕西丹凤东南。一说在今关之南丹江上，唐朝始迁今址。⑳王贲：秦将。㉑猝：突然。㉒格：格斗，抵抗。㉓共：古地名，在今河南辉县。㉔疾：憎恨。用客之不详：不审慎用宾客，不知其好坏。㉕朝聘：古代诸侯定期朝见天子。㉖飨宴：大宴宾客。㉗会盟：古代诸侯间的集会订盟。㉘勠力：并力，合力。㉙曩（xiàng）：往日，从前。㉚夫：发语词。㉛藩蔽：屏障。藩，通"蕃"。㉜根柢：草木的根。柢，即根。㉝媚：巴结，逢迎。盗：指秦国。㉞悖（bèi）：谬误。

【译文】

当初，齐国的君王后贤惠，奉侍秦国很恭敬周到，跟诸侯各国相交很诚恳；齐国也东边接临大海。秦国日夜不停地攻打韩、魏、赵、燕、楚，这五国都各自救不暇，因为这个缘故齐王建继位四十多年没有受到战争的影响。君王后即将去世时，告诫田建说："群臣中可以任用的是某某。"田建说："请让我把名字写下来。"君王后说："好吧。"但等到齐王取来笔和木牍，准备记下她的话时，君王后却说："我已经忘记了。"君王后去世后，后胜出任齐国的相国，他大量接受秦国为挑拨齐国君臣关系而施与他的金银财宝。而齐国的宾客进入秦国时，秦国又给以重金，使这些宾客回国后都反过来为秦国说话，劝说齐王去朝拜秦王，不必整治、修建用作攻战的防备设施，不要去援助那五个国家进攻秦国。秦国也即因此得以灭掉了五国。

齐王将要去秦国朝见秦王，雍门司马上前对齐王说："之所以要立王，是为了国家社稷呢，还是为了君王呢？"齐王回答说："是为了国家社稷。"司马说："为国家社稷立王，那么大王你为什么离开国家社稷而去秦国呢？"齐王于是掉转车返回齐国。

即墨的大夫听见后，拜见齐王说："齐国领土有数千里，披甲的士兵有数百万。那三晋的大夫都不愿降秦，在阿、甄之间有数百人之多；大王可安抚收容而给予百万民众，让他们收复三晋故土，那么秦的临晋关便可攻下了。鄢郢的大夫不想帮助秦国，在城南也有数百人之多，大王可加以安抚收容，并给予百万军队，让他们收复楚国故土，那么秦的武关便可攻下了。如此，齐国可树立威信，秦国可以败亡，岂止是保全国家而已。"齐王不肯听。

王贲从燕国南面进攻齐国，突然进入齐国都城临淄，没有人敢抵抗。秦军派人去引诱齐王投降，约定把五百里的地方封给他，齐王就投降了。秦军把他流放到共邑，让他住在只有松树柏树的山上，饥饿而死。齐国人怨恨齐王建不早点与诸侯各国结成合纵联盟，听信奸臣、宾客的话，而使得自己的国家灭亡了，就编了歌谣说："是松树啊，还是柏树啊！齐王被流放到共邑，难道不是宾客的责任吗？"这首歌谣的内容是痛恨齐王建在使用宾客时，没有详细审查观察他们。

臣司马光说：合纵连横之说虽然千头万绪，反复不休，可是大要说来，合纵是六国的利益。从前先王建立万国，亲附诸侯，让他们朝会聘问，互相交结，享宴互相欢乐，会盟互相结盟，并没有其他原因，是想使他们同心协力，保卫国家啊。假使以前六国能够持信义来相亲，那么即使秦国强暴，又怎能消灭他们呢？三晋是齐、楚二国的屏障；齐、楚二国又是三晋的根基，彼此形势相互资助，表里上相互依附。因此，用三晋攻打齐、楚二国，是自断根基；用齐、楚二国攻打三晋，是自撤屏障。岂有撤去屏障来取媚盗贼，还说："盗贼将会爱我，而不来攻打。"这岂不太荒谬了吗？

秦始皇焚书坑儒

秦始皇帝三十四年（前213年）

丞相李斯上书曰："异时①诸侯并争，厚招游学②，今天下已定，法令出一，百姓当家③则力农工，士则学习法令。今诸生不师今而学古④，以非当世，惑乱黔首⑤，相与非法教人；闻令下，则各以其学议之，入则心非，出则巷议，夸主⑥以为名，异趣⑦以为高，率群下以造谤⑧。如此弗禁，则主势降乎上，党与成乎下。禁之便！臣请史官非秦记皆烧之；非博士官所职⑨，天下有藏《诗》《书》、百家语者，皆诣守、尉杂烧之⑩。有敢偶语《诗》《书》弃市⑪；以古非今者族⑫；吏见知不举，与同罪。令下三十日，不烧，黥为城旦⑬。所不去者，医药、卜筮、种树之书。若有欲学法令者，以吏为师。"制⑭曰："可。"

魏人陈余谓孔鲋⑮曰："秦将灭先王之籍，而子为书籍之主，其危哉！"子鱼曰："吾为无用之学，知吾者惟友。秦非吾友，吾何危哉！吾将藏之以待其求；求至，无患矣。"

秦始皇帝三十五年（前212年）

卢生说始皇曰："方中⑯：人主时为微行以辟⑰恶鬼。恶鬼辟，真人⑱至。愿上所居宫毋令人知，然后不死之药殆可得也！"始皇曰："吾慕真人！"自谓"真人"，不称"朕"。乃令咸阳之旁二百里内宫观二百七十，复道甬道相连，帷帐、钟鼓、美人充之，各案署不移徙⑲。行所幸⑳，有言其处者，罪死。始皇幸梁山宫，从山上见丞相车骑众，弗善也。中人㉑或告丞相，丞相后损车骑。始皇怒曰："此中人泄吾语！"案问，莫服，捕时在旁者，尽杀之。自是后，莫知行之所在。群臣受决事者，悉于咸阳宫。

侯生、卢生相与讥议始皇，因亡去。始皇闻之，大怒曰："卢生等，吾尊赐之甚厚，今乃诽谤我！诸生在咸阳者，吾使人廉问㉒，或为妖言以乱黔首。"于是使御史悉案问诸生。诸生传相告引㉓，乃自除犯禁者四百六十余人，皆坑之咸阳，使天下知之，以惩后；益发谪徙边。始皇长子扶苏谏曰："诸生皆诵法孔子。今上皆重法绳之，臣恐天下不安。"始皇怒，使扶苏北监蒙恬军于上郡。

（《通鉴》第7卷243～246页）

【注释】

①异时：前时，先时。②厚招：以优厚待遇招引。游学：这里指以自己所学游说诸侯、求取官职的人。③当家：主持家业。④诸生：众儒生。师今：学习今天。⑤黔首：战国和秦朝对国民的称谓。⑥夸主：赞扬过去诸侯国的君主。⑦异趣：标新立异，与政令旨趣不同。⑧造谤：诽谤。⑨博士：官名。秦博士官负责古今史事的查问及图书典籍的管理。职：执掌，主管。⑩守：官名。秦朝为一郡的长官。尉：官名。秦有郡尉、县尉，主管一郡、一县的军事。⑪弃市：古代的一种刑罚，执行死刑，并将尸体暴露在街头。⑫族：古代的一种刑罚，一人犯罪，刑及父母、兄弟、妻子。⑬黥（qíng）：古代一种肉刑。用刀在犯人面上刺字，再涂上墨。城旦：秦时的一种刑罚，对犯人处四年劳役，白天站岗放哨，夜晚修筑长城。⑭制：皇帝的诏命。⑮陈馀（？—前204）：秦末大梁（今河南开封）人。陈胜起义后，他和张耳追随武臣占据赵地，武臣被杀后，他们又立旧贵族赵歇为王。后与张耳绝交，并赶走张耳，自称代王。在韩信破赵之战中兵败被杀。孔鲋：字子鱼，孔子八世孙。秦末参

加农民起义军，任陈胜的博士，死于陈下。⑯方中：求仙的方术中。⑰微行：便装出行，使人不知其尊贵身份。辟（bì）：避除。⑱真人：修炼得道的人。⑲各案署不移徙：各就各位。⑳行所幸：秦始皇所到之处。古代帝王亲临叫"幸"。㉑中人：宦官；君主身边有权势的人。㉒廉问：查问。㉓传相告引：辗转告发牵连。

【译文】

丞相李斯上书说："过去诸侯国纷争，以高官厚禄招徕游说之士。现在天下已定，法令统一出自朝廷，百姓理家就要致力于耕田做工，读书人就要学习法令规章。但今日的儒生却不学习现代事务，只知一味地效法古代，并借此非议现实，蛊惑、扰乱民众，相互非难指责现行制度，并以此教导百姓；闻听命令颁下，就纷纷根据自己的学说、主张妄加评议，入朝时口是心非，出朝后便街谈巷议，夸饰君主以提高自己的声望，标新立异以显示自己的高明，煽动、引导一些人攻击诽谤国家法令。这种情况如不禁止，就势必造成君主的权势下降，臣下结党纳派活动蔓延民间。唯有禁止这些才有利于国家！因此我建议史官将除秦国史记之外的所有史书全部烧毁；除博士官按职责收藏书外，天下凡有私藏《诗》《书》、诸子百家著作的人，一律按期将所藏交到郡守、郡尉处，一并焚毁；有敢于私下谈论《诗》《书》的处死；借古非议、讽刺现在的诛杀九族；官吏发现这种事情而不举报的与以上人同罪；此令颁布三十天后仍不将私藏书籍烧毁的，判处黥刑，并罚处修筑长城劳役的城旦刑。不予焚烧的，是医药、占卜、种植的书。如果想要学习法令，应以官吏为师。"始皇下制令说："可以。"

故魏国人陈余对孔子的八世孙孔鲋说："秦朝廷将要毁灭掉前代君王的书籍，而您正是书籍的主人，这实在是太危险了！"孔鲋说："我所治的是一些看来无用的学问，真正了解我的只有朋友。秦朝廷并不是我的朋友，我会遇到什么危险呀！我将把书籍收藏好，等待着有人征求，一旦来征求，我也就不会有什么灾难了。"

卢生劝说始皇帝道："有一种方法，这就是皇帝不时地暗中秘密出行，借此躲避恶鬼。而避开了恶鬼，神仙真人便会来到。故此希望您所住的宫室不要让别人知道，然后不死之药大概才可以得到！"始皇说："我敬慕真人！"于是就自称"真人"，不再称"朕"。并下令咸阳城周围二百里内的二百七十处宫殿楼台，都用天桥、甬道相连接，帷帐、钟鼓及美女充斥其间，各自按部署登记，不作迁移。始皇巡行到某处居住下来，有敢于透露出他的驻地的，即获罪处死，始皇帝曾前往梁山宫，从山上望见丞相李斯的随行车马非常多，很不高兴。宦官近臣中有人将这事告诉了李斯，李斯随即减少了他的车马。始皇愤怒地说："一定是宫中人泄露了我的话！"于是审问随从人员，但是没有人承认。始皇就下令捉拿当时在场的人，全部杀掉。从此以后，再也没有人知道始皇到了什么地方。群臣中凡有事情要奏报并接受皇帝裁决的，便全都到咸阳宫等候。

侯生、卢生在一起讥讽、评议始皇帝的暴戾，并因此逃亡而去。始皇闻讯勃然大怒，说："卢生等人，我尊敬他们，并重重地赏赐他们，现在竟然敢诽谤我！这些人在咸阳的，我曾派人去查访过，其中有的人竟妖言惑众。"于是令御史逮捕并审问所有的儒生。儒生们彼此告发，始皇帝就亲自判处违法犯禁的人四百六十余名，把他们全部在咸阳活埋了。还向全国宣扬，让大家都知道这件事，以惩戒后世。同时责罚更多的人流放到边地戍守。始皇的长子扶苏为此规劝道："那些儒生们全诵读并效法孔子的言论。而今您全部用重法惩处他们，我担心天下会因此不安定。"始皇大为恼火。派扶苏北赴上郡去监督蒙恬的军队。

赵高擅权

秦始皇三十七年（前210年）

始皇恶①言死，群臣莫敢言死事。病益甚，乃令中车府令行符玺事赵高为书赐扶苏曰②："与丧③，会咸阳④而葬。"书已封，在赵高所，未付使者。秋，七月，丙寅，始皇崩⑤于沙丘平台⑥，丞相斯⑦为上崩在外，恐诸公子⑧及天下有变，乃秘之不发丧，棺载辒凉车⑨中，故幸宦者骖乘⑩。所至，上食、百官奏事如故，宦者辄⑪从车中可其奏事。独胡亥⑫、赵高及幸宦者五六人知之。

初，始皇尊宠蒙氏。信任之。蒙恬任外将，蒙毅常居中参谋议，名为忠信，故虽诸将相莫敢与之争。赵高者，生而隐宫⑬；始皇闻其强力，通于狱法，举以为中车府令，使教胡亥决狱；胡亥幸之。赵高有罪，始皇使蒙毅治之；毅当高法应死。始皇以高敏于事，赦之，复其官。赵高既雅⑭得幸于胡亥，又怨蒙氏，乃说胡亥，请诈以始皇命诛扶苏而立胡亥为太子。胡亥然其计。赵高曰："不与丞相谋，恐事不能成。"乃见丞相斯曰："上赐长子书及符玺，皆在胡亥所。定太子，在君侯⑮与高之口耳。事将何如？"斯曰："安得亡国之言！此非人臣所当议也！"高曰："君侯才能、谋虑、功高、无怨、长子信之，此五者皆孰与⑯蒙恬？"斯曰："不及也。"高曰："然则长子即位，必用蒙恬为丞相，君侯终不怀通侯⑰之印归乡里明矣！胡亥慈仁笃厚⑱，可以为嗣。愿君审计而定之！"丞相斯以为然，乃相与谋，诈为受始皇诏，立胡亥为太子；更为书赐扶苏，数以不能阃地立功，士卒多耗，数上书，直言诽谤，日夜怨望⑲不得罢归为太子；将军恬不矫正，知其谋；皆赐死，以兵属裨将⑳王离。

扶苏发书，泣，入内舍，欲自杀。蒙恬曰："陛下居外，未立太子，使臣将三十万众守边，公子为监㉑，此天下重任也。今一使者来，即自杀，安知其非诈！复请而后死，未暮也。"使者数趣㉒之。扶苏谓蒙恬曰："父赐子死，尚安复请！"即自杀。蒙恬不肯死，使者以属吏，系诸阳周㉓；更置李斯舍人为护军㉔，还报。胡亥已闻扶苏死，即欲释蒙恬。会蒙毅为始皇出祷㉕山川，还至。赵高言于胡亥曰："先帝欲举贤立太子久矣，而毅谏以为不可；不若诛之！"乃系诸代㉖。

遂从井陉抵九原㉗。会暑，辒车臭，乃诏从官令车载一石鲍鱼以乱之。从直道㉘至咸阳，发丧。太子胡亥袭位。

秦二世元年（前 209 年）

夏，四月，二世至咸阳，谓赵高曰："夫人生居世间也，譬犹骋六骥过决隙也㉙。吾既已临㉚天下矣，欲悉耳目之所好，穷心志之所乐，以终吾年寿，可乎？"高曰："此贤主之所能行而昏乱主之所禁也。虽然，有所未可，臣请言之：夫沙丘之谋，诸公子及大臣皆疑焉；而诸公子尽帝兄，大臣又先帝㉛之所置也。今陛下初立，此其属意怏怏㉜皆不服，恐为变；臣战战栗栗㉝，唯恐不终，陛下安得为此乐乎！"二世曰："为之奈何？"赵高曰："陛下严法而刻刑㉞，令有罪者相坐，诛灭大臣及宗室；然后收举遗民，贫者富之，贱者贵之。尽除先帝之故臣，更置㉟陛下之所亲信者，此则阴德㊱归陛下，害除而奸谋塞，群臣莫不被润泽㊲，蒙厚德，陛下则高枕肆志㊳宠乐矣。计莫出于㊴此！"二世然之，乃更为法律㊵，务益刻深，大臣、诸公子有罪，辄下高鞫治㊶之。于是公子十二人僇㊷死咸阳市，十公主矺死于杜㊸，财物入于县官㊹，相连逮者不可胜数。

公子将闾昆弟㊺三人囚于内宫㊻，议其罪独后。二世使使令将闾曰：

"公子不臣，罪当死！吏致法⁴⁷焉。"将闾曰："阙廷⁴⁸之礼，吾未尝敢不从宾赞⁴⁹也；廊庙⁵⁰之位，吾未尝敢失节也；受命应对，吾未尝敢失辞也；何谓不臣？愿闻罪而死！"使者曰："臣不得与⁵¹谋，奉书从事！"将闾乃仰天大呼"天"者三，曰："吾无罪！"昆弟三人皆流涕，拔剑自杀。宗室振恐。公子高欲奔，恐收族，乃上书曰："先帝无恙时，臣入门赐食，出则乘舆，御府之衣，臣得赐之，中厩⁵²之宝马，臣得赐之。臣当从死而不能，为人子不孝，为人臣不忠。不孝不忠者，无名以立于世，臣请从死，愿葬骊山⁵³之足。唯上幸哀怜之！"书上，二世大说⁵⁴，召赵高示之，曰："此可谓急乎？"赵高曰："人臣当忧死不暇，何变之得谋！"二世可其书，赐钱十万以葬。

秦二世二年（前208年）

郎中令⁵⁵赵高恃恩专恣，以私怨诛杀人众多，恐大臣入朝奏事言之，乃说二世曰："天子之所以贵者，但以闻声，群臣莫得见其面故也。且陛下富于春秋⁵⁶，未必尽通诸事；今坐朝廷遣举⁵⁷有不当者，则见短于大臣，非所以示神明于天下也。陛下不如深拱禁中⁵⁸，与臣及侍中习法者待事⁵⁹，事来有以揆⁶⁰之。如此，则大臣不敢奏疑事，天下称圣主矣。"二世用其计，乃不坐朝廷见大臣，常居禁中；赵高侍中用事，事皆决于赵高。

高闻李斯以为言，乃见丞相曰："关东群盗多，今上急益发繇⁶¹治阿房宫，聚狗马无用之物。臣欲谏，为位贱，此真君侯之事；君何不谏？"李斯曰："固也，吾欲言之久矣。今时上不坐朝廷，常居深宫。吾所言者，不可传⁶²也；欲见，无间⁶³。"赵高曰："君诚能谏，请为君侯上闲⁶⁴，语君。"于是赵高侍二世方燕乐⁶⁵，妇女居前，使人告丞相："上方闲，可奏事。"丞相至宫门上谒⁶⁶。如此者三。二世怒曰："吾常多闲日，丞相不来；吾方燕私⁶⁷，丞相辄来请事！丞相岂少⁶⁸我哉，且固⁶⁹我哉？"赵高因曰："夫沙丘之谋，丞相与焉。今陛下已立为帝，而丞相贵不益⁷⁰，此其意亦望裂地⁷¹而王矣。且陛下不问臣，臣不敢言。丞相长男李由为三川⁷²守，楚盗陈胜等皆丞相傍县⁷³之子，以故楚盗公行⁷⁴，过三川城，守不肯击。高闻其文书相往来，未得其审⁷⁵，故未敢以闻。且丞相居外，权重于陛下。"二世以为然，欲案⁷⁶丞相；恐其不审⁷⁷，乃先使人按验⁷⁸三川守与盗通状。

李斯闻之，因上书言赵高之短曰："高擅利擅害⁷⁹，与陛下无异。昔田常相齐简公，窃其恩威，下得百姓，上得群臣，卒弑㊳简公而取齐国，此天下所明知也。今高有邪佚㊴之志，危反㊵之行，私家之富，若田氏之于齐矣，而又贪欲无厌，求利不止，列势次主㊶，其欲无穷，劫陛下之威信，其志若韩玘为韩安相㊷也。陛下不图，臣恐其必为变也。"二世曰："何哉！夫高，故宦人也；然不为安肆志，不以危易心，洁行修善，自使至此㊸，以忠得进，以信守位，朕实贤之；而君疑之，何也？且朕非属㊹赵君，当谁任哉！且赵君为人，精廉强力，下知人情，上能适㊺朕；君其勿疑！"二世雅㊻爱赵高，恐李斯杀之，乃私告赵高。高曰："丞相所患者独高；高已死，丞相即欲为田常所为。"

是时，盗贼益多，而关中卒发东击盗者无已。右丞相冯去疾、左丞相李斯、将军冯劫进谏曰："关东群盗并起，秦发兵诛击，所杀亡甚众，然犹不止。盗多，皆以戍、漕、转、作事苦㊼，赋税大也。请且止阿房宫作者，减省四边戍、转。"二世曰："凡所为贵有天下者，得肆意极欲，主重明法，下不敢为非，以制御㊽四海矣。夫虞、夏之主，贵为天子，亲处穷苦之实以徇百姓，尚何于法！且先帝起诸侯，兼天下，天下已定，外攘㊾四夷以安边境，作宫室以章㊿得意；而君观先帝功业有绪。今朕即位，二年之间，群盗并起，君不能禁，又欲罢先帝之所为，是上无以报先帝，次不为朕尽忠力，何以在位！"下去疾、斯、劫吏，案责他罪。去疾、劫自杀；独李斯就狱。二世以属赵高治之，责斯与子由谋反状，皆收捕宗族、宾客。赵高治斯，榜掠○51千余，不胜痛，自诬服○52。

斯所以不死者，自负○53其辩，有功，实无反心，欲上书自陈，幸二世寤○54而赦之。乃从狱中上书曰："臣为丞相治民，三十余年矣。逮○55秦地之狭隘，不过千里，兵数十万。臣尽薄材，阴行谋臣，资之金玉，使游说诸侯；阴修甲兵○56，饬政教○57，官斗士○58，尊功臣；故终以胁韩，弱魏，破燕、赵，夷○59齐、楚，卒兼六国，虏其王，立秦为天子。又北逐胡、貉○60，南定百越○61，以见秦之强。更剋画平斗斛、度量、文章○62，布之天下，以树秦之名。此皆臣之罪也，臣当死久矣！上幸尽其能力，乃得至今。愿陛下察之！"书上，赵高使吏弃去不奏，曰："囚○63安得上书！"

赵高使其客十余辈诈为御史、谒者、侍中○64，更往覆讯斯○65，斯更以其实对，辄使人复榜之。后二世使人验斯，斯以为如前，终不敢更○66言。辞服○67，奏当上○68。二世喜曰："微○69赵君，几为丞……兵已击杀之。"使者来，会丞相下吏，高皆妄为反辞以相傅○70会，遂具斯五刑论○71，腰斩咸阳市。

斯出狱，与其中子俱执。顾谓其中子曰："吾欲与若复牵黄犬，俱出上蔡东门逐狡兔，岂可得乎！"遂父子相哭而夷三族。二世乃以赵高为丞相，事无大小皆决焉。

秦二世三年（前207年）

初，中丞相⑩赵高欲专秦权，恐群臣不听，乃先设验⑩，持鹿献于二世曰："马也。"二世笑曰；"丞相误邪⑰，谓鹿为马？"问左右，或默，或言马以阿顺⑱赵高，或言鹿者。高因阴中⑲诸言鹿者以法。后群臣皆畏高，莫敢言其过。

高前数言"关东盗无能为也"；及项羽虏王离等，而章邯等军数败，上书请益助⑳。自关以东，大抵尽畔㉑秦吏，应诸侯；诸侯咸率其众西乡㉒。八月，沛公将数万攻武关，屠之。高恐二世怒，诛及其身，乃谢病，不朝见。

二世梦白虎啮其左骖马㉓，杀之，心不乐，怪问占梦㉔。卜曰："泾水为祟。"二世乃斋㉕于望夷宫，欲祠泾水，沉四白马。使使责让高以盗贼事。高惧，乃阴与其婿咸阳令阎乐及弟赵成谋曰："上不听谏；今事急，欲归祸于吾，欲易置上，更立子婴。子婴仁俭，百姓皆载㉖其言。"乃使郎中令为内应，诈为有大贼，令乐……人至望夷宫殿门，缚卫令仆射，曰："贼入此，何不止？"卫令曰："周庐㉗设卒甚谨，安得贼，敢入宫！"乐遂斩卫令，直将吏入，行射郎㉘、宦者。郎、宦者大惊，或走、或格；格者辄死，死者数十人。郎中令与乐俱入，射上幄坐帏㉙。二世怒，召左右；左右皆惶扰不斗。旁有宦者一人侍，不敢去。二世入内，谓曰："公何不早告我，乃至于此！"宦者曰："臣不敢言，故得全；使臣早言，皆已诛，安得至今！"阎乐前即㉚二世，数曰："足下骄恣，诛杀无道，天下共畔足下，足下其自为计！"二世："丞相可得见否？"乐曰："不可！"二世曰："吾愿得一郡为王。"弗许。又曰："愿为万户侯。"弗许。曰："愿与妻子为黔首，比诸公子。"阎乐曰："臣受命于丞相，为天下诛足下；足下虽多言，臣不敢报！"麾其兵进。二世自杀。阎乐归报赵高。赵高乃悉召诸大臣、公子，告以诛二世之状，曰："秦故王国；始皇君㉛天下，故称帝。今六国复自立，秦地益小，乃以空名为帝，不可；宜如故，便。"乃立子婴为秦王。以黔首葬二世杜南㉜宜春苑中。

九月，赵高令子婴斋戒，当庙见㉝，受玉玺；斋五日。子婴与其子二人谋曰："丞相高杀二世望夷宫，恐群臣诛之，乃诈以义立我。我闻赵高乃与楚约，灭秦宗室而分王关中。今使我斋、见庙，此欲因庙中杀我。我称病不行，丞相必自来，来则杀之。"高使人请子婴数辈⑯。子婴不行。高果自往，曰："宗庙重事，王奈何不行？"子婴遂刺杀高于斋宫，三族高家以徇⑰。

（《通鉴》第 7 卷 248～250、252～253 页，
第 8 卷 275～280、292～295 页）

【注释】

①始皇：秦始皇嬴政。公元前 246—前 210 年在位。恶（wù）：讨厌。②中车府令：秦官。掌管皇帝出行时的车舆。行：代理低级官职。符玺：古代帝王的印信。赵高（？—前 207）：宦官。本为赵国人，入秦宫后管事二十余年，任中车府令，兼行符玺事。秦始皇死时和李斯伪造遗诏，赐始皇长子扶苏自杀，立胡亥为二世皇帝。任郎中令，控制朝政。后杀李斯，任中丞相，独揽大权。不久，又杀二世，立子婴为秦王。后为子婴所杀。赐：给予。上给下曰赐。扶苏：秦始皇的长子。③与丧：参加办理丧事。④会咸阳：到咸阳相会。⑤崩（bēng）：古代帝王死称崩。⑥沙丘平台：沙丘，在今河北广宗县。平台，现在叫"大平台"。⑦斯：李斯。见《李斯谏逐令》注⑥。⑧公子：诸侯之子。这里指秦始皇的儿子。⑨辒（wēn）凉车：辒辌车，卧车。有窗，打开则凉，关闭则温。⑩幸宦者：君主宠信的宦者。骖乘：古代乘车在车右陪乘的人。当时乘车，尊者居左，御者居中，还有一人处车右，以备倾侧。此人战时称车右，平时则称骖乘。⑪辄（zhé）：即时。⑫胡亥：秦二世，秦始皇的小儿子。⑬隐宫：宫刑。因为宫刑在隐室进行，故称隐宫。⑭雅：平素。⑮君侯：古时称列侯为君侯，这里指丞相李斯。⑯孰与：比起来如何？⑰通侯：又称列侯或彻侯，秦代爵位最高的一级。⑱笃厚：忠实，厚道。⑲怨望：怨恨不平。⑳属（zhǔ）：托付。裨将：副将。㉑监：监军，官名。㉒趣（cù）：催促。㉓阳周：县名。故城在今陕西子长县北。㉔舍人：战国至汉初，王公贵族的侍从宾客、亲近左右，通称舍人。护军：官名。秦有护军都尉。护，总领。㉕祷：祈神求福。㉖代：县名。在今河北蔚县西南。㉗井陉（xíng）：县名。在今河北井陉县北。九原：县名。在今内蒙古包头市西。㉘直道：蒙恬在秦始皇三十五年所修的从九原至咸阳的路。㉙骋六骥过决隙：形容光阴过得极快。骋，奔驰。六骥，六匹骏马所驾的车子。决隙，裂开的缝隙。㉚临：统管，治理。㉛先帝：当朝帝王已死的父亲。此处指秦始皇。㉜其属：指诸公子及大臣这班人。意快快：心

中不服气。㉝栗：恐惧貌。㉞刻刑：苛酷的刑罚。㉟更置：另外委派。㊱阴德：暗中施德于人。㊲润泽：滋润。借喻对人施的恩惠。㊳肆志：纵情。㊴出：超过。㊵更为法律：更改法律。㊶鞫治：审问定罪。鞫，通"鞠"。㊷僇（lù）：杀戮。僇，通"戮"。㊸矺（tuō）：古代分裂肢体的酷刑。意同"磔"。杜：杜县。在今陕西西安市东南。㊹县官：朝廷。㊺昆弟：兄弟。㊻内宫：皇后居住的宫殿。㊼致法：用刑法。㊽阙廷：朝廷。㊾宾赞：导引九宾朝会之礼事。宾，通"傧"。㊿廊庙：犹言庙堂。这里指朝廷。51与：通"预"。52中厩：国君的养马所。53骊山：一名"郦山"，在今陕西临潼县城东南。54说：通"悦"。55郎中令：皇帝左右亲近的高级官职，主要掌管守卫宫殿门户。56富于春秋：年纪很轻的意思。富，充裕。春秋，指岁月。57谴：对官吏的贬谪。举：选拔官吏。58深拱：拱手安居，无所事事。禁中：宫中。59臣：指赵高。侍中：官名。侍从皇帝左右，出入宫廷，应对顾问。习法者：熟悉法令的人。待事：等候公事。60揆：揣度。61益发：多派遣。繇：同"徭"。62不可传：传达不到秦二世那里去。63间（jiàn）：空隙，机会。64上闲：皇上有空闲时。65燕乐：内廷之乐。66上谒：求见。67燕私：在寝室安息。68少：轻视。69固：鄙陋。70益：增加。71裂地：分割土地。72三川：郡名。地在今河南洛阳市东北，因有伊水、洛水和黄河得名。73傍县：近县。74公行：公开横行。75审：详细的内容。76以闻：把这件事报告皇帝。77案：法办。78审：确实。79按：查明案情，以定其罪。80擅利擅害：掌握国家利害大权。81弑：臣杀君、子杀父曰弑。82邪佚：邪恶败乱。83危反：危害作乱。84列势次主：地位和权势仅次于君主。85韩玘为韩安相：史实不详。韩安，即战国时韩国最后一位国君，公元前238—前230年在位。可能是因韩安用韩玘为相而亡其国。86自使至此：依靠自己的努力获得今天的地位。87属（zhǔ）：委托，托付。88适：适合。89雅：平素。90戍：征戍。漕：水上运输。转：陆上运输。作：役作。91制御：统治，支配。92攘：排斥。93章：显，表白。94榜（péng）：鞭打。掠：拷问。95自诬服：自己冤屈地认罪。96自负：自恃。97寤：醒悟。98逮：趁着。99修甲兵：整治武备。100饬政教：整顿刑赏和教化。101官斗士：任用勇敢善战的人为官。102夷：削平。103胡：当时对中国北方匈奴的称呼。貉（mò）：通"貊"。当时居住在中国东北的一个少数民族。104百越：泛指当时中国东南及两广一带的少数民族。105更刻画：更改器物上的标记，使之统一。刻，通"刻"。平：治，定。文章：文字。106囚：有罪被禁锢的人。107辈：表示人的多数。御史：秦官。有弹劾纠察之权。谒者：秦官。108更：轮流替换。覆讯：再行审问。109更：再，又。110辞服：供词上承认了犯罪属实。⑪奏当：审案完毕向皇帝奏闻定罪意见。⑫微：无。⑬傅：通"附"。⑭具五刑：《汉书·刑法志》："当三族者，皆先黥、劓、斩左右趾，笞杀之，枭其首，菹其骨肉于市。其诽谤、詈诅者，又先断舌。故谓之具五刑。"⑮中丞相：又言内丞相，在宫中执政的意思。因赵高是宦者，得入宫中，所以在李斯死后，秦二世别出心裁地封他为这个官职。⑯设验：试探，考验。⑰邪：通"耶"。⑱阿顺：曲意顺从。⑲阴中：暗里中伤。⑳益助：增援。㉑畔：通"叛"。㉒乡：通"向"。㉓啮(niè)：咬。左骖马：一车驾三马。在辕叫服，两旁叫骖。左骖马就是靠左边的马。㉔占梦：占梦的官。㉕卜：卜辞。㉖斋：古人在祭祀或举行典礼之前，清心洁身，以示庄重。㉗载：听从。㉘卫令仆射(yè)：官名。掌宫门屯兵。㉙周庐：秦汉时皇宫四周所设的警卫屋子。㉚行射：边行边射。郎：帝王侍从官的通称。㉛幄(wò)：篷帐。帏(wéi)：单帐。上幄坐帏，即皇帝篷帐中供坐用的单帐。㉜即：靠近。㉝君：统治，主宰。㉞杜南：杜县之南。杜县在今陕西西安市东南。㉟庙见：到宗庙参拜祖先。㊱辈：表示人的多数，数辈即数人。㊲三族高家：诛杀赵高三族。徇：示众。

【译文】

　　始皇帝厌恶谈论"死"，因此群臣中没有人敢于提关于死的事。他病得越来越严重时，才命中车府令兼掌符玺事务的赵高写诏书给长子扶苏说："参加丧事处理，灵柩到咸阳后安葬。"诏书已封好，但却搁置在赵高处，没有交给使者送出。秋季，七月，丙寅（二十日），始皇在沙丘宫平台驾崩。丞相李斯因皇帝在都城外病逝，唯恐各位皇子及天下发生什么变故，于是就秘不发丧，将棺材停放在能调节冷暖的辒辌车中，由始皇生前最宠信的宦官在车的右边陪乘。所到各地，上呈餐饭、百官奏报事务与过去一样，宦官即从车中接受并批复奏事。只有胡亥、赵高及受宠幸的宦官五六个人知道内情。

　　当初，始皇帝尊重宠爱蒙氏兄弟，信任他们。蒙恬在外担任大将，蒙毅常在朝中参与商议国事，称为忠信大臣，所以即便是高级将领或丞相，也没有敢与他们一争高低的。赵高一生下来就被阉割了。始皇听说他办事能力很强，且通晓刑法，便提拔他担任了中车府令，并让他教小儿子胡亥学习审理判决诉讼案。胡亥非常宠爱他。赵高曾经犯下大罪，始皇派蒙毅惩治他。蒙毅认为赵高依法应被处死，但始皇因赵高办事勤敏而赦免了他，并恢复了他的官职。赵高既然素来得到胡亥的宠幸，又怨恨蒙氏兄弟，便劝说胡亥，让他诈称始皇遗诏命杀掉扶苏而立胡亥自己为太子。胡亥同意了赵高的计策。赵高又说："这件事如果不与丞相合谋进行，恐怕不能成功。"随即会见丞相李斯,说:"皇上赐给扶苏的诏书及符玺都在胡亥那里。定立太子之事只在您口中的一句话罢了。这件事将怎么办呢?"李斯说:"怎么能够说这种亡国的话呀!此事不是我们这些为人臣子的人所应当议论的啊!"赵高道:"您的才能、谋略、功勋、人缘以及获扶苏的信任,这五点全部拿来与蒙恬相比,谁更强呢?"李斯回答:"我比不上他。"赵高说:"既然如此,那么只要扶苏即位,就必定任用蒙恬为丞相,您最终不能怀揣通侯的印信返归故乡的结局是显而易见的了!而胡亥仁慈忠厚,可以做皇位继承人。希望您慎重地考虑一下,作出定夺!"丞相李斯认为赵高说得有理,便与他共同谋划,诈称接受了始皇的遗诏,立胡亥为太子,重写诏书赐给扶苏,指斥他不能开辟疆土、创立功业,却使士卒大量伤亡,并且数次上书,直言诽谤父皇,日日夜夜地抱怨不能获准解除监军职务,返归咸阳当太子;而将军蒙恬不纠正扶苏的过失,却了解扶苏的图谋。因此赐他们全都自杀,将军队都移交给裨将王离。

扶苏接到诏书,哭泣着进入内室,打算自杀。蒙恬说:"陛下在外地,并未确立谁是太子。他派我率领三十万军队镇守边陲,令您担任监军,这乃是天下的重任啊。现在仅仅一个使者前来传书,我们就自杀,又怎么能知道其中不是有诈呢?!让我们再奏请证实一下,然后去死也不晚呀。"但是使者多次催促他们自行了断,扶苏于是对蒙恬说:"父亲赐儿子死,还哪里需要再请示查实呢?"随即自杀。蒙恬不肯死,使者便将他交给官吏治罪,囚禁在阳周;改置李斯的舍人担任护军,然后回报。胡亥已听说扶苏死了,便想释放蒙恬。恰逢蒙毅代替始皇外出祈祷山川神灵求福后返回,赵高即对胡亥说:"始皇帝想要举拔贤能立你为太子已经很长时间了,可是蒙毅一直规劝他,认为不可如此。不如把蒙毅杀掉!"于是逮捕了蒙毅,将他囚禁到代郡。

皇室车队于是从井陉抵达九原。当时正值酷暑,装载始皇遗体的辒辌车散发出恶臭,胡亥等便指示随从官员在车上装载一石鲍鱼,借鱼的臭味混淆腐尸的气味。从直道抵达咸阳后,发布治丧的公告。太子胡亥继承了皇位。

夏季,四月,二世抵达咸阳,对赵高说:"人生在世,就犹如驾着六匹骏马飞奔过缝隙一般的短促。我既已经统治天下,就想要尽享我的耳目所喜闻、乐见的全部东西,享尽我心意中所喜欢的任何事物,直到我的寿命终结,你认为这行吗?"赵高说:"这是贤能的君主能做而昏庸暴乱的君王不能做的事情。虽然如此,还有不可做的地方,请让我来陈述一下:沙丘夺权之谋，诸位公子和大臣都有所怀疑。而各位公子都是您的哥哥，大臣又都是先帝所安置的。如今陛下刚刚继位，这些公子臣僚正怏怏不服，恐怕会发生事变。我尚且战战栗栗，生怕不得好死，陛下又怎么能够这样享乐呀！"二世道："那该怎么办呢？"赵高说："陛下应实行严厉的法律、残酷的刑罚，使有罪的人株连他人，这样可将大臣及皇族杀灭干净，然后收罗提拔遗民，使贫穷的富裕起来，卑贱的高贵起来，并把先帝过去任用的臣僚全都清除出去，改用陛下的亲信。这样一来，他们就会暗中感念您的恩德；祸害被除掉，奸谋遭堵塞，群臣没有不蒙受您的雨露润泽、大恩厚德的。如此，陛下就可以高枕无忧，纵情享乐了。再没有比这个更好的计策了！"二世认为赵高说得有理，于是便修订法律，务求更加严厉苛刻，凡大臣、各位公子犯了罪，总是交给赵高审讯惩处。就这样，有十二位皇子在咸阳街市上被斩首示众，十名公主在杜县被分裂肢体而死，他们的财产全部充公。受牵连被逮捕的人更是不可胜数。

公子将闾兄弟三人被囚禁在内宫，单单搁置到最后才议定罪过。二世派使臣去斥令将闾说："你不尽臣子的职责，罪该处死！由行刑官执法吧！"将闾说："在宫廷的礼仪中，我未曾敢不听从司仪人员的指挥；在朝廷的位次上，我未曾敢超越本分违背礼节；受皇上的命令应对质询，我未曾敢言辞失当说过什么错话，这怎么叫作不尽为臣子的职责啊？希望听你们说说我的罪过然后再去死！"使臣说："我不与你作什么商量，只奉诏书行事！"将闾于是便仰天大呼三声"天"，说："我没有罪！"兄弟三人都痛哭流涕，随即拔剑自杀。整个皇室均为此震惊恐惧。公子高打算逃亡，但又害怕株连族人，因此上书说："先帝未患病时，我入宫便赐给我饮食，外出便赐给我乘车，先帝内府的衣服，我得到赏赐，宫中马厩里的宝马，我也得到赏赐。我本应跟随先帝去死，却没能这样做。似此作为儿子便是不孝，作为臣子便是不忠。不孝不忠的人是没有资格生存在世上的。因此我请求随同先帝去死，愿被葬在骊山脚下。希望陛下垂怜。"书上给了二世，二世高兴异常，召见赵高，给他看公子高的上书，说："这可以算是急迫无奈了吧？"赵高道："作为臣子担心死亡还来不及呢，哪里能有空闲图谋什么造反的事呀！"二世随即允准了公子高的上书，并赐给他十万钱作为安葬费。

秦朝郎中令赵高仰仗着受皇帝恩宠而专权横行，因报他的私怨杀害了很多人，因此恐怕大臣们到朝廷奏报政务时揭发他，就劝二世说："天子之所以尊贵，不过是因为群臣只能听到他的声音，而不能见到他的容颜罢了。况且陛下还很年轻，未必对件件事情都熟悉，现在坐在朝廷上听群臣奏报政务，若有赏罚不当之处，就会把自己的短处暴露给大臣们，如此便不能向天下人显示圣明了。所以陛下不如拱手深居宫禁之中，由我和熟习法令规章的侍中们在一起等待事务奏报，大臣们将事务报上来才研究处理。这样，大臣们就不敢奏报是非难辨的事情，天下便都称道您为圣明的君主了。"二世采纳了赵高的这一建议，便不再坐朝接见大臣，常常住在深宫之中。赵高在宫中侍奉，掌握大权，一切事情都由赵高决定。

赵高听说李斯对此不满而有非议，便去会见丞相李斯说："关东地区的盗贼纷纷起来闹事，现在皇上却加紧增征夫役去修建阿房宫，并搜集狗马一类无用的玩物。我想进行规劝，但因地位卑贱不敢言。这可实在是您的事情啊，您为什么不去劝谏呢？"李斯道："本来是该如此啊，我早就想说了。但如今皇上不坐朝接见大臣听取奏报，经常住在深宫中，我所要说的话，不能传达进去，而想要觐见，又没有机会。"赵高说："倘若您真的要进行规劝，就请让我在皇上得空的时候通知您。"于是赵高等到二世正在欢宴享乐、美女站满面前时，派人通告李斯："皇上正有空闲，可以进宫奏报事情。"李斯即到宫门求见。如此接连三次。二世大怒道："我常常有空闲的日子，丞相不来。我正在闲居休息，丞相就来请示奏报！丞相这岂不是轻视我年幼看不起我吗？"赵高便趁机说道："沙丘伪造遗诏逼扶苏自杀的密谋，丞相参与了。现在陛下已立为皇帝，而丞相的地位却没有提高，他的意思也是想要割地称王了。而且陛下若不问我，我还不敢说，丞相的长子李由任三川郡守，楚地盗贼陈胜等都是丞相邻县的人，因此这些盗贼敢于公然横行，以至经过三川城的时候，李由只是据城防守不肯出击。我听说他们还相互有文书往来，因尚未了解确实，所以没敢奏报给陛下。况且丞相在外面，权势比陛下大。"二世认为赵高说得有理，便想查办丞相，但又怕事实不确，于是就先派人去审核三川郡守与盗贼相勾结的情况。

李斯听说了这件事，即上奏书揭发赵高的短处说："赵高专擅赏罚大权，他的权力跟陛下没有什么区别了。从前田常当齐国国君简公的相国，窃取了齐简公的恩德威势，下得百姓拥戴，上获群臣支持，终于杀掉了简公，夺取了齐国，这是天下周知的史事啊。如今赵高有邪恶放纵的心意，阴险反叛的行为，他私家的富足，与田氏在齐国一样，而又贪得无厌，追求利禄不止，地位权势仅次于君主，欲望无穷，窃取陛下的威信，他的野心就犹如韩玘当韩国国君韩安的相时那样了。陛下不设法对付，我怕他是必定会作乱的。"二世说：

"这是什么话！赵高本来就是个宦官，但他却从不因处境安逸而放肆地胡作非为，不因处境危急而改变忠心，他行为廉洁向善，靠自己的努力才得到今天的地位。他因忠诚而得到任用，因守信义而保持职位，朕确实认为他贤能。但您却怀疑他，这是为什么呢？而且朕不依靠赵高，又当任用谁呀？何况赵高的为人，精明廉洁、强干有力，对下能了解人情民心，对上则能适合朕的心意，就请您不要猜疑了吧！"二世非常喜爱赵高，唯恐李斯把他杀掉，便暗中将李斯的话告诉了赵高。赵高说："丞相所担心的只是我一个人，我死了，丞相就要干田常所干的那些事了。"

此时，盗贼日益增多，而秦朝廷不停地征发关中士兵去东方攻打盗贼，右丞相冯去疾、左丞相李斯、将军冯劫便为此提出规劝说："关东群盗同时起事，秦朝发兵进剿，所诛杀的非常多，但仍然不能止息。盗贼之所以多，都是由于兵役、水陆运输和建筑等事劳苦不堪、赋税太重的缘故啊。恳请暂时让修建阿房宫的役夫们停工，减少四方戍守边防的兵役、运输等徭役。"二世说："大凡所以能尊贵至拥有天下的原因，就在于能够为所欲为、极尽享乐，君主重在修明法制，臣下便不敢为非作歹，凭此即可驾驭天下了。虞、夏的君主，虽然高贵为天子，却亲自处于穷苦的实境，以为百姓献身，这还有什么可效法的呢？况且先帝由诸侯起家，兼并了天下。天下已经平定，就对外排除四方蛮族以安定边境，对内兴修宫室以表达得意的心情，而你们是看到了先帝业绩的开创。如今朕即位，两年的时间里，盗贼便蜂拥而起，你们不能加以禁止，又想要废弃先帝创立的事业。这即是上不能报答先帝，下不能为朕尽忠效力，如此你们凭什么占据着自己的官位呢?!"于是就将冯去疾、李斯、冯劫交给司法官吏，审讯责罚他们的其他罪过。冯去疾、冯劫自杀了，只有李斯被下至狱中。二世即交给赵高处理，查究李斯与儿子李由进行谋反的情况，将他们的家族、宾客全都逮捕了。赵高惩治李斯，笞打他一千余板，李斯不堪忍受苦痛，含冤认罪。

李斯之所以不自杀，是因为他自恃能言善辩，有功劳，实无反叛之心，而想要上书作自我辩解，希望二世能幡然醒悟，将他赦免。于是就从狱中上奏书说："我任丞相治理百姓，已经三十多年了。曾赶上当初秦国疆土狭小，方圆不过千里，士兵仅数十万的时代。我竭尽自己微薄的才能，暗地里派遣谋臣，供给他们金玉珍宝，让他们去游说诸侯，同时暗中整顿武装，整治政令，教化、擢升敢战善斗的将士，尊崇有功之臣。故而终于能以此胁迫韩国，削弱魏国，击破燕国、赵国，铲平齐国、楚国，最终兼并六国，俘获了它们的国君，拥立秦王为天子。接着又在北方驱逐胡人、貉人，在南方戡定百越部族，以显扬秦王朝的强大。并改革文字，统一度量衡和制度，颁布于天下，以树立秦王朝的威名。这些都是我的罪状啊，早就应当被处死了！只是由于皇上希望我竭尽所能，才得以活到今日。故望陛下明察！"奏书呈上后，赵高却命狱吏丢弃而不予上报，并且说道："囚犯怎么能上书！"

赵高派他的门客十多人假充御史、谒者、侍中，轮番审讯李斯，李斯则翻供以实情对答，于是赵高就让人再行拷打他。后来二世派人去验证李斯的供词，李斯以为还与以前一样，便终究不敢更改口供，在供词上承认了自己的罪状。判决书呈上去后，二世高兴地说："如果没有赵君，我几乎就被丞相出卖了！"待二世派出去调查三川郡守李由的人抵达三川时，楚军已经杀死了李由。使者回来，正逢李斯被交给司法官吏审问治罪，赵高即捏造了李由谋反的罪证，与李斯的罪状合在一起，于是判处李斯五刑，在咸阳街市上腰斩。李斯走出监狱时，与他的次子一同被押解，李斯回头对次子说："我想和你重牵黄狗，一同出上蔡东门去追逐狡兔，但哪里还能办得到哇！"于是父子二人相对痛哭。李斯三族的人也都被诛杀了。二世便任命赵高为丞相，事无巨细，全由赵高决定。

当初，中丞相赵高想独操秦朝大权，但又担心群臣不服，于是便先进行试验，牵来一只鹿献给二世说："这是马啊。"二世笑道："你错了吧？怎么把鹿叫作马？"即询问侍立左右的大臣们，群臣有的沉默不语，有的说是马以迎合赵高，有的则说是鹿。于是，赵高暗中借秦法陷害了那些明说是鹿的人。此后群臣都畏惧赵高，没有人敢谈他的过错。

赵高以前曾多次说："关东的盗贼成不了大事"，待到项羽俘获王离等人，而章邯等人的军队也多次被打败，赵高才上书请求增兵援助。这时自函谷关以东，大体上全都背叛秦朝官吏，响应诸侯；诸侯也都各自统率部众向西进攻。八月，刘邦率几万人攻打武关，屠灭了全城。赵高恐怕二世为此发怒，招致杀身之祸，就托病不出，不再朝见二世。

二世梦见一只白虎咬了左骖马，并把马咬死，因此心中闷闷不乐，颇觉奇怪，便询问占梦的人。占梦人卜测说："是泾水神在作祟。"二世于是就在望夷宫实行斋戒，想祭祀泾水神，将四匹白马沉入河中。并为盗贼的事派人去责问赵高。赵高愈加害怕，即暗中与他的女婿咸阳县令阎乐、他的弟弟赵成商议说："皇上不听规劝。而今情势紧急，便想加祸于我。我打算更换天子，改立二世哥哥的儿子子婴为皇帝。子婴为人仁爱俭朴，百姓们都尊重他说的话。"随即命郎中令作为内应，诈称有大盗，令阎乐调兵遣将去追捕，同时劫持阎乐的母亲安置到赵高府中。又派阎乐率领官兵一千多人来到望夷宫殿门前，将卫令仆射捆绑起来，说："大盗进里面去了，为什么不进行阻拦？"卫令道："宫墙周围设置卫兵，防守非常严密，怎么会有盗贼敢溜入宫中啊！"阎乐就斩杀了卫令，带兵径直闯进宫去，边走边射杀郎官和宦官。郎官、宦官惊恐万状，有的逃跑，有的抵抗，而反抗者即被杀死，这样死了几十人。郎中令和阎乐于是一同入内，箭射二世的篷帐、帷帐。二世怒不可遏，召唤侍候左右的卫士，但近侍卫士都慌乱不堪，不上前格斗。二世身旁只有一名宦官服侍着，不敢离去。二世入内对这个宦官说："你为什么不早告诉我呀，竟至于到了这个地步！"宦官道："我不敢说，所以才能保全性命；倘若我早说了，已经被杀掉了，哪里还能活到今日！"阎乐这时走到二世面前，数落他说："您骄横放纵，滥杀无辜，天下人都背叛了您，您还是自己打算一下吧！"二世说："我可以见到丞相吗？"阎乐道："不行！"二世说："我希望得到一个郡来称王。"阎乐不准许。二世又道："我愿意做万户侯。"阎乐仍不答应。二世于是说："那么我甘愿与妻子儿女去做平民百姓，像各位公子的结局那样。"阎乐道："我奉丞相的命令，为天下百姓诛杀您，您再多说，我也不敢禀告！"随即指挥他的兵士上前。二世就自杀了。阎乐回报赵高，赵高便召集全体大臣、公子，告诉他们诛杀二世的经过情形，并说道："秦从前本是个王国，始皇帝统治了天下，因此称帝。现在六国重又各自独立，秦朝的地盘越来越小，仍然以一个空名称帝，不可如此。应还像过去那样称王才合适。"便立子婴为秦王，并用平民百姓的礼仪把二世葬在了杜县南面的宜春苑中。

九月，赵高让子婴斋戒，到宗庙参拜祖先，接受国君的印玺。斋戒五天后，子婴与他的两个儿子商量说："丞相赵高在望夷宫杀了二世皇帝，害怕群臣将他杀掉，才假装依据礼仪拥立我为王。我听说赵高曾经与楚军约定，消灭秦朝的宗室之后，在关中分别称王。如今他让我斋戒，赴宗庙参拜，这是想乘朝见宗庙之机杀了我啊。我若托病不去，丞相必定会亲自前来请我，他来了就杀掉他。"赵高派了几批人去请子婴，子婴就是不动身。赵高果然亲自前往，说道："参拜宗庙是重大的事情，大王您为何不去啊？"子婴在斋宫刺杀了赵高，并诛杀赵高家三族的人以示众。

刘邦与关中父老约法三章

汉高帝元年（前206年）

　　沛公西入咸阳①，诸将皆争走金帛财物之府分之；萧何独先入收秦丞相府图籍藏之②，以此沛公得具知天下厄塞③、户口多少、强弱之处。沛公见秦宫室、帷帐、狗马、重宝、妇女以千数，意欲留居之。樊哙④谏曰："沛公欲有天下耶，将为富家翁耶？凡此奢丽之物，皆秦所以亡也，沛公何用焉！愿急还霸上⑤，无留宫中！"沛公不听。张良⑥曰："秦为无道，故沛公得至此。夫为天下除残贼，宜缟素⑦为资。今始入秦，即安其乐，此所谓'助桀为虐'。且忠言逆耳利于行，毒药苦口利于病，愿沛公听樊哙言！"沛公乃还军霸上。

　　十一月，沛公悉召诸县父老、豪杰，谓曰："父老苦秦苛⑧法久矣！吾与诸侯约，先入关者王之；吾当王关中。与父老约法三章耳：杀人者死，伤人及盗抵罪。余悉除去秦法，诸吏民皆案堵⑨如故。凡吾所以来，为父老除害，非有所侵暴；无恐！且吾所以还军霸上，待诸侯至而定约束耳。"乃使人与秦吏行县、乡、邑，告谕之。秦民大喜，争持牛、羊、酒食献飨军士。沛公又让不受，曰："仓粟多、非乏，不欲费民。"民又益喜，惟恐沛公不为秦王。

（《通鉴》第9卷298～299页）

【注释】

　　①沛公：刘邦（前256或前247—前195），字季，沛县（今属江苏）人。西汉的开国皇帝。初起兵时，众人立为沛公。咸阳：秦朝都城。在今陕西咸阳市东北二十里。②萧何（？—前193）：汉功臣，沛县人。初为县吏，后帮助刘邦起义，两入关，收秦图籍。楚汉战争中，他输送士卒和粮饷，支援前线，平定天下，功为第一。后封酂侯。图籍：地图和户籍。③厄塞：险要的地方。④樊哙（？—前189）：汉初将领，沛县人。少以屠狗为业。初随刘邦起义。灭秦后，首劝刘邦勿贪享受，还军霸上。在"鸿门宴"上他斥责项羽，刘邦始得脱走。后任左丞相，封舞阳侯。⑤霸上：一作灞上，又名霸头，因地处

霸水西高原上得名。在今陕西西安市东，为古代咸阳、长安附近的军事要地。⑥张良(？—前189，一说前185)：字子房，传为城父(今安徽亳县东南)人。韩国贵族，五代相韩。秦灭韩，他用全部家财交刺客，在博浪沙狙击秦始皇未遂，隐名改姓，逃匿下邳(今江苏邳县东)，跟黄石公学兵法。后为刘邦谋臣，佐高祖灭秦楚，因功封留侯。⑦缟(gǎo)素：白色的衣服。指丧服，意即吊民(慰问受苦的百姓)。资：凭借，依托。⑧苛(kē 旧读hé)：苛刻，繁细。⑨案堵：同"安堵"。定居，安定。

【译文】

刘邦领兵向西进入咸阳，众将领都争先恐后地奔往秦朝贮藏金帛财物的府库瓜分财宝，唯独萧何率先入宫取秦朝丞相府的地理图册、文书、户籍簿等档案收藏起来，刘邦借此全面了解了天下的山川要塞、户口的多少及财力物力强弱的分布。刘邦看到秦王朝的宫室、帷帐、名种狗马、贵重宝器和宫女数以千计，便想留下来在皇宫中居住。樊哙劝谏说："您是想拥有天下，还是只想做一个富翁啊？这些奢侈华丽之物，都是招致秦朝覆灭的东西，您要它们有什么用呀！望您尽快返回霸上，不要滞留在宫里！"刘邦不听。张良说："因为秦朝不施行仁政，所以您才能够来到这里。而为天下人铲除残民之贼，应如同丧服在身，把抚慰人民作为根本。现在刚刚进入秦的都城，就要安享其乐，这即是人们所说的'助桀为虐'了。况且忠言逆耳利于行，良药苦口利于病，望您能听取樊哙的劝告！"刘邦于是率军返回霸上。

十一月，刘邦将各县的父老和有声望的人全都召集起来，对他们说："父老们遭受秦朝严刑苛法的苦累已经很久了！我与各路诸侯约定，先入关中的人为王。据此我就应该在关中称王了。如今与父老们约法三章：杀人者处死，伤人者和抢劫者抵罪。除此之外，秦朝的法律统统废除，众官吏和百姓都照旧安定不动。我之所以到这里来，是为了替父老们除害，而不是来欺凌你们的，请你们不必害怕！况且我所以领兵回驻霸上，不过是为了等各路诸侯到来后订立一个约束大家行为的规章罢了。"随即派人和秦朝的官吏一起巡行各县、乡、城镇，向人们讲明道理。秦地的百姓都欢喜异常，争相拿着牛、羊、酒食来慰问款待刘邦的官兵。刘邦又辞让不肯接受，说道："仓库中的粮食还很多，并不缺乏，不想让百姓们破费。"百姓们于是更加高兴，唯恐刘邦不在秦地称王。

韩信拜将

汉高帝元年（前 206 年）七月

初，淮阴人韩信，家贫，无行①，不得推择②为吏，又不能治生商贾③，常从人寄食饮④，人多厌之。信钓于城下，有漂母⑤见信饥，饭信⑥。信喜，谓漂母曰："吾必有以重报母。"母怒曰："大丈夫不能自食；吾哀王孙⑦而进食，岂望报乎！"淮阴屠中少年有侮信者曰："若⑧虽长大，好带刀剑，中情⑨怯耳。"因⑩众辱之曰："信能死，刺我；不能死，出我袴⑪下！"于是信孰视⑫之，俛⑬出袴下，蒲伏⑭。一市人皆笑信，以为怯。

及项梁⑮渡淮，信仗剑从之；居麾下⑯，无所知名。项梁败，又属项羽⑰。羽以为郎中⑱；数以策干⑲羽，羽不用。汉王⑳之入蜀，信亡㉑楚归汉，未知名。为连敖㉒，坐当斩；其辈十三人皆已斩，次至信，信乃仰视，适见滕公㉓，曰："上㉔不欲就天下乎，何为斩壮士？"滕公奇其言，壮其貌，释而不斩；与语，大说㉕之，言于王。王拜以为治粟都尉㉖，亦未之奇也。

信数与萧何㉗语，何奇之。汉王至南郑㉘，诸将及士卒皆歌讴㉙思东归，多道亡㉚者。信度何等已数言王，王不我用，即亡去。何闻信亡，不及以闻㉛，自追之。人有言王曰："丞相何亡。"王大怒，如失左右手。居一二日，何来谒㉜王。王且怒且喜，骂何曰："若亡，何也？"何曰："臣不敢亡也，臣追亡者耳。"王曰："若所追者谁？"何曰："韩信也。"王复骂曰："诸将亡者以十数，公无所追；追信，诈也！"何曰："诸将易得耳；至如信者，国士无双。王必欲长王汉中，无所事信；必欲争天下，非信无可与计事者。顾㉝王策安所决耳！"王曰："吾亦欲东耳，安能郁郁㉞久居此乎！"何曰："计必欲东，能用信，信即留；不能用信，终亡耳。"王曰："吾为公以为将。"何曰："虽为将，信不留。"王曰："以为大将。"何曰："幸甚㉟！"于是王欲召信拜之。何曰："王素慢㊱无礼；今拜大将，如呼小儿，此乃信所以去也。王必欲拜之，择良日，斋戒㊲，设坛场㊳具礼㊴，乃可耳。"王许之。诸将皆喜，人人各自以为得大将，至拜大将，乃韩信也，一军皆惊。

信拜礼毕，上坐。王曰："丞相数言将军，将军何以教寡人计策？"信辞谢，因问王曰："今东乡争权天下，岂非项王耶？"汉王曰："然。"曰："大王自料，勇悍仁强孰与项王？"汉王默然良久，曰："不如也。"信再拜贺㊽曰："惟㊾信亦以为大王不如也。然臣尝事之，请言项王之为人也：项王暗恶叱咤㊷，千人皆废，然不能任属㊸贤将；此特㊹匹夫之勇耳。项王见人，恭敬慈爱，言语呕呕㊺，人有疾病，涕泣分食饮；至使人，有功当封爵者，印元刓敝㊻，忍不能予；此所谓妇人之仁也。项王虽霸天下而臣诸侯，不居关中而都彭城㊼；背义帝㊽之约，而以亲爱王诸侯，不平；逐其故主而王其将相，又迁逐义帝置江南，所过无不残灭；百姓不亲附，特劫㊾于威强耳。名虽为霸，实失天下心，故其强易弱。今大王诚能反其道，任天下武勇，何所不诛；以天下城邑封功臣，何所不服；以义兵从思东归之士㊿，何所不散！且三秦王51为秦将，将秦子弟数岁矣，所杀亡不可胜计；又欺其众，降诸侯，至新安52，项王诈坑秦降卒二十余万，唯独邯，欣，翳得脱。秦父兄怨此三人，痛入骨髓。今楚强以威王此三人，秦民莫爱也。大王之入武关53，秋毫无所害；除秦苛法，与秦民约法三章；秦民无不欲得大王王秦者。于诸侯之约，大王当王关中，关中民咸知之；大王失职54入汉中，秦民无不恨者。今大王举而东，三秦可传檄55而定也。"于是汉王大喜，自以为得信晚，遂听信计，部署诸将所击；留萧何收巴、蜀租，给军粮食。

（《通鉴》第9卷 309～312页）

【注释】

①无行：没有什么好的德行。②推择：推荐选择。③治生：谋生。商贾（gǔ）：流动贩卖叫商；设店坐卖叫贾。④寄食饮：吃别人的，喝别人的。⑤漂母：漂洗丝絮的老年妇女。⑥饭信：给韩信饭吃。饭是动词。⑦王孙：古代贵族子弟的通称。这里是对韩信的尊称，犹如称公子、少爷。⑧若：你。⑨中情：内心。⑩因众：因，于是。众，当众。⑪袴下：胯裆底下。⑫孰视：仔细地看。孰，同"熟"。⑬俛（miǎn）：低头。又是"俯"的异体字。⑭蒲伏：同"匍匐"。伏地膝行。⑮项梁（？—前208）：下相（今江苏宿迁西）人。楚国贵族出身，项燕之子。陈胜起义后，他与其侄项籍在吴中（今江苏吴县）起兵响应。数败秦军，后因骄傲轻敌，在定陶（今山东定陶西北）战死。⑯麾（huī）下：麾，古代用以指挥军队的旗帜。⑰项羽：见《项羽之败》注①。⑱郎

中：官名。属郎中会（后改为光禄勋），管理车、骑、门户，并内充侍卫，外从作战。⑲干：干谒，即对人有所求而请见。⑳汉王：刘邦。㉑亡：逃离。㉒连敖：典客的官，春秋时楚官名。㉓适见滕公：适，恰好。滕公，即夏侯婴。初从刘邦时当过滕令，故称滕公。㉔上：封建时代专指帝王。这里指汉王刘邦。㉕说：同“悦”。㉖治粟部尉：治粟内史的属官，主管钱谷。㉗萧何：见《刘邦与关中父老约法三章》注②。㉘南郑：汉王国都。即今陕西省汉中市。㉙歌讴（ōu）：同“讴歌”。歌唱，吟诵。㉚道亡：在路途中逃跑。㉛以闻：把韩信逃跑的事告诉汉王刘邦。㉜谒：请见，进见。一般用于下对上、幼对长。㉝顾：看。㉞郁郁：忧伤、沉闷的样子。㉟幸甚：非常庆幸。㊱素慢：向来傲慢。㊲斋戒：古人祭祀前沐浴更衣，戒除嗜欲，以示虔诚。㊳坛场：在广场中筑上高台。供拜将用。㊴具礼：礼节周到。㊵贺：当“嘉”字解，赞同之意。㊶惟：虽。㊷喑恶叱咤：厉声怒喝。喑恶（yīn wù），使性怀怒。叱咤（chì zhà），怒吼声。㊸任属（zhǔ）：信任和托付。㊹特：仅是。㊺呕（xū）呕：说话温柔的样子。㊻刓（wán）敝：刓，抚摸。敝，坏。意思是把印的棱角给摸平了。㊼彭城：今江苏省徐州市。㊽义帝：楚怀王的孙子，名心。公元前208年陈胜死后，项梁在民间找到他，立之为王，仍称楚怀王，他曾与刘邦、项羽等约定“先入定关中者王之”。后来项羽恃强负约，派人请示楚怀王，他说：“如约”。于是项羽假尊他为义帝，并逼他离开彭城去郴（今湖南郴县），阴令九江王英布等在途中击杀之。㊾劫：被胁迫。㊿以义兵从思东归之士：义兵，指忠诚追随刘邦起义的士卒。思东归之士，指原属项羽今属刘邦的士卒。(51)三秦王：指当时项羽在秦故地所封的三个王，即雍王章邯、塞王司马欣、翟王董翳。(52)新安：故城在今河南省渑池县东。(53)武关：故址在今陕西省商南县东南丹江上。唐以后迁至今商南县西北。(54)失职：失去应得的职位。指刘邦没有得到关中王的职衔。(55)传檄（xí）：檄是古代官府用以征召、晓谕或声讨的文书。传，传送。

【译文】

当初，淮阴人韩信，家境贫寒，没有好的德行，不能被推选去做官，又不会经商做买卖谋生，常常跟着别人吃闲饭，人们大都厌恶他。韩信曾经在城下钓鱼，有位在水边漂洗丝绵的老太太看到他饿了，就拿饭给他吃。韩信非常高兴，对那位老太太说：“我一定会重重地报答您老人家。”老太太生气地说：“男子汉大丈夫不能自己养活自己！我可怜你这位公子而给你饭吃，难道是希图报答吗？”淮阴县屠户中的青年里有人侮辱韩信说：“你虽然身材高大，好佩带刀剑，内心却是胆小的。”并趁机当众羞辱他说：“韩信你要不怕死，就来刺我。若是怕死，就从我的胯下爬过去！"韩信于是仔细地打量了那青年一会儿，便俯下身子，从他的胯下钻了过去，匍匐在地。满街市的人都嘲笑韩信，认为他胆小。

待到项梁渡过淮河北上，韩信持剑去投奔他，留在项梁部下，一直默默无闻。项梁失败后，韩信又归属项羽，项羽任他做了郎中。韩信曾多次向项羽献策以求重用，但项羽却不予采纳。汉王刘邦进入蜀中，韩信又逃离楚军归顺了汉王，仍然不为人所知。他做了个接待宾客的小官，犯了法，应判处斩刑，与他同案的十三个人都已遭斩首，轮到韩信时，韩信抬头仰望，刚好看见了滕公夏侯婴，便说道："汉王难道不想得取天下吗？为什么要斩杀壮士？"滕公觉得他的话不同凡响，又见他外表威武雄壮，就释放了他而不处斩，并与他交谈，欢喜异常，随即将这情况告诉了汉王。汉王于是授给韩信治粟都尉的官职，但还是没认为他有什么不寻常之处。

韩信好几次与萧何谈话，萧何感觉他不同于常人。待汉王到达南郑时，众将领和士兵都唱歌思念东归故乡，许多人中途就逃跑了。韩信估计萧何等人已经多次向汉王荐举过他，但汉王没有重用他，便也逃亡而去。萧何听说韩信逃走了，没来得及向汉王报告，就亲自去追赶韩信。有人告诉汉王说："丞相萧何逃跑了。"汉王大发雷霆，仿佛失掉了左右手一般。过了一两天，萧何来拜谒汉王。汉王又怒又喜，骂萧何道："你逃跑，是为了什么？"萧何说："我不敢逃跑哇，我不过是去追赶逃跑的人罢了。"汉王说："你追赶的人是谁呀？"萧何道："是韩信。"汉王又骂道："将领们逃跑的已是数以十计，你都不去追找，说追韩信，这是撒谎！"萧何说："那些将领是容易得到的。至于像韩信这样的人，却是天下无双的杰出人才啊。大王您如果要长久地在汉中称王，就没有用得着韩信的地方；倘若一定要争夺天下，除了韩信，就没有可与您图谋大业的人了。只看您做哪种抉择罢了！"汉王说："我也是想要东进的，怎么能够忧郁沉闷地老待在这里呀！"萧何道："如果您决计一定向东发展，能任用韩信，韩信就会留下来，如若不能任用他，他终究还是要逃跑的。"汉王说："那我就看在你的面子上任他做将军吧。"萧何说："即使是做将军，韩信也不会留下来的。"汉王道："任他为大将。"萧何说："太好了。"于是汉王就想召见韩信授给他官职。萧何说："大王您向来傲慢无礼，现在要任命大将了，却如同呼喝小孩儿一样，这便是韩信所以要离开的原因啊。您如果一定要授给他官职，就请选择吉日。进行斋戒，设置拜将的坛台和广场，准备举行授职的完备仪式，这才行啊。"汉王应允了萧何的请求。众将领闻讯都很欢喜，人人各自以为自己会得到大将的职务。但等到任命大将时，竟然是韩信，全军都感到惊讶。

任命韩信的仪式结束后，汉王就座，说道："丞相屡次向我称道您，您将拿什么计策来开导我啊？"韩信谦让了一番，就乘势问汉王道："如今向东去争夺天下，您的对手难道不就是项羽吗？"汉王说："是这样。"韩信道："大王您自己估量一下，在勇敢、猛悍、仁爱、刚强等方面，与项羽比谁强呢？"汉王沉默了许久，说："我不如他。"韩信拜了两拜，赞许道："我韩信也认为大王您在这些方面比不上他。不过我曾经侍奉过项羽，就请让我来谈谈他的为人吧：项羽厉声怒斥呼喝时，上千的人都吓得不敢动一动，但是他却不能任用有德才的将领。这只不过是匹夫之勇罢了。项羽待人，恭敬慈爱，言语温和，别人生了病，他会怜惜地流下泪来，把自己所吃的东西分给病人；但当所任用的人立了功，应该赏封爵位时，他却把刻好的印捏在手里，把玩得磨去了棱角还舍不得授给人家。这便是人们所说的妇人的仁慈啊。项羽虽然称霸天下而使诸侯臣服，但却不占据关中而是建都彭城；背弃义帝怀王的约定，把自己亲信偏爱的将领分封为王，诸侯愤愤不平；他还驱逐原来的诸侯国国王，而让诸侯国的将相为王，又把义帝迁移逐赶到江南；他的军队所经过的地方没有不遭残害毁灭的；老百姓都不愿亲近依附他，只不过是迫于他的威势勉强归顺罢了。如此种种，使他名义上虽然还是霸主，实际上却已经失去了天下人的心，所以他的强盛是很容易转化为虚弱的。现在大王您如果真的能反其道而行之，任用天下英勇善战的人才，那还有什么对手不能诛灭掉啊？把天下的城邑封给有功之臣，那还有什么人会不心悦诚服的呢？用正义的军事行动去顺从惦念东归故乡的将士们，那还有什么敌人打不垮、击不溃呀？况且分封在秦地的三个王都是过去秦朝的将领，他们率领秦朝的子弟作战已经有好几年了，被杀死和逃亡的多得数也数不清；而他们又欺骗自己的部下，投降了诸侯军，结果是抵达新安时，遭项羽诈骗而活埋的秦军降兵有二十多万人，唯独章邯、司马欣、董翳得以脱身不死。秦地的父老兄弟们怨恨这三个人，恨得痛彻骨髓。现今项羽倚仗自己的威势，强行把此三人封为王，秦地的百姓没有爱戴他们的。大王您进入武关时，秋毫无犯，废除了秦朝的严刑苛法，与秦地的百姓约法三章，秦地的百姓没有不希望您在关中做王的。而且按照原来与诸侯的约定，大王您理当在关中称王。这一点关中的百姓都知道。您失掉了应得的王位而去到汉中，对此秦地的百姓没有不怨恨的。如今大王您起兵向东，三秦之地只要发布一道征讨的文书就可以平定了。"汉王于是大喜，自认为得到韩信这个人才太迟了，便听从韩信的计策，部署众将领所要攻击的任务，留下萧何收取巴、蜀两地的租税，为军队供给粮食。

刘邦用陈平

汉高帝二年（前205年）五月

　　周勃、灌婴等言于汉王曰①："陈平虽美如冠玉②，其中未必有也③。臣闻平居家时盗其嫂；事魏不容，亡归楚；不中④，又亡归汉。今日大王尊官之，令护军⑤。臣闻平受诸将金，金多者得善处，金少者得恶处。平，反覆乱臣也，愿王察之！"汉王疑之，召让魏无知⑥。无知曰："臣所言者能也，陛下所问者行⑦也。今有尾生、孝己⑧之行，而无益⑨胜负之数，陛下何暇⑩用之乎！楚、汉相距，臣进奇谋之士，顾其计诚足以利国家不⑪耳。盗嫂、受金，又何足疑乎！"汉王召让平曰："先生事魏不中，事楚而去，今又从吾游，信者固多心乎⑫？"平曰："臣事魏王⑬，魏王不能用臣说，故去事项王。项王不能信人，其所任爱，非诸项，即妻之昆弟⑭，虽有奇士不能用。闻汉王能用人，故归大王。臣裸身来，不受金无以为资。诚臣计画有可采者，愿大王用之；使无可用者，金具在，请封输官⑮，得请骸骨⑯。"汉王乃谢，厚赐，拜为护军中尉，尽护诸将。诸将乃不敢复言。

（《通鉴》第9卷321～322页）

【注释】

　　①周勃（？—前169）：汉初大臣，沛县（今属江苏）人。少时编织薄曲（蚕具）为生，并常充当办丧事的吹鼓手。秦末随刘邦起义，以军功封绛侯。惠帝时任太尉，吕后死，与陈平等合谋，杀诸吕，迎立文帝刘恒，任右丞相。灌婴（？—前176）：汉初大臣，睢阳（今河南商丘南）人。本为贩卖丝绸的小商人。秦末农民战争中随刘邦转战各地，以年轻善战闻名全军。刘邦称帝，任车骑将军，封颍阳侯。后与陈平、周勃迎立文帝，任太尉，不久为丞相。汉王：刘邦。②陈平（？—前178）：汉初大臣。阳武（今河南原阳东南）

人。少时家贫，好读书。陈胜起义，他投奔魏王咎，后追随项羽，不久又归附刘邦。建议用反间计离间项羽与其谋臣范增。刘邦被匈奴围于平城（今山西大同市东北），他献奇计使之脱险。刘邦称帝，封曲逆侯。吕后死，他同太尉周勃等人合谋诛诸吕，迎立文帝。历任惠帝、吕后、文帝时丞相。冠玉：装饰在帽子上的玉。③其中未必有也：意思是说，陈平的外表虽然美，但思想品德未必这样。中，内中，指陈平的思想品德。④不中：不中用，不合用。⑤护军：官名。护，即督统的意思。秦汉时临时设置护军都尉或中尉，以调节诸将的关系。⑥让魏无知：陈平归汉是由魏无知介绍的，所以汉王责备他。让，责备。⑦行（xíng）：德行，品行。⑧尾生、孝己：古时候讲信用的人。一说尾生即微生高，春秋时鲁国人，以守信闻名于当时。孝己是商高宗之子，以孝行著称。⑨益：增加。⑩何暇：哪有工夫。⑪不：同"否"。⑫信者固多心乎：诚实的人必然不专一吗？⑬魏王：指魏王咎。⑭昆弟：兄弟。⑮输官：送交国库。⑯得请骸骨：得，可以。请骸骨，请求辞职的客气说法。封建时代官员因年老请求退职，称为"乞骸骨"。

【译文】

周勃和灌婴等人对汉王说："陈平虽然外表美得像帽上玉石，内在却未必有才能。臣听说陈平在家时偷了他的嫂子；投奔魏不容，逃亡归顺楚；不合意，又再逃亡归顺汉。现在大王尊崇他，命令他监护军队。臣听说陈平接受诸将黄金，送黄金多的人就得到好的待遇，黄金少的人就得到坏的待遇。所以说陈平是反复无常的乱臣，请大王明察！"汉王听了之后，对陈平产生疑心。召见魏无知并责问他。无知说："臣向大王所推荐的是陈平的才能，而陛下您所问的却是他的品行。假使一个人具有尾生、孝己的品行，但对作战时胜负的胜算却没有好处，陛下哪有闲情用他呢！楚、汉相对抗，臣推荐擅长用奇谋得胜的谋士，只看他提出的谋略是否对国家有利而已。至于偷了嫂子、接受贿赂等事，又怎么能够因此怀疑他的才能呢？"汉王召来陈平，责备他说："你侍奉魏王意不相投，去侍奉楚王而又离开，如今又来与我共事，守信义的人难道都是这样地三心二意吗？"陈平说："我侍奉魏王，魏王不能采纳我的主张，所以我才离开他去为项羽服务。项羽不能信任使用人才，他所任用宠爱的人，不是项姓本家，就是他老婆的兄弟，即便是有奇谋的人他也不用。我听说汉王能够用人，因此才来归附大王您。但我赤条条空手而来，不接受金钱就无法应付日常开销。倘若我的计策确有值得采纳的地方，便望大王您采用它；假如毫无价值不堪使用，那么金钱还都在这里，请让我封存好送到官府中，并请求辞去官职。"汉王于是向陈平道歉，重重地赏赐他，授任他为护军中尉，监督全军所有的将领。众将领们便也不敢再说三道四的了。

韩信大破赵军

汉高帝三年（前 204 年）

　　冬十月，韩信、张耳以兵数万东击赵。赵王及成安君陈余闻之，聚兵井陉口[①]，号二十万。

　　广武君李左车[②]说成安君曰："韩信、张耳乘胜而去国远斗，其锋不可当。臣闻'千里馈粮[③]，士有饥色；樵苏后爨[④]，师不宿饱[⑤]'。今井陉之道，车不得方轨[⑥]，骑不得成列；行数百里，其势粮食必在其后。愿足下假[⑦]臣奇兵三万人，从间路[⑧]绝其辎重；足下深沟高垒勿与战。彼前不得斗，退不得还，野无所掠，不至十日，而两将之头可致于麾下；否则必为二子所禽矣。"成安君尝自称义兵，不用诈谋奇计，曰："韩信兵少而疲，如此避而不击，则诸侯谓吾怯而轻来伐我矣。"

　　韩信使人间视[⑨]，知其不用广武君策，则大喜，乃敢引兵遂下。未至井陉口三十里，止舍[⑩]。夜半，传发[⑪]，选轻骑二千人，人持一赤帜，从间道萆山[⑫]而望赵军。诫[⑬]曰："赵见我走，必空壁[⑭]逐我；若疾入赵壁，拔赵帜，立汉赤帜。"令其裨将传餐[⑮]，曰："今日破赵会食[⑯]！"诸将皆莫信，佯应曰："诺。"信曰："赵已先据便地为壁；且彼未见吾大将旗鼓，未肯击前行，恐吾至阻险而还也。"乃使万人先行，出，背水陈[⑰]；赵军望见而大笑。

　　平旦[⑱]，信建大将旗鼓，鼓行出井陉口；赵开壁击之，大战良久。于是信与张耳佯弃鼓旗，走水上军；水上军开入之，复疾战。赵果空壁争汉旗鼓，逐信、耳。信、耳已入水上军，军皆殊死[⑲]战，不可败。信所出奇兵二千骑共候赵空壁逐利[⑳]，则驰入赵壁，皆拔赵旗，立汉赤帜二千。赵军已不能得信等，欲还归壁；壁皆汉赤帜，见而大惊，以为汉皆已得赵王将矣，兵遂乱，遁走[㉑]，赵将虽斩之，不能禁也。于是汉兵夹击，大破赵军，斩成安君泜水[㉒]上，禽赵王歇。

诸将效首虏^㉓，毕贺，因问信曰："兵法：'右倍^㉔山陵，前左水泽。'今者将军令臣等反背水陈，曰'破赵会食'，臣等不服，然竟以胜。此何术也？"信曰："此在兵法，顾诸君不察耳！兵法不曰：'陷之死地而后生，置之亡地而后存'？且信非得素拊循士大夫^㉕也，此所谓'驱市人^㉖而战之'，其势非置之死地，使人人自为战^㉗；今予之生地，皆走，宁^㉘尚可得而用之乎！"诸将皆服，曰："善！非臣所及也。"

（《通鉴》第 10 卷 325 ～ 327 页）

【注释】

①井陉（xíng）口：为"太行八陉"之一，即今河北井陉山上的井陉关。②李左车（jū）：秦汉之际的谋士。初依附赵王武臣，封广武君。后归附韩信。韩信采纳他的先声后实、各个击破的策略，取得燕、齐等地。③馈粮：运送粮饷。④樵苏后爨（cuàn）：打了柴以后再做饭。樵，打柴。苏，割草。爨，炊。⑤宿饱：隔夜饱。⑥方轨：两车并行。⑦假：给予。⑧间路：偏僻的小路。⑨间视：暗中刺探。⑩止舍：驻扎下来。⑪传发：传令出发。⑫萆（bì）山：依山势掩护。萆，通"蔽"。⑬诫：命令。⑭壁：营垒。⑮传餐：行军暂息时分头传送食物吃。⑯会食：会餐。⑰背水陈：背靠河水摆开阵势。陈，同"阵"。⑱平旦：清晨。⑲殊死：拼死。⑳逐利：追夺战利品。㉑遁（dùn）走：逃跑。㉒泜（dǐ）水：今槐河。源出河北赞皇县西南，东流入滏阳河。㉓效首虏：呈献首级和俘虏。㉔倍：同"背"，背向，背着。㉕拊循士大夫：拊，同"抚"，抚爱，引申为训练。循，遵守纪律。士大夫，指士兵和将领。㉖市人：集市上的群众，意即乌合之众。㉗自为战：为了自己的生存而战斗。㉘宁：怎么，难道。

【译文】

冬季，十月，韩信和张耳率领几万名士兵向东攻打赵。赵王赵歇和成安君陈余闻讯，即在井陉口集结部队，号称二十万大军。

广武君李左车劝说成安君道："韩信、张耳乘胜势离开本国远征，锋芒锐不可当。我听说：'从千里之外供给军粮，士兵当会面有饥色；临时拾柴割草来做饭，军队当会常常食不果腹。'而今井陉这条路，车辆不能并行，骑兵不能成列，行军队伍前后拉开几百里，依此形势，随军的粮草必定落在大部队的后面。望您拨给我三万人作为突击队，抄小路去截断对方的辎重粮草，而您则深挖壕沟、高筑营垒，坚守不出战。这样一来，他们向前无仗可打，退后无路可回，野外又无什么东西可抢，如此不到十天，韩信、张耳这两个将领的头颅就可以献到您的帐前了；否则便肯定要被他们二人所俘获。"但陈余曾经自称是义兵，不屑于使用诈谋奇计，故说："韩信兵力单薄且又疲惫不堪，对这样的军队还避而不击，各诸侯便会认为我胆怯而随便来攻打我了。"

韩信派人暗中打探消息，得知陈余不采纳广武君的计策，高兴异常，因此便敢率军径直前进，在距离井陉口三十里的地方停下来宿营。到半夜时分，韩信传令部队出发，挑选两千名轻骑兵，每人手拿一面红旗，从小道上山隐蔽起来，观察赵军的动向；并告诫他们说："交战时赵军看到我军退逃，必会倾巢出动来追赶我们，你们即趁机迅速冲入赵军营垒，拔掉赵军的旗帜，遍插汉军的红旗。"又命他的副将传送一些食品给将士，说道："待今天打败赵军后再会餐！"众将领们都不相信，只是假意应承道："好吧。"韩信说："赵军已经抢先占据了有利地形安营扎寨，而且他们没有看见我军大将的旗鼓，是不肯出兵攻打我们的先头部队的，这是因为他们怕我军到了险要的地方，遏阻后就会撤回去。"韩信随即派遣一万人打先锋，开出营寨，背靠河水摆开阵势。赵军望见后都哗然大笑。

天刚蒙蒙亮的时候，韩信打出了大将的旗鼓，鼓乐喧天地开出了井陉口。赵军洞开营门迎战，双方激战了很久。这时，韩信和张耳便假装丢旗弃鼓，逃回河边的阵营。河边部队大开营门放他们进去，然后又和赵军鏖战。赵军果然倾巢出动，争抢汉军抛下的旗鼓，追逐韩信和张耳。韩信、张耳进入河边的阵地后，全军即都拼死奋战，赵军无法打败他们。韩信派出的两千名骑兵突击队一起等到赵军将士全体出动去追逐争夺战利品时，立刻奔驰进入赵军营地，拔掉所有赵军旗帜，插上两千面汉军红旗。赵军已经无法抓获韩信等人，便想退回营地，但却见自己的营垒中遍是汉军的红旗，都惊慌失措，以为汉军已将赵王的将领全部擒获了，于是士兵们大乱，纷纷逃跑，赵将尽管不停地斩杀逃兵，也无法阻止溃败之势。汉军随即又前后夹击，大败赵军，在泜水边杀了陈余，活捉了赵王赵歇。

将领们献上敌人的首级和俘虏，都向韩信祝贺，并趁势问韩信说："兵法上提出：'布军列阵要右边和背面靠山，前面和左边临水。'而这次您却反而让我们背水布阵，还说什么'待打败赵军后再会餐'，我们当时都颇不信服，但是竟然取胜了，这是什么战术呀？"韩信说："这战术也是兵法上有的，只不过你们没有留意罢了！兵法上不是说'陷之死地而后生，置之亡地而后存'吗？

况且我所率领的并不是平时训练有素的将士，这即是所谓的'驱赶着街市上的平民百姓去作战'，势必非把他们置于死地，使他们人人为各自的生存而战不可；倘若给他们留下活路，他们就会逃走了，那样一来，难道还能够用他们去冲锋陷阵吗？"将领们于是都心悦诚服地说："对！您的谋略不是我们所能赶得上的。"

项羽之败

汉高帝五年（前 202 年）

十二月，项王至垓下^①，兵少，食尽，与汉战不胜，入壁^②；汉军及诸侯兵围之数重。项王夜闻汉军四面皆楚歌^③，乃大惊曰："汉皆已得楚乎？是何楚人之多也！"则夜起，饮帐中，悲歌忼慨^④，泣数行下；左右皆泣，莫能仰视。于是项王乘其骏马名骓^⑤，麾下^⑥壮士骑从者八百余人，直^⑦夜，溃围南出驰走。平明，汉军乃觉之，令骑将灌婴以五千骑追之^⑧。项王渡淮，骑能属^⑨者才百余人。至阴陵^⑩，迷失道，问一田父，田父绐^⑪曰"左"。左，乃陷大泽中，以故汉追及之。

项王乃复引兵而东，至东城^⑫，乃有二十八骑；汉骑追者数千人。项王自度不得脱，谓其骑曰："吾起兵至今，八岁矣；身七十余战，未尝败北，遂霸有天下。然今卒困于此，此天之亡我，非战之罪也！今日固决死，愿为诸君快战，必溃围，斩将，刈^⑬旗，三胜之，令诸君知天亡我，非战之罪也。"乃分其骑以为四队，四乡^⑭。汉军围之数重。项王谓其骑曰："吾为公取彼一将。"令四面骑驰下，期山东为三处^⑮。于是项王大呼驰下，汉军皆披靡，遂斩汉一将。是时，郎中骑杨喜追项王，项王瞋目而叱之，喜人马俱惊，辟易^⑯数里。项王与其骑会为三处，汉军不知项王所在，乃分军为三，复围之。项王乃驰，复斩汉一都尉，杀数十百人；复聚其骑，亡其两骑耳。乃谓其骑曰："何如？"骑皆伏曰："如大王言！"

于是项王欲东渡乌江^⑰，乌江亭长杋^⑱船待，谓项王曰："江东虽小，地方千里，众数十万人，亦足王也。愿大王急渡！今独臣有船，汉军至，无以渡。"项王笑曰："天之亡我，我何渡为！且籍与江东子弟八千人渡江而西，今无一人还；纵江东父兄怜而王我，我何面目见之！纵彼不言，籍独不愧于心乎！"乃以所乘骓马赐亭长，令骑皆下马步行，持短兵⑲接战。独籍所杀汉军数百人，身亦被十余创。顾见汉骑司马吕马童，曰："若非吾故人乎？"马童面⑳之，指示中郎骑王翳曰："此项王也。"项王乃曰："吾闻汉购我头千金㉑，邑万户；吾为若德㉒。"乃自……争项王，相杀者数十人；最其后，杨喜、吕马童及郎中吕胜、杨武各得其一体；五人共会其体，皆是，故分其户，封五人皆为列侯。

（《通鉴》第 11 卷 351 ～ 355 页）

【注释】

①项王：项羽（前 232—前 202）。名籍，字羽，下相（今江苏宿迁西南）人。公元前 209 年从叔父项梁在吴（今江苏苏州）起义。项梁死后，其部由项羽统率，在巨鹿之战中摧毁秦军主力。西入关，自称西楚霸王。都彭城（今江苏徐州市）。楚汉相争，为刘邦击败。最后在垓下突围到乌江，自杀。垓下：地名。在今安徽灵璧东南。②壁：军垒。③四面皆楚歌：楚军已多降汉，到处都唱楚人的歌曲。④忼慨：同"慷慨"。心情激动。⑤骓（zhuī）：一种毛色黑白相间的马。⑥麾（huī）下：部下。⑦直：当，临。⑧灌婴：刘邦名将。骑（jì）：骑兵；一人一马的合称。⑨属（zhǔ）：跟随。⑩阴陵：汉县名。在今安徽定远县西北。⑪绐：欺骗。⑫东城：地名。故城在今安徽定远县东南。⑬刘（yì）：砍倒。⑭乡（xiàng）：通"向"。⑮期山东为三处：约定杀出重围到山的东边，分三处集结。期，约。山，相传为安徽和县北的四溃山。⑯辟易：惊退。⑰乌江：水名。在今安徽和县东北四十里。今名乌江浦。⑱权（yǐ）：同"舣"。整船靠岸。⑲兵：兵器，军械。⑳面：相背。㉑千金：千斤金。秦以一镒（二十两）金为一金；汉以一斤金为一金。㉒吾为若德：我为你做点好事吧。若，你。德，作动词，给予恩德。

【译文】

十二月，项羽到了垓下，兵少粮尽，与汉军交战未能取胜，便退入营垒固守。这时汉军和诸侯的军队将项羽的军营重重包围了起来。项羽在晚上听到汉军四面都唱起楚歌，就大惊道："汉军已经全部得到楚国的土地了吗？是什么原因楚人这么多呀？"便连夜起身，在帐中饮酒，慷慨悲歌，泪下数行，侍从人员见状也都纷纷哭泣，全不忍心抬头观看。项羽于是骑上他的名叫骓的骏马，部下的壮士骑马相随的有八百多人，当夜即突围往南奔驰。天大亮时，汉军才发觉，便命令骑将灌婴率五千名骑士追赶。项羽渡过淮河，相随的骑兵能跟得上他的才一百多人。到达阴陵后，项羽一行人迷了路，就向一个农夫问路，农夫骗他说"往左"。但是项羽等往左走，却陷进了大沼泽地中。汉军因此便追上了他们。

项羽于是又领兵向东奔走，到达东城，相随的只有二十八个骑兵了。而这时汉军骑兵追逐前来的有好几千人。项羽自己料想是不能脱身了，便对他的骑兵们说："我从起兵到现在，已经八年了，身经七十多次战斗，不曾失败过，这才称霸了天下。但是今天终于被困在这里，这是上天要灭亡我啊，并不是我用兵有什么过错！今天定要一决生死，愿为你们痛快地打一仗，一定突破重围，斩杀敌将、砍倒汉旗，接连三次取胜，让你们知道是天要亡我，而不是我用兵的过错。"随即把他的人马分为四队，向四个方向冲杀。但汉军已将他们重重包围。项羽便对他的骑兵们说："看我为你们斩杀他一员将领！"就命令骑士们从四面奔驰而下，约定在山的东边分三处会合。接着项羽便大声呼喝着策马飞奔而下，汉军随即都溃败散乱，项羽就斩杀了一员汉将。这时，郎中骑杨喜追击项羽，项羽瞪着双眼厉声呵斥他，杨喜人马都受到惊吓，退避了好几里地。项羽便与他的骑兵们分三处相会合，汉军不知道项羽究竟在哪里，于是分兵三路，重又把他们包围了起来。项羽随即奔驰冲杀，又斩杀了汉军的一名都尉，杀掉了汉军百十来人，重新聚拢了他的骑兵，至此不过仅损失了两名骑士罢了。项羽就对他的骑兵们说："怎么样？"骑兵们都伏下身说："正如大王您所说！"

这时项羽想东渡乌江，乌江亭长把船停泊在岸边等着他，对项羽说："江东虽然狭小，土地方圆千里，民众几十万人，也足够用以称王的了。望大王您火速渡江！现在只有我有船，汉军到来，无船渡江。"项羽笑着说："上天要灭亡我，我渡江做什么呀！况且我与江东子弟八千人渡江西征，如今没有一个人归还，纵使江东父老怜爱我，以我为王，我又有什么脸面去见他们！即便他们不说什么，我难道不感到心中有愧吗！"于是就把自己所骑的骏马雅送给了亭长，命令他的骑兵都下马步行，手持短兵器与汉军交战。仅项羽一人就杀死了汉军几百人，项羽自己也身受十多处伤。这时项羽回头看见了汉军骑司马吕马童，就说："你不是我的老朋友吗？"吕马童背过脸，指给中郎骑王翳说："这就是项王！"项羽便说道："我听说汉王悬赏千金买我的头颅，分给万户的封地，我就给你一些恩德吧！"便自刎而死。王翳取下项羽的头颅，其余的骑兵便相互践踏着争抢项羽的躯体，互为残杀的有几十个人。到了最后杨喜、吕马童和郎中吕胜、杨武各夺得项羽的一部分肢体。五个人把项羽的肢体会合拼凑到一起，都对得上，因此便分割原来悬赏的万户封地，将五人都封为列侯。

汉高帝论得天下

汉高帝五年（前202年）五月

帝①置酒洛阳南宫，上曰："彻侯②、诸将毋敢隐朕，皆言其情：吾所以有天下者何？项氏之所以失天下者何？"高起、王陵对曰："陛下使人攻城略③地，因以与之，与天下同其利；项羽不然，有功者害④之，贤者疑之，此其所以失天下也。"上曰："公知其一，未知其二。夫运筹帷幄⑤之中，决胜千里之外，吾不如子房⑥；填⑦国家，抚百姓，给馈饷⑧，不绝粮道，吾不如萧何；连⑨百万之众，战必胜，攻必取，吾不如韩信。三者皆人杰，吾能用之，此吾所以取天下者也。项羽有一范增⑩而不能用，此所以为我禽⑪也。"群臣说服⑫。

（《通鉴》第11卷357页）

【注释】

①帝：指汉高帝刘邦。汉高帝五年（前202年）二月，汉王刘邦即皇帝位。②彻侯：又称"通侯"和"列侯"，秦汉时爵位名。彻，通，意思是爵位上通于皇帝，位最尊。③略：夺取。④害：妒忌。⑤运筹帷幄：在营帐内谋划作战方略。⑥子房：张良。见前《刘邦与关中父老约法三章》注⑥。⑦填：同"镇"。⑧馈饷：粮饷。⑨连：联合，组织。⑩范增（前277—前204）：项羽的谋士。居鄹（今安徽巢县）人。佐项羽成霸业。项羽尊他为"亚父"。他屡劝项羽杀刘邦，项羽不听。后因刘邦采用陈平反间计，项羽对他怀疑，削其兵权，他愤而离去，途中病死。⑪禽：通"擒"。擒获。⑫说服：通"悦服"。心悦诚服。

【译文】

高帝刘邦在洛阳南宫举行酒宴，高帝说道："各位列侯、各位将军，不要对朕隐瞒，都来说说这个道理：我之所以能取得天下的原因是什么？项羽之所以失掉天下的原因又是什么呀？"高起、王陵回答说："陛下派人攻城略地，攻取了城邑、土地就分封给他，与大家同享利益；项羽却不是这样，他对有功的人嫉恨，对贤能的人猜疑，这就是他失去天下的原因。"高帝说："你们是只知其一，不知其二啊。谈到运筹帷幄之中，决胜千里之外，我不如张良；镇守国家，安抚百姓，供给粮饷，保持运粮道路畅通无阻，我不如萧何；统率百万大军，战必胜，攻必克，我不如韩信。这三位都是人中英杰，而我能够任用他们，这就是我所以能取得天下的原因。项羽虽然有一个范增，却不能信任使用他，这便是项羽所以被我捕捉打败的原因了。"群臣都心悦诚服。

汉高帝赦季布，斩丁公

汉高帝五年（前202年）五月

初，楚人季布①为项籍将，数窘辱帝②。项籍灭，帝购求③布千金；敢有舍匿④，罪三族。布乃髡钳⑤为奴，自卖于鲁朱家。朱家心知其季布也，买置田舍；身之洛阳见滕公⑥，说曰："季布何罪！臣各为其主用，职⑦耳；项氏臣岂可尽诛邪？今上始得天下，而以私怨求一人，何示⑧不广也！且以季布之贤，汉求之急，此不北走胡，南走越耳。夫忌壮士以资⑨敌国，此伍子胥所以鞭荆平之墓⑩也。君何不从容为上言之！"滕公待间⑪，言于上，如朱家指⑫。上乃赦布，召拜郎中，朱家遂不复见之。

布母弟丁公⑬，亦为项羽将，逐窘帝彭城西。短兵接，帝急，顾谓丁公曰："两贤岂相厄哉⑭！"丁公引兵而还。及项王灭，丁公谒见⑮。帝以丁公徇⑯军中，曰："丁公为项王臣不忠，使项王失天下者也。"遂斩之，曰："使后为人臣无效丁公也！"

臣光曰："高祖起丰、沛以来，罔罗豪桀⑰，招亡纳叛，亦已多矣。及即帝位，而丁公独以不忠受戮，何哉？夫进取之与守成，其势不同。当群雄角逐之际，民无定主；来者受之，固其宜也。及贵为天子，四海之内，无不为臣；苟不明礼义以示之，使为臣者，人怀二心以徼⑱大利，则国家其能久安乎！是故断以大义，使天下晓然皆知为臣不忠者无所自容；而怀私结恩者，虽至于活己，犹以义不与也。戮一人而千万人惧，其虑事岂不深且远哉！子孙享有天禄四百余年，宜矣！

（《通鉴》第 11 卷 359～361 页）

【注释】

①季布：汉初楚人。本为楚地著名游侠。楚汉战争中为项羽的部将，数困刘邦。项羽败，遭刘邦追捕。通过夏侯婴向刘邦进言，得赦免。后任河东守。②窘：困迫。③购求：悬赏缉捕。④舍匿：窝藏。⑤髡钳：古代刑罚名。即剃去头发而以铁圈束颈。⑥滕公：汝阴侯夏侯婴。⑦职：职责。⑧示：作"视"。⑨资：资助。⑩伍子胥所以鞭荆平之墓：伍子胥（？—前484），名员，字子胥。春秋时楚大夫伍奢之子。楚平王听信谗言杀伍奢。子胥经历宋、郑等国入吴，为吴国大夫。楚昭王十年（前506年）冬，率吴师破楚师，入楚都郢，掘楚平王墓，鞭其尸。⑪待间：等待机会。⑫指：意旨。⑬布母弟丁公：丁公薛人，名同。母弟，一说为同母异父之弟。一说系季布之舅。⑭两贤：指刘邦自己和丁公。相厄：互相迫害。⑮谒见：进见、拜见。⑯徇：宣示。⑰罔罗豪桀：罔，同"网"。桀，同"杰"。⑱徼：通"邀"。求取。

【译文】

当初，楚地人季布是项羽手下的将领，曾多次窘困羞辱汉王。项羽灭亡后，高帝刘邦悬赏千金捉拿季布，下令说有敢收留窝藏季布的，罪连三族。季布于是剃去头发，用铁箍卡住脖子当奴隶，把自己卖给鲁地的大侠朱家。朱家心里明白这个人是季布，就将他买下安置在田庄中。朱家随即到洛阳去进见滕公夏侯婴，劝他道："季布有什么罪啊？臣僚各为他的君主效力，这是职责啊。项羽的臣下难道可以全都杀掉吗？如今皇上刚刚取得天下，便借私人的怨恨去寻捕一个人，怎么这样来显露自己胸襟的狭窄呀！况且根据季布的贤能，朝廷悬赏寻捕他如此急迫，这是逼他不向北投奔胡人，便往南投靠百越部族啊！忌恨壮士而以此资助敌国，这是伍子胥所以要掘墓鞭打楚平王尸体的缘由呀。您为什么不从容地向皇上说说这些道理呢？"滕公于是就待有机会时，按照朱家的意思向高帝进言，高帝便赦免了季布，并召见他，授任他为郎中。朱家便不再见季布。

季布的舅父丁公，也是项羽手下的将领，曾经在彭城西面追困过高帝刘邦。短兵相接，高帝感觉事态危急，便回头对丁公说："两个好汉难道要相互为难困斗吗！"丁公于是领兵撤还。等到项羽灭亡，丁公来谒见高帝。高帝随即把丁公拉到军营中示众，说道："丁公身为项王的臣子却不忠诚，是使项王失掉天下的人啊！"就把他杀了，并说："让后世为人臣子的人不要效法丁公！"

臣司马光说：汉高祖刘邦从丰、沛起事以来，网罗强横有势力的人，招纳逃亡反叛的人，也已经是相当多的了。待到登上帝位，唯独丁公因为不忠诚而遭受杀戮，这是为什么啊？是由于进取与守成，形势不同。当群雄并起争相取胜的时候，百姓没有确定的君主，谁来投奔就接受谁，本来就该如此。待到贵为天子，四海之内无不臣服时，如果不明确礼义以显示给人，致使身为臣子的人，人人怀有二心以图求取厚利，那么国家还能长治久安吗？因此汉高祖据大义做出决断，使天下的人都清楚地知道，身为臣子却不忠诚的人没有自己可以容身的地方，怀揣个人目的布施恩惠给人的人，尽管他甚至于救过自己的命，依照礼义仍不予宽容。杀一人而使千万人畏惧，这样考虑事情难道不是既深又远吗？汉高帝的子孙享有上天赐予的禄位四百多年，应当的啊！

汉高帝封萧何

汉高帝六年（前201年）十二月

甲申，始剖符封诸功臣为彻侯①。萧何封酇②侯，所食邑③独多。功臣皆曰："臣等身被坚执锐④，多者百余战，小者数十合。今萧何未尝有汗马之劳⑤，徒持文墨议论⑥，顾⑦反居臣等上，何也？"帝曰："诸君知猎乎？夫猎，追杀兽兔者，狗也，而发纵⑧指示兽处者，人也。今诸君徒能得走兽耳，功狗也⑨；至如萧何，发纵指示，功人⑩也。"群臣皆不敢言。张良为谋臣，亦无战斗功；帝使自择齐⑪三万户。良曰："始，臣起下邳，与上会留⑫，此天以臣授陛下；陛下用臣计，幸而时中⑬。臣愿封留足矣，不敢当三万户。"乃封张良为留侯。封陈平为户牖⑭侯，平辞曰："此非臣之功也。"上曰："吾用先生谋，战胜克敌，非功而何？"平曰："非魏无知，臣安得进？"⑮上曰："若子，可谓不背本矣！"乃复赏魏无知。

（《通鉴》第11卷366～367页）

【注释】

①剖符：也称"割符"。古代帝王授予诸侯和功臣的凭证。竹制，一分为二，帝王与诸侯、功臣各执其一，故称剖符。彻侯：秦汉时爵位名。见前《汉高帝论得天下》注②。②酂（zàn）：属南阳郡，在今湖北光化县。③食邑：封地。④被坚执锐：穿着铠甲，拿着锋利武器。被，同"披"。⑤汗马之劳：汗马，喻指征战之苦。因以汗马之劳指战功。⑥徒持文墨议论：仅仅依靠弄笔杆耍嘴皮。文墨，写文章。议论，发表意见。⑦顾：却。⑧发纵：解开绳子，放狗逐兽。《史记·萧相国世家》作"发迹"，发现野兽踪迹的意思。⑨今诸君徒能得走兽耳，功狗也：在战争中，你们各位像狗一样，要在别人的指挥下攻城略地，建立功业，你们不过是"功狗"罢了。功狗，这里指杀敌立功的人。⑩功人：起关键作用，有特殊贡献的人。⑪齐：地区名。为今山东泰山以北黄河流域及胶东半岛地区。⑫与上会留：秦二世皇帝二年（前208年）正月，张良在留县遇刘邦，被任为厩将。留，秦置县，在今江苏沛县东南。⑬幸而时中：自己侥幸有时预料对了。自谦的说法。⑭户牖（yǒu）：古地名。在今河南兰考县境内。⑮非魏无知，臣安得进：陈平原为楚将，汉高帝二年（前205年），经魏无知介绍归附刘邦。

【译文】

甲申（十二月初九），高帝开始把表示凭证的符信剖分成两半，使朝廷与功臣各执一半为证，来分封各功臣为彻侯。萧何封为酂侯，所享用的食邑户数最多。功臣们都说："我们身披坚硬铠甲手持锐利兵器，多的身经百余战，少的也交锋了几十回合。如今萧何不曾有过汗马劳，只是操持文墨发发议论，封赏却倒在我们之上，这是为什么啊？"高帝说："你们知道打猎是怎么回事吗？打猎，追杀野兽兔子的是猎狗，而放开系狗绳指示野兽所在地方的是人。现在你们只不过是能捕捉到奔逃的野兽罢了，功劳就如猎狗一样；至于萧何，却是放开系狗绳指示猎取的目标，功劳和猎人相同啊。"群臣于是都不敢说三道四了。张良身为谋臣，也没有什么战功，高帝让他自己选择齐地三万户作为封地。张良说："当初，我在下邳起兵，与陛下在留地相会，这是上天把我授给陛下。此后陛下采用我的计策，幸好有时能获得成功。我希望封得留地就足够了，不敢承受三万户的封地。"高帝于是便封张良为留侯。封陈平为户牖侯。陈平推辞说："我没有那么多功劳哇。"高帝道："我采纳您的计谋，克敌制胜，这不是功劳又是什么呀？"陈平说："如果没有魏无知的举荐，我哪里能够觐见啊？"高帝道："像您这样，可以说是不忘本了！"随即又赏赐了魏无知。

汉高帝封雍齿为侯

汉高帝六年（前 201 年）三月

上已封大功臣二十余人，其余日夜争功不决，未得行封。上在洛阳南宫，从复道①望见诸将，往往相与坐沙中语。上曰："此何语？"留侯②曰："陛下不知乎？此谋反耳！"上曰："天下属③安定，何故反乎？"留侯曰："陛下起布衣，以此属取天下；今陛下为天子，而所封皆故人所亲爱，所诛皆生平所仇怨。今军吏计功，以天下不足徧④封；此属畏陛下不能尽封，恐又见疑平生过失及诛，故即相聚谋反耳。"上乃忧曰："为之奈何？"留侯曰："上平生所憎、群臣所共知，谁最甚者？"上曰："雍齿⑤与我有故怨，数尝窘辱我；我欲杀之，为其功多，故不忍。"留侯曰："今急先封雍齿，则群臣人人自坚矣。"于是上乃置酒，封雍齿为什方侯；而急趋⑥丞相、御史定功行封。群臣罢酒，皆喜，曰："雍齿尚为侯，我属无患矣！"

臣光曰：张良为高帝谋臣，委以心腹，宜其知无不言；安有闻诸将谋反，必待高帝目见偶语，然后乃言之邪！盖以高帝初得天下，数用爱憎行诛赏，或时害至公，群臣往往有觖望⑦自危之心；故良因事纳忠⑧，以变移帝意，使上无阿私⑨之失，下无猜惧之谋，国家无虞⑩，利及后世。若良者，可谓善谏矣。

（《通鉴》第 11 卷 369 ~ 370 页）

【注释】

①复道：高楼之间的通道。因上下有道，故称复道。②留侯：张良。见前《刘邦与关中父老约法三章》注⑥。③属（zhǔ）：刚刚。④徧：同"遍"。⑤雍齿：沛（今江苏沛县）人。随刘邦起义，曾一度叛去，不久复归刘邦。多次立战功。⑥趋（cù）：与"促"通。催促的意思。⑦觖（jué）望：因不满而怨恨。⑧纳忠：收容忠诚的人。⑨阿私：偏私，照顾私情。阿，袒护。⑩无虞：

没有忧虑。

【译文】

高帝已经封赏了大功臣二十多人，其余的人日夜争功，一时决定不下来，便没能给予封赏。高帝在洛阳南宫，从天桥上望见将领们往往三人一群，两人一伙地同坐在沙地中谈论着什么。高帝说："这是在说些什么呀？"留侯张良道："陛下不知道吗？这是在图谋造反啊！"高帝说："天下新近刚刚安定下来，为了什么缘故又要谋反呢？"留侯说："陛下由平民百姓起家，依靠这班人夺取了天下。如今陛下做了天子，所封赏的都是自己亲近喜爱的老友，所诛杀的都是自己生平仇视怨恨的人。现在军吏们计算功劳，认为即使把天下的土地都划作封国也不够全部封赏的了，于是这帮人就害怕陛下对他们不能全部封赏，又恐怕因往常的过失而被猜疑以至于遭到诛杀，所以就相互聚集到一起图谋造反了。"高帝于是担忧地说："这该怎么办？"留侯道："皇上平素最憎恶、群臣又都知道的人，是谁啊？"高帝说："雍齿与我有旧怨，他曾经多次困辱我。我想杀掉他，但由于他功劳很多，所以不忍心下手。"留侯说："那么现在就赶快先封赏雍齿，这样一来，群臣也就人人都对自己的能受封赏坚信不疑了。"高帝这时便置备酒宴，封雍齿为什方侯，并急速催促丞相、御史论定功劳进行封赏。群臣结束饮宴后，都欢喜异常，说道："雍齿尚且封为侯，我们这些人没有什么可担忧的了！"

臣司马光曰：张良作为高帝的谋臣，被当作心腹亲信，应该是知无不言，哪有已听说诸侯将要谋反，却一定要等到高帝眼见有人成双成对地议论，然后才述说这件事的道理啊！这是由于高帝刚刚得到天下，屡次依据自己的爱憎来诛杀封赏，有时候就会有损于公平，群臣因此往往怀有抱怨和感到自己有危险的心理。所以张良借着这件事进送忠言，以改变转移高帝的心思，使在上者无偏袒私情的过失，在下者无猜疑恐惧的念头，国家无忧患，利益延及后世。像张良这样，可以说是善于劝谏了。

冒顿灭东胡

汉高帝六年（前 201 年）

东胡闻冒顿立[①]，乃使使谓冒顿："欲得头曼时千里马。"冒顿问群臣，群臣皆曰："此匈奴宝马也，勿与！"冒顿曰："奈何与人邻国而爱一马乎！"遂与之。居顷之，东胡又使使谓冒顿："欲得单于一阏氏②。"冒顿复问左右，左右皆怒曰："东胡无道，乃求阏氏！请击之！"冒顿曰："奈何与人邻国爱一女子乎！"遂取所爱阏氏予东胡。东胡王愈益骄。东胡与匈奴中间，有弃地莫居。千余里，各居其边，为瓯脱③。东胡使使谓冒顿："此弃地，欲有之。"冒顿问群臣，群臣或曰："此弃地，予之亦可，勿与亦可。"于是冒顿大怒曰："地者，国之本也，奈何予之！"诸言予之者，皆斩之。冒顿上马，令："国中有后出者斩！"遂袭击东胡。东胡初轻冒顿，不为备，冒顿遂灭东胡。

（《通鉴》第 11 卷 372 ～ 373 页）

【注释】

①东胡：古族名。因居匈奴东而得名。春秋战国时期，南邻燕国，后为燕将秦开所破，迁于今辽河上游。秦末东胡强盛，后为匈奴冒顿单于打败。一支退居乌桓山的称乌桓；一支退居鲜卑山的称鲜卑。冒顿（ mò dú ）（？—前 174）：匈奴单于。姓挛鞮。秦二世元年（前 209 年）杀其父头曼自立。他在位时，匈奴开始强大。②单（ chán ）于：匈奴最高首领的称号。全称应作"撑犁孤涂单于"。匈奴语"撑犁"是"天"，"孤涂"是"子"，"单于"是"广大"之意。阏氏（ yān zhī ）：秦汉时，匈奴单于之妻称阏氏。③瓯脱：秦汉时匈奴语，指边界。

【译文】

东胡听说冒顿立为单于，就派使者对冒顿说："我们东胡想要头曼在世时所乘坐的千里马。"冒顿问群臣怎么办，群臣都说："这是匈奴的宝马，不能给他们！"冒顿说："和人是相比邻的国家，怎么可以为爱惜一匹马而伤了和气！"就把宝马送给东胡。没有多久，东胡又派使者对冒顿说："我们想得到你们单于的一位后妃。"冒顿再问左右群臣的意见，左右群臣都愤怒地说："东胡这样不讲道理，居然要求得到我们单于的后妃！我们请求出兵攻击东胡！"冒顿说："和人是比邻的国家，怎么可以为爱惜一个女人而伤了和气！"遂把他所宠爱的后妃给了东胡。东胡王更加骄傲起来。东胡和匈奴中间，有缓冲地区一千多里，没有人居住，东胡和匈奴各住一边，并且各自建造了瞭望台，东胡派使者对冒顿说："这是无用的缓冲地，我要占有。"冒顿问群臣的意见。群臣中有人说："这是不用的土地，给他们没有关系，不给他们也可以。"于是冒顿大发脾气说："土地是国家的根本,怎么可以随便给他们!"那些主张送给东胡的大臣,都被斩杀。冒顿骑上战马,下命令说:"国中有哪一个人落后不跟随攻击东胡,一律斩杀!"于是袭击了东胡。东胡起初轻视冒顿所以没有防备,冒顿就把东胡消灭了。

贯高不累赵王张敖

汉高帝七年(前200年)

　　十二月,上还,过赵。赵王敖①执子婿礼甚卑;上箕倨慢骂之②。赵相贯高、赵午等皆怒曰:"吾王,孱③王也!"乃说王曰:"天下豪杰并起,能者先立。今王事帝甚恭,而帝无礼;请为王杀之。"张敖啮④其指出血,曰:"君何言之误,先人亡国,赖帝得复国⑤,德流子孙;秋豪⑥皆帝力也。愿君无复出口!"贯高、赵午等皆相谓曰:"乃吾等非也。吾王长者,不倍⑦德,且吾等义不辱。今帝辱我王,故欲杀之,何洿王为⑧?事成归王,事败独身坐⑨耳。"

汉高帝八年(前199年)

　　冬,上击韩王信余寇于东垣⑩,过柏人⑪!贯高等壁人于厕中⑫,欲以要上⑬。上欲宿,心动,问曰:"县名为何?"曰:"柏人。"上曰:"柏人者,迫于人也。"遂不宿而去。

汉高帝九年(前198年)十二月

　　贯高怨家知其谋,上变告⑭之。于是上逮捕赵王及诸反者。赵午等十余人皆争自刭;贯高独怒骂曰:"谁今公为之?今王实无谋,而并捕王。公等皆死,谁白王不反者?"乃槛车胶致⑮,与王诣长安。高对狱曰:"独吾属为之,王实不知。"吏治,榜笞⑯,数千,刺剟⑰身无可击者;终不复言。吕后⑱数言:"张王以公主故,不宜有此。"上怒曰:"使张敖据天下,岂少而⑲女乎!"不听。廷尉以贯高事辞闻⑳。上曰:"壮士!谁知者?以私问之㉑。"中大夫泄㉒公曰:"臣之邑子,素知之,此固赵国立义不侵、为然诺者也㉓。"上使泄公持节往问之箯舆前㉔。泄公与相劳苦㉕,如生平欢㉖,因问:"张王果有计谋不?"高曰:"人情宁㉗不各爱其父母、妻子乎?今吾三族皆以论死,岂爱王过于吾亲哉?顾㉘为王实不反,独吾等为之。"具道本指^㉒所以为者，王不知状。于是泄公入，具以报上。春，正月，上赦赵王敖^①，废为宣平侯，徙代王如意^㉚为赵王。

上贤贯高为人，使泄公具告之曰："张王已出。"因赦贯高。贯高喜曰："吾王审^㉛出乎？"泄公曰："然。"泄公曰："上多^㉜足下，故赦足下。"贯高曰："所以不死、一身无余者，白张王不反也。今王已出，吾责已塞，死不恨矣。且人臣有篡弑之名，何面目复事上哉，纵上不杀我，我不愧于心乎！"乃仰绝亢^㉝，遂死。

荀悦^㉞论曰：贯高首为乱谋，杀主之贼；虽能证明其王，小亮不塞大逆，私行不赎公罪。《春秋》之义大居正^㉟，罪无赦可也。

臣光曰：高祖骄以失臣，贯高狠以亡君。使贯高谋逆者，高祖之过也；使张敖亡国者，贯高之罪也。

（《通鉴》第 12 卷 379、381、383～385 页）

【注释】

①赵王敖：张敖，张耳之子，汉高祖刘邦女鲁元公主的丈夫。②箕（jī）倨：同"箕踞"。伸足而坐，其形如箕。慢骂：慢，态度傲慢。骂，辱骂。③孱（chán，又读 cán）：懦弱。④啮（niè）：咬。⑤先人亡国，赖帝得复国：汉高帝元年（前 206 年），项羽封张耳为常山王，以赵地为其封地。次年为陈余所败，投奔汉王刘邦。第三年，刘邦封他为赵王。⑥秋豪：也作"秋毫"。鸟兽在秋天新长出来的细毛。言其细微。⑦倍：通"背"。背弃。⑧何洿（wū）王为：哪里玷污您呢？洿，玷污。为，语气词，表示疑问、感叹。⑨独身坐：个人担当杀害汉高帝的罪责，与别人无关。坐，坐罪，犯罪受处分。⑩东垣：地名。在今河北正定县南。⑪柏人：地名。在今河北内丘县东北。⑫壁人于厕中：把人藏在厕所的夹墙中。⑬要上：拦截汉高帝。要通"邀"，迎候，半路拦截。⑭上变告：上告非常之事。变，非常。⑮轞车胶致：轞车，即槛车，有栅栏的囚车。胶致，把囚车钉牢送到京师。⑯榜（péng，又读 bàng）：捶击。笞（chī）：鞭打，杖击。⑰剟（duō）：刺，击。⑱吕后（前 241—前 180）：汉高帝刘邦的皇后，名雉，字娥姁。她佐高帝，诛杀异姓王，惠帝时掌握实权，惠帝死后临朝称制，并分封诸吕为王侯。⑲而：你。⑳廷尉：掌刑狱的官。辞闻：告诉汉高帝。㉑以私问之：以私人之间的交情去问贯高。㉒泄（xiè）：姓。㉓立义不侵、为然诺：立义，以义自立。不侵，不受侵辱。为然诺，履行诺言。㉔持节：节，符节。古代朝廷用作凭证的信物，使臣必须携带。箯（biān）舆：

竹子编成的舆床。㉕与相劳苦：向贯高表示慰问。㉖生平欢：也作"平生欢"。平生相好。㉗宁：难道。㉘顾：只是，不过。㉙具道：一一陈说。本指：也作"本旨"，原意。㉚如意：汉高帝之子，戚夫人所生，高帝死后为吕后所杀。㉛审：确实。㉜多：赞许。㉝绝亢：割断喉咙。亢（gāng）：通"吭"，咽喉。㉞荀悦（前148—209）：字仲豫，颍川颍阴（今河南许昌）人。东汉末年史学家、政论家。著有《汉纪》三十篇，《申鉴》五篇。㉟大居正：以居正为大。居正，遵循正道。大，重要。

【译文】

十二月，皇上回京师，经过赵地。赵王张敖以子婿的礼节觐见皇上（张敖娶高祖长女鲁元公主，所以执子婿礼），非常谦卑；但皇上伸展两脚，稍微弯屈膝盖坐着，态度倨傲无礼地辱骂着赵王。赵王的宰相贯高、赵午等人都很生气，说："我们的君主，竟是这么懦弱的君主！"就劝赵王说："天下豪杰同时兴起，有能力的人先立为王。现在您侍奉高帝非常恭敬，但他却这么骄傲无礼；我们请求为您把高帝杀了。"张敖听了，用牙齿把手指咬出血，发誓不背叛汉，说："你们为什么要说这些错误的话呢？我的祖先（指张耳）国家灭亡了，靠高帝才恢复过来，高帝的恩德流传到我们赵国的子子孙孙，赵国再微细的东西，都是高帝所赐的。希望你们以后不要再讲这种话了！"贯高、赵午等人都相劝说："看起来是我们错了。我们的君主是个长者，不会背弃人家的恩德的；而我们站在道义的立场不愿受到屈辱。现在高帝侮辱我们君主，所以我们想设法杀死高帝，又何必污辱我们君主，让他背上负德之名呢！所以我们决定事情成功后，一切胜利归给君主，如果事情失败了，我们自己承担后果。"

冬季，汉高帝刘邦在东垣攻打韩王信的余党，经过赵国的柏人城。赵相贯高派人藏在厕所的夹墙中，准备行刺高帝。高帝正想留宿城中，忽然心动不安，问："这个县叫什么？"回答说："柏人。"高帝说："柏人，就是受迫于人呀！"于是不住宿而离开。

赵国相国贯高的阴谋被他的仇家探知，向高帝举报这桩不寻常的事情。高帝下令逮捕赵王及各谋反者。赵王属臣赵午等十几人都争相表示要自杀，只有贯高怒骂道："谁让你们这样做的？如今赵王确实没有参与谋反，而被一并逮捕。你们都死了，谁来申明赵王不曾谋反的真情？"于是被关进胶封的木栏囚车，与赵王一起押往长安。贯高对审讯官员说："只是我们自己干的，赵王的确不知道。"狱吏动刑，拷打鞭笞几千下，又用刀刺，直至体无完肤，贯高终不再说别的话。吕后几次说："赵王张敖娶了公主，不会有此事。"高帝怒气冲冲地斥骂她："要是张敖夺了天下，难道还缺少你的女儿不成！"不予理睬。廷尉把审讯情况和贯高的话报告高帝，高帝感慨地说："真是个壮士，谁平时和他要好，用私情去探听一下。"中大夫泄公说；"我和他同邑，平常很了解他，他在赵国原本就是个以义自立、不受侵辱、信守诺言的人。"高帝便派泄公持节去贯高的竹床前探问。泄公慰问他的伤情，见仍像平日一样欢洽，便套问："赵王张敖真的有谋反计划吗？"贯高回答说："以人之常情，难道不各爱自己的父母、妻子儿女吗？现在我的三族都被定成死罪，难道我爱赵王胜过我的亲人吗？因为实在是赵王不曾谋反，只是我们自己这样干的。"又详细述说当初的谋反原因及赵王不曾知道的情况。于是泄公入朝一一报告了高帝。春季，正月，高帝下令赦免赵王张敖，废黜为宣平侯，另调代王刘如意为赵王。

高帝称许贯高的为人，便派泄公去告诉他："张敖已经放出去了。"同时赦免贯高。贯高高兴地问："我的大王真的放出去了？"泄公说："是的。"又告诉他："皇上看重你，所以赦免了你。"贯高却说："我之所以不死、被打得遍体鳞伤，就是为了表明赵王张敖没有谋反，现在赵王已经出去，我的责任也尽到了，可以死而无憾。况且，我作为臣子有谋害皇帝的罪名，又有什么脸面再去侍奉皇上呢！即使皇上不杀我，我就不心中有愧吗！"于是掐断自己的颈脉，自杀了。

荀悦评论说："贯高是计划叛乱谋反、杀死国君的主犯，虽然最后能证明赵王的清白，可是小信抵不过大逆，私德赎不回公罪（为赵王辩明无罪是小信、私德，谋杀高祖是大逆、公罪）。春秋的内容是以'居正'（君臣名分端正）最重要，所以按他所犯的罪来看，是可以不赦免他的。"

臣司马光说：高祖骄慢无礼而失去臣下的拥戴，贯高因狠戾而使他的国君亡国。让贯高有谋反叛逆的借口，是高祖的过错；让张敖亡国，是贯高所犯的罪。

马上得之，焉能马上治之

汉高帝十一年（前 196 年）

陆生时时前说称《诗》《书》①，帝②骂之曰："乃公居马上而得之③，安事④《诗》《书》！"陆生曰："居马上得之，宁⑤可以马上治之乎？且汤、武逆取而以顺守之⑥，文武并用，长久之术也。昔者吴王夫差、智伯⑦、秦始皇，皆以极武⑧而亡。乡使⑨秦已并天下，行仁义，法先圣，陛下安得而有之！"帝有惭色⑩，曰："试为我著秦所以失天下、吾所以得之者及古成败之国。"陆生乃粗述存亡之征⑪，凡著十二篇。每奏一篇，帝未尝不称善，左右呼万岁；号其书曰"《新语》"⑫。

（《通鉴》第 12 卷 396 页）

【注释】

①陆生：陆贾。汉初楚人。以客从刘邦建立汉王朝，有辩才。曾两次出使南越，诏谕赵佗归汉。汉高帝十一年，因功授太中大夫。吕后时，劝丞相陈平深结太尉周勃，合谋诛诸吕、立文帝。著《新语》十二篇，大旨崇王道，黜霸术。《诗》《书》：《诗》，指《诗经》，《书》，指《尚书》。都是儒家经典。②帝：指汉高帝刘邦。③乃公：傲慢的自称语。乃，你。得之：指得天下。④安：怎么，哪里。事：从事。这里是学习研究的意思。⑤宁：难道，哪里。⑥汤：商汤。商王朝的建立者。武：周武王姬发。西周王朝的建立者。逆取：以武力夺取天下叫逆取。顺守：修文教以治天下叫顺守。⑦夫差（？—前 473）：春秋末年吴国国君。公元前 495—前 473 年在位。曾先后打败越和齐。前 482 年，在黄池（今河南封丘西南）和诸侯会盟，与晋争霸，越乘虚攻入吴都。后吴国为越灭亡，他自杀。智伯：名瑶，春秋末年晋卿，谥曰襄子。⑧极武：滥用武力。犹如"黩武"。⑨乡（xiàng）使：当初假使。⑩惭色：羞愧的脸色。⑪粗：略。征：征兆。⑫《新语》：书中多阐述《春秋》《论语》之义，旨在崇王黜霸，归于修身。

【译文】

陆贾时时在高帝面前称道《诗经》《尚书》，高帝斥骂他说："你老子是在马上打下的天下，哪里用得着《诗经》《尚书》！"陆贾反驳道："在马上得天下，难道可以在马上治理天下吗？况且商朝汤王、周朝武王都是逆上造反取得天下，顺势怀柔守天下。文武并用，才是长治久安的方法。当年吴王夫差、智伯瑶、秦始皇，都是因为穷兵黩武而遭致灭亡。假使秦国吞并天下之后，推行仁义，效法先圣，陛下怎能拥有天下！"高帝露出惭愧面容，说："请你试为我写出秦国所以失去天下，我所以得到天下及古代国家成败的道理。"陆贾于是大略阐述了国家存亡的征兆，共写成十二篇。每奏上一篇，高帝没有不称赞叫好的，左右随从也齐呼万岁。该书被称为《新语》。

栾布哭彭越

汉高帝十一年（前196年）冬

上之击陈豨①也，征兵于梁；梁王②称病，使将将兵诣邯郸。上怒，使人让之。梁王恐，欲自往谢。其将扈辄曰："王始不往，见让而往，往则为禽③矣；不如遂发兵反。"梁王不听。梁太仆④得罪，亡走汉，告梁王与扈辄谋反。于是上使使掩⑤梁王，梁王不觉，遂囚之洛阳。有司治⑥："反形已具，请论如法⑦。"上赦以为庶人，传处蜀青衣⑧。西至郑⑨，逢吕后从长安来。彭王为吕后泣涕，自言无罪，愿处故昌邑⑩。吕后许诺，与俱东。至洛阳，吕后白上曰："彭王壮士，今徙之蜀，此自遗患；不如遂诛之。妾谨与俱来。"于是吕后乃令其舍人告彭越复谋反。廷尉王恬开奏请族之，上可其奏。三月，夷越三族⑪。枭越首洛阳，下诏："有收视者，辄捕之。"

梁大夫栾布使于齐，还，奏事越头下，祠而哭之。吏捕以闻。上召布，骂，欲烹之。方提趋汤⑫，布顾曰："愿一言而死。"上曰："何言？"布曰："方上之困于彭城⑬，败荥阳、成皋间⑭，项王所以遂不能西者，徒以彭王居梁地，与汉合从⑮苦楚也。当是之时，王一顾，与楚则汉破，与汉则楚破。且垓下之会，微⑯彭王，项氏不亡。天下已定，彭王剖符受封⑰，亦欲传之万世。今陛下一征兵于梁，彭王病不行，而陛下疑以为反；反形未具，以苛小案⑱诛灭之。臣恐功臣人人自危也。今彭王已死，臣生不如死，请就烹！"于是上乃释布罪，拜为都尉。

【注释】

①陈豨(xī)：刘邦将领。见《汉高帝纳谏赦萧何》注⑫。②梁王：彭越，字仲，昌邑（今山东金乡西北）人。秦末聚众起兵，楚汉相争时，领兵三万多人归刘邦。③为禽：被擒。④太仆：主管帝王车马及马政的官。⑤掩：乘人不备而袭取。⑥有司治：有司，官吏。治，惩处。⑦请论如法：请以法定罪。论，定罪。⑧传处蜀青衣：《汉书·彭越传》作"徙蜀青衣"。蜀青衣，蜀郡的青衣县（在今四川名山北）。⑨郑：郑县。在今陕西华县境内。⑩愿处故昌邑：秦末，彭越在其家乡昌邑起兵反秦。⑪三族：指父族、母族、妻族。⑫方提趋汤：举着栾布走向汤鼎，正要投入汤中。⑬方：当。彭城：今江苏徐州市。⑭荥阳：战国时韩国的城邑。在今河南荥阳东北。成皋：古邑名。战国属韩。在今河南荥阳汜水镇。⑮合从(zòng)：联合。⑯微：没有。⑰剖符受封：见《汉高帝封萧何》注①。⑱苛小案：苛求小事件。

【译文】

高帝进攻陈豨时，向梁王彭越征兵，彭越称病，只派将军率兵赴邯郸。高帝大怒，令人前去斥责。彭越恐惧，想亲自入朝谢罪。部将扈辄说："您当初不去，受到斥责才去，去就会被擒，不如就势发兵反了吧。"彭越不听劝告。他的太仆因获罪逃往长安，控告梁王彭越与扈辄谋反。于是高帝派人突袭彭越，彭越事先没有发觉，便被俘囚禁到洛阳。有关部门审讯结果是："已有谋反迹象，应按法律处死。"高帝赦免他为平民，押送到蜀郡青衣居住。彭越向西到了郑地，遇到吕后从长安来。彭越向吕后哭泣，说自己无罪，希望能到故地昌邑居住。吕后口中应允，与他一起东行。到了洛阳，吕后对高帝说："彭越是个壮士，如今把他流放到蜀郡，这是自留后患，不如就此杀了他。我已与他同来。"吕后又指使彭越门下舍人控告彭越再行谋反。廷尉王恬开奏请将彭越灭三族，高帝予以批准。三月，彭越三族都被斩首。还割下彭越的首级在洛阳示众，并颁布诏令："有来收殓尸体的，就将他逮捕。"

梁王彭越的大夫栾布出使齐国，回来后，在彭越的头颅下奏报，祭祀后大哭一场。官吏将他逮捕，报告高帝。高帝召来栾布，痛骂一番，想煮死他。两旁的人正提起他要投入滚水中，栾布回头说："请让我说句话再死。"高帝便问："还有什么话？"栾布说："当年皇上受困于彭城，战败于荥阳、成皋之间，而项羽却不能西进，只是因为彭越守住梁地，与汉联合而使楚为难。当时，只要彭越一有倾向，与项羽联合则汉失败，与汉联合则楚失败。而且垓下会战，没有彭越，项羽就不会灭亡。如今天下已经平定，彭越接受符节，被封为王，也想传给子孙后代。而如今陛下向梁国征一次兵，彭越因病不能前来，陛下就疑心以为造反；未见到反叛迹象，便以苛细小事诛杀了他。我担心功臣会人人自危。现在彭越已经死了，我活着也不如死，请煮死我吧！"高帝认为有理，便赦免了栾布的罪，封他为都尉。

汉高帝纳谏赦萧何

汉高帝十二年（前 195 年）十一月

相国何以长安地陿^①，上林^②中多空地，弃；愿令民得入田^③，毋收稿^④，为禽兽食。上大怒曰："相国多受贾人^⑤财物，乃为请吾苑！"下相国廷尉^⑥，械系之。数日，王卫尉^⑦侍，前问^⑧曰："相国何大罪，陛下系之暴也？"上曰："吾闻李斯相秦皇帝，有善归主，有恶自与。今相国多受贾竖^⑨金，而为之请吾苑以自媚^⑩于民，故系治之。"王卫尉曰："夫职事苟有便于民而请之，真宰相事；陛下奈何乃疑相国受贾人钱乎？且陛下距^⑪楚数岁，陈豨、黥布^⑫反，陛下自将而往；当是时，相国守关中，关中摇足，则关以西非陛下有也！相国不以此时为利，今乃利贾人之金乎？且秦以不闻其过亡天下；李斯之分过^⑬，又何足法哉！陛下何疑宰相之浅也！^⑭"帝不怿^⑮。是日，使使持节赦出相国。相国年老，素恭谨，入，徒跣^⑯谢。帝曰："相国休矣^⑰！相国为民请苑，吾不许；我不过为桀、纣主，而相国为贤相。吾故系相国，欲令百姓闻吾过也。"

（《通鉴》第 12 卷 404 ～ 405 页）

【注释】

①何：萧何。陿（xiá）：与"狭"通。②上林：苑名。秦置，汉初荒废。故址在今陕西省西安市西及周至、户县界。③入田：入苑内耕种。田，通"佃"，耕种。④稿：禾秆。⑤贾（gǔ）人：商人。⑥下相国廷尉：把相国交给廷尉审问治罪。廷尉是主管刑狱的官。⑦王卫尉：姓王，不知其名。卫尉：官

名。⑧前问：进前问。⑨贾竖：旧时对商人的蔑称。⑩媚：爱。这里是求爱于民的意思。⑪距：通"拒"，抗拒。⑫陈豨（？—前196）：刘邦将领。从刘邦起兵，平定燕王臧荼叛乱，封为夏阳侯，任代相国，监赵、代边兵。羡慕信陵君的为人，大养宾客。赵相周昌恐其有变，向刘邦告发。刘邦派人调查其门客的不法行为，于是他与王黄等勾结叛汉，自称代王。后兵败被杀。黥布（？—前195）：英布。秦末率骊山刑徒起义，属项羽，封九江王。后归刘邦，封淮南王。汉高帝十一年（前196年），彭越、韩信被杀后，起兵反汉，败走江南，被诱杀。⑬分过：分担过失。⑭这句的意思是：陛下怎么怀疑宰相这样浅薄呢！⑮怿（yì）：喜悦，高兴。⑯徒跣（xiǎn）：赤脚步行。⑰休矣：算了！休，制止别人说或做的词，表示不满。

【译文】

相国萧何因为长安地方狭窄，而皇家上林苑中有很多空地，且荒弃不用，希望能让百姓入内耕种，留下禾秆不割，作为苑中鸟兽的饲料。高帝大怒说："相国你一定收下了商人的大批财物，才替他们申请我的上林苑！"将萧何交付廷尉，用刑具锁铐。过了几天，一个姓王的卫尉侍奉高帝，上前探问："相国犯了什么大罪，陛下突然把他拘禁起来？"高帝说："我听说李斯做秦始皇的丞相时，有善行就归功于君主，有过失就自己承担。现在萧何接受了商人的大批财物，为他们要我的上林苑，以讨好下民，所以拘禁起来治罪。"王卫尉便劝说："分内的事只要对百姓有利就向皇帝建议，这是真正的宰相行为，陛下为什么竟疑心相国收了商人钱财呢？况且，陛下与楚霸王作战几年，陈豨、黥布造反，您亲自率军出征。当时，相国独守关中，只要关中一有动摇，函谷关以西就不再是陛下所有了！相国不在那时为自己谋利，反而在现在贪图商人的金钱吗？再说，秦朝就是因为不知道自己的过失才丧失了天下，李斯为秦始皇分担过失的作为，又有什么值得效法的呢？陛下为什么如此轻易地怀疑相国呢！"高帝听完很不高兴。当天，派人持符节赦免释放了萧何。萧何年纪已老，平时对高帝很恭谨，进宫后光着脚前去谢恩。高帝说："相国不要这样了！相国为人民讨要上林苑，我不准许，我不过是像夏桀、商纣那样的昏君，而相国您是贤相。我故意抓起相国，就是想让百姓听到我的过失啊！"

萧规曹随

汉惠帝二年（前193年）

酂文终侯^①萧何病，上^②亲自临视，因问曰："君^③即百岁后，谁可代君者？"对曰："知臣莫如主。"帝曰："曹参^④何如？"何顿首曰："帝得之矣，臣死不恨！"

秋，七月，辛未，何薨^⑤。何置田宅，必居穷僻处，为家，不治垣屋^⑥。曰："后世贤，师吾俭；不贤，毋为势家所夺。"

癸巳，以曹参为相国。参闻何薨，告舍人："趣治行^⑦！吾将入相。"居无何^⑧，使者果召参。始，参微时^⑨，与萧何善；及为将相，有隙；至何且死^⑩，所推贤惟参。参代何为相，举事^⑪无所变更，一遵何约束。择郡国吏木讷于文辞、重厚长者^⑫，即召除为丞相史；吏之言文刻深、欲务声名者^⑬，辄斥^⑭去之。日夜饮醇酒^⑮；卿、大夫以下吏及宾客见参不事事^⑯，来者皆欲有言，参辄饮以醇酒，间欲有所言，复饮之，醉而后去，终莫得开说，以为常。见人有细过，专掩匿覆盖之；府中无事。

参子窋^⑰为中大夫，帝怪相国不治事，以为："岂少朕与^⑱？"使窋归，以其私问参。参怒，答窋二百，曰："趣入侍！天下事非若所当言也！"至朝时，帝让参曰："乃者^⑲我使谏君也。"参免冠谢曰："陛下自察圣武孰与高帝^⑳？"上曰："朕乃安敢望先帝！"又曰："陛下观臣能孰与萧何贤^㉑？"上曰："君似不及也。"参曰："陛下言之是也。高帝与萧何定天下，法令既明。今陛下垂拱^㉒，参等守职，遵而勿失，不亦可乎！"帝曰："善！"

参为相国，出入三年，百姓歌之曰：萧何为法，较若画一^㉓。曹参代之，守而勿失；载^㉔其清净，民以宁一。

（《通鉴》第12卷411～413页）

【注释】

①酂文终侯：萧何生前封为酂侯，死后谥文终侯，故称酂文终侯。见《刘邦与关中父老约法三章》注②。②上：指汉惠帝刘盈。③君：古代对人的一种敬称。④曹参（？—前190）：沛县（今属江苏）人。曾任沛县狱吏。秦末随

刘邦起义，屡立战功，拜为假左丞相。高祖即位，封为平阳侯。后为齐相，以黄老之术使齐大治。萧何死，为汉相国。⑤薨（hōng）：古代诸侯死称薨。⑥垣（yuán）屋：有矮墙的房舍。⑦趣（cù）治行：赶紧整顿行装。⑧居无何：待的时间不长。⑨微时：未显贵时。⑩且死：快要死。⑪举事：办事，行事。⑫木讷：质朴而不善于言辞。重厚：慎重忠厚。⑬言文刻深：言语文字苛刻严峻。务声名：致力于声望名誉。⑭斥：驱逐。⑮醇酒：指酒质浓厚的酒。⑯不事事：指不做相国之事。⑰窋（zhú）：曹窋。曹参之子。⑱岂少朕与：难道以为我年幼吗？与，通"欤"。⑲乃者：又言"曩者"。往日。⑳这句意思是：陛下自己观察你和高帝哪个更圣明英武？㉑这句意思是：陛下观察我跟萧何的才能谁更强些？贤，多，胜于。㉒垂拱：垂衣拱手，不亲理事务。古代常用以颂扬帝王无为而治。㉓较若画一：鲜明的整齐。较，通"皎"，明显。㉔载：乘。

【译文】

鄷文终侯萧何病重，惠帝亲自前去探视，问他："您百年之后，谁可以接替您？"萧何说："最了解臣下的还是皇上。"惠帝又问："曹参怎么样？"萧何立即叩头说："皇上已找到人选，我死也没有什么遗憾！"

秋季，七月，辛未（初五），萧何去世。他生前购置田地房宅，必定选择位于穷困偏僻的地方；他主持家政，不修治墙垣房舍。他说："如果我的后代贤德，就学我的俭朴；如果后代不贤，这些劣房差地也不会被权势之家抢夺。"

癸巳（二十七日），朝廷任命曹参为相国。曹参刚听说萧何去世时，就对门下舍人说："快准备行装！我要进京去做相国了。"过了不久，使者果然前来召曹参入朝。起初，曹参当平民时，和萧何相交甚好；及至做了将相，两人有些隔阂。到萧何快死时，所推举接替自己的贤能之人唯独曹参。曹参接替做了相国后，所有的条令都不作变更，一律遵照萧何当年的规定。他挑选各郡各封国中为人质朴、拘谨不善言辞、敦厚的长者，召来任命为丞相的属官。对那些言谈行文苛刻、专门追逐名声的官员，都予以斥退。然后曹参日夜只顾饮香醇老酒。卿、大夫以下的官员及宾客见他不管政事，来看望时都想劝说，曹参却总是劝他们喝酒；喝酒间隙中再想说话，曹参又劝他们再喝，直到喝醉了回去，始终没机会开口说话。这样的情况成为常事。曹参见到别人犯有小错误，也一味包庇掩饰，相国府中终日无事。

曹参的儿子曹窋任中大夫之职，惠帝向他埋怨曹参不理政事，认为"难道是因为我年纪轻吗"？让曹窋回家时，以私亲身份探问曹参。曹参大怒，鞭笞曹窋二百下，呵斥：“快回宫去侍候，国家大事不是你该说的！”到上朝时，惠帝责备曹参说：“那天是我让曹窋劝你的。”曹参立即脱下帽子谢罪，说："陛下自己观察圣明威武比高帝如何？"惠帝说：“朕哪里敢比高帝！”曹参又问："陛下再看我的才能比萧何谁强？"惠帝说："你好像不如他。"曹参便说："陛下说的话太对了。高帝与萧何平定天下，法令已经明确。如今陛下垂手治国，我们臣下恭谨守职，大家认真遵守不去违反旧时法令，不就够了吗！"惠帝说："对。"

曹参做相国，前后三年，百姓唱歌称颂他说："萧何制法，整齐划一；曹参接替，守而不失；做事清净，百姓安心。"

王陵失相

汉高后元年（前187年）

冬，太后①议欲立诸吕为王，问右丞相陵②，陵曰："高帝刑白马盟③曰：'非刘氏而王，天下共击之。'今王吕氏，非约也。"太后不说④，问左丞相平、太尉勃⑤，对曰："高帝定天下，王子弟；今太后称制⑥，王诸吕，无所不可。"太后喜。罢朝，王陵让陈平、绛侯⑦曰："始与高帝啑血⑧盟，诸君不在邪⑨！今高帝崩⑩，太后女主，欲王吕氏；诸君纵欲阿意背约，何面目见高帝于地下乎？"陈平、绛侯曰："于今，面折廷争⑪，臣不如君⑫；全社稷⑬，定刘氏之后，君亦不如臣。"陵无以应之。十一月，甲子，太后以王陵为帝太傅⑭，实夺之相权；陵遂病免归。

乃以左丞相平为右丞相⑮；以辟阳侯审食其⑯为左丞相，不治事，令监宫中，如郎中令⑰。食其故得幸于太后，公卿皆因而决事。

（《通鉴》第13卷419～20页）

【注释】

①太后：吕后。见《贯高不累赵王张敖》注⑱。②陵：王陵。沛（今属江苏）人。先聚众数千人起兵南阳，后降刘邦，先后被封为安国侯，官至右丞相。③高帝：即刘邦。刑白马盟：杀白马祭告天地，订立盟约。④说（yuè）：通"悦"。⑤平：陈平。见《刘邦用陈平》注②。太尉：官名。为全国军事首

脑，与丞相、御史大夫并称三公。**勃**：周勃。见《刘邦用陈平》注①。⑥**称制**：行使皇帝的权力。⑦**让**：责备。**绛侯**：周勃。⑧**喢（shà）血**：会盟时以牲血涂在口上。同"歃血""歃血"。⑨**邪（yé）**：助词，表示问。⑩**崩**：皇帝死称崩。⑪**面折**：当面指责人的过失。**廷争**：在朝廷上向皇帝谏诤。⑫**君**：指王陵。这里是对人的敬称。⑬**社稷**：社，土神；稷，谷种。代指国家。⑭**太傅**：皇帝的老师，位尊而无实权。⑮**以左丞相平为右丞相**：因当时尚右，故陈平由左丞相迁右丞相。⑯**审食（yì）其（jī）（？—前177）**：沛县（今属江苏）人。初任高祖舍人，为吕后所亲信。后封辟阳侯。吕后时任左丞相。文帝立，免官。后为淮南王刘长所杀。⑰**郎中令**：掌管守卫宫殿门户的高级官职。

【译文】

冬季，高太后吕雉在朝议时，提出准备册封几位吕氏外戚为诸侯王，征询右丞相王陵的意见，王陵回答说："高帝曾与群臣杀白马饮血盟誓：'假若有不是刘姓的人称王，天下臣民共同消灭他。'现在分封吕氏为王，不符合白马之盟所约。"太后很不高兴，又问左丞相陈平、太尉周勃，二人回答说："高帝统一天下，分封刘氏子弟为王；现在太后临朝管理国家，分封几位吕氏为王，没有什么不可以的。"太后听了很高兴。朝议结束后，王陵责备陈平、周勃说："当初与高皇帝饮血盟誓时，你们二位不在场吗？现在高帝驾崩了，太后以女主当政，要封吕氏为王，你们既是要逢迎太后懿旨而背弃盟约，可又有何脸面去见高帝于地下呢？"陈平、周勃对王陵说："现在，在朝廷之上当面谏阻太后，我二人确实不如您；可将来安定国家，确保高祖子孙的刘氏天下，您却不如我二人。"王陵无言答对。十一月，甲子（疑误），太后明升王陵为皇帝的太傅，实际上剥夺了他原任右丞相的实权；王陵于是称病，被免职归家。

太后升左丞相陈平为右丞相；任命辟阳侯审食其为左丞相，但不执行左丞相的职权，只负责管理宫廷事务，同郎中令一样。但审食其早就得太后宠幸，公卿大臣都要通过审食其裁决政事。

周勃安刘

汉高后八年（前180年）

诸吕①欲为乱，畏大臣绛、灌②等，未敢发。朱虚侯③以吕禄女为妇,故知其谋,乃阴令人告其兄齐王④,欲令发兵西,朱虚侯、东牟侯⑤为内应,以诛诸吕,立齐王为帝。齐王乃与其舅驷钧、郎中令祝午、中尉魏勃阴谋发兵。齐相召⑥平弗听。八月,丙午,齐王欲使人诛相;相闻之,乃发卒卫王宫。魏勃绐⑦邵平曰:"王欲发兵,非有汉虎符验也。而相君围王固善,勃请为君将兵卫王。"召平信之。勃既将兵,遂围相府;召平自杀。于是齐王以驷钧为相,魏勃为将军,祝午为内史,悉发国中兵。

　　使祝午东诈琅邪王⑧曰:"吕氏作乱,齐王发兵欲西诛之。齐王自以年少,不习兵革之事,愿举国委大王。大王,自高帝将也;请大王幸之临菑,见齐王计事。"琅邪王信之,西驰见齐王。齐王因留琅邪王,而使祝午尽发琅邪国兵,并将之。琅邪王说齐王曰:"大王,高皇帝适⑨长孙也,当立;今诸大臣狐疑未有所定;而泽于刘氏最为长年,大臣固待泽决计。今大王留臣,无为也,不如使我入关计事。"齐王以为然,乃益具车送琅邪王。琅邪王既行,齐遂举兵西攻济南⑩;遗诸侯王书,陈诸吕之罪,欲举兵诛之。

　　相国吕产等闻之,乃遣颍阴侯灌婴将兵击之。灌婴至荥阳,谋曰:"诸吕拥兵关中,欲危刘氏而自立。今我破齐还报,此益吕氏之资也。"乃留屯荥阳,使使谕齐王及诸侯与联和,以待吕氏变,共诛之。齐王闻之,乃还兵西界待约。

　　吕禄、吕产欲作乱,内惮绛侯、朱虚等,外畏齐、楚兵;又恐灌婴畔之,欲待灌婴兵与齐合而发,犹豫未决。

　　当是时,济川王太、淮阳王武、常山王朝及鲁王张偃皆年少,未之国,居长安;赵王禄、梁王产各将兵居南、北军⑪;皆吕氏之人也。列侯群臣莫自坚⑫其命。

　　太尉绛侯勃不得主兵。曲周侯郦商老病,其子寄与吕禄善。绛侯乃与丞相陈平谋,使人劫郦商,令其子寄往绐说吕禄曰:"高帝与吕后共定天下,刘氏所立九王⑬,吕氏所立三王⑭,皆大臣之议,事已布告诸侯,皆以为宜。今太后崩,帝少,而足下佩赵王印,不急之国守藩,乃为上将,将兵留此,为大臣诸侯所疑。足下何不归将印,以兵属太尉,请梁王归相国印,与大臣盟而之国。齐兵必罢,大臣得安,足下高枕而王千里,此万世之利也。"吕禄信然其计,欲以兵属太尉;使人报吕产及诸吕老人,或以为便,或曰不便,计犹豫未有所决。

吕禄信郦寄，时与出游猎，过其姑吕嬃⑮。嬃大怒曰："若为将而弃军，吕氏今无处矣！"乃悉出珠玉、宝器散堂下，曰："毋为他人守也！"

九月，庚申旦，平阳侯窋⑯行御史大夫事，见相国产计事。郎中令贾寿使从齐来，因数⑰产曰："王不早之国；今虽欲行，尚可得耶！"具以灌婴与齐、楚合从⑱欲诛诸吕告产，且趣产急入宫。平阳侯颇闻其语，驰告丞相、太尉。

太尉欲入北军，不得入。襄平侯纪通尚符节⑲，乃令持节矫内太尉北军⑳。太尉复令郦寄与典客刘揭先说吕禄曰："帝使太尉守北军，欲足下之国。急归将印，辞去！不然，祸且起。"吕禄以为郦况㉑不欺己，遂解印属典客，而以兵授太尉。太尉至军，吕禄已去。太尉入军门，行令军中曰："为吕氏右袒㉒，为刘氏左袒！"军中皆左袒。太尉遂将北军；然尚有南军。丞相平乃召朱虚侯章佐太尉；太尉令朱虚侯监军门，令平阳侯告卫尉㉓："毋入相国产殿门！"

吕产不知吕禄已去北军，乃入未央宫，欲为乱。至殿门，弗得入，徘徊往来。平阳侯恐弗胜，驰语太尉。太尉尚恐不胜诸吕，未敢公言诛之，乃谓朱虚侯曰："急入宫卫帝！"朱虚侯请卒，太尉予卒千余人。入未央宫门，见产廷中。日铺时㉔，遂击产；产走。天风大起，以故其从官乱，莫敢斗；逐产，杀之郎中府吏厕中。朱虚侯已杀产，帝命谒者持节㉕劳朱虚侯。朱虚侯欲夺其节，谒者不肯。朱虚侯则从与载㉖，因节信驰走，斩长乐卫尉吕更始㉗。还，驰入北军报太尉，太尉起拜贺。朱虚侯曰："所患独吕产；今已诛，天下定矣！"遂遣人分部悉捕诸吕男女，无少长皆斩之。辛酉，捕斩吕禄而笞杀吕嬃，使人诛燕王吕通而废鲁王张偃。戊辰，徙济川王王梁。遣朱虚侯章以诛诸吕事告齐王，令罢兵。

灌婴在荥阳，闻魏勃本教齐王举兵，使使召魏勃至，责问之。勃曰："失火之家，岂暇先言丈人而后救火乎！"㉘因退立，股战而栗㉙，恐不能言者，终无他语。灌将军熟视笑曰："人谓魏勃勇；妄庸人耳，何能为乎！"乃罢魏勃。灌婴兵亦罢荥阳归。

（《通鉴》第 13 卷 430～435 页）

【注释】

①诸吕：指吕后的亲族相国吕产、上将军吕禄、临光侯吕嬃等人。②绛、灌：绛，指绛侯周勃，时为太尉。见《刘邦用陈平》注①。灌，指颍阴侯灌婴。

见《项羽之败》注⑧。③朱虚侯：刘章。刘邦庶长子刘肥之子。④齐王：齐哀王刘襄。朱虚侯刘章之兄。⑤东牟侯：朱虚侯刘章之弟刘兴居。⑥召：与"邵"同。下文"邵平"即"召平"。⑦给（dài）：欺骗。⑧琅邪王：刘泽。吕后的妹妹吕媭的女婿。⑨适（dí）：通"嫡"。⑩济南：济南郡。本属齐，齐哀王二年（前187年）割给吕台。⑪赵王禄：吕禄封赵王。梁王产：吕产封梁王。南、北军：南军，西汉守卫未央宫的屯卫兵。北军，汉代守卫京师的屯卫兵。⑫莫自坚：没有不危惧。⑬刘氏所立九王：楚王交，高祖弟。代王恒、淮南王长，皆高祖子。吴王濞，高祖侄。琅邪王泽，刘氏疏属。齐王襄，高祖长孙。常山王朝、淮阳王武、济川王太，皆惠帝子。⑭吕氏所立三王：梁王吕产、赵王吕禄、燕王吕通。⑮吕媭（xū）：吕后的妹妹，舞阳侯樊哙的妻子。⑯窋：曹窋，曹参之子。⑰数：数说，责备。⑱合从（zòng）：指灌婴与齐、楚东西联合。⑲尚：掌管。符节：古代朝廷用作凭证的信物。⑳矫内太尉北军：假借皇帝之命使太尉进入北军。矫，假借，诈称。内，通"纳"，使进入。㉑郦况：郦寄字况。㉒袒：脱去衣袖露出臂膀。㉓卫尉：官名。掌管宫门警卫。㉔日铺时：申时，下午三时至五时。铺，通"晡"。㉕谒者：为君主掌管传达事务的官。节：符节。㉖从与载：跟谒者同车。㉗长乐：长乐宫。汉初为朝会之所。吕更始：吕后的亲族，封赞其侯。㉘这句话是比喻说法。意思是：国家处在危险之中，哪里有时间等到接到朝廷的命令之后才发兵救援呢！㉙股战而栗：吓得大腿发抖。股战，大腿发抖。栗：惧怕。

【译文】

诸吕打算作乱，因惧怕大臣周勃、灌婴等人，未敢贸然行事。朱虚侯刘章娶吕禄之女为妻，所以得知吕氏的阴谋，就暗中派人告知其兄齐王刘襄，让齐王统兵西征，朱虚侯、东牟侯为他做内应，图谋诛除吕氏，立齐王为皇帝。齐王就与他舅父驷钧、郎中令祝午、中尉魏勃暗中密谋发兵。齐相召平反对举兵。八月，丙午（二十六日），齐王准备派人杀国相召平；召平得知，就发兵包围了王宫。魏勃欺骗召平说："齐王没有汉朝廷的发兵虎符，就要发兵，这是违法的。您发兵包围了齐王本是对的，我请求为您带兵入宫软禁齐王。"召平信以为真，让魏勃指挥军队。魏勃掌握统兵权之后，就命令包围相府；召平自杀。于是，齐王命驷钧为相，魏勃为将军，祝午为内史，征发齐国的全部兵员。

齐王派祝午到东面的琅邪国，欺骗琅邪王刘泽说："吕氏在京中发动变乱，齐王发兵，准备西入关中诛除吕氏。齐王因为自己年轻，又不懂得军旅战阵之事，自愿把整个齐国听命于大王的指挥。大王您在高祖时就已统兵为将，富有军事经验；请大王光临齐都临淄，与齐王面商大事。"琅邪王信以为真，迅速赶往临淄见齐王。齐王乘机扣留了琅邪王，而指令祝午全部征发琅邪国的兵员，一并由自己统领。琅邪王对齐王说："大王是高皇帝的嫡长孙，应当立为皇帝；现在朝中大臣对立谁为帝犹豫不定，而我在刘氏宗室中最年长，大臣们本当等着由我决定择立皇帝的大计。现在大王留我在此处，我无所作为，不如让我入关计议立帝之事。"齐王认为他说得有道理，就准备了许多车辆为琅邪王送行。琅邪王走后，齐王就出兵向西攻济南国；齐王还致书于各诸侯王，历数吕氏的罪状，表明自己起兵灭吕的决心。

相国吕产等人闻讯齐王举兵，就派颍阴侯灌婴统兵征伐。灌婴率军行至荥阳，与其部下计议说："吕氏在关中手握重兵，图谋篡夺刘氏天下，自立为帝。如果我们现在打败齐军，回报朝廷，这就增强了吕氏的力量。"于是，灌婴就在荥阳屯兵据守，并派人告知齐王和诸侯，约定互相联合，静待吕氏发起变乱，即一同诛灭吕氏。齐王得知此意，就退兵到齐的西部边界，待机而动。

吕禄、吕产想发起变乱，但内惧朝中绛侯周勃、朱虚侯刘章等人，外怕齐国和楚国等宗室诸王的重兵，又恐手握军权的灌婴背叛吕氏，打算等灌婴所率汉兵与齐军交战之后再动手，所以犹豫未决。

此时，济川王刘太、淮阳王刘武、常山王刘朝及鲁王张偃，都年幼，没有就职于封地，居住于长安；赵王吕禄、梁王吕产分别统率南军和北军，都是吕氏一党。列侯群臣没有人能自保安全。

太尉绛侯周勃手中没有军权。曲周侯郦商年老有病，其子郦寄与吕禄交好。绛侯就与丞相陈平商定一个计策，派人劫持了郦商，让他儿子郦寄去欺骗吕禄说："高帝与吕后共同安定天下，立刘氏九人为诸侯王，立吕氏三人为诸侯王，都是经过朝廷大臣议定的，并已向天下诸侯公开宣布，诸侯都认为理应如此。现在太后驾崩，皇帝年幼，您身佩赵王大印，不立即返回封国镇守，却出任上将，率兵留在京师，必然会受到大臣和诸侯王的猜忌。您为何不交出将印，把军权还给太尉，请梁王归还相国大印给朝廷，您二人与朝廷大臣盟誓后各归封国，这样，齐兵必会撤走，大臣也得以心安，您高枕无忧地去做方圆千里的一国之王，这是造福于子孙万代的事。"吕禄相信了郦寄的计谋，想把军队交给太尉统率；派人把这个打算告知吕产及吕氏长辈，有人同意，有人反对，犹豫未决。

吕禄信任郦寄,经常结伴外出游猎,途中曾前往拜见其姑母吕媭。吕媭大怒说:"你身为上将而轻易地离军游猎,吕氏如今将无处容身了!"吕媭把家中的珠玉、宝器全拿出来,抛散到堂下,说:"不要为别人守着这些东西了!"

九月,庚申(初十)清晨,行使御史大夫职权的平阳侯曹窋,前来与相国吕产议事。郎中令贾寿出使齐国返回,批评吕产说:"大王不早些去封国,现在即便是想去,还能够吗!"贾寿把灌婴已与齐、楚两国联合欲诛灭吕氏的事告诉了吕产,并且催吕产迅速入据皇宫,设法自保。平阳侯曹窋听到了贾寿的话,快马加鞭,赶来向丞相和太尉报告。

太尉想进入北军营垒,但被阻止不得入内。襄平侯纪通负责典掌皇帝符节,太尉便命令他持节,伪称奉皇帝之命允许太尉进入北军营垒。太尉又命令郦寄和典客刘揭先去劝说吕禄:"皇帝指派太尉代行北军指挥职务,要您前去封国。立即交出将印,告辞赴国!否则,将有祸事发生!"吕禄认为郦寄不会欺骗自己,就解下将军印绶交给典客刘揭,而把北军交给太尉指挥。太尉进入北军时,吕禄已经离去。太尉进入军门,下令军中说:"拥护吕氏的袒露右臂膀,拥护刘氏的袒露左臂膀!"军中将士全都袒露左臂膀。太尉就这样取得了北军的指挥权。但是,还有南军未被控制。丞相陈平召来朱虚侯刘章辅佐太尉。太尉令朱虚侯监守军门,又令平阳侯曹窋告诉统率宫门禁卫军的卫尉说:"不许相国吕产进入殿门!"

吕产不知吕禄已离开北军,便进入未央宫,准备作乱。吕产来到殿门前,无法入内,在殿门外徘徊往来。平阳侯恐怕不能制止吕产入宫,驰马告知太尉。太尉还怕不能战胜诸吕,没敢公开宣称诛除吕氏,就对朱虚侯说:"急速入宫保卫皇帝!"朱虚侯请求派兵同往,太尉拨给他一千多士兵。朱虚侯进入未央宫门,见到吕产正在廷中。时近傍晚,朱虚侯随即率兵向吕产冲击,吕产逃走。天空狂风大作,因此吕产所带党羽亲信慌乱,都不敢接战搏斗;朱虚侯等人追逐吕产,在郎中府的厕所中将吕产杀死。朱虚侯已杀吕产,皇帝派谒者持皇帝之节前来慰劳朱虚侯。朱虚侯要夺皇帝之节,谒者不放手,朱虚侯就与持节的谒者共乘一车,凭着皇帝之节,驱车疾驰,斩长乐卫尉吕更始。事毕返回,驰入北军,报知太尉。太尉起立向朱虚侯拜贺。朱虚侯说:"令人担忧的唯独是吕产。现在吕产已杀,天下安定了!"于是,太尉派人分头逮捕所有吕氏男女,不论老小一律处斩。辛酉(九月十一日),捕斩吕禄,将吕媭乱棒打死,派人杀燕王吕通,废黜鲁王张偃。戊辰(十八日),改封济川王刘太为梁王，派朱虚侯刘章将诛灭吕氏的事情告知齐王，令他罢兵。

灌婴在荥阳，听说魏勃原本是主张齐王起兵的，派使者召魏勃前来，责问他。魏勃说："失火的人家，怎有时间先请示长辈然后才救火呢！"随即退立到一边，两条腿发抖，恐惧得不能言语，再不说别的话。灌婴将军仔细审视后失笑道："人们说魏勃勇猛；其实是狂妄的庸夫而已，能干得了什么呢！"于是放了魏勃。灌婴的军队也从荥阳撤回了长安。

南越王赵佗改号

汉文帝前元年（前179年）

初，隆虑侯灶击南越^①，会^②暑湿，士卒大疫，兵不能隃领^③。岁余，高后^④崩，即罢兵。赵佗因此以兵威财物赂遗闽越、西瓯、骆^⑤，役属焉^⑥。东西万余里，乘黄屋左纛^⑦，称制与中国侔^⑧。

帝乃为佗亲冢在真定者置守邑^⑨，岁时奉祀^⑩；召其昆弟^⑪，尊官、厚赐宠之。复使陆贾^⑫使南越，赐佗书曰："朕，高皇帝侧室之子^⑬也，弃外，奉北藩于代^⑭。道里辽远，壅蔽^⑮朴愚，未尝致书。高皇帝弃群臣，孝惠皇帝即世；高后自临事，不幸有疾，诸吕为变，赖功臣之力，诛之已毕。朕以王、侯、吏不释^⑯之故，不得不立；今即位。乃者闻王遗将军隆虑侯书^⑰，求亲昆弟，请罢长沙两将军^⑱。朕以王书罢将军博阳侯^⑲；亲昆弟在真定者，已遣人存问^⑳，修治先人冢。前日闻王发兵于边，为寇灾不止。当其时，长沙苦之，南郡尤甚；虽王之国，庸^㉑独利乎！必多杀士卒，伤良将吏，寡^㉒人之妻，孤^㉓人之子，独^㉔人父母；得一亡十，朕不忍为也。朕欲定地犬牙相入者；以问吏，吏曰：'高皇帝所以介^㉕长沙土也。'朕不得擅变焉。今得王之地，不足以为大；得王之财，不足以为富。服领以南^㉖，王自治之。虽然，王之号为帝^㉗。两帝并立，亡一乘之使以通其道^㉘，是争也；争而不让，仁者不为也。愿与王分弃^㉙前恶，终今以来，通使如故^㉚。"

贾至南越。南越王恐，顿首^㉛谢罪；愿奉明诏，长为藩臣，奉贡职^㉜。于是下令国中曰："吾闻两雄不俱立，两贤不并世。汉皇帝，贤天子。自今以来，去帝制、黄屋、左纛。"因为书，称："蛮夷大长、老夫臣佗昧死再拜上书皇帝陛下曰：老夫，故越吏也，高皇帝幸赐臣佗玺㉝，以为南越王。孝惠皇帝即位，义不忍绝，所以赐老夫者厚甚。高后用事，别异蛮夷㉞，出令曰：'毋与蛮夷越㉟金铁、田器、马、牛、羊；即予㊱，予牡㊲，毋予牝㊳'。老夫处僻，马、牛、羊齿已长。自以祭祀不修，有死罪，使内史藩、中尉高、御史平凡三辈上书谢过，皆不反㊴。又风闻㊵老夫父母坟墓已坏削，兄弟宗族已诛论㊶。吏相与议曰：'今内不得振于汉㊷，外亡㊸以自高异。'故更号为帝，自帝其国，非敢有害于天下。高皇后闻之，大怒，削去南越之籍，使使不通。老夫窃疑长沙王谗臣㊹，故发兵以伐其边。老夫处越四十九年，于今抱孙焉。然夙兴夜寐㊺，寝不安席，食不甘味，目不视靡曼㊻之色，耳不听钟鼓之音者，以不得事汉也。今陛下幸哀怜，复故号，通使汉如故；老夫死，骨不腐。改号，不敢为帝矣！"

（《通鉴》第 13 卷 444 ~ 447 页）

【注释】

①灶：周灶。因击项羽有功，封隆虑侯。南越：也作"南粤"。今广东、广西一带。秦始皇三十三年（前 214 年）置桂林、南海、象郡。②会：适逢。③隃：同"踰"。领：通"岭"。即大庾岭。在今广东南雄县北。④高后：吕后，名雉。⑤赵佗（？—前 137）：真定（今河北正定南）人。秦二世时为南海龙川令。南海尉任嚣死，佗任南海尉事。秦灭，自立为南越武王。汉高帝十一年，派陆贾立佗为南越王。吕后时，自尊为南越武帝。文帝立，复使陆贾责佗，佗去帝号称臣。赂遗（wèi）：以财物送人。闽越：也作"闽粤"。古国，七闽地。汉高祖封无诸为闽粤王。后为汉武帝所灭。西瓯、骆：瓯、骆，疑为瓯骆，古部族名，百越之一。西对东而言。《史记·南越传》赵佗谓："其东闽越千人众号称王，其西瓯骆裸国亦称王。"⑥役属焉：都归附于南越。役属，役使而臣属之。⑦黄屋：帝王车盖，以黄缯为盖里，故名。汉制，唯皇帝得用黄屋。左纛：纛，旗。古代帝王乘舆的装饰物，用牦牛尾或雉尾制成，设在车衡的左边，故称左纛。⑧称制：行使皇帝权力。中国：古代华夏族、汉族居住的地方，与"中土""中原""中州""中夏""中华"含义相同。本指今河南省及其附近地区，后来华夏族、汉族活动范围扩大，黄河中下游一带，甚至包括政权所辖的地区，统称为"中国"。侔：相等。⑨帝：指汉文帝刘恒。亲：指父母。守邑：为守墓人所置的邑。⑩奉祀：敬奉祭祀。⑪昆弟：兄弟。⑫陆贾：见《马上得之，焉能马上治之》注①。⑬侧室之子：因汉文帝刘恒是薄夫人所生，

故称侧室之子。⑭藩：藩国。代：古国名。在今河北蔚县。汉文帝即位前为代王。⑮壅蔽：隔绝。⑯释：抛弃。⑰乃者：往日，从前。遗（wèi）：给予。⑱请罢长沙两将军：高后七年（前181年），赵佗反，攻长沙，汉遣两将军屯于长沙以备之。⑲王：指南越王赵佗。博阳侯：《史记·高祖功臣表》及《汉书·高惠高后文功臣表》均有两"博阳"侯，一为博阳壮（或严）侯陈濞；一为博阳节侯周聚。《史记》《汉书》都说周聚击项羽于成皋有功，"为将军"，此"将军博阳侯"，可能就是周聚。待考。⑳存问：慰问，问候。㉑庸：副词。岂，难道。㉒寡：妇女丧夫。这里作动词用，使之寡。㉓孤：幼而丧父。这里作动词用，使之孤。㉔独：老而无子。这里作动词用，使之独。㉕介：隔开，间隔。㉖服领以南：服，古王畿以外的地方。领，通"岭"，山岭。指五岭以南，荒服之外。㉗帝：高后时南越王赵佗自称南越武帝。㉘亡：同"无"。一乘（shèng）：古时一车四马为一乘。㉙分弃：彼此共弃。㉚终今以来，通使如故：意思是，从今日起开始友好，直到很久很久的未来。㉛顿首：周礼九拜之一。头叩地而拜。㉜奉贡职：奉行向朝廷进贡物品的职责。㉝玺：章。古代尊卑通用，秦汉以后唯皇帝印称"玺"。汉高帝破例赐赵佗印为玺。㉞别异：区别，不相同。这里说的是反话。蛮夷：古代泛指华夏族、汉族以外的少数民族。㉟毋与蛮夷越：以越为蛮夷，故曰蛮夷越。㊱予：通"与"，给予。㊲牡：雄。㊳牝：雌。㊴齿已长：意思是已老了。㊵反：通"返"。㊶风闻：风声传闻。㊷诛论：以罪论死。㊸今内不得振于汉：意为汉所贬削，不得振起。㊹亡：同"无"。㊺窃疑：私下怀疑。长沙王：指恭王吴右。㊻夙兴夜寐：起早睡晚。生活勤劳的意思。㊼靡曼：华丽。

【译文】

当初，隆虑侯周灶领兵进攻南越国，正值暑热潮湿，士卒中流行瘟疫，军队无法越过阳山岭。过了一年多，高后去世，便撤兵了。赵佗乘此机会，用兵威胁并以财物引诱闽越、西瓯、骆，使它们归属南越统治。南越国东西长达万余里，赵佗乘坐供天子专用的黄屋左纛车，自称皇帝，与汉朝皇帝相同。

汉文帝于是下令，为赵佗在真定的父母亲的坟墓设置专司守墓的民户，按每年四季祭祀；又召来赵佗的兄弟，用尊贵的官位和丰厚的赏赐表示优宠。文帝又派遣陆贾出使南越国，带去文帝致赵佗的一封书信，信中说："朕是高皇帝侧室所生之子，被安置于外地，在北方代地做藩王。因路途遥远，加上我眼界不开阔，朴实愚鲁，所以那时没有与您通信问候。高皇帝不幸去世，孝惠帝也去世了；高后亲自裁决国政，晚年不幸患病，诸吕乘机谋反，幸亏有开国功臣之力，诛灭了吕氏。朕因无法推辞诸王、侯和百官的拥戴，不得不登基称帝，现已即位。前不久，得知大王曾致书于将军隆虑侯周灶，请求寻找您的亲兄弟，请求罢免长沙国的两位将军。朕因为您的这封书信，已罢免了将军博阳侯；您在真定的亲兄弟，朕已派人前去慰问，并修整了您先人的坟墓。前几日听说大王在边境一带发兵，不断侵害劫掠。当时长沙国受害，而南郡尤其严重；即便是大王治理下的南越王国，难道就能在战争中只获利益而不受损害吗！战事一起，必定使许多士卒丧生，将吏伤身，造成许多寡妇、孤儿和无人赡养的老人；朕不忍心做这种得一亡十的事情。朕本来准备对犬牙交错的地界作出调整，征求官员意见，回答说'这是高皇帝为了隔离长沙国而划定的'，朕不得擅自变更地界。现在，汉若夺取大王的领地，并不足以增加多少疆域；夺得大王的财富，也不足以增加多少财源。五岭以南的土地，大王尽可自行治理。即便大王已有皇帝的称号，但两位皇帝同时并立，互相之间没有一位使者相互联系，这是以力相争；只讲力争而不讲谦让，这是仁人所不屑于做的。愿与大王共弃前嫌，自今以后，互通使者往来，如同原来一样。"

陆贾到达南越。南越王赵佗见了文帝书信，十分惶恐，顿首谢罪；表示愿意遵奉皇帝明诏，永为藩国臣属，遵奉贡纳职责。赵佗随即下令于国中说："我听说，两雄不能同时共立，两贤不能一时并存。汉廷皇帝，是贤明天子。从今以后，我废去帝制、黄屋、左纛。"于是写了一封致汉文帝的回信，说："蛮夷大长、老夫臣赵佗昧死再拜上书皇帝陛下：老夫是供职于旧越地的官员，幸得高皇帝宠信，赐我玺印，封为南越王。孝惠皇帝即位后，根据道义，不忍心断绝与南越的关系，所以对老夫有十分丰厚的赏赐。高后当政，歧视和隔绝蛮夷之地，下令说：'不得给蛮夷南越金铁、农具、马、牛、羊；如果给它牲畜，也只能给雄性的，不给雌性的。'老夫地处偏僻，马、牛、羊也已经老了，自以为未能行祭祀之礼，犯下死罪，故派遣内史藩、中尉高、御史平等三批人上书朝廷谢罪，但他们都没有返回。又据风闻谣传，说老夫的父母坟墓已被平毁，兄弟宗族人等已被判罪处死。官员一同议论说：'现在对内不能得到汉朝尊重，对外没有自我显示与众不同的地方。'所以才改王号，称皇帝，只在南越国境内称帝，并无为害天下的胆量。高皇后得知，勃然大怒，削去南越国的封号，断绝使臣往来。老夫私下怀疑是长沙王阴谋陷害我，所以才发兵攻打长沙国边界。老夫在越地已生活了四十九年，现在已抱孙子了。但我早起晚睡，睡觉难安枕席，吃饭也品尝不出味道，目不视美女之色，耳不听钟鼓演奏的音律，就是因为不能侍奉汉廷天子。现在，有幸得到陛下哀怜，恢复我原来的封号，允许我像过去一样派人出使汉廷，老夫即使死去，尸骨也不朽灭。改号为王，不敢为帝了！"

张释之依法论罪

汉文帝前三年（前177年）

是岁，释之为廷尉①。上行出中渭桥②，有一人从桥下走③，乘舆马惊；于是使骑④捕之，属⑤廷尉。释之奏当⑥："此人犯跸⑦，当罚金。"上怒曰："此人亲惊吾马；马赖和柔，令他马，固不败伤我乎！而廷尉乃当之罚金！"释之曰："法者，天下公共也。今法如是；更重之，是法不信于民也。且方其时，上使使诛之则已。今已下廷尉；廷尉，天下之平也，一倾，天下用法皆为之轻重，民安所错其手足！唯陛下察之！"上良久曰："廷尉当是也。"

其后人有盗高庙坐⑧前玉环，得⑨；帝怒，下廷尉治。释之按"盗宗庙服御物者"为奏当弃市⑩。上大怒曰："人无道，乃盗先帝器！吾属廷尉者，欲致之族⑪；而君以法奏之，非吾所以共承⑫宗庙意也。"释之免冠顿首谢曰："法如是，足也。且罪等，然以逆顺为差。今盗宗庙器而族之，有如万分一，假令愚民取长陵一抔土⑬，陛下且何以加其法乎？"帝乃白太后许之。

（《通鉴》第14卷460～461页）

【注释】

①释之：张释之。字季，南阳堵阳（今河南方城东）人。文帝时，累官至廷尉。景帝立，任淮南相。廷尉：古代掌管刑狱的最高长官。②上：指汉文帝刘恒。中渭桥：渭桥有三，居中的叫中渭桥，在长安故城之北。③走：跑。④骑（jì）：骑兵。⑤属（zhǔ）：通"嘱"，委托。⑥奏当：审案完毕向皇帝呈送的处理意见。当，判决，判罪。⑦犯跸：侵犯皇帝车驾将要经过的禁止通行的道路。⑧高庙：汉高祖的庙。坐：同"座"。⑨得：捕得。⑩弃市：古代在闹市处决犯人，并陈尸街头。⑪族：灭族。一人有罪，他的父母、兄弟、妻子

都要处以死刑。⑫共承：恭敬地奉承。共（gōng），通"恭"。⑬取长陵一抔土：长陵是刘邦的陵墓。抔（póu），捧。一抔，即一捧。这句话是盗墓的委婉说法。

【译文】

　　这一年，张释之被任命为廷尉。文帝出行经过中渭桥，有一人从桥下跑出，惊动了为皇帝驾车的马匹；于是，文帝令骑士追捕，并将他送交廷尉治罪。张释之奏报处置意见："此人违犯了清道戒严的规定，应当罚金。"文帝发怒说："此人直接惊了我乘舆的马，仗着这马脾性温和，假若是其他马，能不伤害我吗！可廷尉却判他罚金！"张释之解释说："法，是天下公共的。这一案件依据现在的法律就是这样定罪；加罪重判，法律就不能取信于民众。况且，在他惊动马匹之际，如果皇上派人将他杀死，也就算了。现在已把他交给廷尉，廷尉是天下公平的典范，稍有倾斜，天下用法全都因此可轻可重，没有标准了，百姓还怎样安放自己的手脚呢！请陛下深思！"文帝思虑半晌，说："廷尉应当是对的。"

　　其后，有人偷盗高祖庙中神位前的玉环而被捕，汉文帝大怒，交给廷尉治罪。张释之奏报判案意见：按照"偷盗宗庙服御器物"的律条，案犯应当在街市公开斩首。汉文帝大怒说："此人大逆不道，竟敢盗先帝器物！我将他交给廷尉审判，是想将他诛灭全族；而你却依法判他死罪，这是违背我恭奉宗庙的本意的。"张释之见皇帝震怒，免冠顿首谢罪说："依法这样判，已够了。况且，同样的罪名，还应该根据情节逆顺程度区别轻重。今天此人以偷盗宗庙器物之罪被灭族，若万一有愚昧无知之辈，从高祖的长陵上取了一捧土，陛下将怎样给他加以更重的惩罚呢？"于是，文帝向太后说明情况，批准了张释之的意见。

汉文帝召罢季布

汉文帝前四年（前176年）正月

　　上召河东守季布①，欲以为御史大夫②。有言其勇、使酒③、难近者；至，留邸④一月，见罢⑤。季布因进曰："臣无功窃宠，待罪河东⑥，陛下无故召臣，此人必有以臣欺陛下者。今臣至，无所受事，罢去，此人必有毁臣者。夫陛下以一人之誉而召臣，以一人之毁而去臣，臣恐天下有识闻之，有以窥^⑦陛下之浅深也！"上默然，惭，良久曰："河东，吾股肱^⑧郡，故特召君耳。"

（《通鉴》第 14 卷 461～462 页）

【注释】

①守：太守，一郡的最高行政长官。季布：见前《汉高帝赦季布，斩丁公》注①。②御史大夫：官名。秦汉时，位仅次于丞相。主管弹劾、纠察以及掌管图籍秘书。③使酒：酗酒任性。④邸（dǐ）：宾馆。⑤见罢：被罢。意思是任命季布为御史大夫的事作罢，让他回去。⑥待罪：古代大臣对帝王陈奏时自谦之词。意思是身居其职而不能胜任，必将获罪。⑦窥：窥探。⑧股肱：股是大腿；肱是胳膊。重要的意思。

【译文】

文帝召河东郡郡守季布来京，想任命为御史大夫。有人说季布勇武难制、酗酒好斗，不适于做皇帝的亲近大臣，所以，季布到京后，在官邸中滞留一个月，才得到召见，并令他还归原任。季布对文帝说："我本无功劳而有幸得到陛下宠信，担任河东郡守，陛下无故召我来京，必定是有人向陛下言过其实地推荐我。现在我来京，没有接受新的使命，仍归原任，这一定是有人诋毁我。陛下因一人的赞誉而召我来，又因一人的诋毁而令我去，我深恐天下有识之士得知此事，会以此来窥探陛下的深浅得失！"文帝默然，面露惭色，过了好久才说："河东郡，是我重要而得力的郡，所以特地召你来面谈罢了。"

晁错言贵粟

汉文帝前十二年（前 168 年）三月

晁错^①言于上曰："圣王在上而民不冻饥者，非能耕而食之，织而衣之也，为开其资财之道也。故尧有九年之水，汤有七年之旱，而国亡捐瘠^②者，以畜积多而备先具也。今海内为一，土地人民之众不减汤、禹，加以无天灾数年之水旱，而畜积未及者，何也？地有遗利，民有余力；生谷之土未尽垦，山泽之利未尽出，游食之民未尽归农也。

夫寒之于衣，不待轻暖；饥之于食，不待甘旨③；饥寒至身，不顾廉耻。人情，一日不再食则饥，终岁不制衣则寒。夫腹饥不得食，肤寒不得衣，虽慈父不能保其子，君安能以有其民哉！明主知其然也，故务民于农桑，薄赋敛，广畜积，以实仓廪④，备水旱，故民可得而有也。民者，在上所以牧之；民之趋利，如水走下，四方无择也。

夫珠、玉、金、银，饥不可食，寒不可衣；然而众贵之者，以上用之故也。其为物轻微易藏，在于把握，可以周海内而无饥寒之患。此令臣轻背其主而民易去其乡，盗贼有所劝，亡逃者得轻资也。粟、米、布、帛，生于地，长于时，聚于力，非可一日成也；数石之重，中人弗胜，不为奸邪所利，一日弗得而饥寒至。是故明君贵五谷而贱金玉。

今农夫五口之家，其服役者不下二人，其能耕者不过百亩，百亩之收不过百石。春耕，夏耘，秋获，冬藏，伐薪樵，治官府，给繇⑤役；春不得避风尘，夏不得避暑热，秋不得避阴雨，冬不得避寒冻，四时之间无日休息；又私自送往迎来、吊死问疾、养孤长幼在其中。勤苦如此，尚复被⑥水旱之灾，急政暴赋，赋敛不时，朝令而暮改。有者半贾⑦而卖，无者取倍称之息⑧，于是有卖田宅，鬻⑨妻子以偿责⑩者矣。而商贾⑪，大者积贮⑫倍息，小者坐列贩卖，操其奇赢⑫，日游都市，乘上之急，所卖必倍。故其男不耕耘，女不蚕织，衣必文采，食必粱肉⑬；无农夫之苦，有仟伯⑭之得。因其富厚，交通王侯，力过吏势，以利相倾；千里游敖⑮，冠盖相望，乘坚、策肥⑯，履丝、曳缟⑰。此商人所以兼并农人，农人所以流亡者也。

方今之务，莫若使民务农而已矣。欲民务农，在于贵粟；贵粟之道，在于使民以粟为赏罚。今募天下入粟县官⑱，得以拜爵，得以除罪。如此，富人有爵，农民有钱，粟有所渫⑲。夫能入粟以受爵，皆有余者也；取于有余以供上用，则贫民之赋可损，所谓损有余，补不足，令出而民利者也。今令民有车骑马一匹者，复⑳卒三人；车骑者，天下武备也，故为复卒。神农之教曰：'有石城十仞，汤池百步，带甲百万，而无粟，弗能守也。'以是观之，粟者，王者大用，政之本务。今民入粟受爵至五大夫以上，乃复一人耳，此其与骑马之功相去远矣。爵者，上之所擅，出于口而无穷；粟者，民之所种，生于地而不乏。夫得高爵与免罪，人之所甚欲也；使天下人入粟于边以受爵、免罪，不过三岁，塞下之粟必多矣。"

帝从之，令民入粟于边，拜爵各以多少级数为差。

错复奏言："陛下幸使天下入粟塞下以拜爵，甚大惠也。窃恐塞卒之食不足用，大渫天下粟。边食足以支五岁，可令入粟郡县矣；郡县足支一岁以上，可时赦，勿收农民租。如此，德泽加于万民，民愈勤农，大富乐矣。"

上复从其言，诏曰：道㉑民之路，在于务本。朕亲率天下农，十年于今，而野不加辟㉒，岁一不登㉓，民有饥色；是从事焉尚寡而吏未加务。吾诏书数下，岁劝民种树而功未兴，是吏奉吾诏不勤而劝民不明也。且吾农民甚苦而吏莫之省，将何以劝焉！其赐农民今年租税之半。"

（《通鉴》第 15 卷 491 ～ 495 页）

【注释】

①晁错（前 200—前 154）：汉初著名政治家。文帝时为博士，拜太子家令，当时号称"智囊"。景帝时，任内史，建议削弱诸侯王势力，加强中央集权。公元前 154 年（汉景帝前三年）吴、楚等以"请诛晁错，以清君侧"为名发动叛乱，景帝听信谗言，将晁错斩于长安东市。②捐：遗弃。瘠（jí）：瘦、弱。③甘旨：美味。④廪（lǐn）：粮仓。⑤繇（yáo）：通"徭"。⑥被：遭遇。⑦贾：通"价"。⑧倍称之息：借一还二。称，相当。息，利息。⑨鬻（yù）：出卖。⑩责：通"债"。⑪贾（gǔ）：行卖叫商，坐卖叫贾。⑫奇赢：商人利用余财，蓄积奇异的物品，留待高价出售。⑬梁肉：美食佳肴。⑭仟伯：仟，即千钱。伯，即佰钱。⑮敖：游玩。⑯乘坚：乘着优质的车辆。策肥：驾着肥壮的好马。⑰曳缟：穿着素色精美的绸子。⑱入粟县官：交粮食给朝廷。⑲渫（xiè）：分散。⑳复：免除赋税或徭役。㉑道：通"导"。㉒辟：开。㉓登：成熟。

【译文】

晁错对文帝说："英明的君主在位，百姓不受饥寒的折磨，这并不是君主能亲自耕作供给百姓食物，亲自织布为百姓做衣服，而是君主为百姓开辟了生财之路。所以尧遇到九年的大涝灾，商汤七年的大旱灾，而全国并没有被抛弃的病饿者，其原因就在蓄积多而预先做了充分的准备。现在海内大一统，土地之广、人口之众，不亚于商汤和夏禹时代，再加上没有持续几年的旱涝天灾，但蓄积却没有那时多，原因何在？是因为土地还有余力没有利用，百姓还有余力没有发挥；可生长谷物的土地还没有全部开垦，山林川泽的财富还没有全部开发，不从事生产而消耗粮食的游民还没有全部回归农业生产。

寒冷需要衣服，不会奢求既轻又暖；饥饿时需要食物，不会奢求美味可口；一旦饥寒交迫，就顾不上廉耻。人之常情，一日不吃两餐饭就会挨饿，一年到头不缝制衣服就会挨冻。腹中饥饿得不到食物，肌肤受冻得不到衣服，即使慈爱的父亲也无法保全儿子，国君又有什么办法保护他的百姓呢！贤明的君主知道这个道理，所以引导百姓从事农桑，减少赋税，增加储蓄，使仓库充实，防备水旱，这样才能巩固对百姓的统治。百姓，是君主统治的对象，百姓追求财利，跟水往低处流一样，是不选择方向的。

珍珠、宝玉、金银，饥饿时不能当饭吃，寒冷时不能当衣穿；可是大家都认为很贵重，因为皇上使用它。这些东西重量轻、体积小，便于收藏，可以握在手中，周游四海而不必担心饥寒。它们可以促使臣僚背离君王，诱惑百姓轻易离开故乡，盗贼为之心动，逃亡的人也可以轻易地带走这些财宝。粟、米、布、帛，都来自土地，生产有时，投入很多人力才有收获，不是一天就有结果的；重达数石，一般人就搬不动，奸邪之人就认为无利，但一天没有这些物资，就会发生饥寒，所以贤明的国君是看重五谷而不喜欢金银珠玉的。

现在家中有五口人的农民家庭，为官府服徭役的不少于两个人，能耕种的土地不过一百亩，百亩土地的收获量不超过一百石。农民春季耕种，夏季锄草，秋季收获，冬季贮藏，砍柴，修缮官府房屋，服徭役；春天不能避风尘，夏天不能避暑热，秋天不能避阴雨，冬天不能避严寒，一年四季没有休息的日子；还有民间的人情往来，吊唁死者慰问病人、赡养父母、哺育子女等负担，也得从一百石的收获物中支付。农民如此勤劳辛苦，还要再蒙受旱涝灾害，官府政令严苛而赋税繁重，不按规定时间征收赋税，早上发布的政令晚上又有变化。农民家中有资财的，以半价折卖，家中贫穷的，只好去借利息双倍的高利贷，于是就有人卖土地房宅、卖妻卖子以偿还债务了。而那些行商坐贾，实力大的积贮钱财发放双倍利息的高利贷，实力小的坐在市肆中做买卖，依靠手中囤积的物品，每天游荡在都市之中，得知皇帝急需某种物品，就把价格提高到两倍以上。所以商人男的不去耕田耘稻，女的不去养蚕纺织，但穿衣服却非穿华丽的绸缎不可，吃饭非吃好米好肉不可。商人不受农民那样的辛苦，却可以得到很多钱财。商人依仗手中大量的钱财，与王侯显贵结交，势力超过了一般官员，于是以财利进行倾轧；商人到千里之外遨游，车子在路上前后相望，络绎不绝。他们乘坐着坚实的车子，鞭策着肥马，踏着丝制的鞋子，穿着精美的白色绸缎衣服。这就是商人兼并农民、农民破产流亡的原因。

　　现在的当务之急，没有比使百姓从事农耕更重要的了。要想使百姓务农，关键在于使全社会把粮食看成珍宝；使全社会把粮食看作珍宝的方法，在于朝廷把粮食作为奖惩手段统治百姓。可以招募天下百姓向官府缴纳粮食，用以购买爵位免除罪名。这样，富人可以拥有爵位，农民可以得到钱，粮食就不会囤积。那些能够缴纳粮食换取爵位的人，都是粮食有余的，收取余粮供给国家使用，就可以减少对贫困百姓收取的赋税，这就是所说的'损有余，补不足'，政令一公布就可以给百姓带来利益。现行的律令规定：有一匹战马的人家，可免除三人的兵役；战马，是天下的重要军事装备，所以给予免除兵役的优惠。神农的教令说：'有高达十仞的石砌城墙，有宽达一百步的滚沸的护城河，有一百万全副武装的士兵，但没有粮食，那也无法守住城池。'由此看来，粮食是君主的重要资本，是国家政治的根本所在。现在百姓缴纳粮食要得到五大夫以上的爵位，才能免除一人的兵役，这与对有战马的人的优待相比较，差得太远了。封爵的权力，是君主所专有的，由口而出可以无穷无尽；粮食，是百姓所种的，生长于土地而不会缺乏。得到高等爵位和免除罪名，是天下百姓最迫切的欲望；让天下人输送粮食到边境地区，以换取爵位、免除罪名，不用三年时间，边塞的粮食储备就必定会很多了。"

　　文帝采纳晁错的意见，下令规定：百姓输送粮食到边塞，依据输送粮食的多少，分别授给高低不同的爵位。

　　晁错又上奏说："陛下让天下人进献粮食给边塞，以授予爵位，这是很大的恩德。但臣私下担心边塞士卒用不了那么多粮食，需大量疏散压在边塞的粮食。边境粮食足够支持五年时，可以令百姓把粮食输送到郡县；郡县的粮食足够使用一年时，可以随时豁免，不收农民的田租。这样，陛下的恩德雨露泽润天下万民，百姓愈发勤于耕种，天下就会富有安乐了。"

　　文帝又采纳了这项建议，下诏说："引导百姓的途径，在于从事农桑。朕亲自率领天下百姓从事农耕，到现在已经十年，可还有很多荒地没有开辟，一年收成不好，百姓就露有饥色；这是从事农耕的人还少，而官吏也未尽到职责。朕屡次颁发书诏，劝告百姓种植桑树，可功效不佳，这是官吏未切实执行朕的诏令，劝导百姓不力。况且农民生活艰苦而官吏却毫不关心，怎么劝勉百姓呢！免除农民今年一半的田赋。"

冯唐不知忌讳

汉文帝前十四年（前 166 年）冬

上辇过郎署①，问郎署长冯唐曰："父②家何在？"对曰："臣大父③赵人，父徙代。"上曰："吾居代时，吾尚食监④高祛数为我言赵将李齐之贤，战于巨鹿下。今吾每饭意未尝不在巨鹿也。父知之乎？"唐对曰："尚不如廉颇、李牧之为将也。"上搏髀⑤曰："嗟乎，吾独不得廉颇、李牧为将！吾岂忧匈奴哉！"唐曰："陛下虽得廉颇、李牧，弗能用也。"

上怒，起，入禁中⑥，良久，召唐，让曰："公奈何众辱我，独无间处⑦乎！"唐谢曰："鄙人不知忌讳。"上方以胡寇为意，乃卒复问唐曰："公何以知吾不能用廉颇、李牧也？"唐对曰："臣闻上古王者之遣将也，跪而推毂⑧，曰：'阃⑨以内者，寡人制之；阃以外者，将军制之。'军功爵赏皆决于外，归而奏之，此非虚言也。臣大父言：李牧为赵将，居边，军市之租⑩，皆自用飨⑪士；赏赐决于外，不从中覆⑫也。委任而责成功，故李牧乃得尽其智能；选车千三百乘，彀骑⑬万三千，百金之士⑭十万，是以北逐单于⑮，破东胡⑯，灭澹林⑰，西抑强秦，南支韩、魏；当是之时，赵几霸。其后会⑱赵王迁立，用郭开谗，卒诛李牧，令颜聚代之；是以兵破士北⑲，为秦所禽灭。今臣窃闻魏尚为云中守，其军市租尽以飨士卒，私养钱⑳五日一椎牛，自飨宾客、军吏、舍人，是以匈奴远避，不近云中之塞。虏曾一入，尚率车骑击之，所杀甚众。夫士卒尽家人子㉑，起田中从军，安知尺籍、伍符㉒！终日力战，斩首捕虏，上功幕府㉓，一言不相应，文吏以法绳之，其赏不行；而吏奉法必用。臣愚以为陛下赏太轻，罚太重。且云中守魏尚坐上功首虏差六级㉔，陛下下之吏，削其爵，罚作㉕之。由此言之，陛下虽得廉颇、李牧，弗能用也！"上说。是日，令唐持节赦魏尚，复以为云中守，而拜唐为车骑都尉㉖。

（《通鉴》第 15 卷 498～500 页）

【注释】

①上辇过郎署：上，指汉文帝刘恒。辇，自汉以来，皇帝的车叫辇。郎

是侍卫皇帝的官,郎署是郎官的办公室。②父(fù):对年老男人的尊称,犹如现在称老人家。下文"父知之乎"的"父"也同。③大父:祖父。④尚食监:主管帝王膳食的官。⑤搏髀(bì):拍大腿。⑥禁中:宫内。⑦间处:闲地方,意即人少的地方。⑧毂(gǔ):车轮的中心部分,车轴贯在其中。⑨阃(kǔn):门槛。这里指外城的城门。⑩军市之租:古代军中置交易场所,一军的主将收租税。⑪飨:以酒肉款待人。⑫覆:覆校。⑬彀骑(gòu jì):使用弓弩的骑兵。骑:骑兵。⑭百金之士:优秀的战士。⑮单于:匈奴最高首领的称号。⑯东胡:古族名。中原汉人称北方少数民族为胡,又因该族居匈奴以东,故称东胡。⑰澹林:古族名,又称林胡。战国初散居在今山西省朔县北及内蒙古自治区内。战国末,被赵将李牧击败,归附于赵。⑱会:适逢。⑲士北:士,兵士。北,败北。⑳私养钱:自己的俸禄。㉑家人子:老百姓的子弟。㉒尺籍:汉制,把杀敌立功的成绩写在一尺长的竹板上。伍符:古代军中五人为伍,伍伍相保的符信叫伍符。㉓上功幕府:向将军府署报功。古代军队在外的营房用帐幕做成,故称将军的府署为幕府。㉔坐上功首虏差六级:因上报斩获敌人的首级与实数差六颗而犯罪。㉕罚作:判处一年徒刑。㉖车骑都尉:官名。

【译文】

　　文帝乘辇车经过中郎的官府,问郎署长冯唐说:"您老人家原籍是何处?"冯唐回答说:"我的祖父是赵国人,父亲迁居代国。"文帝说:"我在代国时,我的尚食监高祛多次对我称赞当年赵国将军李齐的贤能,讲述他与秦兵大战于巨鹿城下的事情。现在,我每次吃饭,心思没有不在巨鹿的时候。老人家您知道吗?"冯唐回答说:"李齐还不如廉颇、李牧为将带兵的本领大。"文帝拍着大腿说:"唉!我偏偏得不到廉颇、李牧那样的人做将军!有了这样的将军,我难道还担忧匈奴的入侵吗!"冯唐说:"陛下即使得到了廉颇、李牧,也不能任用他们。"

　　文帝大怒,起身,回到宫中,过了许久,召见冯唐,责备说:"您为什么要当众侮辱我,难道就没有方便的地方!"冯唐谢罪说:"乡鄙之人不懂得忌讳。"文帝正在担忧匈奴入侵,于是终于再问冯唐说:"您凭什么知道我不能任用廉颇和李牧呢?"冯唐回答说:"我听说上古明君派遣将军出征时,跪着推将军的车辆前行,说:'国门之内的事,我来决定;国门以外的事情,将军裁决。'一切军功、封爵、奖赏的事都由将军在外面决定。回国后再奏报君主,这并不是虚假的传言。我的祖父说:李牧为赵国将军,驻军边境时,把从军中交易市场上收得的税收,都自行用于犒劳将士;赏赐都由将军在外决定，不必向朝廷请示批准。对他委以重任而责令成功，所以李牧才能充分发挥他的聪明才干；他率领着精选出来的一千三百辆战车、一万三千名善于骑射的骑兵，十万训练有素的将士，所以能够在北方驱逐匈奴，击败东胡，消灭澹林，在西方抑制了强大的秦国，在南方抵御了韩国和魏国；在那个时候，赵国几乎成为一个霸主之国。后来，恰逢赵王赵迁继位，他听信郭开的谗言，终于诛杀李牧，命令颜聚代替李牧而统兵；正因为如此，赵国军队溃败，将士逃散，被秦军消灭。现在我私下听说魏尚担任云中郡守时，把军中交易市场所得的税收全都用来犒劳士卒，还用自己的官俸钱，每五天宰杀一头牛，自己宴请宾客、军吏和幕僚属官，因此匈奴远避，不敢接近云中边塞。匈奴曾经入侵云中郡一次，魏尚率领车骑部队出击，杀了很多匈奴人。士兵都是平民百姓的子弟，从田间出来参军从征，怎能知道‘尺籍’‘伍符’之类的军令军规！整日拼死战斗，斩敌首级，捕获俘虏，在向幕府呈报战果军功时，只要一个字不相符，舞文弄墨的官员就引用军法来惩治他们，他们应得到的赏赐就被取消了；而那些官吏所奉行的法令却必须执行。我认为陛下的赏赐太轻，而惩罚却太重。而且云中郡守魏尚因为上报斩杀敌军首级的数量差了六个，陛下就把他交给官吏治罪，削去他的爵位，判罚他做一年的刑徒。由此说来，陛下即使得到廉颇、李牧，也不能任用啊！”文帝高兴地接受了冯唐的批评。当天，就令冯唐持皇帝信节去赦免魏尚，重新任命魏尚做云中郡守，而任命冯唐为车骑都尉。

周亚夫治军

汉文帝后六年（前 158 年）

　　冬，匈奴三万骑入上郡[1]，三万骑入云中[2]，所杀略甚众，烽火通于甘泉、长安[3]。以中大夫令免为车骑将军，屯飞狐[4]；故楚相苏意为将军，屯句注[5]；将军张武屯北地[6]；河内太守周亚夫[7]为将军，次细柳[8]；宗正[9]刘礼为将军，次霸上[10]；祝兹侯徐厉为将军，次棘门[11]；以备胡。上自劳军，至霸上及棘门军，直驰入，将以下骑送迎。已而之细柳军，军士吏被[12]甲，锐兵刃，彀[13]弓弩持满，天子先驱[14]至，不得入。先驱曰：“天子且至！”军门都尉曰：“将军令曰：‘军中闻将军令，不闻天子之诏！’”居无何⑮，上至，又不得入。于是上乃使使持节诏将军："吾欲入营劳军。"亚夫乃传言："开壁门⑯。"壁门士请车骑曰："将军约：军中不得驰驱。"于是天子乃按辔徐行。至营，将军亚夫持兵揖曰："介胄⑰之士不拜，请以军礼见。"天子为动，改容，式车⑱，使人称谢："皇帝敬劳将军。"成礼而去。既出军门，群臣皆惊。上曰："嗟乎，此真将军矣！曩者⑲霸上、棘门军若儿戏耳，其将固可袭而虏也。至于亚夫，可得而犯耶！"称善者久之。月余，汉兵至边，匈奴亦远塞，汉兵亦罢。乃拜周亚夫为中尉⑳。

（《通鉴》第 15 卷 506～507 页）

【注释】

①上郡：秦汉时治所，在今陕西省榆林东南。②云中：云中郡。秦汉时治所，在今内蒙古托克托东北。③烽火：古代边疆在高台上烧柴（或狼粪）报警的烟火。甘泉：指甘泉宫，又叫云阳宫，在今陕西淳化县西北甘泉山。长安：故址在今陕西省西安市西北。④飞狐：要隘名，在今河北涞源县北，蔚县南。⑤句（gōu）注：山名。也叫勾注。⑥北地：古郡名。秦置北地郡，汉沿用。地域在今甘肃东南部和宁夏南部一带。⑦周亚夫（？—前143）：西汉名将。绛侯周勃之子。父死后，兄袭父爵；后兄杀人，国除，他被封为条侯。曾任河内太守多年。文帝后五年为将军，以治军严明著称。景帝时，任太尉，平定吴楚七国之乱有功，升任丞相。后因其子私买御物下狱，绝食而死。⑧次细柳：军队在一处停留超过两宿，叫次。细柳，故址在今陕西省咸阳市西南。⑨宗正：官名。为皇族事务机关的长官。⑩霸上：在今陕西省西安市东。为古代咸阳、长安附近的军事要地。⑪棘门：原为秦宫门。故址在今陕西咸阳市东北。⑫被（pī）：通"披"，穿着。⑬彀：张满弓弩。⑭先驱：前导。⑮居无何：过了没多久。⑯壁门：营门。⑰介胄：披甲戴盔。⑱式车：古代的人站在车上，俯身扶式，表示对人行礼。式，车前扶手横木。⑲曩（nǎng）：前者。⑳中尉：官名。秦汉时是武职，掌管京师治安。

【译文】

冬季，匈奴三万骑兵入侵上郡，三万骑兵入侵云中郡，杀害和掳掠了很多军民，报警的烽火一直传到甘泉和长安城。朝廷任命中大夫令免为车骑将军，率军屯守飞狐；任命原楚相苏意为将军，守句注；命将军张武屯守北地郡；命河内郡守周亚夫为将军，驻扎细柳；命宗正刘礼为将军，驻扎霸上；命祝兹侯徐厉为将军，驻扎棘门，以防备匈奴。文帝亲自犒劳军队，到达驻扎霸上和棘门的军营时，文帝一行人直接驰马进入营垒，将军和他的部属都骑着马迎送文帝出入。接着文帝到达细柳的军营，只见将士们身披铠甲，手执锋利的武器，张满弓弩。文帝的先导队伍到达，不能进入军营。先导说："天子马上就到了！"把守军门的都尉说："将军命令说：'军中只听将军的号令，不听天子的诏令。'"过了一会，文帝来到，也不能进入军营。于是文帝便派使者持节诏告将军："朕想进入军营慰劳军队。"周亚夫才传达军令说："打开军营大门。"守卫军营大门的军官向皇帝的车马随从说："将军有规定：在军营内不许策马奔跑。"文帝一行人便拉着马缰绳缓慢地前进。来到军营中，周亚夫手执兵器对着文帝拱手作揖说："身上穿着盔甲的武士不能下拜，请允许我以军礼参见陛下。"文帝被打动了，面容变得庄重肃穆，手扶车前的横木，向军营将士致意，并派人向周亚夫表示谦意，说："皇帝恭敬地慰劳将军。"完成了劳军的仪式后离去。走出营门，群臣都表示惊讶。文帝说："唉！周亚夫才是真正的将军呢！前面所经过的霸上和棘门的军队，如同儿戏罢了，那些将军很容易受到袭击而被人俘虏。至于周亚夫，谁能冒犯他呢！"文帝对周亚夫称赞了很久。过了一个多月，汉军到达边境，匈奴远远地离开了边界，汉军也就撤回来了。于是，文帝任命周亚夫为中尉。

汉文帝遗诏

汉文帝后七年（前 157 年）

夏，六月，己亥，帝崩①于未央宫。遗诏曰："朕闻之：盖天下万物之萌生，靡②不有死；死者，天地之理，物之自然，奚③可甚哀！当今之世，咸嘉生而恶死，厚葬以破业，重服以伤生④，吾甚不取。且朕既不德，无以佐百姓；今崩，又使重服久临以罹寒暑之数⑤，哀人父子，伤长老之志，损其饮食，绝鬼神之祭祀，以重吾不德，谓天下何！朕获保宗庙，以眇眇⑥之身托于天下君王之上，二十有余年矣。赖天之灵，社稷之福，方内⑦安宁，靡有兵革。朕既不敏，常惧过行⑧以羞先帝之遗德，惟年之久长，惧于不终。今乃幸以天年得复供养于高庙，其奚哀念之有！其令天下吏民：令到，出临三日，皆释服；毋禁取妇、嫁女、祠祀、饮酒、食肉；自当给丧事服临者，皆无跣⑨；绖带⑩毋过三寸；毋布车及兵器⑪；毋发民哭临宫殿中；殿中当临者，皆以旦夕各十五举音，礼毕罢；非旦夕临时，禁毋得擅哭临；已下棺⑫，服大功⑬十五日，小功⑭十四日，纤⑮七日，释服。他不在令中者，皆以此令比类从事。布告天下，使明知朕意。霸陵山川因其故，毋有所改。归夫人以下至少使⑯。"乙巳，葬霸陵。

帝即位二十三年，宫室、苑囿⑰、车骑、服御，无所增益；有不便，辄弛以利民。尝欲作露台⑱，召匠计之，直百金⑲。上曰："百金，中人⑳十家之产也。吾奉先帝宫室，尝恐羞之，何以台为！"身衣弋绨㉑，所幸慎夫人，衣不曳㉒地；帷帐无文绣；以示敦朴，为天下先。治霸陵，皆瓦器，不得以金、银、铜、锡为饰；因其山，不起坟。吴王诈病不朝，赐以几杖。群臣袁盎等谏说虽切，常假借纳用焉。张武等受赂金钱，觉，更加赏赐以愧㉓其心；专务以德化民。是以海内安宁，家给人足，后世鲜能及之。

（《通鉴》第 15 卷 507～510 页）

【注释】

①崩：古代称皇帝死为崩。②靡（mí）：无。③奚：何，怎么。④重服：指沉重的丧服。伤生：妨害活人。⑤临：哭吊死者。厉（lì）：遭。数：气数，天气。⑥眇眇：微小。⑦方内：四方之内，即国内。⑧过行：行为有过失。⑨跣（xiǎn）：赤足着地。⑩绖（dié）带：古代丧期结在头上或腰间的麻带。⑪布车及兵器：用布罩盖车和兵器。⑫下棺：下葬。⑬大功：古代丧服名。五服之一，用熟麻布做成。服期九个月。⑭小功：古代丧服名。五服之一，用较粗的熟布做成。服期五个月。⑮纤：用细布制成的丧服。⑯归夫人以下至少使：夫人以下，有美人、良人、八子、七子、长使、少使皆遣归其家。⑰苑囿：畜养禽兽的圈地，大者称苑，小者称囿。⑱露台：高台。⑲百金：黄金重一斤，值铜钱一万。百金值铜钱百万。⑳中人：不富又不贫的中等户。㉑弋绨：黑色而粗厚的丝织物。㉒曳（yè，旧读 yì）：拖。㉓愧（kuì）：同"愧"。

【译文】

夏季，六月，己亥（初一），文帝在未央宫驾崩。文帝留下遗诏说："朕听说，天下万物萌生，没有不死的；死，是天地的常理，是万物的自然规则，有什么值得特别悲哀的呢！现在这个时代，世人都乐于生而厌恶死，为了厚葬而破产，为了强调服丧尽孝而损害身体健康，朕很不赞成这些做法。况且，朕本人已经没有什么德行，没有帮助百姓，现在死了，如果再让臣民们长期地为朕服丧哭悼，经历寒暑变化那么久，使民众父子悲哀，老人伤感，减少了他们的饮食，停止了对鬼神的祭祀，这是加重了朕的失德，怎么对得起天下人呢！朕获得了保护宗庙的权力，以渺小之身，托身于天下君王之上，已经有二十多年了。依赖上天的神灵，社稷的福运，才使境内安宁，没有战争。朕确实不聪明，时常害怕自己做出错事，而使先帝遗留下来的美德蒙受耻辱，惧怕年久日长，自己可能会因失德而不得善终。现在万幸的是我得以享尽天年，又可在高庙奉养高帝，哪里还有什么值得悲哀的呢！诏告天下官员百姓：令到以后，哭吊三天，就都脱下丧服；不要禁止娶妻嫁女、祭祀、饮酒、吃肉。亲戚中应当参加丧事穿丧服哭吊的，都不要赤脚；孝带不要超过三寸粗；不要在车辆和兵器上蒙盖丧布；不要调发百姓到宫中来哭吊；殿中应当哭祭的人，都在早晚哀哭十五次，礼仪完毕就停止哭祭；非早晚哭祭时间，禁止擅自前来哭祭；棺椁入土后，宗室亲戚穿'大功'丧服十五天，穿'小功'丧服十四天，穿细布丧服七天，然后脱下丧服。其他未在诏令中规定的问题，都要比照诏令的用意办理。此诏要向天下臣民公布，使大家清楚知道朕的心意。霸陵周围的山脉河流都保持原貌，不许有所改变。后宫中的妃嫔，从夫人以下到少使，都送归母家。"乙巳（初七），文帝被安葬在霸陵。

文帝即位已来，历时二十三年，宫室、园林、车骑仪仗、服饰器具等，都没有增加；有对百姓不便的禁令条例，就予以废止以利于民众。文帝曾想修建一个露台，召来工匠计算，需花费一百斤黄金。文帝说："一百斤黄金，相当于中等民户十家的财产。我居住着先帝的宫室，经常惧怕使它蒙羞，还修建露台干什么呢！"文帝自己身穿黑色的粗丝衣服；他宠爱的慎夫人，所穿的衣服不拖到地面；所用的帷帐都不刺绣花纹，以显示朴素，为天下人做出表率。修建霸陵，全都使用陶制器物，不准用金、银、铜、锡装饰，利用山陵形势，不另兴建高大的坟堆。吴王刘濞伪称有病，不来朝见，文帝反而赐给他几案手杖。群臣之中，袁盎等人的进谏言辞激烈而尖锐，文帝常常予以宽容并采纳他们的批评意见。张武等人接受金钱贿赂，文帝觉察后，反而更加赏赐他们钱财，使他们心中愧疚；他全力以德政去教化百姓。所以，国家安宁，百姓富裕，后世很少能赶得上。

文景之治

汉景帝后三年(前 141 年)

　　汉兴,接秦之弊,作业剧而财匮①,自天子不能具钧驷②,而将相或乘牛车,齐民无藏盖③。天下已平,高祖乃令贾人不得衣丝、乘车,重租税以困辱之。孝惠、高后时,为天下初定,复弛商贾之律;然市井④之子孙,亦不得仕宦⑤为吏。量吏禄,度官用,以赋于民。而山川、园池、市井租税之入,自天子以至于封君汤沐邑⑥,皆各为私奉养焉,不领于天子之经费。漕转山东粟以给中都官⑦,岁不过数十万石。继以孝文、孝景,清净恭俭,安养天下,七十余年之间,国家无事,非遇水旱之灾,民则人给家足。都鄙廪庾⑧皆满,而府库⑨余货财;京师之钱累巨万,贯⑩朽而不可校;太仓⑪之粟陈陈相因,充溢露积于外,至腐败不可食。众庶街巷有马,而阡陌之间成群,乘字牝⑫者摈而不得聚会。守闾阎者食粱肉⑬;为吏者长子孙,居官者以为姓号。故人人自爱而重犯法,先行义而后诎辱⑭焉。当此之时,罔⑮疏而民富,役财骄溢⑯,或至兼并、豪党之徒,以武断于乡曲⑰。宗室有土⑱,公、卿、大夫以下,争于奢侈、室庐、舆服僭于上,无限度。物盛而衰,固其变也。自是之后,孝武内穷侈靡,外攘夷狄,天下萧然,财力耗矣!

(《通鉴》第 16 卷 547 ～ 548 页)

【注释】

　　①作业剧:所从事的工作繁重。匮:穷尽,空乏。②钧驷:毛色纯一的驷马。钧,通"均"。驷,一车四马。③齐民:平民。藏盖:积蓄。④市井:商贾的代称。⑤仕宦:做官。⑥封君:古代领受封地的贵族。汤沐邑:天子赐给诸侯的封邑,邑内的收入供诸侯作汤沐之用。⑦漕转:漕,水运;转,车运。山东:战国、秦、汉时称崤山或华山以东为山东(关东)。中都官:京师诸官府。⑧都鄙:都城及边邑。廪庾:粮仓。⑨府库:官府储存财物兵甲的仓库。⑩贯:穿钱用的绳子。⑪太仓:京城储粮的大仓。由大司农属官大仓令主管。⑫字牝:怀孕的母马。⑬守闾阎者:指那些不当官的平民百姓。闾阎,里巷的

大门，借指里巷，也泛指民间。梁肉：美食佳肴。⑭先行义：以行义为先。后诎辱：以诎辱为后。诎，通"屈"。诎辱，委屈和耻辱。⑮罔疏：比喻法令宽大。罔，同"网"。⑯役财骄溢：供使用的钱财极多。⑰乡曲：乡里。⑱有土：受封邑土地。

【译文】

汉朝建国，承接的是秦末营造繁多而财力匮乏的疲困社会，纵是天子都不能配备四匹同样毛色的马匹拉车，将相有的只能坐牛车，平民百姓没有积蓄。天下平定之后，高祖就命令商人不许穿丝织的衣服、不许坐车，并且加重征收他们的租税，用这些办法来控制和羞辱商人。孝惠帝和高后在位时，因为天下刚刚平定，又放松了限制商人的律令，但是商人的子孙仍然不允许做官为吏。朝廷计算官吏俸禄和官府各项费用的总额，据此向百姓征收赋税。而自天子到封君的汤沐邑，都把山川、园池、市井商业税收作为各自费用的来源，而不向朝廷领取经费。经由陆路、水路运输到京师，供给各官府使用的来自崤山以东地区的粮食，每年不超过数十万石。接着是孝文帝、孝景帝先后治理国家，清静廉正，谨慎俭朴，安养天下百姓，七十多年之间，国家无事，如果不发生旱涝灾害，百姓就可以人人自给，家家足用。城乡的粮仓都装满了粮食，府库中贮存了剩余的物资；京城国库中的钱累积万万，串钱的绳子都已朽烂，无法清点数目；京城粮仓中的陈旧粟米一层盖一层，装满太仓而流出仓外，只好在外面堆积着，以至于腐烂而不能食用。百姓居住的大街小巷都可看见马，在田野间的马匹更是成群结队，骑母马的人要受到排斥而不能与人聚会。把守里巷大门的人吃的是白米好肉；做官的人长期任职，可在任期内把子孙抚养成人，有的人则把官名作为自己的姓。所以人人自爱而不愿触犯法律，以行义为先而避免羞辱。在这个时期，法网稀疏，百姓富足，有人依凭钱财骄横不法，以至于兼并土地；那些豪强之辈，在乡间作威作福，横行霸道。享有封地的宗室贵族、公、卿、大夫及以下官员，互相比赛谁更奢侈，房屋、车辆、衣服都不顾地位名分地僭越于上，没有限度。事物发展到鼎盛就会走向衰败，这本是变化的规律。从此之后，孝武帝对内穷奢极欲，对外攻打夷狄各族，天下萧条，财富和国力用尽了！

汲黯矫制赈贫民

汉武帝建元六年（前135年）

东海太守濮阳汲黯为主爵都尉^①。始，黯为谒者^②，以严见惮。东越^③相攻，上使黯往视之；不至，至吴而还，报曰："越人相攻，固其俗然，不足以辱天子之使。"河内^④失火，延烧千余家，上使黯往视之；还，报曰："家人失火，屋比延烧^⑤，不足忧也。臣过河南^⑥，河南贫人伤水旱万余家，或父子相食，臣谨以便宜，持节发河南仓粟以振^⑦贫民。臣请归节，伏矫制之罪^⑧。"上贤而释之。其在东海，治官理民，好清静，择丞、史^⑨任之，责大指^⑩而已，不苛小^⑪。黯多病卧闺阁^⑫内不出；岁余，东海大治，称之。上闻，召为主爵都尉，列于九卿^⑬。其治务在无为，引大体，不拘文法。

（《通鉴》第17卷575页）

【注释】

①东海：郡名。汉时治所在郯（今山东郯城北）。汲黯：见《汲黯谏汉武帝勿杀贤才》注④。主爵都尉：秦有主爵中尉，掌列侯。汉景帝六年改为主爵都尉。②谒者：为国君掌管传达的官。③东越：古代越人的一支。相传为越王勾践的后裔，踞今福建、浙江一带。汉高帝五年，封无诸为闽越王，都东冶（今福州）。惠帝三年，立摇为东海王，都东瓯（今浙江永嘉县西南）。武帝建元六年，又立闽越的余善为东越王，元封元年为部下所杀，汉迁其民于江淮间。④河内：郡名。汉时治所在怀县（今河南武陟西南）。⑤家人：一般百姓家。比：近。⑥河南：郡名。汉时治所在雒阳（今河南洛阳市东北）。⑦振："赈"的本字。救济。⑧矫制：假托朝廷的命令行事。制，帝王的命令。汉律，矫制者，论弃市罪。⑨丞、史：郡守的属官。⑩大指：大要，大意。⑪苛小：苛求小事。⑫闺阁：室内。⑬列于九卿：汉太常、郎中令、中大夫令、太仆、大理、大行令、宗正、大司农、少府，为正九卿；中尉、主爵都尉、内史，列于九卿。

东海太守濮阳县人汲黯担任主爵都尉。当初，汲黯担任谒者，因他为人威严而被大家敬畏。东越部族相互攻击，武帝派汲黯前去巡视；他没有到达东越，仅走到吴地就回来了，向武帝报告说："越人自相攻击，本来他们的习俗就是如此，不值得为此折辱天子的使臣。"河内郡失火，火势蔓延烧毁了一千多家民房，武帝派汲黯前去视察；返回之后，报告说："平民百姓不慎失火，因为房屋毗连而蔓延燃烧起来，不值得陛下忧虑。我经过河南郡见河南郡的贫民遭受洪水干旱灾害磨难的有一万多家，有的甚至于到了父子相食的悲惨境地，我谨借出使的机会，用陛下的符节，命令发放河南官仓积粮以救济贫民。我请求归还符节，甘愿领受假托天子命令的惩罚。"武帝很赏识他，就赦免了他的罪。他在东海郡时，整肃官吏，治理百姓，喜好清静无为，谨慎地选择郡丞和各曹掾史，然后放手任用，他只关注大事，不苛求细枝末节。汲黯身体多病，躺在内室中不出门；过了一年多，东海郡治理得很好，百姓交口称赞汲黯。武帝听到了，召汲黯入朝，担任主爵都尉，地位与九卿相同。他处理政务，主张清静无为，从大的方面引导，不拘泥法令条文。

汲黯面折汉武帝

汉武帝建元六年（前135年）

黯^①为人，性倨^②少礼，面折^③，不能容人之过。时天子方招文学儒者，上曰："吾欲云云^④。"黯对曰："陛下内多欲而外施仁义，奈何欲效唐、虞^⑤之治乎！"上默然，怒，变色而罢朝，公卿皆为黯惧。上退，谓左右曰："甚矣汲黯之戆^⑥也！"群臣或数^⑦黯，黯曰："天子置公卿辅弼之臣，宁令从谀承意，陷主于不义乎！且已在其位，纵爱身，奈辱朝廷何！"黯多病，病且满三月；上常赐告^⑧者数，终不愈。最后病，庄助为请告。上曰："汲黯何如人哉？"助曰："使黯任职居官，无以逾人；然至其辅少主，守城深坚，招之不来，麾之不去，虽自谓贲、育^⑨亦不能夺之矣！"上曰："然。古有社稷之臣，至如黯，近之矣！"

（《通鉴》第17卷575～576页）

①黯：指汲黯。见《汲黯矫制赈贫民》注①。②倨：傲慢。③面折：当面指责别人的过失。④云云：如此如此。⑤唐：指传说中父系氏族社会后期部落联盟领袖帝尧，名放勋。史称唐尧。虞：指虞舜，名重华。帝尧传位给他。旧史学家称尧舜时为太平盛世。⑥戆（gàng，又读 zhuàng）：愚而刚直。⑦数：责备。⑧赐告：古代官吏休假称"告"。赐告，即假期已满，赐予续假。汉律俸禄二千石的官有赐告。病满三月当免官，皇帝准予续假，让他带印绶和属官，归家治病。⑨贲（bēn）、育：指孟贲、夏育。他们都是古代的勇士。

【译文】

汲黯为人，性情倨傲，不在乎礼节，当面使人难堪，不能容忍别人的过失。当时武帝正招揽文学之士和儒家学者，帝说："我想要怎样怎样。"汲黯应声回答说："陛下心中藏着许多欲望，而表面上却做出施行仁义的样子，怎么可能效法唐尧虞舜那样的治绩呢！"武帝沉默不语，接着勃然大怒，脸色很难看地宣布结束朝会，公卿大臣都替汲黯担忧。武帝退朝回到内官，对左右侍从说："汲黯的愚笨刚直也太过分了！"群臣中有人批评汲黯。汲黯说："天子设立公卿等辅佐大臣，难道是让他们阿谀奉承，使君主陷入不仁不义的境地吗？况且，我既然已经处在公卿的位置上，如果只想顾全自身性命，那就会使朝廷蒙受耻辱，那怎么得了！"汲黯身体多病，病假将要接近三个月的限期了，武帝多次特许延长他休病假的时间，还是没有痊愈。最后病重时，庄助替他请假。武帝说："汲黯这个人怎么样呢？"庄助说："让汲黯任职当官，没有什么超越常人的才能；但要说到让他辅佐年幼的君主，会坚定不移地维护祖先基业，有人以利禄引诱他，他不会前去投靠，君主严词苛责地驱赶他，他也不会离去，即使有人自认为像孟贲、夏育那样勇猛无敌，也无法改变他的耿耿忠心！"武帝说："说得对。古时有所谓的社稷之臣，说到汲黯，就很接近了！"

李广与程不识为将

汉武帝元光元年（前134年）

卫尉李广为骁骑将军①，屯云中②，中尉程不识③为车骑将军，屯雁门④；六月，罢。广与程不识俱以边太守将兵，有名当时。广行无部伍、行陈⑤，就善水草舍止，人人自便。不击刁斗⑥以自卫，莫府⑦省约文书；然亦远斥候⑧，未尝遇害。程不识正⑨部曲、行伍、营陈，击刁斗，士吏治军簿至明，军不得休息；然亦未尝遇害。不识曰："李广军极简易，然虏卒⑩犯之，无以禁也；而其士卒亦佚乐⑪，咸乐为之死。我军虽烦扰，然虏亦不得犯我。"然匈奴畏李广之略⑫，士卒亦多乐从李广而苦⑬程不识。

臣光曰：《易》曰："师出以律，否臧凶⑭。"言治众而不用法，无不凶也。李广之将，使人人自便。以广之材，如此焉可也；然不可以为法。何则？其继者难也；况与之并时而为将乎！夫小人之情，乐于安肆⑮而昧于近祸，彼既以程不识为烦扰而乐于从广，且将仇其上而不服。然则简易之害，非徒广军无以禁虏之仓卒而已也！故曰"兵事以严终"，为将者，亦严而已矣。然则效程不识，虽无功，犹不败；做李广，鲜不覆亡哉！

（《通鉴》第17卷577～578页）

【注释】

①李广（？—前119）：西汉名将。陇西成纪（今甘肃秦安）人。文帝时以良家子从军，参加反击匈奴的战争，英勇善射，为武骑常侍。景帝时，任陇西、北地等郡太守。武帝即位，任卫尉。后为右北平太守，匈奴数年不敢侵扰，称他为"飞将军"。元狩四年（前119年），随卫青攻匈奴，以失道被责，自杀。骁（xiāo）骑将军：武官名。汉武帝元光元年置，与下文的车骑将军等皆为杂号将军，掌征伐平叛，事讫则罢，不常置。②云中：郡名。治所在云中（今内蒙古托克托东北）。③程不识：与李广同为西汉名将。景帝时任太中大夫、郡太守。武帝时为卫尉。④雁门：郡名。西汉时治所在善元（今山西右玉南）。⑤行：行军。部伍：部曲、行伍。均为古代军队编制。行陈：行列阵势。陈（zhèn），通"阵"。⑥刁斗：古代军中用具。铜质，有柄，能容一斗，白天用来烧饭，夜间用来敲击巡更。一说小铃，如宫中传夜铃。⑦莫（mù）府：幕府。古代将帅办公的地方。⑧斥候：放哨。⑨正：整饬，严格要求。⑩卒（cù）：同"猝"。突然。⑪佚乐：安逸游荡。⑫略：谋略。⑬苦：厌苦。⑭师出以律，否臧凶：见《易》师卦。律，法。以律，即用法。否，不。臧，好。否臧，即不用法。故结果必凶。⑮肆：放纵。

【译文】

卫尉李广担任骁骑将军，驻守云中郡，中尉程不识担任车骑将军，驻守雁门郡。六月，朝廷罢免了他们二人的军事职务。李广和程不识都以边境郡守的身份指挥军队，当时很有名气。李广指挥行军没有固定编制和行列阵势，选择水甜草肥的地方驻扎下来，人人自便，夜间也不派设巡更士兵敲打着刁斗警卫营盘，军中指挥部的文书简单便宜；但是，也远远地派出监视敌军的侦察哨兵，军营未曾遭到袭击。程不识则整肃军事编制，讲究队列和布阵安营，夜间敲刁斗巡逻，军中官佐处理军队文书一直忙到天明，军队不能随意休息；然而也没有遇到危险。程不识说："李广的军队很简单便宜，但是，如果敌人突然袭击它，就没有办法抵御；而李广的士兵也很自在，都心甘情愿地为他拼力死战。我的军队虽然军务烦扰，但敌人也不能侵犯我。"但是，匈奴人更害怕李广的谋略，汉军士兵也多数愿意跟随李广作战，而苦于跟随程不识。

臣司马光曰：《易经》说："军队一出动就要有严格的军纪，否则，不论胜败都是凶。"这是说统领大军而不用法纪来控驭，没有不凶的。李广统领军队，使人人自便。凭李广的奇才，这样是可以的；但是，不能把他的方法引为楷模来效法。为什么呢？谁要继续沿用这一方法都很难，更何况与李广同时做将领的人呢！说到普通人的本来性情，都喜好安逸，而不知道接近祸害的危险，那些士兵们既然认为程不识治军严苛烦扰，而愿意跟随李广作战，势必将要仇视他们的长官而不服从指挥。这样说来，指挥军队简单便宜的危害，就不仅仅是李广的军队无法防御敌人突然袭击这一点了！所以说："军队的事情要始终严格"，统领军队，也就是严格而已。如果这样的话，仿效程不识用兵，即便是打不了胜仗，还可以保证不失败；如果学习李广的方法，很少能避免全军覆灭的结局啊！

卫青功高不骄

汉武帝元朔五年（前124年）

匈奴右贤王数侵扰朔方①。天子令车骑将军青将三万骑出高阙②，卫尉苏建为游击将军，左内史李沮为强弩将军，太仆公孙贺为骑将军，代相③李蔡为轻车将军，皆领属车骑将军，俱出朔方；大行李息、岸头侯张次公为将军，俱出右北平④；凡十余万人，击匈奴。右贤王以为汉兵远，不能至，饮酒，醉。卫青等兵出塞六七百里，夜至，围右贤王。右贤王惊，夜逃，独与壮骑数百驰，溃围北去。得右贤裨王⑤十余人，众男女万五千余人，畜数十百万⑥，于是引兵而还。

至塞，天子⑦使使者持大将军印，即军中拜卫青为大将军，诸将皆属焉。夏，四月，乙未，复益封青八千七百户，封青三子伉、不疑、登皆为列侯。青固谢⑧曰："臣幸得待罪行间⑨，赖陛下神灵，军大捷，皆诸校尉⑩力战之功也。陛下幸已益封臣青；臣青子在襁褓中，未有勤劳，上列地⑪封为三侯，非臣待罪行间所以劝士力战之意也。"天子曰："我非忘诸校尉功也。"乃封护军都尉公孙敖为合骑侯，都尉韩说为龙额⑫侯，公孙贺为南窌⑬侯，李蔡为乐安侯，校尉李朔为涉轵侯，赵不虞为随成侯，公孙戎奴为从平侯，李沮、李息及校尉豆如意皆赐爵关内侯。

于是青尊宠，于群臣无二，公卿以下皆卑奉之，独汲黯与亢礼⑭。人或说黯曰："自天子欲群臣下大将军，大将军尊重，君不可以不拜。"黯曰："夫以大将军有揖客⑮反不重邪！"大将军闻，愈贤黯，数请问国家朝廷所疑，遇黯加于平日⑯。

（《通鉴》第 19 卷 616 ～ 617 页）

【注释】

①右贤王：汉时匈奴的君主称单于。单于下设左右贤王、左右蠡王等。朔方：郡名。治所在朔方（今内蒙古杭锦旗北）。②青：卫青（？—前106）。字仲卿，河东平阳（今山西临汾西南）人。其父郑季，与平阳公主家奴卫媪私通而生青。冒姓卫。同母姐卫子夫受武帝宠幸，由歌女而至皇后。他也逐渐受到重用，由家奴而至大将军，封长平侯。元朔二年（前127年），他领兵大破匈奴，控制了河套地区。后又和霍去病共同打败匈奴主力。他前后七次领兵出击，解除了匈奴对汉朝的威胁。高阙：塞名。故址在今内蒙古杭锦后旗东北。③代相：代王刘义的相。④右北平：郡名。西汉时治所在平刚（今辽宁凌源西南）。⑤右贤裨王：右贤王下面的小王。⑥数十百万：数十万以至百万。⑦天子：指汉武帝刘彻。⑧固谢：再三推辞。⑨待罪行间：待罪，谦辞。行间，军中、行伍之间。⑩校尉：校，古代军人编制单位。汉武帝设八校，即中垒、屯骑、步兵、越骑、长水、胡骑、射声、虎贲。每校兵数，少者七百人，多者千二百人。统带一校的军官称校尉。⑪列地：也作"裂地"。分

割土地，分给诸侯。⑫说：读"悦"。额：或作额。⑬郫（pào）：同"奅"。地名用字。《汉书·卫青霍去病传》："骑将军贺从大将军获王，封贺为南郫侯。"颜师古注："郫，音普教反，奅亦同字。"⑭亢礼：亢，通"抗"。也作"抗礼"。行对等之礼。⑮有揖客：有对他行揖礼（不下拜）的客人。⑯遇：款待。加：超过。

【译文】

匈奴右贤王好几次侵扰朔方。天子派车骑将军卫青率领三万骑兵从高阙出发，卫尉苏建为游击将军，左内史李沮为强弩将军，太仆公孙贺为骑将军，代相李蔡为轻车将军，都归由车骑将军卫青统领，全部由朔方出发；大行李息、岸头侯张次公为将军，都从右北平出发，总共十几万人前往攻击匈奴。右贤王认为汉兵距离遥远，不会到达，就喝酒喝得大醉。卫青等人的部队离开边塞六七百里，夜里到了匈奴军营所在，包围右贤王。右贤王大惊，夜里逃走。只带数百名强壮的骑兵，击溃包围圈向北方逃去。汉兵俘虏了右贤王的副将十几个人，男女群众共一万五千多人，家畜数十万到百万头，于是带兵回还汉朝。

到了边塞，天子派使者拿着大将军的印信，就在军营中任命卫青为大将军，所有将领都归他统属。夏，四月，乙未日（初八），又加封卫青八千七百户，卫青的三个儿子伉、不疑、登都封为列侯。卫青再三辞谢说："臣幸运地能够在行伍之间为将，靠陛下的神灵，军队获得大胜利，都是所有校尉竭力作战的功劳。陛下已经加封了臣青；臣的儿子还在襁褓之中，没有为国事勤苦的功劳，而皇上也割裂土地封他们为三侯。这不是臣身为将，劝勉士卒竭力作战的心意。"天子说："我并没有忘记所有校尉的功劳。"就封护军都尉公孙敖为合骑侯，都尉韩说为龙额侯，公孙贺为南郫侯，李蔡为乐安侯，校尉李朔为涉轵侯，赵不虞为随成侯，公孙戎奴为从平侯，李沮、李息和校尉豆如意都赐爵位为关内侯。

于是卫青所受的尊宠，在群臣中没有人超过他，公卿以下的官吏都卑逊地侍奉他，只有汲黯和他行平等的礼节，有人游说汲黯说："天子要让群臣在大将军之下，大将军位尊贵，你不可以不对他下拜。"汲黯说："以大将军的身份，有向他行揖礼的宾客，这样能降贵礼士，声望怎么会反而不加重呢！"大将军听到这些话之后，更加钦佩汲黯，好几次请教讨问汲黯有关国家朝廷所疑难的事，对待汲黯比平时更好。

汲黯谏汉武帝勿杀贤才

汉武帝元狩三年(前 120 年)

上招延^①士大夫,常如不足;然性严峻,群臣虽素所爱信者,或小有犯法,或欺罔^②,辄按诛之,无所宽假^③。汲黯^④谏曰:"陛下求贤甚劳,未尽其用,辄已杀之。以有限之士恣^⑤无已之诛,臣恐天下贤才将尽,陛下谁与共为治乎!"黯言之甚怒,上笑而谕之曰:"何世无才,患人不能识之耳。苟能识之,何患无人! 夫所谓才者,犹有用之器^⑥也,有才而不肯尽用,与无才同,不杀何施^⑦!"黯曰:"臣虽不能以言屈陛下,而心犹以为非;愿陛下自今改之,无以臣为愚而不知理也。"上顾群臣曰:"黯自言为便辟^⑧则不可,自言为愚,岂不信然乎!"

(《通鉴》第 19 卷 637 ~ 638 页)

【注释】

①上:指汉武帝刘彻。招延:招纳,收罗。②欺罔:欺骗蒙蔽。③宽假:宽容。④汲黯(? —前 112):时为右内史。字长孺,濮阳(今河南濮阳西南)人。景帝时,为太子洗马。武帝即位,任谒者。后为东海太守,继任主爵都尉,右内史。常直言劝谏。反对武帝反击匈奴贵族的战争,后出任淮阳太守。⑤恣:放纵。⑥器:用具。⑦施:用。⑧便(pián)辟:逢迎谄媚的样子。便,便人之所好。辟,避人之所恶。

【译文】

皇上招聘士大夫很积极,好像常常不够,但因个性严厉峻刻,重臣中,虽然一向都是皇上宠爱信任的人,偶然犯了小过错,或犯欺罔之罪,往往都按法诛杀,不会有所宽减。汲黯为此劝皇上说:"陛下寻求人才那么劳累,还没完全任用,就已杀了他。用有限的士人,供陛下无穷尽的诛杀,臣担心天下的贤才将要死光,而陛下能够和谁共同治理天下呢!"汲黯说话时表情很生气,但皇上却笑着解说:"哪个时代没有人才,只是忧虑人不能发现罢了。如果能够发现,何必担心没有人才,那所谓人才,就像有用的器具一样,有才能而不能够全部任用,和没有才能一样,不杀的话还能做什么!"汲黯说:"臣虽然不能用言语使陛下屈服，但心里还是认为陛下的说法不对；希望陛下从今以后能加以改正，不要认为臣是愚笨不懂得道理。"皇上回头看着群臣说："如果汲黯自己说是便辟的小人，那是不可以的，但自己说是愚笨，那不是很恰当吗！"

汉武帝以腹诽诛颜异

汉武帝元狩六年（前 117 年）

是岁，大农令①颜异诛。

初，异以廉直，稍迁至九卿②。上与张汤既造白鹿皮币③，问异，异曰："今王侯朝贺以苍璧④，直数千，而以皮荐反四十万⑤，本末不相称。"天子不说⑥。张汤又与异有郤⑦，及人有告异以他事，下张汤治异。异与客语初令下有不便者，异不应，微反唇⑧。汤奏当："异九卿，见令不便，不入言而腹诽⑨，论死。"自是之后，有腹诽之法比⑩，而公卿大夫多谄谀取容矣。

（《通鉴》第 20 卷 652 页）

【注释】

①大农令：官名，九卿之一。后更名为大司农。掌管租税、钱谷、盐铁和国家财政收支等事。②稍：逐渐。九卿：古代中央政府九个高级官职。秦汉通常以奉常（太常）、郎中令（光禄勋）、卫尉、太仆、廷尉、典客（大鸿胪）、宗正、治粟内史（大司农）、少府为九卿。③张汤（？—前 115）：杜陵（今陕西西安东南）人。武帝时历任廷尉、御史大夫等职。白鹿皮币：汉武帝时的币名。以白鹿皮一尺见方，绣着花边，值钱四十万。这种币通行一年余，便废。④苍璧：青色的璧。⑤皮荐：皮，皮币。荐，进奉。反四十万：反而值四十万。⑥说：通"悦"。⑦郤：通"隙"。感情上有裂痕。⑧反唇：翻动嘴唇。表示心里有所不服。⑨腹诽：口里不说，心里却认为不对。⑩比：例子。

【译文】

这一年，大农令颜异被处死。

当初，颜异因廉洁正直逐步升到九卿高位。汉武帝和张汤商议要制造"白鹿皮币"时，曾询问颜异的意见，颜异说："现在藩王和列侯朝贺时的礼物，都是青色璧玉，价值才数千钱，而用作衬垫的皮币反而价值四十万，本末不相称。"汉武帝听了很不高兴。张汤又与颜异不和，这时有人告发颜异在一件别的事上触犯法令，汉武帝命张汤给颜异定罪。颜异的一位客人议论诏令初下时有不恰当的地方，颜异听到后没有应声，微微撇了一下嘴唇。张汤奏称："颜异身为九卿，见到诏令有不当之处，不提醒皇上，却在心里加以诽谤，应处死刑。"从此以后，有了"腹诽"的案例，而公卿大臣们大多以阿谀谄媚的办法来保全自己的身家性命了。

苏武持节不辱

汉武帝天汉元年（前 100 年）

上①嘉匈奴单于之义，遣中郎将苏武②送匈奴使留在汉者，因厚赂单于，答其善意。武与副中郎将张胜及假吏③常惠等俱，既至匈奴，置币遗单于。单于益骄，非汉所望也。

会缑王④与长水虞常等及卫律所将降者，阴相与谋劫单于母阏氏⑤归汉。卫律者，父故长水胡人，律善协律都尉李延年，延年荐言律使于匈奴，使还，闻延年家收，遂亡降匈奴。单于爱之，与谋国事，立为丁灵王。虞常在汉时素与副张胜相知，私候胜曰："闻汉天子甚怨卫律，常能为汉伏弩射杀之。吾母、弟在汉，幸蒙其赏赐。"张胜许之，以货物与常。后月余，单于出猎，独阏氏、子弟在，虞常等七十余人欲发，其一人夜亡告之。单于子弟发兵与战，缑王等皆死，虞常生得。

单于使卫律治其事。张胜闻之，恐前语发，以状语武。武曰："事如此，此必及我，见犯⑥乃死，重负国。"欲自杀，胜、惠共止之。虞常果引张胜⑦。单于怒，召诸贵人议，欲杀汉使者。左伊秩訾⑧曰："即谋单于，何以复加⑨！宜皆降之。"单于使卫律召武受辞⑩。武谓惠等："屈节辱命⑪，虽生，何面目以归汉！"引佩刀自刺。卫律惊，自抱持武，驰召医，凿地为坎⑫，置煴⑬火，覆武其上，蹈其背以出血。武气绝，半日复息⑭。惠等哭，舆归营。单于壮其节，朝夕遣人候问武，而收系张胜。

武益愈，单于使使晓武，欲降之，会论⑮虞常，欲因此时降武；剑斩虞常已，律曰："汉使张胜谋杀单于近臣⑯，当死，单于募降者赦罪⑰。"举剑欲击之，胜请降。律谓武曰："副有罪，当相坐。"⑱武曰："本无谋，又非亲属，何谓相坐！"复举剑拟之，武不动。律曰："苏君！律前负汉归匈奴，幸蒙大恩赐号称王，拥众数万，马畜弥⑲山，富贵如此！苏君今日降，明日复然；空以身膏草野，谁复知之！"武不应。律曰："君因我降，与君为兄弟；今不听吾计，后虽欲复见我，尚可得乎！"武骂律曰："汝为人臣子，不顾恩义，畔⑳主背亲，为降虏于蛮夷，何以汝为见㉑！且单于信汝，使决人死生，不平心持正，反欲斗两主㉒，观祸败。南越杀汉使者，屠为九郡㉓；宛王杀汉使者，头县北阙㉔；朝鲜杀汉使者，即时诛灭㉕；独匈奴未耳。若知我不降明㉖，欲令两国相攻，匈奴之祸从我始矣。"律知武终不可胁，白单于，单于愈益欲降之。乃幽武置大窖中，绝不饮食；天雨雪，武卧，啮雪与旃毛并咽之㉗，数日不死。匈奴以为神，乃徙武北海㉘上无人处，使牧羝㉙，曰"羝乳㉚乃得归。"别其官属常惠等，各置他所。

汉昭帝始元六年（前81年）

初，苏武既徙北海上，廪㉛食不至，掘野鼠、去㉜草实而食之。杖汉节牧羊，卧起操持，节旄尽落。武在汉，与李陵㉝俱为侍中；陵降匈奴，不敢求㉞武。久之，单于使陵至海上，为武置酒设乐，因谓武曰："单于闻陵与子卿㉟素厚，故使来说足下，虚心欲相待。终不得归汉，空自苦；亡㊱人之地，信义安所见乎！足下兄弟二人，前皆坐事自杀；来时，太夫人已不幸㊲；子卿妇年少，闻已更嫁矣；独有女弟二人、两女、一男，今复十余年，存亡不可知。人生如朝露，何久自苦如此！陵始降时，忽忽如狂，自痛负汉，加以老母系保宫㊳。子卿不欲降，何以过陵，且陛下春秋高，法令无常，大臣无罪夷灭者数十家。安危不可知，子卿尚复谁为乎！"武曰："武父子无功德，皆为陛下所成就，位列将，爵通侯，兄弟亲近，常愿肝脑涂地。今得杀身自效，虽斧钺、汤镬㊴，诚甘乐之！臣事君，犹子事父也；子为父死，无所恨。愿勿复再言！"陵与武饮数日，复曰："子卿一听陵言！"武曰："自分㊵已死久矣，王必欲降武，请毕今日之欢，效死于前！"陵见其至诚，喟然叹曰："嗟乎，义士！陵与卫律之罪上通于天！"因泣下霑衿㊶，与武决㊷去。赐武牛羊数十头。

后陵复至北海上，语武以武帝崩。武南乡号哭欧血㊸，旦夕临㊹数月。及壶衍鞮单于立，母阏氏不正，国内乖离，常恐汉兵袭之，于是卫律为单于谋,与汉和亲。汉使至,求苏武等,匈奴诡言武死。后汉使复至匈奴,常惠私见汉使,教使者谓单于,言:"天子射上林⁴⁴中,得雁,足有系帛书,言武等在某泽中。"使者大喜,如惠语以让⁴⁵单于。单于视左右而惊,谢汉使曰:"武等实在。"乃归武及马宏等。马宏者,前副光禄大夫王忠使西国⁴⁶,为匈奴所遮;忠战死,马宏生得,亦不肯降。故匈奴归此二人,欲以通善意。于是李陵置酒贺武曰:"今足下还归,扬名于匈奴,功显于汉室,虽古竹帛所载,丹青⁴⁷所画,何以过子卿!陵虽驽怯,令汉贳⁴⁸陵罪,全其老母,使得奋大辱之积志,庶几乎曹柯之盟⁴⁹,此陵宿昔⁵⁰之所不忘也。收族陵家,为世大戮,陵尚复何顾乎!已矣,令子卿知吾心耳!"陵泣下数行,因与武决。

单于召会武官属,前已降及物故⁵¹,凡随武还者九人。既至京师,诏武奉一太牢⁵²谒武帝园庙,拜为典属国⁵³,秩中二千石,赐钱二百万,公田二顷,宅一区。武留匈奴凡十九岁,始以强壮出,及还,须发尽白。

(《通鉴》第 21、23 卷 709 ～ 711,757 ～ 759 页)

【注释】

①上:指汉武帝刘彻。②苏武(? —前 60):字子卿。杜陵(今陕西西安东南)人。汉武帝天汉元年(前 100 年),奉命出使匈奴,被扣,徙至北海牧羊,十九年不屈服。归汉后任典属国。后赐爵关内侯。③假吏:暂时代理职务的官吏。④缑王:匈奴浑邪王姐子,与浑邪王俱降汉。后随浞野侯赵破奴征匈奴,兵败,重新沦没于匈奴中。⑤阏氏(yān zhī):汉时匈奴对其皇后的称号。⑥见犯:被侵犯。⑦果引张胜:果然把张胜牵连在内。⑧左伊秩訾:匈奴的王号。⑨这两句的意思是:现在虞常等人企图谋杀卫律,就要杀汉朝的使臣,如果他们谋杀单于,将用什么更重的处罚呢?⑩受辞:接受审问。⑪屈节:失节。辱命:辜负君命。⑫坎:坑穴。⑬煴:没有火苗的火堆。复息:恢复呼吸。⑭论:定罪。⑯近臣:指卫律本人。⑰单于募降者赦罪:意思是,单于招降你们,只要投降,就赦免死罪。⑱这句是说:副使有罪,正使应当受牵连而同时治罪。相坐,一人犯罪,株连他人同时治罪。⑲弥:满、遍。⑳畔:通"叛",背叛。㉑何以汝为见:何以见汝为。宾语提前。意思是:见你干什么?㉒两主:指汉皇帝和匈奴单于。㉓南越杀汉使者,屠为九郡:指汉武帝元鼎五年(前 112 年),南越吕嘉之乱,杀其王、王太后及汉使者。次年,汉灭南越,分其地为汉的南海、苍梧、郁林、合浦、交趾、九真、日南、珠厓、儋耳九

郡。㉔宛王杀汉使者，头县北阙：指汉武帝太初元年（前104年），大宛杀汉使并取其财物。武帝派李广利征大宛。三年，大宛贵人惧，杀宛王毋寨，持其头送至汉军，后悬于长安北阙。县（xuán），同"悬"。㉕朝鲜杀汉使者，即时诛灭：指汉武帝元封二年（前109年），朝鲜右渠王杀汉使涉河。武帝派兵讨伐。次年，夏尼豁相参使人杀其王右渠来降。汉分其地为乐浪、临屯、玄菟、真番四郡。㉖若：你。我不降明：我不投降已经很明白。㉗啮（niè）：咬。旃（zhān）：通"毡"。毛织物。咽（yàn）：通"嚥"。吞。㉘北海：今俄罗斯西伯利亚东南的贝加尔湖。㉙羝（dí）：公羊。㉚乳：生子。㉛廪（lǐn）：给。㉜去（jǔ）：通"奔"。收藏。㉝李陵（？—前74）：字少卿，陇西成纪（今甘肃秦安）人。李广的孙子。武帝时为骑都尉。天汉二年（前99年），领兵出击匈奴，战败投降。后死于匈奴。㉞求：寻找。㉟子卿：苏武的字。㊱亡：通"无"。㊲太夫人：指苏武的母亲。不幸：死去。㊳系：囚禁。保宫：汉少府的属官。这里指的是保宫下属的官署，是拘禁犯罪官吏的监狱。㊴钺（yuè）：大斧。镬（huò）：古代指无足的鼎。斧钺、汤镬，指被处以极刑。㊵分（fèn）：料想。㊶决：别。㊷乡（xiàng）：通"向"。面向。欧（ōu）：同"呕"。吐。㊸临：哭吊。㊹上林：上林苑。秦旧苑，汉武帝时扩建，周围三百里，有离宫七十所，苑中养禽兽，供皇帝春秋打猎，故址在今陕西省长安、周至、鄠县界。㊺让：责备。㊻西国：指西域诸国。㊼丹青：绘画的颜色。㊽贳（shì）：通"赦"。赦免。㊾曹柯之盟：见《秦孝公、卫鞅变法》注释㊹。㊿宿昔：宿，通"夙"。昔，通"夕"。早晚的意思。51物故：死亡。52太牢：古代祭祀时并用牛、羊、猪三牲，称为太牢。53典属国：官名。始于秦，掌管归降蛮夷。西汉沿用。

【译文】

汉武帝嘉许匈奴单于的义举，派中郎将苏武将留在汉朝的匈奴使臣送回匈奴，顺便携带厚礼，答谢匈奴单于的好意。苏武与副使中郎将张胜及暂时充任使团官吏的常惠等一同前往，到达匈奴后，将礼品送给单于。单于却更加骄横，不是汉朝原来所希望的样子。

正在此时，曾经归降过汉朝的匈奴缑王和长水人虞常，以及卫律所率领的投降匈奴的原汉朝人暗中商议，企图劫持匈奴单于的母亲阏氏回到汉朝。卫律的父亲原是长水地区的匈奴人，卫律本人则因与汉朝的协律都尉李延年关系很好，经李延年推荐，受汉朝派遣出使匈奴。卫律出使归来，听说李延年一家被收捕，便逃到匈奴投降。单于很喜欢他，与他商讨国家大事，封他为丁灵王。虞常在汉朝时一直与副使张胜关系密切，私下拜访张胜时说："听说大汉天子非常怨恨卫律，我可以埋伏弓弩手为汉朝将其射死。我的母亲和弟弟都在汉朝，希望他们能得到赏赐。"张胜答应了虞常的要求，并送给他很多财物。一个多月以后，单于出外打猎，只有他母亲和部分子弟留在王廷。虞常等七十余人正准备发动政变，不料其中一人于夜间逃走，告发了虞常等人的政变计划。于是单于子弟调兵与虞常等人交战，缑王等全部被杀，虞常被活捉。

匈奴单于派卫律审理此事。张胜听到消息后，害怕先前与虞常约定的话泄露。便向苏武报告了情况。苏武说："事到如此，这肯定会涉及我，如受到侵犯再死，那就更加辜负国家了。"于是准备自杀，被张胜、常惠一起阻止。后虞常果然供出张胜，单于大怒，召集贵族们商议，打算杀死汉使。匈奴左伊秩訾说："谋杀卫律就要处死，如果谋害单于，又应如何加重惩处呢！应让他们全部归降。"单于派卫律传话给苏武。苏武对常惠等人说："如果卑躬屈节，有辱我们的使命，即使活着，又有何面目回到大汉呢！"说完拔出佩刀刺入自己的身体。卫律大吃一惊，亲自将苏武抱住，急忙召医生前来，在地上挖了一个土洞，点起炭火，将苏武放在洞上，用脚踩苏武的后背，使淤血流出。苏武气绝，半日才恢复呼吸。常惠等痛哭，将苏武抬回驻地。单于很钦佩苏武的气节，早晚都派人问候，而将张胜逮捕。

苏武逐渐痊愈，单于派人来劝谕苏武，要苏武归降匈奴。正在此时，虞常被定为死罪，便打算借此机会逼苏武投降。用剑斩下虞常的人头之后，卫律说："汉使张胜想谋杀单于的亲信大臣，其罪当死，单于招募归降，降者赦免。"说完举剑要刺张胜，张胜请求投降。卫律又对苏武说："副使有罪，你作为正使，应连坐受罚。"苏武回答说："我本未参与其事，与张胜又没有亲属关系，为什么要连坐受罚！"卫律又举剑威胁苏武，苏武纹丝不动。卫律说："苏先生！我以前背叛汉朝，归顺匈奴，有幸蒙单于大恩，赐号称王，并拥有数万人众，马匹牲畜满山，这样富贵！苏先生如果今日归降，明日就又会和我一样，否则白白葬身草野，又有谁知道！"苏武闭口不答。卫律又说："你要是听我的话，归降匈奴，我与你就如兄弟一般；如今日不听我的建议，以后即使想再见我，还能够办得到吗？"苏武骂道："你身为汉朝臣子，却不顾恩义，背叛君主、亲人。投降蛮夷异族，我见你干什么！况且单于信任你，让你决定别人的生死，你不但不公平处理，反而想挑动两国君主相互争斗，在一旁坐观成败。南越国杀死汉使，被汉灭掉后变为九郡；大宛王杀死汉使，其人头被悬于长安宫廷北门；朝鲜杀死汉使，立即招来灭国之祸；只有匈奴还没有干过这种事。你明知我不会投降，却想借此挑起两国之间的战争，匈奴的灾难将会从我开始了。"卫律明白苏武终究不会受他的胁迫，便禀报单于，单于越发想让苏武降服。单于便将苏武囚禁于一个大地窖中，断绝了饮食。当时正下大雪，苏武躺在地上，靠吞食雪片和衣服上的毡毛，一同咽下，几天后竟然未死。匈奴人以为有神灵庇护，便将苏武放逐到北海边荒无人烟之处，让他放牧一群公羊，并对苏武说："公羊能产出羊奶，你就可以回国。"将常惠等从属官员与苏武隔离，各自安置在其他地方。

当初，苏武被匈奴放逐到北海边以后，得不到粮食供应，便挖掘野鼠，吃鼠洞中的草籽。他手持汉朝的符节牧羊，无论睡卧还是起身都带着它，以致节杖上的毛缨全部脱落了。苏武在汉朝时，与李陵同为侍中，李陵投降匈奴后，不敢求见苏武。过了很长时间，单于派李陵来到北海边，为苏武摆下酒宴，并以乐队助兴。李陵对苏武说："单于听说我与你一向情谊深厚，所以派我来劝你，单于愿意对你虚心相待。你终究不能再回汉朝，自己白白受苦，在这荒无人烟的地方，你的信义节操又有谁看到呢！你的两个兄弟，先前都因罪自杀；我来此时，你母亲也不幸去世；你的夫人年轻，听说已经改嫁别人了；只剩下两个妹妹、两个女儿、一个儿子，如今又过了十几年，是否还在人世，不得而知。人的一生，就像早晨的露水一般短暂，你又何必长久地如此自苦！我刚投降匈奴时，精神恍惚，像要发疯，恨自己辜负汉朝，还连累老母被拘禁牢狱。你不愿归降匈奴的心情，怎么会超过我！况且皇上年事已高，法令变化无常，大臣无罪而被抄杀满门的达数十家，安危不可知，你还要为谁这样做呢！"苏武说："我苏武父子无功劳和恩德，都是皇帝栽培提拔起来的，官职升到列将，爵位封为通侯，兄弟三人都是皇帝的亲近之臣，常常愿意为朝廷牺牲。现在得到可以牺牲自己以效忠国家的机会，即使受到斧钺和汤镬的极刑也甘愿。大臣效忠君王，就像儿子效忠父亲，儿子为父亲而死，没有什么遗憾。希望你不要再说了。"李陵与苏武共饮了几日，又说："您再听我一句话。"苏武说："我早已认定必死无疑，你如一定要我投降，那就请结束今日的欢聚，我马上就死在你面前！"李陵见苏武态度至诚，便长叹道："唉，真是一个忠义之士！我与卫律实在是罪大于天！"不觉泪湿衣襟，然后与苏武告别离去。赐给了苏武牛羊几十头。

后来李陵又来到北海，告诉苏武汉武帝已经去世。苏武面对南方号啕大哭，甚至吐血，连续几个月的早晚都在哭泣。壶衍鞮单于继位后，由于其母阏氏行为不正，国内分崩离析，常常害怕汉军前来袭击，于是卫律与单于商议，要求与汉朝和亲。汉使来到匈奴，要求归还苏武等人，匈奴谎称苏武已死。后来汉使又来到匈奴，常惠暗中面见汉使，报告实情，并让使者对单于说："汉天子在上林苑射中一只大雁，脚下系有一封帛书，说苏武等人在某湖泽之地。"使者大喜，用此话责问单于。单于环顾左右大惊失色，向汉使道歉说："苏武等人确实活着。"就放回了苏武和马宏等人，马宏是以前汉朝派往西域各国的副光禄大夫王忠的副使，使团受到匈奴的拦击；王忠战死，马宏被俘，也一直不肯投降匈奴。所以匈奴归还这二人，是想向汉朝表示他们的诚意。于是李陵设酒宴祝贺苏武说："如今您返回祖国，英名扬遍匈奴，功劳显赫于汉廷，即使是刻写的竹帛，丹青所描画的杰出人物也难以超过你！我虽然愚笨怯懦，假如当年汉朝能宽恕我，保全我的老母，使我能够忍辱负重，或许我也能像春秋时的曹刿一样，会在柯邑结盟时替鲁庄公劫持齐桓公，使他归还所掠夺的鲁国土地，这是我当时念念不忘的志向。谁知汉朝竟将我满门抄斩，这是当世最大的杀戮，我对汉朝还有什么眷恋呢！一切都过去了，现在说起不过是让您知道我的心情罢了！"李陵泪流满面，与苏武告别。

　　单于召集当年随苏武前来的汉朝官员及随从，除先前已归降匈奴和去世的以外，共有九人与苏武一同回到汉朝。苏武一行来到长安后，汉昭帝诏令苏武用牛、羊、猪各一头，以最隆重的仪式祭拜汉武帝的陵庙，封苏武为典属国，品级为中二千石，并赏赐苏武钱二百万、公田二顷、住宅一所。苏武被扣留匈奴共十九年，去时正当壮年，归来时头发、胡须全都白了。

汉武帝罪己诏

汉武帝征和四年（前89年）六月

　　先是搜粟都尉桑弘羊与丞相、御史①奏言："轮台②东有溉田五千顷以上，可遣屯田卒，置校尉三人分护，益种五谷；张掖、酒泉遣骑假司马为斥候③；募民壮健敢徙者诣田所，益垦溉田，稍筑列亭，连城而西，以威西国，辅乌孙④。"上乃下诏，深陈既往之悔曰："前有司奏欲益民赋三十⑤，助边用，是重困老弱孤独也。而今又请遣卒田轮台。轮台西于车师⑥千余里，前开陵侯⑦击车师时，虽胜，降其王，以辽远乏食，道死者尚数千人，况益西乎！曩者朕之不明，以军侯弘⑧上书，言'匈奴缚马前后足置城下，驰言"秦人，我丐若⑨马"'。又，汉使者久留不还，故兴遣二师将军⑩，欲以为使者威重也。古者卿、大夫与谋，参以蓍、龟⑪，不吉不行。乃者以缚马书遍视丞相、御史、二千石、诸大夫、郎、为文学者⑫，乃至郡、属国都尉等，皆以'虏自缚其马，不祥甚哉'，或以为'欲以见⑬强，夫不足者视人有余'。公车方士、太史、治星、望气及太卜⑭龟蓍皆以为'吉，匈奴必破，时不可再得也'，又曰：'北伐行将⑮，于鬴山⑯必克。卦，诸将二师最吉。'故朕亲发二师下鬴山，诏之必毋深入。今计谋、卦兆皆反缪⑰。重合侯得虏候者⑱，乃言：'缚马者匈奴诅军事也。'匈奴常言：'汉极大，然不耐饥渴，失一狼，走千羊⑲。'乃者二师败，军士死略⑳离散，悲痛常在朕心。今又请远田轮台，欲起亭隧㉑，是扰劳天下，非所以优民也，朕不忍闻！大鸿胪等又议欲募囚徒送匈奴使者，明封侯之赏以报忿㉒，此五伯㉓所弗为也。且匈奴得汉降者常提掖搜索㉔，问以所闻，岂得行其计乎！当今务在禁苛暴，止擅赋㉕，力本农，修马复令㉖，以补缺、毋乏武备而已。郡国二千石各上进畜马方略补边状㉗，与计对㉘。"

由是不复出军，而封田千秋为富民侯，以明休息，思富养民也。

（《通鉴》第 22 卷 738～742 页）

【注释】

①先是：在此之前。古文中用作追述前事的语词。搜粟都尉：汉武帝时官名，属大司农。桑弘羊（前 152—前 80）：洛阳（今河南洛阳东）人。商人出身。武帝时任治粟都尉，领大司农。主张重农抑商，推行盐铁酒类由国家专卖的政策。对匈奴的侵扰，主张积极抵抗。武帝临终，授御史大夫，与霍光等受遗诏辅佐昭帝。始元六年（公元前 81 年），在盐铁会议上坚持盐铁官营政策。次年，被指为与上官桀谋立燕王旦而被杀。丞相：指田千秋。御史：指御史大夫商丘成。②轮台：古地名。在今新疆轮台东南。③张掖：郡名。汉时治所在觻得（今甘肃张掖西北）。酒泉：郡名。汉时治所在禄福（今甘肃酒泉）。假：副二。斥候：放哨。也指哨兵。④乌孙：汉代西域国名。在今新疆伊犁河流域。当时乌孙王娶汉公主。⑤有司：官吏。益民赋三十：每人增赋三十钱。⑥车师：汉西域国名。分车师前国、车师后国。分别在今新疆吐鲁番县及吉木萨尔县一带。⑦开陵侯：故匈奴降者介和王成娩。⑧军侯弘：军侯，维持军纪的军官。弘，人名。⑨秦人：当时匈奴称汉朝的人为"秦人"。

犹如后来外国人称中国人为"汉人""唐人"。丏：给予。若：你。⑩二师将军：李广利。⑪蓍、龟：指占卜。蓍草和龟甲都是古代占卜用具。⑫乃者：从前，往日。二千石：汉代内自九卿、郎将，外至郡守、郡尉，其俸禄等级都是二千石。又分三等：中二千石，二千石，比二千石。后通常以二千石指郡守。为文学者：学经书的人。⑬见(xiàn)：显示。⑭公车方士：在公车待命的方士。公车，汉代官署名，卫尉的下属机构，臣民上书和征召，都由它接待。方士，古代好讲神仙方术的人。太史：掌管天文历法的官。治星：研究天文的人。望气：望云气预言吉凶的人。太卜：管占卜的官。汉有太卜令。⑮行将：派遣将领统率军队。⑯鬴(fǔ)山：同"釜山"。山名。一说在今河北怀来北，一说在今徐水西。⑰缪：通"谬"。错误。⑱重合侯：名马通，又叫莽通。房候者：匈奴的侦察人员。⑲失一狼，走千羊：失(yì)，通"逸"，放出。走，赶走。这是匈奴以狼自比强者，以羊喻汉为弱者。⑳死略：死和被虏略。㉑隧：隧道。㉒明封侯之赏以报忿：意思是，对送往匈奴的囚徒申明，谁能行刺单于则获得封侯的赏赐，用这种办法来报复对匈奴的愤恨。㉓五伯(bà)：指春秋时期的五霸。伯，通"霸"。㉔提掖：也作"提腋"。提，提挈。掖，两人夹持其腋。搜索：恐其暗藏兵器，故搜其身。㉕擅赋：征收法令规定以外的租税。㉖修：制定，修订。马复：因养马而免除徭役或赋税。令：法令。㉗这句话的大意是：郡守和诸侯国的相各自向朝廷呈送发展养马事业以补充边防用马不足的文书。二千石，代指郡、国的行政长官郡守、诸侯国相。㉘与计对：向朝廷提出畜马补边计策的人都到朝廷回答皇帝的提问。

【译文】

在此之前，搜粟都尉桑弘羊与丞相、御史奏道："轮台东部有能够灌溉的农田五千顷以上，可派屯田卒前去屯田，设置校尉三人分别掌管，多种五谷；由张掖、酒泉派骑兵下级小吏担任警戒；招募民间强壮有力、敢于远赴边塞的人前往该地，垦荒灌溉；逐渐修筑亭隧、城池向西相连，用以威镇西域各国，辅助乌孙。"为此，汉武帝专门颁布诏书，对他已往的所作所为深表悔恨，说道："前些时，有关部门奏请要增加赋税，每个百姓多缴三十钱，用以加强边防。这是加重老弱孤独者的负担。如今又奏请派遣兵卒赴轮台屯田。轮台在车师西面一千余里，上次开陵侯成娩攻打车师时，虽然取得了胜利，迫使车师王归降，但因路途遥远，粮食缺乏，死于途中的尚有数千人，何况再往西呢！过去是我未能明察，听信了军侯弘的上书，称'匈奴人将马四足捆住，放在城下，派人飞报我们说"中国人，我们送给你们马"。'再加上匈奴扣住汉使者长期不放，所以就派李广利去征讨，想以此维护汉使的威严。古代时，卿大夫商议国事，要参考蓍占、龟卜，不吉利就不行动。所以朕就把军侯弘所谓匈奴缚马的上书交给丞相、御史、二千石官、各位大夫、郎、研究经书的官员等传阅，再下达给各郡、属国都尉等，都认为'匈奴捆缚自己的马，是非常的不吉祥'，或者认为'匈奴是想显示强大，而凡是虚弱的人，总想向别人表示强盛'。公车方士、史官、星相家、望气家和主持龟卜蓍占的人都认为'是吉兆，匈奴必败，机不可失，时不再来'。又说：'遣将北伐，至鬴山必胜。卦辞认为，诸将中以李广利最吉。'所以朕亲自征发李广利去鬴山，命令他一定不要深入。如今计谋、卜辞兆象全都是反的。重合侯马通擒获匈奴侦探，才奏报说：匈奴缚马是为了对汉军进行诅咒。匈奴常说：'汉军极为强大，但不耐饥渴，丧失一只狼，就要损失千只羊。'以前李广利兵败，军士们或战死、或被俘、或逃散。朕每想到这就不胜悲痛。现在又奏请派兵远赴轮台屯田，兴建要塞隧道，这是骚扰天下百姓，而不是对百姓的优待，朕不忍心再听见这件事！大鸿胪等人又建议招募囚犯去护送匈奴使者返回，以封侯作为奖赏，让他们寻机刺杀单于，以发泄我们的愤恨，这种手段连五霸都不愿做。况且匈奴得到汉朝归降的人，常常是全身上下仔细搜索，严加盘问，这样又怎能施行此计呢！当务之急在于严禁苛征暴敛，取消擅自增加赋税的法令，尽力农事，恢复为国家养马而免除赋役的法令，以补充军备上的短缺，不使国家军备削弱。各郡、国中二千石的官员都要呈上如何养马的方法和补充边备的计划，与呈送计簿的人员一起赴京奏对。"

从此，汉武帝不再派兵出征，封田千秋为富民侯，以表示他要使百姓休息，希望能增加财富，养育百姓。

汉武帝以法论处昭平君

汉武帝后元二年（前87年）

帝聪明能断①，善用人，行法无所假贷②。隆虑公主子昭平君尚帝女夷安公主③。隆虑主病困④，以金千斤、钱千万为昭平君豫赎死罪⑤，上许之。隆虑主卒，昭平君日骄，醉杀主傅⑥，系狱⑦；廷尉以公主子上请⑧。左右人人为言："前又入赎⑨，陛下许之。"上曰："吾弟⑩老有是一子，死，以属⑪我。"于是为之垂涕，叹息良久，曰："法令者，先帝所造也，用⑫弟故而诬先帝之法，吾何面目入高庙乎！又下负万民。"乃可其奏⑬，哀不能自止，左右尽悲。待诏东方朔前上寿⑭，曰："臣闻圣王为政，赏不避仇，诛不择⑮骨肉。《书》曰：'不偏不党，王道荡荡。⑯'此二者，五帝⑰所重，三王⑱所难也，陛下行之，天下幸甚！臣朔奉觞⑲昧死再拜上万寿！"上初怒朔，既而善之，以朔为中郎⑳。

（《通鉴》第22卷746～747页）

【注释】

①帝：指汉武帝刘彻。断：决断。②假贷：宽容。③隆虑公主：汉武帝刘彻之妹。隆虑是她的封地，汉县名，在今河南省林县。尚：古代娶帝王之女为妻称尚。夷安公主：汉武帝刘彻之女。夷安是她的封地，汉县名，在今山东省高密县。④病困：为疾病所困扰。⑤豫赎死罪：事先交付大量金钱以赎将来可能犯的死罪。豫，通"预"。⑥主傅：隆虑公主的师傅。⑦系狱：囚禁于监狱。⑧上请：向皇帝请示。⑨入赎：指隆虑公主为昭平君预交了赎死罪的钱。⑩弟：妹，古代有时称妹妹为弟或女弟。⑪属：同"嘱"。嘱托。⑫用：因。⑬可其奏：批准廷尉的奏请。意即以法论处。⑭待诏：本为等待命令的意思。汉时以才技征召，尚未正式任以官职的人，让他们"待诏"。当时有待诏金马门、待诏公车等。后来，待诏成为正式的官名。东方朔（前154—前93）：字曼倩，平原厌次（今山东惠民县）人。文学家。官至太中大夫。前上寿：上前为武帝祝寿。⑮择：区别。⑯不偏不党，王道荡荡：出自《尚书·洪范》。不偏不党，不偏私，又不阿党（不偏袒一方的意思）。王道，先王的正道。荡荡，广大，深远貌。⑰五帝：传说中上古五个帝王。通常指黄帝、颛顼、帝喾、唐尧、虞舜。⑱三王：指夏禹、商汤、周文王（或周武王）。⑲觞：古代盛酒的杯子。⑳中郎：汉官名。皇帝的护卫和侍从。

【译文】

汉武帝为人聪明，遇事有决断，善于用人，执法严厉，毫不容情。隆虑公主的儿子昭平君娶了汉武帝的女儿夷安公主，隆虑公主病危时，进献黄金千斤、钱千万，请求预先为儿子昭平君赎一次死罪，汉武帝答应了她的请求。隆虑公主去世后，昭平君日益骄纵，竟在喝醉酒之后将公主的师傅杀死，被逮捕入狱。廷尉因昭平君是公主之子而请武帝批准处以刑罚。汉武帝身边的人都为昭平君说话："先前隆虑公主又曾出钱预先赎罪，陛下应允了她吧。"汉武帝说:"我妹妹年纪大了才生下这一个儿子,临终前,将他托付给我。"当时为此泪流满面,叹息了很久,说:"法令是先帝创立的,若是因妹妹的缘故破坏先帝之法,我还有何脸面进高祖皇帝的祭庙呢!同时也对不住万民。"于是批准了廷尉的请求,但悲痛难以自制,周围的人全都十分伤感。待诏官东方朔上前祝贺汉武帝说:"我听说圣明的君王治理国政,奖赏不回避仇人,惩罚不区分骨肉。《尚书》上说:'不偏向,不结党,君王的大道坦荡平直。'这两项原则,古代的黄帝、颛顼、帝喾、尧、舜五帝非常重视,而夏禹、商汤、周文王三王都难以做到,如今陛下却做到了,这是天下的幸运!我东方朔捧杯,冒死连拜两拜为陛下祝贺!"开始,汉武帝对东方朔非常恼火,接着又觉得他是对的,将东方朔任为中郎。

隽不疑收缚伪卫太子

汉昭帝始元五年(前82年)

有男子乘黄犊车诣北阙①,自谓卫太子②;公车以闻③。诏使公、卿、将军、中二千石杂④识视。长安中吏民聚观者数万人。右将军勒兵阙下以备非常。丞相、御史、中二千石至者并莫敢发言。京兆尹不疑⑤后到,叱从吏收缚。或曰:"是非未可知,且安之!"不疑曰:"诸君何患于卫太子!昔蒯聩违命出奔,辄距而不纳,《春秋》是之⑥。卫太子得罪先帝⑦,亡不即死⑧,今来自诣,此罪人也!"遂送诏狱⑨。天子与大将军霍光闻而嘉之曰:"公卿大臣当用有经术、明于大谊⑩者。"繇⑪是不疑名声重于朝廷,在位者皆自以不及也。廷尉验治何人⑫,竟得奸诈,本夏阳人,姓成,名方遂,居湖,以卜筮为事。有故太子舍人尝从方遂卜,谓曰:"子状貌甚似卫太子。"方遂心利其言,冀得以富贵。坐诬罔⑬不道,要⑭斩。

(《通鉴》第23卷755~756页)

【注释】

①诣:去到。北阙:古代宫殿北面的门楼。是大臣等候朝见或上书奏事的地方。这里指未央宫的北阙。②卫太子:刘据。又称戾太子。汉武帝元狩元年(前122年)立为太子。征和二年(前91年),巫蛊之祸起,为江充所

诬，被迫举兵诛江充，兵败逃亡，不久自杀。③公车：汉代官署名。卫尉的下属机构。掌管宫殿中司马门的保卫工作。并接待臣民的上书和征召。以闻：把上述情况告诉皇帝知道。④中二千石：代指年俸为中二千石的官。如太常、卫尉、执金吾等。中（zhòng），满。因年俸中二千石的官，一年实得二千一百六十斛，取其整数，故称中二千石。杂：共。⑤不疑：姓隽（juàn），字曼倩，渤海（今河北沧县东）人。武帝末年，为青州刺史。昭帝时，任京兆尹。常以儒家经术决事。因收缚伪卫太子而出名。⑥昔蒯聩违命出奔，辄距而不纳，《春秋》是之：春秋时，卫灵公的太子蒯聩得罪了灵公，出奔晋国。灵公卒，由蒯聩之子辄嗣位。蒯聩借助于晋国的势力企图入卫当国君，但遭到卫国的反对。《春秋公羊传》肯定了辄拒绝接纳蒯聩的做法。⑦先帝：指汉武帝刘彻。⑧亡：逃亡。即：就。⑨诏狱：遵照皇帝命令关押犯人的监狱。⑩大谊：与"大义"通。指儒家的主要论旨。⑪繇（yóu）：通"由"。⑫何人：凡不知道姓名及从何处来的人，都称何人。⑬诬罔：虚构事实以欺骗人。⑭要：同"腰"。

【译文】

　　有一位男子，乘坐黄牛犊车来到未央宫北门，自称他是汉武帝的卫太子刘据，公车官将此事奏闻朝廷。汉昭帝下诏书命三公、九卿、将军、中二千石官等一同前往辨认。长安城中的一般官吏和百姓前去围观的达数万人。右将军为防止发生不测之事，率兵守在宫门前面。前往辨认的丞相、御史、中二千石官等，谁也不敢发言。京兆尹隽不疑最后赶到，命手下官吏将该男子逮捕。有人劝他说："是否真是前太子还不能确定，暂且不要处理！"隽不疑说道："各位又何必怕他是卫太子！春秋时期，卫国太子卫蒯聩因违抗卫灵公之命出逃，后其子卫辄继位，拒不接纳其父回国，此事得到《春秋》的肯定。卫太子得罪了先帝，逃亡在外，当时没死，如今自己又回来了，也是国家的罪人。"于是将该男子押送到诏狱。汉昭帝与大将军霍光听说后，称赞隽不疑说："公卿大臣就应当由这种精通经典、明白大义的人来担任。"于是隽不疑在朝中名重一时，其他身居高位的人都自认为比不上他。后经廷尉审讯核问那个人，竟然发现是一骗案。那位自称是卫太子的人本是夏阳人，姓成，名方遂，住在湖县，以占卜为职业。卫太子的一位侍从曾经请他占卜，并对他说："您的身材相貌都很像卫太子。"成方遂听到此言之后颇为动心，希望借此取得富贵。成方遂被定以诬罔不道之罪，腰斩。

汉昭帝为霍光释诬

汉昭帝元凤元年（前80年）八月

　　上官桀父子①既尊，盛德长公主②，欲为丁外人③求封侯，霍光④不许。又为外人求光禄大夫，欲令得召见，又不许。长主大以是怨光，而桀、安数为外人求官爵弗能得，亦惭。又桀妻父所幸充国为太医监，阑入殿中⑤，下狱当死；冬月且尽，盖主⑥为充国入马二十匹赎罪，乃得减死论。于是桀、安父子深怨光而重德盖主。自先帝时，桀已为九卿，位在光右⑦，及父子并为将军，皇后亲安女，光乃其外祖，而顾⑧专制朝事，由是与光争权。燕王旦⑨自以帝兄不得寸，常怀怨望。及御史大夫桑弘羊建造酒榷、盐、铁，为国兴利，伐⑩其功，欲为子弟得官，亦怨恨光。于是盖主、桀、安、弘羊皆与旦通谋。

　　旦遣孙纵之等前后十余辈，多赍⑪金宝、走马赂遗盖主、桀、弘羊等。桀等又诈令人为燕王上书，言："光出都肄郎、羽林⑫，道上称跸⑬，太官⑭先置。"又引"苏武使匈奴二十年⑮不降，乃为典属国；大将军长史敞⑯无功，为搜粟都尉；又擅调益莫府校尉⑰。光专权自恣，疑有非常。臣旦愿归符玺，入宿卫，察奸臣变。"候司⑱光出沐日奏之。桀欲从中下其事⑲，弘羊当与诸大臣共执退⑳光。书奏，帝不肯下。明旦，光闻之，止画室㉑中不入。上问："大将军安在？"左将军桀对曰："以燕王告其罪，故不敢入。"有诏："召大将军。"光入，免冠、顿首谢。上曰："将军冠！朕知是书诈也，将军无罪。"光曰："陛下何以知之？"上曰："将军之广明都郎㉒，近耳；调校尉以来，未能十日，燕王何以得知之！且将军为非㉓，不须校尉。"是时帝年十四，尚书、左右皆惊。而上书者果亡，捕之甚急，桀等惧，白上："小事不足遂。"上不听。后桀党与有谮光者，上辄怒曰："大将军忠臣，先帝所属以辅朕身，敢有毁者坐之！"自是桀等不敢复言。

　　李德裕㉔论曰：人君之德，莫大于至明，明以照奸，则百邪不能蔽矣，汉昭帝是也。周成王有惭德矣㉕；高祖、文、景俱不如也。成王闻管、蔡流言，遂使周公狼跋而东㉖。汉高闻陈平去魏背楚，欲舍腹心臣㉗。汉文惑季布使酒难近，罢归股肱郡㉘；疑贾生擅权纷乱，复疏贤士㉙。景帝信诛晁错兵解，遂戮三公㉚。所谓"执狐疑之心来谗贼之口"。使昭帝得伊、吕㉛之佐，则成、康不足侔㉜矣。

（《通鉴》第 23 卷 761～764）

【注释】

①上官桀父子：上官桀，陇西上邦（今甘肃天水市）人。武帝时由未央厩令升至太仆，左将军。受武帝遗诏辅佐昭帝，封安阳侯。其子上官安，霍光女婿。有女仅五岁，便托丁外人跟昭帝姐盖长公主说情，送女儿入宫，后为昭帝皇后。他也因此为车骑将军封桑乐侯。昭帝元凤元年（前80年）上官父子谋废昭帝而立燕王，事败，被杀。②盛德长公主：十分感激长公主的恩德。德，动词，盛德，即指深厚的恩德。长公主，武帝女，昭帝长姊鄂邑盖长公主。③丁外人：人名。④霍光（？—前68）：字子孟，河东平阳（今山西临汾西南）人。霍去病异母弟。武帝时，为奉车都尉。受遗诏辅佐昭帝，任大司马大将军，封博陆侯。昭帝死后，迎立昌邑王，因其淫乱，废之。又迎立宣帝。前后执政二十年，族党满朝权倾内外；轻徭薄赋有利生产。⑤阑入殿中：汉制，凡入宫殿门皆著籍；无籍而妄入，叫阑入。⑥盖主：鄂邑盖长公主。因盖侯王信之子王充之尚公主，故称盖主。⑦位在光右：汉武帝时，上官桀为太仆，位九卿之一，秩中二千石；而霍光为奉车都尉、光禄大夫，秩比二千石。当时以右为上，故谓桀在光右。⑧顾：反。⑨燕王旦：武帝子，李姬所生，长于昭帝。⑩伐：夸耀。⑪赍（jī）：送。⑫光出：霍光外出（下文说的"之广明"）。都肄郎、羽林：检阅郎及羽林习武的情况。郎，皇帝的侍从。羽林，皇帝的护卫军。⑬趯（bì）：天子出行时的清道，同"跸"。称趯，下令清道的意思。⑭太官：主管皇帝膳食的官，属少府。皇帝外出，太官先到其所到之处安排饮食。⑮二十年：实十九年。⑯大将军：指霍光。长史：将军属官，总理幕府。敞：杨敞。⑰调（tiáo）：选。益：增加。莫府：幕府，指大将军府。⑱候司（sì）：等候。司，通"伺"。⑲中：禁中。下其事：指此书交给下面有关官吏。⑳当：以……自任。执：控制。退：罢黜。这句的意思是：桑弘羊自愿担当与诸大臣一起胁迫霍光退位的任务。㉑画室：殿前西阁有古帝王画像，故称画室。㉒之广明：往广明去。之，往。广明，指广明亭，在长安东都门外。都郎：前文"都肄郎、羽林"的省略。㉓非：造谣反。㉔李德裕：见《朋党之害》注①。㉕周成王：西周国王。周武王之子。姬姓，名诵。惭德：因做事有缺点而有愧于心。㉖周公狼跋而东：周公旦相成王，管叔、蔡叔流言：周公将不利于成

王。当时成王也怀疑周公的志向，因此，使周公一度避居东都，进退两难。狼跋，进退两难。㉗汉高闻陈平去魏背楚，欲舍腹心臣：事见《刘邦用陈平》。㉘汉文惑季布使酒难近，罢归股肱郡：事见《汉文帝召罢季布》。㉙疑贾生擅权纷乱，复疏贤士：汉文帝刘恒欲让贾谊任公卿，大臣多说："洛阳之人，年少初学，专欲擅权，纷乱诸事。"于是文帝就逐渐疏远了贾谊，贬他为长沙王太傅、梁怀王太傅。㉚景帝信诛晁错兵解，遂戮三公：汉景帝刘启听信了袁盎诛晁错，七国罢兵的建议，于是斩晁错，可是七国并未因此而罢兵。晁错当时为御史大夫，位在三公之列，故曰"戮三公"。㉛伊：伊尹。商初大臣。名伊，尹是官名。传说他出身奴隶，商汤让他执国政，帮助攻灭夏桀。后历佐卜丙（外丙）、仲壬、太甲三王。吕：吕尚。姜姓。吕氏，名望，字子牙。他佐周文王、武王灭商有功，尊称"师尚父"。封于齐，称太公。㉜康：周康王。成王之子，名钊。继续推行成王的政策，加强了统治。历史上称为"成康之治"。侔：相等。不足侔，含有超过的意思。

【译文】

上官桀父子的地位既已尊贵，对长公主非常感恩，便想为丁外人谋求封侯，但霍光不许。上官桀之子又请求任命丁外人为光禄大夫，想使其取得受皇帝召见的资格，霍光仍然不许。长公主因此怨恨霍光，而上官桀、上官安几次为了外人谋求官爵而未能实现，也觉脸上无光。上官桀的岳父所宠幸的一个叫充国的人，担任太医监，因私自闯入宫殿，被逮捕下狱，定为死罪。当时，处决犯人的冬季即将过去，长公主为充国交纳二十匹马赎罪，使其被免除死刑。于是，上官桀、上官安父子深怨霍光而更加感激长公主。自从汉武帝时，上官桀已位列九卿，地位高于霍光，及至上官桀父子同为将军，皇后又是上官安的亲女儿，而霍光只是皇后的外祖父，却反而专制朝政，因此上官父子与霍光争权。燕王刘旦觉得自己是汉昭帝的兄长，未能继承皇位，所以常常心怀怨恨。御史大夫桑弘羊创立盐、铁、酒类专卖制度，为国兴利，自认为于国有功，想为其子弟求取官职，遭到霍光拒绝，因而也怨恨霍光。于是，盖长公主、上官桀、上官安、桑弘羊都与刘旦串通一气，密谋除掉霍光。

刘旦派遣孙纵之等人前后十余批，携带大批金银、珠宝、快马等前往长安，贿赂盖长公主、上官桀、桑弘羊等人。上官桀等又命人伪造燕王上书，言称："霍光出外校阅郎官及羽林军时，就仿佛皇上出巡一般，命人清道，驱赶行人，派太官为其预先安排饮食。"又称："苏武出使匈奴，被扣留二十年而不肯投降，回朝后只不过了个典属国的官职；而大将军长史杨敞并无功劳，却被任命为搜粟都尉；另外，霍光还擅自增选大将军府的校尉。霍光独揽大权，为所欲为，是否会做出不利于朝廷的非常之举，令人怀疑，因此，我愿意交还燕王的印玺，进入宫廷，侍卫在皇上左右，监督奸臣的行动，以防有变。"等到霍光休假不在朝中时奏闻汉昭帝。上官桀本打算从朝廷中交给有关官员去查办，由桑弘羊与各大臣一起逮捕霍光，撤销其职。但上奏后，汉昭帝却扣留不发。第二天早晨，霍光入朝，听说此事后，停在画室中不敢贸然进殿。汉昭帝问："大将军在什么地方？"左将军上官桀回答说："因燕王控告大将军的罪行，所以他不敢进殿。"汉昭帝下诏："召大将军进来。"霍光进殿后，脱下官帽，叩头请罪。汉昭帝说道："将军请戴上帽子。朕知道这道奏章是假的，将军并没有罪。"霍光说："陛下是怎么知道的呢？"汉昭帝说："将军去广明校阅郎官，是最近的事，选调校尉以来，也还不到十天，燕王怎么能知道这些事呢！况且将军如果谋反，也用不着选调校尉。"此时汉昭帝年仅十四岁，尚书及左右官员全都震惊了。后发现呈递这奏章的人果然逃亡，汉昭帝下令紧急追捕。上官桀等人心中害怕，便对汉昭帝说："区区小事，用不着穷追不放。"汉昭帝不听。后上官桀的同党中有人说霍光的坏话，汉昭帝立即怒斥道："大将军是忠臣，先帝托付他辅佐我，谁再胆敢诬蔑大将军，就问他的罪！"从此，上官桀等不敢再攻击霍光。

唐人李德裕评论说：人君最大的优点，莫过于明察秋毫，明察就可以照见奸邪，那么无论什么邪恶都无法蒙蔽，汉昭帝就是这样的明君。周成王比起他来，就有愧色了；高祖、文帝、景帝也都不如他。周成王听信了管叔、蔡叔散布的流言，致使周公进退两难，只得东征。汉高祖听说陈平曾经在魏、楚做过事，后又背离魏、楚，便几乎舍弃了这位心腹之臣。汉文帝误认为季布爱发酒疯，难做天子近臣，便将他放回地方做郡太守；又怀疑贾谊专擅权柄，会造成混乱，就又疏远了这位贤士。汉景帝相信杀死晁错能结束七国之乱，就杀了位居三公的晁错。正是"先王出疑心，才招致奸贼的谗言"。假使汉昭帝能够得到像伊尹和吕尚这样的人的辅佐，那么，就连周成王和周康王也不能同他相比呀！

霍光废黜昌邑王

汉昭帝元平元年（前74年）六月

　　昌邑王①既立，淫戏无度。昌邑官属皆征至长安，往往超擢拜官。相安乐迁长乐卫尉。龚遂②见安乐，流涕谓曰："王立为天子，日益骄溢，谏之不复听。今哀痛未尽，日与近臣饮酒作乐，斗虎豹，召皮轩车九旒③，驱驰东西，所为谇④道。古制宽，大臣有隐退；今去不得，阳狂⑤恐知，身死为世戮，奈何？君，陛下故相，宜极谏争！"

　　王梦青蝇之矢积西阶东，可五六石，以屋版瓦⑥覆之，以问遂，遂曰："陛下之《诗》⑦不云乎：'营营青蝇，止于藩。恺悌君子，毋信谗言。'⑧陛下左侧谗人众多，如是青蝇恶矣。宜进先帝大臣子孙，亲近以为左右。如不忍昌邑故人，信用谗谀，必有凶咎。愿诡⑨祸为福，皆放逐之！臣当先逐矣。"王不听。

　　太仆丞河东张敞上书谏，曰："孝昭皇帝蚤⑩崩无嗣，大臣忧惧，选贤圣承宗庙，东迎之日，唯恐属车⑪之行迟。今天子以盛年初即位，天下莫不拭目倾耳，观化听风。国辅大臣未褒，而昌邑小辇先迁，此过之大者也。"王不听。

　　大将军光忧懑，独以问所亲故吏大司农田延年；延年曰："将军为国柱石，审此人不可，何不建白⑫太后，更选贤而立之？"光曰："今欲如是，于古尝有此不⑬？"延年曰："伊尹相殷，废太甲以安宗庙，后世称其忠。将军若能行此，亦汉之伊尹也。"光乃引延年给事中⑭，阴与车骑将军张安世图⑮计。

　　王出游，光禄大夫鲁国夏侯胜当乘舆前谏曰："天久阴而不雨，臣下有谋上者。陛下出欲何之⑯？"王怒，谓胜为祅⑰言，缚以属吏。吏白霍光，光不举法⑱。光让安世，以为泄语。安世实不言；乃召问胜。胜对言："在《鸿范传》⑲曰：'皇之不极⑳，厥罚常阴㉑，时则有下人伐上者。'恶察察言㉒，故云'臣下有谋'。"光、安世大惊，以此益重经术士。侍中傅嘉数进谏，王亦缚嘉系狱。

　　光、安世既定议，乃使田延年报丞相杨敞。敞惊惧，不知所言，汗出洽背，徒唯唯而已。延年起，至更衣^㉓。敞夫人遽^㉔从东厢谓敞曰："此国大事，今大将军议已定，使九卿来报君侯，君侯不疾应，与大将军同心，犹与^㉕无决，先事诛矣！"延年从更衣还，敞夫人与延年参语^㉖许诺："请奉大将军教令！"

癸巳，光召丞相、御史、将军、列侯、中二千石、大夫、博士会议未央宫。光曰："昌邑王行昏乱，恐危社稷，如何？"群臣皆惊鄂^㉗失色，莫敢发言，但唯唯而已。田延年前，离席按剑曰："先帝属将军以幼孤，寄将军以天下，以将军忠贤，能安刘氏也。今群下鼎沸，社稷将倾；且汉之传谥常为'孝'者，以长有天下，令宗庙血食^㉘也。如汉家绝祀，将军虽死，何面目见先帝于地下乎？今日之议，不得旋踵^㉙，群臣后应者，臣请剑斩之！"光谢曰："九卿责光是也！天下匈匈^㉚不安，光当受难^㉛。"于是议者皆叩头曰："万姓之命，在于将军，唯大将军令！"

光即与群臣俱见，白太后，具陈昌邑王不可以承宗庙状。皇太后乃车驾幸未央承明殿，诏诸禁门毋内^㉜昌邑群臣。王入朝太后还，乘辇欲归温室^㉝，中黄门宦者各持门扇，王入，门闭，昌邑群臣不得入。王曰："何为？"大将军跪曰："有皇太后诏，毋内昌邑群臣！"王曰："徐之，何乃惊人如是！"光使尽驱出昌邑群臣，置金马门外。车骑将军安世将羽林骑收缚二百余人，皆送廷尉诏狱。令故昭帝侍中中臣侍守王。光敕^㉞左右："谨宿卫！卒有物故自裁^㉟，令我负天下，有杀主名。"王尚未自知当废，谓左右："我故群臣从官安得罪，而大将军尽系之乎？"

顷之，有太后诏召王。王闻召，意恐，乃曰："我安得罪而召我哉？"太后被珠襦^㊱，盛服坐武帐中，侍御数百人皆持兵，期门武士陛戟^㊲陈列殿下，群臣以次上殿，召昌邑王伏前听诏。光与群臣联名奏王，尚书令读奏曰："丞相臣敞等昧死言皇太后陛下：孝昭皇帝早弃天下，遣使征昌邑王典丧^㊳，服斩衰^㊴，无悲哀之心，废礼谊，居道上不素食，使从官略女子载衣车，内所居传舍。始至谒见，立为皇太子，常私买鸡豚以食。受皇帝信玺、行玺大行前^㊵，就次^㊶，发玺不封。从官更持节引内昌邑从官、驺宰^㊷、官奴二百余人，常与居禁闼内敖戏。为书曰：'皇帝问侍中君卿：使中御府令高昌奉黄金千斤，赐君卿取十妻。'大行在前殿，发乐府乐器，引内昌邑乐人击鼓，歌吹，作俳倡^㊸；召内泰壹^㊹、宗庙乐人，悉奏众乐。驾法驾^㊺驱驰北宫、桂宫，弄彘，斗虎。召皇太后御小马车^㊻，使官奴骑乘，游戏掖庭中。与孝昭皇帝宫人蒙等淫乱，诏掖庭令^㊼：'敢泄言，要斩！'"太后曰："止！为人臣子，当悖乱如是邪！"王离席伏。尚书令复读曰："——取诸侯王、列侯、二千石绶及墨绶、黄绶以并佩昌邑郎官者免奴⑭。发御府金钱、刀剑、玉器、采缯，赏赐所与游戏者。与从官、官奴夜饮，湛沔⑮于酒。独夜设九宾温室⑯，延见姊夫昌邑关内侯。祖宗庙祠未举，为玺书，使使者持节以三太牢祠昌邑哀王园庙，称'嗣子皇帝'。受玺以来二十七日，使者旁午⑰，持节诏诸官署征发凡一千一百二十七事。荒淫迷惑，失帝王礼谊，乱汉制度。臣敞等数进谏，不变更，日以益甚；恐危社稷，天下不安。臣敞等谨与博士议，皆曰：'今陛下嗣孝昭皇帝后，行淫辟⑱不轨。"五辟⑲之属，莫大不孝。"周襄王不能事母，《春秋》曰："天王出居于郑。"由不孝出之，绝之于天下也。宗庙重于君，陛下不可以承天序，奉祖宗庙，子万姓，当废！'臣请有司以一太牢具告祠高庙。"皇太后诏曰："可。"光令王起，拜受诏，王曰："闻'天子有争⑳臣七人，虽亡㉑道不失天下。'"光曰："皇太后诏废，安得称天子！"乃即持其手，解脱其玺组，奉上太后；扶王下殿，出金马门，群臣随送。王西面拜曰："愚戆㉒，不任汉事！"起，就乘舆副车；大将军光送至昌邑邸。光谢曰："王行自绝于天，臣宁负王，不敢负社稷！愿王自爱，臣长不复左右。"光涕泣而去。

群臣奏言："古者废放之人，屏于远方，不及以政。请徙王贺汉中房陵县。"太后诏归贺昌邑，赐汤沐邑二千户，故王家财物皆与贺；及哀王女四人，各赐汤沐邑千户；国除，为山阳郡。

昌邑群臣坐在国时不举奏王罪过，令汉朝不闻知，又不能辅道㉓，陷王大恶，皆下狱，诛杀二百余人；唯中尉吉㉔、郎中令遂以忠直数谏正，得减死，髡为城旦。师王式系狱当死，治事使者责问曰："师何以无谏书？"式对曰："臣以《诗》三百五篇朝夕授王，至于忠臣、孝子之篇，未尝不为王反复诵之也。至于危亡失道之君，未尝不流涕为王深陈之也。臣以三百五篇谏，是以无谏书。"使者以闻，亦得减死论。

霍光以群臣奏事东宫，太后省政，宜知经术，白令夏侯胜用《尚书》授太后，迁胜长信少府。赐爵关内侯。

（《通鉴》第 24 卷 780～788 页）

【注释】

①昌邑王：昌邑哀王刘髆之子、汉武帝之孙刘贺。昭帝死，无子，迎贺，

褒尊号，即位二十七日，行淫乱，大将军霍光等议废之。②龚遂：字少卿，山阳南平阳（今山东邹县）人。时为昌邑王刘贺的郎中令，勇于谏诤。③轩车：大夫的车。旒（liú）：古代旗帜下边悬垂的装饰物。④诗（bèi）：违背。⑤阳狂：同“佯狂”。装疯。⑥版瓦：大瓦。⑦陛下之《诗》：指昌邑王所读之《诗》。⑧见《诗·小雅》。营营，往来不绝貌。藩，篱笆。恺（kǎi）悌，和乐近人。⑨诡：反。⑩蚤：古“早”字。⑪属车：帝王的侍从车。⑫建白：建议。⑬不：同“否”。⑭引：推荐。给事中：秦汉时为加官。常在皇帝左右侍从，备顾问应对等事。因执事在殿中，故称侍中。⑮图：谋。⑯之：往。⑰祆：同“妖”。⑱举法：列举其罪，按法处理的意思。⑲《鸿范传》：《鸿范》，即《洪范》，《尚书》篇名。《鸿范传》为汉儒所作。⑳皇：君主。极：正。㉑厥：其。阴：天阴。㉒恶察察言：不敢明言。恶（wù），忌讳。察察，分别辨析。㉓更衣：更衣室。古代宴请宾客必有更衣之处。㉔遽（jù）：迅速。㉕与：通“豫”。㉖参语：三人聚话。参（sān），通“三”。㉗惊鄂：吃惊而发愣。鄂，通“愕”。㉘血食：受祭祀。因古代祭祀用牲牢，故称“血食”。㉙旋踵：后退。㉚匈匈：动乱，纷扰。㉛难：诘责。㉜内：通“纳”。㉝温室：殿名。在未央宫北。㉞敕（chì）：告诫。㉟卒：通“猝”。物故：死去。自裁：自杀。㊱被（pī）：通“披”。穿着。珠襦：贯珠为襦。襦，短衣。㊲期门：官名，属光禄勋，掌执兵出入护卫。陛戟：古代皇帝卫士持戟立于殿阶下两侧。陛，宫殿台阶。戟，古代一种兵器。㊳典丧：主持丧事。㊴斩衰（cuī）：旧时五种丧服中最重的一种。用粗麻布制成，左右和下边都不缝。㊵信玺、行玺：汉初有三玺，天子之玺自佩，信玺、行玺在符节台。大行前：指昭帝灵柩前。皇帝死亡称大行。帝死停棺未葬，称大行皇帝。㊶就次：把印玺放回原来的地方。次，位。㊷驺宰：掌管驾车马的官。㊸俳倡：俳，杂戏；倡，乐人。㊹泰壹：同“太一”，神名。泰壹乐人，指专为祭祀泰壹神奏乐的乐工。㊺法驾：皇帝出行的车驾，按规模有大驾、小驾、法驾之别。法驾，京兆尹奉引，侍中参乘，奉车郎驾驭，属车三十六乘。㊻小马车：皇太后所驾游宫中的辇车。汉厩有果下马，高三尺，用以驾辇。㊼掖庭令：宫廷内管宫女的官。㊽墨绶：千石、六百石绶。黄绶：四百石、三百石、二百石绶。免奴：奴免为良民者。㊾湛沔（dān miǎn）：沉湎，荒迷。㊿设九宾温室：在温室殿中设九宾之礼。古代朝会大典设九宾，是一种极隆重的接待宾客的仪式。(51)旁午：交错，纷繁。(52)淫辟：邪僻。(53)五辟：即五刑：墨、劓、剕、宫、大辟。(54)争：通“诤”。(55)亡：通“无”。(56)愚戆（zhuàng）：愚蠢。(57)道：通“导”。(58)吉：指王吉。

【译文】

昌邑王刘贺做了皇帝后，淫乱荒唐没有节制。原昌邑国官吏全部被征召到长安，很多人得到破格提拔。昌邑国相安乐被任命为长乐卫尉。龚遂见到安乐，哭着对他说："大王被立为天子之后，日益骄纵。规劝他也不再听从。如今仍在居丧期间，他却每天与亲信饮酒作乐，观看虎豹搏斗，又传召悬挂着天子旌旗的虎皮轿车，坐在上面东奔西跑，所作所为违背了正道。古代制度宽厚，大臣可以辞职隐退，如今想走走不得，想伪装疯狂，又怕被人识破。死后还要遭人唾骂，教我如何是好？您是陛下原来的丞相，应当极力谏诤规劝。"

王梦见有苍蝇的粪便堆积在西阶东边，有五六石那么多，用大的屋瓦覆盖着，就问龚遂这是为什么？遂说："陛下所读的诗中不是已经说过了：'那飞来飞去的苍蝇，因为会变黑为白，使干净的变成脏乱，所以应该让它远远地停在那园圃的篱笆上，不可以让它飞到室内来。同样的道理，一个和乐平易的君子，也不要去听信谗言。'现在陛下左右的谗人很多，就像是这些苍蝇的粪便啊，所以应该注意选用先帝大臣的子孙，去亲近他们，使他们成为陛下的左右近臣。如果不忍舍弃从昌邑来的那些故旧，而信用了谗言阿谀的人，一定会有灾祸发生。希望能转祸为福，把那些人全都加以摒除，我就是该先被弃逐的一个。"王不听从。

太仆丞河东人张敞上书劝说道："孝昭皇帝早逝，没有儿子，朝中大臣忧虑惶恐，选择贤能圣明的人承继帝位，到东方迎接圣驾之时，唯恐跟随您的从车行进迟缓。如今陛下正当盛年，初继帝位，天下人无不擦亮眼睛，侧着耳朵，盼望看到和听到陛下实施善政。然而，辅国的重臣尚未得到褒奖，而昌邑国拉车的小吏却先获得升迁，这是个大过错。"刘贺不听。

大将军霍光这时便觉得很是烦闷，便私下为这件事情独自向平素所亲近的旧属大司农田延年问计；延年说："将军是国家的重臣，既知道这个人不可以承当重任，为什么不去报告太后，建议另外挑选贤能的人来拥立他呢？"霍光说："现在就是想要这么办，不知道古时候曾经有过这种事情没有？"延年说："伊尹辅佐商朝的时候，曾经放逐了昏庸无道的太甲，来安定国家，后代的人都称赞他的忠心。将军如能也这么做，那就是汉朝的伊尹了。"霍光便推荐延年供应在典殿中，任命为给事中，以便随时商计国家大事，暗中又和车骑将军张安世策划商议。

当王出游的时候，光禄大夫鲁国人夏侯胜便挡在车驾前面进谏说："上天长久的阴霾而不下雨，这表示人臣将会有谋逆的事情发生，将对皇上不利。现在陛下外出，是想要到哪里去呢？"王很生气，指夏侯胜妄作妖言邪说，就把他捆绑起来，交给官吏去审理。官吏将这件事报告了霍光，霍光不去依法处置他。后来霍光以为是安世泄露了他们的说话，便去责备安世，其实安世是一点也没泄露什么，于是便把夏侯胜找来追问原因。胜回答说："在《鸿范传》里说：'一个当国君的人，如果处事多失，不得中道，就会上干天罚，使得天气经常阴霾，不得放晴。君乱且弱，下激民怒，所以就有下人要诛伐皇上的灾祸。'因为不敢明言下人将要诛伐皇上，所以只说是'臣下有逆谋'。"霍光和安世听了，都大吃一惊，因此更加重视熟悉经术的人。侍中傅嘉也屡次进谏，王于是也把傅嘉捆绑了，关进监狱里去。

霍光和张安世已经商议好了，就派田延年去向丞相杨敞报告。杨敞听了，很是吃惊害怕，不知该说些什么，吓得汗流浃背，只是恭敬地应诺而已。延年站了起来，到了更衣处去。杨敞夫人急忙从东厢跑出来告诉杨敞说："这是国家大事，现在大将军已经商议好了，派九卿（田延年为大司农，在九卿之位，属中央政府中较为高级的官员）来告诉你，你不赶快答应，和大将军同心协力，还在那里迟疑不决，是会先被杀害的啊。"延年从更衣处回来，杨敞夫人便向延年参进言语，答应了这个计划，说是"遵奉大将军的命令"。

癸巳时（二十八日），霍光召集丞相、御史、列侯、中二千石、大夫、博士在未央宫商议。霍光说："昌邑王德行昏乱，恐怕会危害到国家的安宁，怎么办呢？"群臣听了都惊慌发愣，吓得面无人色，不敢发言，只是恭敬地应诺着而已。田延年便站起身来，走上前去，离开了坐席，手按着剑，说："先帝将年幼的孤儿嘱托给将军，把治理天下的重责大任也委托给将军，这是因为知道将军是既忠心又贤能，能够安定刘氏的天下。现在自从昌邑王为帝以来，下面的群众对他的行为非常不满，人心不安，议论纷纷，国家将因此陷入倾亡的危险境地，而且汉朝的历代帝王所传用的名号，都加有一个"孝"字的原因，就是为了要使子孙能永远保有天下，让祖先能够享受子孙的祭祀。现在如果汉家因此而亡国绝祀，那么将军即使也因此而死，又有什么脸去见先帝于九泉之下呢？所以今天所讨论的事情，应该赶快有一个决定，不得再推托迟延，群臣中如有犹豫不决，迟迟才答应的，请能允许我立刻用剑杀了他！"霍光谢罪说："九卿对我的责备是对的！天下议论纷纷，对政局都感到不安，我霍光是应该受到责难的。"因此参与计议的人都叩头请求说："天下所有人的生命安危，都维持在将军一人的身上，我们都将听从大将军命令！"

霍光随即与群臣一同晋见太后，向太后禀告，陈述昌邑王刘贺不能承继皇位的情状。于是皇太后乘车驾前往未央宫承明殿，下诏命皇宫各门不许放昌邑国群臣入内。刘贺朝见太后之后，乘车准备返回温室殿，此时禁宫宦者已分别抓住门扇，刘贺一进去，便将门关闭，昌邑国群臣不能入内，刘贺问道："这是干什么？"大将军霍光跪地回答说："皇太后有诏，不许昌邑国群臣入宫。"刘贺说："慢慢吩咐就是了，为什么竟如此吓人！"霍光命人将昌邑国群臣全部驱赶到金马门之外。车骑将军张安世率领羽林军将被赶出来的昌邑国群臣二百余人逮捕，全部押送廷尉所属的诏狱。霍光曾在汉昭帝时担任过侍中的宦官守护刘贺，并命令手下人说："一定要严加守护！如果他突然死去或自杀，就会让我对不起天下人，背上杀主的恶名。"此时刘贺还不知道自己即将被废黜，问身边的人说："我以前的群臣、从属犯了什么罪？大将军为什么将他们全部关押起来呢？"

不久，皇太后下诏召刘贺入见。刘贺听说太后召见，感到害怕，说道："我犯了什么错？太后为什么召我？"太后身披用珠缀串而成的短衣，盛装打扮，坐在武帐之中，数百名侍卫全部手握兵器，与持戟的期门武士排列于殿下。文武群臣按照品位高低依次上殿，然后召昌邑王上前伏于地下。听候宣读诏书。霍光与群臣联名奏劾昌邑王，由尚书令宣读奏章："丞相杨敞等冒死上奏皇太后陛下：孝昭皇帝过早地抛弃天下而去，朝廷派使者征召昌邑王前来，主持丧葬之礼。而昌邑王身穿丧服，并无悲哀之心，废弃礼义，在路上不肯吃素，还派随从官员掳掠女子，用有帘幕遮蔽的车来运载，在沿途驿站陪宿。初到长安，谒见皇太后之后，被立为皇太子，仍经常私下派人购买鸡、猪肉食用。在孝昭皇帝灵柩之前接受皇帝的印玺，回到住处，打开印玺后就不再封存。派侍从官吏手持皇帝符节前去召引昌邑国的侍从官、车马官、官奴仆等二百余人，与他们一起居住在宫禁之内，肆意游戏娱乐。曾经写信说：'皇帝问候侍中君卿，特派中御府令高昌携带黄金千斤，赐君卿娶十个妻子。'孝昭皇帝的灵柩还停在前殿，竟搬来乐府乐器，让昌邑国善于歌舞的艺人入宫击鼓，歌唱吹弹，演戏取乐；又调来太一祭坛和宗庙的歌舞艺人，遍奏各种乐曲。驾着天子车驾，在北宫、桂宫等处往来奔驰，并玩猪、斗虎。擅自调用皇太后乘坐的小马车，命官奴仆骑乘，在后宫中游戏。与孝昭皇帝的一个叫蒙的宫女等淫乱，还下诏给掖庭令：'有敢泄露此事者腰斩！'"太后说："停下！做臣子的，竟会如此悖逆荒乱吗！"刘贺离开席位，伏地请罪。尚书令继续读道："……取朝廷赐予诸侯王、列侯、二千石官员的绶带及黑色、黄色绶带，赏给昌邑国郎官，及被免除奴仆身份的人佩戴。将皇家仓库中的金钱、刀剑、玉器、彩色丝织品等赏给与其一起游戏的人。与侍从官、奴仆彻夜狂饮，酒醉沉迷。在温室殿设下隆重的九宾大礼，于夜晚单独接见其姐夫昌邑关内侯。尚未举行祭祀宗庙的大礼，就颁发正式诏书，派使者携带皇帝符节，以三牛、三羊、三猪的祭祀大礼前往祭祀其父昌邑哀王的陵庙，还自称'嗣子皇帝'。即位以来二十七天，向四面八方派出使者，持皇帝符节，用诏令向各官署征求调发，共一千一百二十七次。荒淫昏乱，失去了帝王的礼义，败坏了大汉的制度。杨敞等多次规劝，但并无改正，反而日益加甚，恐怕这样下去将危害国家，使天下不安。我们与博士官商议，一致认为：'当今陛下继承孝昭皇帝的帝位，行为淫邪不轨。《孝经》上说："五刑之罪当中，以不孝之罪最大。"昔日周襄王不孝顺母亲，所以《春秋》上说他："天王出居郑国。"因其不孝，所以出居郑国，被迫抛弃天下。宗庙要比君王重要得多，陛下既然不能承受天命，侍奉宗庙，爱民如子，就应当废黜！'因此，臣请求太后命有关部门用一牛、一羊、一猪的祭祀大礼，祭告于高祖皇帝的祭庙。"皇太后下诏说："可以。"于是霍光命刘贺站起来，拜受皇太后诏书。刘贺说道："我听说：'天子只要有七位耿直敢言的大臣在身边，即使无道，也不会失去天下。'"霍光说："皇太后已经下诏将你废黜，岂能自称天子！"随即抓住刘贺的手，将他身上佩戴的玉玺绶带解下，献给皇太后，然后扶着刘贺下殿，从金马门走出皇宫，群臣跟随在后面相送。刘贺出宫后，面向西方叩拜道："我太愚蠢。不能担当汉家大事！"然后起身，登上御驾的副车，由大将军霍光送到长安昌邑王官邸。霍光道歉说："大王的行为是自绝于上天，我宁愿对不起大王，不敢对不起社稷！希望大王自爱，我不能再常侍奉于大王的左右了。"说完洒泪而去。

文武群臣上奏太后说："古时候，被废黜之人，要放逐到远方去，使其不能再参与政事。请将昌邑王刘贺迁徙到汉中房陵县。"太后下诏，命刘贺回昌邑居住，赐给他二千户人家作为汤沐邑，他当昌邑王时的家财也全部发还给他，其姐妹四人，各赐一千户人家作为汤沐邑；撤销昌邑国，改为山阳郡。

昌邑王手下的群臣，由于在昌邑国时，对于昌邑王的罪过，不能及时举发奏闻，使得汉廷不能事先有所知悉，又不能尽心去辅佐诱导昌邑王，使昌邑王陷于罪大恶极，所以都把他们关进监狱，一共杀死了两百多人；只有中尉吉和郎中令遂因为曾屡次忠直地以谏正昌邑王，得免死罪，将他们剃掉头发，判了一个前去筑城伺寇的徒刑。昌邑王的老师王式也关在监狱里，原判决也当处死刑，后来治狱使者责问他说："你身为昌邑王的老师，为什么会没有劝谏昌邑王的奏书呢？"王式回答说："我是拿《诗经》三百零五篇早晚去教导昌邑王的，讲到忠臣、孝子的篇章，就特别为昌邑王反复诵读；讲到陷于危亡无道的国君，就流泪为昌邑王深切地说明。我是用三百零五篇的诗经去劝谏昌邑王，所以就别无谏书。"治狱使者就把这话奏闻上去，因此也免除了死罪的判决。

霍光认为群臣既向皇太后奏事，而由太后来省察政事，太后便应该要明了经学，于是就向太后报告，命令由夏侯胜教导太后研读《尚书》，所以也提升了夏侯胜为长信少府，去掌管太后所居住的长信宫的种种事宜，还赐给他关内侯的爵位。

夏侯胜非议诏书

汉宣帝本始二年（前 72 年）

夏，五月，诏曰："孝武皇帝躬仁谊^①，厉^②威武，功德茂盛，而庙乐未称^③，朕甚悼焉。其与列侯、二千石、博士议。"于是群臣大议庭中^④，皆曰："宜如诏书。"长信少府夏侯胜^⑤独曰："武帝虽有攘^⑥四夷、广土境之功，然多杀士众，竭民财力，奢泰^⑦无度，天下虚耗，百姓流离，物故者半，蝗虫大起，赤地数千里，或^⑧人民相食，畜积至今未复；无德泽^⑨于民，不宜为立庙乐。"公卿共难胜曰："此诏书也。"胜曰："诏书不可用也。人臣之谊，宜直言正论，非苟阿意顺指^⑩。议已出口，虽死不悔！"于是丞相、御史劾奏^⑪胜非议诏书，毁先帝，不道^⑫；及丞相长史黄霸阿纵胜^⑬，不举劾；俱下狱。有司^⑭遂请尊孝武帝庙为世宗庙，奏《盛德》《文始》《五行》之舞^⑮。武帝巡狩^⑯所幸郡国皆立庙，如高祖、太宗焉。夏侯胜、黄霸既久系，霸欲从胜受《尚书》，胜辞以罪死。霸曰："朝闻道，夕死可矣。"胜贤其言，遂授之。系再更^⑰冬，讲论不息。

（《通鉴》第 24 卷 796～797 页）

【注释】

①躬：亲自做。谊：通"义"。②厉：通"励"。劝勉。③庙乐：宗庙中演

奏的舞乐。未称：与武帝的功德不相称。④庭中：朝廷之中。庭，通"廷"。⑤长信少府夏侯胜：长信少府，官名，掌长信宫（太后所居）之事。夏侯胜，西汉著名的今文尚书学家，治《尚书》。⑥攘：排斥。⑦奢泰：挥霍。⑧或：有的。⑨德泽：恩惠。⑩苟：随便。阿意：迎合别人的心意。顺指：顺从皇帝的意旨。指，通"恉（旨）"。⑪劾奏：向皇帝弹劾别人的罪状。⑫不道：无道。自汉代起，"不道"作为刑律的名目，是很重的罪名。⑬黄霸：字次公，淮阳阳夏（今河南太康）人。西汉大臣。宣帝时，任丞相长史，后擢为扬州刺史、颍川太守。为政"外宽内明"。后为御史大夫、丞相，封建成侯。阿纵：曲法纵容。⑭有司：官吏。古代设官分职，事各有专司，故称"有司"。⑮《盛德》《文始》《五行》：古代三种舞名。⑯巡狩：帝王离开京都到各地视察。⑰更：经历。

【译文】

夏，五月，宣帝下诏令说："孝武皇帝亲行仁义，奖励威武，功德显盛，可是在他的庙宇里，却没有适当的舞乐来相配合，朕觉得非常的哀伤。这要跟列侯、二千石和博士们一同来商议商议。"于是群臣便在朝廷中开了个大会来议论这件事情，大家都说："应该如诏书所指示，为武帝庙演奏相称的舞乐。"长信少府夏侯胜却说："武帝虽然有攘斥四方边夷，拓广我国疆域的功劳，但是杀了太多的民众，耗尽了人民的财力，奢侈无度，使得天下靡然，百姓离散，死亡了大半的人口，蝗虫的灾害处处都是，数千里地都不长五谷，甚至因饥饿而人吃人，国力财货到现在都不能有什么储积；对人民并无德泽，所以不应该替他选立庙乐。"公卿们就都责难夏侯胜说："这是诏书的意思啊！"胜说："不可全凭诏书。人臣的道理，应该直言进谏，持论公正，不可苟且曲意去顺服旨意。我的意见已经说出口了，虽因此而死，也不后悔！"于是丞相和御史都向皇上弹劾夏侯胜非议诏令，毁谤先帝，不合人臣应守的道理；也指责丞相长史黄霸曲法放纵夏侯胜，不检举夏侯胜的不是；结果两个人都下了牢狱。主管官员便上请尊称孝武庙为世宗庙，庙乐奏用盛德舞、文始舞和五行舞。武帝当年巡狩所到过的郡国也都立了庙，就像高祖庙和太宗庙一样。夏侯胜和黄霸在监狱里关久了，黄霸就想向夏侯胜学习《尚书》，胜拿因罪将死的理由加以推辞。霸说："早上能听受到道理，即使晚上便死了，也没有什么遗憾的。"胜很赞许他的话，便教他《尚书》。在监狱里又过了一年，他们都不断地讲论着。

汉宣帝注重太守

汉宣帝地节二年（前68年）

　　帝兴于闾阎①，知民事之艰难。霍光既薨，始亲政事，厉精为治，五日一听事。自丞相以下各奉职奏事，敷②奏其言，考试③功能。侍中、尚书功劳当迁及有异善，厚加赏赐。至于子孙，终不改易。枢机④周密，品式⑤备具，上下相安，莫有苟且之意。及拜刺史、守、相，辄亲见问，观其所由；退而考察所行以质⑥其言，有名实不相应，必知其所以然。常称曰："庶民所以安其田里而亡⑦叹息愁恨之心者，政平讼理⑧也。与我共此者，其唯良二千石⑨乎！"以为太守，吏民之本，数变易则下不安；民知其将久，不可欺罔，乃服从其教化。故二千石有治理效，辄以玺书勉厉⑩，增秩、赐金，或爵至关内侯；公卿缺，则选诸所表⑪，以次用之。是以汉世良吏，于是为盛，称中兴焉。

（《通鉴》第 24 卷 806 ～ 807 页）

【注释】

　　①帝：汉宣帝刘询。他是汉武帝曾孙，庚太子的孙子。初名病已，后更名询，字次卿。昭帝死后，霍光等废昌邑王，立刘询为帝。少时在民间生活，深知百姓疾苦和吏治得失。他赈济贫民，减轻赋役，发展生产。他好刑名之术，重视吏治。在位期间（前74—前49），汉威远及西北诸国。闾阎：里巷的门。借指民间。②敷：陈。③考试：考核官吏。④枢机：指朝廷的机要部门及职位。⑤品式：种类规格。⑥质：质正，核实。⑦亡：通"无"。⑧讼理：有讼即理，而无冤滞。⑨二千石：指刺史、郡守、诸侯国的相。他们的年俸均为二千石。⑩厉：通"励"。⑪所表：指以玺书勉励、增秩、赐金和爵至关内侯者。

【译文】

　　汉宣帝出身于民间，了解下层人民的艰难困苦。霍光死后，汉宣帝开始亲自主持朝政，励精图治，每隔五天，就要召集群臣，听取他们对朝政事务的意见。自丞相以下，群臣各就自己负责的事务分别奏报。再将他们陈述的意见分别下达有关部门试行，考查、检验其功效。凡任侍中、尚书的官员有功应当升迁，或有特殊成绩，就厚加赏赐，甚至及于他们的子孙，长久不改变。中枢机构严密，法令、制度完备，上下相安无事，没有人抱着苟且敷衍的态度办事。至于任命州刺史、郡太守、封国丞相等高级地方官吏，汉宣帝总是亲自召见询问，观察他的抱负和打算，再考查他的行为，看是否与他当初说的一样。凡查出有言行不统一的，一定要追究其原因何在。汉宣帝常说："老百姓之所以能安居家乡，没有叹息、怨愁，主要就在于为政公平清明，处理诉讼之事合乎情理。能与我一起做到这一点的，不正是那些优秀的郡太守和封国丞相等二千石官员吗！"汉宣帝认为，郡太守为治理官吏和百姓的关键，如变换频繁则容易引起治下百姓的不安。百姓们知道他们的郡太守将长期留任，不可欺罔，才能服从郡太守的教化。所以，凡地方二千石官员治理地方有成效的，汉宣帝总是正式颁布诏书加以勉励，增加其官阶俸禄，赏赐黄金，甚至赐爵为关内侯，遇有公卿职位空缺，则按照他们平时所受奖励的先后、多少，依次挑选补任。因此，汉朝的好官，是以这一时期最多，号称中兴。

丙吉不言己功

汉宣帝元康二年（前 64 年）

丙吉①为人深厚，不伐善②。自曾孙遭遇③，言④绝口不道前恩，故朝廷莫能明其功也。会掖庭宫婢则令民夫上书⑤，自陈尝有阿保⑥之功，章下掖庭令⑦考问，则辞引使者丙吉知状。掖庭令将则诣御史府以视⑧吉，吉识，谓则曰："汝尝坐养皇曾孙不谨，督⑨笞汝，汝安得有功！独渭城胡组、淮阳郭征卿有恩耳。"分别奏组等共养⑩劳苦状。诏吉求组、征卿；已死，有子孙，皆受厚赏。诏免则为庶人，赐钱十万。上亲见问，然后知吉有旧恩而终不言，上大贤之。

（《通鉴》第 25 卷 829 ~ 830 页）

【注释】

①丙吉（？—前 55）：字少卿，鲁国（今山东曲阜）人。汉宣帝出生不久，

因祖父卫太子事入狱。当时丙吉为廷尉监，多方保护宣帝，使其免于难。后任大将军霍光长史，建议迎立宣帝。封博阳侯，任丞相。以知大体见称，与魏相齐名，号称丙魏。②伐善：夸耀自己的长处。③曾孙遭遇：指宣帝即位。④言：甲十五行本及《汉书·丙吉传》"言"字均作"吉"。⑤掖庭：宫中旁舍，妃嫔居住的地方。则：宫婢名。民夫：指宫婢在民间的原来的丈夫。⑥阿保：保护养育。⑦掖庭令：官名。负责管理宫女、太监。⑧视：通"示"。⑨督：视察。⑩共养：共（gōng），通"供"。

【译文】

　　丙吉为人深沉忠厚，不夸耀自己的功劳。自汉宣帝即位以来，丙吉绝口不提以前对汉宣帝的恩惠，所以朝中无人知道他的功劳。正巧一个名叫则的掖庭所属宫婢让自己的老百姓丈夫上书朝廷，陈述自己对皇帝曾有抚育之功，汉宣帝命掖庭令负责查问此事，宫婢则在供词中提到丙吉了解当时的情况。掖庭令将宫婢则带到御史府来见丙吉，丙吉认识她，对她说："你当年抚育皇曾孙时，因照顾不周，我还曾责打过你，你有什么功劳！只有渭城人胡组、淮阳人郭征卿对皇曾孙有恩。"于是分别将胡组等当年共同辛勤抚养的情况上奏汉宣帝。汉宣帝下诏，命寻访胡组、郭征卿，但二人已然去世，只有子孙尚在，都受到丰厚的赏赐。汉宣帝又下诏赦免则的官奴婢身份，使她成为平民，赐给她十万钱，并亲自召见，询问当年情况，这才知道丙吉对自己有旧恩，却一直不肯透露，认为丙吉是大贤之人。

张安世举贤不望私谢

汉宣帝元康三年（前63年）三月

　　张安世自以父子封侯①，在位太盛，乃辞禄②，诏都内③别藏张氏无名钱以百万数。安世谨慎周密，每定大政，已决，辄移病④出。闻有诏令，乃惊，使吏之⑤丞相府问焉。自朝廷大臣，莫知其与议也。尝有所荐，其人来谢，安世大恨，以为"举贤达能，岂有私谢邪"！绝弗复为通。有郎⑥功高不调，自言安世，安世应曰："君之功高，明主所知，人臣执事何长短，而自言乎！"绝不许。已而郎果迁。安世自见父子尊显，怀不自安，为子延寿求出补吏⑦，上以为北地⑧太守；岁余，上闵⑨安世年老，复征延寿为左曹、太仆。

（《通鉴》第 25 卷 832 ~ 833 页）

【注释】

①张安世自以父子封侯：张安世（？—前 62），字子孺，杜陵（今陕西西安东南）人。张汤之子。武帝时，官至光禄大夫。昭帝时，任右将军、光禄勋，封为富平侯。协助霍光废昌邑王。迎立宣帝。后为大司马、车骑将军，领尚书事。其兄张贺，有恩于汉宣帝，及帝即位，贺已死。贺子早死，安世幼子彭祖为贺继子，封阳都侯。故称"父子封侯"。②辞禄：辞谢俸禄。③都内：都城内库。即皇宫府库。④移病：打报告称病。⑤之：往。⑥郎：皇帝侍从官的通称。⑦求出补吏：请求离开朝廷，到地方任职。当时张延寿为光禄勋（掌领宿卫侍从的官）。⑧北地：郡名。西汉时治所在马岭（今甘肃庆阳西北）。⑨闵：同"悯"，怜悯。

【译文】

张安世自认为父子都被封侯，权位太盛，便向汉宣帝请求辞去俸禄。汉宣帝命大司农所属都内衙门单独为张安世收藏这笔无名钱，达到数百万。张安世谨慎周密，每次与皇帝商议大事，决定后，他总是称病退出。等听到皇帝颁布诏令后，再假装大吃一惊，派人到丞相府去询问。所以即使是朝廷大臣，无人知道他曾参与此事的决策。张安世曾向朝廷举荐过一个人，此人前来道谢，张安世非常生气，认为："为国家举荐贤能，难道可以私相酬谢吗！"从此与此人绝交。有一位郎官功劳很大，却没有调升，自己去求张安世为他说话。张安世对他说道："你的功劳很大，皇上是知道的，做人臣子的，怎么能自说长短处！"坚决不答应他。不久，这位郎官果然升官了。张安世见自己父子地位尊显，内心深感不安，便为儿子张延寿请求出任地方官。汉宣帝任命张延寿为北地太守。一年多后，汉宣帝怜恤张安世年老，又将张延寿调回朝廷，担任左曹、太仆。

疏广不为子孙立产业

汉宣帝元康三年（前63年）

夏，四月，丙子，立皇子钦为淮阳王。皇太子^①年十二，通《论语》《孝经》。太傅疏广谓少傅受^②曰："吾闻'知足不辱，知止不殆^③'。今仕宦^④至二千石，官成名立，如此不去，惧有后悔。"即日，父子俱移病^⑤，上疏乞骸骨^⑥。上皆许之，加赐黄金二十斤，皇太子赠以五十斤。公卿故人设祖道供张^⑦东都门外，送者车数百两^⑧，道路观者皆曰："贤哉二大夫！"或叹息为之下泣^⑨。

广、受归乡里，日令其家卖金共具^⑩，请族人、故旧、宾客，与相娱乐。或劝广以其金为子孙颇^⑪立产业者，广曰："吾岂老悖^⑫不念子孙哉！顾^⑬自有旧田庐，令子孙勤力其中，足以共衣食，与凡人齐。今复增益之以为赢余，但教子孙怠堕耳。贤而多财，则损其志；愚而多财，则益其过。且夫富者众之怨也，吾既无以教化子孙，不欲益其过而生怨。又此金者，圣主所以惠养老臣也，故乐与乡党、宗族共飨其赐^⑭，以尽吾余日，不亦可乎！"于是族人悦服。

（《通鉴》第 25 卷 833～834 页）

【注释】

①皇太子：汉宣帝刘询的儿子刘奭，即后来的汉元帝。②太傅：这里指辅导太子的太子太傅，从一品。疏广：字仲翁，东海兰陵（今山东枣庄东南）人。少好学，善《春秋》。征为博士。宣帝时，任太子太傅。其侄疏受，也同时为少傅。在任五年，两人均称病辞官还乡。少傅：辅导太子的官。是太子少傅的简称，从二品。受：疏受，疏广之侄。③知足不辱，知止不殆：出自《老子》第四十四章。殆，危险。④仕宦：做官。⑤父子：古代叔侄也称父子。移病：打报告称病。⑥乞骸骨：请求退休。⑦祖道：饯行。供张：供具张设。⑧两：同"辆"。⑨下泣：落泪。⑩共具：意即准备酒食。共，同"供"。具，指放酒食的器具。⑪颇：稍微。⑫悖：糊涂。⑬顾：思念。⑭乡党：这里泛指乡里。周制，五百家为党，一万二千五百家为乡。飨：同"享"。

【译文】

夏季，四月丙子（十四日），汉宣帝立皇子刘钦为淮阳王。皇太子刘奭年十二岁，已通晓《论语》《孝经》。太傅疏广对少傅疏受说："我听说'知道满足的人不会受辱，知道适可而止的人不会遇到危险'。而今我们做官已到二千石高位，功成名就，这样再不离去，恐怕将来会后悔。"于是，当天，叔侄二人就一起以身体患病为理由，上书汉宣帝请求退休。汉宣帝批准所请，加赐黄金二十斤，皇太子也赠送黄金五十斤。公卿大臣和故人在东都门外设摆酒宴，陈设帷帐，为他们送行，前来相送的人乘坐的车辆达数百辆之多。沿途观看的人都赞道："两位大夫真是贤明！"有人为他们感叹落泪。

疏广和疏受回到家乡，每天都命家人变卖黄金，设摆宴席，请族人、旧友、宾客等一起取乐。有人劝疏广用黄金为子孙购置一些产业，疏广说："我难道年迈昏庸，不顾子孙吗！我想到，我家原本就有土地房屋，让子孙们在上面勤劳耕作，就足够供他们饮食穿戴，过与普通人同样的生活。如今再要增加产业，使有盈余，只会使子孙们懒惰懈怠。贤能的人，如果财产太多，就会磨损他们的志气；愚蠢的人，如果财产太多，就会增加他们的过错。况且富有的人是众人怨恨的目标，我既然无法教化子孙，就不愿增加他们的过错而产生怨恨。再说这些金钱，乃是皇上用来恩养老臣的，所以我愿与同乡、同族的人共享皇上的恩赐，以度过我的余生，不也很好吗！"于是族人都心悦诚服。

汉宣帝责太子

汉宣帝甘露元年（前53年）正月

皇太子①柔仁好儒，见上所用多文法吏②，以刑绳③下，常侍燕④从容言："陛下持刑太深⑤，宜用儒生。"帝作色⑥曰："汉家自有制度，本以霸王道杂之⑦；奈何纯任德教，用周政⑧乎！且俗儒⑨不达时宜，好是古非今，使人眩⑩于名实。不知所守，何足委任！"乃叹曰："乱我家者太子也！"

（《通鉴》第27卷880～881页）

【注释】

①皇太子：汉宣帝的太子刘奭。后来的汉元帝。②上：汉宣帝刘询。文

法吏：熟悉法令条文的官吏。③绳：纠正。④常：甲十五行本"常"作"尝"。
侍燕：陪从宴饮。燕，通"宴"。⑤持刑：执行刑罚。太深：过于苛严。⑥作
色：脸上变色，生气。⑦霸王道杂之：霸道和王道相互混合。霸道，指国君凭
借武力、刑罚、权势进行统治。王道，与霸道相对，指古代儒家鼓吹的凭借所
谓"仁义"治理天下。⑧周政：周朝的政治。⑨俗儒：浅陋迂腐的儒生。与
"大儒""通儒"相对。⑩眩：迷惑。

【译文】

　　皇太子刘奭性格温柔仁厚，喜欢儒家经术，看到汉宣帝任用的官员大多
为精通法令的人，依靠刑法控制臣下，曾在陪侍汉宣帝进餐的时候，从容进言
说："陛下过于依赖刑法，应重用儒生。"汉宣帝生气地说："我大汉自有大汉
的制度，本来就是'王道'与'霸道'兼用，怎能像周朝那样，纯用所谓'礼义
教化'呢！况且俗儒不识时务，喜欢肯定古人古事，否定今人今事，使人分不
清何为'名'，何为'实'，不知所守，怎能委以重任！"于是叹息道："败坏我
家基业的人将是太子！"

石显之变诈

汉元帝建昭二年（前 37 年）

　　御史中丞陈咸数毁石显①，久之，坐与槐里令朱云善，漏泄省中语②，
石显微伺③知之，与云皆下狱，髡为城旦④。

　　石显威权日盛，公卿以下畏显，重足一迹⑤。显与中书仆射牢梁、少
府五鹿充宗结为党友，诸附倚者皆得宠位。民歌之曰："牢邪，石邪！五
鹿客邪！印何累累⑥，绶若若⑦邪！"

　　显内自知擅权，事柄在掌握，恐天子一旦纳用左右耳目以问己，乃
时归诚，取一信以为验。显尝使至诸官⑧，有所征发⑨，显先自白："恐后
漏尽⑩宫门闭，请使诏吏开门。"上许之。显故投夜⑪还，称诏开门入。后
果有上书告"显颛⑫命，矫诏开宫门"。天子闻之，笑以其书示显。显因
泣曰："陛下过私⑬小臣，属任以事，群下无不嫉妒，欲陷害臣者；事类如
此非一，唯独明主知之。愚臣微贱，诚不能以一躯称快万众，任天下之
怨；臣愿归枢机职⑭，受后宫扫除之役，死无所恨。唯陛下哀怜财幸⑮，以

此全活小臣！"天子以为然而怜之，数劳勉显，加厚赏赐，赏赐及赂遗訾^⑯一万万。初，显闻众人匈匈^⑰，言己杀前将军萧望之^⑱，恐天下学士训^⑲己，以谏大夫贡禹明经著节，乃使人致意，深自结纳，因荐禹天子，历位九卿，礼事之甚备。议者于是或称显，以为不妒潜望之矣。显之设变诈以自解免，取信人主者，皆此类也。

荀悦^⑳曰：夫佞臣之惑君主也甚矣，故孔子曰："远佞人。"^㉑非但不用而已，乃远而绝之，隔塞其源，戒之极也。孔子曰："政者，正也。"^㉒夫要道^㉓之本，正己而已矣。平直真实者，正之主也。故德必核其真，然后授其位；能必核其真，然后授其事；功必核其真，然后授其赏；罪必核其真，然后授其刑；行必核其真，然后贵之；言必核其真，然后信之；物必核其真，然后用之；事必核其真，然后修^㉔之。故众正积于上，万事实于下，先王之道，如斯而已矣！

（《通鉴》第 29 卷 933～934）

【注释】

①御史中丞：官名。为御史大夫的副手。亦称中执法。石显：少年犯罪处腐刑，入宫为宦者。宣帝时为仆射。元帝即位后，任中书令。为人阴险狡诈，常无中生有陷害人。②漏泄省中语：指当时丞相韦玄成奏言朱云暴虐无状，陈咸在场，并把这话告诉了朱云。云才上书自讼。省中，宫禁之内。③微伺：暗中侦察。④髡（kūn）为城旦：古代一种刑罚。剃去头发罚劳役四年。⑤重足一迹：叠足而立，言恐惧之甚，不敢稍有移动。⑥累累：重积。言其多。⑦若若：长貌。⑧使：奉皇帝之命。诸官：指诸官府。⑨征发：征调民间的人力和物资。⑩漏尽：漏刻已尽。言关闭宫门的时间已过。⑪投夜：到了夜晚。投，到、临。⑫颛：通"专"。⑬过私：过分偏爱。⑭枢机职：朝廷的重要职位。⑮财幸：裁取。斟酌采纳他的意见的意思。财，通"裁"。⑯赂遗：贿赂的财物。这里指百官的赂遗。訾（zī）：计量。通"赀"。⑰匈匈：吵嚷声。⑱萧望之：字长倩，东海兰陵（今山东枣庄东南）人。汉元帝的师傅，任前将军、光禄勋。初元二年（前47年），为石显诬害，自杀。⑲训（shàn）：毁谤，讥刺。⑳荀悦：东汉末史学家、政论家。见《贯高不累赵王张敖》注㉞。㉑远佞人：出自《论语·卫灵公》篇。孔子告诫颜渊的话。佞人，善于花言巧语，阿谀奉承的人。㉒政者，正也：出自《论语·颜渊》篇，孔子答季康子的话。㉓要道：重要的道理。㉔修：治理。

【译文】

御史中丞陈成屡次诽毁石显，久而久之，因为和槐里令朱云相友善，便将在省中听到的话告诉朱云，被石显知道了，就上奏天子，说他泄露省中的谈话，结果和朱云都被关进监狱，一起被剃掉了头发，判了徒刑。

石显的威权日盛，公卿以下，人人都很畏惧他，走路都不敢走错脚步。石显和中书仆射牢梁、少府五鹿充宗结成了党友，所有依附他们的人，都得到了信任。人民都歌唱着说："牢邪（牢啊）！石邪（石啊）！五鹿客邪（还有五鹿客啊）！印何累累（官印怎么那样多，为什么大家都当了官），绶若若邪（丝绶都那样地长垂着呢）？"

石显内心自知已专擅事权，权柄在握，但是因为恐怕天子有一天可能会纳用左右耳目的人来排除自己，便想先及时设法表明自己的心意，就拿预先设计好的事情，作为证验。在他曾经奉命到各官府去有所调派时，便事先自行请求说："恐怕回官的时候，万一过了午夜，宫门关闭了，请能让我以天子的命令叫开宫门。"皇上答应了。石显就故意到了入夜才回宫，然后以皇帝的诏令叫开宫门入宫。后来果然有人上书告发"石显专擅命令，假借诏令，叫开宫门"，天子接到了奏章，便嬉笑着提示给石显看。石显就泣诉说："陛下误信小臣，将朝廷政事委任给小臣处理，群臣没有不因此而嫉妒的。那些想要陷害臣的，如此事类，不止一端而已，只有圣明的君主可以查知实情。愚臣能力职位都很微贱，实在不能以一身去使万人称快，而承当了天下人的积怨；臣请能归还枢机的职务，接受清扫后宫的差役，死而无恨。请求陛下能同情我，答应我，让小臣能苟活性命！"天子以为事情果真如此，就很同情他，便经常勉励慰劳，加给他很多赏赐。所以石显由此所得到的奖赏，加上百官群臣所贿送的财物，价值达一万万之多。起初，石显听说众人气势汹汹，指责自己杀害了前将军萧望之，就很怕天下学士会因此诽谤自己，因为谏大夫贡禹深明经典，节操昭著，于是就派人去向贡禹传达思慕、问候等情意，对他表示亲近，和他深交，又趁机向天子举荐贡禹，使他历任九卿的职位，对他的礼遇侍奉，非常的周备。所以一些论议大臣有的便转而称赞石显，认为他不会去忌妒诽毁萧望之的。石显的善于巧设诡计，以自求解免众人的攻击，并取得君主信任的手法，都像这个样子。

荀悦说：佞臣迷惑国君，他的手法真是厉害呀！所以孔子说："要疏远佞人。"不只是不任用他而已，还要把他斥退得远远的，而且要隔绝他的任何关系，阻塞他的一切源头，可以说是戒备得很严密。孔子说："为政之道，就是要能正人。"一切至德要道的根本，就是在于能端正自己而已。能够平直真实，就能使言行端正。因此，论起品德，一定要经考核无误，然后才能给他官位；论起能力，一定也要经过确实的考验，然后才把国家大事交给他处理；有了功劳一定要经过确实的考查，然后奖赏，有了罪责，也一定要经过确实的考求，然后才加给他应得的刑罚；说起行为，一定要经确实的考评，然后才给他应有的显贵；说起言论，也一定要经过明确的考量，然后才能相信；万物一定要考定它的精确性，然后才使用它；众事一定要考明它的真实性，然后才去实行。所以上位的人一切都能使它端正不倚，臣下的所作所为，才能真实不虚，先王施政的方法，如此而已！

侯应论罢边十不可

汉元帝竟宁元年（前33年）

春，正月，匈奴呼韩邪单于①来朝，自言愿婿汉氏以自亲②。帝以后宫良家子王嫱字昭君赐单于③。单于骧④喜，上书："愿保塞上谷以西至敦煌⑤，传之无穷。请罢边备塞吏卒，以休天子人民。"天子下有司⑥议，议者皆以为便⑦。郎中侯应习边事，以为不可许。上⑧问状，应曰："周、秦以来，匈奴暴桀⑨，寇侵边境；汉兴，尤被其害。臣闻北边塞至辽东，外有阴山⑩，东西千余里，草木茂盛，多禽兽，本冒顿单于依阻其中⑪，治作⑫弓矢，来出为寇，是其苑囿⑬也。至孝武⑭世，出师征伐，斥⑮夺此地，攘之于幕北⑯，建塞徼⑰，起亭隧⑱，筑外城⑲，设屯戍以守之，然后边境用⑳得少安。幕北地平，少草木，多大沙㉑，匈奴来寇，少所蔽隐；从塞以南，径深山谷㉒，往来差难㉓。边长老㉔言：'匈奴失阴山之后，过之未尝不哭也！'如罢备塞吏卒，示夷狄㉕之大利，不可一也。今圣德广被，天覆㉖匈奴，匈奴得蒙全活之恩，稽首㉗来臣。夫夷狄之情，困则卑顺，强则骄逆，天性然也。前已罢外城㉘，省亭隧，绝足以候望㉙，通烽火㉚而已。古者安不忘危，不可复罢，二也。中国有礼义之教，刑罚之诛，愚民犹尚犯禁；又况单于，能必㉛其众不犯约哉！三也。自中国尚建关梁㉜以制诸侯，所以绝臣下之觊欲也。设塞徼，置屯戍㉝，非独为匈奴而已，亦为诸属国㉞降民本故匈奴之人，恐其思旧逃亡，四也。近西羌㉟保塞，与汉人交通，吏民贪利，侵盗其畜产、妻子，以此怨恨，起而背畔㊱。今罢乘塞㊲，则生嫚易分争之渐㊳，五也。往者从军多没不还者，子孙贫困，一旦亡出，从其亲戚，六也。又边人奴婢愁苦，欲亡者多，曰：'闻匈奴中乐，无奈候望急何！㊴' 然时有亡出塞者，七也。盗贼桀黠㊵，群辈犯法，如其窘急，亡走北出，则不可制。八也。起塞以来百有余年，非皆以土垣㊶也，或因山岩、石、木、谿谷、水门，稍稍平之，卒徒㊷筑治，功费久远，不可胜计。臣恐议者不深虑其终始，欲以壹切省繇戍㊸，十年之外，百岁之内，卒㊹有他变，障塞㊺破坏，亭隧灭绝，当更发屯缮治，累岁之功不可卒㊻复，九也。如罢戍卒，省候望，单于自以保塞守御，必深德汉㊼，请求无已；小失其意，则不可测。开夷狄之隙，亏中国之固，十也。非所以永持至安，威制百蛮之长策也！"对奏㊽，天子有诏："勿议罢边塞事。"使车骑将军嘉口谕单于曰㊾："单于上书愿罢北塞吏士屯戍，子孙世世保塞。单于乡慕㊿礼义，所以为民计者甚厚，此长久之策也。朕甚嘉之！中国四方皆有关梁障塞，非独以备塞外也，亦以防中国奸邪放纵，出为寇害，故明法度以专51众心也。敬谕单于之意，朕无疑焉。为单于怪其不罢，故使嘉晓52单于。"单于谢曰："愚不知大计，天子幸使大臣告语，甚厚53！"

（《通鉴》第29卷941～944页）

【注释】

①呼韩邪单于(？—前31)：名稽侯狦。汉宣帝神爵四年(前58年)立为单于。后为其兄郅支单于所败，于甘露二年(前52年)，归汉入朝。元帝竟宁元年(前33年)再次入朝，汉以宫人王嫱嫁之。此后，匈奴与汉保持和好关系。②愿婿汉氏以自亲：希望娶汉女为妻，自己成为汉家的女婿。③后宫：宫中妃嫔所居，犹言后庭、内宫。良家子：清白人家的子女。王嫱：字昭君，后人又称为明君、明妃。西汉元帝时，被选入宫。竟宁元年(前33年)呼韩邪单于入朝求亲，她自请嫁与匈奴。入匈奴后，被称为宁胡阏氏。呼韩邪死，其前阏氏子代立，从胡俗，复为后单于的阏氏。④讙：同"欢"。⑤上谷：郡名。治所在沮阳，即今河北怀来县。敦煌：郡名。治所在今甘肃敦煌西南。⑥有司：古代设官分职，各有专司，故称官吏为"有司"。⑦便：适宜。⑧上：指汉元帝刘奭。⑨暴桀：桀骜不驯。⑩阴山：山名，今河套以北、大漠以南诸山的统称。⑪冒顿单于：见前《冒顿灭东胡》注①、②。依

阻：托靠，依据。⑫治作：制造。⑬苑囿：畜养禽兽之地。⑭孝武：汉武帝刘彻。⑮斥：开拓，扩大。⑯攘：却。幕(mò)北：漠北。幕，通“漠”，沙漠。⑰塞徼：边境的要塞。⑱亭隧：亭，瞭望亭。隧，地道。⑲外城：塞外之城。⑳用：因此。㉑大沙：大沙漠。㉒径深山谷：可作两种解释：一是径深(路很远)，山谷(山很谷。这里的谷作动词用，有很多峡谷之意)；一是径深山谷，即直接深入(或小路深入)山谷。据上下文，以第一种解释为好。㉓差难：最难，颇难。㉔长老：年高者的通称。㉕夷狄：古代对异族的泛称。这里主要指匈奴。夷多用于东方少数民族；狄多用于北方少数民族。㉖天覆：天，指天恩(汉皇的恩德)，与上句“圣德”相对。上句的“被”跟本句的“覆”是同义。㉗稽首：旧时行的跪拜礼。㉘前已罢外城：汉宣帝地节二年(前68年)，汉以匈奴不能为边寇，罢塞外诸城。㉙候望：伺望。㉚烽火：古代边防报警的信号。㉛必：坚决做到。㉜关梁：指水陆要会之处。关，关门。梁，津梁。㉝屯戍：派兵驻守边境。㉞属国：附属国。㉟西羌：羌为古代少数民族，居住在西边，汉代泛称为西羌。㊱畔：同“叛”。㊲乘塞：防守的边塞。乘，守。㊳嫚易：轻视，戏侮。渐：开端。㊴无奈候望急何：候望迫切也无可奈何！㊵桀黠：凶暴狡诈。㊶垣：矮墙。㊷卒徒：卒，士兵。徒，服劳役的人。㊸壹切：即一切。一律，一概。繇：通“徭”。㊹卒：后。㊺障塞：障，边境险要处戍守的堡寨。塞，险要之处。㊻卒：通“猝”。㊼必深德汉：自以为对汉必定有大的恩德。㊽对奏：回答所奏之事。㊾嘉：将军许嘉。谕：告晓，告示。㊿乡慕：向往，爱慕。乡，通“向”。(51)专：专一，一致。(52)晓：晓谕，告诉。(53)甚厚：非常深厚。指关怀爱护之心。

【译文】

春季，正月，匈奴呼韩邪单于前来朝见，请求准许他当汉家女婿，使他有缘亲近汉朝。元帝把后宫良家女子王嫱，别名王昭君，赏赐给呼韩邪单于。呼韩邪单于非常欢喜，上书汉元帝：“愿保护东起上谷、西至敦煌的汉朝边塞，永远相传。请撤销边境防务和守塞的官吏士卒，使天子的小民获得休息。”元帝把呼韩邪单于的建议交给有关官员讨论，参与讨论的官员都认为可以接受。郎中侯应了解边塞事务，认为不可以允许。元帝问他原因，侯应说：“周朝和秦朝以来，匈奴暴戾强悍，不断侵略边境。汉王朝建立之初，尤其受到它的伤害。据我了解，北方边塞，东到辽东，外有阴山，东西长达一千余里，草木茂盛，禽兽众多，本来冒顿单于依赖这里地势险要，制造弓箭，出来抢劫，正是匈奴畜养禽兽的圈地。直到孝武皇帝出军北征，把这一地区夺到手，而将匈奴赶到大漠以北。在这一地区，建立城堡，修筑道路，兴建外城，派遣军队前往屯戍守卫。然后，边境才比从前稍稍安宁。漠北土地平坦，草木稀少，沙漠相连。匈奴前来侵扰，缺少隐蔽之地。边塞之南，道路深远，山谷起伏，往来十分困难。边塞老一辈的人说：'匈奴丧失阴山之后，每次经过那里都伤心痛哭。'如果撤销边防军队，对夷狄大为有利，这是不能答应的理由之一。现在，圣上的恩德宽阔广大，如天一样覆盖着匈奴。匈奴人得到拯救，才能活下去。感激救命之恩，叩头称臣。不过，夷狄的性情，穷困时谦卑顺从，强大时骄傲横逆，天性如此。前些时，已撤除了外城，减少了亭隧等军事建筑，现在的边防军队，仅够担任瞭望，互通烽火而已。古人居安思危，边防不可再撤除，这是理由之二。中国有礼义的教育，有刑罚的惩处，愚昧的小民还要犯禁。何况匈奴单于，他能绝对保证他的部众不违犯规定吗？这是理由之三。即令在中国境内，还在水陆要道设立关卡，用以控制封国王侯，使做臣属的断绝非分之想。在边塞设置亭障，屯田戍守，不仅仅是为了防备匈奴，也是因为各属国的降民，他们本是匈奴的人，恐怕他们念旧而逃亡。这是理由之四。近年来，接近边塞的西羌部落，与汉人来往。汉朝的官吏小民贪图财利，掠夺盗取他们的牲畜，甚至强占他们的妻子，因为这些怨恨，激起他们叛变。现在如果撤除边防军队，可能发生这种因欺侮而起的纷争。这是理由之五。过去，从军的战士，很多人没有回来，留在匈奴，他们的子孙生活贫困，有可能大批前往匈奴投靠亲友。这是理由之六。沿边一带，奴仆婢子忧愁悲苦，想逃亡的人多，都说：'听说匈奴那里快乐，无可奈何的是边塞的监视太紧！'然而时常仍有逃出边塞的人。这是理由之七。窃贼强盗凶暴狡诈，结成团伙触犯法令，如被追捕得急了，就会北逃匈奴，则不可以制裁。这是理由之八。自从沿边设立要塞，已有一百余年，并不完全用土筑墙，有的利用山岩，有的利用石木，有的利用山谷，有的利用水峡，稍加连接增补，征发士兵、刑徒修建，长年累月，用去的劳力经费，无法计算。我恐怕主张撤除边塞的官员，没有深刻考虑到事情的来龙去脉，只想暂时减少戍边的负担。十年之后，百年之内，如果突然发生变化，而边塞已经破坏，烽火亭已经湮没，还要再征发戍卒修建。可是，百余年累积下来的工程，不可能马上恢复。这是理由之九。如果撤销边防军队，废除边境上用于伺望侦察的土堡，匈奴单于必定自认为保塞守边，对汉朝有大恩德，将不断请求赏赐，如果稍有失望，那么后果就难以推测。引起夷狄与汉族感情上的裂痕，毁坏中国的防卫。这是理由之十。由于以上十项理由，我认为：撤除边防军队，不是保持永久和平安定，控制百蛮的好策略！"奏书上去后，元帝下诏："停止讨论撤除边塞这件事。"派车骑将军许嘉向单于传达口谕说："单于上书，请求汉朝撤走北方边塞屯田戍守的军队，愿意子孙世代永远保卫边陲。单于向往仰慕礼义，为人民想得很周到，这的确是一个有久远意义的计划，朕非常赞美。中国四方都有关卡、要塞，不是专门为防备来自长城以北的侵扰，也是为了防备中国的奸邪之徒到外面肆无忌惮地胡作非为，造成祸害，所以设边塞表明法规，消灭人们的邪念。朕怀着敬意了解了单于的心意，决不怀疑。因恐怕单于误会中国不撤退边塞军队的原因，因此派遣许嘉向单于解释。"单于道歉说："我愚昧，没有想到这些重大的谋划。幸亏天子派大臣告诉我，待我十分优厚！"

王莽未篡时之谦恭下士

汉成帝永始元年（前16年）

初，太后①兄弟八人，独弟曼早死，不侯；太后怜之。曼寡妇渠供养东宫②，子莽③幼孤，不及等比④；其群兄弟皆将军、五侯⑤子，乘时⑥侈靡，以舆马声色佚游相高⑦。莽因折节⑧为恭俭，勤身博学，被服⑨如儒生；事⑩母及寡嫂，养孤兄子⑪，行甚敕备⑫；又外交英俊，内事诸父⑬，曲有礼意⑭。大将军凤病⑮，莽侍疾，亲尝药⑯，乱首⑰垢面，不解衣带连月。凤且⑱死，以托太后及帝⑲，拜为黄门郎⑳，迁射声校尉㉑。久之，叔父成都侯商上书，愿分户邑以封莽。长乐少府戴崇、侍中金涉、中郎陈汤等皆当世名士㉒，咸为莽言，上由是贤莽，太后又数以为言。五月，乙未，封莽为新都侯㉓，迁骑都尉、光禄大夫、侍中㉔。宿卫谨敕㉕，爵位益尊，节操愈谦，散舆马、衣裘振施㉖宾客，家无所余；收赡㉗名士，交结将、相、卿、大夫甚众。故在位者更㉘推荐之，游者为之谈说，虚誉隆洽㉙，倾其诸父矣。敢为激发㉚之行，处之不惭恶㉛。尝私买侍婢，昆弟㉜或颇闻知，莽因曰："后将军朱子元㉝无子，莽闻此儿种宜子㉞。"即日以婢奉㉟朱博。其匿情㊱求名如此！

（《通鉴》第31卷 1000～1001页）

【注释】

①太后：汉元帝刘奭的皇后、汉成帝刘骜之母王政君。②供养东宫：供养于东宫。东宫，太后所居之宫。汉制，太后居长乐宫，在未央宫东，故称太后为东宫。③莽：王莽（前45—23），字巨君，汉元帝皇后王政君之侄。他用阴谋手段篡夺了西汉政权，建立起王氏的"新朝"。公元8—23年在位，他的"王田""私属""五均六筦"等改制措施，造成了经济混乱。法令苛细，徭役繁重，阶级矛盾激化。最后他在农民起义的风暴中被杀。④等比：同等，并列。⑤五侯：指平阿侯王谭、成都侯王商、红阳侯王立、曲阳侯王根、高平侯王逢时。五人同日封，故当时称为"五侯"。⑥乘时：因富贵之时。⑦声色：音乐女色。佚游：游荡没有节制。相高：互比高低。⑧折节：屈己下人，降低身份。⑨被（pī）服：穿着打扮。⑩事：侍奉。⑪养孤兄子：莽兄永早死，有子名光。⑫敕备：恭谨周密。⑬诸父：对同族伯叔辈的通称。⑭礼意：以礼貌表示敬意。⑮大将军：官名。为将军的最高称号，执掌统兵征战。事实上多由贵戚担任，掌握政权，职位最高。凤：王凤，王太后的长兄，王莽的大伯。⑯尝药：古礼侍奉尊长吃药，先尝后进。⑰乱首：披头散发。⑱且：将。⑲帝：指汉成帝刘骜。⑳黄门郎：官名。秦汉时在黄闼（宫门）供职的郎官称黄门郎或黄门侍郎。㉑射声校尉：官名。简称"射声"。秩二千石。指工射者闻声即能射中。㉒长乐少府：官名。掌长乐宫（太后所居）之事。侍中：秦汉时为侍从皇帝左右的官职。属加官，无定员。中郎：官名。担任宫中护卫、侍从。属郎中令。㉓新都侯：新都侯国，治所在河南南阳新野之都乡。㉔迁：调动官职。一般指升官。骑都尉：官名。汉武帝置。光禄大夫：官名。掌顾问应对，属光禄勋。㉕谨敕：谨慎而整饬。㉖振施：振，通"赈"，救济。施，给予。㉗赡：供养。㉘更：连续，交替。㉙隆：盛，多。洽：周遍，广博。㉚激发：矫揉造作。㉛惭恧（nù）：惭愧。㉜昆弟：兄弟。这里指王莽的堂兄弟。㉝朱子元：朱博，字子元。㉞此儿：指王莽所买的侍婢。宜子：宜于生育。㉟奉：给予。㊱匿情：隐匿实情。

【译文】

最初，太后有兄弟八人，唯独弟弟王曼，早死，没有封侯。太后怜惜他，把王曼的遗孀渠供养在东宫。王曼的儿子王莽，从小成孤儿，不能与其他人相比。那些兄弟的父亲都是将军、王侯，可以凭父亲当时的地位恣意奢华，在车马声色放荡游乐方面互相竞赛。而王莽是屈己下人，态度谦恭，勤学苦修，学识渊博，穿着像儒生。侍奉母亲跟寡嫂，抚养亡兄的孤儿，十分尽心周到。

同时，在外结交的都是些俊杰之士，在内对待诸位伯父叔父，能委屈迁就，礼敬有加。大将军王凤病重时，王莽侍候他，亲口尝药，一连几个月都不能解衣入睡，因而蓬头垢面。王凤将死时，把王莽托付给太后及成帝，王莽因此被封为黄门郎，以后又升任射声校尉。很久以后，叔父成都侯王商上书，表示愿分出自己封地上的土地和百姓，请求皇上封给王莽。长乐少府戴崇、侍中金涉、中郎陈汤等，都是当代名士，也都为王莽美言。成帝因而认为王莽贤能，太后又屡次以此嘱咐成帝。五月，乙未（初六），封王莽为新都侯，升为骑都尉、光禄大夫、侍中。王莽在宫廷服务谨慎尽心，爵位越尊贵，他的礼节操守越谦恭。他把自己的车马、衣物、皮裘周济给门下宾客，而自己却家无余财。他收罗赡养名士，结交很多将、相、卿、大夫。因而在位的官员轮番向皇帝推荐他，善游说的人也为他到处宣传，虚假不实的声誉隆盛无比，压过了他的诸位伯父叔父。他敢于做违俗立异的事情，而又安然处之，毫无愧色。王莽曾私下买了一个婢女，兄弟中有人听说了，王莽于是辩解："后将军朱子元没有儿子，我听说此女有宜男相。"当天就把婢女奉送给朱博。他就是这样隐匿真情博取名声！

朱云直谏

汉成帝元延元年（前 12 年）十二月

故槐里令朱云①上书求见，公卿在前，云曰："今朝廷大臣，上不能匡②主，下无以益民，皆尸位素餐③，孔子所谓'鄙夫不可与事君，苟患失之，亡所不至'④者也！臣愿赐尚方斩马剑⑤，断佞臣一人头以厉其余⑥！"上⑦问："谁也？"对曰："安昌侯张禹⑧！"上大怒曰："小臣居下讪⑨上，廷辱师傅，罪死不赦！"御史将⑩云下，云攀殿槛，槛折。云呼曰："臣得下从龙逄、比干⑪游于地下，足矣！未知圣朝何如耳！"御史遂将云去，于是左将军辛庆忌免冠，解印绶，叩头殿下曰："此臣素著狂直于世，使其言是，不可诛，其言非，固当容之。臣敢以死争！"庆忌叩头流血，上意解，然后得已⑫。及后当治槛，上曰："勿易，因而辑⑬之，以旌⑭直臣！"

（《通鉴》第 32 卷 1033～1034 页）

【注释】

①朱云：字游。祖籍鲁（今山东曲阜），迁居平陵（今陕西咸阳市西北）。文武兼备，忠直，有智谋。元帝时为博士，后任槐里令。因受案件牵连，下狱。成帝时上书直谏。后不复仕，教授诸生，终年七十余。②匡：辅助。③尸位素餐：居其位，食其禄，而不管其事。④引语出自《论语·阳货》。原文是："鄙夫可与事君也与哉！其未得之也，患得之；既得之，患失之。苟患失之，亡所不至矣！"亡，同"无"。⑤愿：希望。尚方斩马剑：皇帝用的利剑。尚方，官署名，掌管制造供应帝王所用的器物。⑥佞臣：善用花言巧语谄媚君主的臣子。厉：振奋，鞭策。⑦上：指汉成帝刘骜。⑧张禹：汉成帝刘骜的老师。河平四年（前25年）拜丞相，封安昌侯。成帝对他极为敬重。他为人唯诺逢迎，胆小怕事。他明知外戚王氏专权，将危及刘氏，但当成帝到他家亲自问他时，他却避而不谈。⑨讪（shàn）：诽谤。⑩将：拽。⑪龙逢（páng）：夏朝末年的大臣。夏桀暴虐无道，他多次直谏，被杀害。比干：商朝末年的贵族，纣王的叔父，因屡谏纣王，被剖心而死。⑫已：停止。指杀朱云的事停止了。⑬辑：通"缉"。⑭旌：表彰。

【译文】

曾做过槐里县令的朱云，上书求见皇帝。在公卿面前，朱云对成帝说："现今朝廷大臣，上不能匡扶主上，下不能有益于人民，都是些白占着官位领取俸禄而不干事的人，正如孔子所说：'卑鄙的人不可让他侍奉君王，他们害怕失去官位，会无所不为。'我请求陛下赐给我尚方斩马剑，斩断一个佞臣的头颅，以警告其他人！"成帝问："谁是佞臣？"朱云回答说："安昌侯张禹！"成帝大怒，说："小小官员在下，竟敢诽谤国家重臣，公然在朝廷之上侮辱帝师。处以死罪，决不宽恕！"御史将朱云逮下，朱云紧抓住宫殿栏杆，栏杆被他拉断，他大呼说："我能够追随龙逢、比干，游于地下，心满意足了！却不知圣明的汉王朝将会有什么下场！"御史挟持着朱云押下殿去。当时左将军辛庆忌脱下官帽，解下印信绶带，伏在殿下叩头说："朱云这个臣子，一向以狂癫耿直闻名于世，假使他的话说得对，不可以杀他；即使他的话说得不对，也本该宽容他。我敢以死请求陛下！"辛庆忌叩头流血。成帝怒意稍解，杀朱云之事遂作罢。后来，当要修理宫殿栏杆时，成帝说："不要变动！就原样补合一下，我要用它来表彰直臣！"

大司农孙宝免官

汉平帝元始二年（公元 2 年）春

越嶲郡上^①黄龙游江中，太师光、大司徒宫等咸称"莽功德比周公^②，宜告祠宗庙^③"。大司农孙宝^④曰："周公上圣，召公^⑤大贤，尚犹有不相说^⑥，著于经典，两不相损。今风雨未时，百姓不足，每有一事，群臣同声^⑦，得无非其美者^⑧？"时大臣皆失色。甄邯即时承制^⑨罢议者。会宝遣吏迎母，母道病，留弟家，独遣妻子。司直^⑩陈崇劾奏宝，事下三公^⑪即讯。宝对曰："年七十，悖眊^⑫，恩衰共养^⑬，营^⑭妻子，如章^⑮。"宝坐免^⑯，终于家。

（《通鉴》第 35 卷 1134 页）

【注释】

①越嶲（suǐ）郡：汉郡名，治所在邛都（今四川西昌县东南）。上：上报朝廷。②光：孔光，历任谏议大夫、博士、尚书令、御史大夫、丞相等职。王莽专权，他谄媚取容。宫：马宫，曾任青州刺史、九江太守、右将军、大司徒等职。后依附王莽。莽：王莽，此时为太傅，号安汉公。③告祠宗庙：向宗庙祭告。④大司农：官名，九卿之一。主管租税、钱谷、盐铁等。孙宝：焉陵（今属河南）人。哀帝时为司隶，上书为尚书仆射郑崇辩冤，免为庶人。平帝时任大司农。⑤召（shào）公：姬奭。周武王的同族（一说文王之子）。因其封地在召（今陕西岐山西南），故称召公。佐武王灭商，封于燕，为燕国的始祖。成王时，与周公旦分陕而治。召公治其西；周公治其东。⑥说：同"悦"。⑦同声：指群臣共同吹捧、阿谀王莽。⑧得无：莫非，难道没有。非其美者：所赞美的东西不美。⑨甄邯：时为光禄勋。孔光的女婿。承制：秉承皇帝的旨意。⑩司直：官名。帮助丞相检举不法者。⑪三公：指大司马、大司徒、大司空。⑫悖眊（bèi mào）：老糊涂。⑬恩衰共养：供养老母的恩情已淡薄。共，通"供"。⑭营：谋求。⑮如章：如同奏章上所说的。⑯坐免：获罪被罢官。

【译文】

越嶲郡上报黄龙在长江里游动，太师孔光、大司徒马宫等人都说"王莽的功德可与周公旦相比,应该祭告宗庙才是"。大司农孙宝说:"周公旦是上圣,召公奭是大贤,尚且还有不相悦的,写在经书里;可是,对他们的名声、品德都没有损害。如今风雨失时,人民贫乏,每有一件事,臣子们就众口一声,归关王莽,能不赞美失当吗?"这时大臣们都变了脸色,显得惊恐。甄邯立即接受制书,停止议论。恰好孙宝派属下去迎接母亲,母亲在路上病了,留在弟弟的家里,将妻子接来。司直陈崇上奏弹劾孙宝,事情交下由三公就这件事讯问。孙宝回答说:"年纪七十,老迈惑乱,供养之恩衰,而迷惑于妻子,全如奏章所说的。"孙宝犯罪免职,死在家里。

祭遵奉法不避

汉淮阳王更始二年(24年)

秀舍中儿犯法^①,军市令颍川祭遵格杀之^②,秀怒,命收^③遵。主簿^④陈副谏曰:"明公^⑤常欲众军整齐,今遵奉法不避^⑥,是教令所行也。"乃贳^⑦之,以为刺奸将军^⑧,谓诸将曰:"当备祭遵!吾舍中儿犯法尚杀之,必不私诸卿也。"

(《通鉴》第39卷1263~1264页)

【注释】

①秀:刘秀,即光武帝,东汉的建立者。舍中儿:年轻的家奴。②军市令:主管军市的长官。古代军中立市,进行贸易。祭(zhài)遵(?—33):字弟孙,颍川颍阳(今河南许昌西)人。东汉开国功臣之一。官至征虏将军,封颍阳侯。为人克己奉公,赏赐尽给吏士,身无奇衣,家无私财。卒于军。③收:拘捕。④主簿:官名,主管文书及官署的日常事务。⑤明公:古代对长官的尊称。这里指刘秀。⑥奉法不避:执行法令不回避权势。⑦贳(shì):赦免。⑧刺奸将军:刘秀设"刺奸将军",以严肃军纪。

【译文】

刘秀的年轻仆人在军市中犯了法,军市令颍川人祭遵把他打死了。刘秀大怒,命人逮捕了祭遵。主簿陈副劝谏刘秀说:"您常要求众军军纪整肃,现在祭遵执法毫不回避,这是您的教令得到了贯彻执行呀!"刘秀于是饶恕了祭遵，让他担任刺奸将军。刘秀对众将说："你们应该小心点祭遵！我的小仆人犯法，尚且给杀了，他决不会偏袒你们。"

光武帝不计前仇降朱鲔

汉光武帝建武元年（25年）九月

诸将围洛阳数月，朱鲔[1]坚守不下。帝以廷尉岑彭尝为鲔校尉[2]，令往说[3]之。鲔在城上；彭在城下，为陈成败。鲔曰："大司徒被害时，鲔与其谋[4]，又谏更始无遣萧王北伐[5]，诚自知罪深，不敢降！"彭还，具言于帝。帝曰："举大事者不忌小怨。鲔今若降，官爵可保，况诛罚乎！河水在此，吾不食言！[6]"彭复往告鲔，鲔从城上下索曰："必信，可乘此上。"彭趣[7]索欲上，鲔见其诚，即许降。辛卯，朱鲔面缚[8]，与岑彭俱诣河阳。帝解其缚，召见之，复令彭夜送鲔归城。明旦，与苏茂等悉其众出降。拜鲔为平狄将军，封扶沟侯；后为少府，传封累世。

（《通鉴》第40卷 1285~1286页）

【注释】

①朱鲔（wěi）：原为更始帝的大司马。此时更始已降赤眉。他仍领兵与光武对抗。②帝：指光武帝刘秀。他在建武元年（25年）六月称帝。岑彭尝为鲔校尉：朱鲔为更始帝大司马时，岑彭曾在其部下任校尉。岑后以韩歆归刘秀。③说（shuì）：用言语劝说别人，使其听从自己的意见。④大司徒被害时，鲔与其谋：更始帝刘玄曾封刘秀的哥哥刘縯为大司徒。更始元年（23年），在朱鲔等人的劝说下，更始帝将刘縯杀害。⑤又谏更始无遣萧王北伐：更始元年（23年），大司徒刘赐建议刘秀攻取河北，朱鲔等以为不可。在刘赐的再三劝说下，才让刘秀行大司马事镇慰河北，后来刘秀势力强大，更始帝封他为萧王。⑥河水：黄河水。食言：背弃诺言。⑦趣（qū）：趋向。⑧面缚：两手反绑于身后，以示投降。

【译文】

众将包围洛阳几个月，朱鲔坚决防守而攻不下来。皇帝因廷尉岑彭曾做朱鲔的校尉，命他前去说服。朱鲔在城上，岑彭在城下向朱鲔陈述成败关系。

朱鲔说："大司徒被害的时候，我曾参加他们的计划，又劝谏更始不要派萧王向北征伐，我知道自己的罪过实在很大，所以不敢投降！"岑彭回来，详细报告皇帝。皇帝说："兴举大事的人，就不忌恨小怨。朱鲔今天如果投降，官职爵位就可保住，哪需杀罚呢！可以黄河之水为凭，我绝不反悔！"岑彭又去告诉朱鲔，朱鲔从城上放下绳索，说："一定要我相信，可借此而上。"岑彭上前要拿绳索而上，朱鲔见他真诚，就答应投降。辛卯日（二十六日），朱鲔双手反绑，和岑彭一起到河阳县。皇帝解开他的绳子，召见他，又命令岑彭当天夜里将朱鲔送回城去。第二天早晨，和苏茂等人率领所有士卒，出城投降。任命朱鲔做平狄将军，封为扶沟侯；后来做少府，封侯传了几代。

光武帝敕冯异讨敌之策

汉光武帝建武二年（26年）十一月

邓禹自冯愔叛后①，威名稍损，又乏粮食，战数不利，归附者日益离散。赤眉、延岑暴乱三辅②，郡县大姓各拥兵众，禹不能定。帝乃遣偏将军冯异③代禹讨之，车驾送至河南④，敕异曰："三辅遭王莽、更始之乱，重以赤眉、延岑之丑，元元涂炭⑤，无所依诉。将军今奉辞讨诸不轨，营⑥保降者，遣其渠帅⑦诣京师；散其小民，令就农桑；坏其营壁，无使复聚。征伐非必略地、屠城，要在平定安集⑧之耳。诸将非不健斗，然好虏掠。卿本能御吏士，念自修敕，无为郡县所苦⑨！"异顿首受命，引而西；所至布威信，群盗多降。

臣光曰：昔周人颂武王之德曰："铺时绎思，我徂惟求定。"⑩言王者之兵志在布陈威德安民而已。观光武之所以取关中，用是道也。岂不美哉！

（《通鉴》第10卷1306～1307页）

【注释】

①邓禹（2—58）：字仲华，南阳新野（今河南新野南）人。东汉开国功臣之一。刘秀即位后，任大司徒。他率部西入关，不久为赤眉军所败。冯愔：邓禹入关时所属的积弩将军。建武元年，冯愔与车骑将军宗歆守枸邑，两人

争权相攻，愔杀歆，反击邓禹。②延岑：南郑（今陕西汉中市）人。更始二年（24年）举兵起义。三辅：指西汉京畿地区。汉景帝时，分置左右内史及都尉掌管之，故称三辅。所辖地域相当于今陕西省中部。③冯异（？—34）：字公孙，颍川父城（今河南宝丰东）人。东汉开国功臣之一。好读书，通《左氏春秋》《孙子兵法》。诸将并坐论功，他常退避树下，号"大树将军"。建武二年（26年）为征西大将军，在崤底战败赤眉军。后率军攻打隗嚣子隗纯时，死于军中。④车驾：皇帝外出时所乘的马拉的车。河南：县名。治所在今河南洛阳市西郊涧水东岸。⑤元元：平民。涂炭：涂，泥淖。炭，炭火。比喻极端困苦的境地。⑥营：谋划。⑦渠帅：首领。渠，通"巨"。⑧要在平定安集：要点在于平定叛乱，使国家安定。安集，同"安辑"，安定。⑨无为郡县所苦：不要让郡县苦恼。⑩铺时绎思，我徂惟求定：出自《周颂·赉》。铺，布。时，是。绎，陈。思，辞。徂，往。求定，安天下。

【译文】

邓禹自从因其部将冯愔叛变而致吃败仗后，威名大损，加上缺乏粮饷，多次征战不利，那些曾归附邓禹的将士日渐离散而去。赤眉军和延岑军同时在三辅地区横暴作乱，郡县的大家族各自集结兵众自保，邓禹无能为力。刘秀于是派遣偏将军冯异接替邓禹讨伐赤眉等贼军。刘秀送冯异到河南，告诫冯异说："三辅地区遭受王莽、更始的灾难，又加上赤眉、延岑的暴行，生灵涂炭，没有地方哀告倾诉。将军现在奉命讨伐叛逆，对那些投降的营寨，将其首领送到京城洛阳，遣散小民，让他们回家耕田种桑；摧毁营寨堡垒，使他们不能再聚集起来。出征讨伐并不是一定要夺取土地、屠杀城池，主要在于平息叛乱、安抚百姓而已。将领们不是不善于战斗，但喜好掳掠。你本能够驾驭部众，要想着告诫自己，不要给郡县的百姓造成痛苦！"冯异叩头，接受命令，率军向西进发。他在所经过的地方传播威望和信誉，很多盗贼投降。

臣司马光曰：从前，西周时代的人称颂周武王的恩德说："宣扬令人怀念的美德，我的追求只是天下安定。"这是说君王的军事行动，目的仅在于传布威望美德，使人民安乐而已。我看光武帝所以能夺取关中，用的就是这个原则。这难道不是美好的事吗！

宋弘之为人

汉光武帝建武二年（26年）二月

壬子①，以太中大夫京兆宋弘为大司空②。弘荐沛国桓谭③，为议郎，给事中。帝令谭鼓琴，爱其繁声④，弘闻之，不悦；伺谭内出⑤，正朝服坐府上，遣吏召之。谭至，不与席而让之⑥，且曰："能自改邪，将令相举以法乎？"谭顿首辞谢⑦；良久，乃遣之。后大会群臣，帝使谭鼓琴；谭见弘，失其常度。帝怪而问之，弘乃离席免冠谢曰："臣所以荐桓谭者，望能以忠正导主；而令朝廷耽悦郑声⑧，臣之罪也。"帝改容谢之。

湖阳公主⑨新寡，帝与共论朝臣，微观其意。主曰："宋公威容德器⑩，群臣莫及。"帝曰："方且图之⑪。"后弘被引见，帝令主坐屏风后，因谓弘曰："谚言'贵易交，富易妻'，⑫人情乎？"弘曰："臣闻贫贱之知⑬不可忘，糟糠之妻不下堂⑭。"帝顾谓主曰："事不谐⑮矣！"

（《通鉴》第40卷 1293~1299页）

【注释】

①壬子：建武二年二月十九日。②太中大夫：官名。掌议论国事。京兆：汉代行政区名，治所在长安（今陕西西安市西北），辖区相当于今陕西省秦岭以北、西安市以东、渭水以南地区。宋弘：字仲子，京兆长安（今陕西西安市）人。建武二年（26年）为大司空，封枸邑侯。所得租俸分赡九族，家无资产，以清行著称。大司空：官名。汉成帝改御史大夫为大司空，东汉因之。主要掌监察。③桓谭：字君山，沛国相（今安徽濉溪县西北）人。东汉古文经学家、哲学家。他遍习五经，精天文，好音乐。因坚决反对谶纬神学，险些被光武帝杀害。④繁声：指浮靡的音乐。⑤内出：由宫中出来。⑥不与席：不给席位。让：责备。⑦顿首辞谢：磕头谢罪。⑧郑声：原指春秋战国时郑国的民间音乐。这里指与雅乐不同的俗乐。⑨湖阳公主：光武帝刘秀的姐姐。湖阳是其封邑。⑩威容：威严的容貌和举止。德器：品德和器量。⑪方且：正要。图：谋取。⑫贵易交，富易妻：地位高了换朋友，钱财多了换妻子。交，结交，这里指结交的人。⑬知：知交，相识交往的人。⑭糟糠之妻不下堂：不

能抛弃共过患难的妻子。糟糠，穷人用来充饥的酒糟、糠皮等粗劣食物。下堂，妻妾被丈夫休退或和丈夫离异。⑮不谐：不谐调，不成。

【译文】

壬子(二月十九日)，刘秀任命太中大夫京兆人宋弘当大司空。宋弘举荐沛国人桓谭当了议郎、给事中。刘秀让桓谭弹琴，喜爱那种复杂的音调。宋弘听说后，感到不高兴。打听到桓谭从宫中出来，宋弘穿戴好公服坐在大司空府中，派官吏去召桓谭。桓谭到来之后，宋弘不给他座位就责备他，并且说："能自己改正过失吗？还是让我根据法律检举你呢？"桓谭磕头谢罪。过了很久，宋弘才打发他走。后来，刘秀大会群臣，让桓谭弹琴。桓谭看见宋弘，失却常态。刘秀感到奇怪，问宋弘是怎么回事。宋弘于是离开坐席，摘下帽子，谢罪说："我所以举荐桓谭，是盼望他能用忠心和正义辅导君主；而他却让朝廷上下沉湎于靡靡之音，这是我的罪过。"刘秀一听，表情由奇怪变为惭愧，向宋弘表示歉意。

刘秀的姐姐湖阳公主新近守寡，刘秀和她一块儿评论朝臣，暗中察看她的心意。公主说："宋弘的威仪容貌，道德气度，群臣没有人能赶得上他。"刘秀说："我正计划这件事。"不久宋弘被刘秀召见，刘秀事先让公主坐在屏风后，然后对宋弘说："谚语说'地位高了换朋友，财富多了换妻子'，这符合人情吧？"宋弘说："我听说，贫贱之交不可忘，糟糠之妻不下堂。"刘秀回头对公主说："事情办不成了！"

任延不奉"善事上官"诏

汉光武帝建武十二年(36年)十二月

帝以睢阳令任延为武威太守①，帝亲见，戒②之曰："善事上官③，无失名誉。"延对曰："臣闻忠臣不和④，和臣不忠。履⑤正奉公，臣子之节；上下雷同，非陛下之福。善事上官，臣不敢奉诏⑥。"帝叹息曰："卿言是也！"

(《通鉴》第43卷1379页)

【注释】

①帝：指光武帝刘秀。任延：字长孙，南阳宛(今河南南阳县)人。东汉

初年的著名循吏。他长期任地方高级官员。任九真太守时，令当地铸造铁农具，开垦田地，百姓衣食充足，吏民为他立生祠。②戒：警告，告诫。③上官：大官。④和：和顺。《后汉书》本传"和"作"私"。都通。⑤履：行。⑥奉诏：接受皇帝的命令。

【译文】

刘秀任命睢阳县令任延当武威太守。刘秀亲自召见，告诫他说："好好侍奉长官，不要丢掉名誉。"任延回答说："我听说忠诚的臣子与人不和睦，与人和睦的臣子不忠诚。履行正道，奉公守法，是臣子的节操。如果下级对上级随声附和，那不是陛下的福分。陛下说要好好侍奉长官，我不敢接受。"刘秀叹息说："你的话对呀！"

郅恽拒关

汉光武帝建武十三年（37年）正月

戊子，诏曰："郡国献异味，其令太官勿复受①！远方口实所以荐宗庙②，自如旧制。"时异国有献名马者，日行千里，又进宝剑，价直③百金。诏以剑赐骑士，马驾鼓车④。上雅⑤不喜听音乐，手不持珠玉。尝出猎，车驾⑥夜还，上东门候汝南郅恽拒关不开⑦。上令从者见面于门间，恽曰："火明辽远。"遂不受诏。上乃回，从东中门入，明日，恽上书谏曰："昔文王不敢槃于游田，以万民惟正之供⑧。而陛下远猎山林，夜以继昼，其如社稷宗庙何！"书奏，赐恽布百匹，贬东中门候为参封尉⑨。

（《通鉴》第43卷1379—1380页）

【注释】

①其：我。指汉光武帝。太官：掌御膳饮食。勿复受：不再接受。②口实：食物。荐：荐享，祭祀。③直：通"值"。④鼓车：载鼓之车。⑤雅：平素。⑥车驾：天子乘的车。⑦上东门：洛阳城东面从北数第一个门叫上东门，有门候一人，按时开关城门，年俸六百石。郅恽：字君章，汝南西平（今河南西平县西）人。治《韩诗》《严氏春秋》，明天文历数。王莽时，因上书获罪下狱。光武帝时，历任将军长史、上东城门候、长沙太守等职。后免官归里，避

地教授、著书，病死。拒关：守关。⑧文王不敢槃于游田，以万民惟正之供：这两句话出自《尚书·无逸》篇。"万民"原文是"庶邦"。槃，乐。正，正常。供，即贡，赋税。⑨参封：县名。属琅邪郡，后废除。尉：县尉，掌管一县军事的官。

【译文】

戊子（正月二十九日），刘秀下诏："各郡、封国进贡山珍海味，太官不能再接受。远方进献祭祀宗庙食物，则依照旧例。"当时外国有进献良马的，可日行千里；又有人进献宝剑，价值一百两黄金。刘秀下诏，把宝剑赏赐给骑士，让良马去驾皇家的鼓车。刘秀平素不喜欢听音乐，手不持珍珠宝玉。有一次外出打猎，车驾夜里返回，上东门候汝南人郅恽拒绝开门。刘秀命随从在门缝间和郅恽见面，郅恽说："灯火太远，看不清是谁。"于是不接受诏命。刘秀只好返回，从东中门进城。第二天，郅恽上书规劝说："从前，周文王不敢沉溺于狩猎，全身心地为万民服务。可是陛下远到山林中打猎。夜以继日，这对社稷和宗庙有什么好处呢？"奏章呈上后，刘秀赏赐郅恽一百匹布，贬逐东中门候当参封县尉。

光武帝偃干戈修文德

汉光武帝建武十三年（37年）四月

吴汉自蜀振旅而还①，至宛②，诏过家上冢，赐谷二万斛③；夏四月，至京师。于是大飨④将士，功臣增邑更封凡三百六十五人，其外戚，恩泽封者四十五人。定封邓禹为高密侯，食四县；李通为固始侯，贾复为胶东侯，食六县；余各有差。已殁⑤者，益封其子孙，或更封支庶⑥。

帝在兵间久，厌武事，且知天下疲耗，思乐息肩⑦；自陇、蜀平后，非警急，未尝复言军旅。皇太子尝问攻战之事，帝曰："昔卫灵公问陈，孔子不对⑧。此非尔所及。"邓禹、贾复知帝偃干戈⑨，修文德⑩，不欲功臣拥众⑪京师，乃去甲兵，敦⑫儒学。帝亦思念，欲完⑬功臣爵土，不令以吏职为过，遂罢左、右将军官。耿弇⑭等亦上大将军、将军印绶，皆以列侯就第，加位特进⑮，奉朝请⑯。邓禹内行淳备⑰，有子十三人，各使守一艺，修整闺门⑱，教养子孙，皆可以为后世法，资用国邑，不修产利。⑲

贾复为人刚毅方直^⑳，多大节，既还私第，阖门养威重^㉑。朱祜等荐复宜为宰相，帝方以吏事责三公^㉒，故功臣并不用。是时，列侯唯高密、固始、胶东三侯与公卿参议国家大事，恩遇甚厚。帝虽制御^㉓功臣，而每能回容^㉔，宥^㉕其小失。远方贡珍甘，必先遍赐诸侯，而太官^㉖无余，故皆保其福禄，无诛谴者。

（《通鉴》第 43 卷 1381 ~ 1382 页）

【注释】

①吴汉：时为大司马。建武十一年（35 年）末，领兵入蜀攻公孙述；次年十一月灭之。振旅：整顿军队。②宛：县名，吴汉的家乡。在今河南南阳县。③斛：东汉时的计量单位，十斗为一斛。④飨（xiǎng）：犒赏。⑤殁（mò）：死。⑥支庶：宗族旁出支派。⑦息肩：卸去负担。⑧昔卫灵公问陈，孔子不对：出自《论语·卫灵公》。原文是："卫灵公问陈于孔子，孔子对曰：'俎豆之事，则尝闻之矣；军旅之事，未之学也。'"陈，通"阵"。⑨偃干戈：停止战争。⑩修文德：提倡文教道德。⑪拥众：掌握着众多的兵员。⑫敦：劝勉。⑬完：保全。⑭耿弇（3—58）：字伯昭，扶风茂陵（今陕西兴平东北）人。东汉开国功臣之一。任建威大将军，封好畤侯。他率军攻占十二郡。⑮特进：官名。汉制，凡诸侯功德优盛，朝廷所敬异者，赐位特进，位在三公下。⑯奉朝请：古代诸侯朝见天子，春季叫朝，秋季叫请。东汉对退职大臣、将军及皇室、外戚，多给以奉朝请名义，使他们参加朝会。⑰内行：平日家居的操行。淳备：淳和谨慎。⑱闺门：内室之门。这里指家门。⑲资用国邑，不修产利：家中一切费用皆从自己封国中取用，不从事生产与商业。⑳方直：正直。㉑阖门：闭门。养威重：培养庄严稳重的品性。㉒吏事：官吏的职务。责：责成，督责其完成任务。三公：指太尉（掌兵事）、司徒（掌教事）、司空（掌工事）。㉓制御：支配，驾驭。㉔回容：曲法宽容。㉕宥（yòu）：赦免。㉖太官：掌御膳饮食。

【译文】

吴汉从蜀地整队凯旋，到宛县，诏令访家上坟，赐谷二万斛；夏，四月，到京城。于是，大宴将士、功臣，增加食邑，另外改封的一共有三百六十五人，其中外戚、恩泽受封的一共有四十五人。决定封邓禹做高密侯，以四个县做封邑；李通做固始侯，贾复做胶东侯，以六个县做封邑，其他各有等差。已经过世的就加封他的子孙，或改封庶子。

光武帝偃干戈修文德 | 193

刘秀在军旅中时间很长，厌倦战争，而且知道天下百姓疲惫贫困，渴望休息。自从陇、蜀平定之后，除非有危险紧急的情况，未曾再谈论军事。皇太子曾向他请教打仗的事，刘秀说："从前卫灵公请教战争的事，孔子不肯答复。这不是你应该问的。"邓禹、贾复知道刘秀决定放下武器，用礼乐教化进行统治，不愿功臣们身在洛阳而拥有重兵，于是二人交出军权，潜心研究儒家经典。刘秀也考虑到功臣们今后的去向，想保全他们的爵位和封地，不让他们因为职务而有过失，于是撤销左将军、右将军的官职。耿弇等也交出大将军、将军的印信绶带，全都以侯爵的身份离开朝廷，回到自己的宅第。他们被加以特进之衔，定期参加朝会。邓禹性格敦厚，有十三个儿子，让他们各自研习一种技能。他治家的严谨，对子孙的教育，都可以作为后世效法的榜样。家里的开支取自封地的收入，不从其他产业赢利。

贾复刚毅正直，有大节。回到宅第以后，关起门来修身养性。朱祐等举荐贾复，认为他适宜做宰相，而刘秀正责成三公整顿官吏制度，所以一律不任用功臣。这时，侯爵中只有高密侯邓禹、固始侯李通、胶东侯贾复三人和三公九卿一起议论国家大事，恩宠特别深厚。刘秀虽然控制功臣，但往往能维护包容他们，原谅他们的小过失。远方进贡珍味美食，一定先赏赐所有诸侯，而太官都没有多余的。因此功臣全都保持他们的爵位财产，没有被诛杀或贬谪的。

光武帝查办度田不实官吏

汉光武帝建武十五年（39 年）

帝以天下垦田多不以实自占[1]，又户口、年纪互有增减，乃诏下州郡检覈[2]。于是刺史、太守多为诈巧，苟以度田为名，聚民田中，并度庐屋、里落[3]，民遮道啼呼；或优饶豪右[4]，侵刻羸弱[5]。

时诸郡各遣使奏事，帝见陈留吏牍上有书[6]，视之云："颍川、弘农可问，河南、南阳不可问。"帝诘吏由趣[7]，吏不肯服，抵[8]言"于长寿街上得之"。帝怒。时东海公阳[9]年十二，在幄后言曰："吏受郡敕[10]，当欲以垦田相方[11]耳。"帝曰："即如此，何故言河南、南阳不可问？"对曰："河南帝城，多近臣；南阳帝乡，多近亲；田宅逾制，不可为准。"帝令虎贲将诘问吏⑫，吏乃实首服⑬，如东海公对。上由是益奇爱阳。

遣谒者考实二千石长吏阿枉不平者⑭。冬，十一月，甲戌，大司徒歆⑮坐前为汝南太守，度田不实，赃罪千余万，下狱。歆世授《尚书》，八世为博士⑯，诸生守阙为歆求哀者千余人，至有自髡剔⑰者。平原礼震，年十七，求代歆死。帝竟不赦，歆死狱中。

（《通鉴》第 43 卷 1386 ~ 1387 页）

【注释】

①帝：光武帝刘秀。垦田：开垦耕地。自占：自己估计上报。②覈（hé）：通"核"。即核实。③度（duó）：测量。庐屋：房屋。里落：村落。④优饶：宽容。豪右：豪门大族。⑤侵刻：欺凌剥削。嬴（léi）弱：瘦弱。指那些无钱无势的贫苦人民。⑥牍：竹简或木简。书：字。⑦诘：问。由趣：来历。由，从；趣，向。⑧抵：欺。⑨阳：刘阳，光武帝之子，阴贵人所生，封东海公。后立为太子，改名庄。光武帝死后，即位，是为汉明帝。⑩敕：指示。⑪相方：相比。⑫虎贲将：虎贲中郎将。诘问：审问。⑬首服：如实承认其欺君之罪。⑭谒者：使者的别称。二千石长吏：指刺史、太守。阿枉不平：阿谀、歪曲、不公平。⑮歆：欧阳歆。⑯歆世授《尚书》，八世为博士：自西汉初欧阳生传伏胜《尚书》，至歆已八世，皆为博士。⑰髡剔：剃发曰髡，尽及身毛曰剔，剔同"剃"。

【译文】

刘秀因为全国的耕地面积自行申报，多不据实，并且户口、年龄都有增减，于是下诏，令各州郡进行检查核实。当时州刺史、郡太守多行诡诈，投机取巧，他们胡乱地以丈量土地为名，把农民聚集到田中，连房屋、乡里村落也一并丈量，百姓挡在道路上啼哭呼喊；有的官吏宽容豪强，侵害苛待贫弱的百姓。

当时各郡各自派使者呈递奏章，刘秀发现陈留郡官吏的简牍上面有字，看到上面写的是："颍川、弘农可以问，河南、南阳不可问。"刘秀责问陈留的官吏是怎么回事，官吏不肯承认，抵赖说"是在长寿街上捡到的。"刘秀大怒。当时东海公刘阳只有十二岁，在帐子后面说："那是官吏接受郡守下的指令，将要同其他郡丈量土地的情况作比较。"刘秀说："既然这样，为什么说河南、南阳不可问？"刘阳回答说："河南是京都，有很多陛下亲近的臣僚；南阳是陛下的故乡，有很多皇亲国戚。他们的田地住宅都超过规定，不能做标准。"刘秀命虎贲中郎将责问陈留官吏，那个官吏才据实承认，正像东海公刘阳所回答的一样。刘秀于是更加喜爱刘阳，认为他不同寻常。

派遣谒者切实考核二千石长吏阿谀歪曲、处事不公的。冬，十一月，甲戌日（初一），大司徒欧阳歙犯了以前做汝南郡太守量田不确实之罪，收赃一千多万，关进监狱。欧阳歙世代教授《尚书》，八代做博士，众生为欧阳歙向守门官的官吏哀求的，有一千多人，甚至有人剃发去毛，以示必定获罪。平原人礼震，十七岁，请求代替欧阳歙而死；可是，皇帝竟不赦，欧阳歙死在监狱里。

强项令董宣

汉光武帝建武十九年（43 年）

陈留董宣为雒阳令^①。湖阳公主苍头^②白日杀人，因匿主^③家，吏不能得。及主出行，以奴骖乘^④，宣于夏门亭^⑤候之，驻车叩马^⑥，以刀画地，大言数^⑦主之失；叱奴下车，因格杀之。主即还宫诉帝，帝大怒，召宣，欲箠^⑧杀之。宣叩头曰："愿乞一言而死。"帝曰："欲何言？"宣曰："陛下圣德中兴，而纵奴杀人，将何以治天下乎？臣不须箠，请得自杀！"即以头击楹^⑨，流血被^⑩面。帝令小黄门^⑪持之。使宣叩头谢主，宣不从；强使顿^⑫之，宣两手据地，终不肯俯。主曰："文叔为白衣时^⑬，藏亡匿死^⑭，吏不敢至门；今为天子，威不能行一令乎？"帝笑曰："天子不与白衣同！"因敕^⑮："强项^⑯令出！"赐钱三十万；宣悉以班诸吏。由是能搏击豪强，京师莫不震慄^⑰。

（《通鉴》第 43 卷 1396 ~ 1397 页）

【注释】

①董宣：字少平，陈留圉（今河南杞县南）人。历任北海相、江夏太守、雒阳令等职。执法严厉，为政清廉，死时家中仅有"大麦数斛，敝车一乘"。雒阳：洛阳。光武帝改洛阳为雒阳。②苍头：奴仆。③主：公主的简称。④骖乘：陪同乘车。⑤夏门亭：夏门外的亭子。夏门，洛阳城北面西头的门。⑥驻：止住。叩马：勒住马。⑦数：数落。⑧箠：杖刑。⑨楹（yíng）：殿中

的柱子。⑩被：覆盖。⑪小黄门：宦者，属少府。⑫顿：以头叩地。⑬文叔：光武帝刘秀的字。白衣：指平民百姓。⑭亡：指亡命的人。死：犯死罪的人。⑮敕：命令。⑯强项：硬脖子。意即不低头，不屈服。⑰慓（piào）：当作"慄"，战栗。

【译文】

　　陈留人董宣担任洛阳令。刘秀的姐姐湖阳公主的奴仆白天杀人，就藏在公主家里，官吏不能逮捕他。后来公主出门，让这奴仆陪同乘车。董宣在夏门亭等候，叫车停下，上前扣住了马缰绳，用刀划着地，大声数落公主的过失，怒喝那奴仆下车，接着就杀死了他。公主立即回宫告诉了刘秀。刘秀大怒，召董宣前来，要用刑杖把他打死。董宣叩头说："我请求说句话再死。"刘秀说："打算说什么？"董宣说："陛下圣德，复兴汉室，却放纵奴仆杀人，将怎么治理天下呢？我不等着被打死，请让我自杀吧！"就头撞大柱，流了一脸血。刘秀命太监拽住他。后来让董宣叩头向公主道歉，董宣不服从，就叫人使劲按他的脑袋。董宣两手撑着地面，到底不肯低头。公主对刘秀说："你当平民百姓的时候，窝藏逃犯，官吏不敢上门来找；现在当了皇帝，威权就不能行使在一个县令的身上吗？"刘秀笑着说："天子跟平民不同！"接着命令："硬脖子县令出去！"刘秀赏钱三十万，董宣都分给了手下官吏。从此他能够打击豪强，京城的人无不震惊害怕。

马援不服老

汉光武帝建武二十四年（48 年）

　　秋七月，武陵蛮寇临沅①；遣谒者李嵩、中山太守马成讨之，不克。马援②请行，帝③愍其老，未许，援曰："臣尚能披甲上马。"帝令试之。援据鞍顾眄④，以示可用，帝笑曰："矍铄⑤哉是翁！"遂遣援率中郎将马武、耿舒等将四万余人征五溪⑥。援谓友人杜愔曰："吾受厚恩，年迫日索⑦，常恐不得死国事；今获所愿，甘心瞑目，但畏长者家儿⑧或在左右，或与从事，殊难得调⑨，介介独恶是耳⑩！"

（《通鉴》第 44 卷 1407 ~ 1408 页）

①武陵：郡名。治所在义陵（今湖南溆浦南）。蛮：古时对南方各族的泛称。临沅：县名，属武部郡，以临沅水得名。地在今湖南常德。②马援（前14—49）：字文渊，扶风茂陵（今陕西兴平东北）人。王莽后，曾依附割据陇西的隗嚣。后归光武帝，任陇西太守，为伏波将军，封新息侯。尝说："丈夫为志，穷当益坚，老当益壮。""男儿要当死于边野，以马革裹尸还葬。"在镇压武陵五溪蛮时，病死在军中。后被人诬陷除爵，数年后昭雪。③帝：指汉光武帝刘秀。④顾眄：环视叫顾，斜视叫眄。⑤矍（jué）铄：老而勇健。⑥五溪：武陵有五溪，即雄溪、横溪、酉溪、沅溪、辰溪。在今湖南西、贵州东一带。⑦索：尽。⑧长者家儿：权势家的子弟。⑨调：调和，协调。⑩介介：心中不安。恶（wù）：憎恨讨厌。

【译文】

秋，七月，武陵蛮族侵犯临沅县；派遣谒者李嵩、中山郡太守马成讨伐，没能取胜。马援请求出征，皇帝怜恤他年老，不答应，马援说："臣还能披甲上马。"皇帝命令他试试看。马援按鞍回视，表示还可被用，皇帝笑着说："这个老翁真是勇健！"于是，派遣马援率领中郎将马武、耿舒等率军四万多人，到五溪去作战。马援对友人杜愔说："我蒙受深恩，年老日尽，常怕不能为国家牺牲；如今得遂心愿，甘心闭目，只是权贵子弟有的在两侧，有的参与做事，很难能够调和，耿耿于怀，只是厌恶这些罢了！"

马援寄书诫兄子

汉光武帝建武二十五年（49年）

马援军至临乡①，击破蛮兵，斩获二千余人。

初，援尝有疾，虎贲中郎将梁松来候之②，独拜床下，援不答③。松去后，诸子问曰："梁伯孙，帝婿，贵重朝廷，公卿已下莫不惮之，大人奈何独不为礼？"援曰："我乃松父友也，虽贵，何得失其序乎！"

援兄子严、敦并喜讥议④通轻侠⑤，援前在交趾⑥，还书诫之曰："吾欲汝曹⑦闻人过失，如闻父母之名，耳可得闻，口不可得言也。好论议人长短，妄是非政法⑧，此吾所大恶也；宁死，不愿闻子孙有此行也。龙伯高敦厚周慎，口无择言⑨，谦约节俭，廉公有威，吾爱之重之，愿汝曹效之。杜季良豪侠好义，忧人之忧，乐人之乐，父丧致客，数郡毕至，吾爱之重之，不愿汝曹效也。效伯高不得，犹为谨敕⑩之士，所谓'刻鹄不成尚类鹜⑪'者也；效季良不得，陷为天下轻薄子，所谓'画虎不成反类狗'者也。"伯高者，山都⑫长龙述也；季良者，越骑司马杜保也；皆京兆人。会保仇人上书，讼⑬"保为行浮薄，乱群惑众，伏波将军万里还书以诫兄子，而梁松、窦固⑭与之交结，将扇其轻伪，败乱诸夏"。书奏，帝召责松、固，以讼书及援诫书示之，松、固叩头流血，而得不罪。诏免保官，擢拜龙述为零陵太守。松由是恨援。

（《通鉴》第 44 卷 1409～1410 页）

【注释】

①马援：见《马援不服老》注②。临乡：在武陵郡沅南县，沅水的南面。②梁松：字伯孙，梁统之子，尚光武帝女舞阳公主，为人轻薄。候：探望，问候。③答：答礼。④严、敦：都是马援兄马余的儿子。讥议：讥刺评论是非。⑤通：来往交好。轻侠：轻薄的人。⑥交趾：汉武帝所置十三刺史郡之一。辖境相当今广东、广西的大部和越南的北、中部。东汉末改为交州。⑦汝曹：你们。多用于长辈称晚辈。⑧妄：胡乱。是非：说是道非。政法：政令法律。意指朝政。⑨口无择言：说出的话都合乎礼教，无可挑剔。⑩谨敕：谨慎正派、严肃不苟。⑪鹄（hú）：天鹅。鹜（wù）：野鸭子。⑫山都：县名。治所在今湖北襄阳西北。⑬讼：诉讼，告状。⑭窦固：光武帝女涅阳公主的丈夫。

【译文】

马援的军队到临乡，击破蛮兵，斩获两千多人。

起初，马援曾经患病，虎贲中郎将梁松前往探望。梁松独自在床下拜见，而马援没有还礼。梁松走后，马援的儿子们问道："梁伯孙是皇上的女婿，朝廷显贵，公卿以下的官员没有不惧怕他的，为何唯独您对他不礼敬？"马援答道："我是他父亲的朋友，他身份虽贵，可怎能不讲辈分呢？"

马援的侄子马严、马敦都爱发议论，结交游侠。马援先前在交趾时，曾写信回家告诫他们："我希望你们在听到他人过失的时候，就像听到自己父母的名字一样，耳可以听，而口却不能讲。好议论他人是非，随意褒贬时政和法令，这是我最厌恶的事情。我宁可死，也不愿听到子孙有此类行为。龙伯高为人宽厚谨慎，言谈合乎礼法，谦恭而俭朴，廉正而威严，我对他既敬爱，又尊重，希望你们效法他。杜季良为人豪侠仗义，将别人的忧虑当作自己的忧虑，将别人的快乐当作自己的快乐。他父亲去世开吊，几郡的客人全来了。我对他又敬爱又尊重，却不希望你们效法他。效法龙伯高不成，还可以做恭谨之士，正如人们所说的'刻鸿鹄不成还像鸭'；若是效法杜季良不成，就会堕落成天下的轻浮子弟，正如人们所说的'画虎不成反似狗'了。"龙伯高，即山都县长龙述；杜季良，即越骑司马杜保，两人都是京兆人。适逢杜保的仇人上书，指控杜保："行为浮躁，蛊惑人心，伏波将军马援远从万里之外写信回家告诫侄儿不要与他来往，而梁松、窦固却同他结交，对他的轻薄伪诈行为煽风点火，败坏扰乱国家。"奏书呈上，光武帝召梁松、窦固责问，出示指控的奏书和马援告诫侄儿的书信。梁松、窦固叩头流血，才未获罪。诏命免去杜保官职，将龙述擢升为零陵太守。梁松由此憎恨马援。

汉明帝尊师

汉明帝永平二年（59 年）十月

上①自为太子，受《尚书》于桓荣②，及即帝位，犹尊荣以师礼。尝幸太常府③，令荣坐东面④，设几杖⑤，会百官及荣门生⑥数百人，上亲自执业⑦；诸生或避位发难⑧，上谦曰："太师在是。"既罢，悉以太官⑨供具赐太常家。荣每疾病，帝辄遣使者存问⑩，太官、太医相望于道。及笃⑪，上疏谢恩，让还爵土。帝幸其家问起居，入街、下车，拥经⑫而前，抚荣垂涕，赐以床茵⑬、帷帐、刀剑、衣被，良久乃去。自是诸侯、将军、大夫问疾者，不敢复乘车到门，皆拜床下。荣卒，帝亲自变服临丧送葬，赐冢茔于首山之阳⑭。子郁当嗣，让其兄子汎；帝不许，郁乃受封，而悉以租入与之。帝以郁为侍中。

（《通鉴》第 44 卷 1435 页）

【注释】

①上：指汉明帝刘庄。②桓荣：字春卿，沛郡龙亢（今安徽怀远县西）人。少学于长安，习欧阳《尚书》，教授徒众数百人。光武帝时授太子经，累迁太子少傅、太常。明帝即位，以帝师尊之，拜为"五更"。封关内侯。③幸

太常府：太常，官名，九卿之一，掌宗庙礼仪、选试博士。当时桓荣任太常，故明帝去太常府。④东面：面向东。古代宾主相见，以西为尊，主东而宾西。⑤几杖：几案和手杖，以供老年人平时靠身和走路时扶用。设几杖为敬老之礼。⑥门生：汉时称亲自授业的人为弟子，称再传弟子为门生。⑦执业：这里指捧书求教。⑧避位发难：离开自己的座位，提出疑难问题。⑨太官：掌管宫廷膳食的官。⑩存问：又言慰问。⑪笃：指病势沉重。⑫拥经：抱经。封建时代，弟子抱持经书往见其师，以为礼节。⑬床茵（yīn）：褥子。⑭首山：首阳山。在今河南偃师县西北。阳：山的南面或水的北面。

【译文】

皇上从做太子开始，向桓荣学《尚书》，等到做了皇帝，还是用师礼来尊敬桓荣，曾到太常府，请桓荣向东方坐，设置桌案、手杖；曾会百官以及桓荣的几百个学生，皇上亲自拿着经书；众生有的离开座位，站起来发问，皇上就谦虚地说："太师在这里。"事毕，就将太官准备的御膳饮食全部赐给太常家。桓荣每次生病，皇帝总是派遣使者慰问，太官、太医在路上不断。等到病重，进呈奏疏，感谢恩德，归还爵位食邑。皇帝亲自到他家，问他生活情形，入了街，就下车，拿着经书而去，抚着桓荣流泪，赐给床席、帷帐、刀剑、衣被，逗留很久才离开。从此诸侯、将军、大夫探病的，不敢再乘车到门，都在床下跪拜。桓荣去世，皇帝亲自改穿丧服，吊祭送葬，将首阳山之南的墓地赐给他。儿子桓郁应当继承爵位，然而让给他的侄子桓汎；皇帝不答应，桓郁才接受封爵，然而将租税收入全部给侄子。皇帝派桓郁做侍中。

寋朗奏楚狱多冤

汉明帝永平十三年（70年）

楚王英①与方士作金龟、玉鹤，刻文字为符瑞②。男子燕广告英与渔阳王平、颜忠等造作图书，有逆谋；事下案验③。有司奏"英大逆不道④，请诛之"。帝以亲亲⑤不忍。十一月，废英，徙丹阳泾县⑥，赐汤沐邑⑦五百户；男女为侯、主者，食邑如故；许太后⑧勿上玺绶，留住楚宫。先是有私以英谋告司徒虞延者，延以英藩戚至亲⑨，不然其言。及英事觉，诏书切让⑩延。

汉明帝永平十四年（71年）

春，三月甲戌，延自杀……

楚王英至丹阳，自杀。诏以诸侯礼葬于泾。封燕广为折奸侯。

是时，穷治⑪楚狱，遂至累年。其辞语相连，自京师亲戚、诸侯、州郡豪桀及考案吏⑫，阿附坐死、徙者以千数，而系狱者尚数千人……

英阴疏天下名士，上得其录，有吴郡太守尹兴名，乃征兴及掾史五百余人诣廷尉就考⑬。诸吏不胜掠治⑭，死者大半；惟门下掾陆续、主簿梁宏、功曹史驷勋⑮，备受五毒⑯，肌肉消烂，终无异辞。续母自吴来洛阳，作食以馈⑰续。续虽见考，辞色未尝变，而对食悲泣不自胜。治狱使者问其故，续曰："母来不得见，故悲耳。"问："何以知之？"续曰："母截肉未尝不方，断葱以寸为度，故知之。"使者以状闻，上乃赦兴等，禁锢终身⑱。

颜忠、王平辞引⑲隧乡侯耿建、朗陵侯臧信、濩泽侯邓鲤、曲成侯刘建。建等辞未尝与忠、平相见。是时，上怒甚，吏皆惶恐，诸所连及，率一切陷入，无敢以情恕者。侍御史寒朗心伤其冤⑳，试以建等物色㉑，独问忠、平，而二人错愕㉒不能对。朗知其诈，乃上言："建等无奸，专为忠、平所诬；疑天下无辜，类多如此。"帝曰："即如是，忠、平何故引之？"对曰："忠、平自知所犯不道，故多有虚引，冀以自明。"帝曰："即如是，何不早奏？"对曰："臣恐海内㉓别有发其奸者。"帝怒曰："吏持两端！"促提下捶之。左右方引去，朗曰："愿一言而死。"帝曰："谁与共为章㉔？"对曰："臣独作之。"上曰："何以不与三府㉕议？"对曰："臣自知当必族灭，不敢多污染人。"上曰："何故族灭？"对曰："臣考事一年，不能穷尽奸状，反为罪人讼冤，故知当族灭。然臣所以言者，诚冀陛下一觉悟而已。臣见考囚在事者，咸共言妖恶大故㉖，臣子所宜同疾，今出之不如入之㉗，可无后责。是以考一连十，考十连百。又公卿朝会，陛下问以得失，皆长跪㉘言：'旧制，大罪祸及九族；陛下大恩，裁止于身，天下幸甚！'及其归舍，口虽不言而仰屋窃叹，莫不知其多冤，无敢忤㉙陛下言者。臣今所陈，诚死无悔！"

帝意解，诏遣朗出。

后二日，车驾自幸洛阳狱录囚徒㉚，理出千余人。时天旱，即大雨。马后亦以楚狱多滥㉛，乘间为帝言之，帝恻然㉜感悟，夜起彷徨，由是多所降宥㉝。

（《通鉴》第 45 卷 1454～1457 页）

①楚王英：光武帝刘秀的儿子，许美人所生，汉明帝刘庄的异母弟。建武十五年（39年）封为楚公，十七年进爵为王。国都彭城（今江苏徐州市）。②符瑞：吉祥的征兆。③案验：查讯证实。④大逆不道：旧时多指犯上谋反而言。⑤帝：指汉明帝刘庄。亲亲：爱自己的亲属。⑥丹阳泾县：丹阳，郡名，治所在宛陵（今安徽宣城县）。泾县（今安徽泾县西），当时属丹阳郡。⑦汤沐邑：天子赐给诸侯的封邑。邑内的收入供诸侯作汤沐之用。汤沐，即沐浴。⑧许太后：光武帝的许美人，楚王英的生母。太后，指楚王的太后。⑨藩戚至亲：有封国的天子近亲。⑩切让：严厉谴责。⑪穷治：彻底追查。⑫桀：通"杰"。考案吏：审理案件的官吏。⑬掾史：州郡属吏，由长官辟举，分曹治事。下文的门下掾、主簿、功曹史都属于这种官。考：通"拷"。⑭掠治：拷打讯问。⑮门下掾：这里指总管门下众事的郡守属官。主簿：这里指负责文书等事务的郡守属官。功曹史：简称功曹。相当于郡守的总务长，除掌人事外，并与闻一郡的政务。⑯五毒：五种酷刑。鞭、箠、灼、徽、缧为五毒。⑰馈（kuì）：送食物给人。⑱禁锢终身：限制一辈子不得做官。⑲辞引：在供词中牵连。⑳侍御史：官名，在御史大夫下，行监察等职，或奉旨外出执行指定的任务。寋（jiǎn）：《后汉书》本传作"寒"。袁宏《后汉纪》作"寋"。㉑物色：形状。㉒错愕：仓皇惊惧。㉓海内：泛指国内。㉔章：奏章。㉕三府：指太尉、司徒、司空三公之府署。㉖妖恶大故：罪恶极大的事。㉗出之不如入之：言出其罪外，不如入其罪内。㉘长跪：直着身子跪着。㉙九族：见《唐太宗降宗室郡王为县公》注⑤。㉚牾（wǔ）：同"忤"。不顺从。㉛录囚徒：审查记录囚犯有没有罪。㉜马后：汉明帝刘庄的皇后，伏波将军马援小女。为人好学，谦恭，不奢侈。滥：失实。㉝恻然：难过的样子。㉞降宥（yòu）：宽赦。

【译文】

楚王刘英和方士制作金龟、玉鹤，刻上文字，用作将为皇帝的天赐凭证。有个叫燕广的男子，告发刘英与渔阳人王平、颜忠等编造符谶之书，蓄谋造反。朝廷将此事下交有关部门追查核实。主管官员上奏道："刘英大逆不道，请将他处死。"明帝因手足之亲而不忍批准。十一月，废掉刘英王位，将他迁往丹阳郡泾县，赏赐五百户赋税。刘英的儿子女儿当侯、当公主的，依旧享用原有食邑。命刘英的母亲许太后不必上缴她的玺印绶带，留在楚王宫中居住。先前，曾有人暗中将刘英的逆谋告诉司徒虞延，但虞延认为刘英是明帝手足至亲，不相信密报。及至刘英逆谋暴露，明帝下诏严厉责备虞延。

春，三月甲戌，虞延自杀……

楚王刘英到丹阳，也自杀。明帝下诏以诸侯的礼仪葬于泾县。并封燕广为折奸侯。

当时，朝廷极力追究楚王之案，以至连年不止。案中的供词互相牵连，从京城皇亲国戚、诸侯、州郡豪杰，直到审案官吏，因附从反逆而被处死、流放的数以千计，而关在狱中的还有几千人。

刘英曾暗中将天下名人记录在册。明帝得到这个名单，见上面有吴郡太守尹兴的名字，便召尹兴及其属官五百多人到廷尉受审。属官们经受不住苦刑拷打，大部分人死去。唯有门下掾陆续、主簿梁宏、功曹史驷勋，虽受尽五种毒刑，肌肉溃烂，但到底也不改口供。陆续的母亲从吴郡来到洛阳，做了食物送给陆续。陆续以往虽遭拷打，言辞神色从不改变，但面对饭菜却痛哭流涕，不能自制。审案官问是何缘故，陆续说："母亲来了，而我们不能相见，所以悲伤。"审案官问："你怎么知道她来了？"陆续说："我母亲切肉无不方方正正，切葱也总是一寸长短。我见到这食物，所以知道她来了。"审案官将此情况上报后，明帝便赦免尹兴等人，但限制他们终生不准做官。

颜忠、王平的供词牵连到隧乡侯耿建、朗陵侯臧信、濩泽侯邓鲤、曲成侯刘建。耿建等人声称从未同颜忠和王平见过面。当时，明帝十分愤怒，审案官员全都惶恐不安，凡被牵连者，几乎一律判罪定案，无人敢根据实情予以宽恕。侍御史寒朗怜悯耿建等人冤枉，便以耿建等人的形貌特征，单独讯问颜忠和王平。颜、王二人仓皇惊愕不能应对。寒朗知道其中有诈，便上书说："耿建等人没有罪过，只是被颜忠和王平诬陷了。我怀疑天下的无辜罪人，遭遇多与此相似。"明帝问："如果是这样，那么颜忠、王平为什么要牵连他们？"寒朗回答道："颜忠、王平自己知道犯了大逆不道之罪，所以虚招了许多人，企图以此来表白自己。"明帝问："如果是这样，你为什么不早报告？"寒朗回答说："我担心国内另有人真能揭发出耿建等人的奸谋。"明帝生气地说："你这审案官，骑墙滑头！"便催人把寒朗拉下去责打。左右侍卫刚要拉走寒朗，寒朗说："我想说一句话再死。"明帝问："谁和你一起写的奏章？"回答说："是我一个人写的。"明帝问："为什么不和三府商议？"回答说："我自己知道一定会有灭族之罪，不敢多连累他人。"明帝问："为什么是灭族之罪？"回答说："我审案一年，不能彻底清查奸谋的实情，反而为罪人辩冤，所以知道该当灭族之罪。然而我所以上奏，实在是盼望陛下能一下子觉悟罢了。我见审问囚犯的官员，众口一词地说臣子对叛逆大罪应同仇敌忾，如今判人无罪不如判人有罪,可以以后免受追究。因此,官员审讯一人便牵连十人,审讯十人便牵连百人。还有,公卿上朝的时候,当陛下询问案情处理是否得当,他们全都直身跪着回答:'依照以往制度,大罪要诛杀九族,而陛下大恩,只处决当事者,天下人太幸运了!'而等他们回到家里,口中虽无怨言,却仰望屋顶暗自叹息。没有人不知道这里多有冤枉,但不敢忤逆陛下而直言。我今天说出这番话,真是死而不悔!"

明帝怒气消解,便下令将寒朗放走。

两天以后,明帝亲临洛阳监狱甄别囚犯,释放了一千多人。当时正值天旱,立刻降下了大雨。马皇后也认为楚王之案多有滥捕滥杀,便乘机向明帝进言。明帝醒悟过来,恻然而悲,夜间起床徘徊。从此对罪犯多所宽赦。

马太后拒封外戚

汉章帝建初二年(77年)

上欲封爵诸舅,太后①不听。会大旱,言事②者以为不封外戚之故,有司请依旧典③。太后诏曰:"凡言事者,皆欲媚朕以要福耳。昔王氏五侯同日俱封④,黄雾四塞,不闻澍雨之应⑤。夫外戚贵盛,鲜不倾覆;故先帝防慎舅氏,不令在枢机⑥之位,又言'我子不当与先帝子等⑦',今有司奈何欲以马氏比阴氏⑧乎!且阴卫尉⑨,天下称之,省中御者至门,出不及履⑩,此蘧伯玉之敬也⑪;新阳侯⑫虽刚强,微失理,然有方略,据地谈论,一朝无双;原鹿贞侯⑬,勇猛诚信;此三人者,天下选臣,岂可及哉!马氏不及阴氏远矣。吾不才,夙夜累息⑭,常恐亏先后之法,有毛发之罪吾不释,言之不舍昼夜,而亲属犯之不止,治丧起坟,又不时觉,是吾言之不立而耳目之塞也。吾为天下母⑮,而身服大练⑯,食不求甘,左右但著帛布,无香薰之饰者,欲身率下也。以为外亲见之,当伤心自敕;但笑言'太后素好俭'。前过濯龙⑰门上,见外家问起居者,车如流水,马如游龙,仓头衣绿褠⑱,领袖正白,顾视御者,不及远矣。故不加谴怒,但绝岁用而已,冀以默愧其心;犹懈怠无忧国忘家之虑。知臣莫若君,况亲属乎!吾岂可上负先帝之旨,下亏先人之德,重袭西京败亡之祸哉⑲!"固不许。

帝省诏悲叹，复重请曰："汉兴，舅氏之封侯，犹皇子之为王也。太后诚存谦虚，奈何令臣独不加恩三舅乎！且卫尉㉓年尊，两校尉㉑有大病，如令不讳，使臣长抱刻骨之恨。宜及吉时，不可稽留。"

太后报曰："吾反复念之，思令两善㉒，岂徒欲获谦让之名而使帝受不外施㉓之嫌哉！昔窦太后欲封王皇后之兄，丞相条侯㉔言：'高祖约，无军功不侯。'今马氏无功于国，岂得与阴、郭㉕中兴之后等邪！常观富贵之家，禄位重叠，犹再实之木，其根必伤㉖。且人所以愿封侯者，欲上奉祭祀，下求温饱耳；今祭祀则受太官之赐，衣食则蒙御府余资，斯岂不可足，而必当得一县乎！吾计之孰㉗矣，勿有疑也！夫至孝之行，安亲为上，今数遭变异，谷价数倍，忧惶昼夜，不安坐卧，而欲先营外家之封，违慈母之拳拳㉘乎！吾素刚急，有胸中气，不可不顺也。子之未冠，由于父母，已冠成人，则行子之志。念帝，人君也；吾以未逾三年之故，自吾家族，故得专之。若阴阳调和，边境清静，然后行子之志；吾但当含饴弄孙㉙，不能复关㉚政矣。"上乃止。

太后尝诏三辅，诸马婚亲有属托郡县、干乱吏治者，以法闻㉛。太夫人㉜葬起坟微高，太后以为言，兄卫尉廖等即时减削，其外亲有谦素义行者，辄假借温言，赏以财位；如有纤介，则先见严恪之色，然后加谴。其美车服、不遵法度者，便绝属籍㉝，遣归田里。广平、巨鹿、乐成王㉞，车骑朴素，无金银之饰，帝以白太后，即赐钱各五百万。于是内外从化，被服如一，诸家惶恐，倍于永平㉟时。置织室，蚕于濯龙中，数往观视，以为娱乐。常与帝旦夕言道政事及教授小王㊱《论语》经书，述叙平生，雍和终日。

（《通鉴》第 46 卷 1477 ~ 1481 页）

【注释】

①太后：汉明帝刘庄的马皇后。她是伏波将军马援的女儿。②言事：与君主谈论政事，或进谏。③旧典：汉制，外戚以恩泽封侯，故称旧典。④昔王氏五侯同日俱封：汉成帝建始元年（前 32 年），汉成帝初即位，同日封舅王谭、王商、王立、王根、王逢时为关内侯。⑤澍雨：适时的雨。应：应和之声。⑥枢机：朝廷的机要部门或职位。如尚书、宰辅之职。⑦我子不当与先帝子等：汉明帝十五年，封诸王子，减少封地。马后说：诸子的封地，比规定的数量不是太少了吗？明帝回答说：我的儿子怎能与先帝的儿子等同呢？⑧阴

氏：指光武帝阴皇后的亲族。⑨阴卫尉：指阴皇后之弟阴兴。⑩出不及履：没有等到穿好鞋就出来迎接。⑪蘧（qú）伯玉：名瑗，伯玉是其字，春秋时卫国的贤大夫。敬：敬慎，敬肃。⑫新阳侯：指阴兴之弟阴就。⑬原鹿贞侯：阴识生前封原鹿侯，死后谥贞侯，故称原鹿贞侯。他是阴皇后的哥哥。⑭夙夜：朝夕。累息：屏息几次后才一舒气。⑮天下母：全国的母仪。对皇后的尊称。⑯大练：粗帛。⑰濯龙：园名。在北宫附近。⑱𢂷（gōu）：臂衣，袖套。⑲西京败亡之祸：西京，指西汉，西汉外戚吕禄、吕产、窦婴、上官桀、霍禹等被诛。⑳卫尉：指太后兄马廖。㉑两校尉：指太后兄马防和马光。㉒两善：国家无滥恩，外戚得以安全。㉓外施：以恩泽封外戚。㉔条侯：周亚夫。汉景帝中元三年，他为丞相时，曾说过："高祖约，无军功不侯。"㉕郭：汉光武帝郭皇后。建武二年立，十七年，废郭皇后，立阴皇后。㉖再实之木，其根必伤：一年之内两次结果实的树，它的根必然损伤。比喻过度突出反招灾祸。㉗孰：通"熟"。㉘拳拳：也作"惓惓"。形容恳切的心情。㉙含饴弄孙：含着饴糖逗小孙子。形容老年人恬适的乐趣。㉚关：参与。㉛以法闻：绳之以法并禀告太后。㉜太夫人：指太后的母亲。㉝绝属籍：断绝外戚属籍。㉞广平、巨鹿、乐成王：广平王刘羡，巨鹿王刘恭，乐成王刘党，皆汉明帝子。㉟永平：汉明帝年号。㊱小王：年尚幼，未就位的诸侯王。

【译文】

　　章帝打算赐封各位舅父，但马太后不同意。适逢天旱，有人上书说是因为未封外戚的缘故，于是有关部门奏请依照旧制赐封。马太后下诏说："那些上书建议封外戚的人，都是要向我献媚，以谋求好处罢了。从前，王氏家族一日之内有五人一起封侯，而当时黄雾弥漫，并未听说有天降好雨的反应。外戚富贵过盛，很少有不倾覆的。所以先帝对他的舅父慎重安排，不放在朝廷要位，还说：'我的儿子不应与先帝的儿子等同。'如今有关部门为什么要将马家同阴家相比呢！况且卫尉阴兴，受到天下人的称赞，宫中的使者来到门前，他连鞋都来不及穿，便急忙出迎，如同蘧伯玉一样恭敬有礼；新阳侯阴就，虽然性格刚强，略失规矩，然而胸有谋略，以手撑地，坐着发表议论，朝中无人能与他相比；原鹿贞侯阴识，勇敢忠诚而有信义。这三个人都是天下群臣中的出类拔萃者，难道能比得上吗！马家比阴家差远了。我没有才干，日夜因恐惧而喘息不安，总怕有损先后订立的法则。即便是细小的过失，我也不肯放过，日夜不停地告诫。然而我的亲属们仍然不断犯法，丧葬时兴筑高坟，又不能及时察觉错误，这表明我的话没有人听，我的耳目已被蒙蔽。我身为天下之母，然而身穿粗丝之服，饮食不求香甜，左右随从之人只穿普通帛布，不使用薰香饰物，目的就是要亲身做下面的表率。本以为娘家人看到我的行为当会痛心自责，但他们只是笑着说'太后一向喜爱节俭'。前些时候，我经过濯龙门，看见那些到我娘家问候拜访的人们，车辆如流水不断，马队如游龙蜿蜒，奴仆身穿绿色单衣，衣领衣袖雪白。回视我的车夫，差得远了。我所以对娘家人并不发怒谴责，而只是裁减每年的费用，是希望能使他们内心暗愧。然而他们仍然懈怠放任，没有忧国忘家的觉悟。了解臣子的，莫过于君王，更何况他们是我的亲属呢！我难道可以上负先帝的旨意，下损先人的德行，重蹈前朝外戚败亡的灾祸吗！"她坚持不同意赐封。

章帝读了太后诏令悲戚感叹，又再次请求太后说："汉室兴，舅氏封侯，犹如皇子封王。太后有谦虚的美德，怎能让我独不加恩于三个舅父呢？况且卫尉马廖舅舅年岁很大，两校尉马防、马光舅舅大病在身，如果一旦不幸去世，将使我有长抱刻骨的遗憾！应趁吉日良辰，封侯舅氏，不可稽延耽搁。"

太后回答说："我反复考虑，想做到两方面都好。我难道想获谦让的美名，而使帝遭受不施舅父恩宠的嫌疑吗？从前，窦太后想封景帝王皇后兄王信，丞相条侯周亚夫说受高祖的约定，无军功，不是刘氏子不封侯。今我马氏无功于国，怎能与阴氏、郭氏中兴时期皇后等同呢？我常常看到富贵之家，禄位重叠，好像结第二次果子的树木，负荷太重，它的根必定受到伤害。而且人们之所以希望封侯，是想能有丰厚的物质祭祀祖先，能过上温饱的生活。现在我马家的祭祀享受四方的珍馐，衣食则蒙朝廷俸禄而有余裕，这难道还不够，而必须封侯得一食邑吗？我通过再三考虑，没有半点疑惑了。最好的孝行，安亲为上，现在连遭几次变异，谷价涨了几倍，我日夜忧愁惶恐，坐卧不安，而你却要先对外戚封侯，违背慈母的眷爱之情！我素来刚烈急躁，胸中有气，是不可不顺的呀！如果以后阴阳协调，边境安宁，再执行你的计划，我就只含饴弄孙，不会再关心朝政了。"章帝这才作罢。

太后曾对三辅下诏："马氏家族及其亲戚，如有因请托郡县官府，干预扰乱地方行政的，应依法处置、上报。"马太后的母亲下葬时堆坟稍高，马太后对此提出反对意见，她的哥哥卫尉马廖等人就立即将坟削减。在马家亲属和亲戚中，有行为谦恭正直的，马太后便以温言好语相待，赏赐财物和官位。如果有人犯了微小的错误，马太后便首先显出严肃的神色，然后加以谴责。对于那些车马衣服华美、不遵守法律制度的家属和亲戚，马太后就将他们从皇亲名册中取消，遣送回乡。广平王刘羡、巨鹿王刘恭和乐成王刘党，车马朴素无华，没有金银饰物。章帝将此情况报告了太后，太后便立即赏赐他们每人五百万钱。于是内外亲属全都接受太后的教导和影响，一致崇尚谦逊朴素。外戚家族惶恐不安，超过了明帝时期。马太后曾设立织室，在濯龙园中种桑养蚕，并频频前往查看，把这当成一项娱乐。她经常与章帝早晚在一起谈论国家大事，教授年幼的皇子读《论语》等儒家经书，讲述平生经历，终日和睦欢洽。

孔僖自讼

汉章帝元和元年（84 年）十一月

鲁国孔僖、涿郡崔骃同游太学①，相与论"孝武皇帝②，始为天子，崇信圣道，五六年间，号③胜文、景；及后恣己④，忘其前善"。邻房生梁郁上书，告"骃、僖诽谤先帝，刺讥当世"，事下有司。骃诣吏受讯。僖以书自讼⑤曰："凡言诽谤者，谓实无此事而虚加诬之也。至如孝武皇帝，政之美恶，显在汉史，坦如日月，是为直说书传实事，非虚谤也。夫帝者，为善为恶，天下莫不知，斯皆有以致之，故不可以诛⑥于人也。且陛下即位以来，政教未过⑦而德泽有加，天下所具⑧也，臣等独何讥刺哉！假使所非实是，则固应悛改，傥⑨其不当，亦宜含容⑩，又何罪焉！陛下不推原大数⑪深自为计，徒肆私忌以快其意，臣等受戮，死即死耳；顾⑫天下之人，必回视易虑，以此事窥陛下心，自今以后，苟见不可之事，终莫复言者矣。齐桓公亲扬其先君之恶以唱管仲⑬，然后群臣得尽其心。今陛下乃欲为十世之武帝⑭远讳实事，岂不与桓公异哉！臣恐有司卒然见构⑮，衔恨蒙枉，不得自叙，使后世论者擅以陛下有所比方，宁可复使子孙追掩之乎！谨诣阙伏待重诛。"书奏，帝立诏勿问，拜僖兰台令史⑯。

（《通鉴》第 46 卷）

【注释】

①鲁国：郡国名。治所在鲁县（今山东曲阜）。孔僖：字仲和，孔子的后裔。精通《古文尚书》《毛诗》，并习《春秋》。崔骃：字亭伯，涿郡安平（今河北深县）人。博学有伟才，尽通古今训诂百家之言，善属文。少游太学，与班

固齐名。②孝武皇帝：汉武帝刘彻。③号：声誉。④恣己：放纵自己。⑤自讼：自我申辩。⑥诛：责备。⑦未过：未有过失。⑧天下所具：天下的人都知道。具，具知，尽知。有的版本"具"下有"知"字。⑨傥：同"倘"，倘若。⑩含容：不让内心的感情表现在面容上。与"动容"相对。⑪推原大数：推原，推究根本。大数，大计、大局。⑫顾：但。⑬齐桓公亲扬其先君之恶以唱管仲：《国语·齐语》记载：齐桓公对管仲说："昔吾先君襄公筑台以为高位，田、狩、弋，不听国政，卑圣侮士，而唯女是崇。"管仲提出治国称霸的良策。唱，通"倡"，开导。⑭十世之武帝：汉武帝距汉章帝共十帝：武、昭、宣、元、成、哀、平、光武、明、章帝。⑮见构：被陷害。⑯兰台令史：官名。掌管奏章及印工文书。兰台是皇家藏书的地方。

【译文】

鲁国人孔僖、涿郡人崔骃同在太学读书，他们在一起谈论道："孝武皇帝刚即位的时候，信仰圣人之道，最初五六年的政绩，被人称作胜过文、景二帝。但到后来放纵自己，抛弃了从前的善政。"邻屋的另一位太学生梁郁听到议论，上书控告他们："崔骃、孔僖诽谤先帝，讽刺当朝。"此案交付有关部门审理。崔骃去见官吏接受审讯。孔僖上书自我申辩说："但凡说到诽谤，是指无中生有地进行诬蔑。至于孝武皇帝，他政绩上的得失，都显示在汉史上，清楚如日月一样，而我们的议论，只是直述史书记载的事实，并不是诽谤。身为皇帝，无论做好事还是坏事，天下人无不知晓，那都是能够了解到的，因此不能对议论者进行责备。况且陛下即位以来，政治、礼教没有过失，而恩德增加，这是天下人俱知的事实。我们偏要讽刺什么呢！假如我们批评的是事实，那么本应诚心改正，倘若不当，也应包涵，又为什么要向我们问罪！陛下不推求研究国家命运，深入考虑本朝国策，而只是大搞个人忌讳，以求快意。我们被诛杀，死就死罢了，只怕天下人定将转过目光，改变看法，以这件事来窥测陛下的心思。从今以后，即使见到不对的事，却终不肯再出来说话了。春秋时，齐桓公曾亲自公布前任国君的罪恶，向管仲请教处理的办法，从此以后，群臣才尽心地为他效力。而如今陛下却要为远在十世以前的武帝掩盖事实真相，这岂不是与齐桓公大相径庭！我担心有关部门会突然定案，让我衔恨蒙冤，不能自作申辩，因而使后世评论历史的人擅将陛下有所比喻，难道可以再要子孙为陛下掩饰吗？我谨来到皇宫门前，伏身等候严厉的处罚。"奏书呈上，章帝立即下诏停止追究，并将孔僖任命为兰台令史。

班固、司马光论汉武帝

班固^①赞曰：汉承百王之弊，高祖拨乱反正，文、景务在养民，至于稽古礼文^②之事，犹多阙焉。孝武初立，卓然罢黜百家，表章《六经》^③，遂畴咨^④海内，举其俊茂，与之立功；兴太学^⑤，修郊祀^⑥，改正朔^⑦，定历数，协音律，作诗乐，建封禅^⑧，礼百神，绍周^⑨后，号令文章，焕焉可述，后嗣得遵洪业而有三代之风。如武帝之雄才大略，不改文、景之恭俭以济斯民，虽《诗》《书》所称何有加焉！

臣光曰：孝武穷奢极欲，繁刑重敛、内侈宫室，外事四夷，信惑神怪，巡游无度，使百姓疲敝，起为盗贼，其所以异于秦始皇者无几矣。然秦以之亡，汉以之兴者，孝武能尊先王之道，知所统守，受忠直之言，恶^⑩人欺蔽，好贤不倦，诛赏严明，晚而改过^⑪，顾托^⑫得人，此其所以有亡秦之失而免亡秦之祸乎！

（《通鉴》第 22 卷 747 ～ 748 页）

【注释】

①班固（32—92）：字孟坚，扶风安陵（今陕西咸阳东北）人。东汉史学家、文学家、经学家，《汉书》的作者。汉和帝永元元年（89 年），随大将军窦宪征匈奴，为中护军。后因窦宪擅权，受牵连，死于狱中。②稽古：研习古事。礼文：礼节仪式。③表章：亦作"表彰"。表扬，显扬。《六经》：指《易》《诗》《书》《礼》《乐》《春秋》儒家六部经典。④畴咨：访求。⑤太学：古代的国立大学。汉武帝元朔五年（前 124 年），始建太学，为五经博士置弟子五十人。⑥郊祀：古代祭礼，在郊外祭天或祭地。⑦正（zhēng）朔：旧历一年的第一天。正是一年的第一月；朔是一月的第一天。古代改朝换代，须重定正朔。⑧封禅：帝王祭天地的典礼。在泰山上筑土为坛祭天，报天之功，叫封；在泰山下梁父山上辟场祭地，报地之功，叫禅。⑨绍：承继。周：周朝。⑩恶（wù）：讨厌。⑪晚而改过：指征和四年（前 89 年）汉武帝下的轮台罪己诏。⑫顾托：皇帝临终时的嘱托，即遗嘱。

【译文】

班固赞曰：汉朝承接了历朝帝王的积弊，高祖拨乱反正，文帝、景帝则致力于休养百姓，而在研习古代的礼节仪式方面，尚有很多缺失。汉武帝即位之初，就以卓越的气魄，罢黜了各家学说，唯独尊崇儒家的《诗》《书》《礼》《易》《乐》《春秋》六种经典，并向天下征召，选拔其中的优秀人才，共同建功立业。又兴办太学，整顿祭祀仪式，改变正朔，重新制定历法，协调音律，作诗赋乐章，到泰山封禅祭祀天地，礼敬各种神灵，封赐周朝的后裔等。汉武帝的号令文章，都焕发光彩，值得称道，后继者得以继承他的大业，因而具有夏、商、周三代的遗风。像汉武帝这样的雄才大略，如不改变汉文帝、汉景帝的恭敬俭朴作风来爱护百姓，即使是《诗经》《尚书》上所称道的古代圣王也不过如此！

臣司马光曰：汉武帝穷奢极欲，刑罚繁重，横征暴敛，对内大肆兴建宫室，对外征讨四方蛮夷，又迷惑于神怪之说，巡游无度，致使百姓疲劳凋敝，起来做了盗贼，他与秦始皇没有多少不同。但秦朝为此而灭亡，汉朝为此而兴盛的原因就在于汉武帝能够遵守先王之道，懂得治理国家，守住基业，接受忠正刚直之人的谏言，厌恶被人欺瞒蒙蔽，始终喜好贤才，赏罚严明，晚年能改变以往的过失，将继承人托付给合适的大臣，这正是汉武帝所以有造成秦朝灭亡的错误，却避免了秦朝灭亡的灾祸的原因吧！

班超诫任尚

汉和帝永元十四年（102 年）七月

超之被征^①，以戊己校尉任尚代为都护^②。尚谓超曰："君侯在外国三十余年，而小人猥^③承君后，任重虑浅，宜有以诲之！"超曰："年老失智。君数当大位，岂班超所能及哉！必不得已，愿进愚言：塞外吏士，本非孝子顺孙，皆以罪过徙补边屯；而蛮夷怀鸟兽之心，难养易败。今君性严急，水清无大鱼，察政不得下和^④，宜荡佚^⑤简易，宽小过，总大纲而已。"超去，尚私谓所亲曰："我以班君当有奇策，今所言，平平耳。"尚后竟失边和，如超所言。

（《通鉴》第 48 卷 1555 页）

①超：班超（32—102）。字仲升，扶风安陵（今陕西咸阳东北）人。班固之弟。东汉名将。永平十六年（73年），从窦固击北匈奴，不久奉命率吏士三十六人赴西域，使西域诸国与匈奴断绝关系。使"丝绸之路"重新畅通。永元三年（91年）任西域都护，封定远侯。被征：被召回。班超在西域活动达三十一年。和帝永元十四年（102年）被召回，到洛阳数月即卒。②任尚：东汉将领。初为西域戊己校尉，后代班超为都护。他没有听从班超的告诫，以严苛激起西域各族的反抗，被召还，汉失西域。都护：汉置西域都护，其职责是督护西域诸国及通往西域的南道和北道。③猥：辱。谦辞。④水清无大鱼，察政不得下和：《家语》，孔子曰："水至清则无鱼，人至察则无徒。"⑤荡佚：超脱。

【译文】

班超被征召回朝，派戊己校尉任尚接替他做都护。任尚对班超说："君侯在外国三十多年，而我接替你留下的职位，责任重大，我的思虑浅陋，你应该对我有所教诲。"班超说："我年老头脑不灵敏，你屡次承担重大职位，哪里是班超所能赶得上的呢！你一定要我说，我愿意向你进几句愚浅的话：塞外的官吏士兵，本来不是孝子顺孙，都是因犯罪而贬谪到边地来担任防守的工作；而蛮夷怀有禽兽的心肠，难以抚养照顾，容易反叛作乱。现在你的个性严厉急躁，水清就没有大鱼，政治廉明就得不到属下的和谐合作，应该超脱纵逸，简略平易，原谅犯小过的，注重大原则而已。"班超离开了，任尚私下对他亲近的人说："我以为班超一定有奇妙的策略，现在所说的，只不过平易普通的言论而已。"任尚后来终于在远地和西域各国处得不好，就像班超所说的一样。

杨震拒赠金

汉安帝永初四年（110年）正月

邓骘①在位，颇能推进贤士，荐何熙、李郃等列于朝廷，又辟弘农杨震②、巴郡陈禅等置之幕府，天下称之。震孤贫好学，明欧阳《尚书》③，通达博览，诸儒为之语曰："关西孔子杨伯起④。"教授二十余年，不答州郡礼命⑤，众人谓之晚暮⑥，而震志愈笃⑦。骘闻而辟之，时震年已五十余，累迁⑧荆州刺史、东莱太守。当之郡，道经昌邑，故所举荆州茂才⑨王密为昌邑令，夜怀金十斤以遗⑩震。震曰："故人知君⑪，君不知故人，何也？"密曰："暮夜无知者。"震曰："天知，地知，我知，子知，何谓无知者！"密愧而出。后转涿郡太守。性公廉，子孙常蔬食⑫、步行；故旧⑬或欲令为开产业，震不肯，曰："使后世称为清白吏子孙，以此遗之，不亦厚乎！"

（《通鉴》第 49 卷 1580 页）

【注释】

①邓骘（？—121）：字昭伯，南阳新野（今河南新野县南）人。汉和帝邓皇后之兄。安帝时，邓太后临朝，邓骘为大将军辅政。②辟：长官征聘有才能的人作为自己的属官。杨震（？—124）：字伯起，弘农华阴（今属陕西）人。历任荆州刺史、涿郡太守、司徒、太尉等职。为人博学、正直、廉洁。后被中常侍樊丰诬陷罢官，含冤自杀。③欧阳《尚书》：西汉欧阳，名容，字和伯，创立了今文《尚书》的"欧阳学"，也称"欧阳《尚书》"。④关西孔子杨伯起：关西，指函谷关以西的地区。这句话是说杨震的道德学问可以与孔子相比。⑤不答州郡礼命：不接受州郡长官的召聘。⑥众人谓之晚暮：大家说他年纪老了，出去做官太晚了。⑦笃：坚定。⑧累迁：屡次升官。⑨茂才：秀才，因避光武帝刘秀的名讳，故改"秀才"为"茂才"。⑩遗（wèi）：赠送。⑪故人知君：故人，旧友。汉人对门生故吏自称故人。知，了解。⑫蔬食：素菜素饭。⑬故旧：老朋友。

【译文】

邓骘身居大将军之位，颇能推举贤能人才。他保荐何熙、李郃等进入朝廷任职，还延聘弘农人杨震、巴郡人陈禅等做自己的幕僚，受到天下人的称赞。杨震自幼孤弱贫困而好学，通晓欧阳氏解释的《尚书》，而且知识丰富，博览群书，儒家学者们称他为"关西孔子杨伯起"。他教生授徒二十多年，不接受州郡官府的延聘征召。人们认为杨震年岁已大，步入仕途已晚，但他的志向却愈发坚定。邓骘听到杨震的名声以后，将他聘为幕僚。当时，杨震已经五十多岁，接连出任荆州刺史和东莱太守。在前往东莱郡的路上，途经昌邑，他先前所举荐的荆州茂才王密正担任昌邑县令。夜里，王密揣着十斤金来送给杨震。杨震说："故人了解你，你却不了解故人，这是为什么？"王密说："黑夜之中，没有人知道。"杨震说："天知，地知，我知，你知，怎能说没有人知道！"于是王密惭愧地出门走了。杨震后转任涿郡太守。他公正清廉，子孙经常以蔬菜为食，徒步出行。有的故人旧友劝杨震为子孙置办产业，但杨震不肯，他说："使后代人说他们是清官的子孙，把这当作遗产留下，不也很丰厚吗！"

周举劾左雄

汉顺帝永和三年（138 年）九月

初，尚书令左雄荐冀州刺史周举为尚书[①]；既而雄为司隶校尉[②]，举故冀州刺史冯直任将帅。直尝坐臧[③]受罪，举以此劾奏[④]雄。雄曰："诏书使我选武猛，不使我选清高。"举曰："诏书使君选武猛，不使君选贪污也！"雄曰："进君[⑤]，适所以自伐[⑥]也。"举曰："昔赵宣子任韩厥为司马[⑦]，厥以军法戮宣子仆[⑧]，宣子谓诸大夫曰：'可贺我矣！吾选厥也任其事。'今君不以举之不才误升诸朝，不敢阿君以为君羞；不寤[⑨]君之意与宣子殊也。"雄悦，谢曰："吾尝事冯直之父，又与直善；今宣光以此奏吾，是吾之过也！"天下益以此贤之[⑩]。

（《通鉴》第 52 卷 1683 页）

【注释】

①尚书令：官名。尚书台的长官，东汉政务皆归尚书台，尚书令直接对皇帝负责总揽一切政令。左雄（？—138）：字伯豪，南郡涅阳（今河南镇平县南）人。东汉政治家，为人正直敢言，指发豪门、贪滑，无所顾忌。官至尚书令。周举（？—149）：字宣光，汝南汝阳（今河南商水县西北）人。他身矮貌丑，却博学洽闻。任过州刺史、谏议大夫、太守等职。为人正派，纠举贪滑，表荐清廉。尚书：官名。协助皇帝处理政务。②司隶校尉：官名。掌纠察京师百官及其所辖附近各郡，相当于州刺史。③臧：通"赃"。④劾奏：向皇帝检举弹劾别人的罪状。⑤进君：进荐举。君，指周举。⑥自伐：自己害了自己。⑦赵宣子：赵盾，春秋时晋国的执政者。他向晋灵公推荐韩厥（韩献子）为司马。在秦晋两国打仗时，赵宣子的车冲乱了自己的队伍，韩厥以法斩了

赶车的人。赵盾称赞韩厥执法不阿。司马：官名。春秋时各国掌管军政和军赋的官。⑧仆：车仆，驾驭马车的人。⑨寤：通"悟"。醒悟。⑩天下益以此贤之：人们因此而更加赞誉他。

【译文】

最初，尚书令左雄，推荐冀州刺史周举为尚书。接着，左雄任司隶校尉，又推荐前任冀州刺史冯直有将帅之才。因冯直曾经犯过贪污罪，周举便就此弹劾左雄。左雄说："圣旨让我推荐武猛的人才，不是让我推荐品行清白高洁的人才。"周举回答说："圣旨是让你推荐武猛的人才，但也没有教你推荐犯有贪污罪的人。"左雄又说："我推荐了您，反受您的打击，恰恰是自作自受。"周举回答说："过去，赵宣子任用韩厥为司马，韩厥却用军法将赵宣子的奴仆杀掉，赵宣子对各位大夫说：'你们应该向我祝贺，我推荐韩厥，他果然尽忠职守。'而今，承蒙您不嫌弃我没有才能，而误将我推荐到朝廷，所以，我不敢迎合您，让您蒙羞。可是，想不到您的看法和赵宣子完全不一样。"左雄大为高兴，向周举道歉说："我曾经做过冯直父亲的部属，又和冯直是好朋友。如今你因此而弹劾我，这是我的过错！"从此，天下的人对左雄更为尊敬。

苏章为冀州刺史

汉顺帝汉安元年（142 年）八月

章①为冀州刺史；有故人为清河太守，章行部②，欲案其奸臧③，乃请太守为设酒肴④，陈平生之好甚欢。太守喜曰："人皆有一天，我独有二天⑤！"章曰："今夕苏孺文与故人饮者，私恩也明日冀州刺史案事者，公法也。"遂举正⑥其罪；州境肃然。

（《通鉴》第 52 卷 1695 页）

【注释】

①章：苏章，字孺文，扶风平陵（今陕西兴平县东北）人。少博学，善属交。安帝时，举贤良方正，对策高第，为议郎。顺帝时，被任命为冀州刺史。后为并州刺史，以摧折权豪，忤旨，坐免。②行部：汉制，刺史常在八月巡视州境，考察刑政，称为行部。刺史所管的地区叫某某刺史部。③案：追查。

臧：通"赃"。④乃请太守为设酒肴：苏章自设酒肴请太守。"为"字后面省略了一个"之"字。肴（yáo）：鱼肉之类的荤菜。⑤我独有二天：把苏章比作天，把他当作自己的保护伞。意即苏章一定会掩盖其罪恶。⑥举正：纠举审定。

【译文】

苏章任冀州刺史，他的一位故人是清河郡太守，苏章在辖区巡视，准备查问他的贪赃枉法罪行。于是他请这位太守并为之备下酒和菜肴，畅叙平生友情，甚为欢洽。太守高兴地说："别人都只有一个天，我唯独有两个天！"以为老朋友苏章定能为他遮盖罪恶。苏章说："今天晚上，我苏孺文跟故人喝酒，这是私情；明天，冀州刺史调查案情，则是国法。"于是举发并判定了他的罪名，全州肃然。

李云露布上书

汉桓帝延熹二年（159 年）

帝既诛梁冀①，故旧恩私，多受封爵：追赠皇后父邓香为车骑将军，封安阳侯；更封后母宣为昆阳君，兄子康、秉皆为列侯，宗族皆列校、郎将②，赏赐以巨万计，中常侍③侯览上缣五千匹，帝赐爵关内侯，又托以与议诛冀，进封高乡侯；又封小黄门刘普、赵忠等八人为乡侯，自是权势专归宦官矣；五侯④尤贪纵，倾动内外。时灾异数见，白马令甘陵李云露布上书⑤，移副三府⑥曰："梁冀虽恃权专擅，虐流天下，今以罪行诛，犹召家臣挝⑦杀之耳，而猥封⑧谋臣万户以上；高祖闻之，得无见非！西北列将，得无解体！孔子曰：'帝者，谛也⑨。'今官位错乱，小人谄进⑩，财货公行，政化日损；尺一⑪拜用，不经御省，是帝欲不谛乎！"帝得奏震怒，下有司逮云，诏尚书都护剑戟送黄门北寺狱⑫，使中常侍管霸与御史、廷尉杂考⑬之。时弘农五官掾杜众伤云以忠谏获罪⑭，上书"愿与云同日死"，帝愈怒，遂并下廷尉。大鸿胪陈蕃⑮上疏曰："李云所言，虽不识禁忌，干上逆旨，其意归于忠国而已。昔高祖忍周昌不讳之谏⑯，成帝赦朱云腰领之诛⑰，今日杀云，臣恐剖心⑱之讥，复议于世矣！"太常杨秉、雒阳市长沐茂、郎中上官资并上疏请云⑲。帝恚⑳甚，有司奏以为大不敬；诏切责蕃、秉，免归田里，茂、资贬秩二等。时帝在濯龙池㉑，管霸奏云等事，霸跪言曰："李云草泽愚儒，杜众郡中小吏，出于狂戆㉒，不足加罪。"帝谓霸曰："'帝欲不谛'是何等语，而常侍欲原之邪！"顾使小黄门可其奏㉓，云、众皆死狱中，于是嬖宠㉔益横。

（《通鉴》第 54 卷 1750～1751 页）

【注释】

①帝既诛梁冀：帝，指汉桓帝刘志。公元 146—167 年在位。前期由梁太后临朝，外戚梁冀专权。延熹二年（159 年），桓帝与宦官单超等合谋迫使梁冀自杀，从此朝政转到宦官手中。②列校：北军五校尉。郎将：指五官中郎将、左中郎将、右中郎将。③中常侍：官名。出入宫廷，侍从皇帝。东汉时专用宦官为中常侍，传达诏令，掌管文书，权力极大。④五侯：指五个同日封为侯的宦官。单超为新封侯，徐璜为武原侯，具瑗为东武阳侯，左悺为上蔡侯，唐衡为汝阳侯。⑤露布上书：所上奏书不加缄封。⑥移副：移送副本。三府：三公之府。即太尉、司徒、司空之府。⑦搤（è）：通"扼"。用力掐住。⑧猥封：滥封。⑨帝者，谛也：出自纬书《春秋运斗枢》。谛，细心审察。⑩谄进：由谄媚而得进用。⑪尺一：书写皇帝诏书的板子长一尺一寸，以"尺一"指代诏书。⑫都护剑戟：都护，统领监督。剑戟，指持剑戟的兵士。北寺狱：东汉监狱名，属黄门署，专用来拘押拷问犯罪大臣的地方。⑬杂考：共同拷问。考，通"拷"。⑭弘农：郡名。治所在弘农（今河南灵宝县北）。五官掾：郡守的属官。伤：悲伤。⑮大鸿胪：官名，九卿之一，掌管皇家礼仪及接待宾客之事。陈蕃（？—168）：字仲举，汝南平舆（今河南平舆县北）人。桓帝时任太尉，与李膺等反对宦官专权，为太学生所敬重。灵帝立，为太傅，与外戚窦武谋诛宦官，事败被杀。⑯高祖忍周昌不讳之谏：西汉初，周昌任御史大夫，曾把汉高祖刘邦比作桀、纣一类的君主，可刘邦并没有怪罪他。⑰成帝赦朱云腰领之诛：事见前文《朱云直谏》。腰领之诛，腰斩或斩首。⑱剖心：殷朝末年，相传纣王的叔父比干曾屡次劝谏纣王，被剖心而死。⑲太常：官名，九卿之一，掌宗庙礼仪和选试博士。杨秉：历任刺州史，为官清廉敢言。官至太尉。在宦官专权横行之际，检查不法官员五十多人，或处死，或免职，并劾奏中常侍侯览、具瑗。雒阳市长：官名。属大司农，管理首都雒阳市场的官员。雒阳，即洛阳。请云：请求皇帝宽恕李云。⑳恚（huì）：怨恨。㉑濯龙池：在皇宫濯龙园内，地近北宫。㉒狂戆（zhuàng）：狂，狂妄。戆，愚昧而刚直。㉓可其奏：

准许有司的奏章。这里的"其"，不指管霸。㉔嬖宠：宠爱的人。这里指皇帝宠爱的宦官。

【译文】

皇帝杀了梁冀以后，以前的臣子，有恩私的人，大多接受了封赏爵位：追赠皇后的父亲邓香为车骑将军，封为安阳侯；又封皇后的母亲宣为昆阳君，哥哥的儿子邓康、邓秉都做了列侯；宗族都做了列校、郎将，赏赐的以巨万计。中常侍侯览呈上五千匹缣，皇帝赐给他关内侯的爵位，又假借着参加商议诛杀梁冀的功劳，进封为高乡侯；又封小黄门刘普赵忠等八人为乡侯，从此政权大势全集中在宦官了；五侯更加地贪财放肆，震动朝廷内外。当时灾异常常出现，白马令甘陵人李云呈上不封缄的书奏，副本送给三府，说："梁冀虽然仗恃着独揽大权，祸害流行天下，现在因为罪过受到诛杀，如同召来家臣加以扼杀罢了，却多多封赠计划事情的臣子，在一万以上，高祖听到了，能够不以为不对的吗！西北各将领，能够不解体吗？孔子说：'皇帝，是要审明万物的。'现在官位错乱，小人谄媚进身，财货公然舞弊，政治教化一天天败坏；尺一诏书的任命，不经过仔细观察，是皇帝想不要审明万物吗！"皇帝得到奏书，大为愤怒，交给官司，逮捕李云，诏命尚书都护剑戟士，送到黄门北寺狱，命令中常侍管霸和御史、廷尉从多方面拷问他。当时弘农五官掾杜众悲伤李云因为忠心进谏，获得罪刑，上书愿意和李云同日受死刑。皇帝更加愤怒，于是一同交付廷尉。大鸿胪陈蕃呈上奏章说："李云所说的，虽然不知道禁止忌讳的事，冒犯皇上、违背旨意，他的心意终究是忠于国家罢了。以前高祖忍下了周昌不知避讳的进谏，成帝赦免了朱云腰斩、断颈的刑罚，今天杀了李云，臣下恐怕剖开贤人心胸的讥讽，又要在今世议论了！"太常杨秉、雒阳市长沐茂、郎中上官资，一同呈上奏章，请求释放李云。皇帝非常愤怒，官司上奏，以为是大不敬；诏书责备陈蕃、杨秉，免除官职，回到乡里；沐茂、上官资降下二等禄秩。当时皇帝在濯龙池，管霸等人进奏李云等人的事情，管霸跪下来说："李云是乡野愚蠢的儒生，杜众是郡中小小的官吏，出于狂放愚直，不能施加罪罚。"皇帝对管霸说："'皇帝想要不审明万物'，是什么样的话，可是常侍想要原谅他吗！"回头命令小黄门允许有司的进奏，李云、杜众都死在监狱中，于是宠幸的近臣更加横行霸道。

蔡邕建议废除"三互法"

汉灵帝熹平四年（175年）三月

初，朝议以州郡相党^①，人情比周^②，乃制昏姻之家及两州人士不得对相监临^③，至是复有三互法^④，禁忌转密，选用艰难，幽、冀二州久缺不补。蔡邕^⑤上疏曰："伏见幽、冀旧壤，铠^⑥、马所出，比年兵饥，渐至空耗。今者阙^⑦职经时，吏民延属^⑧，而三府选举，逾月不定。臣怪问其故，云避三互。十一州有禁，当取二州而已。又，二州之士或复限以岁月，狐疑迟淹，两州悬空，万里萧条，无所管系。愚以为三互之禁，禁之薄者。今但申以威灵，明其宪令，对相部主^⑨，尚畏惧不敢营私，况乃三互，何足为嫌！昔韩安国起自徒中^⑩，朱买臣出于幽贱^⑪，并以才宜，还守本邦，岂复顾循三互，系以末制^⑫乎！臣愿陛下上则^⑬先帝，蠲除^⑭近禁，其诸州刺史器用可换者，无拘日月、三互，以差厥中^⑮。"朝廷不从。

（《通鉴》第57卷1836～1837页）

【注释】

①相党：互相勾结形成派别。②比周：亲近。③昏：通"婚"。对相：互相。监临：监察。④复有：因在三互法之前，已经有"婚姻之家及两州人士不得对相监临"的制度。当三互法制定出时，在它之前加"复有"。三互法：东汉为防止地方势力结党营私，在地方长官选任时采取的一种限制办法。如甲州人士在乙州为官，同时乙州人士又在丙州为官，则丙州人士不但不能到乙州做官，也不能到甲州做官，三州婚姻之家也是如此。⑤蔡邕（132—192）：字伯喈，陈留圉（今河南杞县南）人。东汉末文学家、书法家。董卓掌政时，官至中郎将。董卓被杀后，他为王允所捕，死在狱中。⑥铠：甲。⑦阙：通"缺"。⑧延属：伸颈属望，表示殷切盼望。⑨对相部主：冀州人做幽州刺史，幽州人做冀州刺史。部，即刺史部。主，即刺史。⑩韩安国起自徒中：韩安国，字长孺，梁人。汉景帝时坐法抵罪，因梁内史缺，天子遣使拜为梁内史。起自徒中，从徒刑中提拔。此言梁人在梁为官。⑪朱买臣出于幽贱：朱买臣，字翁子，吴县（今江苏苏州）人。家贫，卖薪以自给，后随计吏至长安，汉

武帝拜他为会稽太守。西汉时吴县属会稽郡。⑫末制：不好的制度。⑬则：效法。⑭蠲（juān）除：免除。⑮差：派遣。厥中：其中。指幽、冀二州。

【译文】

以前，朝廷的议论认为各州郡之间往往互相连接，讲私人感情，互相结党营私，于是规定有婚姻关系的家族和幽、冀两州的人士不得交互做官，从此又有了所谓"三互法"。禁忌趋向严密，选用人也就困难了。幽、冀两州的刺史长久地空着，不能补实。蔡邕看到了这种情形，就上奏疏说："我看到幽、冀两州，原来是出产铠甲、良马的地方，最近几年因为兵灾饥荒，已经渐渐地空虚。现在刺史一职悬缺很久，官吏人民都伸着脖子盼望，但是三公之府对于人选，一个多月不能决定。我很奇怪地问这是什么原因，他们回答说是要避免和'三互法'冲突。十一个州有禁令，只用在这两州罢了。又两州的人士，有的又加上时间的限制，犹疑拖延，因而坐失时机。我认为三互的禁令，是禁令中比较严苛的。现在只要能伸张威仪，严明法令，两州的人交互为官，尚且有所畏惧不敢营私，何况是三互的关系，哪里值得算是嫌疑呢？从前韩安国从囚徒发迹，朱买臣出身于卑贱，两个人都因为有才能而回到本土做主官，哪里还顾得上守三互，受到这种毫不重要的制度的牵系呢？我希望陛下效法先帝，除去近时的一些禁令，各州刺史有才能而可以互换的，不必拘限于时间、三互，以才能选用到适当的人才。"朝廷并没有采纳。

吕范愿暂领都督

汉献帝兴平二年（195 年）十二月

丙辰，袁术表策行①殄寇将军。策将吕范②言于策曰："今将军事业日大，士众日盛，而纲纪③犹有不整者，范愿暂领都督④，佐将军部分⑤之。"策曰："子衡既士大夫⑥，加手下已有大众，立功于外，岂宜复屈小职，知⑦军中细事乎！"范曰："不然。今舍本土而托⑧将军者，非为妻子也，欲济世务⑨也。譬犹同舟涉海，一事不牢，即俱受其败。此亦范计，非但将军也。"策笑，无以答。范出，便释裤⑩，著袴褶⑪，执鞭诣阁下启事⑫，自称领都督，策乃授传⑬，委以众事；由是军中肃睦⑭，威禁大行。

（《通鉴》第 61 卷 1972～1973 页）

①策：孙策。字伯符，吴郡富春（今浙江富阳）人。孙坚之子。父死后，依附袁术，收领其父残部一千余人。兴平二年（195年），率军渡江，削平当地的割据势力，在江东建立了孙氏政权。建安五年（200年）遇刺身亡。行：兼代官职。大官兼管小官的事叫行某官。②吕范：见《吴王重用吕范而不用周谷》注①。③纲纪：纪律。④领：兼任较低级的职务。都督：三国时，帐下领兵者为都督，如同后世长官的卫队长。⑤部分：部署。⑥士大夫：这里指将帅的佐属。⑦知：主持，执掌。⑧托：依托。⑨济：成就。世务：时务，当世的政务。⑩褠（gōu）：单衣。⑪袴褶（kù xí）：便于骑马的军服。⑫阁下：指孙策的帐下。启事：陈述事情。⑬传（zhuàn）：符信。用来传达命令、调兵遣将的凭证。⑭肃睦：严肃而和睦。

【译文】

丙辰日（二十日），袁术上表拜孙策做殄寇将军，孙策的将领吕范对孙策说："现在将军的事业日渐扩大，士众逐渐多起来，可是纪律还有不整齐的情形，我愿意暂时做你的都督，帮助将军治理。"孙策说："子衡你既是士大夫，加上手下已经有了大众，在外面立了功劳，怎么能够再屈居小的职务，管理军中的小事呢？"吕范说："不对，现在我离开了本土而依靠将军，并不是为了妻儿，而是想要救济世事。我们就如同舟渡海，一件事情不稳固，都要受到灾难，这也是为我自己计划，不仅仅是为了你。"孙策笑了，没有办法回答。吕范出去，便除去单衣，换上戎服，拿着马鞭到孙策的帐下报告事务，自己称都督，孙策就授给他符信，把一干事务都委托给他；因此军中整肃而和睦，威令大行。

刘备三顾茅庐

汉献帝建安十二年（207年）

初，琅邪诸葛亮寓居襄阳隆中①，每自比管仲、乐毅②；时人莫之许③也，惟颍川徐庶与崔州平谓为信然④。州平，烈之子也。

刘备在荆州⑤，访士于襄阳司马徽⑥。徽曰："儒生俗士，岂识时务，识时务者在乎俊杰。此间自有伏龙、凤雏。"备问为谁，曰："诸葛孔明、庞士元⑦也。"徐庶见备于新野⑧,备器之⑨。庶谓备曰:"诸葛孔明,卧龙也,将军岂愿见之乎?"备曰:"君与俱来。"庶曰:"此人可就见⑩,不可屈致⑪也,将军宜枉驾顾之⑫。"

备由是诣亮⑬,凡三往,乃见。因屏人⑭曰:"汉室倾颓,奸臣窃命,孤不度德量力,欲信⑮大义于天下,而智术浅短,遂用猖蹶⑯,至于今日。然志犹未已,君谓计将安出?"亮曰:"今曹操⑰已拥百万之众,挟天子而令诸侯,此诚不可与争锋。孙权⑱据有江东,已历三世,国险而民附,贤能为之用,此可与为援而不可图也。荆州北据汉、沔⑲,利尽南海⑳,东连吴会㉑,西通巴、蜀㉒,此用武之国,而其主㉓不能守,此殆㉔天所以资将军也。益州险塞,沃野千里,天府之土;刘璋闇弱㉕,张鲁在北,民殷国富而不知存恤㉖,智能之士思得明君。将军既帝室之胄㉗,信义著于四海,若跨有㉘荆、益,保其岩阻㉙,抚和戎、越㉛,结好孙权,内修政治,外观时变,则霸业可成,汉室可兴矣。"备曰:"善!"于是与亮情好日密。关羽、张飞㉜不悦,备解之曰:"孤之有孔明,犹鱼之有水也。愿诸君勿复言。"羽、飞乃止。

（《通鉴》第 65 卷 2074 ～ 2075 页）

【注释】

①琅邪:郡名。治所在琅邪。东汉末为琅邪国,治所在今山东临沂东北。诸葛亮:见《诸葛亮论治蜀之要》注①。寓居:暂居。襄阳:郡名。治所在今湖北襄阳市。隆中:山名。在今湖北襄阳西。②管仲(? —前 645):管敬仲。名夷吾,字仲,颍上(颍水之滨)人。齐桓公任他为卿,进行改革,国力大振。他以"尊王攘夷"为号召,使齐桓公成为春秋时期第一个霸主。乐毅:见《郭隗之招贤策》注⑩。③莫之许:"莫许之"。宾语提前。许,赞同,承认。④颍川:郡名。治所在今河南禹县。徐庶:字元直。因其母为曹操所执,被迫归曹操,官至右中郎将。他将诸葛亮推荐给刘备。崔州平:东汉太尉崔烈之子,博陵(今湖北蠡县南)人,隐居一生。⑤刘备:见《诸葛亮论治蜀之要》注①。荆州:治所在今湖北襄阳市。⑥司马徽:字德操。颍川阳翟(今河南禹县)人。善于知人,人称水镜。⑦庞士元(179—214):庞统。刘备的谋士,襄阳(今湖北襄阳市)人。初与诸葛亮齐名,号称凤雏。与孔明同任军师中郎将。后从刘备入蜀,在雒城中流矢而死。⑧新野:县名。即今河南新野。⑨器之:器重徐庶。⑩就见:就他而见。即前往拜访。⑪屈致:委屈他,

让他前来。⑫枉驾：屈驾，屈尊相访。顾之：看望他。⑬诣亮：往诸葛亮那里去。诣，往、到。⑭屏（bǐng）人：即让随员退下。屏，排除。⑮信（shēn）：通"伸"，舒展，伸张。⑯用：因此。猖獗：失败。⑰曹操：见《崔琰、毛玠并典选举》注⑦。⑱孙权：见《吴王重用吕范而不用周谷》注①。⑲荆州北据汉、沔：这句话的意思是荆州北有沔水、汉水之险。汉，即今汉水。沔，古时称今陕西勉县境内的黑河和汉水的上游为沔水。⑳利尽南海：意思是可以尽有从荆州到南海的资源。㉑吴会：吴，吴郡，治所在今江苏苏州市。会，会稽郡，治所在今浙江绍兴市。㉒巴：巴郡，治所在今重庆市北。蜀：蜀都，治所在今四川成都市。㉓其主：指刘表。㉔殆：大概。㉕刘璋（？—219）：字季玉，江夏竟陵（今湖北天门西北）人。继其父刘焉为益州牧，据有今四川及云南、贵州部分地区。后为刘备所灭。闇（àn）弱：昏庸而无能。㉖张鲁：字公祺，沛国丰县（今江苏丰县）人。张陵之孙，世为天师道教之首。初为益州牧刘焉的督义司马，与张修同击汉中太守苏固，后又袭杀修，并其众，遂据汉中。自号"师君"，推行天师道，从者甚众。雄踞巴汉近三十年。后投降曹操，封阆中侯。㉗存恤：慰问，抚恤。㉘将军：指刘备。帝室之胄：汉朝皇帝的后裔。胄，子孙后代。㉙跨有：据有。㉚岩阻：天然险阻。㉛戎：泛指当时居住在川北、甘南、青海一带的少数民族。越：指当时居住在今云南、贵州及两广的越族。㉜关羽（？—219）：字云长，河东解县（今山西临猗）人。三国蜀汉大将。东汉末亡命涿郡，从刘备起兵。刘备为曹操所败，他被俘。曹操待之甚厚，封汉寿亭侯。后仍归刘备，镇守荆州。建安二十四年，围攻曹操部将曹仁于樊城，后防空虚，为孙权所袭，败走麦城，被杀。张飞（？—221）：字翼德，涿郡（今河北涿县）人。三国蜀汉大将。东汉末从刘备起兵。刘备兵败当阳长坂坡，他率骑断后，曹军不敢进。后随刘备取益州，任车骑将军。当时与关羽同称"万人敌"。后从刘备攻吴，临行，为部将所杀。

【译文】

起初，琅邪人诸葛亮寄居襄阳隆中，经常把自己比作管仲和乐毅；但当时人并不认可，只有颍川人徐庶与崔州平认为确是如此。崔州平是崔烈的儿子。

刘备在荆州，向襄阳人司马徽寻访人才。司马徽说："一般的儒生与俗士，怎么能认清时务，能认清时务的，只有俊杰之士。在襄阳这里，自有伏龙与凤雏。"刘备问是谁，司马徽说："就是诸葛亮与庞统。"徐庶在新野县见到刘备，刘备对徐庶很器重。徐庶对刘备说："诸葛亮乃是卧龙，将军愿见他吗？"刘备说："请你与他一起来。"徐庶说："这个人，你可以去见他。不可以召唤他来，将军应当屈驾去拜访他。"

刘备于是拜访诸葛亮，一共去了三次，才见到诸葛亮。于是，刘备让左右的人都出去，说道："汉朝王室已经衰败，奸臣窃据朝政大权，我不度德量力，打算伸张正义于天下，但智谋短浅，以至于遭受挫折，到了今天这个地步。但我的雄心壮志仍然未息，你认为应当如何去做？"诸葛亮说："如今，曹操已经拥有百万大军，挟持天子以号令天下，此人确实不可与他争锋。孙权占据江东，已经历三代，地势险要，民心归附，贤能人才都为他尽力，此人可以与他联盟，却不可算计他。荆州地区，北方以汉水、沔水为屏障，南方直通南海，东边连接吴郡、会稽，西边可通巴郡、蜀郡，正是用武之地，但主人刘表却不能守，这恐怕是上天赐给将军的资本。益州四边地势险阻，沃野千里，是天府之地，而益州牧刘璋昏庸懦弱，北边还有张鲁相邻，虽然百姓富庶，官府财力充足，却不知道珍惜，智士贤才都希望能有一个圣明的君主。将军既是汉朝王室的后裔，信义闻名天下，如果能占有荆州与益州，据守险要，安抚戎、越等族，与孙权结盟，对内修明政治，对外观察时局变化，这样，就能建成霸业，复兴汉朝王室了。"刘备说："很好！"从此与诸葛亮的情谊日益亲密。关羽、张飞对此感到不满，刘备对他们解释说："我得到诸葛亮，是如鱼得水，希望你们不要再说了。"关羽、张飞才停止抱怨。

曹操杀孔融

汉献帝建安十三年（208年）八月

壬子，太中大夫孔融①弃市。融恃其才望，数戏侮曹操②，发辞偏宕③，多致乖忤④。操以融名重天下，外相容忍而内甚嫌之。融又上书，"宜准古王畿⑤之制，千里寰内不以封建诸侯"。操疑融所论建⑥渐广，益惮之。融与郗虑有隙，虑承操风⑦旨，构成其罪，令丞相军谋祭酒⑧路粹奏："融昔在北海见王室不静，而招合徒众，欲规⑨不轨。及与孙权使语，谤讪⑩朝廷。又，前与白衣祢衡跌荡⑪放言，更相赞扬。衡谓融曰'仲尼不死'，融答'颜回复生'，大逆不道，宜极重诛。"操遂收融，并其妻子皆杀之。

（《通鉴》第 65 卷 2081 页）

【注释】

①孔融（153—208）：字文举，鲁国（今山东曲阜）人。汉献帝时，为北海相。后入朝，官至太中大夫。诗文著名于世，为建安七子之一。②曹操：见《崔琰、毛玠并典选举》注⑦。③偏宕（dàng）：偏激放纵。④乖忤：抵触。⑤王畿：古代王城周围千里以内的地域。⑥论建：议论和建议。⑦风：通"讽"。不用正言，托词暗示。⑧军谋祭酒：军官名。曹操所置。⑨规：规划，筹划。⑩谤讪：诽谤。⑪跌荡：无礼节。

【译文】

壬子（八月二十九日），太中大夫孔融被公开处死。孔融倚仗自己的才干与名望，屡次戏弄、嘲笑曹操，随便发表议论，褒贬人物，多与曹操意见不合。曹操因为孔融名重天下，所以表面上容忍他的言行，而心里十分厌恶。孔融又上书给献帝，提出："应该遵照古代的王畿制度，在京师周围一千里的地方，不可建立封国。"曹操发现孔融的议论范围越来越广，对孔融更加忌惮。孔融与郗虑一向有矛盾，郗虑秉承曹操的意思，罗织孔融的罪状，命令丞相军谋祭酒路粹上奏："孔融从前担任北海国国相时，看到天下大乱，就召集徒众，准备图谋不轨。后来与孙权的使者谈话，又讥讽、诽谤朝廷。另外，他从前与平民祢衡在一起行为放荡，互相标榜，祢衡称赞孔融为'孔子不死'，孔融称赞祢衡是'颜回复生'。这些都是大逆不道的行为，应该处以极刑。"曹操于是下令逮捕孔融，连他的妻子儿女一起处死。

崔琰、毛玠并典选举

汉献帝建安十三年（208 年）六月

琰、玠并典选举①，其所举用皆清正之士，虽于时有盛名而行不由本②者，终莫得进。拔敦实，斥华伪，进冲③逊，抑阿党④。由是天下之士莫不以廉节自励，虽贵宠之臣，舆服不敢过度。至乃长吏还者，垢面羸衣⑤，独乘柴车⑥，军吏入府，朝服徒行。吏洁于上，俗移于下。操⑦闻之，叹曰："用人如此，使天下人自治，吾复何为哉！"

（《通鉴》第 65 卷 2079 页）

【注释】

①琰：崔琰。字季珪，清河东武城（今河北故城西南）人。初事袁绍，袁氏灭，曹操辟为别驾从事，官至中尉。为人刚直敢言，曹操疑其谤己，赐死，世人痛惜之。玠：毛玠。字孝先，陈留平丘（今河南长垣）人。少为县吏，以清公著称。曾建议曹操"奉天子以令不臣"，官拜东曹掾。因对崔琰赐死不悦，又发怨言，曹操将他下狱。后免官，卒于家。典：掌管。②行不由本：行为不是出自根本。本，指道德。古代儒家认为，道德是行为的根本。"在心为德，施之为行。"所以，"行不由本"也就是德行不好。③冲：谦虚。④阿党：徇私，偏袒一方。⑤羸（léi）衣：破旧的衣服。即贫穷人的穿着。⑥柴车：简陋无饰的车子。一名栈车。⑦操：曹操（155—220）。字孟德，沛国谯县（今安徽亳州）人。三国曹魏政权的奠基人，杰出的政治家、军事家、文学家。东汉末在镇压黄巾起义中，逐渐壮大自己的力量。建安元年（196年）迎汉献帝刘协都许（今河南许昌市东），形成了挟天子以令诸侯的政治局面。逐步统一了北部中国。建安十三年（208年）进封丞相。后封魏王。

【译文】

崔琰与毛玠一起负责官员的选拔、任免事务，他们所选的都是清廉正直的人士。虽然当时名望很高，但品行不佳的人，始终不能获得任用。他们选拔敦厚务实的人才，排斥只会空谈的浮华虚伪之人；进用谦虚和睦的长者，压抑结党营私的小人。因此，天下的士大夫无不以清廉的节操来勉励自己，即便是高官宠臣，车辆、衣服的形式，也不敢超越制度。以至高级官员回家时，蓬头垢面，衣服破烂，独自乘坐柴车；文武官员入府办公时，穿着朝服，徒步从家中走到官署。身居高位的官员都如此廉洁，民间的风俗也随之改变。曹操知道后，叹息说："像这样任用人才，使天下人都自我控制，我还有什么可做的呢！"

曹操惟才是举

汉献帝建安十四年（209年）十二月

丞相掾和洽言于曹操①曰："天下之人，才德各殊，不可以一节②取也。俭素过中，自以处身则可，以此格物③，所失或多。今朝廷之议，吏有著新衣、乘好车者，谓之不清；形容不饰、衣裘④敝坏者，谓之廉洁。至令士大夫故污辱其衣⑤，藏其舆服⑥；朝府大吏，或自挈壶飧以入官寺⑦。夫立教⑧观俗，贵处中庸⑨，为可继也。今崇一概难堪之行以检殊涂⑩，勉而为之，必有疲瘁⑪。古之大教，务在通人情而已；凡激诡⑫之行，则容隐伪矣。"操善之。

汉献帝建安十五年（210年）

春，下令曰："孟公绰为赵、魏老则优，不可以为滕、薛大夫⑬。若必廉士而后可用，则齐桓其何以霸世⑭！二三子其佐我明扬仄陋⑮，惟才是举，吾得而用之！"

（《通鉴》第66卷2099～2100页）

【注释】

①丞相掾（yuàn）：丞相的属官。和洽：字阳士，汝南西平（今河南西平县西）人。历事曹操、曹丕、曹睿三代，官至太常，为官清贫守约。曹操：见前《崔琰、毛玠并典选举》注⑦。②一节：事物的一个方面。③格物：这里指纠正事物不正之处。④裘：皮大衣。⑤至令：致使。污辱：弄脏。⑥舆服：车舆与冠服。⑦飧（sūn）：熟食。官寺：官府。⑧立教：示人规范以教之。⑨中庸：不偏不倚。⑩一概：一端。检：约束。殊涂：不同的方面。⑪疲瘁：疲劳困苦。⑫激诡：矫情立异。⑬孟公绰为赵、魏老则优，不可以为滕、薛大夫：出自《论语·宪问》。孟公绰，鲁国人，性寡欲，廉洁有德。赵、魏，晋国的卿，封邑比小诸侯国还大。老，家老、家臣。这两句话是说：孟公绰的才能，作为赵、魏的家臣是有余的，但作为滕、薛这样的小国大夫是不能胜任的。⑭若必廉士而后可用，则齐桓其何以霸世：如果一定要清廉的人才能任用，那么齐桓公怎么能称霸诸侯呢？因为管仲并不是一个清廉的人，而齐桓公正是重用了他才能称霸。⑮二三子：诸位。指下属臣僚。明扬仄陋：发现推举那些被埋没在下层的人才。仄陋，出身卑微。

【译文】

丞相掾和洽向曹操进言说："天下的人民，才能、品德各有不同，不可以用一种标准选取人才。节俭过度，私自用以修身是可以的，以这种做法矫正人物，缺失就多了。现在朝廷的议论，官吏中有穿着新衣，乘坐美好车辆的人，就说是不清高；外貌不修饰、衣裘破损的人，就说是廉洁。甚至使得士大夫故意污损他们的衣服，收藏他们的车辆、服饰，朝府中高级官员，有的自已携带饮食，进入官府。建立教化、观察民俗，要以中庸为贵，才可以永继不绝。现在推崇平等、难以忍受的行为，来约束不同的人物，勉强地实行，一定会疲惫困顿。古时伟大的教化，只是在通达人情罢了；凡是偏激、奇特的行为，就可能有隐瞒、作伪的事。"曹操以为很好。

春，下令说："孟公绰做赵、魏的长官，就才能有余，不可以作为滕、薛的大夫。如果一定要是清廉的人士才可以任用的话，那么齐桓公将要怎么样才能成为人世的霸主呢？各位辅佐我，要到穷乡僻壤举拔人才，只要有才能就举拔出来，我立刻加以任用。"

孙权教吕蒙读书

汉献帝建安十五年（210年）

初，权谓吕蒙曰[①]："卿今当涂[②]掌事，不可不学！"蒙辞[③]以军中多务。权曰："孤岂欲卿治经为博士邪[④]！但当涉猎[⑤]，见往事耳。卿言多务，孰若孤？孤常读书，自以为大有所益。"蒙乃始就学。及鲁肃[⑥]过寻阳，与蒙论议，大惊曰："卿今者才略，非复[⑦]吴下阿蒙！"蒙曰："士别三日，即更刮目相待[⑧]，大兄何见事之晚乎！"肃遂拜蒙母，结友而别。

（《通鉴》第66卷2104页）

【注释】

①权：孙权。见《吴王重用吕范而不用周谷》注①。吕蒙（178—219）：字子明，汝南富陂（今安徽阜阳西南）人。从孙权攻战各地，任横野中郎将。随周瑜大破曹操于赤壁。鲁肃死后，代领其军袭破关羽，占领荆州。不久病死。②卿：魏晋以来，对于地位较低者或平辈表示亲切，称卿。当涂：当仕路，当权的意思。③辞：推辞。④孤：古代帝王的自称。治经：钻研儒家经典。博士：官名。汉武帝设《五经》博士，专掌儒家经学的传授。⑤涉猎：浏览群书，不深入研究。⑥鲁肃（172—217）：字子敬，临淮东城（今安徽定远东南）人。三国时，吴国的政治家。赤壁之战前，他与周瑜坚决主战，建议联合刘备共拒曹操，并协助周瑜大破曹军。周瑜死后，代领其军，继续联刘抗曹。⑦非复：不再是。⑧刮目相待：用新的眼光来看待。

起初，孙权对吕蒙说："你现在担任要职，执掌权力，不能不学习。"吕蒙推辞说军中事务多，没有时间学习。孙权说："我难道是要你研究儒家经典，去做博士吗？我只是要你去浏览书籍，了解过去发生过的事情。你说事多，但谁会像我这样忙？我经常读书，自以为得到很多好处。"于是吕蒙开始读书。等到鲁肃经过寻阳时，与吕蒙谈话，大吃一惊说："你今天的才干谋略，再不是吴郡那里的阿蒙了！"吕蒙说："士别三日，就应当重新刮目相看，大哥为什么对这个道理明白得这么晚呢！"鲁肃就去拜见吕蒙的母亲，与吕蒙结为好友才分手。

诸葛亮论治蜀之要

汉献帝建安十九年（214 年）五月

诸葛亮佐备治蜀①，颇尚严峻②，人多怨叹者。法正③谓亮曰："昔高祖入关，约法三章，秦民知德。今君假借威力，跨据④一州，初有其国，未垂惠抚⑤；且客主⑥之义，宜相降下，愿缓刑弛禁以慰其望。"亮曰："君知其一，未知其二。秦以无道，政苛民怨，匹夫大呼⑦，天下土崩；高祖因之，可以弘济⑧。刘璋暗弱，自焉⑨以来，有累世之恩，文法羁縻⑩，互相承奉，德政不举，威刑不肃。蜀土人士，专权自恣，君臣之道，渐以陵替⑪。宠之以位，位极则贱；顺之以恩，恩竭则慢⑫。所以致敝，实由于此。吾今威之以法，法行则知恩；限之以爵，爵加则知荣。荣恩并济，上下有节，为治之要，于斯⑬而著矣。"

（《通鉴》第 67 卷 2131 ~ 2132 页）

【注释】

①诸葛亮（181—234）：字孔明，号卧龙，琅邪阳都（今山东沂南）人。三国蜀汉政治家、军事家。官居丞相，辅佐刘备、刘禅父子占据荆、益，东联孙吴，北抗曹魏。封武乡侯，领益州牧。一切政事皆决于他。后病死于五丈原军中，葬定军山。备：刘备（161—223）。字玄德，河北涿郡涿县（今河北涿县）人。东汉远支皇族。三国蜀汉的建立者。幼时家境贫寒，以贩卖鞋和织

席为业。东汉末，参与镇压黄巾起义军。在军阀混战中，曾先后投靠公孙瓒、陶谦、曹操、袁绍、刘表。后采纳了诸葛亮联孙抗曹的主张，在赤壁大败曹操。后占荆州、夺益州，取汉中。公元221年在成都称帝。在吴蜀彝陵之战中失败，不久病死。②严峻：严刑峻法。③法正（176—220）：字孝直，右扶风郿县（今陕西眉县）人。三国时，刘备的谋士。初依附刘璋，奉命邀请刘备入蜀拒张鲁，乘机劝说刘备取蜀。刘备占据益州，被任为蜀郡太守。后任尚书令、护军将军。④跨据：占据。⑤垂：留下。惠抚：恩惠和抚慰。⑥客主：诸葛亮等初到益州为客，益州人士则为主。⑦匹夫大呼：指陈胜起义。⑧弘：大。济：成功。⑨焉：刘焉，刘璋的父亲。父子二人任益州牧共二十多年。⑩文法：规章法令。羁縻：维系。⑪陵替：衰落。⑫慢：怠慢，轻忽。⑬斯：此。

【译文】

　　诸葛亮辅佐刘备治理蜀地，很强调严刑峻法，很多人怨恨叹息。法正对诸葛亮说："以前汉高祖入函谷关，约法三章，秦地的百姓感恩戴德。如今，您借助权势的力量，占据一州的地方，刚刚建立国家，还没有施加恩惠，进行安抚，况且从外来的客与本地的主之间的关系讲，客人的姿态应当降低，希望您能放宽刑律和禁令，以适应当地人的意愿。"诸葛亮回答说："您只知其一，不知其二。秦因为暴虐无道，政令苛刻，造成人民对它的怨恨，所以一介草民大呼一声，天下就土崩瓦解。汉高祖在这种情况下，可以采用宽大的政策而获得很大成功。刘璋糊涂软弱，从其父刘焉那时起，刘家对蜀地的人两世的恩惠，全靠典章和礼仪维系上下的关系，互相奉承，德政不能施行，刑法失掉威严。蜀地的人专权而为所欲为，君臣之道，渐渐破坏。给予高官表示宠爱，官位无法再高时，反而被臣下轻视；顺从臣下的要求，施加恩惠，不能满足的时候，臣下便会轻狂怠慢。蜀地所以到了破败的地步，实在是由于这样的原因引起的。我现在要树立法令的威严，法令被执行，人们便会知道我们的恩德；以爵位限定官员的地位，加爵的人便会觉得很荣耀。荣耀和恩德相辅相成，上下之间有一定的规矩，治国的主要原则，由此清楚地显示出来了。"

曹操杀杨修

汉献帝建安二十四年（219年）

初，丞相主簿杨修与丁仪兄弟谋立曹植为魏嗣[1]，五官将丕[2]患之，以车载废簏内朝歌长吴质[3]，与之谋。修以白魏王操[4]，操未及推验[5]。丕惧，告质，质曰："无害也。"明日，复以簏载绢以入，修复白之，推验，无人；操由是疑焉。其后植以骄纵见疏，而植故连缀[6]修不止，修亦不敢自绝[7]。每当就植，虑事有阙[8]，忖度[9]操意，豫作答教十余条[10]，敕[11]门下，"教出，随所问答之"，于是教裁[12]出，答已入；操怪其捷，推问[13]，始泄。操亦以修袁术[14]之甥，恶之，乃发修前后漏泄言教，交关诸侯[15]，收杀之。

（《通鉴》第68卷2162页）

【注释】

①丞相主簿：官名。负责文书、簿籍、印鉴，掌管丞相府众事，为诸掾之首。杨修：字德祖，太尉杨彪之子。谦恭才博。为丞相主簿，总知内外，事皆称意。因属曹植党羽，曹操借故杀之。丁仪兄弟：丁仪，字正礼，沛国（今江苏沛县）人，其弟廙，字敬礼。兄弟皆博学洽闻。因属曹植党羽，曹丕即位，诛丁仪、丁廙并其男口。曹植：字子建。曹操的第三子。②五官将：五官中郎将。皇帝的侍从官。丕：曹操的次子，后来的魏文帝曹丕（187—226），字子桓。③簏：竹箱。内（nà）：同"纳"。藏入。朝歌：县名。东汉属河内郡。故址在今河南淇县。长：秦汉时，万户以上的县行政长官称县令，不及万户的称县长。吴质：字季重，济阴（今山东定陶）人。④魏王操：曹操。见《崔琰、毛玠并典选举》注⑦。⑤推验：追回验证。⑥连缀：联结。⑦自绝：自动脱离，断绝原有的关系。⑧阙：过失。⑨忖度（cǔn duó）：揣测，估量。⑩豫：事先准备。教：文体的一种。为上对下的告谕。⑪敕：备。⑫裁：通"才"。⑬推问：追究审问。⑭袁术（？—199）：字公路。汝南汝阳（今河南商水西北）人。出身于四世三公的大官僚家庭。建安二年（197年）称帝于寿春。后为曹操所破，病死。⑮交关诸侯：指与曹植往来。交关，即交通往来。诸侯，指曹植。

起初，丞相主簿杨修和丁仪兄弟计划立曹植作为魏国的继承人，五官将曹丕感到忧虑，用车子载着废坏的竹篓，将朝歌长吴质接到家中，和他商量。杨修把这事告诉曹操，曹操来不及查验。曹丕害怕了，告诉吴质，吴质说："没有妨害。"第二天，又用竹篓载着丝绢进来，杨修又告诉曹操，查验结果没有人，曹操因此怀疑了。以后曹植因为骄横放纵，渐渐受到疏远，可是曹植照旧不断地联络杨修，杨修也不敢自行断绝往来。每次要接近曹植思虑政事，有了阙失，杨修就猜测曹操的心意，预先作成十多条回答教令的话，敕令门下："教令颁出来了，依着所问的回答。"于是教令才出来，答案已经送进去了；曹操奇怪回答得这么快捷，查究后，事情才泄了出去。曹操也因为杨修是袁术的外甥，才厌恶他。于是发布杨修前后泄露言教，和诸侯往来之事，把他收捕起来，杀了他。

辛毗谏魏文帝勿徙冀州民

魏文帝黄初元年（220 年）十二月

帝①欲徙冀州士卒家十万户实河南。时天旱蝗，民饥，群司以为不可，而帝意甚盛②。侍中辛毗③与朝臣俱求见，帝知其欲谏，作色④以待之，皆莫敢言。毗曰："陛下欲徙士家，其计安出？"帝曰："卿谓我徙之非邪？"毗曰："诚以为非也。"帝曰："吾不与卿议也。"毗曰："陛下不以臣不肖⑤，置之左右，厕⑥之谋议之官，安能不与臣议邪！臣所言非私也，乃社稷之虑也，安得怒臣！"帝不答，起入内；毗随而引其裾⑦，帝遂奋衣⑧不还，良久乃出，曰："佐治，卿持我何太急邪！"毗曰："今徙，既失民心，又无以食也，故臣不敢不力争。"帝乃徙其半。

（《通鉴》第 69 卷 2184 页）

【注释】

①帝：魏文帝曹丕。见《曹操杀杨修》注②。②盛：强烈。③侍中：官名。侍从皇帝左右，参与谋议，应对顾问。辛毗：字佐治，阳翟（今河南禹县）人。曹操当权时任丞相长史。曹丕称帝，升任侍中。为人正直敢言。④作色：

因生气变了脸色。⑤不肖：不才。⑥厕：安置。⑦裾（jū）：衣袖。⑧奋衣：奋力挣脱被拽的衣袖。

【译文】

　　文帝要迁徙冀州籍士兵的家属十万户，充实河南郡。当时，天大旱，又闹蝗灾，百姓饥馑，朝廷各部门都认为不可以，而文帝态度却很坚决。侍中辛毗和朝廷大臣请求觐见，文帝知道他们要劝谏，板起面孔等着，大家见他脸色不好，都不敢说话。辛毗说："陛下要迁徙士兵家属，理由是什么？"曹丕说："你认为我的做法不对？"辛毗回答说："确实不对。"文帝说："我不和你讨论。"辛毗说："陛下不认为我不成才，所以将我安排在陛下身边，作为咨询的官员，陛下怎么能不和我讨论呢？我的话并非对我个人有什么好处，而是为国家着想，有什么理由对我发脾气呢？"文帝不答，起身要进内室；辛毗在后面赶上，拉住他的衣襟，文帝猛地拽起衣襟，头也不回地走了进去，过了很久，他又出来，对辛毗说："辛佐治，你为什么把我挟持得那么急迫？"辛毗说："迁徙民众，既失人心，又缺少粮食，所以我不得不力争。"这样，文帝只迁徙了五万户。

杨颙谏孔明

魏文帝黄初四年（223年）五月

　　亮尝自校簿书①，主簿杨颙②直入，谏曰："为治有体③，上下不可相侵。请为明公以作家④譬之：今有人，使奴执耕稼，婢典炊爨⑤，鸡主司晨⑥，犬主吠盗，牛负重载，马涉远路；私业无旷，所求皆足，雍容⑦高枕，饮食而已。忽一旦⑧尽欲以身亲其役，不复付任⑨，劳其体力，为此碎务，形疲神困，终无一成。岂其智之不如奴婢鸡狗哉？失为家主之法也。是故古人称'坐而论道，谓之王公；作而行之，谓之士大夫'⑩。故丙吉不问横道死人而忧牛喘⑪，陈平不肯知钱谷之数，云'自有主者'⑫，彼诚达于位分之体也⑬。今明公为治，乃躬自校簿书，流汗终日，不亦劳乎！"亮谢之。及颙卒，亮垂泣三日。

（《通鉴》第70卷2215页）

【注释】

①亮：诸葛亮。簿书：登记册之类。②主簿：官名。汉代中央及郡县官署均置此官，以典领文书，办理事务。杨颙（yóng）：字子昭，襄阳（今湖北襄阳市）人。当过巴郡太守。③体：规矩。④作家：治家。⑤炊爨（cuàn）：烧火做饭。⑥司晨：报晓。⑦雍容：从容不迫。⑧一旦：有一天。⑨付任：托付委任。⑩坐而论道，谓之王公；作而行之，谓之士大夫：出自《周礼·冬官考工记》。意思是国家有分工，最高执政者考虑国家大计，一般官员则去执行。⑪丙吉不问横道死人而忧牛喘：丙吉是汉宣帝时的丞相。他认为横道死人是地方官应管的事，牛喘可能气节失调，关系国计民生，是丞相应问的事。⑫陈平不肯知钱谷之数，云"自有主者"：汉文帝刘恒一天问右丞相周勃："全国一年判决多少案件？国家一年收支多少钱粮？"周勃回答不出。当问到左丞相陈平时，他却说："有主管者，要想知道断案多少问廷尉；要想知道钱粮收支状况问治粟内史。"又说："宰相的职责，上佐天子，理阴阳，顺四时；下使万物得到充分的发展。外镇抚四夷诸侯；内亲附百姓，使各级官员得到合理的任用。"汉文帝很称赞陈平的回答。⑬诚：真是。达：通晓。位分：职位的权限。

【译文】

诸葛亮曾经亲自校对公文，主簿杨颙径直入内劝他说："治理国家是有制度的，上司和下级做的工作不能混淆。请您允许我以治家作比喻：现在有一个人，命奴仆耕田，婢女烧饭，雄鸡报晓，狗咬盗贼，以牛拉车，以马代步；家中事务无一旷废，要求的东西都可得到满足，优闲自得，高枕无忧，只是吃饭饮酒而已。忽然有一天，对所有的事情都要亲自去做，不用奴婢、鸡狗、牛马，结果劳累了自已的身体，陷身琐碎事务之中，弄得疲惫不堪，精神萎靡，却一事无成。难道他的才能不及奴婢和鸡狗吗？不是，而是因为他忘记了作为一家之主的职责。所以古人说'坐着讨论问题，做出决定的人是王公；执行命令，亲自去做事情的人，称作士大夫'。因此，丙吉不过问路上杀人的情况，却担心耕牛因天热而喘；陈平不去了解国家的钱、粮收入，而说'这些自有具体负责的人知道'，他们都真正懂得各司其职的道理。如今您管理全国政务，却亲自校改公文，终日汗流浃背，不是太劳累了吗？"诸葛亮深深表示感谢。杨颙去世，诸葛亮哭泣了三天。

吴王重用吕范而不用周谷

魏明帝太和二年(228年)十二月

　　吴王以扬州牧吕范为大司马①，印绶未下而卒。初，孙策使范典财计②，时吴王年少，私从有求，范必关白③，不敢专许，当时以此见望④。吴王守阳羡长⑤，有所私用，策或料覆⑥，功曹周谷辄为傅著⑦簿书，使无谴问，王临时⑧悦之。及后统事，以范忠诚，厚见信任，以谷能欺更⑨簿书，不用也。

(《通鉴》第71卷2251页)

【注释】

　　①吴王：孙权(182—252)。字仲谋，吴郡富春(今浙江富阳)人。他继其兄孙策据有江东六郡。建安十三年(208年)与刘备联合，在赤壁(今湖北蒲圻西南)大败曹操。后又大败刘备于彝陵。黄龙元年(229年)称帝，国号吴，都建业(今江苏南京市)。吕范：字子衡，汝南细阳(今安徽阜阳市北苏集镇)人。孙策部将。好威仪、奢侈，然勤事奉法。后任扬州牧。临死前任大司马，印绶未下而病卒。②财计：财务会计。③关白：禀告，报告。④见望：被怨恨。⑤守阳羡长：试任阳羡县县长。当时孙权仅十五岁。守，试任官职。阳羡，县名，在今江苏宜兴南。秦汉时，万户以上的县，长官称县令，万户以下的称县长。⑥料覆：审核。⑦傅著：附上。傅，通"附"。⑧临时：当时。⑨欺更：欺骗更改。

【译文】

　　吴王任用扬州牧吕范为大司马，印信和绶带还没有下达，吕范就去世了。最初，孙策让吕范掌管财经，当时吴王孙权年少，私下向吕范借钱索物，吕范定要禀告，不敢专断许可，为此，当时即被孙权怨恨。后来，孙权代理阳羡长，有私下开支，孙策有时进行核计审查，功曹周谷就为孙权制造假账，使他不受责问，孙权那时十分满意他。但等到孙权统管国事后，认为吕范忠诚，深为信任，而周谷善于欺骗，伪造簿册文书，不予录用。

张纮留笺

张纮①还吴迎家，道病卒。临困②，授子留笺③曰："自古有国有家者，咸欲修德政以比隆盛世④，至于其治，多不馨香，非无忠臣贤佐也，由主不胜其情⑤，弗能用耳。夫人情惮难而趋易，好同而恶异，与治道相反。《传》曰：'从善如登，从恶如崩'⑥，言善之难也。人君承奕世⑦之基，据自然之势，操八柄之威⑧，甘⑨易同之欢，无假取于人，而忠臣挟难进之术⑩，吐逆耳之言，其不合也，不亦宜乎！离则有衅⑪，巧辩缘间⑫，眩⑬于小忠，恋于恩爱，贤愚杂错，黜陟失序，其所由来，情乱之也。故明君寤⑭之，求贤如饥渴，受谏而不厌，抑情损欲，以义割恩，则上无偏谬之授，下无希冀之望矣！"吴主省⑮书，为之流涕。

（《通鉴》第71卷2257页）

【注释】

①张纮：字子纲，广陵（今江苏扬州市东北）人。三国时，东吴的谋臣，很受孙权的敬重。②临困：病危。③留笺：遗表。笺，书札。此指对上的奏笺。是给吴主孙权的。④比隆盛世：跟盛世一样兴隆。⑤主：君主。不胜其情：不能克制自己的感情。意思是说，忠臣贤佐不是没有，但由于君主用人不是根据德才，而是根据个人好恶和亲疏，所以不能用他们。⑥从善如登，从恶如崩：前句是说从善如登山，比喻其艰；后句是说从恶如山崩，比喻其易。⑦奕世：累世。⑧操八柄之威：《周礼·天官》中太宰以八柄诏王驭群臣：一曰爵，以驭其贵；二曰禄，以驭其富；三曰予，以驭其幸；四曰置，以驭其行；五曰生，以驭其福；六曰夺，以驭其贫；七曰废，以驭其罪；八曰诛，以驭其过。⑨甘：喜爱。⑩难进之术：指不容易为君主所接受的治理国家的计策。⑪离则有衅：意思是说，忠臣的治国计策和逆耳之言不符合君主的心意，所以君臣上下在思想感情上就有距离；思想感情上有了距离，两者的关系就有间隙。衅，间隙。⑫巧辩：诡辩。缘间：弥合嫌隙。缘，缘饰。⑬眩：迷惑。⑭寤：通"悟"。觉悟。⑮省：看。

【译文】

张纮回吴郡迎接家眷，中途发病死去。临终时，将写好的遗表交给儿子。遗表说："自古以来主持国家的人，全都打算修行德政与太平盛世相媲美。至于治理的结果，多不能实现，不是没有忠臣贤能辅佐，而是由于主上不能克制自己的私情，不能任用他们。人之常情都是畏惧艰难，趋就容易，喜好相同意见，厌恶不同意见，这与治国之道正好相反。古书上说：'从善如同登山，从恶如同山崩'，是比喻为善多么困难。君王承袭祖先累世的基业，据有至尊的自然之势，有掌握天下八种权柄的威严，喜好容易受到赞同带来的欢快，无须听取采纳别人意见，而忠义之臣提出难以采纳的方案，说出逆耳的言语，与君王不能契合，不也正当如此吗！君王与忠臣疏远就会出现裂痕，花言巧语之人借机离间，君王被这点所谓的忠心搞得迷迷糊糊，迷恋于个人私恩错爱，使得贤明和愚下混在一起，罢免和进用都失去标准，这种情形由来的原因，是私情作怪。所以圣明的君王明察此情，求访贤能如饥似渴，接受规劝而不厌烦，抑制私情，损减私欲，出于大义割舍私恩，那么上面没有偏颇错谬的任用，下面也就不抱非分之想了。"吴主读着这封遗书，感动得流出热泪。

刘晔巧诈

魏明帝太和六年（232年）十二月

侍中刘晔为帝所亲重①。帝将伐蜀，朝臣内外皆曰"不可"。晔入与帝议，则曰"可伐"，出与朝臣言，则曰"不可"，晔有胆智，言之皆有形②。中领军③杨暨，帝之亲臣，又重晔，执不可伐之议最坚，每从内出，辄过晔，晔讲不可之意。后暨与帝论伐蜀事，暨切谏，帝曰："卿书生，焉知兵事！"暨谢曰："臣言诚不足采，侍中刘晔，先帝④谋臣，常曰蜀不可伐。"帝曰："晔与吾言蜀可伐。"暨曰："晔可召质⑤也。"诏召晔至，帝问晔，终不言。后独见，晔责帝曰："伐国，大谋也，臣得与闻大谋，常恐眯梦⑥漏泄以益臣罪，焉敢向人言之！夫兵诡道也，军事未发，不厌其密。陛下显然露之，臣恐敌国已闻之矣。"于是帝谢之。晔见出，责暨曰："夫钓者中大鱼，则纵而随之，须可制而后牵，则无不得也。人主之威，岂徒大鱼而已！子诚直臣，然计不足采，不可不精思也。"暨亦谢之。

238 | 资治通鉴

或⑦谓帝曰："晔不尽忠，善伺上意所趋而合之，陛下试与晔言，皆反意而问之，若皆与所问反者，是晔常与圣意合也。每问皆同者，晔之情必无所逃矣。"帝如言以验之，果得其情，从此疏焉。晔遂发狂，出为大鸿胪，以忧死。

（《通鉴》第 72 卷 2278 ~ 2279 页）

【注释】

①刘晔：字子扬，淮南成德（今安徽寿县东南）人。东汉光武帝子阜陵王延之后。曹操时任主簿。魏文帝曹丕时为侍中。明帝太和六年（232 年），以疾拜太中大夫。出为大鸿胪二年，复为太中大夫，病死。帝：指魏明帝曹叡。②言之皆有形：意言蜀可伐与不可伐，皆有胜负之形，可以动人之听。③中领军：魏文帝时，始置领军将军，其后以资轻者为中领军，均统率禁军。④先帝：当朝帝王死去的父亲。这里指魏文帝曹丕。⑤质：证，对质。⑥眜（mì）梦：噩梦。⑦或：有人。

【译文】

侍中刘晔为明帝所亲近器重。明帝将要讨伐蜀国，朝廷内外都说"不可"。刘晔入朝与明帝商议，则说"可讨伐"；出来和朝廷大臣讨论，则又说"不可"。刘晔有胆有识，谈论起来，有声有色，很动听，中领军杨暨是明帝的亲信大臣，也看重刘晔，是持不可伐意见中最为强硬的人，每次从朝廷出来，就去拜访刘晔，刘晔都讲不可讨伐的道理。后来，杨暨和明帝谈起伐蜀之事，杨暨恳切规劝，明帝说："你是个书生，怎么知晓军事！"杨暨谢罪说："我的话诚然不足采纳，侍中刘晔是先帝的谋臣，常常说蜀不可讨伐。"明帝说："刘晔与我说蜀可伐。"杨暨说："可以把刘晔叫来对质。"明帝下诏让刘晔来，问刘晔，刘晔始终不说话。后来刘晔单独觐见，责备明帝说："讨伐一个国家，是一项重大的决策，我知道这件大事后，常常害怕说梦话泄露出去增加我的罪过，怎么敢向人说这件事？用兵之道在于诡诈，军事行动开始时，越机密越好。陛下公开泄露出去，我恐怕敌国已经听说了。"于是明帝向他道歉。刘晔出来后，责怪杨暨说："渔夫钓到一条大鱼，就要放长线跟在后，必须到可以制伏时再用线将它牵回，那就没有得不到的。帝王的威严，难道只是一条大鱼而已！你诚然是正直的臣僚，然而计谋不足以采纳，不可不仔细想一想。"杨暨也向他道歉。

有人对明帝说："刘晔不尽忠心，善于探察皇上的意向而献媚迎合，请陛下试一试，和刘晔说话时全用相反的意思问他，如果他的回答都与所问意思相反，说明刘晔经常与陛下圣意相一致。如果他的回答都与所问意思相同，刘晔的迎合之情必然暴露无遗。"明帝如其所言检验刘晔，果然发现他的迎合之情，从此疏远了他。刘晔于是精神失常，出任大鸿胪，因忧虑而死。

是仪据实答问

魏明帝景初二年（238 年）九月

吴主使中书郎吕壹典校诸官府及州郡文书①，壹因此渐作威福，深文巧诋②，排陷无辜，毁短大臣，纤介必闻。太子登数谏，吴主不听，群臣莫敢复言，皆畏之侧目③。

壹诬白故江夏太守刁嘉谤讪国政，吴主怒，收嘉，系狱验问。时同坐人皆畏怖壹，并言闻之。侍中北海是仪④独云无闻，遂见穷诘累日，诏旨转厉，群臣为之屏息⑤。仪曰："今刀锯已在臣颈，臣何敢为嘉隐讳，自取夷灭⑥，为不忠之鬼！顾以闻知当有本末。"据实答问，辞不倾移，吴主遂舍之；嘉亦得免。

（《通鉴》第 74 卷 2338 ~ 2339 页）

【注释】

①吴主：指孙权。典校：掌管校勘。②深文：引用法律条文苛细严峻。巧诋：以花言巧语进行诋毁诽谤。③侧目：不敢正视之貌。④是仪：字子羽，北海营陵（今山东昌乐东南）人。本姓氏，北海相孔融嘲仪，言"氏"字"民"无上，可改为"是"，遂改姓是。官至侍中，为人节俭。⑤屏息：不敢喘气。⑥夷灭：消灭。

【译文】

吴主让中书郎吕壹主管各官府及州郡公文，吕壹因此渐渐作威作福起来，援引法律条文进行狡诈的诋毁，排斥陷害无辜，诽谤朝廷大臣，连细微小事也禀闻吴王。太子孙登屡次规劝，吴王都不接受，群臣不敢再表示意见，对吕壹都深怀恐惧，侧目而视。

吕壹诬告前江夏太守刁嘉诽谤讥讽朝政，吴主大怒，逮捕了刁嘉，下狱审问。当时被牵连的人都畏惧吕壹，都说听到过刁嘉诽谤之词，只有侍中北海人是仪一人说没有听到过，于是被连日穷追诘问，诏书也越发严厉，群臣都为他捏着一把汗，是仪说："如今刀锯已经架在脖颈上，我怎敢为刁嘉隐瞒，自取杀身灭门之祸，成为不忠的鬼魂？只是要说听到、了解此事，必须有头有尾。"是仪据实回答审问，供词不改，吴主于是放了他，刁嘉也被免罪。

晋武帝赏罚不明

晋武帝泰始三年（267年）

司隶校尉上党李憙，劾故立进令刘友①、前尚书山涛②、中山王睦③、尚书仆射武陔④各占官稻田，请免涛、睦等官，陔已亡，请贬其谥。诏曰："友侵剥百姓以缪惑朝士，其考竟⑤以惩邪佞。涛等不二⑥其过，皆勿有所问。憙亢志⑦在公，当官而行，可谓邦之司直⑧矣。光武有云：'贵戚且敛手以避二鲍⑨！'其申敕群僚，各慎所司，宽宥之恩，不可数遇也！"睦，宣帝之弟子也⑩。

臣光曰：政之大本，在于刑赏，刑赏不明，政何以成！晋武帝赦山涛而褒李憙，其于刑赏两失之。使憙所言为是，则涛不可赦；所言为非，则憙不足褒。褒之使言，言而不用，怨结于下，威玩于上，将安用之！且四臣同罪，刘友伏诛而涛等不问，避贵施贱，可谓政乎！创业之初而政本不立，将以垂统⑪后世，不亦难乎！

（《（通鉴》第79卷2502～2503页）

【注释】

①司隶校尉：官名。掌纠察京师百官及京师附近各郡，相当于州刺史。魏晋以后，司隶校尉所辖区域改为"司州"。李憙：字季和，上党铜鞮（今山西沁县南）人。为人清素贫俭。官至尚书仆射。当司隶校尉时"朝野称之"。立进：县名。处所不详。②山涛：字巨源，河内怀县（今河南武陟县西）人。他喜爱《老子》《庄子》，为"竹林七贤"之一。司马氏执魏政时出来做官。晋初，官至尚书仆射，加侍中，领吏部。③中山王睦：姓司马，字子友。曹魏时任侍御史。司马炎称帝，封为中山王。太康初，改封高阳王。④武陔（gāi）：字元

夏，沛国竹邑（今安徽宿州市北）人。官至尚书左仆射、左光禄大夫、开府仪同三司。为人谦让。⑤考竟：拷问究竟。考，通"拷"。⑥二：再，重复。⑦亢志：高尚的志气。⑧司直：官名。帮助丞相检举不法，位在司隶校尉之上。这里是借《诗经·郑风·羔裘》中的诗句来称赞李憙："羔裘豹饰，孔武有力，彼其之子，邦之司直。"⑨二鲍：指东汉初的鲍永和鲍恢。二人都耿直，不避尊戚权贵，执法不阿。⑩宣帝：司马懿。字仲达，河内温县（今河南温县）人。为人多谋略，善权变。曹魏的名将，多次与诸葛亮对阵。曹芳时，杀曹爽等，专国政。死后，其子司马师、司马昭相继专权。其孙司马炎代魏，建立晋朝，追尊他为"宣帝"。弟子：司马懿之弟司马进之子。⑪垂统：把基业传给后代。

【译文】

司隶校尉、上党人李憙，揭发从前的立进县令刘友、前尚书山涛、中山王司马睦、尚书仆射武陔等都有霸占官府稻田的行为，请求免去山涛、司马睦等人的官职，武陔已经死亡，请求将他的谥号降级。晋武帝下诏说："刘友欺凌掠夺百姓，迷惑朝廷官吏，应对其拷问处死以惩罚邪佞之人。如果山涛等人不再重犯已往的过错，对他们就免于追究。李憙一心为公，对官员行使职责，可称为邦国中之司直了。汉光武帝有言：'贵戚尚且缩起手以躲避二鲍。'即指整肃百官群僚，使他们各自谨慎于自己的职责。而宽容的恩典是不应该经常使用的！"司马睦是晋宣帝弟弟的儿子。

臣司马光曰：政治的根本在于刑与赏，刑赏不分明，政治如何能成就！晋武帝赦免山涛而褒奖李憙，在刑与赏两方面都有缺失。如果李憙所言是正确的，那么山涛就不可以赦免；所言为非，李憙就不值得褒奖。褒奖李憙让他说话，他说了却又不采用，结果在下属中结下怨恨，在上则使权威被轻慢，这样又将如何使用李憙？况且四位大臣罪行相同，但刘友被处死而对山涛等人却不问罪，避开权贵而施法于轻贱，这能说是治政之道吗？正处于创业之初却不能树立治理国家的根本，要想把基业传给后世，不是很难的事吗？

刘毅直言

晋武帝太康三年（282年）

春，正月，丁丑朔①，帝②亲祀南郊。礼毕，喟然问司隶校尉刘毅曰③："朕可方④汉之何帝？"对曰："桓、灵⑤。"帝曰："何至于此？"对曰："桓、灵卖官钱入官库，陛下卖官钱入私门，以此言之，殆⑥不如也。"帝大笑曰："桓、灵之世，不闻此言，今朕有直臣，固⑦为胜之。"

（《通鉴》第81卷2577页）

【注释】

①朔：阴历每月的初一叫朔日。②帝：指晋武帝司马炎。他是晋朝的第一位皇帝。咸宁六年（280年）灭吴，统一全国。公元265—290年在位。③喟（kuì）然：叹息的样子。刘毅：字仲雄，东莱掖（今山东掖县）人。任司隶校尉时，秉公纠举豪右，京师肃然。为官清廉，议论切直。④方：比。⑤桓、灵：指东汉后期的桓帝刘志和灵帝刘宏。他们是东汉两个有名的昏庸贪淫的皇帝。曾公开标价卖官。⑥殆：恐怕。⑦固：肯定。

【译文】

春季，正月，丁丑朔（初一），晋武帝亲自到南郊祭祀。典礼结束后，晋武帝感叹地询问司隶校尉刘毅说："我可以和汉代的哪一个帝王相比？"刘毅回答说："可与桓帝、灵帝相比。"晋武帝说："何至于到这个地步？"刘毅说："桓帝、灵帝出卖官职的钱都进了官府的仓库，陛下出卖官职的钱都进了个人的家门，凭这一点来说，大概还不如桓帝、灵帝了。"晋武帝大笑道："桓帝、灵帝的时代，听不到这样的话，现在朕有正直的臣下，已经胜过桓帝、灵帝了。"

苟晞不徇私情

晋怀帝永嘉元年（307年）九月

晞^①屡破强寇，威名甚盛，善治繁剧^②，用法严峻。其从母^③依之，晞奉养甚厚。从母子求为将。晞不许，曰："吾不以王法贷^④人，将无后悔邪！"固求之，晞乃以为督护^⑤；后犯法，晞杖节^⑥斩之，从母叩头救之，不听。既而素服^⑦哭之曰："杀卿者，兖州刺史^⑧，哭弟者，苟道将也。"

（《通鉴》第86卷2731页）

【注释】

①晞：苟晞，字道将，河南山阳（今河南修武县西北）人。西晋大将，时人比之韩信、白起。官至大将军、大都督。因他杀人过多，号曰"屠伯"。后为石勒所杀。②繁剧：事务极其烦重。③从母：姨母。④贷：宽免。⑤督护：武官名。起于西晋。⑥杖节：执持符节。⑦素服：白色的丧服。⑧当时苟晞为兖州刺史。

【译文】

苟晞多次打败强大的敌寇，威名远扬，他善于治理繁重复杂的事务，运用刑法严峻。他的姨母投靠他，苟晞非常周到地侍奉赡养。姨母为她的儿子求职想做部将。苟晞不同意，说："我不拿王法去宽免别人，你可不要后悔呀！"姨母坚持为儿子求官。苟晞不得已让他担任督护。后来他犯了法，苟晞手持符节把他杀了，姨母叩头求救，苟晞不听。后来苟晞又换上丧服去哭他说："杀你的，是兖州刺史，来哭弟弟的，是苟道将。"

祖逖誓复中原

晋愍帝建兴元年（313年）

初，范阳祖逖^①，少有大志，与刘琨俱为司州主簿^②，同寝，中夜闻鸡鸣，蹴琨觉③曰："此非恶声也！"因起舞。及渡江，左丞相睿④以为军咨祭酒。逖居京口，纠合骁健，言于睿曰："晋室之乱，非上无道而下怨叛也，由宗室争权，自相鱼肉，遂使戎狄乘隙，毒流中土。今遗民⑤既遭残贼，人思自奋，大王诚能命将出师，使如逖者统之以复中原，郡国豪杰，必有望风响应者矣！"睿素无北伐之志，以逖为奋威将军、豫州⑥刺史，给千人廪⑦，布三千匹，不给铠仗⑧，使自召募。逖将其部曲⑨百余家渡江，中流，击楫⑩而誓曰："祖逖不能清中原而复济者⑪，有如大江⑫！"遂屯淮阴，起冶铸兵⑬，募得二千余人而后进。

【注释】

①祖逖（266—321）：字士稚，范阳遒（今河北涞水县北）人。东晋名将。西晋末率亲党数百家渡江南移。建兴元年（313 年），要求收复中原，被晋元帝任为豫州刺史。他率部渡江，收复了该地区，但由于东晋统治集团内部矛盾重重，对他不支持，终于忧愤而死。②刘琨：字越石，中山魏昌（今河北无极县）人。西晋将领。官至太尉、司空。在任并州刺史时，招集流亡，与刘渊、石勒相对抗。因段匹磾叛变被杀。司州：治所在洛阳。所辖区域包括豫西北、晋南、陕西省的东南等地。③蹴（cù）：踢。觉：醒悟。④左丞相睿：后来的东晋元帝司马睿。西晋愍帝时为左丞相。⑤遗民：这里指老百姓。⑥豫州：州名。所辖相当于今豫东、皖西北地区。⑦廪：粮仓。⑧铠仗：铠甲和各种武器装备。⑨部曲：古代军队的编制单位，也指豪门大族的私人军队。这里指后者。⑩楫：船桨。⑪清：平定。复济：再次渡过长江。凯旋的意思。⑫有如大江：意思是，我一定要实现我的誓言，长江可以作证。⑬兵：兵器。

【译文】

当初，范阳人祖逖，年轻时就有大志向，曾与刘琨一起担任司州的主簿，与刘琨同寝，夜半时听到鸡鸣，他踢醒刘琨，说："这不是令人厌恶的声音。"就起床舞剑。渡江以后，左丞相司马睿让他担任军咨祭酒。祖逖住在京口，聚集起骁勇强健的壮士，对司马睿说："晋朝的变乱，不是因为君主无道而使臣下怨恨叛乱，而是皇帝宗室之间争夺权力，自相残杀，这样就使戎狄之人钻了空子，祸害遍及中原。现在晋朝的遗民遭到摧残伤害后，大家都想着自强奋发，大王您确实能够派遣将领率兵出师，使像我一样的人统领军队来光复中原，各地的英雄豪杰，一定会有闻风响应的人！"司马睿一直没有北伐的志向，他听了祖逖的话以后，就任命祖逖为奋威将军、豫州刺史，仅仅拨给他千人的口粮，三千匹布，不供给兵器，让祖逖自己想办法募集。祖逖带领自己私家的军队共一百多户人家渡过长江，在江中敲打着船桨说："祖逖如果不能使中原清明而光复成功，就像大江一样有去无回！"于是到淮阴驻扎，建造熔炉冶炼浇铸兵器，又招募了二千多人然后继续前进。

隗瑾非议"举过有赏"

晋愍帝建兴四年（316 年）四月

张寔①下令：所部吏民有能举其过者，赏以布帛羊米。贼曹佐高昌隗瑾曰②："今明公为政，事无巨细，皆自决之，或兴师发令，府朝③不知；万一违失，谤无所分。群下畏威，受成④而已。如此，虽赏之千金，终不敢言也。谓宜少损聪明，凡百政事，皆延访群下，使各尽所怀，然后采而行之，则嘉言自至，何必赏也！"寔悦，从之；增瑾位三等。

（《通鉴》第 89 卷 2831 页）

【注释】

①张寔：字安逊，安定乌氏（今甘肃平凉西北）人。晋凉州牧张轨之子。轨死后，他继任父职。西晋灭亡（317 年）后，他建立前凉政权。②贼曹佐：贼曹是掌管缉捕盗贼等事的官。佐是其僚属。高昌：古城名。在今新疆吐鲁番东。③府朝：本指张寔的办公处。这里指其手下的僚佐。④受成：接受已决定的命令。

【译文】

张寔下达命令：所属的官吏、百姓有能指出自己过错的，奖赏给布帛羊米。贼曹佐高昌人隗瑾说："现在您处理政事，事无巨细，都是自己来决断，有时兴师发布命令，州府的其他官员都不知道，万一有什么失误，无人代其受责。下级官吏们畏惧您的权威，都服从您的成命罢了。像这样，即使赏赐千金，终究也还是不敢说。我认为应当稍微减少一点儿您的聪明，凡是各种政事，都拿到下级官员中去访求意见，使他们把心里所想的都说出来，然后选择采用，有益的建议自然会来，何必赏赐呢？"张寔高兴，采纳了这个建议。给隗瑾提升了三级。

游子远谏赵帝刘曜

晋元帝大兴三年^①（320年）六月

丙辰，赵将解虎及长水校尉尹车谋反^②，与巴酋句徐、厍彭等相结^③；事觉，虎、车皆伏诛。赵主曜囚徐、彭等五十余人于阿房^④，将杀之；光禄大夫游子远谏曰："圣王用刑，惟诛元恶而已，不宜多杀。"争之，叩头流血。曜怒，以为助逆而囚之；尽杀徐、彭等，尸^⑤诸市十日，乃投于水。于是巴众尽反，推巴酋句渠知为主，自称大秦，改元曰平赵。四山氐、羌、巴、羯应者三十余万，关中大乱，城门昼闭。子远又从狱中上表谏争^⑥，曜手毁其表曰："大荔奴^⑦，不忧命在须臾，犹敢如此，嫌死晚邪！"叱左右速杀之。中山王雅、郭汜、朱纪、呼延晏等谏曰："子远幽囚，祸在不测，犹不忘谏争，忠之至也。陛下纵不能用，奈何杀之！若子远朝诛，臣等亦当夕死，以彰陛下之过。天下将皆舍陛下而去，陛下谁与居乎！"曜意解，乃赦之。

曜敕内外戒严。将自讨渠知。子远又谏曰："陛下诚能用臣策，一月可定，大驾^⑧不必亲征也。"曜曰："卿试言之。"子远曰："彼非有大志，欲图非望^⑨也，直^⑩畏陛下威刑，欲逃死耳。陛下莫若廓^⑪然大赦，与之更始^⑫；应前日坐虎、车等事，其家老弱没入奚官^⑬者，皆纵遣之，使之自相招引，听其复业。彼既得生路，何为不降！若其中自知罪重，屯结不散者，愿假^⑭臣弱兵五千，必为陛下枭^⑮之。不然，今反者弥山被谷^⑯，虽以天威临之，恐非岁月可除也。"曜大悦，即日大赦，以子远为车骑大将军、开府仪同三司、都督雍、秦征讨诸军事^⑰。子远屯于雍城，降者十余万；移军安定，反者皆降。惟句氏宗党五千余家保于阴密，进攻，灭之，遂引兵巡陇右^⑱。先是氐、羌十余万落^⑲，据险不服，其酋虚除权渠自号秦王。子远进造其壁^⑳，权渠出兵拒之，五战皆败。权渠欲降，其子伊余大言于众曰："往者刘曜自来，犹无若我何，况此偏师，何谓降也！"帅^㉑劲卒五万，晨压子远垒门^㉒。诸将欲击之，子远曰："伊余勇悍，当今无敌，所将之兵，复^㉓精于我，又其父新败，怒气方盛，其锋不可当也，不如缓之，使气竭而后击之。"乃坚壁^㉔不战。伊余有骄色，子远伺其无备，夜，勒兵蓐食㉕，旦，值大风尘昏，子远悉众出掩㉖之，生擒伊余，尽俘其众。权渠大惧，被发剺面请降㉗。子远启㉘曜，以权渠为征西将军、西戎公，分徙伊余兄弟及其部落二十余万口于长安。曜以子远为大司徒、录尚书事㉙。

（《通鉴》第 91 卷 2879～2881 页）

【注释】

①晋元帝大兴三年：相当于前赵光初三年。②赵：十六国时期的前赵。公元 318 年刘曜即帝位，改国号为赵，改元光初，史称前赵。长水校尉：官名。掌长水胡骑。③巴：地区名。今四川东部一带。酋：部落首领。厍（shè）：姓。④赵主曜：刘曜（？—329），字永明，匈奴族。十六国时期前赵国君。汉国君主刘渊之侄，历任要职。刘聪时，镇守长安。刘粲即位，任相国、都督中外诸军事，仍留长安。粲被人杀，即位。后与石勒交战，兵败被俘杀。阿房：秦阿房宫旧址，亦谓之阿城。⑤尸：以尸体示众。⑥表：汉制，下言于上，分章、奏、表、议四种。表多用于陈述衷情。争：通"诤"。直言规劝。⑦大荔奴：大荔，古代西戎族的一支。游子远出于此族。奴，对人的鄙称。⑧大驾：帝王的代称。这里指赵帝刘曜。⑨非望：意为帝王之事，非常人所望。⑩直：仅仅。⑪廓：空。⑫更始：重新开始。⑬奚官：官署名。掌管宫人疾病、罪罚、丧葬等事。⑭假：给予。⑮枭：杀人而悬其头于木上。⑯弥山被谷：满山遍野。弥，满。被（pī），通"披"。⑰车骑大将军：将军的名号。不常置。开府仪同三司：开府置官。援照三公成例。开府，即开建府署，辟置僚属。汉制，唯三公可开府。汉末将军也开府。魏晋以后，开府者益多，因而别置开府仪同三司之名。雍、秦：指雍州和秦州。⑱陇右：龙山以西至黄河以东之地。⑲落：人聚居的地方。⑳造：到，往。壁：军垒。㉑帅：通"率"。㉒垒门：军营之门。㉓复：又。㉔坚壁：坚守壁垒。㉕勒兵：统率军队。蓐食：早晨未起在寝席上进食。㉖掩：乘其不备而袭取之。㉗被（pī）发：散发。剺（lí）面：用刀划破脸。剺，割、划。㉘启：陈述，告诉。㉙大司徒：官名。汉哀帝时罢丞相，置大司徒，与大司马、大司空，并称三公。录尚书事：官名。位在三公上。始于汉武帝。魏晋以后，以公卿权重之人任之，职无不总。

【译文】

丙辰日（二十三日），赵国将领解虎和长水校尉尹车计划造反，和巴人酋长句徐、厍彭等人互相结合；事情被发觉了，解虎、尹车都承受死刑。赵主刘曜把句徐、厍彭等五十多人囚禁在阿房，将要杀了他们，光禄大夫游子远进谏说："圣王使用刑法，只是诛杀主要作恶的人罢了，不应该多杀。"为这事争辩，叩头叩到流血。刘曜生气了，以为帮助叛逆，因而将其囚禁起来；把句徐、厍彭等人全部杀了，在街市上陈列尸体十天，才丢到水中去。于是巴郡民众全部起来反抗，推举巴人酋长句渠知做君主，自称大秦国，改年号为平赵。四山氏、羌、巴、羯人响应他的，有三十多万，关中大乱，城门白天都是关着的。游子远又从监狱中呈上表章，极力进谏，刘曜亲手撕毁他的表章说："大荔奴，不忧虑自己的性命危在旦夕，仍然敢这样做，嫌死得太晚吗！"高声呼叫左右亲信，赶快杀他。中山王刘雅、郭汜、朱纪、呼延晏等人进谏说："子远被囚禁起来，祸事是不能预料的；仍然没有忘记要极力进谏，是忠心的最高表现；陛下纵使不能听信他的话，为什么要杀他呢？如果早上子远被杀了，臣下等人晚上也要死了，来彰明陛下的过失；天下人将会舍弃陛下离去的，陛下能够和谁生活在一起呢！"刘曜怒气宽解下来，于是赦免他。

刘曜敕令内外戒严，将要亲自讨伐句渠知。游子远又进谏说："陛下真正能听信臣下的策略，一个月可以平定了，大驾不必亲自远征。"刘曜说："你试着说说看。"游子远说："他们没有大的志向，想要图求非分的希望，只是畏惧陛下的严峻刑法，想要逃避死亡罢了。陛下不如宽宏地大赦，给予他们改过自新的机会，受到前日解虎、尹车等人犯法牵累，他的家族老小被县官收禁的，都放了，送回去，使他们自己互相招集，听任他们恢复事业；他们得到活路以后，为什么会不投降呢？如果其中有人自己知道罪过深重，聚集不散的，愿能给予臣下五千衰弱的军队，一定替陛下杀了他。不然的话，现在反叛的人，满山满谷，虽用天子威望来对待他们，恐怕不是一年几个月的时间可以除得掉的了。"刘曜大为高兴，当天大赦，派游子远做车骑大将军、开府仪同三司，都督雍、秦征讨一切军务。游子远驻军雍城，投降的有十多万人；军队迁移到安定，反叛的人都投降了。只有句氏宗党五千多家，保守阴密，进兵攻击，消灭了他们，于是率领军队巡行陇右。在这以前，氏、羌的十多万部落，占据险要的地方，不肯降服，他们的首长虚除权渠自己号称秦王。游子远进兵，到了他的军营前，虚除权渠出兵抵抗，五次战斗，都战败了。虚除权渠想要投降，他的儿子伊余大声地对众人说："以往刘曜亲自来，尚且对我们无可奈何，何况这些只是一部分的军队呢！为什么要投降？"率领五万强劲士兵，早晨，逼近游子远军营大门。各将领想要攻击出去，游子远说："伊余勇敢强悍，当今没有敌手，所率领的军队，又比我们精锐，再加上他的父亲刚刚战败，怒气正盛的时候，他的锋芒不能阻挡，不如缓和些时间，使他们的气势竭尽了，然后攻击他们。"于是坚守军营，不出兵作战。伊余有骄傲的样子，游子远侦察到他们没有防备，晚上，整治军队，加倍饮食，早上，正遇上大风沙，天色昏暗，游子远派出所有的军队，偷袭过去，生擒了伊余，俘虏了他所有的军队。权渠大为恐惧，披散了头发，割破了脸皮，请求投降。游子远启奏刘曜，派权渠做征西将军、西戎公，分出伊余兄弟和他的部落中二十多万人，迁到长安。刘曜派游子远做大司徒、录尚书事。

石勒不记布衣之恨

晋元帝太兴四年（321 年）十一月

后赵王勒悉召武乡耆旧诣襄国^①，与之共坐欢饮。初，勒微时^②，与李阳邻居，数争沤麻池相殴，阳由是独不敢来。勒曰："阳，壮士也；沤麻，布衣^③之恨；孤方兼容天下^④，岂仇匹夫^⑤乎！"遽^⑥召与饮，引阳臂曰："孤往日厌^⑦卿老拳，卿亦饱孤毒手。"因拜参军都尉^⑧。

（《通鉴》第 91 卷 2890 页）

【注释】

①后赵：十六国之一。公元 319 年由羯族石勒建立。初建都襄国（今河北邢台市），后迁都邺（今河北临漳县西南）。极盛时据有今山东省全部，河北、河南、山西、陕西大部，甘肃、宁夏、内蒙、江苏、安徽一小部分。公元 351 年被冉魏所灭。勒：石勒。耆（qí）旧：有声望的老人。②微时：卑贱时。③布衣：平民的衣服。这里指平民。④兼容天下：能容纳天下各方面的人。⑤匹夫：老百姓。⑥遽：急速。⑦厌：饱。⑧参军都尉：军官名。

【译文】

后赵王石勒召集所有的武乡父老，前往襄国，和他们一同欢乐喝酒。起初，石勒没有显达的时候，和李阳是邻居，屡次为了争夺沤麻池打架，因此只有李阳不敢来。石勒说："李阳，是个壮士；沤麻，是平民时的仇恨；我正要兼并天下，哪里会和匹夫结仇呢！"很快地召来李阳，和他一起喝酒，拉着李阳的手臂说："以前我讨厌你的强拳，你也饱尝了我的毒手。"因而任命李阳为参军都尉。

陶侃在荆州

晋明帝太宁三年(325 年)

五月，以陶侃①为征西大将军、都督荆、湘、雍、梁四州诸军事、荆州刺史，荆州士女相庆。侃性聪敏恭勤，终日敛膝②危坐，军府众事，检摄③无遗，未尝少闲。常语人曰："大禹圣人，乃惜寸阴，至于众人，当惜分阴。岂可但逸游荒醉，生无益于时，死无闻于后，是自弃也！"诸参佐或以谈戏④废事者，命取其酒器、蒲博⑤之具，悉投之于江，将吏则加鞭扑，曰："樗蒱⑥者，牧猪奴戏耳！老、庄浮华⑦，非先王之法言⑧，不益实用。君子当正其威仪，何有蓬头、跣足，自谓宏达邪！"有奉馈⑨者，必问其所由，若力作所致，虽微必喜、慰赐参⑩倍；若非理得之，则切厉诃辱⑪，还其所馈。尝出游，见人持一把未熟稻，侃问："用此何为？"人云："行道所见，聊取之耳。"侃大怒曰："汝既不佃⑫，而戏贼⑬人稻！"执而鞭之。是以百姓勤于农作，家给人足。尝造船，其木屑竹头，侃皆令籍而掌之⑭，人咸不解所以，后正会⑮，积雪始晴，听事⑯前余雪犹湿，乃以木屑布地。及桓温伐蜀⑰，又以侃所贮竹头作丁⑱装船。其综理微密，皆此类也。

（《通鉴》第 93 卷 2935 页）

【注释】

①陶侃(259—334)：字士行(或作士衡)，东晋庐江浔阳(今江西九江市)人。由县吏、郡守升任荆州刺史，镇守武昌。后为权臣王敦所忌，调任广州刺史。王敦败，还任荆州。苏峻、祖约反晋，攻入建康(今江苏南京市)，庾亮、温峤推他为盟主，恢复建康。②敛膝：两膝聚拢。③检摄：检验整治。④谈戏：谈，清谈。戏，指饮酒赌博之类的事。⑤蒱(pú)博：古代一种赌博游戏。犹如后世掷色子[也叫掷骰(tóu)子]。⑥樗(chū)蒱：博戏名。以掷色子决定胜负。⑦老、庄浮华：老，指春秋时哲学家老聃，即李耳。庄，指战国时哲学家庄周。他们的思想分别反映在《老子》《庄子》二书中。政治上主张"无为而治"。伦理上主张"绝仁弃义"。与儒家思想相对立。浮华，虚浮不

实。⑧先王：指唐尧、虞舜、夏禹、商汤、周文王和武王等人。法言：合乎礼法的言论。⑨奉馈：进献食品。⑩参：三。⑪切厉：深切严厉。诃（hē）辱：怒斥，羞辱。⑫佃：耕作。⑬贼：伤害。⑭籍：登记在簿册上。掌：掌管。⑮正（zhēng）会：本指阴历元旦皇帝朝会群臣。这里指陶侃与下属官吏在元旦聚会。⑯听事：办公处。亦作"厅事"。⑰桓温伐蜀：晋穆帝永和二年（346 年）十一月至次年三月，安西将军桓温率军攻打四川的汉国。汉主李势投降。⑱丁：同"钉"。

【译文】

　　五月，朝廷任命陶侃为征西大将军，都督荆、湘、雍、梁四州军事、荆州刺史。荆州的男女百姓交相庆贺。陶侃性情聪明敏锐、恭敬勤奋，整日盘膝正襟危坐，对军府中众多事务检视督察，无所遗漏，没有一刻闲暇。他常常对人说："大禹这样的圣人，尚且珍惜每寸光阴，至于一般人，应当珍惜每分光阴。怎能只求逸游沉醉，活着对时世毫无贡献，死后默默无闻，这是自暴自弃！"众多参佐幕僚中有的因谈笑博戏荒废正务，陶侃命人收取他们的酒具和蒲博用器，全都投弃江中，将吏们则加以鞭责，说："樗蒲这种游戏不过是放猪的奴仆们玩的！老子、庄子崇尚浮华，并非是先王可以作典则的言论，不利于实用。君子应当威仪整肃，怎能蓬头、赤足，却自以为宏达呢！"有人奉献馈赠，陶侃一定要询问来路，如果是靠自己的劳作所得，即使价值微薄也一定喜欢，慰勉还赐的物品超出三倍。如果不是正道所得，则严词厉色呵斥羞辱，拒绝不受。有一次陶侃出游，看见有人手持一把未成熟的稻子，陶侃问："你拿来干什么？"那人说："走路时看到的，随便摘下来而已。"陶侃大怒，说："你既然不亲自劳作，还随便毁坏他人的稻子拿来玩！"随即抓住此人鞭打。因此百姓辛勤耕作，家资不缺，人人丰足。陶侃曾经造船，剩下的木屑和竹头，都令人登录并且掌管，大家都不明白为什么。后来元旦时官员集会，正逢积雪后开始放晴，厅堂前面残留的雪仍然潮湿，于是用木屑铺洒在地上。等到桓温攻伐蜀地时，又用陶侃所贮存的竹头做榫钉装配船只。陶侃治理事务的仔细和缜密，全都是这样的。

王猛严治违法贵戚

晋穆帝升平三年^①（359 年）

　　秦王坚自河东还^②，以骁骑将军邓羌^③为御史中丞。八月，以咸阳内史王猛为侍中、中书令，领京兆尹^④。特进、光禄大夫强德，太后^⑤之弟也，酗酒。豪横^⑥，掠人财货、子女，为百姓患。猛下车收德，奏未及报^⑦，已陈尸于市；坚驰使赦之，不及。与邓羌同志^⑧，疾恶纠案^⑨，无所顾忌，数旬之间，权豪、贵戚、杀戮、刑免^⑩者二十余人，朝廷震栗，奸猾屏气，路不拾遗。坚叹曰："吾始今知天下之有法也！"

（《通鉴》第 100 卷 3176 页）

【注释】

　　①晋穆帝升平三年：相当于前秦世祖甘露元年。②秦王坚：十六国时期前秦世祖符坚（338—385），字永固，略阳临渭（今甘肃秦安东南）人。他任用王猛，压制不守法令的贵族，加强了中央集权；注意农业生产，增加财政收入。先后灭了前燕、前凉、代国，统一了北方大部地区，并夺取了东晋的益州。公元 383 年，率领九十万军攻打东晋，在淝水之战中大败，后被羌族首领姚苌擒杀。河东：郡名。治所在今山西省夏县西北。③骁骑将军：武官名。古代中央禁卫军营的将领之一。邓羌：前秦的名将。勇猛善射，性情耿直，执法不避贵戚。④王猛（325—375）：字景略，北海剧（今山东寿光东南）人。出身贫寒，博学，有谋略。先为符坚谋士，符坚即位后，累迁司徒、录尚书事。他整顿吏治，不避权贵，使中央集权得到加强。后为丞相，辅佐符坚，发展生产，削平北方群雄。临终时劝符坚不要进攻东晋，但未被采纳。京兆尹：官名。相当于现代首都的市长，与郡守同级。京兆是京畿的行政区划名。⑤太后：指已故秦王符健的强皇后，是符坚的伯母。⑥豪横：恃强横暴。⑦报：答复。⑧同志：志趣相同。⑨纠案：举发其罪，考问其实。⑩刑免：判罪免官。

【译文】

　　前秦王符坚从河东返回，任命骁骑将军邓羌为御史中丞。八月，任命咸阳内史王猛为侍中、中书令，兼领京兆尹。特进、光禄大夫强德是强太后的弟弟，他借酒逞凶，骄纵蛮横，抢人财物子女，是百姓的祸害。王猛一上任就拘捕了他，呈上奏章请求处理，没等回复，强德就已经陈尸街市。苻坚见到奏章后迅速派使者来要将强德赦免，但为时已晚。王猛与邓羌志同道合，斩除邪恶，纠正冤案，无所顾忌，几十天时间，被处死和依法黜免的权贵、豪强、王公贵戚有二十多人，震动了朝廷上下，奸猾之辈屏声敛气，境内路不拾遗。苻坚感叹地说："我到如今才知道天下有法律了！"

孙盛坚决不改史实

晋海西公太和四年（369 年）十二月

　　大司马温①发徐、兖州民筑广陵城，徙镇之。时征役既频，加之疫疠②，死者什四五，百姓嗟怨③。秘书监孙盛④作《晋春秋》，直书时事。大司马温见之，怒，谓盛子曰："枋头诚为失利，何至乃如尊君⑤所言！若此史遂行，自是关君门户事⑥！"其子遽⑦拜谢请改之。时盛年老家居，性方严，有轨度，子孙虽斑白，待之愈峻。至是诸子乃共号泣稽颡⑧，请为百口切计。盛大怒，不许；诸子遂私改之。盛先已写别本，传之外国。及孝武帝⑨购求异书，得之于辽东人，与见本不同，遂两存之。

　　　　　　　　　　　　　　　　　（《通鉴》第 102 卷 3227 页）

【注释】

　　①温：桓温（312—373），字元子，东晋谯国龙亢（今安徽怀远西）人。任荆州刺史，掌长江中上游兵权。永和三年（347 年），他率军灭成汉。后又攻前秦入关中，因军粮不足而退。永和十二年（356 年），收复洛阳。太和四年（369 年），攻前燕到达枋头（今河南浚县西南），因粮草不济，受挫而还。太和六年，废西海公，改立简文帝，由他专擅朝政。②疫疠（lì）：瘟疫。③嗟怨：慨叹怨恨。④秘书监：官名。典司图籍。孙盛：字安国，太原中都（今山西平遥县西北）人。博学，善言名理。当过陶侃、庾亮、庾翼、桓温等人的参军。当过太守，累迁至秘书监，加给侍中。著有《魏晋春秋》《晋阳秋》，尤其是后者，词直而理正，咸称良史。⑤尊君：古代在人子面前称其父为尊君。⑥关君门户事：意即诛灭其门。⑦遽（jù）：惶恐。⑧稽颡（qǐ sǎng）：古代一种跪

拜礼。屈膝下拜，以额触地。⑨孝武帝：晋孝武帝司马曜。

【译文】

　　大司马桓温发动徐、兖二州的人民修筑广陵城，然后迁移到那儿镇守。当时征伐劳役已经很多，再加上疫疠蔓延，死亡的有十分之四五，百姓们嗟叹，怨恨。秘书监孙（其他各本"孙"上有"大原"二字）盛作《晋春秋》，直接叙述当时的一切事情。大司马桓温看到了，很愤怒，对孙盛的儿子说："枋头一战的确是失败，但也不至于竟像你的父亲所说的！假若这段历史竟能流传，自然是关系到你家室的生死存亡。"他的儿子立刻向桓温跪拜告罪请求去修改。当时，孙盛年纪大住在家里，性情方正严厉，有规则和法度，子孙们虽然已经头发斑白，对待他们愈加严峻，到这个时候，他的几个儿子就共同号哭悲泣，跪地叩头，请求他为全家上百口人的生计打算。孙盛非常愤怒，不答应；他的几个儿子就偷偷地改了。盛早先已经写好了另一本，传到其他国家（按晋书孙盛传，盛写二定本，寄予慕容）。等到孝武帝购求异书，在辽东人那儿得到另一本，和现在的本子不同，于是两种本子都保存了下来。

谢安不惧桓温

晋孝武帝宁康元年（373 年）

　　二月，大司马温来朝①；辛巳，诏吏部尚书谢安②、侍中王坦之迎于新亭③。是时，都下人情㥄㥄④，或云欲诛王、谢，因移晋室。坦之甚惧，安神色不变，曰："晋祚存亡，决于此行。"温既至，百官拜于道侧。温大陈兵卫，延见⑤朝士；有位望者皆战慄⑥失色；坦之流汗沾衣，倒执手版⑦。安从容就席，坐定，谓温曰："安闻诸侯有道，守在四邻⑧，明公何须壁后置人邪！"温笑曰："正自不能不尔。"遂命左右撤之，与安笑语移日⑨。郗超常为温谋主，安与坦之见温，温使超卧帐中听其言。风动帐开，安笑曰："郗生可谓入幕之宾矣。"时天子幼弱，外有强臣，安与坦之尽忠辅卫，卒安晋室。

（《通鉴》第 103 卷 3261～3262 页）

【注释】

①温：桓温。见《孙盛坚决不改史实》注①。朝：臣见君。②吏部尚书：官名。主管官吏的选任等事。吏部位在其他各部之上。谢安（320—385）：字安石，陈郡阳夏（今河南太康县）人。出身士族，东晋政治家，力保晋室。孝武帝太元八年（383年），秦军南下，他使谢石、谢玄等力拒，取得淝水之战的辉煌胜利。③新亭：亭名。故址在今江苏南京市西南，即劳劳亭。④恟恟：同"汹汹"，骚乱不安貌。⑤延见：接见。⑥战慑：恐惧。犹如"战栗"。慑，恐惧。⑦手版：笏。古代官吏上朝或谒见上司时所执，以备记事用。⑧诸侯有道，守在四邻：出自《左传》昭公二十三年："诸侯守在四邻"。意即守法的封疆大吏，应以防守边疆为己任。⑨移日：日影移动。言时间长久。

【译文】

二月，大司马桓温来晋见孝武帝。辛巳（二十四日），孝武帝诏令吏部尚书谢安、侍中王坦之到新亭迎接。这时，都城里人心浮动，有人说桓温要杀掉王坦之、谢安，接着晋王室的天下就要转落他人之手。王坦之非常害怕，谢安则神色不变，说："晋朝国运的存亡，取决于此行。"桓温抵达朝廷以后，百官夹道叩拜。桓温部署重兵守卫，接待会见朝廷百官，有地位名望的人全都惊慌失色。王坦之汗流浃背，连手版都拿倒了。谢安从容就座，坐定以后，对桓温说："谢安听说诸侯有道，守卫在四邻，明公哪里用得着在墙壁后面安置人呀！"桓温笑着说："正是由于不能不这样做。"于是就命令左右的人让他们撤走，与谢安笑谈良久。郗超经常作为桓温的主谋，谢安和王坦之去见桓温，桓温让郗超藏在帐子中听他们谈话。风吹开了帐子，谢安笑着说："郗超可谓入帐之宾。"当时天子年幼力弱，外边又有强臣，谢安与王坦之竭尽忠诚辅佐护卫，最终使晋王室得以安稳。

苻坚兵败淝水

晋孝武帝太元七年[①]（382年）

冬，十月，秦王坚[②]会群臣于太极殿，议曰："自吾承业[③]，垂三十载[④]，四方略定，惟东南一隅[⑤]，未沾王化[⑥]。今略计吾士卒，可得九十七万，吾欲自将以讨之，何如？"秘书监朱肜曰："陛下恭行天罚，必有征无战，晋主不衔璧⑦军门，则走死江海，陛下返中国士民⑧，使复其桑梓，然后回舆东巡，告成岱宗⑨，此千载一时也。"坚喜曰："是吾志也。"

尚书左仆射⑩权翼曰："昔纣为无道，三仁⑪在朝，武王犹为之旋师⑫。今晋虽微弱，未有大恶；谢安⑬、桓冲皆江表⑭伟人，君臣辑睦⑮，内外同心，以臣观之，未可图也！"坚嘿然⑯良久，曰："诸君各言其志。"

太子左卫率⑰石越曰："今岁镇守斗⑱，福德在吴，伐之，必有天殃。且彼据长江之险，民为之用，殆未可伐也！"坚曰："昔武王伐纣，逆岁违卜⑲。天道幽远，未易可知。夫差、孙皓⑳皆保据江湖，不免于亡。今以吾之众，投鞭于江，足断其流，又何险之足恃乎！"对曰："三国之君㉑皆淫虐无道，故敌国取之，易于拾遗㉒。今晋虽无德，未有大罪，愿陛下且按兵积谷，以待其衅。"于是群臣各言利害，久之不决。坚曰："此所谓筑舍道傍，无时可成㉓。吾当内断于心耳！"

群臣皆出，独留阳平公融㉔，谓之曰："自古定大事者，不过一二臣而已。今众言纷纷，徒乱人意，吾当与汝决之。"对曰："今伐晋有三难，天道不顺，一也，晋国无衅，二也；我数战兵疲，民有畏敌之心，三也。群臣言晋不可伐者，皆忠臣也，愿陛下听之。"坚作色㉕曰："汝亦如此，吾复何望！吾强兵百万，资仗㉖如山；吾虽未为令主㉗，亦非闇劣㉘。乘累捷之势，击垂亡之国，何患不克，岂可复留此残寇，使长为国家而忧哉！"融泣曰："晋未可灭，昭然甚明。今劳师大举，恐无万全之功。且臣之所忧，不止于此。陛下宠育鲜卑、羌、羯，布满畿甸㉙，此属皆我之深仇。太子独与弱卒数万留守京师，臣惧有不虞之变生于腹心肘掖㉚，不可悔也。臣之顽愚，诚不足采，王景略㉛一时英杰，陛下常比之诸葛武侯㉜，独不记其临没之言乎！"坚不听。于是朝臣进谏者众，坚曰："以吾击晋，较其强弱之势，犹疾风之扫秋叶，而朝廷内外皆言不可，诚吾所不解也！"

太子宏曰："今岁在吴分，又晋君无罪，若大举不捷，恐威名外挫，财力内竭，此群下所以疑也！"坚曰："昔吾灭燕，亦犯岁而捷，天道固难知也。秦灭六国，六国之君岂皆暴虐乎！"

冠军、京兆尹慕容垂言于坚曰㉝："弱并于强，小并于大，此理势自然，非难知也。以陛下神武应期，威加海外，虎旅百万，韩、白满朝㉞，而蕞尔㉟江南，独违王命，岂可复留之以遗子孙哉！《诗》云：'谋夫孔多，是用不集。'㊲陛下断自圣心足矣，何必广询朝众！晋武㊳平吴，所仗者张、杜㊴二三臣而已，若从朝众之言，岂有混壹㊵之功！"坚大悦曰："与吾共定天下者，独卿而已。"赐帛五百匹。

坚锐意欲取江东，寝不能旦。

……

晋孝武帝太元八年（383年）

秦王坚下诏大举入寇，民每十丁㊶遣一兵；其良家子㊷年二十已下，有才勇者，皆拜羽林郎㊸。又曰："其以司马昌明㊹为尚书左仆射，谢安为吏部尚书，桓冲为侍中，势还不远㊺，可先为起第㊻。"良家子至者三万余骑，拜秦州主簿赵盛之为少年都统。是时，朝臣皆不欲坚行，独慕容垂、姚苌及良家子劝之。阳平公融言于坚曰："鲜卑、羌虏，我之仇仇㊼，常思风尘之变以逞其志，所陈策划，何可从也！良家少年皆富饶子弟，不闲㊽军旅。苟为谄谀之言以会陛下之意。今陛下信而用之，轻举大事，臣恐功既不成，仍有后患，悔无及也！"坚不听。

八月，戊午，坚遣阳平公融督张蚝、慕容垂等步骑二十五万为前锋；以兖州刺史姚苌为龙骧将军，督益、梁州诸军事。坚谓苌曰："昔朕以龙骧建业㊾，未尝轻以授人，卿其勉之！"左将军窦衡曰："王者无戏言，此不祥之征也！"坚默然。

慕容楷、慕容绍言于慕容垂曰："主上骄矜㊿已甚，叔父建中兴之业，在此行也！"垂曰："然。非汝，谁与成之！"

甲子，坚发长安，戎卒六十余万，骑二十七万，旗鼓相望，前后千里。九月，坚至项城，凉州之兵始达咸阳，蜀、汉之兵方顺流而下，幽、冀之兵至于彭城，东西万里，水陆齐进，运漕51万艘。阳平公融等兵三十万，先至颍口52。

诏以尚书仆射谢石53为征虏将军、征讨大都督，以徐、兖二州刺史谢玄为前锋都督54。与辅国将军谢琰、西中郎将桓伊等众共八万拒之，使龙骧将军胡彬以水军五千援寿阳。琰，安之子也。

是时秦兵既盛，都下55震恐。谢玄入，问计于谢安，安夷然56，答曰："已别有旨57。"既而寂然，玄不敢复言。乃令张玄重请，安遂命驾出游山墅，亲朋毕集，与玄围棋赌墅。安棋常劣于玄，是日，玄惧，便为敌手而又不胜。安遂游陟，至夜乃还。桓冲深以根本58为忧，遣精锐三千入卫京师；谢安固却之，曰："朝廷处分59已定，兵甲无阙，西藩宜留以为防。"冲对佐吏叹曰："谢安石有庙堂之量^⑳，不闲将略。今大敌垂至，方游谈不暇，遣诸不经事少年拒之，众又寡弱，天下事已可知，吾其左衽矣！"

冬，十月，秦阳平公融等攻寿阳，癸酉，克之，执平虏将军徐元喜等。融以其参军河南郭褒为淮南太守。慕容垂拔郧城。胡彬闻寿阳陷，退保硖石，融进攻之。秦卫将军梁成等帅众五万屯于洛涧，栅淮以遏东兵。谢石、谢玄等去洛涧二十五里而军，惮成不敢进。胡彬粮尽，潜遣使告石等曰："今贼盛粮尽，恐不复见大军！"秦人获之，送于阳平公融。融驰使白秦王坚曰："贼少易擒，但恐逃去，宜速赴之！"坚乃留大军于项城，引轻骑八千，兼道^㉛就融于寿阳。遣尚书朱序^㉜来说谢石等，以为："强弱异势，不如速降。"序私谓石等曰："若秦百万之众尽至，诚难与为敌。今乘诸军未集，宜速击之；若败其前锋，则彼已夺气，可遂破也。"

石闻坚在寿阳，甚惧，欲不战以老秦师。谢琰劝石从序言。十一月，谢玄遣广陵相刘牢之^㉝帅精兵五千趣洛涧，未至十里，梁成阻涧为陈以待之。牢之直前渡水，击成，大破之，斩成及弋阳太守王泳；又分兵断其归津，秦步骑崩溃，争赴淮水，士卒死者万五千人，执秦扬州刺史王显等，尽收其器械军实。于是谢石等诸军，水陆继进。秦王坚与阳平公融登寿阳城望之，见晋兵部阵严整，又望八公山上草木皆以为晋兵，顾谓融曰："此亦勍敌，何谓弱也！"怃然^㉞始有惧色。

秦兵逼肥水而陈，晋兵不得渡。谢玄遣使谓阳平公融曰："君悬军^㉟深入，而置陈逼水，此乃持久之计，非欲速战者也。若移陈少却，使晋兵得渡，以决胜负，不亦善乎！"秦诸将皆曰："我众彼寡，不如遏之，使不得上，可以万全。"坚曰："但引兵少却，使之半渡，我以铁骑蹙而杀之，蔑不胜矣！"融亦以为然，遂麾兵使却。秦兵遂退，不可复止。谢玄、谢琰、桓伊等引兵渡水击之。融驰骑略^㊱陈，欲以帅退者，马倒，为晋兵所杀，秦兵遂溃。玄等乘胜追击，至于青冈；秦兵大败，自相蹈藉而死者，蔽野塞川。其走者闻风声鹤唳，皆以为晋兵且至，昼夜不敢息，草行露宿，重以饥冻，死者什七八。初，秦兵少郤，朱序在陈后呼曰："秦兵败矣！"众遂大奔。序因与张天锡、徐元喜皆来奔。获秦王坚所乘云母车^㊲。复取寿阳，执其淮南太守郭褒。

坚中流矢^㊳，单骑走至淮北……

谢安得驿书，知秦兵已败，时方与客围棋，摄书置床上，了无^㊴喜色，围棋如故。客问之，徐答曰："小儿辈遂已破贼。"既罢，还内，过户限^㊵，不觉屈^㉕齿之折。

(《通鉴》第 105 卷 3301 ～ 3304、3308 ～ 3312、3314 页)

【注释】

①晋孝武帝太元七年：相当于前秦世祖建元十八年。②秦王坚：苻坚。见《王猛严治违法贵戚》注②。③承业：继承帝业。④垂三十载：苻坚以晋升平元年（357 年）自立，至此凡二十七年。垂，将近。⑤东南一隅：指东晋。⑥未沾王化：没有受到本王的教化。沾，润泽、沾濡。⑦衔璧：古代国君死，口含玉。故战败出降者衔璧，以示国亡当死。⑧返中国士民：指西晋末避乱南渡的士大夫和百姓的子孙，重新回中原。⑨岱宗：东岳泰山。旧时称泰山为四岳之宗。泰山别称岱。⑩尚书左仆射：官名。尚书令的副手，当时令、仆同居宰相之任。⑪三仁：指商纣王时的微子、箕子和比干。⑫武王犹为之旋师：周武王即位九年，八百诸侯不期而会于盟津，皆曰：纣可伐。武王不同意，还师。后两年，纣杀比干，囚箕子，微子奔周。武王才灭了商纣。⑬谢安：见前《谢安不惧桓温》注②。⑭桓冲（328—384）：字幼子，东晋谯国龙亢（今安徽怀远西）人。其兄温死后，为中军将军、扬豫二州刺史，代掌兵权。时前秦统一北方，威胁东晋，他自请解除扬州刺史职务，让谢安执政，出镇京口（今江苏镇江）等地，与安协力防御前秦。后病死。江表：指长江以南地区，从中原看，地在长江之外，故称江表。⑮辑睦：和睦。⑯嘿然：沉默无言的样子。嘿，同"默"。⑰太子左卫率：卫率是负责门卫的官。晋分左右卫率。太子左卫率可能是负责太子门卫的官。⑱今岁镇守斗：岁，木星。镇，土星。斗，北斗星或南斗星，这里指南斗星。⑲武王伐纣，逆岁违卜：周武王不听臣下岁星在北不可出征的劝告，也不信卜龟不吉之兆，出兵伐纣而灭商。⑳夫差：吴王夫差。见《马上得之，焉能马上治之》注⑦。孙皓（242—283）：字元宗，吴郡富春（今浙江富阳）人。三国吴国皇帝，公元 264—280 年在位。专横残暴，奢侈荒淫。后降晋，封归命侯。㉑三国之君：指商纣、吴王夫差、吴国孙皓。㉒拾遗：捡取他人遗失的东西为己所有。㉓筑舍道傍，无时可成：这句话，看来出自《诗经·小雅·小旻》，但已面目全非。原文是："如彼筑室于道谋，是用不溃于成。"意思是说，谋划事情一定要自己心里有数，不能光听别人说，不然，就像修建房子一样，不设计施工，只在路上与人商量，那是不会顺利成功的。㉔融：苻坚少弟苻融（？—383），字博休。前秦大臣。此人有才略，精于骑射，尤善审案断狱。封阳平公，任侍中、都督中外诸军事、车骑大将军、

司隶校尉。淝水之战中，为先锋，马倒被杀。㉕作色：脸上变色。指生气。㉖资：积蓄。仗：刀戟等兵器的总称。㉗令主：贤明的君主。㉘闇劣：昏愦。㉙畿甸：古制王畿千里，千里之内曰甸服，去王城五百里。这里泛指京城地区。㉚不虞：没有意料到的事。腹心：比喻亲信。肘掖：胳膊肘与胳肢窝。比喻密切接近的人。掖，通"腋"。㉛王景略：王猛。见《王猛严治违法贵戚》注④。㉜诸葛武侯：诸葛亮谥忠武侯。㉝冠军：冠军将军。京兆尹：官名。秦置内史，掌治京师。汉景帝二年，分置左右内史。汉武帝太初六年改右内史为京兆尹，职掌相当于郡太守。慕容垂（326—396）：字道明，昌黎棘城（今辽宁义县西北）人。前燕时封吴王。因遭慕容评等排挤，投奔前秦符坚，帮助符坚灭前燕。淝水之战前秦失败后，他乘机恢复燕国，初称燕王，后称帝。晚年出兵北魏，死于军中。㉞韩、白满朝：指前秦良将极多。韩，指汉初三杰之一的韩信。白指战国时秦国名将白起。㉟蔑尔：小貌。㊱语出《诗·小旻》。意思是说与众多的人谋划，是非难定，要办的事难于成功。孔，甚。集，成功。㊲晋武：指晋帝司马炎。㊳张：指张华。杜：指杜预。㊴混壹：统一。壹，同"一"。㊵丁：成年的男女为丁男、丁女。㊶良家子：清白人家的子弟。㊷羽林郎：官名。掌宿卫侍从。㊸司马昌明：晋武帝司马曜。字昌明。㊹势还不远：从形势上看，克晋之期，近在旦夕，还师不远。㊺起：建造住宅。帝王赐给臣下的房屋有甲乙次第，故称房屋为"第"。㊻姚苌（329—393）：字景茂。羌族首领姚弋第二子。十六国时期后秦的建立者。公元384—393年在位。其兄姚襄死后，他率众降前秦符坚，累迁龙骧将军。淝水之战后，他率羌人独立，擒杀符坚，于公元386年称帝，苌号大秦，史称后秦。㊼鲜卑、羌虏，我之仇仇：鲜卑，指慕容垂；羌虏，指姚苌。前燕为前秦所灭，姚苌之兄姚襄为前秦所杀，其势力也随之消灭。慕容垂和姚苌虽然臣服于前秦，实为其仇人。㊽闲：通"娴"。熟悉。㊾昔朕以龙骧建业：符坚以龙骧将军杀符生，为国君。㊿骄矜：骄傲自负。51运漕：由水路运粮。52颍口：颍水入淮之口。在今安徽凤台县。53谢石（327—388）：字石奴。谢安之弟。54谢玄（343—388）：字幼度，谢安之侄。东晋名将。都督：军事长官或领兵将帅。55都下：京城。东晋京城在建康（今江苏南京市）。56夷然：坦然，形容心里平静。夷，平坦。57旨：主张，意见。58根本：指京师建康。59处分：处理，处置。60庙堂之量：有治理国事的才能和度量。庙堂，宗庙明堂，指朝廷而言。61兼道：兼程。62朱序（？—393）：字次伦。东晋义阳平氏（今河南桐柏西）人。公元377年任梁州刺史，镇襄阳，次年为前秦所俘。淝水之战时乘机反秦。回晋后曾防守洛阳、襄阳多年。

㉓刘牢之(？—402)：字道坚。彭城(今江苏徐州市)人。北府将领。淝水之战时，为前锋，因战功升任龙骧将军、彭城内史。后兵权为桓玄所夺，自杀。㉔怃然：茫然若失的样子。㉕悬军：深入敌境的孤军。㉖略：巡视。㉗云母车：车名。以云母装饰的车子。臣下不得乘。㉘流矢：没有确定目标的乱箭。㉙了无：毫无。㉚户限：门槛。㉛屐(jī)：鞋子的一种，用木制成，底有二齿，古人游山多用之。也有无齿的。

【译文】

冬季，十月，前秦王符坚在太极殿会见群臣，和他们商量说："自从我继承大业，已经三十年了，四方之地，大致平定，只有东南一隅，尚未蒙受君王的教化。如今粗略地计算一下我的士兵，能有九十七万，我想亲自统率他们去讨伐晋朝，怎么样？"秘书监朱肜说："陛下奉行上天的惩罚，一定是只有出征远行而不会发生战斗，晋朝国君不是在军营门前口含璧玉以示投降，就是仓皇出逃，葬身于江海，陛下让中原之国的士人百姓返回故土，让他们恢复家园，然后回车东巡，在岱宗泰山奉告成功，这是千载难逢的时机。"符坚高兴地说："这就是我的志向。"

尚书左仆射权翼说："过去商纣王无道，但微子、箕子、比干三位仁人在朝，周武王尚且因此回师，不予讨伐。如今晋朝虽然衰微软弱，但还没有大的罪恶，谢安、桓冲又都是长江一带才识卓越的人才，他们君臣和睦，内外同心，以我来看，不可图谋！"符坚沉默了许久，说："诸君各自发表自己的意见。"

太子左卫率石越说："今木星、土星居于斗宿，福德在吴地，如果讨伐他们，必有天灾。而且他们凭借着长江天险，百姓又为其所用，恐怕不能讨伐！"符坚说："过去周武王讨伐商纣，就是逆太岁运行的方向而进，也违背了占卜的结果。天道隐微幽远，不容易确知。夫差、孙皓全都据守江湖，但也不能免于灭亡。如今凭借我兵众，把鞭子投之于长江，也足以断绝水流，又有什么天险足以凭借呢？"石越回答说："商纣、夫差、孙皓这三国之君，全都淫虐无道，所以敌对的国家攻取他们，就像俯身捡拾遗物一样容易。如今晋朝虽然缺乏道德，但没有大的罪恶，愿陛下暂且按兵不动，积聚粮谷等，等待他们灾祸的降临。"于是群臣们各言利害，久久未能决定。符坚说："这正所谓在道路旁边修筑屋舍，没有什么时候能够建成。我要自我决断了！"

群臣们都出去了，唯独留下了阳平公符融。符坚对他说："自古参与决定大事的人，不过是一两个大臣而已。如今众说纷纭，只能扰乱人心，我要与你来决定此事。"符融对符坚说:"如今讨伐晋朝有三难:天道不顺,此其一;晋国自身无灾祸,此其二;我们频繁征战,士兵疲乏,百姓怀有畏敌之心,此其三。群臣当中说不能讨伐晋朝的人,全都是忠臣,希望陛下听从他们的意见。"符坚脸色一变说:"你也是如此,我还能寄希望于谁呢!我有强兵百万,资财兵器堆积如山;我虽然不是完美的君主,但也不是昏庸之辈。乘着捷报频传之势,攻击垂死挣扎之国,还怕攻不下来?怎么可以再留下这些残敌,使他们长久地成为国家的忧患呢!"符融哭泣着说:"晋朝无法灭掉,事情非常明显。如今大规模地出动疲劳的军队,恐怕不会获得万无一失的战功。况且我所忧虑的,还不仅于此。陛下宠爱养育鲜卑人、羌人、羯人,让他们布满京师,这些人都对我们有深仇大恨。太子独自和数万弱兵留守京师,我害怕有不测之变出现在我们的心腹地区,后悔不及。我的愚妄之见,确实不值得采纳,王猛是一时的英明杰出之人,陛下常常把他比作诸葛亮,为什么唯独不铭记他的临终遗言呢!"符坚依然没有听从。此时向符坚进谏的朝臣很多,符坚说:"以我们的力量攻打晋朝,比较双方的强弱之势,就像疾风扫秋叶一样,然而朝廷内外都说不能攻打,这确实令我百思不得其解!"

太子符宏说:"如今木星在吴地的分野,再加上晋朝国君没有罪恶,如果大举进攻而不能取胜,在外威风名声受挫,在内资财力量耗尽,这就是导致群臣们产生疑问的原因!"符坚说:"过去我消灭燕国,也违背了木星的征兆,但取得了胜利,天道本来就是难以确知的。秦灭六国,六国之君难道全都是暴虐的君主吗?"

冠军将军、京兆尹慕容垂向符坚进言说:"弱被强所并,小被大所吞,这是自然的道理与趋势,并不难理解。像陛下这样神明威武,适应天意,威名远播海外,拥有强兵劲旅百万,韩信、白起那样的良将布满朝廷,而江南弹丸之地,独敢违抗王命,岂能再留下他们而交给子孙后代呢!《诗经》云:'出谋划策人太多,因此事情不成功。'陛下自己在内心做出决断就完全可以了,何必广泛地征询众朝臣的意见!晋武帝平定吴国,所倚仗的只有张华、杜预两三位大臣而已,如果听从众朝臣之言,难道能有统一天下的功业?"符坚十分高兴地说:"与我共同平定天下的人,只有你而已。"赏赐给慕容垂五百匹帛。

符坚专注于想要攻取长江以东,连睡觉也不能睡到早晨。

......

前秦王符坚下达诏令,开始大举入侵东晋。百姓中每十个成年人选派一人充军,良家子弟中年龄在二十岁以下,有才能勇气的人,全都授官羽林郎。

又说："预先任命司马昌明为尚书左仆射，谢安为吏部尚书，桓冲为侍中。以此形势来看，凯旋的时间不会太远，可以先行给他们建造府第。"良家子弟应征的有三万多骑兵，苻坚任命秦州主簿赵盛之为少年都统。这时，满朝大臣都不想让苻坚出征，唯独慕容垂、姚苌及良家子弟对此加以劝勉。阳平公苻融向苻坚进言说："鲜卑、羌族的虏臣，是我们的仇敌，经常盼望着风云变化以实现他们的心愿，他们所陈献的办法，怎么能听从呢？良家少年全都是富豪子弟，不熟悉军事，只是苟且进上阿谀奉承之言以迎合陛下的心愿。如今陛下相信并采纳了他们的话，轻率地进行大规模行动，臣恐怕既不能成就战功，随之还会产生后患，悔之不及！"苻坚没有听从。

八月，戊午（初二），苻坚派遣阳平公苻融督率张蚝、慕容垂等人的步、骑兵二十五万人作为前锋，任命兖州刺史姚苌为龙骧将军，督益、梁州诸军事。苻坚对姚苌说："过去我靠龙骧将军的官位建立了大业，未曾轻易地把这个官位授予别人，你努力干吧！"左将军窦冲说："君王无戏言，这话是不祥之兆！"苻坚沉默不语。

慕容楷、慕容绍向慕容垂进言说："主上的骄纵傲慢已经非常严重，叔父建立中兴大业，就在此行！"慕容垂说："对。除了你们，谁能和我一起成就大业呢！"

甲子（八月初八），苻坚发兵长安，将士共有六十多万，骑兵二十七万，旌旗战鼓遥遥相望，绵延千里。九月，苻坚抵达项城，凉州的军队刚刚到达咸阳，蜀、汉的军队正顺流而下，幽州、冀州的军队到了彭城，东西万里，水陆并进，运输军粮的船只多达万艘。阳平公苻融等人的部队三十万人，先期抵达颍口。

东晋下达诏令，任命尚书仆射谢石为征虏将军、征讨大都督，任命徐、兖二州刺史谢玄为前锋都督，与辅国将军谢琰、西中郎将桓伊等人的兵众八万人抵抗前秦。让龙骧将军胡彬带领五千水军援助寿阳。谢琰是谢安的儿子。

这时前秦的军队已经非常强盛，东晋京城里的人震惊恐惧。谢玄入朝，向谢安询问应对之策，谢安一副平静的样子，回答说："已经另有打算了。"紧接着就闭口无言。谢玄不敢再问，就让张玄重新请求指令。谢安于是就命令驾车出游山间别墅，亲戚朋友云集，与谢玄在别墅玩围棋赌博。谢安的棋术一直不如谢玄，这天，谢玄由于内心恐惧，在有利的形势下投子打劫，反而还不能获胜。谢安于是就登山漫游，到晚上才回来。桓冲对国家的根基大业深以为忧，派精锐部队三千人入城保卫京师。谢安固执地阻拦他，说："朝廷的处理办法已经决定，士兵武器都不缺乏，应该留在西藩之地以作防备。"桓冲对藩府参佐叹息道："谢安有身居朝廷的气量，但不熟悉带兵打仗的方法。如今大敌临头，还尽情游玩，高谈阔论不止。只派遣未经战事的年轻人前去抵抗，再加上数量不足，力量软弱，天下的结局已经可以知道了，我们将要受外族的统治了！"

冬季，十月，前秦阳平公苻融等攻打寿阳。癸酉（十八日），攻克了寿阳，擒获了平虏将军徐元喜等人。苻融任命他的参军河南人郭褒为淮南太守。慕容垂攻下了郧城。胡彬听说寿阳被攻陷，后退守卫硖石，苻融进军攻打硖石。前秦卫将军梁成等率领五万兵众驻扎在洛涧，沿淮河布防以遏制东面的部队。谢石、谢玄等在距离洛涧二十五里的地方驻军，由于惧怕梁成而不敢前进。胡彬的粮食耗尽，秘密地派遣使者向谢石等报告说："如今贼寇强盛而我的粮食已经耗尽，恐怕不能再见到大军了！"前秦人擒获了胡彬的信使，把他送交给阳平公苻融。苻融急速派使者向前秦王苻坚报告说："现在贼寇力量不足，容易擒获，只是怕他们逃走，应该迅速率兵前来。"苻坚于是就把大部队留在项城，带领八千轻装骑兵，日夜兼程赶赴寿阳与苻融会合。苻坚派尚书朱序前去劝说谢石等人，认为："形势强弱悬殊，不如迅速投降。"朱序私下里却对谢石等人说："如果秦国的百万兵众全部抵达，确实难以与他们抗衡。如今乘着各路军队尚未汇集，应该迅速攻击他们。如果能打败他们的前锋部队，那他们就已经丧失了士气，最终就可以攻破他们。"

谢石听说苻坚在寿阳，十分害怕，想用不交战的办法来拖垮前秦的军队。谢琰劝说谢石听从朱序的话。十一月，谢玄派广陵相刘牢之率领五千精兵开赴洛涧，在离洛涧十里的地方，梁成扼守山涧部署兵阵以等待刘牢之。刘牢之径直向前渡河，攻击梁成，大败梁成，斩杀了梁成以及弋阳太守王泳。又分派部队断绝了他们归途上的渡口，前秦的步、骑兵全都崩溃，争先恐后地逃向淮水，死亡的士兵有一万五千人，抓获了前秦扬州刺史王显等人，全部收缴了他们的武器军粮。于是谢石等各路军队从水路、陆路相继进发。前秦王苻坚与阳平公苻融登上寿阳城观望，只见东晋的军队布阵严整，又望见了八公山上的草木，也以为都是东晋的士兵，苻坚掉头对苻融说："这也是强敌，怎么能说他软弱呢！"茫然若失，脸上开始有了恐惧的神色。

前秦的军队紧逼淝水而布阵，东晋的军队无法渡过。谢玄派使者对阳平公苻融说："您孤军深入，然而却紧逼淝水部署军阵，这是长久相持的策略，不是想迅速交战的办法。如果能移动兵阵稍微后撤，让晋朝的军队得以渡河，以决胜负，不也是很好的事情吗？"前秦众将领都说："我众敌寡，不如遏制他们，使他们不能上岸，这样可以万无一失。"苻坚说："只带领兵众稍微后撤一点，让他们渡河渡到一半，我们再出动铁甲骑兵奋起攻杀，没有不胜的道理！"苻融也认为可以，于是就挥舞战旗，指挥兵众后退。前秦的军队一退就不可收拾。谢玄、谢琰、桓伊等率领军队渡过河去攻击他们。苻融驰马巡视军阵，想来率领退逃的兵众，结果战马倒地，苻融被东晋的士兵杀掉，前秦的军队于是就崩溃了。谢玄等乘胜追击，一直追到青冈，前秦的军队大败，自相践踏而死的人，遮蔽山野堵塞山川。逃跑的人听到刮风的声音和鹤的鸣叫声，都以为是东晋的军队将要来到，昼夜不敢停歇，慌不择路，风餐露宿，冻饿交加，死亡的人十有七八。当初，前秦的军队稍微后撤时，朱序在军阵后面高声呼喊："秦军失败了！"兵众们听到后就狂奔乱逃。朱序乘机与张天锡、徐元喜都来投奔东晋。缴获了前秦王苻坚所乘坐的装饰着云母的车乘。又攻取了寿阳，抓获了前秦的淮南太守郭褒。

　　苻坚中了流箭，单身匹马逃到淮河以北……

　　谢安接到了驿站传递的书信，知道前秦的军队已经失败，当时他正与客人下围棋，拿着信放到了床上，毫无高兴的样子，照旧下棋。客人问他是什么事，他慢条斯理地回答说："小孩子们已经最终攻破了寇贼。"下完棋以后，他返回屋里，过门槛时，高兴得竟然连屐齿被折断都没有发觉。

宋武帝刘裕节俭

宋武帝永初三年（422 年）

　　帝①清简寡欲，严整有法度，被服居处，俭于布素②，游宴甚稀，嫔御③至少。尝得后秦高祖从女④，有盛宠，颇以废事；谢晦⑤微谏，即时遣出。财帛皆在外府⑥，内无私藏。岭南⑦尝献入筒细布，一端⑧八丈，帝恶其精丽劳人，即付有司弹太守⑨，以布还之，并制⑩岭南禁作此布。公主出适⑪，遣送不过二十万，无锦绣之物。内外奉禁⑫，莫敢为侈靡⑬。

（《通鉴》第 119 卷 3745 页）

【注释】

①帝：指宋武帝刘裕（356—422）。字德舆，小名寄奴。祖籍彭城（今江苏徐州），迁居京口（今江苏镇江）。南朝宋的建立者。幼年耕地捕鱼，后为东晋北府兵将领，击败桓玄，掌握朝政大权。收巴蜀，后灭秦。官至相国，封宋王。公元420年代晋称帝。②布素：布质素衣。形容穿着俭朴。③嫔御：古代帝王的侍妾、宫女。④后秦高祖：十六国后秦高祖姚兴。从女：侄女。⑤谢晦（390—426）：字宣明，陈郡阳夏（今河南太康）人。初仕晋，任参军。后从刘裕起兵征战各地。博学多闻，有文采，善言谈，深得刘裕宠信。少帝即位，领中书令，与徐羡之、傅亮共辅朝政。文帝时进封建平郡公。后因谋反被杀。⑥外府：又"外库"。即国库。⑦岭南：泛指五岭以南地区。⑧一端：一匹。⑨有司：官吏。弹（tán）：弹劾。即检举官吏的过失罪状。⑩制：命令。⑪适：子女出嫁。⑫奉禁：遵守禁忌。即不做法令或习俗所不允许的事情。⑬侈靡：奢侈浪费。

【译文】

皇帝生活简单，少有欲望，严肃整齐，而有规矩，衣着住所，比低微的士人还要节俭。很少游乐宴会，嫔妃也非常少。曾得到后秦高祖的侄女，很宠爱她，以至荒废政事；谢晦稍微劝谏，就及时把她遣出。钱财都存在外府，宫中没有私藏。岭南曾进献筒装细布，一端有八丈，皇帝厌恶布太精美，劳动人力，即交负责官吏弹劾岭南太守，把布送回，并定制度禁止岭南制作此布。公主出嫁，所送嫁妆不超过二十万，没有锦绣绸缎等贵重东西。宫内外严禁，不敢奢侈。

阿柴临终训子

宋文帝元嘉元年（424年）

冬，十月，吐谷浑①威王阿柴卒。阿柴有子二十人。疾病②，召诸子弟谓之曰："先公车骑③以大业之故，舍其子拾虔而授孤；孤敢私于纬代而忘先君之志乎！我死，汝曹④当奉慕璝为主。"纬代者，阿柴之长子；慕璝者，阿柴之母弟、叔父乌纥提之子也⑤。

阿柴又命诸子各献一箭，取一箭授其弟慕利延使折之。慕利延折之。又取十九箭使折之，慕利延不能折。阿柴乃谕⑥之曰："汝曹知之乎？孤则易折，众则难摧。汝曹当戮力⑦一心，然后可以保国宁家。"言终而卒。

（《通鉴》第 120 卷 3773 ~ 3774 页）

【注释】

①吐谷浑：古族名，本是鲜卑族的一支。西晋末，其首领吐谷浑（慕容魔的庶长兄），率所部西迁至今甘肃、青海之间，传至其孙叶延，始以吐谷浑为氏。②疾病：病重。③先公车骑：已故首领阿柴的哥哥树洛干。树洛干在世时，自称车骑将军。④汝曹：你们。⑤母弟：同母异父的弟弟。乌纥提：人名。阿柴的叔父。在被立首领时，以阿柴的母亲为妻，生二子，大的叫慕璝，二的叫慕利延。⑥谕：告知，一般用于上对下。⑦戮力：并力。

【译文】

冬，十月，吐谷浑威王阿柴死。阿柴有儿子二十人。生病时，召儿子幼辈告诉他们说："先王车骑将军（树洛干），为了国家，舍弃他的儿子而把王位授给我，我怎么敢私下授给我的儿子纬代而忘记先王的心志呢？我死了，你们应该奉慕璝为国主。"纬代是阿柴的长子；慕璝是阿柴的同母异父弟，也是阿柴叔父乌纥提的儿子。

阿柴又教所有二十个儿子每人拿出一支箭来，拿当中的一支交给他的弟弟慕利延，教他折断，慕利延就给折断了。又把其余的十九支让慕利延一次折，慕利延折不断。阿柴就教育儿子们说："你们知道吗？单独就容易被折断，大家团结就难被摧毁。你们应当努力一心，然后才可以保护国家。"说完就死了。

魏太武帝拓跋焘之为人

宋文帝元嘉四年①（427 年）

魏主②为人，壮健鸷③勇，临城对陈④，亲犯矢石，左右死伤相继，神色自若；由是将士畏服，咸尽死力。性俭率，服御饮膳，取给⑤而已。群臣请增峻⑥京城及修宫室曰：《易》云：'王公设险，以守其国。'⑦又萧何云：'天子以四海为家，不壮不丽，无以重威。'⑧"帝曰："古人有言：'在德不在险⑨。'屈丐⑩蒸土筑城而朕灭之，岂在城也？今天下未平，方须民力，土功之事，朕所未为。萧何之对，非雅⑪言也。"每以为财者军国之本，不可轻费。至于赏赐，皆死事勋绩之家，亲戚贵宠未尝横有所及。命将出师，指授节度，违者多致负败。明于知人，或拔士于卒伍之中，唯其才用所长，不论本末。听察精敏，下无遁情，赏不违贱，罚不避贵，虽所甚爱之人，终无宽假⑫。常曰："法者，朕与天下共之，何敢轻也。"然性残忍，果于杀戮，往往已杀而复悔之。

（《通鉴》第 120 卷 3796 ～ 3797）

【注释】

①宋文帝元嘉四年：相当于北魏太武帝始光四年。②魏主：北魏太武帝拓跋焘（408—452）。鲜卑族拓跋部。公元 423—452 年在位。他任用以崔浩为代表的汉族士族地主，依靠鲜卑骑兵，统一了北部中国。曾严禁佛教。③鸷：凶猛。④陈：通"阵"。⑤取给：取其物以供需用。⑥峻：高大。⑦王公设险，以守其国：出自《易·坎卦象辞》。⑧天子以四海为家，不壮不丽，无以重威：汉初萧何语。事见《通鉴》卷十一汉高帝七年春二月。原文是："天子以四海为家，非壮丽无以重威。"⑨在德不在险：战国初吴起语。出自《史记·孙子吴起列传》。⑩屈丐：指十六国时期夏国的赫连氏。公元 413 年，夏王赫连勃勃蒸土修建都城。北魏明元帝拓跋嗣曾改赫连勃勃之名为屈丐（卑下的意思）。⑪雅：正。⑫宽假：宽容。

【译文】

魏主为人，壮健勇敢，临城对阵，亲冒箭石攻击，左右的人不断死伤，而他的神色自然而不变，所以将士敬畏他，尽力效死。而且个性节俭，穿衣吃饭，只要求足够而已。臣子们请求扩大增高京师城墙和建筑宫殿，说："《易经》说：'王公设置险要，以防守国家。'又萧何说：'帝王以天下四海都是他的家产，没有壮大华丽的排场，就没有重大的威严。'"魏帝说："古人说过：'在于有道德，而不在于有险要。'屈丐蒸土筑城，而我把他灭掉，哪里在于城池的修建呢？现在天下还没有平定，正需要民力，而大兴土木工程，是我所不愿意做的。萧何的对答，不是正确的话。"魏主常以为钱财是军事、国家的根本，不可以轻率浪费。至于赏赐，都是给战死的功勋之家，皇亲贵戚和亲信大官未曾以特权得到。命令将领出兵，都亲自指挥控制，不听命令的，都打败仗。

他又能明察了解人才，有时从士兵中选出将领，只要有专长才能，不论他的过去如何。他观察敏锐，在下的人无从隐瞒，该赏而不论是否为低贱的人，该罚，就不管是否为权贵。即使他所宠爱的人犯罪，也始终不宽赦。常说："法律，我与天下人共同遵守，怎么敢轻视呢？"但是他个性残忍，杀人很干脆，往往杀后才又后悔。

崔浩认错

宋文帝元嘉十六年①（439年）十二月

浩②集诸历家，考校汉元以来日月薄食、五星行度③，并讥前史之失，别为《魏历》，以示高允④。允曰："汉元年，十月，五星聚东井⑤，此乃历术之浅事，今讥汉史而不觉此谬，恐后人之讥今犹今之讥古也。"浩曰："所谬云何？"允曰："按，《星传》：'太白、辰星⑥，常附日而行。十月日在尾、箕⑦，昏没于申南⑧，而东井方出于寅北⑨，二星何得背日而行？是史官欲神其事，不复推⑩之于理也。"浩曰："天文欲为变者，何所不可邪？"允曰："此不可以空言争，宜更审之。"坐者咸怪允之言，唯东宫少傅⑪游雅曰："高君精于历数，当不虚也。"后岁余，浩谓允曰："先所论者，本不经心；及更考究，果如君言。五星乃以前三月聚东井，非十月也。"众乃叹服。

（《通鉴》第 123 卷 3880 ~ 3881 页）

【注释】

①宋文帝元嘉十六年：相当于北魏太武帝太延五年。②浩：崔浩（？—450），字伯渊，清河东武城（今山东武城西）人。关东著名士族崔宏之子。长于天文历法。三朝元老，官至司徒，参与军国机要。力主恢复汉族士族的特权地位，与鲜卑显贵发生矛盾。因监修国史，被加以暴露"国恶"的罪名，被灭族。③汉元：汉初。薄食："薄蚀"。日月相掩食。五星：指金、木、水、火、土五大行星。行度：度数。④高允：见《高允谏魏太子勿营园田取利》注④。⑤汉元年，十月，五星聚东井：《史记》《汉书》、荀悦《汉纪》都是如此记载。五星，金、木、水、火、土五大行星。东井，星名，即井宿。⑥太白：星名。即

金星，一名启明星。辰星：水星。⑦尾：星名。尾宿。箕：星名。箕宿。
⑧申：古时也以天干表方位，如子，方位为正北，卯为正东，午为正南，酉为
正西等。申所表示的方位为西南偏西。⑨寅：它所表示的方位为东北偏东。
⑩推：推算，追问。⑪东宫少傅：太子少傅。

【译文】

　　崔浩综合各家的历法，考订汉初以来日月食期、五星轨道度数，讥评以
前史官的错误，而另订《魏历》，并给高允看。允说："汉高祖元年，十月，五
星聚在东井，这乃是历法的错误，现在讥笑汉代史官而自己不知这个错误，恐
怕后人讥笑我们，就如同今天我们谈笑古人了。"崔浩问："错误在哪里？"高
允说："按《星传》说：'金星水星，常在太阳附近绕行。'冬，十月，清晨，太阳
在尾宿箕宿，黄昏时，消逝于申的南方，而这时东井宿才从寅方位北方出现。
金星、水星，两星为什么背着太阳而行呢？是史官故意神秘这个现象，不能依
理加以推算。"崔浩说："如要使它变化有何不可呢？"高允说："这不可以空言
争论，应重新推算观察。"当时在座的都怪高允顶撞的话，只有东宫少傅游雅
说："高君精于推算历法，应该不会错！"过了一年多，崔浩向高允说："以前
所说的，没有用心研究，后来重新考察，果然是如你所说的。五星乃是在前三
月聚集于东井，而不是在十月。"众人才叹服高允的话。

古弼奏事

宋文帝元嘉二十一年①（444年）

　　（正月）壬寅，魏太子始总百揆②，命侍中、中书监穆寿、司徒崔浩、
侍中张黎、古弼辅太子决庶政③，上书者皆称臣，仪与表同④。

　　古弼为人，忠慎质直；尝以上谷苑囿⑤太广，乞减太半⑥以赐贫民，
入见魏主⑦，欲奏其事。帝方与给事中刘树围棋，志不在弼；弼侍坐良
久，不获陈闻。忽起，捽⑧树头，掣下床，搏其耳，殴其背，曰："朝廷不
治，实尔之罪！"帝失容⑨，舍棋曰："不听奏事，朕之过也，树何罪！置
之！"弼具以状闻，帝皆可其奏。弼曰："为人臣无理至此，其罪大矣。"
出诣公车，免冠徒跣⑩请罪。帝召入，谓曰："吾闻筑社⑪之役，寨蹶⑫而
筑之，端冕而事之，神降之福。然则卿有何罪！其冠履就职。苟可以利

社稷，便百姓者，竭力为之，勿顾虑也。”

……八月，乙丑，魏主畋⑬于河西，尚书令古弼留守。诏以肥马给猎骑，弼悉以弱者给之。帝大怒曰："笔头奴敢裁量⑭朕！朕还台⑮，先斩此奴！"弼头锐，故帝常以笔目⑯之。弼官属惶怖，恐并坐诛，弼曰："吾为人臣，不使人主盘⑰于游畋，其罪小；不备不虞⑱，乏军国之用，其罪大。今蠕蠕⑲方强，南寇⑳未灭，吾以肥马供军，弱马供猎，为国远虑，虽死何伤！且吾自为之，非诸君之忧也。"帝闻之，叹曰："有臣如此，国之宝也。"赐衣一袭，马二匹，鹿十头。

他日，魏主复畋于山北，获麋鹿数千头。诏尚书发车五百乘以运之。诏使已去，魏主谓左右曰："笔公必不与我，汝辈不如以马运之。"遂还。行百余里，得弼表曰："今秋谷悬黄，麻菽㉑布野，猪鹿窃食，鸟雁侵费，风雨所耗，朝夕三倍㉒。乞赐矜缓㉓，使得收载。"帝曰："果如吾言，笔公可谓社稷之臣矣！"

（《通鉴》第 124 卷 3902 ～ 3903、3906 ～ 3907 页）

【注释】

①宋文帝元嘉二十一年：相当于北魏太武帝太平真君五年。②魏太子：拓跋晃。百揆：百官。③古弼：代（今河北蔚县）人，少忠谨，好读书，又善骑射。官至尚书令、司徒。后其家人告巫蛊，被诛。庶政：各种政务。④仪与表同：上书的格式与奏疏中的表相同。⑤上谷：郡名。治所在今河北怀来东南。苑囿：畜养禽兽的圈地。⑥太半：过半数，或称三分有其二为太半。⑦魏主：指太武帝拓跋焘。⑧捽（zuó）：揪。⑨失容：因发怒变了脸色。⑩免冠：脱掉帽子，表示谢罪。徒跣：赤脚步行，表示谢罪。⑪筑社：修建社宫。古代帝王祭祀土神、谷神的地方称社宫。⑫蹇蹶（jiǎn jué）：跛足而颠仆。⑬畋（tián）：打猎。⑭裁量：限制。⑮台：晋、南北朝时称朝廷禁省为台，称禁城为台城。⑯目：称谓。⑰盘：盘桓，游乐。⑱不虞：事前不考虑。虞，意料。⑲蠕蠕：我国古代北方少数民族之一，即柔然。⑳南寇：指南朝的刘宋政权。㉑菽：豆类的总称。㉒朝夕三倍：晚上收获与早晨收获相差三倍。㉓矜缓：矜怜宽缓。

【译文】

（正月）壬寅日（初六），魏太子开始总管全国事务，命令侍中兼中书监穆寿、司徒崔浩、侍中张黎及古弼辅佐太子决定事务，对太子上书都称为臣，仪式和上表都一样。

古弼为人，忠厚正直，曾经以为上谷的皇家林园太广，要请求减小一大半面积让贫民去采食果实，而入宫见魏主，并报告这事。当时魏主正与给事中刘树下围棋，没有注意古弼，古弼坐等很久，没有机会报告。忽然站起来，抓住刘树头发，拉下坐床，捏他的耳朵，捶他的背，说："朝廷不能办好事，实在都是你的罪过。"魏帝变了颜色，放下棋子说："不听报告，是我的过错，树有何罪呢？放下他。"古弼便把事情一一报告，魏主都完全准许。古弼说："为人臣的在皇帝前这样的无礼，罪太大。"出来到官署，脱帽赤脚请罪。魏主召他进去说："我听说建筑土神祭坛的工作，崴着脚辛苦地劳动，然后穿礼服来祭祀，神就会降临福气。那么你有什么罪过呢？你戴帽穿鞋来就你的职务，只要有利于社稷，有利于百姓的，就尽力去做，不要顾虑！

　　……八月，乙丑日，魏主到河西狩猎，尚书令古弼留守平城。魏主下诏以肥马配给狩猎的骑兵，而古弼却全给弱马。魏主大怒说："笔头奴竟敢改变我的命令，回京，先杀这个奴才！"古弼头尖，所以魏君常以笔头看待他。古弼的属官恐惧，怕全被杀。古弼说："我为人臣，不让主人沉溺在游猎中，罪是小的；不预备不预谋，以致匮乏了国家军事的需要，罪才是大的。现在柔然正强盛，而南方的敌人没有消灭，我以肥马供应军事，以弱马供应打猎，是为国家来打算。虽被处死，有什么关系，而且事情是我自个做的，各位不必担忧。"魏主听到，叹息说："我有这样的臣子，实在是国家的珍宝。"赐给衣服一套，马二匹，鹿十头。

　　后来有一天，魏主又到平城北山的北方狩猎，获得麋鹿几千头。下诏尚书发动民间车子五百辆来运鹿。诏书已下去。魏主向左右说："笔公一定不会给我，你们自己用马运吧。"就回来了，走了一百多里，得到古弼表书说："今年秋天谷子已成熟下垂变黄，麻、大豆布满田野，山猪野鹿来偷吃，鸟雁来啄食，以及风雨的损耗，如早上收割会比晚上收割多三倍收成，请求暂缓运鹿，先运载收割的谷子。"魏主说："果然如我所说的，笔公可说是国家的重臣了。"

高允宁死不易辞

宋文帝元嘉二十七年①（450年）

　　魏主以浩监秘书事②，使与高允等共撰《国记》③曰："务从实录。"著作令史闵湛、郗标，性巧佞，为浩所宠信。浩尝注《易》及《论语》《诗》《书》，湛、标上疏言："马、郑、王、贾④不如浩之精微，乞收境内诸书，班浩所注，令天下习业⑤。并求敕浩注《礼传》，令后生⑥得观正义。"浩亦荐湛、标有著述才。湛、标又劝浩刊所撰《国史》于石，以彰直笔。高允闻之，谓著作郎宗钦曰："湛、标所营，分寸之间，恐为崔门万世之祸，吾徒亦无噍类⑦矣！"浩竟用湛、标议，刊石立于郊坛⑧东，方百步，用功三百万，浩书魏之先世，事皆详实，列于衢路⑨，往来见者咸以为言。北人无不忿恚⑩，相与谮⑪浩于帝，以为暴扬国恶。帝大怒，使有司按⑫浩及秘书郎吏等罪状。

初，辽东公翟黑子有宠于帝，奉使并州，受布千匹。事觉，黑子谋于高允曰："主上问我，当以实告。为当讳之？"允曰："公帷幄宠臣，有罪首实⑬，庶或见原，不可重为欺罔也。"中书侍郎崔览、公孙质曰："若首实，罪不可测，不如讳之。"黑子怨允曰："君奈何诱人就死地！"入见帝，不以实对，帝怒，杀之。帝使允授太子经。

及崔浩被收，太子召允至东宫，因留宿。明旦，与俱入朝，至宫门，谓允曰："入见至尊⑭，吾自导卿；脱⑮至尊有问，但依吾语。"允曰："为何等事也？"太子曰："入自知之。"太子见帝，言："高允小心慎密，且微贱；制⑯由崔浩，请赦其死！"帝召允，问曰："《国书》皆浩所为乎？"对曰："《太祖⑰记》，前著作郎邓渊所为；《先帝⑱记》及《今记》，臣与浩共为之。然浩所领事多，总裁而已，至于著述，臣多于浩。"帝怒曰："允罪甚于浩，何以得生！"太子惧曰："天威严重，允小臣，迷乱失次耳。臣曏⑲问，皆云浩所为。"帝问允："信如东宫所言乎？"对曰："臣罪当灭族，不敢虚妄。殿下以臣侍讲日久⑳，哀臣，欲丐㉑其生耳。实不问臣，臣亦无此言，不敢迷乱。"帝顾太子曰："直哉！此人情所难，而允能为之！临死不易辞，信也；为臣不欺君，贞也。宜特除其罪以旌㉒之。"遂赦之。

于是召浩前、临诘之。浩惶惑不能对。允事事申明，皆有条理。帝命允为诏，诛浩及僚属宗钦、段承根等，下至童吏，凡百二十八人，皆夷五族；允持疑不为。帝频使催切，允乞更一见，然后为诏。帝引使前，允曰："浩之所坐，若更有余衅㉓，非臣敢知；若直以触犯，罪不至死。"帝怒，命武士执允。太子为之拜请，帝意解，乃曰："无斯人，当有数千口死矣。"

六月，己亥，诏诛清河崔氏与浩同宗㉔者无远近，及浩姻家范阳卢氏、太原郭氏、河东柳氏，并夷其族，余皆止诛其身。絷㉕浩至槛内，送城南，卫士数十人溲㉖其上，呼声嗷嗷，闻于行路。宗钦临刑叹曰："高允其殆圣㉗乎！"

他日，太子让㉘允曰："人亦当知机。吾欲为卿脱死，既开端绪；而卿终不从，激怒帝如此。每念之，使人心悸㉙。"允曰："夫史者，所以记人主善恶，为将来劝戒，故人主有所畏忌，慎其举措。崔浩孤负㉚圣恩，以私欲没其廉洁，爱憎蔽其公直，此浩之责也。至于书朝廷起居，言国家得失，此为史之大体，未为多违。臣与浩实同其事，死生荣辱，义无独殊。诚荷㉛殿下再造之慈，违心苟免，非臣所愿也。"太子动容称叹。允退，谓人曰："我不奉东宫指导者，恐负翟黑子故也。"

（《通鉴》第 125 卷 3941 ~ 3944 页）

【注释】

①宋文帝元嘉二十七年：相当于北魏太武帝太平真君十一年。②魏主：魏太武帝拓跋焘。浩：崔浩。时为司徒。秘书：掌典符或起草文书的官员。③高允：见《高允谏魏太子勿营园田取利》注④。国记：一国或一朝的历史。④马、郑、王、贾：指马融、郑玄、王肃、贾逵。以上四人皆经学家。⑤令天下习业：命令全国都学习崔浩所注诸经。⑥后生：后一代。⑦噍(jiào)类：活着的人。噍，嚼。⑧郊坛：平城（今山西大同市东北）西郭外有郊天坛。⑨衢路：四通八达的道路。⑩恚恚(huì)：愤怒，怨恨。⑪谮(zèn)：说人家的坏话。⑫按：审查。⑬首实：自首谈其犯罪事实。⑭至尊：对帝王的尊称。这里指魏太武帝拓跋焘。⑮脱：倘若，如果。⑯制：著作，撰述。⑰太祖：魏道武帝拓跋珪。⑱先帝：魏明元帝拓跋嗣。⑲霻：响的本字。不久以前，刚才。⑳殿下：这里指皇太子拓跋晃。侍讲：给皇帝讲学。这里指给皇太子讲学。㉑丐：乞求。㉒旌：表彰。㉓衅：事端，征兆。㉔同宗：同出于一个祖先者。㉕絷(zhí)：拘囚。㉖溲(sōu)：便溺。㉗殆圣：近似圣人。㉘让：责备。㉙悸：惊惧。㉚孤负：辜负。㉛荷：承蒙。

【译文】

魏主任崔浩监秘书事，派他与高允等共同编撰《国记》，魏主说："一定依据实录。"著作令史闵湛、郗标，奸巧善言，为崔浩所宠信。崔浩曾经注解《易》《论语》《诗》《书》，闵湛、郗标上疏给魏主说："马融、郑玄、王肃、贾逵所注的经书，不如崔浩的精微，希望没收国内以上各书，颁行崔浩所注的，命令天下学习，并请命令崔浩注《礼传》使得后来读书人能读正确的义理。"崔浩也推荐闵湛、郗标有著述的才华。闵湛、郗标又劝崔浩把他写的国史刻在碑石上，以表彰正直的史笔。高允知悉，向著作郎宗钦说："湛、标所干的事，都是无聊的细事，恐怕会为崔家铸成万世的大祸，我们也活不成了。"崔浩居然用湛、标的建议，刻石立在平城郊天坛的东边，方一百步，用功三百万才完成。崔浩书写魏国的先世，史事都很详细实在，刻石列在十字路口，往来看到的人，都在批评，北方鲜卑人无不愤怒，相互向魏主控告崔浩，认为他暴露国家坏的形象。魏主大怒，下令负责官吏查办崔浩和秘书郎吏等人的罪状。

起初，辽东公翟黑子为魏主所宠信，出使并州，收入的布一千匹，被发觉。黑子和高允商量说："主上问我，应该实告，还是隐瞒？"高允说："你是宫中的宠臣，有罪自首实招，或许有机会被原谅，不可以加重欺骗主上。"中书侍郎崔览公孙质说："如果自首，罪过很难预料，不如隐瞒。"黑子埋怨高允说："你为什么要害死我呢？"等到黑子见魏主，不以实招，魏主生气，就杀了他。魏主派高允来教授太子经书。

等到崔浩被收押，太子召高允入东宫，留住一晚，到天亮，一齐入朝，到宫门，太子向允说："入见主上，我自引导你，或许主上有问，只能依我的话作答。"允问："是什么事呢？"太子说："入宫就知道。"太子见到魏主说："高允小心细密，而且地位低微，文章由崔浩所作，请赦免他的死罪。"魏主召见高允，问："国书都是崔浩所作的吗？"允对答：《太祖记》，为前著作郎郑渊所作，《先帝记》及《今记》，是臣和崔浩共作。但崔浩管的事多，只是校订而已，至于注疏文字，臣所写的比崔为多。"魏主生气说："那么高允的罪过大于崔浩，怎么可以活呢？"太子害怕地说："上天威严是严肃庄重的！高允只是小臣，惊慌而迷乱失去条理，臣先前问他，都说是崔浩所作。"帝问允说："确是如太子所说的吗？"允答："臣罪过自当灭族，不敢虚假。殿下因为臣侍讲时间久，可怜臣，为臣求生而已，实在没有问臣，臣也没有说这话！不敢迷乱。"魏主看太子说："正直的人啊！这是人情所难的，而允居然能做到，临死而不改变说辞，是信实的人，为臣不敢欺君，是忠贞的人，应特别赦罪，来表扬他。"于是赦免高允。

魏主再召崔浩，相对审问，崔浩惶恐不能回答，高允所说事事明白，都有条理。魏主下令高允写诏书，要杀崔浩和僚属宗钦、段承根等，一直到童吏，共一百二十八人，都杀五族。高允疑惑不写。魏主派人一直催促，高允请求见魏主一次，才肯写诏书。魏主引他到前面相见，高允说："崔浩所犯的，如果有别的过错，并不是臣子所知道的，如果只是因直笔写史而触犯，则罪过不至于要处死。"魏主生气，下令武士逮捕高允。太子替高允下拜求情，魏主了解意思，才说："没有这个人，就会死几千人了。"

六月，己亥日（初十），魏主下诏诛杀清河崔氏和崔浩无论远近关系的同宗族，以及崔浩姻亲范阳卢氏、太原郭氏、河东柳氏，并杀尽这几族。其余的，只杀本人。当把崔浩关在木槛车里，送到城南，卫士数十人小便在他身上，呼叫的声音，路人都可听到。宗钦在被处死前叹息说："高允算得是圣人了。"

改天，太子责备高允说："人应当知道时机，我要为你开脱死罪，既然已经开始了，而你始终不合作，以致如此激怒皇帝，每次想起，还让人害怕。"高允说："历史，是记君主的好坏，以告诫后来的人，所以君主有所畏忌，措施就会谨慎。崔浩独自辜负皇上恩德，以个人欲望来淹没他的廉洁，以个人的爱恨来遮蔽他的正直，这是崔浩的责任。至于书写朝廷起居动态，陈述国家政治得失，乃是史书的原则，并没有多大的错误。臣和崔浩是在共同做这件事情，而所得的生死和荣辱，应该没有两样才对。实是殿下赐给再生的慈爱，使违背本心而免于死罪，这并不是臣本有的愿望。"太子感动得变了容貌而赞叹着。高允离去后，向别人说："我不听太子的引导而说实话，是怕辜负了翟黑子的缘故。"

高允谏魏太子勿营园田取利

宋文帝元嘉二十八年①（451年）六月

魏太子晃监国②，颇信任左右，又营③园田，收其利，高允④谏曰："天地无私，故能覆载⑤；王者无私，故能容养⑥。今殿下国之储贰⑦，万方所则⑧；而营立私田，畜养鸡犬，乃至酤贩市廛⑨，与民争利，谤声流布，不可追掩⑩。夫天下者，殿下之天下，富有四海，何求而无，乃与贩夫、贩妇竞此尺寸之利乎！昔虢之将亡，神赐之土田⑪，汉灵帝私立府藏⑫，皆有颠覆之祸；前鉴若此，甚可畏也。武王爱周、邵、齐、毕⑬，所以王天下；殷纣爱飞廉、恶来⑭，所以丧其国。今东宫俊乂⑮不少，顷来⑯侍御左右者，恐非在朝之选⑰。愿殿下斥去佞邪，亲近忠良；所在⑱田园，分给贫下；贩卖之物，以时收散⑲；如此，则休⑳声日至，谤议可除矣。"
不听。

（《通鉴》第 126 卷 3970 ~ 3971 页）

【注释】

①宋文帝元嘉二十八年：相当于北魏太武帝正平元年。②魏太子晃：北魏太武帝拓跋焘之子拓跋晃。监国：古代国君外出，太子留守，代理国政。③营：经营。④高允（390—487）：时为中书侍郎、领著作郎，也是拓跋晃的老师。字伯恭，北魏渤海蓨（今河北景县东）人。少孤，家境衰落，一度出家为和尚。好学，博通经史、天文、术数。北魏太武帝时，征为博士，教授太子。与崔浩同修国史，崔被杀，他由于太子营救免于株连。文帝时，官至中书令。文明太后临朝，他参决大政。前后历五帝，身居要职达五十余年。⑤覆载：天覆地载。指天地养育及包容万物。⑥容养：包容养育万物。⑦殿下：汉代以后对太子、亲王的尊称。储贰：储副，储君，即被确认为君位的继承者。⑧则：效法。⑨市廛：商店集中的地方。⑩追：补救。掩：遮盖。⑪昔虢之将亡，神赐之土田：语出《左传》庄公三十二年。原文是："虢公使祝应、宗区、史嚚享焉。神赐之土田。史嚚曰：'虢其亡乎？吾闻之，国将兴，听于民，将亡，听于神。'""虢多凉德，其何土之能得。"因虢公不修德政，企图求助于神灵赐予田地，不久为晋所灭。⑫汉灵帝私立府藏：光和元年（178 年），汉灵帝在西园卖官，标明各级官价，并立库贮藏所得。不久，爆发了黄巾农民大起义。⑬武王：指周武王姬发。周：指周公姬旦。邵：指邵公姬奭。齐：指西周齐国的始祖吕尚。姜姓，吕氏，名望，一说字子牙。毕：指毕公高，周文王第十五子。武王克殷，封高于毕。⑭殷纣：商纣王，历史上有名的暴君。飞廉、恶来：父子俩均为纣王的臣子。他们有力，善谗，诸侯因此与商日益疏远。周武王伐纣时被杀。⑮东宫：太子所居之宫。代指太子。俊乂（yì）：贤能的人。⑯顷来：近来。⑰在朝：在朝廷做官。选：优秀出众者。⑱所在：处处，各处。⑲收：收藏。散：分给贫民。⑳休：美善，吉庆。

【译文】

魏太子晃代理国政，颇相信左右的人。又经营田园，获取利润。高允劝谏说："天地没有私心，所以能覆载万物。帝王没有私心，所以能容纳百姓。现在殿下为国家的储君，为天下的模范。而经营私田、饲养鸡狗，以至于到市场贩卖，与人民争利。批评的声音，到处流传不可掩饰。天下是殿下的天下，殿下富有四海；所要的，哪一样没有呢，而却与贩夫、贩妇来竞争尺寸的利益吗？从前虢国将亡，神赐给土田，汉灵帝私设府藏，都有覆亡的祸害，这样的借鉴，实在可怕。武王喜爱周、邵、齐、毕等公，所以能称王于天下；殷纣喜爱飞廉、恶来，所以丧失国家。现在东宫中的人才不少，但近来在左右侍奉的，恐怕不是朝廷的上等人选，希望殿下排斥奸邪，亲近忠良；所有的田园，分给贫苦下人；贩卖的货物，及时收拾，散给人民。这样，则美好的声誉与日俱增，而批评的人就没有了。"太子晃不听。

高允好切谏

宋孝武帝大明二年①（458年）三月

丙辰，魏高宗还平城②，起太华殿。是时，给事中③郭善明，性倾巧④，说帝大起宫室，中书侍郎⑤高允谏曰："太祖始建都邑，其所营立，必因农隙。况建国已久，永安前殿足以朝会，西堂、温室足以宴息，紫楼足以临望；纵有修广，亦宜驯致⑥，不可仓猝。今计所当役凡二万人，老弱供饷又当倍之，期半年可毕。一夫不耕，或受之饥，况四万人之劳费，可胜道乎！此陛下所宜留心也。"帝纳之。

允好切谏，朝廷事有不便，允辄求见，帝常屏左右以待之。或自朝至暮，或连日不出；群臣莫知其所言。语或痛切，帝所不忍闻，命左右扶出，然终善遇之。时有上事为激讦⑦者，帝省之，谓群臣曰："君、父一也。父有过，子何不作书于众中谏之？而于私室屏处谏者，岂非不欲其父之恶彰于外邪！至于事君，何独不然。君有得失，不能面陈，而上表显谏，欲以彰君之短，明己之直，此岂忠臣所为乎！如高允者，乃忠臣也。朕有过，未尝不面言，至有朕所不堪闻者，允皆无所避。朕知其过而天下不知，可不谓忠乎！"

允所与同征者游雅等皆至大官，封侯，部下吏至刺史、二千石者亦数十百人，而允为郎，二十七年不徙官⑧。帝谓群臣曰："汝等虽执弓刀在朕左右，徒立耳，未尝有一言规正，唯伺朕喜悦之际，祈官乞爵，今皆无功而至王公。允执笔佐我国家数十年，为益不小，不过为郎，汝等不自愧乎！"乃拜允中书令。

时魏百官无禄,允常使诸子樵采以自给。司徒陆丽言于帝曰:"高允虽蒙宠待,而家贫,妻子不立⑨。"帝曰:"公何不先言,今见朕用之,乃言其贫乎!"即日,至允第,惟草屋数间,布被,缊袍⑩,厨中盐菜而已。帝叹息,赐帛五百匹,粟千斛,拜长子悦为长乐太守。允固辞,不许。帝重允,常呼为令公⑪而不名。

(《通鉴》第 128 卷 4033 ~ 4035 页)

【注释】

①宋孝武帝大明二年:相当于北魏文成帝太安四年。②魏高宗:北魏文成帝拓跋濬。他是太武帝拓跋焘的嫡孙。平城:北魏的都城。故址在今山西大同市东北。③给事中:官名。秦汉为列侯、将军、谒者等的加官。常在皇帝左右侍从,备顾问应对等事。晋以后为正官。④倾巧:狡诈,看风行事。⑤中书侍郎:官名。即曹魏时的通事郎。是中书监、令的副职,参与朝政。⑥驯致:逐渐达到。⑦激讦(jié):攻击别人的短处或揭发别人的隐私。⑧二十七年不徙官:高允自魏太武帝神麚四年(431年)被征拜中书博士,领著作郎,至是年(458年),才拜中书令。⑨不立:不能建置家业。立,置、建。⑩缊(yùn)袍:以乱麻为絮的袍子。⑪令公:对中书令的尊称。

【译文】

丙辰日(十二日),魏高宗回到平城,建筑太华殿。当时,给事中郭善明,生性机巧,说动魏主要建造许多宫殿。中书侍郎高允劝谏说:"太祖开始建立都城时,所有营建,一定利用农事的闲暇。何况建国已久,永安前殿已足够作朝会之用,西堂、温室已足够作游乐休息之用,紫楼已足够作远望之用,即便要有所增建,也应该慢慢来,不可急促。现在计算要用工人二万,再加对老小供应粮饷又要多一倍,计半年可以完成。一个男子不耕种,就会有人饥饿,而何况四万人的花费,怎么可数得了呢? 这是陛下所应当注意的事。"魏主接纳了他的建议。

高允喜爱切谏,朝廷事务有不好的,允就要求见魏主,魏主常屏去左右单独接待他,有时从早上到黄昏,有时一连几天不出宫,群臣们都不知道他们的谈话。允说话有时太激动,魏主听不下,就教左右把他扶出宫,但始终对他很好。当时有人上书激烈批评高允,魏主查看后,向群臣说:"君主和父亲是一样的,父亲有过错,儿子怎不写书在大众中来劝呢? 而所以要在房中隐处来劝,就是不要让父亲的过错张扬出去! 至于侍奉国君,何尝不是这样。国君有过失，不当面陈述，而上书公开劝谏，要以显扬国君的过错，来表现自己的正直，这哪里是忠臣所做的呢？如高允，就是忠臣。我有过失，他未尝不当面直言，至于我有听不下的，他都不闪避。我知道有过失而天下人不知道，这可以不叫忠吗？"

　　和高允同时被征用的游雅等人，都做到大官、封侯，他部下官吏一直到刺史、二千石官的也有数十百人，而高允任郎官，二十七年中从来没有升官。魏主向大臣们说："你们虽然拿着弓刀站在我的左右，但是白站了，从来没有一句规劝我的话，只等我高兴的时候，请求官爵，现在都没有功劳而做到王公，允执笔辅佐我国家有数十年，贡献不小，不过郎官，你们不觉得惭愧吗？"于是任高允为中书令。

　　当时魏国百官没有俸禄，高允常教他的儿子们去打柴来谋生。司徒陆丽向魏帝说："高允虽然受到宠待，但家贫，妻子没有产业。"魏主说："你何不早说呢？现在看到我重用他，才说他贫吗？"当天，亲自到高家，看到只有草屋几间，粗布被，旧絮袍，厨中只有盐菜而已，皇帝叹息，赐布帛五百匹，谷子一千斛，任他的长子高悦为长乐太守。允一直拒绝，魏主不答应。魏主尊重允，常叫他令公，而不叫名。

张白泽谏魏献文帝班禄以酬廉吏

宋明帝泰始六年①（470 年）

　　是时，魏百官不给禄②，少能以廉白自立者。魏主③诏："吏受所监临④羊一口、酒一斛⑤者，死；与者以从坐论⑥；有能纠⑦告尚书已下罪状者，随所纠官轻重授之。"张白泽⑧谏曰："昔周之下士⑨，尚有代耕⑩之禄。今皇朝贵臣，服勤⑪无报；若使受礼者刑身，纠之者代职，臣恐奸人窥⑫望，忠臣懈节⑬，如此而求事简民安，不亦难乎！请依律令旧法，仍班禄⑭以酬廉吏。"魏主乃为之罢新法。

（《通鉴》第 132 卷 4153 ～ 4154 页）

【注释】

①宋明帝泰始六年：相当于北魏献文帝皇兴四年。②禄：俸禄。③魏主：

魏献文帝拓跋弘。④监临：这里指被监察的人。⑤斛：量器。古代十斗为一斛。⑥与：参与。从坐：因参与或牵连而处罪。⑦纠：举发。⑧张白泽：本字钟蔡，北魏显祖赐名白泽。上谷沮阳（今河北怀来东南）人。文成时任中散大夫。后为殿中曹给事，出行雍州刺史。清心少欲，使民安之。官至殿中尚书。⑨下士：古代最低级的官。《礼·王制》："诸侯之上大夫、下大夫、上士、中士、下士凡五等。"⑩代耕：古代官吏不耕而食，故称所得俸禄为代耕。《孟子·万章》下："周室班爵禄"，"下士与庶人在官者同禄，禄足以代其耕也"。⑪服勤：服侍勤劳。⑫窥：从小孔或缝隙偷看。⑬懈节：不坚持节操。懈，松弛。⑭班禄：分爵禄等级。

【译文】

　　当时，魏朝廷百官不给俸禄，朝官很少能廉洁自立的。魏主下诏："官吏接受属下羊一头、酒一斛的，处死；送的人也同罪，如有能检举尚书以下官吏犯罪的，则依被检举官职的大小授给他。"张白泽劝谏说："从前周朝的下士，还有代替他耕田所得的俸禄，现在皇朝大臣，工作没有报偿，如果收礼而受到刑戮，由检举者取代职位，臣恐怕奸人将要伺机而起，忠臣将会灰心懈怠。如此而要求政事简明人民平安，不是很难吗？请仍依照旧法，以俸禄来奖励廉洁官吏。"魏主因此而撤销新法。

魏献文帝罢门、房之诛

宋苍梧王元徽二年①（474年）六月

　　乙卯，魏诏曰："下民凶戾，不顾亲戚，一人为恶，殃及阖门。朕为民父母，深所愍悼。自今非谋反大逆外叛，罪止其身。"于是始罢门、房之诛②。

　　魏显祖③勤于为治，赏罚严明，慎择牧守，进廉退贪。诸曹疑事，旧多奏决，又口传诏敕，或致矫擅④。上皇⑤命事无大小，皆据律正名，不得为疑奏⑥；合则制可⑦，违则弹诘⑧，尽用墨诏⑨，由是事皆精审。尤重刑罚，大刑多令复鞫⑩，或囚系积年。群臣颇以为言，上皇曰："滞狱诚非善治，不犹愈于仓猝而滥乎！夫人幽苦则思善，故智者以图圄⑪为福堂，朕特苦之，欲其改悔而加矜恕⑫尔。"由是囚系虽滞，而所刑多得其宜。又以赦令长奸⑬，故自延兴以后，不复有赦。

（《通鉴》第 133 卷 4182 ~ 4183 页）

【注释】

①宋苍梧王元徽二年：相当于北魏孝文帝延兴四年。②门、房之诛：门诛，诛其一门；房诛，诛其一房。当时河北大族，子孙分派，各自为房。③魏显祖：魏献文帝拓跋弘。显祖是其庙号。公元 471 年，献文帝让位给其长子元（拓跋）宏（孝文帝），因元宏年仅五岁，万机大政仍由自己掌握，称太上皇帝。本篇故事虽发生在孝文帝期间，但主角仍是献文帝。④矫擅：假托皇帝的命令处理政事。⑤上皇：皇帝的父亲。此处指孝文帝元（拓跋）宏的父亲献文帝拓跋弘。⑥疑奏：不清楚的罪状奏上。⑦制可：下诏批准其所奏。⑧弹诘：劾问。⑨墨诏：皇帝直接发出的不经外廷的亲笔手令。⑩大刑：指死罪。鞫（jū）：审讯。⑪囹圄（líng yǔ）：牢狱。⑫矜恕：宽大处理，宽恕。⑬长奸：助长犯罪。奸，违背、干扰。

【译文】

乙卯日（十六日），魏下诏："人民凶暴，都不顾是会连累亲戚；一人作恶，要使满门遭殃，我是人民的父母，深深怜悯他们。从今以后，除非谋反、叛逆、通敌，犯罪只办本人。"于是魏开始撤除杀满门、杀满房的酷刑。

魏显祖勤勉于政事，赏罚分明，慎择地方主官，进用廉洁，罢黜贪污。各官署的疑惑案件，旧时多在上奏时决定，而且皇帝口传命令，以致有时会有官吏擅自作假。现在太上皇则无论大小案件，都要依据法律来确定罪名，不可以有疑惑而请求裁决的奏事，如果合法律就批可以；不合，则驳回重审，而且全用墨笔手写。从此案件都裁决得很仔细谨慎。尤其重视刑罚，死刑多一再反复审问，以致有的被囚禁经年而未决，群臣们多有闲言。太上皇说："拖延判决人犯的确不是好的办法，但不是比仓猝间错误的判决要好吗？人在囚禁中受到痛苦，就要想做好事，所以有见识的人，以为监牢是一个造福人的教育场所。我以为受刑人很苦，所以要使他们悔改，而加以宽恕！"从此犯人被囚禁虽较久，但判刑多得当。又以为颁大赦令，会助长犯罪，所以从延兴以后，不再行大赦。

范缜不卖论取官

齐武帝永明二年（484年）正月

范缜①盛称无佛。子良②曰："君不信因果③，何得有富贵贫贱?"缜曰："人生如树花同发，随风而散：或拂帘幌坠茵席之上④，或关篱墙落粪溷之中⑤。坠茵席者，殿下⑥是也；落粪溷者，下官⑦是也。贵贱虽复殊途，因果竟在何处!"子良无以难⑧。缜又著《神灭论》，以为："形者神之质，神者形之用也。神之于形，犹利之于刀；未闻刀没而利存，岂容形亡而神在哉!"此论出，朝野喧哗，难之终不能屈。太原王琰著论讥缜曰："呜呼范子! 曾⑨不知其先祖神灵所在!"欲以杜⑩缜后对。缜对曰："呜呼王子! 知其先祖神灵所在而不能杀身以从之!"子良使王融谓之曰："以卿才美，何患不至中书郎⑪，而故乖剌⑫为此论，甚可惜也! 宜急毁弃之。"缜大笑曰："使范缜卖论取官，已至令、仆⑬矣，何但中书郎邪!"

（《通鉴》第136卷4259～4260页）

【注释】

①范缜（450—约510）：字子真，南乡舞阴（今河南沁阳西北）人。出身寒微，秉性耿直。先后在齐、梁两朝任官。曾任宜都太守、晋安太守、尚书左丞等职。他是南朝齐、梁之间的唯物主义哲学家，著名的无神论者。著有《神灭论》。②子良：萧子良，字云英，南朝齐武帝萧赜的次子。封竟陵王，官至司徒。他是个虔诚的佛教徒。③因果：佛教名词。指因缘与果报。善有善报，恶有恶报。④幌：帷幔。茵席：褥垫。⑤关：通过。粪溷（hùn）：粪坑。⑥殿下：对诸侯王的称呼。⑦下官：下级官员对上级说话时的谦辞。⑧无以难：无法反驳。难，诘问。⑨曾（céng）：竟。⑩杜：堵塞。⑪中书郎：官名。即中书侍郎，是中书监、令的副职。⑫乖剌（là）：不和谐，违忤。⑬令、仆：令，指尚书令；仆，指尚书仆射。二者都是中央的行政长官。

【译文】

范缜极力强调世间没有佛的存在，萧子良说："你不信因果报应，怎么解释人间会有富贵、贫贱的不同遭遇？"范缜说："人生有如树上的花朵同时绽放，随着风飘散，有的拂过帘幕坠落在床席上面，有的穿过篱笆掉落在粪厕里头。坠落床席的，好比殿下就是了；掉落粪厕的，好比下官就是了。贵贱虽说途径不同，因果究竟在哪里？"萧子良没法和他辩论。范缜又写了《神灭论》，认为："形体，是精神的本质，精神是形体的作用。精神之于形体，就有如锐利之于刀子；没听说刀子没有了而锐利还能存在，哪能容许形体死亡了，而精神却能存在呢！"这议论发出，朝廷内外都喧哗争论，和范缜辩难的不少，始终没法教他屈服。太原人王琰写论文讥讽范缜说："唉呀！范先生竟不知道他先祖神灵所在的地方！"想用来杜绝范缜以后的答辩。范缜答辩说："唉呀！王先生知道他先祖神灵所在的地方，却不能自杀去追随服侍！"萧子良交代王融去对范缜说："以你才华的优美，还怕做不到中书侍郎，却故意怪异地作这种议论，很可惜啊！应该赶快把那文章销毁了丢掉。"范缜大笑说："要是范缜出卖论文来换取官职，早已做到尚书令、两仆射了，何必中书侍郎啊！"

魏孝文帝严惩贪污受贿

齐武帝永明二年①（484 年）

九月，魏诏，班禄②以十月为始，季别受之。旧律，枉法③十匹，义赃④二十匹，罪死；至是，义赃一匹，枉法无多少，皆死。仍分命使者，纠按守宰之贪者⑤。

秦、益二州刺史恒农⑥李洪之以外戚贵显，为治贪暴，颁禄之后，洪之首以赃败。魏主命锁赴平城⑦，集百官亲临数之；犹以其大臣，听在家自裁。自余守宰坐赃死者四十余人。受禄者无不跼蹐⑧，赇赂⑨殆绝。然吏民犯他罪者，魏主率宽之，疑罪奏谳⑩多减死徙边，岁以千计。都下决大辟⑪，岁不过五六人；州镇亦简。

久之，淮南王佗奏请依旧断禄，文明太后⑫召群臣议之。中书监高闾以为："饥寒切身，慈母不能保其子。今给禄，则廉者足以无滥⑬，贪者足以劝慕⑭；不给，则贪者得肆其奸，廉者不能自保。淮南之议，不亦谬乎！"诏从闾议。

（《通鉴》第 136 卷 4261～4262 页）

【注释】

①齐武帝永明二年：相当于北魏孝文帝太和八年。②班禄：给官吏发俸禄。③枉法：违法。这里指官吏受贿违法断案。④义赃：接受别人以送礼名义送给的贿赂。⑤纠按：检举审查。守宰：泛指地方官。⑥恒农：弘农。因避讳魏显祖拓跋弘，改弘农为恒农。⑦魏主：指魏孝文帝元（拓跋）宏。平城：北魏的都城。在今山西大同市东北。⑧蹋蹐（jú jí）：畏缩不安貌。⑨赇（qiú）赂：贿赂。⑩谳（yàn）：审判定案。⑪都下：京城。决：判决。大辟：死刑。⑫文明太后：冯太后，北魏文成帝皇后。献文帝、孝文帝时她临朝执政。太和年间（477—499）曾改革吏治，颁行俸禄制，推行三长制，发布均田令等。临朝二十五年。文明太后是其谥号。⑬滥：贪得，越轨。⑭劝慕：劝勉慕义。勉励自己仰慕正义的意思。

【译文】

九月，魏下诏颁行俸禄，从十月开始，三个月一季，每季接受一次俸禄。旧行的律令，官员歪曲法令，收受十匹布帛，便处死刑；官员因人情赠礼，收受二十匹布帛，判定的罪罚也是死刑。这时修订为官员因人情赠礼，收受一匹布帛，要处死刑；要是歪曲法令办事，不论收受多少贿赂，都是死刑。仍旧分别命令使者巡察镇守各地的主管人员，弹劾那些贪污的。

秦、益两州刺史弘农（魏避讳改称恒农）人李洪之，由于外戚的关系而显贵，处理政务，贪婪凶暴，颁行俸禄之后，洪之第一个就因为贪赃坏了事。魏主命令把他套上枷锁送到平城，召集百官，国君亲自到场数落他的罪过，还是顾念他是大臣，听由他在家里自杀。其余镇守的主管人员因贪赃被判死刑的有四十几个人。接受俸禄的官员没有不惶恐的，接受贿赂的劣行因此几乎绝迹了。但小吏百姓触犯其他罪刑的，魏主大都从宽处理，有可疑的罪行，官员表奏，最后定罪，大多是减刑不处死，流放边疆，每年都有好几千人。在京城判决死刑的，每年不过五六个人，州镇地方也是一样清俭。

日子长了，淮南王拓跋佗上奏要求依旧断绝俸禄，文明太后召集群臣来商议。中书监高闾认为："饥饿与寒冷，是切身的感受，在那种情况之下，慈爱的母亲也不能保全她的儿女。现在颁给俸禄，那么清廉的足够生活，不必滥取；贪婪的足以警戒，会劝勉向善；要是不支给俸禄，那么贪婪的得以肆无忌惮地做坏事，清廉的却不能自我保全。淮南王的提议，不是很荒谬的吗？"诏令依从高闾的议论，保留颁行俸禄的办法。

魏孝文帝以考绩黜陟百官

齐明帝建武元年^①（494 年）

　　九月，壬申朔，魏诏曰："三载考绩，三考黜陟^②；可黜者不足为迟，可进者大成赊缓^③。朕今三载一考，即行黜陟，欲令愚滞无妨于贤者，才能不拥于下位。各令当曹考其优劣为三等，其上下二等仍分为三^④。六品已下，尚书重问；五品已上，朕将亲与公卿论其善恶，上上者迁之，下下者黜之，中者守其本任。"

　　魏主^⑤之北巡也，留任城王澄铨简^⑥旧臣。自公侯已下，有官者以万数，澄品其优劣能否为三等，人无怨者。

　　壬午，魏主临朝堂，黜陟百官，谓诸尚书曰："尚书，枢机^⑦之任，非徒总庶务^⑧，行文书而已；朕之得失，尽在于此。卿等居官，年垂再期^⑨，未尝献可替否^⑩，进一贤退一不肖，此最罪之大者。"又谓录尚书事广陵王羽曰："汝为朕弟，居机衡^⑪之右，无勤恪^⑫之声，有阿党之迹，今黜汝录尚书、廷尉，但为特进、太子太保。"又谓尚书令陆叡曰："叔翻^⑬到省之初，甚有善称；比来偏颇懈怠，由卿不能相导以义。虽无大责，宜有小罚；今夺卿禄一期。"又谓左仆射拓跋赞曰："叔翻受黜，卿应大辟^⑭；但以咎归一人，不复重责；今解卿少师，削禄一期。"又谓左丞公孙良、右丞乞伏义受曰："卿罪亦应大辟；可以白衣守本官^⑮，冠服禄衈^⑯尽从削夺。若三年有成，还复本任；无成，永归南亩^⑰。"又谓尚书任城王澄曰："叔^⑱神志骄傲，可解少保^⑲。"又谓长兼尚书于果曰："卿不勤职事，数辞以疾，可解长兼，削禄一期。"其余守尚书尉羽、卢渊等，并以不职，或解任，或黜官，或夺禄，皆面数其过而行之。

　　（《通鉴》第 139 卷 4358～4359 页）

【注释】

①齐明帝建武元年：相当于北魏孝文帝太和十八年。②三载考绩，三考黜陟：唐、虞之制，三考黜陟。即九年对官吏进行黜陟。黜，降职；陟，升官。③赊缓：远。④其上下二等仍分为三：将上下二等各再分为三等。⑤魏主：

魏孝文帝元（拓跋）宏。公元471—499年在位。即位时年仅五岁，开始时由他让位的父亲献文帝掌管朝政，后由他的祖母冯太后临朝。太和十四年（490年）冯太后死，遂亲政。他沿着冯太后的改革，继续前进。太和十七年，把国都由平城（今山西大同）迁到洛阳。改鲜卑姓氏为汉姓，并改其风俗、服制、语言，奖励与汉族通婚等。上述措施促进了民族的融合。⑥铨简：铨度，简择。⑦枢机：朝廷的中枢部门或职位。⑧庶务：国家的各种政务。⑨年垂再期：两周年。⑩献可替否：进献可行者，除去不可行者。诤言进谏的意思。⑪机衡：指中央行政机关，特指机要与铨选。⑫勤恪：勤勉谨慎。⑬叔翻：广陵王拓跋羽，字叔翻。⑭大辟：死刑。⑮白衣：平民的衣服，代指平民。这里是平民身份的意思。守本官：试任原来的官职。官吏试任职务称守。⑯禄卹：北魏官吏本禄之外另有卹亲禄。⑰南亩：农田。⑱叔：任城王拓跋澄，是魏孝文帝的叔父。⑲少保：指导太子的官。

【译文】

九月，壬申朔日（初一），魏主下诏令说："三年考核绩效，三次考核才决定贬黜或升迁。该贬黜的不能算迟，该升迁的就太嫌缓慢了。朕现在三年考核一次，立即实施贬黜或升迁，目的是想使那些愚拙迟钝的人不要妨碍贤能的人，有才干能力的人不至于被搁置在低下的位子。分别命令各部门当事的官员，考核部属的优劣，分为三等，其中上下两等再分为三级。六品以下，由尚书省严格责问；五品以上，朕将亲自与公卿品评他们的好坏，最优等的加以升迁，最劣等的贬黜，中等的笃守原来的职位。"

魏主在北边巡察的时候，留下任城王拓跋澄铨叙简选旧有的臣子，从公侯以下有官位的好几万人，拓跋澄品评他们的优劣，有才能与否，分为三等，没有人抱怨。

壬午日（十一日），魏主莅临朝廷，贬黜、升迁百官，对尚书省的官员们说："尚书，执掌主要政务的重任，不仅是总管各种事务，颁行文书而已；朕施政的得失，全在尚书省。各位处官位，已经近两年了，不会进献可行的方针，革除不好的措施，推荐一个贤人，贬退一个不贤之人，这是最大的罪过。"又对录尚书事广陵王拓跋羽说："你是朕的弟弟，处于行政主要机构的上位，没有劝勉谨敬的声誉，却有阿谀树党的迹象，现在废黜你录尚书和廷尉的职务，只做特进、太子太保。"又对尚书令陆叡说："叔翻（拓跋羽的字）到尚书省的初期，很有好的声誉，近来不够平正，做事松懈怠惰，都由于你不能拿义来引导他。虽没有大的责惩，应该有小的处罚；现在削夺你一年的俸禄。"又对左仆射拓跋赞说："叔翻被贬黜，你该砍头，但是我把错误归他一人，不再严重处罚你，现在解除你少师的职务，削夺一年的俸禄。"又对左丞公孙良、右丞乞伏义受说："你的罪也应砍头；让你穿着便服，奉守原来的官职，礼帽礼服以及抚恤亲属的俸禄，全都削夺。如果三年有成效，还让你恢复原本的职位；没有成效，就永远退归家乡去吧！"又对尚书任城王拓跋澄说："叔父神情骄傲，可解除少保的职务。"又对长兼尚书于果说："你处理职务不够勤勉，好几次称病请辞，可解除长兼的职务，削夺一年的俸禄。"其余守尚书尉羽卢渊等人，都因为不称职，有的解除职务，有的贬黜官位，有的削夺俸禄，都当面数说他们的罪过，然后施行处罚。

魏孝文帝自为诏策

齐明帝建武二年^①（495 年）八月

魏高祖游华林园，观故景阳山^②，黄门侍郎郭祚曰："山水者，仁智之所乐^③，宜复修之。"帝曰："魏明帝以奢失之于前，朕岂可袭之于后乎！"帝好读书，手不释卷，在舆、据鞍，不忘讲道。善属文，多于马上口占^④，既成，不更一字；自太和十年以后，诏策皆自为之。好贤乐善，情如饥渴，所与游^⑤接，常寄以布素^⑥之意，如李冲、李彪、高闾、王肃、郭祚、宋弁、刘芳、崔光、邢峦之徒，皆以文雅见亲，贵显用事；制礼作乐，郁然可观，有太平之风焉。

（《通鉴》第 140 卷 4389 页）

【注释】

①齐明帝建武二年：相当于北魏孝文帝太和十九年。②魏高祖：魏孝文帝元宏。华林园、景阳山：故址在今洛阳市东，都是三国时魏明帝曹叡所建。③山水者，仁智之所乐：语出《论语·雍也》。子曰："智者乐水，仁者乐山。"④口占：口述成文。⑤游：交友。⑥布素：布衣（平民）朋友。

【译文】

魏高祖游赏华林园观看旧砌的景阳山，黄门侍郎郭祚说："山水，是仁智之人所喜爱的，应该再加以修整。"皇帝说："魏明帝因为奢华在前已有了过失，朕怎能在后沿袭他的错误呢？"皇帝喜好读书，手不释卷，在车上、在马上，都不忘讲论道理。善于写文章，大多在马上口授，由他人笔录，写成以后，不必更动一个字；自从太和十年以后，诏令策命都是自己做的。喜好贤德，乐于行善，迫切的情形就如饥饿口渴一般，所交游接待的一些人，常寄托一种布衣平素相交的情谊，像李冲、李彪、高闾、王肃、郭祚、宋弁、刘芳、崔光、邢峦一些人，都因为文学高雅被亲近，贵显任事，制礼作乐，一时极盛，很有可观，有太平文治的风范。

魏孝文帝断北语而从正音

齐明帝建武二年^①（495 年）五月

甲午，魏太子冠于庙^②。魏主欲变北俗，引见群臣，谓曰："卿等欲朕远追商、周，为欲不及汉、晋邪？"咸阳王禧对曰："群臣愿陛下度越^③前王耳。"帝曰："然则当变风易俗，当因循守故邪？"对曰："愿圣政日新。"帝曰："为止于一身，为欲传之子孙邪？"对曰："愿传之百世。"帝曰："然则必当改作，卿等不得违也。"对曰："上令下从，其谁敢违！"帝曰："夫'名不正，言不顺，则礼乐不可兴'^④。今欲断诸北语^⑤，一从正音^⑥，其年三十已上，习性已久，容不可猝革。三十已下，见^⑦在朝廷之人，语音不听^⑧仍旧；若有故为^⑨，当加降黜。各宜深戒！王公卿士以为然不^⑩？"对曰："实如圣旨。"帝曰："朕尝与李冲^⑪论此，冲曰：'四方之语，竟知谁是；帝者言之，即为正矣。'冲之此言，其罪当死！"因顾冲曰："卿负社稷，当令御史牵下！"冲免冠顿首谢。又责留守之官曰："昨望见妇女犹服夹领小袖^⑫，卿等何为不遵前诏！"皆谢罪。帝曰："朕言非是，卿等当庭争^⑬，如何入则顺旨，退则不从乎！"六月，己亥，下诏："不得为北俗之语于朝廷，违者免所居官。"

（《通鉴》第 140 卷 4386 ～ 4387 页）

【注释】

①齐明帝建武二年：相当于北魏孝文帝太和十九年。②魏太子：北魏孝文帝之子，名恂。冠于庙：在太庙举行戴帽礼。③度越：超过。④名不正，言

不顺，则礼乐不可兴：出自《论语·子路》，是孔子说的话。原文是："名不正，则言不顺；言不顺，则事不成；事不成，则礼乐不兴。"⑤北语：指鲜卑语。⑥正音：这里指汉语。⑦见（xiàn）："现"的本字。⑧不听：不听从自己的意愿。⑨故为：故意说北语。⑩不：与"否"同。⑪李冲：时为太子少保兼尚书仆射。⑫夹领小袖：胡服。⑬庭争：同"廷争"。即在朝廷上争是非曲直。

【译文】

五月，甲午（二十六日），北魏皇太子在太庙举行了加冠之礼。孝文帝想要改变北方风俗，为此而特意召见群臣众僚，问他们："各位爱卿希望朕远追商、周呢，还是想让朕连汉、晋都比不上呢？"咸阳王拓跋禧回答说："群臣们都盼愿陛下能超过前王。"孝文帝接着又问道："那么应当改变风俗习惯呢，还是因循守旧呢？"拓跋禧再回答："愿意移风易俗，圣政日新。"又问："只是愿意自身实行呢，还是希望传之于子孙后代呢？"回答说："愿意传之于百世百万年。"于是，孝文帝说道："那么，朕一定下令开始进行，你们一定不得有违。"拓跋禧回答："上令而下从，有谁敢违抗呢？"孝文帝又说："名不正，言不顺，则礼乐不能兴。现今朕想要禁止使用鲜卑语，全部改用汉语。年龄在三十岁以上的人，由于习性已久，可以宽容他们不能一下子就改换过来。但是，年龄在三十岁以下的人，凡在朝廷中任职者，不能允许他们仍然还讲过去的语言，如果有谁故意不改，就一定要降免其官职。所以，各位应当严加自戒。对此，各位王公卿士同意不同意呢？"拓跋禧回答："无不遵从圣旨。"孝文帝接着讲道："朕曾经与李冲谈过这件事，李冲说：'四方之人，言语不同，故不知应该以谁的为是；做皇帝的人说的，即为正。'李冲此话，其罪行应当处死。"因此看着李冲又说道："你有负于社稷，应当命令御史把你牵下去。"李冲摘下帽子磕头谢罪。孝文帝又指责出巡时留守洛阳的官员们："昨天，朕望见妇女们还穿着夹领小袖衣服，你们为什么不遵行朕前头的诏令呢？"这些官员们都谢罪不已。孝文帝继续讲道："如果朕讲得不对，你们可以当廷争辩，为什么上朝则顺从朕旨，退朝后就不听从呢？"六月，己亥（初二），孝文帝下令："在朝廷中不得讲鲜卑语，违背者免去所任官职。"

魏孝文帝大义废太子

齐明帝建武三年^①（496 年）

　　魏太子恂^②不好学；体素^③肥大，苦河南^④地热，常思北归。魏主赐之衣冠^⑤，恂常私著胡服^⑥。中庶子辽东高道悦数切谏^⑦，恂恶之。八月，戊戌，帝如嵩高^⑧，恂与左右密谋，召牧马轻骑奔平城^⑨，手刃道悦于禁中。中领军元俨勒门防遏^⑩，入夜乃定。诘旦^⑪，尚书陆琇驰以启^⑫帝，帝大骇，秘其事，仍至汴口^⑬而还。甲寅，入宫，引见^⑭恂，数其罪，亲与咸阳王禧更代^⑮杖之百余下，扶曳出外，因于城西，月余乃能起。……

　　魏主引见群臣于清徽堂，议废太子恂。太子太傅穆亮、少保李冲免冠顿首谢^⑯。帝曰："卿所谢者私也，我所议者国也。'大义灭亲'，古人所贵。今恂欲违父逃叛，跨据恒、朔^⑰，天下之恶孰大焉！若不去之，乃社稷^⑱之忧也。"闰月，丙寅，废恂为庶人^⑲，置于河阳无鼻城^⑳，以兵守之，服食所供，粗免饥寒而已。

（《通鉴》第 140 卷 4400 ～ 4401 页）

【注释】

　　①齐明帝建武三年：相当于北魏孝文帝太和二十年。②魏太子恂：魏孝文帝之子元恂。③素：向来。④河南：黄河之南。北魏于公元 493 年迁都洛阳。⑤魏主：指魏孝文帝元宏。衣冠：士大夫的穿戴。⑥著：穿着。胡服：北方游牧民族的服装。⑦中庶子：太子的侍从官。也称太子中庶子。切谏：直言劝谏。⑧如：往。嵩高：五岳之一的中岳嵩山。在今河南登封县北。⑨轻骑：轻装的骑兵。平城：北魏原来的都城。天兴元年（398 年）定都于此。其地在今山西大同市东北。⑩中领军：官名。统领禁兵，是重要军事长官之一。勒门防遏：严勒门卫以防止变乱。⑪诘旦：明旦，明早。⑫启：告诉。⑬汴口：汴水入黄河的地方。⑭引见：接见。⑮更代：替换。⑯太子太傅：辅导太子的官。少保：太子少保。辅导太子的官。顿首：头叩地而拜。谢：谢过，认错。⑰跨据：占据。恒：恒州，治所在平城。朔：朔州，治所在盛乐（今内蒙古和林

格尔）。⑱社稷：指国家。⑲庶人：无官的平民百姓。⑳河阳：河阳县，故地在今河南孟县。无鼻城：在今河南孟县境内。

【译文】

魏的太子元恂不好学，身体一向肥胖壮大，苦于河南地方天气炎热，常想回到北地去。魏主赐给他衣帽，元恂常私下穿着胡人的衣服。中庶子辽东人高道悦好几次恳切地劝谏，元恂憎恶他。八月，戊戌日（初七），皇帝到嵩高山，元恂和左右的人秘密计谋，召唤养马的人，骑了轻快的马匹疾驰到平城，亲手在宫中杀了高道悦。领军元俨严厉约制门卫，防止变动，到夜里才安定下来。第二天早晨，尚书陆琇快马去向皇帝启奏，皇帝大为惊骇，把这事保密，仍然到了汴口才回洛阳。甲寅日（二十三日），进宫，召见元恂数落他的罪过，亲自与咸阳王元禧轮流用棍子打了一百多下，让左右扶持拖拉出去，拘囚在城的西边，元恂过了一个多月才能起身。……

魏主在清徽堂引见重臣，商议废黜太子元恂。太子太傅穆亮，少保李冲除去礼帽叩头谢罪。皇帝说："你们所引咎自责的是为私，我所议论的是为国。'大义灭亲'，是古人所看重的。现在元恂有意违背父志逃走反叛，盘踞恒州、朔州，天下的恶行还有比这更大的吗？如果不废了他，是国家的忧患啊！"闰月，丙寅日（初八），把元恂废黜为庶人，安置在河阳无鼻城，派兵士监守着他，吃穿所供应的，只是大致可以免除饥寒而已。

源怀按察官吏

梁武帝天监二年①（503 年）

魏既迁洛阳②，北边荒远，因以饥馑，百姓困弊。魏主加尚书左仆射源怀侍中、行台③，使持节巡行北边六镇、恒、燕、朔三州，赈给贫乏，考论殿最④，事之得失皆先决后闻。怀通济有无，饥民赖之。沃野镇将于祚，皇后之世父⑤，与怀通婚。时于劲⑥方用事，势倾朝野，祚颇有受纳。怀将入镇，祚郊迎道左，怀不与语，即劾奏免官。怀朔镇将元尼须与怀旧交，贪秽狼籍⑦，置酒请怀，谓怀曰："命之长短，系卿之口，岂可不相宽贷⑧！"怀曰："今日源怀与故人饮酒之坐，非鞫狱⑨之所也。明日，公庭始为使者检镇将罪状之处耳。"尼须挥泪无以对，竟按劾抵罪。怀又奏:"边镇事少而置官猥多,沃野一镇自将以下八百余人,请一切五分损二。"魏主从之。

（《通鉴》第 145 卷 4533～4534 页）

【注释】

①梁武帝天监二年:相当于北魏宣武帝景明四年。②魏既迁洛阳:魏孝文帝太和十七年(493 年)由平城(今山西大同)迁都于洛阳。③魏主:指魏宣武帝元恪。源怀(444—506):原名思礼,后赐名怀,鲜卑族。北魏将军。常持节镇守边境。清俭有惠政,善于抚恤。官至骠骑大将军。行台:在地方上代表朝廷行使尚书省事的机构。④殿最:古代考核军功或政绩时,以上等为最,下等为殿。⑤世父:大伯父。⑥于劲:魏宣武帝于皇后之父。⑦狼籍:散乱不整,引申为不可收拾之意。⑧宽贷:宽容。⑨鞫狱:审讯犯人。

【译文】

魏朝迁都洛阳以后,北边距离遥远,位置偏僻,加上饥荒,百姓生活很艰苦。魏主加封尚书左仆射源怀为侍中及行台,派他持节巡行北边的六镇以及恒、燕、朔三州,救济贫民,按察官吏,事情的得失都由他先行处置然后奏闻。源怀到达之后,普济民众,饥民受惠很多。沃野镇的守将于祚,是皇后的伯父;是他们家继世的嫡子,和怀家有婚姻的关系。当时于劲正受魏君重用,权势之大朝野无人能比,于祚经常接受贿赂。源怀将要进入沃野镇的时候,于祚出郊在道旁迎接,源怀不与他讲话,即时上奏章弹劾他,罢免了他的官职。怀朔镇的守将元尼须和源怀是老朋友,贪赃枉法,作恶多端,摆了酒席宴请源怀,对源怀说:"我的性命的长短,决定在你的口中,哪能不对故友多多包涵呢!"源怀说:"今天源怀和老友饮酒的座位,不是审讯罪犯的所在。明日,在公庭上才是我检举揭发你的罪状的地方。"尼须流下了眼泪,无话可以回答。终于还是查证了他的罪行,弹劾他,使他受到相应的刑罚。源怀又上奏章说:"边镇事情少,而设置官吏太多,只沃野一镇从镇将以下就有八百多人,请求把所有官员减削五分之二。"魏主听从了他的建议。

梁武帝之屈法

梁武帝天监十年（511年）

上敦睦①九族，优借②朝士，有犯罪者，皆屈法申之。百姓有罪，则案③之如法，其缘坐④则老幼不免，一人逃亡，举家质作⑤，民既穷窘，奸宄⑥益深。尝因郊祀，有秣陵老人遮⑦车驾言曰："陛下为法，急于庶民，缓于权贵，非长久之道。诚能反是，天下幸甚。"上于是思有以宽之。

（《通鉴》第 147 卷 4601 页）

【注释】

①上：指梁武帝萧衍，字叔达，南朝梁的建立者。公元 502—549 年在位。他重用士族，纵容宗室官僚贪污聚敛，残酷剥削农民。信佛教，曾三次舍身同泰寺。在侯景之乱中，困饿而死。敦睦：亲厚。②优借：宽待。③案：通"按"。考问。④缘坐：因牵连而获罪。⑤举家：全家。质作：以身抵押服劳役。⑥奸宄（guǐ）：为非作歹的人。由内而起叫奸；由外而起叫宄。⑦遮：阻拦。

【译文】

皇上敦睦九族宗亲，优待朝廷群臣，有犯罪的人，都枉曲法律申免其刑。百姓有罪，那就依法究办。由于连坐，连老人及小孩都不免于刑戮。有一人逃亡的话，就把他的家属当人质，罚他们服劳役。百姓既是穷困不堪，作奸犯科的情形更加严重。有一回举行郊祀典礼，有一个秣陵地方的老人拦住皇上的车驾进言说："陛下执行法律，对于百姓严苛，对于权贵宽容，这不是长久的办法。如果能够反过来做，那天下人真是有福了。"皇上于是考虑将法律放宽。

高道穆不避帝姊

梁武帝中大通元年①（529年）

秋，七月，辛巳，魏主②始入宫。

以高道穆为御史中尉③。帝姊寿阳公主行犯清路④，赤棒卒⑤呵之，不止，道穆令卒击破其车。公主泣诉于帝，帝曰："高中尉清直之士，彼所行者公事，岂可以私责之也！"道穆见帝，帝曰："家姊行路相犯，极以为愧。"道穆免冠谢，帝曰："朕以愧卿，卿何谢也。"

（《通鉴》第 153 卷 4767 页）

【注释】

①梁武帝中大通元年：相当于北魏孝庄帝永安二年。②魏主：指孝庄帝元子攸。③高道穆（489—530）：名恭之，字道穆，渤海蓨（今河北景县）人。北魏孝文帝时，任御史，纠劾不避权豪。孝庄帝时，为御史中尉兼给事黄门侍郎，在外秉直执法，在内参与机密，凡益国利民之事，必以奏闻，谏诤极言，无所顾惮。后为尔朱世隆所杀。御史中尉：官名，北魏置。相当于御史中丞。督司百僚，其出入千步清道，与皇太子分路，王公逊避，其余百僚下马驰车止在路旁。违者以棒棒之。④清路：与"清道"同。因帝王或大官出巡而清扫道路，禁止行人来往。⑤赤棒卒：清道者，手执赤棒。

【译文】

秋，七月，辛巳日（初二），魏主才入宫。

派高道穆做御史中尉。皇帝的姐姐寿阳公主外出时冒犯了清路的命令，赤棒卒喝止她，她仍然不停止，道穆下令赤棒卒把她的车子打破。公主向皇帝哭诉，皇帝说："高中尉是个清高正直的人，他所执行的是公事，怎么可以拿私情责备他呢！"道穆朝见皇帝，皇帝说："家姐行路犯了规，朕感到万分惭愧。"道穆脱去帽子道歉，皇帝说："朕对卿感到惭愧，卿为何道歉。"

梁昭明太子之贤

梁武帝中大通三年（531 年）

夏，四月，乙巳，昭明太子统①卒。太子自加元服②，上即使省录③朝政，百司④进事，填委⑤于前，太子辨析诈谬，秋毫必睹，但令改正，不加按劾，平断法狱，多所全宥⑥，宽和容众，喜愠不形于色。好读书属文⑦，引接才俊，赏爱无倦；出宫⑧二十余年，不畜声乐。每霖雨积雪，遣左右周行间巷^⑨，视贫者赈之。天性孝谨，在东宫，虽燕居^⑩，坐起恒西向，或宿^⑪被召当入，危坐达旦。及寝疾，恐贻帝忧，敕参问^⑫，辄自力手书。及卒，朝野恌愕^⑬，建康男女，奔走宫门，号泣道路。

（《通鉴》第 155 卷 4806～4807 页）

【注释】

①昭明太子统：萧统（501—531），字德施，南兰陵（今江苏常州西北）人。梁武帝之太子，谥昭明，文学家。曾主持编集《文选》三十卷。②元服：帽子。男子成年时举行加冠（帽）的仪式。③上：指梁武帝萧衍。省录：视察总领。④百司：朝廷大臣、王公以下百官的总称。⑤填委：堆积。⑥全宥：保全原宥。⑦属文：写作。⑧出宫：意即由禁中出居东宫。⑨闾巷：里巷。泛指民间。⑩燕居：退朝而处，间居。⑪宿：隔夜。即次日之意。⑫敕参问：皇帝出敕问候。⑬恌愕：叹惜惊讶。

【译文】

夏，四月，乙巳日（初六），昭明太子萧统去世。太子自从加玄服为成人以后，皇上就教他视察总领朝政。大臣们所进的奏事，堆积在面前，太子辨别其中的诈谬，细入秋毫，但他只是要他们改正，不予以弹劾究办。审判狱讼时，往往予以宽赦保全。为人宽和，能包容众人，喜怒不表现在脸色上面。喜好读书作文，引接才俊之士，对他们赏识友爱，永不疲倦，出居东宫二十多年，从没有畜养过声乐。每当久雨或积雪的时候，就派遣他的左右巡行闾巷，看到贫穷的人就予以救济。天性孝顺谨慎，在东宫里，即使是平常闲居，坐起之时也都面向西边。有时晚上被召，当于次晨入宫，往往正襟危坐直到天亮。等到卧病在床，生怕让皇帝担心，每当皇帝出敕问候他的病情，太子往往勉力亲自作书奉答。等他去世，朝野人士都感到恌惜惊愕，建康的百姓，奔走来到宫门哀悼，在道路上悲泣号哭。

宇文泰擢用苏绰

梁武帝大同元年^①（535 年）三月

泰用武功苏绰为行台郎中^②，居岁余，泰未之知也，而台中皆称其能，有疑事皆就决之。泰与仆射③周惠达论事，惠达不能对，请出议之。出，以告绰，绰为之区处④，惠达入白之，泰称善，曰："谁与卿为此议者？"惠达以绰对，且称绰有王佐之才，泰乃擢绰为著作郎⑤。泰与公卿如⑥昆明池观渔，行至汉故仓池，顾问左右，莫有知者。泰召绰问之，具以状对。泰悦，因问天地造化之始，历代兴亡之迹，绰应对如流。泰与绰并马徐行，至池，竟不设网罟⑦而还。遂留绰至夜，问以政事，卧而听之；绰指陈为治之要，泰起，整衣危坐⑧，不觉膝之前席⑨，语遂达曙不厌。诘朝⑩，谓周惠达曰："苏绰真奇士，吾方任之以政。"即拜大行台左丞⑪，参典机密，自是宠遇日隆。绰始制文案程式朱出、墨入⑫及计帐、户籍之法，后人多遵用之。

（《通鉴》第 157 卷 4865 页）

【注释】

①梁武帝大同元年：相当于西魏文帝大统元年。②泰：宇文泰（507—556）。西魏大臣，代郡武川（今内蒙古武川西）人。鲜卑族。北魏时为关西大都督。魏孝武帝西奔长安，泰拥他为帝，是为西魏。官至大丞相，专西魏政权。重用苏绰、卢辩等人，改革官制，颁行均田制，创立府兵制。为北周政权奠定了基础。苏绰（498—546）：字令绰，西魏武功（今陕西武功县西）人。才智出众，为宇文泰所重用。官至大行台度支尚书兼司农卿。宇文泰的改革，他是重要助手。行台郎中：代表中央在地方行使权力的机构称行台。由军事征伐而设置。若任职的人权位特重，则称大行台。郎中是其中的官员。③仆射：尚书仆射，是尚书省最高行政长官尚书令的副手。④区处：分别处理。⑤著作郎：专管撰修国史的负责官员。⑥如：往。⑦罟（gǔ）：网类的总称。⑧危坐：挺身端坐。⑨膝之前席：跪着向前移坐。古人席地而坐，双膝跪着，臀部坐在脚后跟上。移坐向前，称为前席。⑩诘朝（jié zhāo）：早晨。⑪大行台左丞：行台尚书令的佐官。⑫朱出、墨入：以红、黑二色写公文，向上呈报的公文用黑色写；向下下达的公文用红色写。

【译文】

宇文泰任用武功人苏绰为行台郎中，一年多之后，宇文泰自己对苏绰还不大了解，但是行台官署中的人都称赞苏绰能力强，遇上有疑难的事情都去请他帮助决策。宇文泰与仆射周惠达讨论一件事，周惠达不能回答宇文泰的问题，就请求允许他出去跟别人一起商议此事。周惠达出门后，把情况告诉了苏绰，苏绰为周惠达作了分析解答，周惠达进去后按照苏绰的意见作出回答。宇文泰认为周惠达回答得非常好，问道："谁和你一道作出了这番议论？"周惠达说出了苏绰的名字，并且称赞苏绰具有辅佐君王成就大业的才能，宇文泰便提拔苏绰为著作郎。宇文泰与公卿一起去昆明池观赏捕鱼，走到汉代传下来的仓池时，回过头来询问身旁的人，他们中没有一个知道仓池的情况。宇文泰把苏绰叫来，向他提问，苏绰把一件件事都讲得绘声绘色。宇文泰非常高兴，就接着询问天地万物最初是如何形成的以及历代兴亡治乱的情况，苏绰都对答如流。宇文泰与苏绰并马缓行，到了昆明池，竟然没有撒网就返回了。于是把苏绰一直留到晚上，就一些军政大事征询他的意见，宇文泰自己则躺在睡榻上听；当苏绰分析陈述治理国家的关键所在时，宇文泰禁不住起身，整理好衣服，跪坐在睡榻上，后来竟不知不觉中双膝移到了坐席的前端，两人一直谈到天亮，毫无厌倦。第二天早晨，宇文泰对周惠达说："苏绰真是奇才，我正准备让他担任重要的行政职务。"随即任命苏绰为大行台左丞，参与掌管机密大事，从此苏绰越来越受到宇文泰宠信。苏绰开始制定了文书案卷的程序格式，如用红笔批出、墨笔签收，以及计账、户籍等方面的法规，后世的人们大多沿用他这些程式和法规。

魏收撰《魏书》

梁元帝承圣三年①（554年）三月

　　齐中书令魏收撰《魏书》②，颇用爱憎为褒贬，每谓人曰："何物小子，敢与魏收作色！举之则使升天，按之则使入地！"既成，中书舍人卢潜奏"收诬罔③一代，罪当诛"。尚书左丞卢斐、顿丘李庶皆言《魏史》不直。收启齐主云："臣既结怨强宗④，将为刺客所杀。"帝怒，于是斐、庶及尚书郎中王松年皆坐谤史⑤，鞭二百，配甲坊⑥。斐、庶死于狱中，潜亦坐系狱。然时人终不服，谓之"秽史"。

（《通鉴》第 165 卷 5112 页）

【注释】

①梁元帝承圣三年：相当于北齐文宣帝天保五年。②齐：指北齐，文宣帝高洋所建。魏收：字伯起，小字佛助，巨鹿下曲阳（今河北晋县西）人。北

齐史学家。少以才名称于当世。东魏、北齐时历任齐州刺史、中书侍郎、侍中、尚书左仆射等职。后官至中书令、著作郎。天保二年（551年），奉敕撰《魏书》，修撰中，曾有仇恩报怨及受贿的恶劣行为，至有"秽史"之称。③诬罔：以不实之词，欺骗人。④强宗：豪门大族。指卢斐、李庶等人。⑤坐谤史：因诽谤史书而犯罪。⑥甲坊：制造铠甲的处所。

【译文】

　　齐国中书令魏收撰写《魏书》，很喜欢凭爱憎来褒贬，每每就对人说："什么小东西，敢给我魏收脸色看！我推举他，他就可以升天，我压抑他，他就要入地。"书完成后，中书舍人卢潜上奏说："魏收欺骗罔误了这一代人，罪该斩。"尚书左丞卢斐、顿丘人李庶也都说《魏史》不确实。魏收启奏齐主说："我和这些望族结了怨仇，一定会被刺客杀掉。"齐主很生气，于是卢斐、李庶和尚书郎中王松年都因诽谤史书而连累坐罪，鞭打二百，流放到造兵甲的地方。卢斐、李庶都死在监狱中，卢潜也被关在监狱里。然而当时的人终究不信服这部史书，叫它做"秽史"。

北周武帝不诛叛臣

陈宣帝太建八年①（576年）十二月

　　邺伊娄谦聘于齐②，其参军高遵以情输于齐③，齐人拘之于晋阳④。周主⑤既克晋阳，召谦，劳之。执遵付谦，任其报复。谦顿首，请赦之，周主曰："卿可聚众唾面，使其知愧。"谦曰："以遵之罪，又非唾面可责。"帝善其言而止。谦待遵如初。

　　臣光曰：赏有功，诛有罪，此人君之任也。高遵奉使异国，漏泄大谋，斯叛臣也；周高祖不自行戮⑥，乃以赐谦，使之复怨，失政刑矣⑦！孔子谓以德报怨者何以报德。为谦者，宜辞而不受，归诸有司⑧，以正典刑⑨。乃请而赦之以成其私名，美则美矣，亦非公义也。

（《通鉴》第172卷5365页）

【注释】

　　①陈宣帝：南朝陈国孝宣帝陈顼。太建八年相当于北周武帝建德五年。

②邺：有的版本作"初"。当为"初"。伊娄谦：北周大臣，时为开府仪同三司。聘于齐：出使到齐国（北朝的北齐）。公元575年春，北周武帝派伊娄谦出使北齐，探听政治军事形势，为出兵伐齐做准备。③参军：官名。为诸王及将军的重要幕僚。情：指北周派伊娄谦到齐国了解情况，准备伐齐。输：报告。④晋阳：地名。在今山西省太原市西南。⑤周主：北周武帝宇文邕。鲜卑族。公元560年即帝位，堂兄宇文护专权，572年邕杀护，始亲政。577年灭北齐，占有黄河流域及长江上游广大地区，为后来隋朝的统一奠定了基础。⑥周高祖：北周武帝宇文邕。不自行戮：自己不把高遵杀掉。⑦失政刑：政令刑罚不正确。⑧有司：官吏。⑨正典刑：根据法律治罪。典刑，常法。

【译文】

　　当初，伊娄谦出使齐国，他的手下参军高遵将出使的任务（阴谋）密告齐国。齐主下令将伊娄谦拘留在晋阳，到了周主攻陷晋阳，伊娄谦重获自由，周主召见他，当面加以慰劳。同时逮捕高遵，将他交给伊娄谦，听凭他报复。伊娄谦叩头道谢，并请求赦免高遵，周主说："你可聚众当面把唾液吐在他脸上，使他知道羞耻！"伊娄谦回答说："就高遵的罪过来论罚，又不止于唾面的责罚就够。陛下宽宏大量，不如索性就饶了他吧！"周主见他如此说，只好不再加责高遵，伊娄谦又如同从前一般对待高遵。

　　臣司马光说：奖赏立功的贤臣，责罚有罪的叛徒，这是做人国君的权责。高遵奉命出使他国，泄露军国大谋，这是地道的叛臣。周主自己不执行杀戮职权，反而将高遵交伊娄谦，任凭他去报复，这样就有失政纲和刑罚的尊严了。孔子说："拿恩惠来报答怨恨，那么又将拿什么来回报恩惠呢？"就伊娄谦这边来说，周主赐予他处罚高遵的权力，他应推辞不接受，而将高遵交付主管刑罚的官吏去定罪，用以维护国家的法纪。但他不如此做，竟请求周主赦免高遵，借此成就自己宽宏的美名，好虽是好，但却不合乎天下的公义。

梁彦光治相州

陈宣帝太建十三年①（581年）十月

　　岐州刺史安定梁彦光②，有惠政，隋主③下诏褒美，赐束帛④及御伞，以厉⑤天下之吏；久之，徙相州⑥刺史。岐俗质厚⑦，彦光以静镇之⑧，奏课⑨连为天下最。及居相，部⑩如岐州法。邺⑪自齐亡，衣冠士人⑫多迁入关⑬，唯工商乐户移实州郭⑭，风俗险诐⑮，好兴谣讼，目彦光为"着帽饧"⑯。帝闻之，免彦光官。岁余，拜赵州⑰刺史。彦光自请复为相州，帝许之。豪猾⑱闻彦光再来，皆嗤之。彦光至，发摘奸伏⑲，有若神明，豪猾潜窜，阖境大治。于是招致名儒，每乡立学，亲临策试⑳，褒勤黜怠。及举秀才，祖道㉑于郊，以财物资之。于是风化大变，吏民感悦，无复讼者。

（《通鉴》第 175 卷 5447 ~ 5448 页）

【注释】

①陈宣帝太建十三年：相当于隋文帝开皇元年。此年二月，隋王杨坚受禅即帝位，改元开皇。②岐州：治所雍县（在今陕西凤翔县南）。安定：县名，在今甘肃泾川北。梁彦光：字修芝。北周建德中，任御正下大夫。从武帝灭北齐，以功授开府、阳城县公。北周宣帝即位，拜华州刺史，进封华阳郡公。隋王杨坚受禅后，出任岐州刺史，后转相州刺史。死于任内。③隋主：隋文帝杨坚。北周时，杨坚官至相国，封隋王。陈宣帝太建十三年（581 年）二月，受禅即帝位，建立隋朝。④束帛：古代婚丧、馈赠的礼品。五匹帛为一束。⑤厉：通"励"。勉励。⑥相州：隋时治所在安阳（今河南安阳市）。⑦岐俗质厚：岐州的风俗质朴敦厚。⑧以静镇之：用一种比较缓和、宽容的手段来统治岐州人民。⑨奏课：向朝廷缴纳的赋税。⑩部：部署，治理。⑪邺：古都邑。北齐的都城，在今河南安阳县境。隋时属相州。⑫衣冠士人：有钱有势的士大夫阶级。⑬关：函谷关。古函谷关在今河南灵宝县东北，战国时秦置。西汉时移到今河南新安县东。古代称函谷关、潼关以西为关内。⑭郭：外城。⑮险诐：心地奸恶，行为不轨。⑯着帽饧：戴帽子的麦芽糖。意思是软弱无能。⑰赵州：治所在广阿（今河北隆尧县东）。⑱豪猾：有名有势的不法之徒。⑲发摘（tī）：揭发。检举。摘，揭发。奸伏：隐藏的坏人坏事。⑳策试：古代科举考试时把问题写在简策上，让考生对答，谓之对策。用这种方法考试，称为策试。㉑祖道：古人外出之前要祭祀路神，称为祖道。后因之称饯行为祖道。

【译文】

岐州刺史、安定人梁彦光，在岐州很有爱护人民的德政，隋主杨坚下诏褒奖赞美他，并赏赐给他束帛、御伞，借以激励天下的官吏。几年后，调升梁彦光为相州刺史。岐州民俗，质朴厚重，梁彦光用清静之道镇抚他们，考绩连年为天下第一。到了当相州刺史，他治理的方法，一如在岐州的时候。邺城自北齐亡国之后，缙绅衣冠士族都被迫卷入关中，只留下一些工、商、乐户，迁移入居相州外城之中，因此相州人奸诈不正，喜好造谣诉讼，竟戏称梁彦光为"着帽饧"。隋主听说他不能治理教化州民，便下令免去他的官职。又过了一年多，朝廷起用他为赵州刺史，梁彦光却主动请求再当相州刺史，隋主答允他。相州豪强黠诈之徒，听说梁彦光再来当刺史，没有不嗤笑他的。哪知梁彦光到任后，揭发奸邪所犯隐密罕为人知的罪案，精明有若神明，于是豪强黠诈之徒，莫不潜藏逃窜，相州因此全境大治。不久后，梁彦光在每乡都设置学校，延请名儒传道讲学，每到一定季节，梁彦光亲自到学校，主持考试，褒奖勤奋的，黜贬怠惰的。推举秀才进京，在郊外为他们饯行，并资助他们盘缠。于是相州风俗大为改观，府吏州民都感激悦服，从此也就不再动辄造谣兴讼了。

隋文帝免秦王官

隋文帝开皇十七年（597 年）七月

秦王俊①，幼仁恕，喜佛教，尝请为沙门②，不许。及为并州总管③，渐好奢侈，违越制度，盛治宫室。俊好内④，其妻崔氏，弘度⑤之妹也，性妒，于瓜中进毒，由是得疾，征还京师。上以其奢纵，丁亥，免俊官，以王就第。崔妃以毒王，废绝⑥，赐死于家。左武卫将军⑦刘升谏曰："秦王非有他过，但费官物，营廨舍⑧而已，臣谓可容。"上曰："法不可违。"杨素⑨谏曰："秦王之过，不应至此，愿陛下详之！"上曰："我是五儿⑩之父，非兆民之父？若如公意，何不别制天子儿律！以周公之为人，尚诛管、蔡⑪，我诚不及周公远矣，安能亏法⑫乎！"卒不许。

（《通鉴》第 178 卷 5557 ～ 5558 页）。

【注释】

①秦王俊：隋文帝杨坚的第三子，名俊，封秦王。②沙门：佛教名词。依照佛教戒律出家修道的人。③并州：治所在太原（今山西太原市西南）。总管：地方高级军政长官。北周改都督诸州军事为总管。隋及唐初也在各州设总管。后复称都督。④内：女色。⑤弘度：崔弘度。字摩诃衍，博陵安平（今

河北安平县）人。北周时官至上柱国。入隋，历任州总管和行军总管。⑥废绝：废除王妃称号，断绝关系。⑦左武卫将军：官名。武卫，军制名。隋置左右武卫，各设大将军、将军。⑧廨舍：官吏办公、住宿的地方。⑨杨素：时为尚书右仆射。⑩五儿：五个儿子，即太子勇、晋王广、秦王俊、蜀王秀、汉王谅。⑪周公：姬旦，周文王第四子，封于鲁，因采邑在周，故称周公。管，管叔，名姬鲜，周文王第三子，封于管，故名。蔡，蔡叔，名姬度，周文王第五子，封于蔡，故名。古书记载，武王死后，成王年幼，周公摄政。管、蔡挟持商纣王之子武庚叛乱。周公发兵平乱，杀武庚、管叔，放逐蔡叔。⑫亏法：破坏法纪。

【译文】

秦王杨俊，年幼时很仁厚宽恕，喜欢佛教，曾经请求去当和尚，没有获得同意。等到做了并州总管，渐渐喜欢奢侈，违背规矩，大力装饰宫室。杨俊喜爱妻妾，他的妃子崔氏，是崔弘度的妹妹，性善妒忌，有次在瓜里放进毒药，因而得了病，征调回到京师。皇上因为杨俊骄奢放纵，丁亥日（十三日），除杨俊的官职，以王爷的身份退居在家。崔妃因为毒害秦王，被废除，赐死在家里。左武卫将刘升劝谏说："王没有别的过失，只是浪费官府的财物，营造房舍而已，臣认为可以宽容他。"皇上说："法律是不可以违背的。"杨素说："秦王的过失，不应该到这地步，希望陛下详查。"皇上说："我是五个儿子的父亲，不是人民的父亲吗？如果像您说的意思，为什么不另外制定天子儿子的律法呢？以周公的为人，尚且诛杀管叔和蔡叔，我确实远不如周公，怎么能破坏法律呢？"最后仍然不答应。

赵绰执法一心

隋文帝开皇十七年（597年）三月

大理掌固来旷上言大理官司太宽①，帝以旷为忠直，遣每旦于五品行中参见②。旷又告少卿赵绰滥免徒囚③，帝使信臣推验④，初无阿曲⑤，帝怒，命斩之。绰固争，以为旷不合死，帝拂衣入阁⑥。绰矫言⑦："臣更不理旷，自有他事，未及奏闻。"帝命引入阁，绰再拜请曰："臣有死罪三，臣为大理少卿，不能制御掌固，使旷触挂天刑，一也。囚不合死，而臣不能死争，二也。臣本无他事，而妄言求人，三也。"帝解颜⑧。会独孤后⑨在坐，命赐旷二金杯酒，并杯赐之。旷因免死，徙广州。

萧摩诃⑩子世略在江南作乱，摩诃当从坐⑪，上曰："世略年未二十，亦何能为，以其名将之子，为人所逼耳。"因赦摩诃。绰固谏不可，上不能夺，欲绰去而赦之，因命绰退食。绰曰："臣奏狱未决，不敢退。"上曰："大理其为朕特赦摩诃也！"因命左右释之。

刑部侍郎辛亶尝衣绯裈⑫，俗云利官；上以为厌蛊⑬，将斩之。绰曰："法不当死，臣不敢奉诏。"上怒甚，曰："卿惜辛亶而不自惜也！"命引绰斩之。绰曰："陛下宁杀臣，不可杀辛亶。"至朝堂⑭，解衣当斩，上使人谓绰曰："竟何如？"对曰："执法一心⑮，不敢惜死。"上拂衣而入，良久，乃释之。明日谢绰，劳勉之，赐物三百段⑯。

时上禁行恶钱⑰，有二人在市，以恶钱易好者，武侯⑱执以闻，上令悉斩之，绰进谏曰："此人所坐⑲当杖，杀之非法。"上曰："不关卿事。"绰曰："陛下不以臣愚暗，置在法司⑳，欲妄杀人，岂得不关臣事！"上曰："撼大木，不动者当退。"对曰："臣望感天心，何论动木。"上复曰："啜羹㉑者热则置之，天子之威，欲相挫邪！"绰拜而益前，诃㉒之，不肯退，上遂入。治书侍御使柳彧㉓复上奏切谏，上乃止。

上以绰有诚直之心，每引入阁中，或遇上与皇后同榻，即呼绰坐，评论得失，前后赏赐万计。与大理卿薛胄㉔同时，俱名平恕㉕；然胄断狱以情而绰守法，俱为称职。

（《通鉴》第 178 卷 5554～5555 页）

【注释】

①大理：大理寺。掌管刑狱的官署。隋朝设大理寺卿、少卿（正副长官）。掌固：掌管仓库及陈设等事的官。官司：官员们。②来旷官在五品以下，隋文帝看重他，故令他在五品官的行列中参见。③赵绰：字士焯，河东（今山西永济县蒲州镇）人。北周时，被丞相杨坚赏识，引为录事参军。杨坚即帝位后，任大理丞。官至大理少卿。徒囚：又"囚徒"，犯人。④信臣：为君主信任之臣。推验：调查核实。⑤初：本来，原来。阿曲：阿，偏袒，包庇；曲，不正。⑥阁：便殿。即皇帝休息宴游的宫殿。⑦矫言：诈称；说假话。⑧解颜：欢笑。⑨独孤后：隋文帝杨坚的皇后，复姓独孤。⑩萧摩诃：原为陈朝骠骑将军，降隋后授开府仪同三司。⑪从坐：因参与或牵连犯罪案件而被追

究罪责。⑫绯：红色。袴：有裆的裤子。⑬厌（yàn）蛊：以巫术致灾祸于人。⑭朝堂：朝廷百官议事的地方。⑮执法一心：一心执行法律。⑯物：此处指布绢之类。段：布绢等物的一段。⑰恶钱：质地恶劣的钱。⑱武侯：官名。负责京城的巡逻，捕奸等事，属左右武侯将军统领。⑲所坐：所犯的罪。坐，犯罪的因由。⑳法司：掌管法律刑狱的官署。㉑啜（chuò）：喝，吃。羹：煮成浓液的食物。㉒诃：同"呵"。大声呵斥。㉓治书侍御史：官名。隋朝又称持书侍御史。皇帝身边纠察百官的官吏。柳彧：字幼文，河东解县（今山西运城西南解州）人。为人刚直，曾奉文帝之命巡视河北五十二州，奏免贪污和不称职的官吏二百余人。㉔大理卿：大理寺卿。薛胄：字绍玄，河东汾阴（今山西万荣县西南宝鼎）人。官至刑部尚书。㉕平恕：公平无私。

【译文】

　　大理掌固来旷上奏说大理官府的人判刑太宽了，皇上认为旷为人忠直，派他在每天朝参时，站在五品官职的行列，以示优待。来旷又控告少卿赵绰随便免除囚犯的罪刑，皇上便派亲信的臣子去察验，结果没有滥免徒囚的事，皇上很生气，就下令要把来旷处死。赵绰力争，认为来旷不该处死，皇上振衣起身入阁，表示不愿意再听到他说话。赵绰便假托说："臣不再理会来旷，是另有别的事情，还没有来得及奏报上闻。"皇上于是下令带他入阁，赵绰再拜请罪说："臣有三个死罪，臣任大理少卿，不能控制驾驭掌固，使来旷触犯国家刑典，这是第一件。囚犯不该死，臣不能以死相争，使皇上不杀囚犯，这是第二件。臣本来没有别的事，而乱说有事请求入见，这是第三件。"皇上听了，脸色缓和下来。正巧独孤后坐在旁边，命令赏赐赵绰两金杯的酒，连同金杯一同赏赐他。来旷因此免除死罪，流放到广州。

　　萧摩诃的儿子萧世略在江南作乱，萧摩诃应当牵连坐罪，皇上说："世略年龄还不到二十岁，能有什么作为呢？只因为他是名将的儿子，被人所逼迫罢了！"因此赦免萧摩诃。赵绰力争，认为这样做不可以，皇上不肯改变心意，想要赵绰离去，以赦免萧摩诃，于是命令赵绰退朝回去吃饭。赵绰说："臣奏报狱案还没有结果，不敢退朝。"皇上说："大理，你就为朕特别赦免萧摩诃吧！"因此命令左右的人释放萧摩诃。

　　刑部侍郎辛亶曾经穿过红色的裤子，民间风俗说穿红色裤子可以官运亨通；隋文帝认为这是妖术，将要把他斩首。赵绰说："根据法律不应当处死，我不敢接受诏命。"文帝震怒，对赵绰说："你可惜辛亶的性命，难道不可惜自己的性命吗？"于是下令将赵绰推出斩首。赵绰回答说："陛下可以处死我，但不能处死辛亶。"赵绰被押到朝堂，解去衣服，正准备处斩时，文帝又派人对他说："你抗命不遵的下场如何？"赵绰回答说："我一心一意公正执法，因此不敢爱惜自己的性命。"文帝拂衣进入后宫，过了很长时间，才传令释放赵绰。第二天，文帝又向赵绰道歉，好言慰问勉励他，赏赐他布帛等物三百段。

那时皇上禁止流通质量不合标准的钱币，有两个人在市上用劣钱换好的，巡察士兵逮捕上报，皇上下令全都杀掉，赵绰上前劝阻说："这两个人所犯的罪应当杖打，杀他们是非法的。"皇上说："这事与你无关。"赵绰说："陛下您不以为小臣我糊涂不明，安置我在司法部门，您打算乱杀人，怎么能够与我的职事无关？"皇上说："摇晃大树，树要是不动，就应当离开。"赵绰回答说："我指望感动天心，怎么说摇晃大树。"皇上又说："喝菜汤，汤热就放下；天子的威严，你打算加以挫伤吗！"赵绰拜后而更走上前去，皇帝叱责制止他，也不肯退下，皇上于是入宫了。治书侍御史柳彧又上奏章深切地谏劝，皇上这才收回成命。

隋文帝因为赵绰忠诚正直，常常把他带进阁中谈话，有时遇到文帝正和皇后同床而坐，即令赵绰也就座，和他评论朝政得失，前后赏赐的布帛财物多达上万。赵绰和大理寺卿薛胄同时，都享有公正宽恕的好名声；只是薛胄审理和判决案件多根据情理定罪，而赵绰只根据法律条文办案，两人都很称职。

独孤后谗害高颎

隋文帝开皇十九年（599年）

独孤后①性妒忌，后宫莫敢进御②。尉迟迥女孙③，有美色，先没④宫中，上⑤于仁寿宫见而悦之，因得幸。后伺上听朝，阴杀之，上由是大怒，单骑从苑中出，不由径路，入山谷间二十余里。高颎、杨素⑥等追及上，扣马苦谏。上太息曰："吾贵为天子，不得自由！"高颎曰："陛下岂以一妇人而轻天下！"上意少解，驻马良久，中夜方还宫。后俟上于阁内，及至，后流涕拜谢，颎、素等和解之，因置酒极欢。先是后以高颎父之家客，甚见素礼，至是，闻颎谓己为一妇人，遂衔⑦之。

时太子勇失爱于上，潜有废立之志，从容谓颎曰："有神告晋王⑧妃，言王必有天下，若之何⑨？"颎长跪曰："长幼有序，其可废乎！"独孤后知颎不可夺，阴欲去之。

会上令选东宫卫士以入上台⑩，颎奏称："若尽取强者，恐东宫宿卫⑪太劣。"上作色曰："我有时出入，宿卫须得勇毅。太子毓德春宫，左右何须壮士！此极弊法。如我意者，恒于交番⑫之日，分向东宫，上下团伍不别⑬，岂非佳事！我熟见前代，公不须仍踵旧风。"颎子表仁，娶太子女，故上以此言防之。

颎夫人卒，孤独后言于上曰："高仆射老矣，而丧夫人，陛下何能不为之娶！"上以后言告颎。颎流涕谢曰："臣今已老，退朝，唯斋居读佛经而已，虽陛下垂哀⑭之深！至于纳室，非臣所愿。"上乃止。既而颎爱妾生男，上闻之，极喜，后甚不悦。上问其故，后曰："陛下尚复信高颎邪？始，陛下欲为颎娶，颎心存爱妾，面欺陛下。今其诈已见，安得信之！"上由是疏颎。

伐辽之役⑮，颎固谏，不从，及师无功，后言于上曰："颎初不欲行，陛下强遣之，妾固知其无功矣！"又，上以汉王年少，专委军事于颎，颎以任寄隆重；每怀至公，无自疑之意，谅所言多不用。谅甚衔之，及还，泣言于后曰："儿幸免高颎所杀。"上闻之，弥不平。

及击突厥⑯，出白道⑰，进逼入碛⑱，遣使请兵，近臣缘此言颎欲反。上未有所答，颎已破突厥而还。及王世积⑲诛，推覈之际，有宫禁中事，云于颎处得之，上大惊。有司又奏"颎及左右卫大将军元旻、元胄，并与世积交通，受其名马之赠"。旻、胄坐免官。上柱国贺若弼、吴州总管宇文㢸、刑部尚书薛胄、民部尚书斛律孝卿、兵部尚书柳述等明颎无罪，上愈怒，皆以属吏⑳，自是朝臣无敢言者。秋，八月，癸卯，颎坐免上柱国、左仆射，以齐公就第。

未几，上幸秦王俊第，召颎侍宴。颎歔欷㉑悲不自胜，孤独后亦对之泣。上谓颎曰："朕不负公，公自负也。"因谓侍臣曰："我于高颎，胜于儿子，虽或不见，常似目前；自其解落㉒，瞑然忘之，如本无高颎。人臣不可以身要君㉓自云第一也。"

顷之，颎国令上颎阴事㉔，称其子表仁谓颎曰："司马仲达㉕初托疾不朝，遂有天下，公今遇此，焉知非福！"于是上大怒，囚颎于内史省而鞫㉖之。宪司㉗复奏沙门真觉尝谓颎云："明年国有大丧。"尼令晖复云："十七、十八年，皇帝有大厄，十九年不可过。"上闻而益怒，顾谓群臣曰："帝王岂可力求！孔子以大圣之才，犹不得天下。颎与子言，自比晋帝，此何心乎！"有司请斩之，上曰："去年杀虞庆则^㉘，今兹斩王世积，如更诛颎，天下其谓我何！"于是除名为民。

（《通鉴》第 178 卷 5565～5568 页）

【注释】

①独孤后：隋文帝杨坚的皇后，复姓独孤。②后宫：妃嫔的住所。借指妃嫔。进御：侍寝。③尉迟迥：北周大将军，封蜀王。宣帝卒，杨坚辅政，尉迟迥叛乱，兵败自杀。女孙：孙女。④没：没入。没收罪犯的家属或财产入宫。⑤上：皇上。即隋文帝杨坚。⑥高颎（jiǒng）（？—607）：一名敏，字昭玄，渤海蓨（今河北景县）人。隋文帝为北周宰相时，任相府司录。隋朝建立后，任尚书左仆射，执掌朝政。善用人。苏威、杨素、贺若弼、韩擒虎等著名将相，均为他所荐用。隋炀帝即位后，被逐渐冷落，任太常寺卿。后因议论朝政，被杀。杨素：时为尚书右仆射。⑦衔：心中怨恨。⑧晋王：杨广，后来之隋炀帝。⑨若之何：怎么办？⑩东宫：太子居住的地方。上台：皇帝居住的地方。⑪宿卫：在宫中值班，担任警卫。⑫交番：轮流值班。⑬上下团伍不别：皇帝和太子的警卫部队不要区分。⑭垂哀：对臣下表示同情。⑮伐辽之役：指隋文帝开皇十八年（598 年）派水陆大军三十万伐高丽，汉王谅及王世积并为行军统帅，高颎为汉王长史，隋军损失惨重。⑯击突厥：在 599 年四五月间。汉王谅本为元帅，却不临阵，战事实由高颎指挥。⑰白道：古道路名，在今内蒙古呼和浩特市西北。⑱碛：大沙漠。⑲王世积：北周时有战功，为上大将军。隋朝建立，封宜阳郡公。历任州总管。灭陈国有功，授柱国，后又进为上柱国。其年六月，被其亲信告发有谋反之心，被杀。⑳属（zhǔ）吏：交主管官吏处理。㉑歔欷：叹气；抽噎。㉒解落：解官落职。㉓要君：要挟君主。㉔颎国令：隋制，王国、公国皆有令（官名）。高颎封为齐国公，颎国令即齐国令。阴事：隐秘之事。㉕司马仲达：司马懿，字仲达，三国时人，其孙司马炎代魏建立晋朝。㉖内史省：隋朝曾改中书省为内史省，中书令为内史令。鞫：审讯。㉗宪司：御史的别称。㉘虞庆则：隋初任尚书右仆射，授上柱国，封鲁国公。后转为右卫大将军，又改为右武侯大将军。开皇十七年（597 年），被告谋反，被杀。

【译文】

独孤后生性喜欢妒忌，后宫没人敢靠近天子，接受宠幸。尉迟迥的孙女，有美丽的姿色，先是被削去籍贯配入宫中，后来皇上在仁寿宫见了，很喜

欢，因此得到宠幸。皇后却伺机在皇上听朝的时候，暗中把她杀了，皇上因此
大发脾气，一个人骑着马从宫苑中跑出去，不循道路，随意乱走，走到山谷中
二十多里的地方。高颎、杨素等人追上皇上，拦住马苦苦谏诤。皇上叹息说：
"我贵为天子，却没有自由。"高颎说："陛下怎么可以因为一个妇人而轻弃天
下。"皇上的心意稍稍宽解，停马很久，半夜才回到宫里。皇后在内阁等候皇
上，等到皇上来了，皇后流泪跪拜谢罪，高颎、杨素等人从中调和劝解，于是
设置酒宴，极尽欢乐。起先，皇后因为高颎是父亲家中的常客，对他十分亲善
礼遇，这时候，听到高颎说自己是一名妇人，于是记恨在心里。

当时太子杨勇失去皇上的宠爱，暗中有把他废除而另立的心意，于是皇
后很和气地告诉高颎说："有神明告诉晋王的王妃，说晋王一定会有天下，你
看怎么样？"高颎跪拜说："长幼有秩序，怎么可以废除呢？"独孤后知道不能
改变高颎的意见，便暗中想要除去他。

正巧皇上下令选拔东宫的卫士进到宫禁和省台，高颎上奏说："如果全部
取用强壮的，恐怕东宫的宿卫就太弱了。"皇上变了脸色说："我时常要进出，
宿卫一定是要骁勇强毅的。太子在东宫修养德行，左右的人何必要壮士呢？
这是最有弊端的规制。照我的意思，经常在交接替代的时候，分一部分去宿
卫东宫，使上台和东宫的卫士，没有什么区别，难道不是很好的事情？我很了
解前代有关此事的利弊，您不须坚持仍然沿袭旧制。"高颎的儿子高表仁，娶
太子的女儿，所以皇上用这些话来警戒他。

高颎的夫人死了，独孤后告诉皇上说："高仆射年老了，而死了夫人，陛
下怎么能不再替他娶一个？"皇上把皇后的话告诉高颎。高颎流着泪致谢说：
"臣现在已经老了，退朝以后，只有斋戒而居，读读佛经而已，虽然承蒙陛下
垂下深切的哀悯，但是纳妾这件事，却不是臣所愿意的。"皇上因此作罢。后
来高颎的爱妾生了男孩，皇上听了，极为欣喜，皇后却很不高兴。皇上问她原
因，皇后说："陛下还再相信高颎吗？当初，陛下想为高颎再娶，高颎因心里
想念爱妾，故当面欺骗陛下。现在他的诈骗已经看出来了，怎么可以相信他
呢？"皇上因此疏远高颎。

攻打辽的战役，高颎坚决谏诤，不被采纳，等到军队劳而无功，皇后便告
诉皇上说："高颎当初不想前往，陛下强迫派遣他，妾本来就知道他是不会有
功绩的。"同时，皇上因为汉王年纪小，把军事全都委任高颎处理，高颎因为
责任很深重，时常怀着至公的心理，没有自避嫌疑的意念，因此杨谅所说的话
多不被听用。这使杨谅记恨在心，等到回来以后，哭着告诉皇后说："儿很侥

幸没被高颎杀死。"皇上听了，心里更加不快。

等到攻击突厥的时候，从白道出发，计划进兵深入大漠，于是派使者请求增援兵力，近幸的臣子却因而说高颎想要造反。皇上没有回答，而高颎却已经打败突厥回来了。等到王世积被杀，在推考审问的时候，涉有宫禁中的事情，说是在高颎那里听到的，令皇上大为惊讶。负责的官吏又上奏："高颎和左右卫大将元旻、元胄，都和王世积有联络，接受了他赠的名马。"元旻、元胄都坐罪免官。上柱国贺若弼、吴州总管宇文㢸、刑部尚书薛胄、民部尚书斛律孝卿、兵部尚书柳述等人申明高颎无罪，皇上更加生气，把他们全都下狱，从此朝中的臣子没有人再敢讲话。秋，八月，癸卯日（初十）高颎坐罪免除上柱国、左仆射的官职，以齐公的身份退居于家。

不多久，皇上临幸秦王杨俊的宅第，召命高颎随侍酒宴。高颎不禁嗟叹，十分悲伤，独孤后也对着他哭泣。皇上告诉高颎说：朕没有对不起您，是您自己对不起自己。于是告诉侍臣说："我对待高颎，超过对自己的儿子，有时候没见到他，却好像常在眼前一样；自从他解官落职，便模糊淡忘，好像本来就没有高颎一般。人臣不可以使自身要挟到君主，说自己是第一。"

不久，高颎的国令上奏高颎的隐私事情，说他的儿子高表仁告诉高颎说："司马仲达当初称病不上朝廷，于是有了天下。您今天遭遇这件事，怎么知道不是福分呢？"因此皇上大怒，把高颎囚禁在内史令省而加以审问。法司又上奏沙门真觉曾经告诉高颎说："明年，国家有大的丧事。"尼令晖又说："开皇十七年、十八年，皇上有大的厄运，十九年是过不了的。"皇上听了更生气，回头告诉群臣说："帝王哪里是可以用力求得的呢？孔子以大圣的才华，尚且不能得到天下。高颎和他儿子的说话，把自己比为晋帝，这是什么心理呢？"掌法的官吏请求把他杀了。皇上说："去年杀死虞庆则，今年杀死王世积，如果再杀高颎，天下会怎样说我呢？"因此削除他的爵名，成为普通百姓。

韦云起直言不便事

隋文帝仁寿二年（602年）三月

兵部尚书柳述，庆①之孙也，尚兰陵公主②，怙宠③使气，自杨素④之属皆下之。帝问符玺直长万年韦云起⑤："外间有不便事⑥，可言之。"述时侍侧，云起奏曰："柳述骄豪⑦，未尝经事，兵机要重⑧，非其所堪，徒以主婿，遂居要职。臣恐物议以为陛下'官不择贤，专私所爱'，斯亦不便之大者。"帝甚然其言，顾谓述曰："云起之言，汝药石⑨也，可师友之⑩。"秋，七月，丙戌，诏内外官各举⑪所知。柳述举云起，除通事舍人⑫。

（《通鉴》第 179 卷 5590 ～ 5591 页）

【注释】

①庆：柳庆。西魏时官至尚书左仆射，北周建国后封平齐县公。②尚：婚配。专指娶帝王之女。兰陵公主：隋文帝第五女。③怙（hù）宠：恃宠。怙，依仗。④杨素：时为尚书左仆射。⑤符玺直长：掌管朝廷印玺、符节的官吏。万年：县名。在今陕西西安市东北。韦云起：隋文帝开皇中中举，授符玺直长。大业初任通事谒者，后擢为治书御史。⑥不便事：不适宜、不妥当的事。⑦骄豪：傲慢强横。⑧兵机：用兵的机宜、谋略。要重：紧要重大。⑨药石：药物、砭石。古代用石块做成用来治病的石针称砭石。⑩可师友之：可以韦云起为师为友。⑪举：推荐。⑫除：授以官职。通事舍人：掌管传达诏命、呈递奏章的官职。

【译文】

兵部尚书柳述是柳庆的孙子，跟兰陵公主结婚，依仗着皇家的恩宠而意气用事，即使杨素之类的权贵也都避让。隋文帝问符玺直长韦云起："外边有什么不利的事，可以直说。"当时柳述侍立皇帝身后，云起奏禀说："柳述骄贵豪迈，没有办事经验，军事谋划至为重要，不是他所能胜任的，只因为他是公主的丈夫，就占据了重要职位。我恐怕舆论认为陛下您'任命官长不选择有才能的，专偏向自己喜爱的人'，这可是不利问题中的大问题。"皇帝认为他的话很对，回过头来跟柳述说："云起的话，对你来说是付好药，你可以把他当作良师好友。"秋季七月初十那天，皇帝下诏书让内外官员各自推荐所了解的有才能的人。柳述推举了韦云起，皇帝就任命云起为通事舍人。

梁毗上书劾杨素

隋文帝仁寿二年（602 年）十二月

杨素弟约及从父文思、文纪、族父忌并为尚书、列卿①，诸子无汗马之劳，位至柱国②、刺史；广营资产，自京师及诸方都会处，邸店、碾硙、便利田宅③，不可胜数。家童千数，后庭妓妾曳绮罗者以千数；第宅④华侈，制拟宫禁；亲故吏布列清显⑤。既废一太子及一王⑥，威权愈盛。朝臣有违忤者，或至诛夷；有附会及亲戚，虽无才用，必加进擢；朝廷靡然⑦，莫不畏附。敢与素抗而不桡⑧者，独柳彧及尚书右丞李纲、大理卿梁毗而已⑨。

始，毗为西宁州⑩刺史，凡十一年，蛮夷酋长皆以金多者为豪隽，递相攻夺，略无宁岁，毗患之。后因诸酋长相帅以金遗毗，毗置金坐侧，对之恸哭，而谓之曰："此物饥不可食，寒不可衣，汝等以此相灭，不可胜数，今将此来，欲杀我邪！"一无所纳。于是蛮夷感悟，遂不相攻击。上闻而善之，征为大理卿，处法平允。

毗见杨素专权，恐为国患，乃上封事⑪曰："臣闻臣无有作威作福，其害于而⑫家，凶于而国。窃见左仆射越国公素，幸遇愈重，权势日隆，搢绅之徒，属其视听。忤旨者严霜夏零⑬，阿旨者甘雨冬澍⑭；荣枯由其唇吻，废兴候其指麾；所私皆非忠谠⑮，所进咸是亲戚，子弟布列⑯，兼州连县。天下无事，容息异图⑰；四海有虞，必为祸始。夫奸臣擅命，有渐而来，王莽⑱资之于积年，桓玄⑲基之于易世，而卒殄汉祀，终倾晋祚。陛下若以素为阿衡⑳，臣恐其心未必伊尹也。伏愿揆鉴古今，量为处置，俾洪基永固，率土㉑幸甚！"书奏，上大怒，收毗系狱，亲诘之。毗极言："素擅宠弄权，将领之处㉒，杀戮无道㉓。又太子、蜀王罪废之日㉔，百僚无不震竦，唯素扬眉奋肘，喜见容色，利国家有事以为身幸。"上无以屈，乃释之。

其后上亦浸㉕疏忌素，乃下敕曰："仆射国之宰辅，不可躬亲细务。但三五日一向省㉖，评论大事。"外示优崇，实夺之权也。素由是终仁寿之末，不复通判省事㉗。出杨约为伊州刺史。

（《通鉴》第 179 卷 5596 ～ 5597 页）

【注释】

①杨素（？—606）：字处道，弘农华阴（今属陕西）人。北周时官至徐州总管，封清河郡公。隋初授御史大夫。受命率水军东下灭陈，战功显赫，封越国公。后又平定江南等地的反隋势力。开皇十二年任尚书右仆射，与高颎同掌朝政。参与废太子勇，拥立炀帝的事件。炀帝即位后，任尚书令，官至

司徒，封楚国公。约：杨约，时为左庶子。从父：父亲的兄弟，即伯父、叔父。族父：同族兄弟之父。泛指同族之叔伯。列卿：指在九卿之列。九卿为我国古代中央政权的九个高级官职，各朝名称不尽一致。秦汉通常以奉常（太常）、郎中令（光禄勋）、卫尉、太仆、廷尉、典客（大鸿胪）、宗正、治粟内史（大司农）、少府为九卿。②柱国：勋位仅次于上柱国的高级武官。③邸店：城镇中的房屋。碾硙：利用水力带动的磨。便利田宅：在农村的简便住宅。④第宅：贵族的住宅。⑤亲故吏：亲戚、故吏。《隋书·杨素传》作"亲戚故吏"。布列清显：都处在清要显贵的职位上。⑥太子：指杨勇。开皇二十年被废。王：指蜀王杨秀。仁寿二年被废为庶人。⑦靡然：一边倒的样子。⑧桡：通"挠"。屈服。⑨柳彧：见《赵绰执法一心》注㉓。李纲：字文纪，观州蓨（今河北景县）人。隋初为太子洗马，后擢为尚书右丞。因不迎合杨素、苏威，被免官。后参加反隋起义军。唐初授礼部尚书兼太子詹事。官至少师。梁毗：字景和，定安乌氏（今甘肃泾川县东）人。北周时随武帝灭齐，有功，官武藏大夫。隋开皇初，置御史官，以毗耿直正派，授治书侍御史。后任大理卿，见杨素擅权，上书弹劾。炀帝即位，任刑部尚书，并摄御史大夫事。因弹劾宇文述，忤旨，忧愤而死。⑩西宁州：巂州。在今四川西南。⑪封事：密封的奏章。也称封章。⑫而：代词。你，你们。⑬忤旨：违背意旨。零：落。这句话的意思是，不听从杨素意旨的人，就会受到像夏天下霜那样的打击。⑭阿旨：迎合意旨。澍：滋润。这句是说，迎合杨素意旨的人，就会得到像冬天的土地受到甘雨滋润那样的优待。⑮忠谠：忠直。谠，正直。⑯布列：布陈罗列，形容其多。⑰容息：或许不会发生。异图：指反叛图谋。⑱王莽（前45—23）：字巨君，汉元帝皇后之侄。西汉末掌权，封新都侯。元始五年（5年）毒死平帝，自称假皇帝。初始五年（8年）称帝，改国号为新。⑲桓玄（369—404）：东晋桓温之子，袭爵为南郡公。公元398年，起兵反对擅权的司马道子父子。控制长江中游地区，与朝廷对抗。402年，攻占建康，执掌朝政。次年代晋自立，国号楚。不久，刘裕起兵讨伐，兵败自杀。⑳阿衡：一作"保衡"，商朝官名。相传辅佐商汤攻灭夏桀的伊尹，曾任此官。㉑率土：为"率土之滨"的省语。四海之内的意思。㉒将领之处：指杨素管辖的地方。将领，动词，带领、统领。㉓杀戮无道：随意杀戮。㉔太子、蜀王：指太子杨勇，蜀王杨秀。罪废：因罪而废。㉕浸（jìn）：逐渐。㉖向省：到中书省。时杨素为左仆射，是中书省的首脑之一。㉗通判：全面处理。省事：中书省中之事。隋制："尚书省，事无不总。置令、左右仆射各一人，总吏部、礼部、兵部、都官、度支、工部等六曹事"(《隋书·百官下》)。

【译文】

　　杨素的弟弟杨约和叔父杨文思、杨文纪、同族的叔父杨忌都官居尚书、列卿，他们的儿子没有什么汗马功劳，却位居柱国、刺史；杨家广营资产，从京师到各地的都会，客店、磨坊、丰腴的田产和房宅不计其数，家中的奴仆有几千人，府内穿着华丽罗绮的歌妓姬妾有千人；宅第豪华奢侈，规制模仿皇宫禁城，亲戚朋友旧部下都官列显要之职。杨素已经废黜了一个太子和一个王，权势更加显赫。朝臣忤逆他们的，有人就被处死甚至夷灭全家；附会他们的人和他们的亲朋故旧，即使没有才能，也必定加官进爵。朝廷内外的人都屈服于杨家的势力，无人不畏附杨素。敢于与杨素对抗而不屈从的人，只有柳彧和尚书右丞李纲、大理卿梁毗而已。

　　当初，梁毗被任命为西宁州刺史，共十一年。西宁州的蛮夷酋长都以金子多的人为豪强，他们互相攻击掠夺，简直没有宁静的年月。梁毗对此感到忧虑。后来因为各酋长竞相送梁毗金子，梁毗把金子放在坐椅旁，对着金子痛哭道："金子这东西饥不能食，寒不能衣，你们为了它相互残害，争战之事多得数不过来。现在你们送金子来，是要杀我啊！"他一点都没有接受。于是那些蛮夷人都受感动而醒悟，不再互相攻掠了。文帝听到后很高兴，任命梁毗为大理卿。梁毗执掌司法公平允正。

　　梁毗看见杨素专横擅权，怕成为国家的祸患，于是上了封事说："臣听说人臣不可以假借权势来欺压别人，以损伤你的家，残害你的国。臣私下看见左仆射越国公杨素，所受的宠幸恩遇，愈来愈重，权柄势力一天比一天隆盛，在朝为官的人，都要耸起耳朵，擦亮眼睛，以注意他的一言一动。违抗他的意思的，如夏天降寒霜，阿承他的意思的，如冬天下甘雨，一个人的荣贵或枯败，全凭他的一张嘴，一个人的兴盛或衰废，全听他的指挥；他所私爱的都不是忠心直言的人，他所进用的都是自己的亲戚，替子弟安排位置，由州连县，遍及各地。天下太平无事，或许会止息背叛的企图；四海如有不安，一定会成为祸害的根源。谈到奸邪的臣子擅弄天命，是逐渐而来的，王莽凭借的是多年累积的成果，桓玄依据的是两代建立的基业，最后才殄灭汉代的宗祀、倾覆晋朝的福祚。陛下如果以杨素为阿衡（官名，宰辅的意思），臣怕他的心未必能像伊尹。臣诚恳地希望陛下明察古今，考量处理，使得国家宏大的基业永远稳固，让全国的人蒙受无边的福泽。"封事上奏以后，皇上大为生气，收拿梁毗，下在牢里，亲自诘问。梁毗极尽所知说："杨素擅专宠幸，玩弄权力，带兵所到的地方，杀戮都很惨烈，全不顾人道。又太子、蜀王犯罪被废除的时候，百官无不震惊竦惧，只有杨素扬眉得意，喜悦的心情表现在脸色上，把国家所发生的变故，当作是自身幸运的事情。"皇上无法使他屈服，于是把他释放了。

后来皇上也逐渐对杨素疏远疑忌，于是下了敕令说："仆射是国家的宰辅，不必亲自处理细微的事务，只要三五天一次到尚书省，评论大的事情就可以了。"从外表看是对他优遇尊崇，实际是剥夺他的权力。杨素因此到仁寿末年，不再总理尚书省的事情。又把杨约派出去当伊州刺史。

隋文帝之为政

隋文帝仁寿四年（604年）七月

高祖性严重①，令行禁止。每旦听朝，日昃②忘倦。虽啬③于财，至于赏赐有功，即无所爱；将士战没④，必加优赏，仍遣使者劳问其家。爱养百姓，劝课⑤农桑，轻徭薄赋。其自奉养⑥，务为俭素，乘舆御物，故弊者随宜补用；自非享宴⑦，所食不过一肉；后宫皆服浣濯⑧之衣。天下化之⑨，开皇、仁寿之间，丈夫率衣绢布⑩，不服绫绮，装带⑪不过铜铁骨角，无金玉之饰。故衣食滋殖⑫，仓库盈溢。受禅之初，民户不满四百万，末年，逾八百九十万，独冀州已一百万户。然猜忌苛察⑬，信受谗言，功臣故旧，无始终保全者；乃至子弟，皆如仇敌，此其短也。

（《通鉴》第180卷5601～5602页）

【注释】

①高祖：隋文帝的庙号。文帝卒于仁寿四年（604年）七月丁未日（十三日），年六十四。严重：谨严持重。②日昃：也作"日仄"。太阳偏西，约下午二时。③啬（sè）：节约。④战没：战死。⑤劝课：劝勉和考察。⑥奉养：指生活费用。⑦享宴：同"飨宴"。古代帝王宴请群臣。飨，用酒食招待人。⑧浣濯：洗涤。⑨天下化之：指隋文帝注意节俭的美德使人人仿效而成为社会风气。⑩丈夫：古代成年男子的通称。率：大抵，通常。衣：动词，穿着。⑪装带：装饰和佩戴的物品。⑫滋殖：增多。⑬苛察：对人要求苛刻。察，苛求。

隋文帝性格谨严持重，办事令行禁止，每日清晨处理朝政，到日偏西时还不知疲倦。虽然吝啬钱财，但赏赐有功之臣则不吝惜；将士战死，文帝必定从优抚恤，并派使者慰问死者家属。他爱护百姓，鼓励督促农桑，轻徭薄赋。自己生活务求节俭朴素，所乘车驾及所用之物，旧了坏了都随时修理使用；如果不是享宴，吃饭不过一个肉菜；后宫都身着洗旧了的衣服。天下人都为文帝的行为所感化。开皇、仁寿年间，男子都身穿绢布衣服，不穿绫绮；衣带饰品用的不过是铜铁骨角所制，没有金玉的装饰。因此国家的财富日益增长，仓库丰盈。文帝受禅之初，隋朝的民户不满四百万户；到了隋文帝仁寿末年，超过了八百九十万户，仅冀州就已有一百万户。但是文帝好猜忌苛察，容易听信谗言，他的功臣故旧，没有能始终保全的；至于他的子弟辈，都像仇敌一样，这是他的短处。

隋炀帝向诸番夸富

隋炀帝大业六年（610年）正月

帝以诸番酋长毕集洛阳①，丁丑，于端门街盛陈百戏②，戏场周围五千步，执丝竹③者万八千人，声闻数十里，自昏至旦，灯火光烛④天地；终月而罢，所费巨万。自是岁以为常。

诸番请入丰都市⑤交易，帝许之。先命整饰店肆，檐宇如一，盛设帷帐，珍货充积，人物华盛，卖菜者亦借以龙须席⑥。胡客或过酒食店⑦，悉令邀延就座，醉饱而故，不取其直⑧，给⑨之曰："中国丰饶，酒食例不取直。"胡客皆惊叹。其黠者⑩颇觉之，见以缯帛缠树，曰："中国亦有贫者，衣不盖形，何如以此物与之，缠树何为？"市人惭不能答。

（《通鉴》第181卷5649页）

【注释】

①帝：隋炀帝杨广。公元604年即位后，大兴土木，修建宫殿御苑，并征集大量民工开掘运河，修筑长城，开辟驰道。又喜好军功，东征西讨。百姓受苦受难。从大业七年起，农民起义不断。公元618年，在江都（今扬州）被禁

军将领宇文化及缢死。诸番：指当时我国西方各民族国家。②端门街：洛阳城端门外的街。百戏：各种乐舞杂技表演的总称。③丝竹：弦乐和管乐的总称。④光烛：光照。⑤丰都市：洛阳的东市。此外还有南市大同，北市通远。⑥借(jiè)：坐卧其上。龙须席：用龙须草编成的席子。⑦胡客：西方各民族商人。过酒食店：经过酒肆餐馆。⑧直：同"值"，价钱。⑨绐(dài)：欺骗，说谎。⑩黠者：有心计的人。

【译文】

皇上把所有番族的酋长全部集合在洛阳。丁丑日（十五日），在端门街盛大地演出百戏，戏场周围有五千步，演奏音乐的有一万八千人，声音传至几十里之外，从黄昏到天亮，灯火的光芒映照天地；整整一个月才结束，所耗费的金钱有万万之多。从此每年都是如此。

各番族请求进入丰都市做生意，皇上同意了。先命令店主整饰店面，屋檐、屋宇齐一，设置很多帷帐，珍贵的货物到处堆积，人物华艳盛美，卖菜的人也都坐在龙须草织成的席子上。胡族的客人只要经过酒食店，全都命令店主邀请他们进内就座，喝醉吃饱就离开，不收他们酒食的钱，并欺骗他们说："中国物产丰富，喝酒吃饭向来是不拿钱的。"胡族的客人都惊奇赞叹。他们中间比较狡黠的人也察觉了，看见用织帛缠在树上，便说："中国也有贫困的人，衣服不能遮蔽形体，何不拿这些东西送给他们，缠在树上做什么呢？"城里的人惭愧得不能回答。

萧瑀受敕必勘审

唐高祖武德元年（618年）六月

上待裴寂特厚①，群臣无与为比，赏赐服玩②，不可胜纪③；命尚书奉御日以御膳赐寂④，视朝⑤必引与同坐，入阁则延之卧内⑥；言无不从，称为裴监而不名⑦。委萧瑀以庶政⑧，事无大小，无不关掌⑨。瑀亦孜孜尽力，绳违举过⑩，人皆惮之，毁之者众，终不自理⑪。上尝有敕而内史不时宣行⑫，上责其迟，瑀对曰："大业⑬之世，内史宣敕⑭，或前后相违，有司不知所从，其易在前，其难在后；臣在省日久，备见其事。今王业经始，事系安危，远方有疑，恐失机会，故臣每受一敕必勘审⑮，使与前敕不违，始敢宣行，稽缓之愆⑯，实由于此。"上曰："卿用心如是，吾复何忧！"

（《通鉴》第 185 卷 5793 ~ 5794 页）

【注释】

①上：指唐高祖李渊。裴寂（570—632）：字玄真，蒲州桑泉（今山西临猗东南）人。隋末为晋阳宫副监，积极参与李渊起兵反隋活动。唐初，任尚书左仆射，掌管朝政，并参与制定《唐律》。后被太宗免官。②服玩：服用和玩赏的物品。③胜纪：尽记。纪，同"记"。④尚书：应为"尚食"。指宫中主管膳食的"尚食局"。奉御：主管尚食局的官。御膳：皇帝的饮食。⑤视朝：皇帝上朝处理政务。⑥入阁：指进入供休息游宴的宫殿。延：引进；邀请。卧内：寝室。⑦裴监：裴寂曾任隋朝晋阳宫副监。不称其名而叫裴监，表示亲密。⑧萧瑀：字时文，后梁明帝之子。姐为隋炀帝皇后。隋时，官至内史侍郎。唐武德元年，任内史令，后擢为尚书左仆射。贞观初，一度被废黜，但不久复为左仆射。官至太子太保、同中书门下三品。庶政：各种政务。⑨关掌：关心掌握。⑩绳违举过：揭发和纠正错误过失。绳，纠正。违，邪恶，错误。⑪终不自理：自己始终不申辩。⑫敕：皇帝的诏书。内史：隋改中书省为内史省，中书令为内令。唐初未变。不时宣行：不及时宣布施行。⑬大业：隋炀帝年号。⑭宣敕：发布诏书。⑮勘审：核对审查。⑯稽缓：滞留和拖延。愆：过失，罪责。

【译文】

皇上对待裴寂特别优厚，群臣不能比拟，赏赐服装玩物，数都数不完；命令尚食官于奉御日用皇上同等的膳食赐裴寂吃，上朝时请他同坐，入阁时请到内室；他说的话没有不听，称他裴监而不称名。用萧瑀掌理庶政，无论大小事情，都由他决定。萧瑀也用心尽力，纠举过错，人人害怕，毁谤他的人很多，始终不自我申辩。皇上曾有诏命但内史不依时宣布施行，皇上责备他做事太慢，萧瑀回答说："大业时代，内史宣达诏命，有时前后相违背，主管不知遵从，容易办的在前面，难办的在后面；我在内史侍郎任内，看得很清楚。如今王业开始，事关国家安危，远方一有疑虑，恐怕失去机会，因此我每接受一道诏命一定用心勘审，使与前面的诏命不相抵触，才敢宣行，迟缓的过失，由此发生。"皇上说："你如此的用心，我还有什么可担忧！"

李素立谏唐高祖守法

唐高祖武德元年（618年）十二月

　　有犯法不至死者，上特命杀之。监察御史李素立①谏曰："三尺法②，王者所与天下共也，法一动摇，人无所措手足。陛下甫创③洪业，奈何弃法！臣忝法司④，不敢奉诏。"上从之。自是特承恩遇，命所司授以七品清要官⑤；所司拟雍州司户⑥，上曰："此官要而不清。"又拟秘书郎⑦，上曰："此官清而不要。"遂擢授侍御史⑧。

（《通鉴》第 186 卷 5834 页）

【注释】

　　①李素立：赵州高邑（今河北高邑）人。唐初，任监察御史，不久擢为侍御史。贞观中，转为扬州大都督府司马。后历任太仆、鸿胪卿、绵州刺史。②三尺法：法律。古代把法律写在三尺长的竹简上，故称"三尺法"，简称"三尺"。③甫创：初创。甫，开始。④臣忝法司：我愧居执法岗位。忝（tiǎn），羞辱，有愧于，常用作自谦之词。法司，掌管刑法的官署。李素立当时为监察御史，负有"分察百官，巡按郡县，纠视刑狱，肃整朝仪"之责。⑤所司：主管部门或主管官吏。清要官：地位清贵且能掌握枢要的官职。⑥雍州：唐辖境包括今陕西秦岭以北，乾县以东，铜川以南，渭南以西地区。司户：司户参军。唐官制，在府曰户曹参军，在州曰司户参军，在县曰司户。掌管户籍、婚姻、田宅、杂徭等事，故"要而不清"。⑦秘书郎：官名，属秘书省。唐曾改称兰台郎。掌管图书，故"清而不要"。⑧侍御史：属御史台。职责为举劾非法，督察郡县，奉命外出执行任务等。《旧唐书·李素立传》在此之后尚有一句："高祖曰：'此官清而复要。'"

【译文】

　　有犯法而不及死罪的人，皇上特别下令要把他们杀掉，监察御史李素立进谏说："法律是君王与天下人民共守的标准，法律一动摇，人民就无从遵循。陛下刚创立大业，为何弃法！臣负责法司，不敢遵奉诏命。"皇上听从他的话。素立从此特别承受恩遇，命令执政授给他七品清要官，执政拟授雍州司户，皇上说:"这个官位重要但不清廉。"又拟授秘书郎,皇上说:"这个官位清廉但不重要。"于是擢授侍御史。

李世民开文学馆

唐高祖武德四年(621年)十月

上以秦王①功大,前代官皆不足以称之,特置天策上将,位在王公上。冬,十月,以世民为天策上将,领司徒、陕东道大行台尚书令②,增邑二万户③,仍开天策府④,置官属⑤。以齐王元吉⑥为司空。世民以海内浸⑦平,乃开馆于宫西,延⑧四方文学之士,出教以王府属⑨杜如晦、记室房玄龄、虞世南、文学褚亮、姚思廉、主簿李玄道、参军蔡允恭、薛元敬、颜相时、咨议典签苏勖、天策府从事中郎于志宁、军咨祭酒苏世长、记室薛收、仓曹李守素、国子助教陆德明、孔颖达、信都盖文达、宋州总管府户曹许敬宗,并以本官兼文学馆学士,分为三番⑩,更日直宿⑪,供给珍膳,恩礼优厚。世民朝谒公事之暇,辄至馆中,引诸学士讨论文籍⑫,或夜分⑬乃寝。又使库直阎立本图像⑭,褚亮为赞⑮,号十八学士。士大夫得预其选者,时人谓之"登瀛州"⑯。

(《通鉴》第189卷5931~5932页)

【注释】

①秦王:李世民封秦王。后即位为帝,庙号太宗。②领:古代兼任较低级职务曰"领"。司徒:官名。与太尉、司空,合称"三公",东汉时为共同负责军政的最高长官。隋唐时参议国事,但无实际职务。陕东道:为唐初设立的大行政区,管辖陕陌(今河南陕县西南)以东地区。大行台:设在大行政区代表中央的机构叫行台;若任职的人权位特别重,则称大行台。陕东道大行台设尚书省,有令、仆及郎中、主事等官,品秩皆与京师同。③增邑二万户:增邑至二万户。唐制,封王食邑万户,现加倍。④开天策府:成立天策府署。⑤官属:主官的下属官吏。⑥元吉:李渊第三子,封齐王。⑦浸:逐渐。⑧延:延请,接纳。⑨出教:发布命令。教:教令,即命令。古代皇帝的命令曰诏,诸侯的命令曰教。属:王府的官职。掌通判兵曹、骑曹、法曹、士曹事。

⑩三番：三班。⑪更日直宿：轮流着每日到文学馆值夜班。直宿，在宫中值夜班。直，通"值"。⑫文籍：文章典籍。⑬夜分：夜半。⑭图像：画像。⑮为赞：写赞文。赞，古代一种文体，以赞美为主。⑯登瀛州：古代相传，东海有蓬莱、方丈、瀛州三神山，人不能到，到则成仙。古代以"登瀛州"比喻得宠遇如登仙境。

【译文】

　　皇上因秦王李世民军功大，前代官阶都不足以称他，特别设置天策上将，位在王公之上。冬，十月，派世民做天策上将，兼任司徒、陕东道大行台尚书令，增加食邑二万户，因开天策府，设置官属。派齐王李元吉做司空。世民因海内逐渐平定，于是在宫西开馆，延请四方文学之士，命，以王府僚属杜如晦、记室房玄龄、虞世南、文学褚亮、姚思廉、主簿李玄道、参军蔡允恭、薛元敬、颜相时、咨议典签苏勖、天策府从事中郎于志宁、军咨祭酒苏世长、记室薛收、仓曹李守素、国子助教陆德明、孔颖达、信都盖文达、宋州总管府户曹许敬宗，并以本官兼文学馆学士，分为三番，换日值宿，供给美食，非常礼遇。世民朝参谒君治理公事之余，就来到馆中，请诸学士讨论文籍，有时到半夜方才就寝。又使库直阎立本画像，褚亮作赞辞，称为十八学士。士大夫能参与选拔的人，当时的人称为"登瀛州。"

韦仁寿检校南宁州都督

唐高祖武德七年（624年）闰七月

　　初，隋末京兆韦仁寿为蜀郡司法书佐①，所论囚至市②，犹西向为仁寿礼佛然后死③。唐兴，爨弘达帅西南夷内附④，朝廷遣使抚之，类⑤皆贪纵，远民⑥患之，有叛者。仁寿时为巂州都督长史⑦，上闻其名，命检校南宁州都督⑧，寄治越巂⑨，使之岁一至其地慰抚之。仁寿性宽厚，有识度，既受命，将兵五百人至西洱河⑩，周历数千里，蛮、夷豪帅皆望风归附，来见仁寿。仁寿承制⑪置七州、十五县，各以其豪帅⑫为刺史、县令，法令清肃，蛮、夷悦服。将还，豪帅皆曰："天子遣公都督南宁，何为遽去？"仁寿以城池未立为辞。蛮、夷即相帅为仁寿筑城，立廨舍⑬，旬日而就。仁寿乃曰："吾受诏但令巡抚⑭，不敢擅留。"蛮、夷号泣送之，因各遣子弟入贡。壬戌，仁寿还朝，上大悦，命仁寿徙镇南宁，以兵戍之。

（《通鉴》第 191 卷 5990 ～ 5991 页）

【注释】

①京兆：京兆府。唐代京都长安所在的行政区。韦仁寿：京兆万年（今陕西西安市）人。隋大业末，为蜀郡司法书佐。唐初巂州都督府长史，检校南宁州都督，治理有方，深受西南少数民族的爱戴。约卒于武德八年（625 年）。②论：定罪。囚：囚犯。这里指定了死罪，解往刑场处死的罪犯。③西向：面向西方。礼佛：向自己信仰的神佛行礼。佛教徒认为佛教的创始人释迦牟尼在西天，所以向西行礼，为韦仁寿祝福。④爨弘达：西爨蛮的首领。爨，为西南地区一个少数民族，分东爨蛮和西爨蛮两支。隋文帝时，西爨蛮的首领爨震翫入朝被诛，诸子没入为奴。唐高祖即位，以其子弘达为昆州刺史，奉父丧归。西南夷：对分布在西南的少数民族的总称。⑤类：副词，大抵。指朝廷所派遣的使者大多贪纵。⑥远民：指西南边远地区的民众。⑦巂州：唐治所在越巂（今四川西昌），辖境相当于今四川越西、美姑以东，金沙江以西以北，锦屏山、盐井河以东地区。都督长史：都督府的长史。唐代都督为州的军政长官，而长史为辅佐都督的重要官员。⑧检校：指诏除而非正名的加官。南宁州：治所在味县（今云南曲靖）。辖境相当于今云南弥勒以北、抚仙湖东岸的南盘江上游流域和寻甸县。⑨寄治越巂：指南宁州的官府暂时附设在越巂。⑩西洱河：又名西洱海。即今洱海。今属云南大理市。⑪承制：秉承皇帝的意旨。⑫豪帅：指西南夷中有声望的首领。⑬廨舍：官吏办公住宿的房子。⑭巡抚：巡视安抚。

【译文】

起初，隋末京兆韦仁寿为蜀郡司法书佐，囚犯被判死刑押到市街受斩决，还面向西方为仁寿祈福然后接受处斩。唐兴，爨弘达率西南夷归顺，朝廷派使者安抚他们，大都是贪墨纵恣，边境人民厌恶他们，有反叛的人。仁寿当时做巂州都督长史，皇上听到他的声名，命令他摄代南宁州都督，治所寄置于越巂，使他每年一次到该地安抚慰问。仁寿性格宽厚，有见识有器度，已受命，率兵五百人到西洱河，周绕经历数千里，蛮、夷豪右渠帅都望风归顺，来谒见仁寿。仁寿承继旧制设置七州、十五县，各派其豪右渠帅做刺史、县令，法令清明严肃，蛮、夷心悦诚服。将返京师时，豪帅们都说："天子派您都督南宁，为何急于离去？"仁寿拿城池未建立做说辞。蛮、夷立刻相率为仁寿建筑城池，建立署廨的屋舍，十日就完工。仁寿于是说："我受诏命只是负责巡抚，不敢擅自久留。"蛮、夷哭泣着送他，因而各派遣子弟入贡。壬戌日（二十四日），仁寿返回朝廷，皇上大为喜悦，命令仁寿调迁镇守南宁，以兵戍守该地区。

玄武门之变

唐高祖武德九年（626年）六月

秦王世民既与太子建成、齐王元吉有隙，以洛阳形胜①之地，恐一朝有变，欲出保之，乃以行台②工部尚书温大雅镇洛阳，遣秦府③车骑将军荥阳张亮将左右王保等千余人之洛阳，阴结纳山东豪杰以俟变，多出金帛，恣其所用。元吉告亮谋不轨，下吏考验④，亮终无言，乃释之，使还洛阳。

建成夜召世民，饮酒而酖之⑤，世民暴心痛，吐血数升，淮安王神通⑥扶之还西宫。上幸西宫，问世民疾，敕建成曰："秦王素不能饮，自今无得复夜饮。"因谓世民曰："首建大谋⑦，削平海内，皆汝之功。吾欲立汝为嗣，汝固辞；且建成年长，为嗣日久，吾不忍夺也。观汝兄弟似不相容，同处京邑，必有纷竞，当遣汝还行台，居洛阳，自陕⑧以东皆主之。仍命汝建天子旌旗，如汉梁孝王故事⑨。"世民涕泣，辞以不欲远离膝下⑩，上曰："天下一家，东、西两都，道路甚迩，吾思汝即往，毋烦悲也。"将行，建成、元吉相与谋曰："秦王若至洛阳，有土地甲兵，不可复制；不如留之长安，则一匹夫耳，取之易矣。"乃密令数人上封事⑪，言："秦王左右闻往洛阳，无不喜跃，观其志趣，恐不复来。"又遣近幸之臣以利害说上，上意遂移，事复中止。

建成、元吉与后宫⑫日夜潜诉世民于上，上信之，将罪世民。陈叔达⑬谏曰："秦王有大功于天下，不可黜也。且性刚烈，若加挫抑，恐不胜忧愤，或有不测之疾，陛下悔之何及！"上乃止。元吉密请杀秦王，上曰："彼有定天下之功，罪状未著，何以为辞？"元吉曰："秦王初平东都，顾望不还，散钱帛以树私恩，又违敕令，非反而何！但应速杀，何患无辞！"上不应。

　　秦府僚属皆忧惧不知所出。行台考功郎中房玄龄谓比部郎中长孙无忌曰："今嫌隙已成,一旦祸机窃发,岂惟府朝⑭涂地,乃实社稷之忧;莫若劝王行周公之事⑮以安家国。存亡之机,间不容发,正在今日!"无忌曰："吾怀此久矣,不敢发口;今吾子所言,正合吾心,谨当白之。"乃入言世民。世民召玄龄谋之,玄龄曰："大王功盖天地,当承大业;今日忧危,乃天赞也,愿大王勿疑。"乃与府属杜如晦共劝世民诛建成、元吉。

　　建成、元吉以秦府多骁将,欲诱之使为己用,密以金银器一车赠左二副护军尉迟敬德,并以书招之曰："愿迂长者之眷⑯,以敦布衣之交⑰。"敬德辞曰："敬德,蓬户瓮牖⑱之人,遭隋末乱离,久沦逆地,罪不容诛。秦王赐以更生之恩⑲,今又策名藩邸⑳,唯当杀身以为报;于殿下无功,不敢谬当重赐。若私交殿下,乃是二心,徇利忘忠,殿下亦何所用!"建成怒,遂与之绝。敬德以告世民,世民曰："公心如山岳,虽积金至斗㉑,知公不移。相遗但受,何所嫌也!且得以知其阴计,岂非良策!不然,祸将及公。"既而元吉使壮士夜刺敬德,敬德知之,洞开重门㉒,安卧不动,刺客屡至其庭,终不敢入。元吉乃谮敬德于上,下诏狱㉓讯治,将杀之,世民固请,得免。又谮左一马军总管程知节,出为康州刺史。知节谓世民曰："大王股肱羽翼尽矣,身何能久!知节以死不去,愿早决计。"又以金帛诱右二护军段志玄,志玄不从。建成谓元吉曰："秦府智略之士,可惮者独房玄龄、杜如晦耳。"皆谮之于上而逐之。

　　世民腹心惟长孙无忌尚在府中,与其舅雍州治中高士廉、右侯车骑将军三水侯君集及尉迟敬德等,日夜劝世民诛建成、元吉。世民犹豫未决,问于灵州大都督李靖,靖辞;问于行军总管李世勣,世勣辞;世民由是重二人。

　　会突厥郁射设将数骑屯河南,入塞,围乌城,建成荐元吉代世民督诸军北征,上从之,命元吉督右武卫大将军李艺、天纪将军张瑾等救乌城。元吉请尉迟敬德、程知节、段志玄及秦府右三统军秦叔宝等与之偕行,简阅㉔秦王帐下精锐之士以益元吉军。率更丞王晊密告世民曰："太子语齐王:'今汝得秦王骁将精兵,拥数万之众,吾与秦王饯汝于昆明池,使壮士拉杀之于幕下,奏云暴卒,主上宜无不信。吾当使人进说,令授吾国事。敬德等既入汝手,宜悉坑之,孰敢不服!'"世民以晊言告长孙无忌等,无忌等劝世民先事图之。世民叹曰："骨肉相残,古今大恶。

吾诚知祸在朝夕，欲俟其发，然后以义讨之，不亦可乎！"敬德曰："人情谁不爱其死！今众人以死奉王，乃天授也。祸机垂发，而王犹晏然不以为忧，大王纵自轻，如宗庙社稷何！大王不用敬德之言，敬德将窜身草泽，不能留居大王左右，交手受戮也！"无忌曰："不从敬德之言，事今败矣。敬德等必不为王有，无忌亦当相随而去，不能复事大王矣！"世民曰："吾所言亦未可全弃，公更图之。"敬德曰："王今处事有疑，非智也；临难不决，非勇也。且大王素所畜养勇士八百余人，在外者今已入宫，擐甲执兵，事势已成，大王安得已乎！"

世民访之府僚，皆曰："齐王凶戾，终不肯事其兄。比闻护军薛实尝谓齐王曰：'大王之名，合之成"唐"字，大王终主唐祀。'齐王喜曰：'但除秦王，取东宫如反掌耳。'彼与太子谋乱未成，已有取太子之心。乱心无厌，何所不为！若使二人得志，恐天下非复唐有。以大王之贤，取二人如拾地芥耳，奈何徇匹夫之节，忘社稷之计乎！"世民犹未决，众曰："大王以舜为何如人？"曰："圣人也。"众曰："使舜浚井不出㉕，则为井中之泥，涂廪㉖不下，则为廪上之灰，安能泽被天下㉗，法施后世乎！是以小杖则受，大杖则走㉘，盖所存者大故也㉙。"世民命卜之，幕僚张公谨自外来，取龟投地，曰："卜以决疑；今事在不疑，尚何卜乎！卜而不吉，庸得已乎㉚！"于是定计。

世民令无忌密召房玄龄等，曰："敕旨不听复事王；今若私谒，必坐死，不敢奉教！"㉛世民怒，谓敬德曰："玄龄、如晦岂叛我邪！"取所佩刀授敬德曰："公往观之，若无来心，可断其首以来。"敬德往，与无忌共谕之曰："王已决计，公宜速入共谋之。吾属四人，不可群行道中。"乃令玄龄、如晦着道士服，与无忌俱入，敬德自他道亦至。

己未，太白㉜复经天。傅奕㉝密奏："太白见秦分㉞，秦王当有天下。"上以其状㉟授世民。于是世民密奏建成、元吉淫乱后宫，且曰："臣于兄弟无丝毫负，今欲杀臣，似为世充、建德㊱报仇。臣今枉死，永违君亲，魂归地下，实耻见诸贼！"上省之，愕然，报曰："明当鞫问，汝宜早参。"㊲

庚申，世民率长孙无忌等入，伏兵于玄武门㊳。张婕妤窃知世民表意㊴，驰语建成。建成召元吉谋之，元吉曰："宜勒宫府兵，托疾不朝，以观形势。"建成曰："兵备已严，当与弟入参，自问消息。"乃俱入，趣玄武门。上时已召裴寂、萧瑀、陈叔达等㊵，欲按其事。

建成、元吉至临湖殿，觉变，即跋马东归宫府。世民从而呼之，元吉张弓射世民，再三不彀[40]，世民射建成，杀之。尉迟敬德将七十骑继至，左右射元吉坠马。世民马逸入林下，为木枝所絓[41]，坠不能起。元吉遽至，夺弓将扼之，敬德跃马叱之。元吉步欲趣武德殿，敬德追射，杀之。翊卫车骑将军冯翊[42]冯立，闻建成死，叹曰："岂有生受其恩而死逃其难乎！"乃与副护军薛万彻、屈咥直府左车骑万年谢叔方，帅东宫、齐府精兵二千驰趣玄武门。张公谨多力，独闭关以拒之，不得入。云麾将军敬君弘掌宿卫兵，屯玄武门，挺身出战，所亲止之曰："事未可知，且徐观变，俟兵集，成列而战，未晚也。"君弘不从，与中郎将吕世衡大呼而进，皆死之。君弘，显隽之曾孙也。守门兵与万彻等力战良久，万彻鼓噪欲攻秦府，将士大惧；尉迟敬德持建成、元吉首示之，宫府兵遂溃。万彻与数十骑亡入终南山。冯立既杀敬君弘，谓其徒曰："亦足以少报太子矣！"遂解兵，逃于野。

上方泛舟海池[43]，世民使尉迟敬德入宿卫，敬德擐甲持矛，直至上所。上大惊，问曰："今日乱者谁邪？卿来此何为？"对曰："秦王以太子、齐王作乱，举兵诛之，恐惊动陛下，遣臣宿卫。"上谓裴寂等曰："不图今日乃见此事，当如之何？"萧瑀、陈叔达曰："建成、元吉本不预义谋，又无功于天下，疾秦王功高望重，共为奸谋。今秦王已讨而诛之，秦王功盖宇宙，率土归心，陛下若处以元良[45]，委之国事，无复事矣！"上曰："善！此吾之夙心也。"时宿卫及秦府兵与二宫左右战犹未已，敬德请降手敕，令诸军并受秦王处分，上从之。天策府司马宇文士及自东上阁门出宣敕，众然后定。上又使黄门侍郎裴矩至东宫晓谕诸将卒，皆罢散。上乃召世民，抚之曰："近日以来，几有投杼之惑[46]。"世民跪而吮上乳[47]，号恸久之。

建成子安陆王承道、河东王承德、武安王承训、汝南王承明、钜鹿王承义，元吉子梁郡王承业、渔阳王承鸾、普安王承奖、江夏王承裕、义阳王承度皆坐诛，仍绝属籍[48]。

初，建成许元吉以正位之后，立为太弟[49]；故元吉为之尽死。诸将欲尽诛建成、元吉左右百余人，籍没[50]其家，尉迟敬德固争曰："罪在二凶，既伏其诛；若及支党，非所以求安也！"乃止。是日，下诏赦天下。凶逆之罪，止于建成、元吉，自余党与，一无所问。其僧、尼、道士、女冠[51]并宜依旧。国家庶事，皆取秦王处分[52]。

辛酉，冯立、谢叔方皆自出；薛万彻亡匿，世民屡使谕之，乃出。世民曰："此皆忠于所事，义士也。"释之。

癸亥，立世民为皇太子。又诏："自今军国庶事，无大小悉委太子处决，然后闻奏。"

【注释】

①形胜：地势优越。②行台：陕东道大行台。李世民当时兼任大行台尚书令。参见《李世民开文学馆》注②。③秦府：秦王府。④下吏：交法官查办。考验：考查验正。⑤酖：以毒酒害人。⑥神通：李神通。唐宗室。李渊叔父李亮的儿子，与李渊为堂兄弟。封淮安王。⑦首建大谋：指隋恭帝义宁元年（617年），李世民与裴寂、刘文静合谋劝李渊起兵反隋。⑧陕：地名。今河南陕县。⑨汉梁孝王故事：汉朝梁孝王刘武与景帝为同母兄弟，又有破吴王濞、楚王戊反叛之功，得赐天子旌旗。⑩膝下：子女对父母的尊称。⑪封事：秘密奏章。⑫后宫：妃嫔居住的宫室。也代指妃嫔。这里指唐高祖的妃嫔尹德妃、张婕妤等。⑬陈叔达：字子聪，南朝陈宣帝之第十六子。隋大业中，为绛郡通守。依附李渊反隋，授丞相府主簿。武德元年，任黄门侍郎；二年，兼纳言；四年，为侍中。太宗即位后，免官；后任礼部尚书。⑭府朝：指秦王府。汉唐时王侯郡守的官府也称"朝"。⑮行周公之事：指周公诛管叔、蔡叔的故事。见《隋文帝免秦王官》注。⑯愿迁长者之眷：希望麻烦您给以关怀。迁，曲折。谦辞。长者，年高德重的人，或对长辈的尊称。眷，关心，怀念。⑰敦：勉励，加强。布衣之交：指贫贱之交。布衣，平民衣服，也代指平民。⑱蓬户：用蓬草编成的门户。瓮牖：用破瓮之口做的窗户。蓬户、瓮牖，均代指穷苦人家。⑲尉迟敬德原为刘武周手下勇将，武德三年降唐。曾有人以为他骁勇，留之恐为后患，劝李世民把他杀掉。世民不肯，收为部将。⑳策名藩邸：指在秦王府当官。策名，在简策上写上名字，即当官的意思。藩邸，王侯的府第。㉑积金至斗：斗，北斗星。比喻积金极多。㉒洞开：敞开。重门：一重重的门。㉓诏狱：遵照皇帝命令关押犯人的监狱。㉔简阅：挑选，检查。㉕舜浚井不出：古代相传，舜之父瞽叟爱后妻子，常欲杀舜。一次，瞽叟让舜上房顶抹泥，他在下面放火焚烧，舜用两顶斗笠护身从房顶跳下，才避免烧死。又一次，瞽叟让舜挖井，舜暗中在井下挖了一个暗洞，瞽叟在上面填土，舜从暗洞逃生，又避免被害死。浚，挖掘，疏通。㉖涂：用泥涂抹。廪：粮库。㉗泽被天下：恩泽遍布天下。泽，雨露，引申为恩泽。被，覆盖。㉘小杖则受，

大杖则走：语出《孔子家语》。意思是，儿子受父（母）的杖打，轻就忍受，重就逃走。㉙存：想，考虑。大故：重大问题，即生死问题。㉚庸得已乎：难道可以停止吗！㉛这是房玄龄说的话。意在激发李世民杀建成的决心。不听：不允许。㉜太白：金星，又名启明星。㉝傅奕：时为太史令。㉞见（xiàn）：同"现"。显现。秦分：秦之分野。秦，指春秋时秦国统治的地区，大致相当于今陕西省。李世民封于秦。分野，我国古代天文学中的一种概念，认为地上各州郡邦国和天上一定的区域相对应。占星家以为，在天区发生的天象，预兆着对应地方的吉凶。㉟其状：指傅奕的秘密奏疏。状，下级向上级陈述事情的文书。㊱世充：王世充（？—621）。隋大臣。炀帝死后，拥立杨侗为帝。后废侗自立，国号郑。武德四年兵败降唐，为仇人所杀。建德：窦建德。隋末河北农民起义军领袖。大业十四年称夏王，国号夏。武德四年率军驰援王世充，兵败被俘，被杀于长安。㊲明：明日。鞫问：审讯。参：入朝参见。㊳玄武门：宫城北门。㊴张婕妤：唐高祖妃嫔。与建成、元吉为一派。表意：世民所上表的内容。㊵当时裴寂为司空，萧瑀为右仆射，陈叔达为侍中。㊶不彀（gòu）：拉不满弓。彀，拉满弓。㊷絓（guà）：绊住。㊸冯翊：郡名。冯立的籍贯。㊹海池：湖名。在玄武门内。㊺元良：大善。《礼·文王世子》："一有元良，万国以贞，世子之谓也。"后因以元良代称太子。㊻投杼之惑：古书记载，鲁国有与曾参同姓名者杀人，有人告曾母曰："曾参杀人！"母不信，织如故。至第三人来告，母惧，投杼逾墙而逃。后以此比喻传闻可以动摇原来的信心。杼，织梭。㊼古代以"乌反哺，羔跪乳"表示知恩报恩。㊽仍绝属籍：于是把这些人的名字从家族名册上删去。属籍：家族名册。㊾太弟：继承皇位的弟弟。㊿籍没：登记并没收所有财产。51女冠：女道士。52处分：处理，处置。

【译文】

秦王李世民已与太子建成、齐王元吉有间隙，以洛阳形胜之地，恐怕一旦发生变故，要出兵据守该地，于是用行台工部尚书温大雅镇守洛阳，派秦府车骑将军荥阳张亮率领左右王保等千余人前往洛阳，暗中结交山东豪杰以等待变故发生，拿出许多金帛，任其花用。李元吉告张亮阴谋不法，将他交给法官查办、拷问，张亮始终不说，才释放他，使他返回洛阳。

李建成夜晚召李世民来饮酒，暗中下毒。李世民突然心痛，吐血数升，淮安王李神通扶持他返回西宫。皇上来西宫，安慰李世民的疾病，敕令李建成说："秦王平素不能饮酒，自今以后不能再夜晚饮酒。"因而对世民说："首先建立大计划，而且平定海内，都是你的功劳。我想要立你做继承人，你坚决推辞；再说建成年岁大，做继承人的日子久了，我不忍心夺去他的地位。看你们兄弟之间好似不能相容，同住在京城，必定有纠纷争竞，不如派你回到陕东道大行台，居住洛阳，自陕以东都由你主持。仍然命你建立天子的旌旗，如汉梁孝王的做法（事见《汉景帝纪》）。"世民哭泣，以不要远离膝下作推辞，皇上说："天下一家，东、西两个都城，距离很近，我思念你就去看你，不必悲伤。"世民将出发，建成、元吉互相商量说："秦王若到洛阳，拥有土地甲兵，不能再控制他；不如留他住在长安，他的势力孤单，那只是一个匹夫而已，要取他就容易了。"于是暗中命令数人上密奏，言："秦王左右听到前往洛阳，没有不欢喜跳跃，看他们的志向，恐怕不再回来。"又派亲近宠幸的臣子用利害游说皇上，皇上心意才改变，派他到洛阳的事再次中止。

建成、元吉与后宫（尹德妃与张婕好等）日夜向皇上谮毁世民，皇上相信他们的话，打算加罪给世民。陈叔达谏言说："秦王对国家有大功劳，不可以罢黜。而且他生性刚强暴烈，若加给挫折压抑，恐怕他不堪忧伤愤恨，或许因重病而死，陛下后悔莫及。"皇上才停止。元吉暗中要求杀死秦王，皇上说："他有平定天下的功劳，罪状不显著，要拿什么做借口？"元吉说："秦王当初平定东都，回顾观望不返，散布钱帛来树立私恩，又违抗敕命，不是反叛是什么？应赶快杀他，何必怕找不到借口！"皇上不答应。

秦府的僚属都忧虑害怕不知如何是好。行台考功郎中房玄龄对比部郎中长孙无忌说："如今嫌疑罅隙已成，一旦祸端暗中发生，岂止宫廷血流涂地，实在是国家的忧患；不如劝秦王施行周公诛管、蔡之事，来安定家国。存亡的机运，异常急迫，决定正在今天。"无忌说："我心中早有此意，只是不敢说出；如今你说的，正合我心，我应当好好规劝秦王。"于是进府告诉世民。世民召来玄龄商议，玄龄说："大王的功劳盖过天地，应当继承帝业；今天的忧危，是天助你机会，希望大王不要迟疑。"于是与府属杜如晦共同劝世民诛杀建成、元吉。

由于秦王府拥有许多骁勇的将领，李建成与李元吉打算引诱他们为己所用，便暗中将一车金银器物赠送给左二副护军尉迟敬德，并且写就一封信招引他说："希望得到您的屈驾眷顾，以便加深我们之间的布衣之交。"尉迟敬德推辞说："我是编蓬为户、破瓮做窗人家的小民，遇到隋朝末年战乱不息、百姓流亡的时局，长期沦落在抗拒朝廷的境地里，罪大恶极，死有余辜。秦王赐给我再生的恩典，现在我又在秦王府注册为官，只应当以死报答秦王。我没有为殿下立过尺寸之功，不敢凭空接受殿下如此丰厚的赏赐。倘若我私自与殿下交往，就是对秦王怀有二心，就是因贪图财利而忘掉忠义，殿下要这种人又有什么用处呢？"李建成大怒，便与他断绝了往来。尉迟敬德将此事告诉了李世民，李世民说："您的心就像山岳那样坚实牢靠，即使他赠送给您的金子堆积得顶住了北斗星，我知道您的心还是不会动摇的。他赠给您什么，您就接受什么，这又有什么值得猜疑的呢？况且，这样做能够了解他的阴谋，难道不是一个上好的计策吗？否则，祸事就将降临到您的头上了。"不久，李元吉指使勇士在夜间刺杀尉迟敬德，尉迟敬德得知这一消息以后，将层层门户敞开，自己安然躺着不动，刺客屡次来到他的院子，终究没敢进屋。于是，李元吉向高祖诬陷尉迟敬德，敬德被关进奉诏命特设的监狱里审问治罪，准备将他杀掉，由于李世民再三请求保全他的生命，这才得以不死。李元吉又诬陷左一马军总管程知节，高祖将他外放为康州刺史。程知节对李世民说："大王的辅佐之臣快走光了，大王自身又怎么能够长久呢！我誓死不离开京城，希望大王及早将计策决定下来。"李元吉又用金银布帛引诱右二护军段志玄，段志玄不肯从命。李建成对李元吉说："在秦王府有智谋才略的人物中，值得畏惧的是房玄龄和杜如晦。"李建成与李元吉又向高祖诬陷他们二人，使他们遭到斥逐。

李世民的亲信只剩下长孙无忌还留在秦王府中，他与他的舅舅雍州治中高士廉，右侯车骑将军三水人侯君集以及尉迟敬德等人，夜以继日地劝说李世民诛讨李建成和李元吉。李世民犹豫不决，向灵州大都督李靖请教，李靖推辞；向行军总管李世勣请教，世勣也推辞，李世民因此尊重他们二人。

适逢突厥郁射设带领数万骑兵驻扎在黄河以南，进入边塞，包围乌城，李建成便推荐李元吉代替李世民督率各军北征突厥。高祖听从了他的建议，命令李元吉督率右武卫大将军李艺、天纪将军张瑾等人前去援救乌城。李元吉请求让尉迟敬德、程知节、段志玄以及秦王府右三统军秦叔宝等人与自己一同前往，检阅并挑选秦王军中精悍勇锐的将士，来增强李元吉的军队。率更丞王晊秘密禀告李世民说："太子对齐王说：'现在，你已经得到秦王骁勇的将领和精悍的士兵，拥有数万人马了。我与秦王在昆明池为你饯行，让勇士就在帐幕里摧折秦王的身体，将他杀死，上奏时就说他暴病身亡，皇上该不会不相信。我自当让人进言中说，使皇上将国家事务交给我。尉迟敬德等人被你掌握以后，应该将他们悉数活埋，有谁敢不服呢！'"李世民将王晊的话告诉了长孙无忌等人，长孙无忌等人劝说李世民在事发以前设法对付他们。李世民叹息着说："骨肉相互残杀，是古往今来的大丑事。我诚然知道祸事即将来临，但我打算在祸事发动以后，再仗义讨伐他们，这不也是可以的吗？"尉迟敬德说："作为人们的常情，有谁能够舍得死去！现在大家誓死拥戴大王，这是上天所授。祸患的机关就要发动，大王却仍旧态度安然，不为此事担忧。即使大王把自己看得很轻，又怎么对得起宗庙社稷呢？如果大王不肯采用我的主张，我就准备逃身荒野了。我是不能够留在大王身边，拱手任人宰割的！"长孙无忌说："如果大王不肯听从尉迟敬德的主张，事情现在便没有指望了。尉迟敬德等人肯定不会再追随大王，我也应当跟着他们离开大王，不能够再侍奉大王了！"李世民说："我讲的意见也不能够完全舍弃，您再计议一下吧。"尉迟敬德说："如今大王处理事情犹豫不定，这是不明智的；面临危难，不能决断，这是不果敢的。况且，大王平时畜养的八百多名勇士，凡是在外面的，现在已经进入宫中，他们穿好衣甲，握着兵器，起事的形势已经形成，大王怎么能够制止得住呢！"

李世民就此事征求秦王府僚属的意见，大家都说："齐王凶恶乖张，是终究不愿意侍奉自己的兄长的。近来听说护军薛实曾经对齐王说：'大王的名字，合起来可以成为一个"唐"字，看来大王终究是要主持大唐的祭祀的。'齐王欢喜地说：'只要能够除去秦王，捉拿太子就易如反掌了。'李元吉与太子谋划作乱还没有成功，就已经有了捉拿太子的心思。作乱的心思没个满足，又有什么事情做不出来呢？假使这两个人如愿以偿了，恐怕天下就不再归大唐所有。凭着大王的贤能，捉拿这两个人就像拾取地上的草芥一般容易，怎么能够为了信守平常人的节操，而忘记了国家大计呢？"李世民仍然没有做出决定。大家说："大王认为虞舜是什么样的人呢？"李世民说："是圣人。"大家说："假如虞舜在疏浚水井的时候没有躲过父亲与哥哥在上面填土的毒手，他便化为井中的泥土了，假如他在涂饰粮仓的时候没有逃过父亲和哥哥在下面放火的毒手，他便化为粮仓上的灰烬了，还怎么能够使自己恩泽遍及天下，法度流传后世呢？所以，虞舜在遭到父亲用小棍棒笞打的时候便忍受了，在遭到父亲用大棍棒笞打的时候便逃走了，这恐怕是因为虞舜心里所想的是大事啊。"李世民让人卜算是否应该采取行动，恰好秦王幕府的属僚张公谨从外面进来，便将龟甲拿过来扔在地上说："占卜是为了决定疑难之事的，现在事情并无疑难，还占卜什么呢？如果卜算的结果是不吉利的，难道就能够不采取行动了吗？"于是，大家便定下了采取行动的计划。

世民命令无忌暗中召房玄龄等人，他们说："不听敕旨再侍奉秦王，今若私下谒见，一定坐罪而死，不敢听令。"世民很生气，对敬德说："玄龄、如晦难道反叛我吗?"取下佩刀授给敬德说:"您前去观看,他们若不肯来,可以把他们的头砍来。"敬德前往,与无忌共同告诉他们说:"秦王已决定大计,你们应急速入府共同商量。我们四个人,不可以同行于道中。"于是教玄龄、如晦穿着道士服,与无忌同入秦府,敬德自他路也到秦府。

己未日(初三),太白星再次经历天空。傅奕密奏说:"太白星见于秦封地的分野,秦王应拥有天下。"皇上将情形告知李世民。于是世民密奏建成、元吉淫乱后宫,而且说:"我对于兄弟并无亏欠,如今要杀我,好像要为世充、建德报仇。臣今冤枉而死,永远离开君亲,魂归于地下,实在耻见这些贼人!"皇上看完奏章,表情惊愕,批说:"明天鞫问,你应早来朝参。"

庚申(六月初四),李世民率领长孙无忌等人入朝,将兵力埋伏在玄武门。张婕妤暗中得知了李世民上表的大意,急忙前去告诉李建成。李建成将李元吉叫来商议此事,李元吉说:"我们应当统率好东宫与齐王府中的军队,托称有病,不去上朝,以便观察形势。"李建成说:"军队的防备已很严密了,我与你应当入朝参见,亲自打听消息。"于是,二人一起入朝,向着玄武门走来,当时,高祖已经将裴寂、萧瑀、陈叔达等人召集前来,准备查验这件事情了。

李建成与李元吉来到临湖殿的时候,察觉到发生了变故,立即勒转马头,准备向东返回东宫和齐王府。李世民跟在后面招呼他们,李元吉拉开弓射李世民,一连两三次,都没有将弓拉满,李世民箭射李建成,却将他射死了。尉迟敬德带领骑兵七十人相继赶到,他身边的将士将李元吉射下马来。李世民的坐骑奔入树林,被树枝挂住,倒在地上,不能起来。李元吉迅速赶到,夺过弓来,准备掐死李世民,尉迟敬德跃马奔来大声呵斥他。李元吉打算步行前往武德殿,尉迟敬德追着射他,将他射死了。翊卫车骑将军冯翊人冯立得知李建成死去消息以后,叹息说:"难道能够人家活着时蒙受他的恩惠,人家一死便逃避他的祸难吗?"于是,他与副护军薛万彻、屈咥直府左车骑万年人谢叔方率领东宫和齐王府的精锐兵马两千人,疾驰玄武门。张公谨膂力过人,他独自关闭了大门,挡住冯立等人,冯立等人无法进入。云麾将军敬君弘掌管着宿卫军,驻扎在玄武门。他挺身而起,准备出战,与他亲近的人阻止他说:"事情未见分晓,姑且慢慢观察事态的发展变化,等到兵力集合起来,结成阵列再出战,也是为时不晚的啊。"敬君弘不肯听从,便与中郎将吕世衡大声呼喊着奔向前去,结果全部战死。敬君弘是敬显隽的曾孙。把守玄武门的士兵与薛万彻等人奋力交战,持续了很长时间,薛万彻擂着鼓,呼喊着,准备进攻秦王府，将士们大为恐惧。这时，尉迟敬德提着李建成和李元吉的头颅，给薛万彻等人看，东宫和齐王府的人马因而溃散，薛万彻与骑兵数十人逃进终南山。冯立杀死敬君弘以后，对手下人说："这也算是略微报答太子了。"于是，他丢掉兵器，落荒而逃。

高祖正在海池划船。李世民让尉迟敬德入宫担任警卫，尉迟敬德身披铠甲，手握长矛，径直来到高祖所在的地方。高祖极为震惊，便问他说："今天作乱的人是谁呀？你到这里来做什么？"尉迟敬德回答说："由于太子和齐王作乱，秦王起兵诛杀了他们。秦王担心惊动陛下，便派我担任警卫。"高祖对裴寂等人说："不料今天竟然会出现这种事情，你们认为应当怎么办呢？"萧瑀和陈叔达说："李建成与李元吉原来就没有参与举义反隋的谋议，又没有为天下立下功劳。他们嫉妒秦王功勋大，威望高，便一起策划邪恶的阴谋。现在，秦王已经声讨并诛杀了他们，秦王的功绩布满天下，我国疆域以内的人们都诚心归向于他。如果陛下能够决定立他为太子，将国家政务交托给他，就不会再发生事端了。"高祖说："好！这也正是我平素的心愿啊。"当时，宿卫军和秦王府的兵马与东宫和齐王府的亲信交战还没有停止，尉迟敬德请求高祖颁布亲笔敕令，命令各军一律接受秦王的处置，高祖听从了他的建议。天策府司马宇文士及由东上阁门出来宣布敕令，大家便安定下来。高祖又让黄门侍郎裴矩前往东宫晓谕开导各个将士，将士们便都散开。于是，高祖传召李世民前来，抚慰他说："近些日子以来，我几乎出现了曾母误听曾参杀人而丢开织具逃走的疑惑。"李世民跪了下来，伏在高祖的胸前，长时间地放声痛哭。

建成的儿子安陆王承道、河东王承德、武安王承训、汝南王承明、钜鹿王承义，元吉的儿子梁郡王承业、渔阳王承鸾、普安王承奖、江夏王承裕、义阳王承度皆牵连被杀，因而断绝宗属的籍贯。

起初，建成许诺元吉于登位之后，立他做太弟，故元吉为他尽死力。各位将领准备将李建成和李元吉的一百多名亲信全部诛除，将他们的家产没收官府，尉迟敬德再三争辩说："罪过都在两个元凶身上，他们已经受到死刑的处罚了。倘若还要牵连他们的党羽，就不是谋求安定的做法了！"于是各位将领停止追杀下去。当天，高祖颁诏赦免天下罪囚，叛逆的罪名只加给李建成和李元吉二人，对其余的党羽，一概不加追究。僧人、尼姑和男女道士都应当依照原先颁布的诏令处理。国家的各项政务，全部听候秦王的处置。

辛酉（初五），冯立和谢叔方都自动出来。薛万彻逃亡躲避起来以后，李世民多次让人晓示他，他也出来了。李世民说："这些人都能够忠于自己所侍奉的人，是义士啊！"于是都免除了他们的罪。

癸亥（六月初七），高祖将李世民立为皇太子，还颁布诏书说："从今天起，军队和国家的各项事务，无论大小，全部交付太子处置决定，然后再报告朕知。"

唐太宗论功定赏

唐高祖武德九年（626年）九月

己酉，上面定勋臣长孙无忌等爵邑①，命陈叔达②于殿下唱名示之，且曰："朕叙③卿等勋赏或未当，宜各自言。"于是诸将争功，纷纭不已。淮安王神通④曰："臣举兵关西⑤，首应义旗，今房玄龄、杜如晦⑥等专弄刀笔，功居臣上，臣窃⑦不服。"上曰："义旗初起，叔父虽首唱举兵，盖亦自营脱祸。及窦建德吞噬山东⑧，叔父全军覆没；刘黑闼再合余烬⑨，叔父望风奔北。玄龄等运筹帷幄，坐安社稷，论功行赏，固宜居叔父之先。叔父，国之至亲，朕诚无所爱⑩，但不可以私恩滥与勋臣同赏耳！"诸将乃相谓曰："陛下至公，虽淮安王尚无所私，吾侪⑪何敢不安其分。"遂皆悦服。房玄龄尝言："秦府⑫旧人未迁官者，皆嗟怨曰：'吾属奉事左右，几何年矣，今除官⑬，返出前宫、齐府⑭人之后。'"上曰："王者至公无私，故能服天下之心。朕与卿辈日所衣食，皆取诸民者也。故设官分职，以为民也，当择贤才而用之，岂以新旧为先后哉！必也新而贤，旧而不肖，安可舍新而取旧乎！今不论其贤不肖而直言嗟怨，岂为政之体⑮乎！"

（《通鉴》第 192 卷 6022 ~ 6023 页）

【注释】

①上：指唐太宗李世民。高祖李渊于武德九年八月传位于太宗，但年号未改。面定：当面确定。长孙无忌：时为吏部尚书。②陈叔达：时为黄门侍郎。③叙：按规定的等级次序授予官职或按劳绩的大小给予奖励，都称为叙。④神通：李神通。李渊的堂兄弟。隋恭帝义宁元年（617年），李渊在太原起

兵反隋,李神通从长安逃到鄠县山中,与史万宝聚兵响应。有战功,封为淮安王。⑤关西:汉、唐时泛指函谷关或潼关以西地区。⑥房玄龄:时为中书令。杜如晦:时为兵部尚书。⑦窃:表示个人意见的谦辞。⑧窦建德(573—621):隋末河北农民起义军领袖。武德元年(618年)称夏王,国号夏。次年,在洺州、相州等地,大败李神通所率领的唐军。武德四年,李世民领兵围攻洛阳的王世充,他率军驰援,兵败被杀。山东:太行山以东地区。⑨刘黑闼(?—623):隋末农民起义军领袖。少时与窦建德为友。瓦岗军失败后,率部从窦建德起义军。再合余烬:指窦建德起义军失败后,刘黑闼把残兵败将重新组织起来与唐对抗。当时,唐政权为了对付刘黑闼,特置山东道行台于洺州,以李神通为行台右仆射,但神通接连吃败仗。⑩爱:吝惜。⑪吾侪:我们。⑫秦府:秦王府。李世民原为秦王。⑬除官:授以官职。⑭前宫:指原太子李建成时的东宫。齐府:齐王府。李世民的弟弟李元吉封齐王。⑮为政之体:处理政务的原则。

【译文】

九月二十四日,皇上亲自确定长孙无忌等人的爵位、封邑,叫陈叔达在殿下唱名宣示给大家,并且说:"我叙定的你们的勋赏,可能有不恰当的,应该各自谈谈。"当时诸将争功,乱哄哄地闹个不停。淮安王李神通说:"臣我在关西举兵,首先响应起义的大旗。而今房玄龄、杜如晦等人专靠耍笔杆子,功劳在我上面,我心里不服。"皇上说:"开始起义,叔父虽然首先响应举兵,大概也是自谋免祸。后来窦建德吞并山东时,叔父全军覆没;刘黑闼再纠合余党攻来,叔父被打得望风逃窜。房玄龄等人在军帐中出谋划策,坐在那里安定了国家,论功行赏,本来应该在叔父的前面。叔父是国家至近的亲人,对您,我真没有什么可吝啬的,只是不能凭着私情和功臣同赏罢了。"诸将这才互相说:"皇上最公道了,即使是淮安王,尚且没有什么私心,我们怎敢不安分呢。"于是都心悦诚服。房玄龄曾说:"秦府旧人没升官的都抱怨说:'我们伺候皇上多少年了,现在任命的官职,反而在前宫、齐府人的后面。'"皇上说:"国王大公无私,所以能让天下人心服。我和你们每天所吃所穿,都是索取人民的。因此设立官员分掌职务,为的是人民呀!应当选择有才能的来用,怎么能根据新人旧人来排定官次的先后呢!真要是新人有才能,旧人不像样子,怎么可以抛开新人用旧人呢!现在不谈他们有才能没才能,而光说他们不满,难道这是掌管国家大政的原则吗!"

魏征不肯署敕点中男

唐高祖武德九年（626年）十二月

上①厉精求治，数引魏征入卧内②，访以得失；征知无不言，上皆欣然嘉纳。上遣使点兵③，封德彝④奏："中男⑤虽未十八，其躯干壮大者，亦可并点。"上从之。敕出，魏征固执以为不可，不肯署敕⑥，至于数四⑦。上怒，召而让之曰："中男壮大者，乃奸民诈妄⑧以避征役，取之何害，而卿固执至此！"对曰："夫兵在御之得其道，不在众多。陛下取其壮健，以道御之，足以无敌于天下，何必多取细弱以增虚数乎！且陛下每云：'吾以诚信御天下，欲使臣民皆无欺诈。'今即位未几，失信者数矣！"上愕然曰："朕何为失信？"对曰："陛下初即位，下诏云：'逋负官物⑨，悉令蠲免。'有司以为负秦府国司者⑩，非官物，征督如故。陛下以秦王升为天子，国司之物，非官物而何！又曰：'关中免二年租调⑪，关外给复⑫一年。'既而继有敕云：'已役已输者⑬，以来年为始。'散还⑭之后，方复更征⑮，百姓固已不能无怪。今既征得物，复点为兵，何谓以来年为始乎！又陛下所与共治天下者在于守宰⑯，居常简阅⑰，咸以委之；至于点兵，独疑其诈，岂所谓以诚信为治乎！"上悦曰："向者朕以卿固执，疑卿不达⑱政事，今卿论国家大体，诚尽其精要。夫号令不信，则民不知所从，天下何由而治乎！朕过深矣！"乃不点中男，赐征金瓮一。

（《通鉴》第 192 卷 6026 ～ 6027 页）

【注释】

①上：指唐太宗李世民。太宗于武德九年八月即位。②卧内：寝室。③点兵：犹今之征兵。④封德彝：时为右仆射。⑤中男：未成丁的男子。唐初法令以十六岁为中男，二十一岁为丁，成丁后才须应征及担负赋役。⑥署敕：在诏书上连署（按魏征职务，不须他连署。这里说连署，不知何故）。⑦数四：三四次。⑧诈妄：弄虚作假。指已成丁而冒充中男。⑨逋负：拖欠。官物：国家的东西。这里指租税。⑩有司：官吏。秦府：秦王府。唐太宗原为秦王。国司：诸侯王国的官署。⑪租调：赋税、徭役。⑫关外：汉、唐等朝定都长安，

时称函谷关或潼关以东地区为关外或关东，称以西地区为关内或关中。给复：免除赋税徭役。⑬已役：已经服了徭役。已输：已经缴纳了赋税。⑭散还：发还。指发还已输之物。⑮方复更征：又再次征收。⑯守宰：地方官。⑰居常：平时，日常。简阅：检查和选拔。⑱不达：不懂。

【译文】

　　皇上振起精神谋求治理，数次请魏征进入内室，讯问政治得失；魏征知无不言，皇上皆高兴地嘉勉采纳。皇上派使者点召兵卒，封德彝奏说："中男虽未满十八岁，其身体壮大的，也可一并点召。"皇上听从他，命令发出，魏征坚持认为不可行，不肯连署敕令，前后四次。皇上发怒，召他来指责说："中男身体壮大的，现已不止十六岁，率在十七八之数，不过是奸民诈减，以逃避征役而已，点召他们有何妨害，可是你却如此固执己见！"回答说："军队在御用得其道，不在众多。陛下点召壮健，依道使用，足可无敌于天下，何必多召细弱来增多虚数呢，而且陛下常说：'我拿诚信统御天下，要使臣民皆无欺诈。'如今即位不久，已屡次失信于民了！"皇上惊愕地说："朕何事失信？"回答说："陛下起初登位，下诏说：'欠负官家之物，全令其除免。'主管官吏认为欠负秦府国司的，不是官家之物，照旧征收督责。陛下以秦王升做天子，秦府国司之物，不是官家之物是什么？又说：'关中免除二年租调，关外免赋役一年。'不久又有敕令说：'已服役已输纳的人，以明年开始。'既散还其已输之物而又征之，百姓本来就不能不怪。如今既征到输物，又点召兵丁，如何说是以明年为开始呢？又陛下与之共治天下的人在于官吏，平常简拔校阅，皆委任他们；至于点召兵卒，特别怀疑他们欺诈，难道这就是你说的以诚信为治吗？"皇上喜悦地说："先前朕认为你固执己见，怀疑你不通达政事，现在听你论说国家大事，真能道尽其中的精要。号令不信，则人民不知遵从，天下如何治理呢，朕的过失是很深的。"于是不点召中男，赏赐魏征黄金一甕。

唐太宗陷人于法

唐高祖武德九年（626 年）十二月

　　上患吏多受赇①，密使左右试赂之。有司门令史②受绢一匹，上欲杀之，民部尚书裴矩③谏曰："为吏受赂，罪诚当死；但陛下使人遗之而受，乃陷入于法也,恐非所谓'道之以德,齐之以礼④'。"上悦,召文武五品已上告之曰:"裴矩能当官力争,不为面从⑤,傥每事皆然,何忧不治!"

臣光曰:古人有言:君明臣直。裴矩佞⑥于隋而忠于唐,非其性之有变也;君恶闻其过,则忠化为佞,君乐闻直言,则佞化为忠。是知君者表⑦也,臣者景⑧也,表动则景随矣。

(《通鉴》第 192 卷 6029 页)

【注释】

①上:指唐太宗。患:担心。赇:贿赂。②司门令史:官名。负责天下门关的出入登记及行人遗失物品的处理等事。③裴矩:字弘大,河东闻喜(今山西闻喜县东北)人。隋时曾任民部侍郎。宇文化及称帝后任尚书右仆射。后为窦建德任用。降唐后,官至民部尚书。④这句话出自《论语·为政篇》。意思是:用道德来引导他们,用礼教来整顿他们。道,同"导",引导。之,指百姓。齐,整治。⑤面从:表面顺从。⑥佞:谄媚。⑦表:古代测量日影以计时的标杆。⑧景(jǐng):"影"的本字。

【译文】

太宗担心官吏中多有接受贿赂的,便秘密安排身边的人去试探他们。有一个刑部的司门令史收受绢帛一匹,太宗得悉后想要杀掉他。民部尚书裴矩劝谏道:"当官的接受贿赂,依罪的确应当处死;但是陛下派人送上门去让其接受,这是有意引诱人触犯法律,恐怕不符合孔子所谓'用道德加以诱导,以礼教来整齐民心'的古训。"太宗听了很高兴,召集文武五品以上的官员,对他们说:"裴矩能够做到在位敢于力争,并不一味地顺从我,假如每件事情都能这样做,怎愁国家治理不好呢!"

臣司马光曰:"古人说过:'君主贤明则臣下敢于直言。'裴矩在隋朝是位佞臣而在唐朝则是忠臣,不是他的品性有变化。君主讨厌听人揭短,则大臣的忠诚便转化为谄谀;君主乐意听到直言劝谏,则谄谀又会转化为忠诚。由此可知君主如同测影的表,大臣便似影子,表一动则影子随之而动。"

唐太宗降宗室郡王为县公

唐高祖武德九年（626年）十月

初，上皇①欲强宗室以镇天下，故皇再从、三从弟②及兄弟之子，虽童孺皆为王，王者数十人。上③从容问群臣："遍封宗子，于天下利乎？"封德彝④对曰："前世唯皇子及兄弟乃为王，自余非有大功，无为王者。上皇敦睦九族⑤，大封宗室，自两汉以来未有如今之多者。爵命⑥既崇，多给力役⑦，恐非示天下以至公也！"上曰："然。朕为天子，所以养百姓也，岂可劳百姓以养己之宗族乎！"十一月，庚寅，降宗室郡王皆为县公，惟有功者数人不降。

（《通鉴》第 192 卷 6025 页）

【注释】

①上皇：对皇帝父亲的尊称。也称"太上皇"。唐高祖在武德九年八月传位给太宗。②再从、三从弟：同曾祖者为再从兄弟；同高祖者为三从兄弟。③上：指唐太宗。④封德彝：封伦，字德彝，观州蓨（今河北景县）人。隋末任内史舍人。降唐后，随秦王李世民讨王世充，有功。太宗即位，授尚书右仆射。⑤敦睦：亲厚和睦。九族：指从自己算起，上至父、祖、曾祖、高祖，下至子、孙、曾孙、玄孙。《书·尧典》："以亲九族。"孔安国传："以睦高祖、玄孙之亲。"也有包括异姓亲属的说法，如孔颖达疏引夏侯、欧阳氏说，以父族四、母族三、妻族二为九族。⑥爵命：封爵。⑦力役：指供应王府使唤的兵丁差役。

【译文】

起初，高祖想以加强皇室宗族的力量来威镇天下，所以与皇帝同曾祖、同高祖的远房堂兄弟以及他们的儿子，即使童孺幼子均封为王，达数十人。为此，太宗语气和缓地征求群臣的意见："遍封皇族子弟为王，对天下有利吗？"封德彝回答道："前世只有皇帝的儿子及兄弟才封为王，其他宗亲如果不是有大功勋，便没有封王的。太上皇亲善厚待皇亲国戚，大肆分封宗室，自两汉以来都没有如此之多。封给的爵位既高，又多赐给劳力仆役，这恐怕不能向天下人显示自己的大公无私吧！"太宗说："有道理。朕做天子，就是为了养护百姓，怎么可以劳顿百姓来养护自己的宗族呢！"十一月，庚寅（初五），将宗室郡王降格为县公，只有功勋卓著的几位不降。

唐太宗与群臣论止盗

唐高祖武德九年（626年）十一月

丙午①，上与群臣论止盗②。或请重法③以禁之，上哂④之曰："民之所以为盗者，由赋繁役重，官吏贪求，饥寒切身，故不暇顾廉耻耳。朕当去奢省费，轻徭薄赋，选用廉吏，使民衣食有余，则自不为盗，安用重法邪！"自是数年之后，海内升平，路不拾遗，外户⑤不闭，商旅⑥野宿焉。

上又尝谓侍臣曰："君依于国，国依于民。刻民⑦以奉君，犹割肉以充腹，腹饱而身毙，君富而国亡。故人君之患，不自外来，常由身出。夫欲盛则费广，费广则赋重，赋重则民愁，民愁则国危，国危则君丧矣。朕常以此思之，故不敢纵欲⑧也。"

（《通鉴》第192卷6025～6026页）

【注释】

①丙午：古代用天干地支所记的日期。唐高祖武德九年十一月丙午，即本年本月二十一日。陈垣《二十史朔闰表》，自汉高祖元年至民国二十九年，逐年列表把每月的第一日（朔）的干支标出，只要从这一天的干支依次往后推算，就可得知那一天是什么干支。不过，《二十史朔闰表》在推算汉代太初改历以前的朔闰是依据殷历，而据出土的历书核实，在此以前使用的是颛顼历，因此，该书这一段的历日有误差。应以《文物》1974年第三期陈久金、陈美东《临沂出土汉初古历初探》一文中所列《汉高祖元年（前206年）至汉武帝元封六年（前105年）朔闰表》为准。②上：指唐太宗。止盗：防止盗贼。③重法：严厉的刑罚。④哂（shěn）：微笑。⑤外户：泛指大门。⑥商旅：行商。即往来贩卖的商人。⑦刻民：剥削人民。⑧纵欲：尽情满足自己的一切需求，毫不克制。

【译文】

丙午（二十一日），太宗与群臣讨论防盗问题。有人请求设严刑重法以禁盗，太宗微笑着答道："老百姓之所以做盗贼，是因为赋役繁重，官吏贪财求贿，百姓饥寒交集，所以便顾不得廉耻了。朕主张应当杜绝奢侈浪费，轻徭薄赋，选用廉吏，使老百姓吃穿有余，自然不去做盗贼，何必用严刑重法呢！"从此经过数年之后，天下太平，路不拾遗，夜不闭户，商人旅客可在野外露宿。

太宗曾对身边的大臣说："君主依靠国家，国家仰仗百姓。剥削百姓来奉养君主，如同割下身上的肉来充腹，腹饱而身死，君主富了而国家灭亡。所以君主的忧虑，不是来自外面，而常在于自身。凡欲望多则花费大，花费大则赋役繁重，赋役繁重则百姓愁苦，百姓愁苦则国家危急，国家危急则君主地位不保。朕常常思考这些，所以不敢放纵自己的欲望。"

杜淹心服善言

唐太宗贞观元年（627年）正月

御史大夫杜淹奏："诸司文案恐有稽失^①，请令御史就司检校^②。"上以问封德彝^③，对曰："设官分职，各有所司。果有愆违^④，御史自应纠举。若遍历诸司，搜摘疵颣^⑤，太为烦碎。"淹默然。上问淹："何故不复论执^⑥？"对曰："天下之务，当尽至公，善则从之，德彝所言，真得大体，臣诚心服，不敢遂非。"上悦曰："公等各能如是，朕复何忧！"

（《通鉴》第192卷6032页）

【注释】

①杜淹（？—628）：字执礼，京兆杜陵（今陕西西安市东南）人。杜如晦的叔父。隋时，官至御史中丞。唐初，为天策府兵曹参军、文学馆学士。太宗即位后，擢为御史大夫；不久，检校吏部尚书，参与朝政。诸司：各个官署。指尚书省属下之吏、户、礼、兵、刑、工六部所属的二十四司。文案：公文案卷。稽失：拖延失误。②御史：唐有侍御史、殿中侍御史、监察御史，均为监察机关御史台的成员，有纠察、弹劾之权。御史台之长官为御史大夫。检校：检查核对。③封德彝：时为右仆射。尚书省长官之一。④愆违：过失。⑤搜摘（tī）：搜罗揭发。摘，揭发。疵颣（lèi）：缺点，毛病。颣，丝上的疙瘩，引

申为缺点、毛病。⑥论执：辩论，争论。

【译文】

御史大夫杜淹上奏道："各部门文件案宗恐有遗失错漏，请求下令让御史到各部门检查核对。"太宗征求封德彝的意见，封德彝回答说："设官分职，各有分工，如果真有过失，御史自当纠察举报。假如让御史到各部门巡视，吹毛求疵，实在是太烦琐。"杜淹默不作声。太宗问杜淹："你为什么不加争辩呢？"杜淹回答说："国家事务无论大小，应当务求公正，从善而行。封德彝讲的话深得要领，我心悦诚服，不敢有所非议。"太宗高兴地说："你们如果都能做到这一点，朕还有什么忧虑呢？"

唐太宗论弓矢

唐太宗贞观元年（627年）闰三月

壬申，上谓太子少师萧瑀①曰："朕少好弓矢，得良弓十数②，自谓无以加③，近以示弓工④，乃曰'皆非良材'。朕问其故，工曰：'木心不直，则脉理皆邪，弓虽劲而发矢不直。'朕始寤向者⑤辨之未精也。朕以弓矢定四方，识之犹未能尽，况天下之务，其能遍知乎！"乃令京官五品以上更宿中书内省⑥，数延见⑦，问以民间疾苦，政事得失。

（《通鉴》第 192 卷 6034 页）

【注释】

①萧瑀：见《萧瑀受敕必勘审》注⑧。②十数：又言十几，十多。表示数量较多。③无以加：无法再增加什么。形容好到极点。④示：给人看。弓工：制造弓箭的工匠。⑤寤：通"悟"。醒悟，了解。向者：从前，过去。⑥京官：在京城任职的官吏。更宿：轮流住宿。中书内省：中书省为唐代朝廷制定政策的官署，与门下省、尚书省同为最高的行政领导机构。唐高祖、唐太宗时期，中书省就设在太极殿附近，所以有时就把中书省称为中书内省。也有的研究者认为，中书省分内外两处，设在宫城太极殿附近的叫中书内省，设在皇城内的，叫中书外省。⑦数：屡、久，多次。延见：引见，请见。

【译文】

　　皇上跟太子少师萧瑀说："我年轻的时候喜好弓箭，得到好弓十几张，自以为没有比这些再好的了。最近拿给弓匠观看，竟说'都不是好材料'。我问是怎么个缘故，工匠说：'木心儿不正，那么纹理也都是斜的。弓力虽然强大，可是射出的箭是不直的。'我开始明白以前自己对弓的辨认是不精细的。我凭靠弓箭平定天下，而对弓箭的认识还不能详尽；何况天下的政务，怎么能普遍地了解呢？"于是命令京城五品以上的官员，轮流住在中书内省值班。屡次地召见询问老百姓有什么痛苦，政事有什么成绩和缺陷。

戴胄犯颜执法

唐太宗贞观元年（627年）正月

　　上以兵部郎中戴胄①忠清公直，擢为大理少卿。上以选人多诈冒资荫②，敕令自首，不首者死。未几，有诈冒事觉者，上欲杀之。胄奏："据法应流③。"上怒曰："卿欲守法而使朕失信乎？"对曰："敕者出于一时之喜怒，法者国家所以布大信于天下也。陛下忿④选人之多诈，故欲杀之，而既知其不可，复断之以法⑤，此乃忍小忿而存大信也。"上曰："卿能执法，朕复何忧！"胄前后犯颜⑥执法，言如涌泉，上皆从之，天下无冤狱。

　　　　　　　　　　　　　　　　（《通鉴》第192卷6031～6032页）

【注释】

　　①戴胄（？—633）：字玄胤，相州安阳（今河南正阳西南）人。隋末，为郑州长史。归唐后，任秦王府士曹参军。贞观元年，擢为大理少卿。多次冒犯太宗执法判案，受到太宗的器重。四年，任户部尚书，参与朝政。②选人：候补、候选的官员。资：资格。荫：封建时代子孙因祖先的官爵而受到的封赏。③流：古代刑罚之一。即把犯人放逐到边远地方服劳役。④忿：愤恨。⑤断之以法：根据法律来审理判决诈冒资荫的选人。⑥犯颜：冒犯君主或尊长的威严。

【译文】

　　太宗认为兵部郎中戴胄忠诚清正耿直，提升他为大理寺少卿。当时许多候选官员都假冒资历和门荫，太宗令他们自首，否则即处死。没过几天，有假冒被发觉的，太宗要杀掉他。戴胄上奏道："根据法律应当流放。"太宗大怒道："你想遵守法律而让我失信于天下吗？"戴胄回答道："敕令出于君主一时的喜怒，法律则是国家用来向天下人昭示最大信用的。陛下气愤于候选官员的假冒，所以想要杀他们，但是现在已知道这样做不合适，再按照法律来裁断，这就是忍住一时的小愤而保全大的信用啊！"太宗说："你如此执法，朕还有何忧虑！"戴胄前后多次冒犯皇上而执行法律，奏答时滔滔不绝，太宗都听从他的意见，国内没有冤案。

崔仁师治狱

唐太宗贞观元年（627年）十二月

青州①有谋反者，州县逮捕支党②，收系③满狱，诏殿中侍御史安喜崔仁师覆按之④。仁师至，悉脱去杻械⑤，与饮食汤沐⑥，宽慰之，止坐⑦其魁首十余人，余皆释之。还报，敕使将往决之⑧。大理少卿孙伏伽谓仁师曰："足下平反者多，人情谁不贪生，恐见徒侣得免，未肯甘心，深为足下忧之。"仁师曰："凡治狱当以平恕⑨为本，岂可自规⑩免罪，知其冤而不为伸邪！万一闇短⑪，误有所纵⑫，以一身易十囚之死，亦所愿也。"伏伽惭而退。及敕使至，更讯⑬诸囚，皆曰："崔公平恕，事无枉滥⑭，请速就死。"无一人异辞者。

（《通鉴》第 192 卷 6042 页）

【注释】

①青州：唐辖境相当今山东潍坊市、益都、临朐、广饶、博兴、寿光、昌乐、潍坊、淄博市、昌邑等地。②支党：参加谋反的人。支，分支。党，党羽。③收系：拘禁。④殿中侍御史：官名。属御史台，掌殿庭供奉之仪等。崔仁师：定州安喜（今河北定县）人。唐初任史官，参与修梁史、魏史。贞观初，为殿中侍御史。覆按：再次进行审查。⑤杻械：手铐脚镣。在手曰杻，在脚曰械。⑥汤沐：沐浴。汤，热水。沐，洗头。⑦坐：坐罪。指与青州谋反有牵连而定罪。⑧敕使：奉皇帝诏命前往处理事情的人。决：决断。对案件做出最

后裁决。⑨平恕：公平无私。⑩自规：自图，自谋。免罪：不获罪。⑪闇短：识暗才短。意思是见识少和识别能力差，对问题没有看准。⑫误有所纵：犯了有的犯人不应放而放了的错误。⑬更讯：再次审讯。⑭枉滥：无辜受害，扩大冤狱。

【译文】

青州有人阴谋造反，州县逮捕支党，被收押的人充满监狱，诏命殿中侍御史安喜人崔仁师再审讯他们。仁师到，全部解去他们的刑械，供给饮水及热水沐浴，宽慰他们，只将罪魁十余人判罪，其余皆释放。将审理结果还报朝廷，敕使将前往处决罪犯。大理少卿孙伏伽对仁师说："你平反的人很多，人情谁不求生，恐怕有人眼见共犯能免罪，不肯心甘情愿，我很为你担忧。"仁师说："审理刑案应以公平仁恕为原则，岂可自图免罪，知道有人受冤而不替他伸冤呢？万一差误，错放人犯，用一命换十个囚犯的生命，我也愿意。"伏伽感到惭愧而退去。等到敕使到了，再行讯问诸囚犯，都说："崔公公平仁恕，判事没有冤枉，请快让我们就刑。"没有一个人有不同的说法。

非无贤才，患不知人

唐太宗贞观元年（627年）正月

上令封德彝举贤①，久无所举。上诘②之，对曰："非不尽心，但于今未有奇才耳！"上曰："君子用人如器③，各取所长，古之致治④者，岂借才于异代乎？正患己不能知，安可诬一世之人！"德彝惭而退。

（《通鉴》第 192 卷 6032 页）

【注释】

①封德彝：时为右仆射。举贤：推荐有才有德的人。②诘：责问。③器：用具，工具。④致治：使国家达到太平盛世。

【译文】

皇上命令封德彝推举贤才，长久没有举荐。皇上诘问他，回答说："我并非不用心，目前没有奇才而已！"皇上说："君子用人如用器具，各取他的长处，古代平治天下的人，岂是借用异代的人才吗？只是忧虑自己不能知人，怎可诬罔一世全无人才！"德彝惭愧而退去。

魏征愿为良臣，不为忠臣

唐太宗贞观元年（627 年）十二月

或①告右丞魏征私其亲戚，上使御史大夫温彦博按之，无状②。彦博言于上曰："征不存形迹③，远避嫌疑，心虽无私，亦有可责。"上令彦博让征，且曰："自今宜存形迹。"他日，征入见，言于上曰："臣闻君臣同体④，宜相与尽诚⑤；若上下俱存形迹，则国之兴丧尚未可知，臣不敢奉诏⑥。"上瞿然⑦曰："吾已悔之。"征再拜曰："臣幸得奉事陛下，愿使臣为良臣，勿为忠臣。"上曰："忠、良有以异乎？"对曰："稷、契、皋陶⑧，君臣协心，俱享尊荣，所谓良臣。龙逢、比干⑨，面折廷争⑩，身诛国亡，所谓忠臣。"上悦，赐绢五百匹。

上神采英毅，群臣进见者，皆失举措⑪；上知之，每见人奏事，必假以辞色⑫，冀闻规谏。尝谓公卿曰："人欲自见其形，必资明镜；君欲自知其过，必待忠臣。苟其君愎谏自贤⑬，其臣阿谀顺旨，君既失国，臣岂能独全！如虞世基⑭等谄事炀帝以保富贵，炀帝既弑，世基等亦诛。公辈宜用此为戒，事有得失，毋惜尽言！"

（《通鉴》第 192 卷 6040 页）

【注释】

①或：有人。②无状：指没有魏征"私其亲戚"的情况。③不存形迹：不注意仪容礼貌。也就是不拘小节。④君臣同体：君主与臣下的关系应如手足同体一样密切。⑤相与尽诚：彼此间要极其真诚。⑥奉诏：接受皇帝的命令。⑦瞿然：惊愕不安的样子。⑧稷：后稷。传说为古代周族的始祖，尧、舜时为农官，教民耕种。契：传说为商的始祖。曾助禹治水有功，被任为司徒，掌管教化。皋陶：古代传说中东夷族的首领。曾被舜任命为掌管刑法的官。⑨龙逢：关龙逢。夏末大臣。夏桀荒淫无道，龙逢多次直谏，不听，被杀。比干：商末大臣。纣王淫乱残暴，他犯颜强谏，为纣王剖心而死。⑩面折廷争：犯颜

直谏的意思。面折，当面斥责他人的过失。廷争，在朝廷上向皇帝谏诤。⑪失举措：举动慌乱失常。⑫假以辞色：给对方以好言语、好态度。假，给予。⑬愎谏：不听规谏，一意孤行。愎，任性，固执。自贤：自以为贤。⑭虞世基：隋末为内史侍郎，炀帝的亲信。

【译文】

有人告发右丞魏征偏护他的亲戚，皇上派御史大夫温彦博查问他，并无事状。彦博对皇上说："魏征不拘小节，不避免嫌疑，虽然无私心，也有可责备的地方。"皇上要彦博责备魏征，而且说："从今以后应留存形迹。"他日，魏征入朝，对皇上说："我听说君臣是同体，应互相至诚相待，若上下都留存形迹，则国家必定灭亡，我不敢遵奉诏命。"皇上惊骇地说："我对这事已后悔。"魏征再拜说道："我有幸能奉事陛下，但愿使我做个良臣，不做忠臣。"皇上说："忠臣和良臣有差别吗？"回答说："稷、契、皋陶，他们君臣同心，共享尊贵荣华，是我说的良臣。龙逢、比干，当面折挠君主的不是，结果他们受诛杀，接着国家也灭亡，是我说的忠臣。"皇上喜悦，赐他绢五百匹。

皇上的精神风采英俊刚毅，群臣进见的，都因畏惧而举措失常。皇上也明白，每次见人奏事，必表现温和的脸色，希望得到规劝谏诤。曾对公卿说："人要看清自己的形态，一定要借用明镜；君王要知道自己的过失，一定需要忠臣。如果君王任性不听谏言，自以为是，臣下就会阿谀顺旨，结果君王失国，臣下岂能独自保全性命？如虞世基等人以谄谀侍奉炀帝而保有富贵，炀帝被弑，世基等人同样被杀。你们应拿此作警戒，事情有得失，不要吝惜，要能畅所欲言！"

兼听则明，偏信则暗

唐太宗贞观二年（628年）正月

上问魏征曰："人主①何为而明，何为而暗？"对曰："兼听则明，偏信则暗②。昔尧清问③下民，故有苗之恶得以上闻④；舜明四目，达四聪⑤，故共、鲧、驩兜不能蔽也⑥。秦二世偏信赵高，以成望夷之祸⑦；梁武帝偏信朱异，以取台城之辱⑧；隋炀帝偏信虞世基，以致彭城阁之变⑨。是故人君兼听广纳，则贵臣不得拥蔽⑩，而下情得以上通也。"上曰："善！"

（《通鉴》第192卷6047页）

【注释】

①人主：君主。②兼听则明，偏听则暗：听取各方面的意见，就能清醒明白；只信一面之词，就会糊里糊涂。③清问：清审详问。即虚心而详细地询问。④有苗：也称"三苗"。我国古代部族名称。《尚书·吕刑》："皇帝清问下民，鳏寡有辞于苗。"传："帝尧详问民患，皆有辞怨于苗民。"⑤明四目，达四聪：广开四方视听之意。《尚书·舜典》注："广视听于四方，使天下无壅塞。"疏："明四方之目，使为己远视四方也。达四方之聪，使为己远听闻四方也。恐远方有所拥塞，令为己悉闻见之。"也就是充分了解天下发生的事情。聪，听觉敏锐。⑥共、鲧、驩兜不能蔽：共，共工，传说中尧的大臣，与驩兜共同作恶，被舜流放到幽州。鲧，传说中原始时代的部落首领，奉尧命治水，九年未治平，被舜杀死。驩兜，传说中原始时代的恶人，与共工一起为非作歹，被舜放逐到崇山。《尚书·舜典》说，尧年老，舜摄政，出巡四岳，制定刑典，"流共工于幽州，放驩兜于崇山，殛鲧于羽山，四罪而天下咸服。"蔽，蒙蔽。⑦望夷之祸：秦二世三年（前207年）八月，刘邦攻陷武关，直捣咸阳，宰相赵高畏罪，令其婿阎乐率兵入望夷宫逼杀二世。⑧台城之辱：南朝梁武帝太清元年（547年），东魏司徒、河南大将军侯景叛归西魏，又暗中与梁联系，欲归附于梁。梁武帝犹豫不决，中书舍人朱异则极力主张接纳侯景。侯景归梁后，任大将军，封河南王。次年八月，侯景在寿阳起兵反梁，将渡江，朱异却说"景必无渡江之志"，故没有做好防卫。九月，侯景围武帝于台城。又次年三月，攻陷台城，武帝被囚，不久饿死。台城，南朝梁朝廷所在地，故址在今南京市鸡鸣山南乾河沿北。⑨偏信虞世基，以致彭城阁之变：隋炀帝即位后，大兴土木，修宫殿，开运河，筑长城，又东征西讨，人民生活困苦，灾难深重。从大业七年起，农民起义连绵不断，隋王朝处于摇摇欲坠之中。可是隋炀帝仍沉湎于酒色，"恶闻盗贼"；虞世基则投其所好，不把农民起义的真实情况告诉他。李义臣破降河北农民起义军数十万，炀帝觉得奇怪："降贼"为何这么多！虞说：小偷虽多，不足虑；李义臣拥重兵在外，却不适宜。于是，炀帝下令解散了李义臣的军队，而河北的农民起义军很快又发展起来了。隋炀帝偏信虞世基，仍以为天下太平，不顾众多大臣的谏阻于大业十二年七月离开东都洛阳到江都（今扬州）游乐去了。在江都，他日夜欢宴，又值中原战乱，便无心西归，下令修建丹阳宫，准备迁都。当时江都粮尽，多数卫士又是关中人，见炀帝无意西归，便谋反。右屯卫将军宇文化及兄弟，于唐高祖元年（618年）发动政变，自玄武门入宫。炀帝逃到西阁（彭城阁），被执，缢杀之。

⑩拥蔽：蒙蔽，阻塞。

【译文】

太宗问魏征："君主如何做称为明，如何做称为暗？"魏征答道："能听取各方面的意见，就是明，偏听偏信，就是暗。从前尧帝体恤下情，详细询问民间疾苦，所以能够知道有苗的恶行；舜帝目明能远视四方，耳聪能远听四方，所以共工、鲧、驩兜不能掩匿罪过。秦二世偏信赵高，造成望夷宫的灾祸；梁武帝偏信朱异，招来台城的羞辱；隋炀帝偏信虞世基，导致彭城阁的变故。所以君主善于听取各方面意见，则亲贵大臣就无法阻塞言路，下情也就得以上达。"太宗说："非常对！"

唐太宗畏魏征

唐太宗贞观二年（628 年）十月

征①状貌不逾中人，而有胆略，善回人主意②，每犯颜苦谏；或逢上③怒甚，征神色不移，上亦为霁威④。尝谒告上冢⑤。还，言于上曰："人言陛下欲幸南山⑥，外皆严装⑦已毕，而竟不行，何也？"上笑曰："初实有此心，畏卿嗔，故中辍耳。"上尝得佳鹞，自臂⑧之，望见征来，匿怀中；征奏事固⑨久不已，鹞竟死怀中。

（《通鉴》第 193 卷）

【注释】

①征：魏征。时为右丞。②善回人主意：善于改变别人的主意。回，回转。③上：指唐太宗。④霁威：收敛威严。霁，雨停，引申为停止，消失。⑤谒告：请假。上冢：上坟，扫墓。⑥南山：终南山。在今西安市东南。⑦严装：装备齐全。⑧臂：作动词，用手臂架着。⑨固：坚持。

【译文】

魏征相貌平平，但是很有胆略，善于挽回皇帝的主意，常常犯颜直谏。有时碰上太宗非常恼怒的时候，他面不改色，太宗的神威也为之收敛。他曾经告假去祭扫祖墓，回来后，对太宗说："人们都说陛下要临幸南山，外面都已严阵以待、整装完毕，而您最后又没去，不知为什么？"太宗笑着说："起初确实有这个打算，害怕你又来嗔怪，所以中途停止了。"太宗曾得到一只好鹞鹰，将它置于臂膊上，远远望见魏征走过来，便藏在怀里；魏征站在那里上奏朝政大事，很久不停下来，鹞鹰最后竟死在太宗的怀里。

唐太宗令群臣论执诏敕

唐太宗贞观三年（629 年）

　　夏，四月，乙亥，上皇徙居弘义宫^①，更名大安宫。上始御太极殿^②，谓群臣曰："中书、门下^③，机要之司^④，诏敕有不便者，皆应论执^⑤。比来唯睹顺从，不闻违异。若但行文书^⑥，则谁不可为，何必择才也。"房玄龄等皆顿首谢。

　　故事^⑦：凡军国大事，则中书舍人^⑧各执所见，杂署其名，谓之五花判事。中书侍郎、中书令省审之^⑨，给事中、黄门侍郎驳正之^⑩。上始申明旧制，由是鲜有败事。

（《通鉴》第 193 卷 6064 页）

【注释】

　　①上皇：指唐高祖李渊。弘义宫：建于武德五年（622 年），在长安城之西。②唐太宗即位于东宫之显德殿。高祖迁居大安宫后，太宗才开始到太极殿处理政务和接见群臣。③中书、门下：中书省、门下省。前者为秉承皇帝意旨掌管机要、发布政令的官署，是全国政务的中枢；后者是与中书省同掌机要，共议国政，并负责审查诏令，签署章奏的官署。④机要之司：掌握国家军政机密的官署。⑤论执：发表议论，提出意见。⑥行：收发，传送。文书：公文，案卷。⑦故事：先例，旧时的典章制度。⑧中书舍人：中书省的官员。负责起草诏令。⑨中书侍郎：中书省长官之副。中书令：中书省长官。省审：检查审定。⑩给事中：唐朝为门下省之要职，在侍中及门下侍郎之下，负责驳正政令之违失。黄门侍郎：唐初为侍从皇帝、传达诏令、掌管机密文件的官，曾改称东台侍郎、鸾台侍郎，天宝元年改名为门下侍郎。驳正：纠正错误。

【译文】

　　夏，四月，乙亥日（初四），上皇迁居弘义宫，改名为大安宫。皇上才开始用太极殿，对群臣说："中书、门下，是机要的单位，诏敕有不便的，都应驳论坚持己见。近来只看到顺从，听不到违拒及异议。如果只行文书，则谁不能做，何必选择贤才。"房玄龄等人皆顿首谢罪。

按以前的惯例，诏书凡涉及军国大事，则让中书舍人各执所见，大家分别署名，称之为五花判事。中书侍郎、中书令加以审核，给事中、黄门侍郎予以驳正。太宗开始申明旧的规制，于是很少有错误。

房玄龄善谋，杜如晦能断

唐太宗贞观三年（629年）三月

丁巳，上谓房玄龄①、杜如晦②曰："公为仆射③，当广求贤人，随才授任，此宰相之职也。比闻听受辞讼④，日不暇给，安能助朕求贤乎！"因敕"尚书细务属左右丞⑤，唯大事应奏者，乃关⑥仆射"。

玄龄明达政事，辅以文学，夙夜尽心，惟恐一物失所⑦；用法宽平，闻人有善，若己有之，不以求备取人⑧，不以己长格物⑨。与杜如晦引拔士类⑩，常如不及。至于台阁规模⑪，皆二人所定。上每与玄龄谋事，必曰："非如晦不能决。"及如晦至，卒用玄龄之策。盖玄龄善谋⑫，如晦能断⑬故也。二人深相得，同心徇国⑭，故唐世称贤相，推房、杜焉。玄龄虽蒙宠待，或以事被谴，辄累日诣朝堂，稽颡⑮请罪，恐惧若无所容。

（《通鉴》第 193 卷 6063 页）

【注释】

①房玄龄：时为尚书左仆射。②杜如晦（585—630）：字克明，京兆杜陵（今陕西西安市东南）人。李世民为秦王时，为秦王府属，常随征战，出谋划策。武德九年，助李世民诛灭太子建成，授左庶子。世民即帝位后，官至尚书右仆射，与房玄龄同掌朝政，封蔡国公。③仆射：官名，唐代不设尚书令，仆射即为尚书省的长官。初期与中书令、侍中同为宰相。当时房玄龄为左仆射，杜如晦为右仆射。④比：近来。听受辞讼：处理诉讼案件。听受，听取受理。辞讼，同"词讼"，诉讼。⑤尚书：尚书省。左右丞：左丞、右丞。官名，尚书的助手。唐代尚书省左丞总管吏、户、礼三部，右丞总管兵、刑、工三部

之事。⑥关：关白。禀报，报告。⑦一物：又一事。失所：失当。⑧求备：要求完美无缺。取人：选择人。⑨格物：衡量事情。⑩引拔：推荐和提拔。士类：读书人。⑪台阁规模：指尚书省的政制设施。东汉尚书台设在宫廷建筑之内，故尚书台有台阁之称。规模，规制，格局。⑫善谋：善于谋划。也就是善于出主意。⑬能断：善于决断。也就是善于下决心。⑭徇国：献身为国。⑮稽颡（sǎng）：古代一种跪拜礼。稽，叩头到地。颡，额。

【译文】

丁巳（三月十六日），太宗对房玄龄、杜如晦说："你们身为仆射（相当于宰相），应当广求天下贤才，因才授官，这是宰相的职责。近来听说你们受理辞讼案情，日不暇接，怎么能帮助朕求得贤才呢？"因此下令"尚书省琐细事务归尚书左右丞掌管，只有应当奏明的大事，才由左右仆射处理"。

房玄龄通晓政务，又有文才，昼夜操劳，唯恐偶有差池；运用法令宽和平正，听到别人的长处，便如同自己所有，待人不求全责备，不以己之所长要求别人，与杜如晦提拔后进，不遗余力。至于尚书省的制度程式，均系二人所定。太宗每次与房玄龄谋划政事，一定要说："非杜如晦不能敲定。"等到杜如晦来，最后还是采用房玄龄的建议。这是因为房玄龄善于谋略，杜如晦长于决断。二人深相投合，同心为国出力。所以唐朝称为贤相者，首推房、杜二人。房玄龄虽然多蒙太宗宠爱，有时因某事受谴责，总是一连数日到朝堂内，磕头请罪，恐惧得好像无地自容。

唐太宗论隋文帝

唐太宗贞观四年（630年）七月

乙丑，上问房玄龄、萧瑀①曰："隋文帝何如主也？"对曰："文帝勤于为治，每临朝，或至日昃，五品已上，引坐论事，卫士传餐而食②；虽性非仁厚，亦励精之主也。"上曰："公得其一，未知其二。文帝不明而喜察③；不明则照有不通④，喜察则多疑于物，事皆自决，不任群臣。天下至广，一日万机⑤，虽复劳神苦形⑥，岂能一一中理⑦！群臣既知主意⑧，唯取决受成⑨，虽有愆违⑩，莫敢谏争，此所以二世而亡也。朕则不然。择天下贤才，置之百官，使思天下之事，关由⑪宰相，审熟便安⑫，然后奏闻。有功则赏，有罪则刑，谁敢不竭心力以修职业，何忧天下之不治乎！"因敕百司⑬："自今诏敕行下⑭有未便者，皆应执奏⑮，毋得阿从⑯，不尽己意。"

（《通鉴》第 193 卷 6080 页）

【注释】

①萧瑀：时为御史大夫。②传餐：传送食物。有一次，隋文帝与大臣讨论政事到日偏西，忘了吃午饭，便让卫士传送食物而食。③不明而喜察：对事物不了解却喜爱苛求。④照：指对事物的观察。不通：不透彻。⑤万机：万事之微。指古代帝王日常的纷繁政务。⑥复：又。劳神苦形：费尽心力和体力。⑦中理：合理。⑧主意：主上的意思。古代臣下称君主为主上。⑨取决受成：依照皇帝的意旨办事。取决，据之以决断。受成，接受已定的谋略。⑩愆违：过失，错误。⑪关由：经由，经过。⑫审熟：深入研究。便安：方便和安全。指官吏的意见哪些是方便和安全的。⑬百司：百官。各级官吏。⑭行下：发布，下达。⑮执奏：把自己的意见上奏天子。⑯阿从：违心地服从。

【译文】

乙丑日（初二），皇上问房玄龄、萧瑀说："隋文帝是怎样的君主？"回答说："文帝勤敏为政，每次临朝办公，有时超过中午，五品以上的官员，引接他们入座论事，卫士不能下卫，传递食物就地食用。虽然本性不仁厚，也是个振励精神、以图平治的君主。"皇上说："公知其一，不知其二。文帝不精明又喜欢苛察；不精明则了解不通达，喜欢苛察则对人多疑，凡事皆亲自决断，不委任群臣。天下事繁多，一日要处理无数机务，虽然再用心神精力，哪能一一合理！群臣既然了解君主的心意，只有采用君主的决定接受成规，虽有愆失，不敢诤谏，这就是二代灭亡的原因。朕就不是这样。我选拔天下的贤能才士，置于百官之位，使他们思考天下事，通由宰相，深思熟虑，认为方便安稳，然后奏上听闻。有功就赏，有罪就罚，谁敢不竭尽心力来修治自己的职务，何必忧虑天下不能平治呢！"因而下令百官："自今以后，诏敕发下有不合适的地方，都应拿来上奏，不可一味顺从，不尽自己的心意。"

魏征不面从而后言

唐太宗贞观六年（632年）七月

闰月，乙卯，上宴群臣于丹霄殿，长孙无忌①曰："王珪、魏征昔为仇雠②，不谓③今日得此同宴。"上曰："征、珪尽心所事，故我用之。然征每谏，我不从，我与之言辄不应，何也？"魏征对曰："臣以事为不可，故谏；陛下不从而臣应之，则事遂施行，故不敢应。"上曰："且应而复谏，庸何伤④！"对曰："昔舜戒群臣：'尔无面从，退有后言。'⑤臣心知其非而口应陛下，乃面从也，岂稷、契⑥事舜之意邪！"上大笑曰："人言魏征举止疏慢⑦，我视之更觉妩媚⑧，正为此耳！"征起，拜谢曰："陛下开臣⑨使言，故臣得尽其愚；若陛下拒而不受，臣何敢数犯颜色⑩乎！"

（《通鉴》第 194 卷 6097 ～ 6098 页）

【注释】

①长孙无忌（？—59）：长孙皇后之兄。字辅机，河南洛阳人。唐初，随秦王李世民征战有功，官至比部郎中。武德九年，决策发动"玄武门之变"，诛太子建成，助太宗取得帝位。历任尚书右仆射、司空、司徒等职，封赵国公。太宗病危时受命辅政。高宗即位后授太尉，兼修国史。高宗欲立武则天为皇后，无忌屡言不可，后被诬谋反，削爵，流放黔州，自杀而死。②王珪（？—639）：字叔玠，世居郿（今陕西眉县）。唐初，李建成为太子，授中舍人，迁中允。后被高祖流放嶲州。建成被诛，太宗召为谏议大夫，推诚进谏，受到信任，不久擢为侍中。王珪为太子中允时，曾协助建成谋取帝位，魏征为太子洗马时，曾劝告建成早除世民，所以长孙无忌说他们"昔为仇雠"。③不谓：不料，没有想到。④庸何伤：怎么会有妨害呢！⑤见《尚书·益稷》。面从，当面赞成。后言，背后议论。⑥稷：后稷。古代周族的始祖。尧舜时任农官，教民耕种。契：传说中商的始祖。曾助禹治水有功，被舜任为司徒，掌管教化。⑦疏慢：粗疏简慢。指行动举止比较随便，不注意礼度。⑧妩媚：同"妩媚"。姿态美丽可爱。⑨开臣：开导臣下。⑩数犯：屡次触犯。颜色：脸色。指皇帝的威严。

【译文】

闰月，乙卯日（初四），皇上在丹霄殿宴请群臣，长孙无忌说："王珪、魏征，从前是仇敌，没想到今日能在此同宴。"皇上说："魏征、王珪尽心职事，所以我用他们。然而魏征每次谏言，我不听从，我与他谈话常常不答应，为什么？"魏征回答说："臣认为事情不可以，所以诤谏；若陛下不听从而臣答应，则事情于是付之施行，故不敢答应。"皇上说："姑且答应而后再谏，又有何伤呢！"回答说："从前舜告诫群臣：'你们不可当面顺从，退下去背后有非议之言。'臣心知其非而口答应陛下，乃是面从，岂是稷、契侍奉舜的心意？"皇上大笑说："人家说魏征举止疏简怠慢，我看他更觉得妩媚，正是这种情形。"魏征起立，拜谢说："陛下开导让臣说话，故臣能够尽言，若陛下拒绝而不接受，臣怎敢屡次冒犯颜色呢！"

唐太宗与魏征论用人

唐太宗贞观六年（632年）十二月

上谓魏征曰："为官择人，不可造次①。用一君子，则君子皆至；用一小人，则小人竞进矣。"对曰："然。天下未定，则专取其才，不考其行②；丧乱既平，则非才行兼备不可用也。"

（《通鉴》第 194 卷 6101 页）

【注释】

①造次：马虎，苟且。②行：德行。道德品行。

【译文】

太宗对魏征说："因官职而去选择人才，不可仓促行事。任用一位君子，则众位君子都会来到；任用一位小人，则其他小人竞相引进。"答道："是这样。天下未平定时，则对于一个人专取其才能，并不看重和考查其德行；动乱平定后，则不是德才兼备的人才不能使用。"

魏征谏止封禅

唐太宗贞观六年（632年）正月

　　文武官复请封禅①，上曰："卿辈皆以封禅为帝王盛事，朕意不然。若天下乂安②，家给人足③，虽不封禅，庸何伤乎④！昔秦始皇封禅，而汉文帝不封禅，后世岂以文帝之贤不及始皇邪！且事天扫地而祭，何必登泰山之巅，封数尺之土，然后可以展其诚敬乎！"群臣犹请之不已，上亦欲从之，魏征独以为不可。上曰："公不欲朕封禅者，以功未高邪？"曰："高矣！""德未厚邪？"曰："厚矣！""中国未安邪？"曰："安矣！""四夷未服邪？"曰："服矣！""年谷未丰邪？"曰："丰矣！""符瑞⑤未至邪？"曰："至矣！""然则何为不可封禅？"对曰："陛下虽有此六者，然承隋末大乱之后，户口未复，仓廪尚虚，而车驾东巡，千乘万骑，其供顿劳费⑥，未易任也。且陛下封禅，则万国咸集，远夷君长，皆当扈从⑦；今自伊、洛以东至于海、岱⑧，烟火尚希，灌莽⑨极目，此乃引戎狄入腹中，示之以虚弱也。况赏赉不赀⑩，未厌远人之望⑪；给复⑫连年，不偿百姓之劳；崇虚名而受实害，陛下将焉用之！"会河⑬南、北数州大水，事遂寝。

　　　　　　　　　　　　（《通鉴》第 194 卷 6093 ~ 6094 页）

【注释】

　　①封禅：古代帝王祭天地的典礼。在泰山上筑土为坛祭天，称为封；在泰山南梁父山上辟场祭地，称为禅。秦汉以后历代王朝都视封禅为国家大典。②乂（yì）安：天下太平。乂，治理。③家给（jǐ）人足：家家富裕，人人丰足。给，富裕。④庸何伤乎：怎么会有妨害呢！庸，副词。常用在动词之前，表示反问。⑤符瑞：吉祥的征兆。⑥供顿劳费：旅途食宿所花的人力物力。顿，止宿。⑦扈从：随从护卫。⑧伊、洛：伊水、洛水。海、岱：东海、泰山。岱，即泰山。⑨灌莽：草木丛生之地。灌，丛生的树木。莽，密生的草。⑩赏赉（lài）：赏赐。不赀：不可估计。⑪未厌：不能满足。远人：指前来参加封禅的各少数民族的君臣。⑫给复：免除租税徭役。⑬河：黄河。

文武百官又请行封禅大礼，太宗说："你们都认为登泰山封禅是帝王的盛举，朕不以为然。如果天下安定，百姓家家富足，即使不去封禅，又有什么伤害呢？从前秦始皇行封禅礼，而汉文帝不封禅，后代难道能认为文帝的贤德不如秦始皇吗？而且侍奉上天扫地而祭祀，何必要去登泰山之顶峰，封筑几尺的泥土，然后才算展示其诚心敬意呢？"群臣还是不停地请求，太宗也想听从此意见，唯独魏征认为不可。太宗说："你不想让朕去泰山封禅，认为朕的功劳不够高吗？"魏征说道："够高了！""德行不厚吗？"答道："很厚了！""国家不安定吗？"答道："安定！""四方夷族未归服吗？"答道："归服了。""年成没丰收吗？"答道："丰收了！""符瑞没有出现吗？"答道："出现了！""那么为什么不可以行封禅礼？"答道："陛下虽然有上述六点理由，然而承接隋亡大乱之后，户口没有恢复，国家府库粮仓还很空虚，而陛下的车驾东去泰山，大量的骑兵车辇，其劳顿耗费，必然难以承担。而且陛下封禅泰山，则各国君主咸集，远方夷族首领跟从，如今从伊水、洛水东到大海、泰山，人烟稀少，满目草木丛生，这是引戎狄进入大唐腹地，并展示我方的虚弱。况且赏赐供给无数，也不能满足这些远方人的欲望；几年免除徭役，也不能补偿老百姓的劳苦。像这样崇尚虚名而实际对百姓有害的政策，陛下怎么能采用呢？"正赶上黄河南北地区数州县发大水，于是就停止封禅事。

长孙皇后赞魏征

唐太宗贞观六年（632 年）三月

长乐公主将出降①，上以公主，皇后②所生，特爱之，敕有司资送倍于永嘉长公主③。魏征谏曰："昔汉明帝欲封皇子，曰：'我子岂得与先帝子比！'皆令半楚、淮阳。④今资送公主，倍于长主⑤，得无异于明帝之意乎！"上然其言，入告皇后。后叹曰："妾亟闻陛下称重魏征⑥，不知其故，今观其引礼义以抑人主之情，乃知真社稷之臣也！妾与陛下结发为夫妇，曲承恩礼⑦，每言必先候颜色，不敢轻犯威严；况以人臣之疏远，乃能抗言⑧如是，陛下不可不从。"因请遣中使赍钱四百缗⑨、绢四百匹以赐征，且语之曰："闻公正直，乃今见之，故以相赏。公宜常秉此心，勿转移也。"上尝罢朝，怒曰："会须杀此田舍翁。"⑩后问为谁，上曰："魏征每廷辱⑪我。"后退，具朝服立于庭，上惊问其故，后曰："妾闻主明臣直；今魏征直，由陛下之明故也，妾敢不贺！"上乃悦。

（《通鉴》第 194 卷 6095～6096 页）

【注释】

①出降：出嫁。古代帝王女儿嫁给官僚贵族，叫降；官僚贵族娶帝王女儿为妻，叫尚。②皇后：长孙皇后。复姓长孙。③资送：以财物相送。永嘉长公主：唐高祖李渊之女。④汉明帝永平十五年，封皇子刘恭等六人为王，规定封地为楚王（刘英）、淮阳王（刘延）封地的一半。皇后不满地说："这些孩子只有几个县那么大的封地，跟制度规定的相比，不是太少了吗？"明帝说："我的儿子怎能与先帝的儿子相等呢！"楚王、淮阳王均为光武帝的儿子。⑤长主：长公主。唐制：皇姑为大长公主，正一品；姐为长公主，女为公主，皆视为一品。⑥亟：屡次。称重：称赞和尊重。⑦曲承：不应承受而承受（谦辞）。恩礼：帝王对臣下的礼遇。⑧抗言：直言不阿。⑨中使：宫中的使者。多由宦官充任。赍（jī）：送给。缗：成串的钱。一千文为一缗。⑩会须：定要，总要。田舍翁：年老的农民。⑪廷辱：在朝廷上当面侮辱人。

【译文】

长乐公主将要出嫁长孙冲，太宗以公主是皇后亲生，特别疼爱，敕令有关部门所给陪送嫁妆比皇姑永嘉长公主多一倍。魏征劝谏说："过去汉明帝想要分封皇子食邑，说：'我的儿子怎么能和先帝的儿子相比呢？'均令分给楚王、淮阳王封地的一半。如今公主的陪送，比长公主多一倍，岂不是与汉明帝的意思相差太远吗？"太宗觉得有理，进宫中告知皇后，皇后感慨地说："我总是听得陛下称赞魏征，不知是什么缘故，如今见其引征礼义来抑制君王的私情，这真是辅佐陛下的栋梁大臣呀！我与陛下是多年的结发夫妻，多蒙恩宠礼遇，每次讲话还都要察言观色，不敢轻易冒犯您的威严。何况大臣与陛下较为疏远，还能如此直言强谏，陛下不能不听从其意见。"于是皇后请求太宗派宦官去魏征家中，赏赐给四百缗钱，四百匹绢。并且对他说："听说您十分正直，今日得以亲见，所以赏赐这些。希望您经常秉持此忠心，不要有所改变。"有一次太宗曾罢朝回到宫中，怒气冲冲地说："以后找机会一定杀了这个乡巴佬。"皇后问是谁惹怒陛下，太宗说："魏征常在朝堂上差辱我。"皇后退下，穿上朝服站在庭院内，太宗惊奇地问这是何故。皇后说："我听说君主开明则臣下正直，如今魏征正直敢言，是因为陛下的开明，我怎能不祝贺呢！"太宗才转怒为喜。

唐太宗以长孙无忌为司空

唐太宗贞观七年（633年）

十一月，壬辰，以开府仪同三司长孙无忌为司空①，无忌固辞，曰："臣忝预外戚②，恐天下谓陛下为私。"上不许，曰："吾为官择人，唯才是与③。苟或不才，虽亲不用，襄邑王神符④是也；如其有才，虽仇不弃，魏征等是也⑤。今日所举，非私亲也。"

（《通鉴》第 194 卷 6103 页）

【注释】

①开府仪同三司：唐代文散官的第一阶。所谓散官，是指有官名而无固定职事的官，与有固定职务的职事官相对而言。唐代文散官自开府仪同三司至将仕郎共二十九阶；武散官自骠骑大将军至陪戎副尉共四十九阶。散官与职事官的品级不一定一致。低级散官任较高级职务者称"守某官"；高级散官任较低级职务者称"行某官"。开府，成立府署，自选僚属。仪同三司，仪制与三公相同。长孙无忌：唐太宗长孙皇后之兄。司空：官名。与太尉、司徒合称三公。唐代三公参议朝政，但无实际职务。②忝（tiǎn）预：惭愧地属于。忝，辱，有惭于，常用作谦辞。外戚：外家的亲属。特指帝王的母族或妻族。③唯才是与：只选拔有才能的人。与，通"举"，选拔。④神符：李神符。唐太宗的从叔，封襄邑王。曾任并州总管、扬州大都督。后因其"少威严，不为下所畏，又足不良于行"，罢大都督，改光禄大夫，归第。⑤参见《魏征不面从而后言》注②。

【译文】

十一月，壬辰（十八日），朝廷任命开府仪同三司长孙无忌为司空，长孙无忌执意推辞，说："我惭愧地属于外戚，担心天下说陛下徇私情。"太宗不允许，说："我根据官职来选择人，唯才是举。如果没有才能，即使是亲属也不任用，襄邑王李神符就是这样的人；如果有才能，即使过去有仇也不弃置，魏征等人就是如此。今日推举你为司空，并不是徇私情。"

唐太宗纳谏不如曩时

唐太宗贞观八年（634年）十二月

中牟丞^①皇甫德参上言："修洛阳宫，劳人；收地租，厚敛；俗好高髻，盖宫中所化。"上怒，谓房玄龄等曰："德参欲国家不役一人，不收斗租，宫人皆无发，乃可其意邪！"欲治其谤讪之罪。魏征谏曰："贾谊^②当汉文帝时上书，云'可为痛哭者一，可为流涕者二'^③。自古上书不激切，不能动人主之心，所谓狂夫之言，圣人择焉^④，唯陛下裁察^⑤！"上曰："朕罪斯人，则谁敢复言！"乃赐绢二十匹。他日，征奏言："陛下近日不好直言，虽勉强含容^⑥，非曩时之豁如^⑦。"上乃更加优赐，拜监察御史^⑧。

（《通鉴》第194卷6109页）

【注释】
①中牟：县名。在今河南中牟县东。丞：县丞，辅佐县令执行政务。②贾谊：西汉政论家、文学家。洛阳（今河南洛阳东）人。世称贾生。文帝初为博士，不久任太中大夫。后被贬为长沙王太傅。又为梁怀王太傅。死于公元前168年，仅三十二岁。③此为贾谊著名政论《治安策》的开头两句话。④狂夫之言，圣人择焉：谦语。秦汉之际，李左车语。⑤唯：表示希望。裁察：裁断审察。⑥含容：宽容，包涵。⑦曩（nǎng）：从前，以往。豁如：豁达，开阔。⑧拜：授以官职。这里是指授给皇甫德参以监察御史的官职。监察御史的职责是"分察百僚，巡按郡县，纠视刑狱，肃整朝仪"。

【译文】
中牟县的县丞皇甫德参上书说："修建洛阳宫，劳累了人民；征收地租，加重了税收；民俗喜好梳绾高大的发髻，大概是受皇宫的影响。"皇上见了大怒，跟房玄龄等人说："皇甫德参打算让国家不役使一人，不收一斗租税，宫中妇女都没头发，他才称心吗？"要按诽谤国家的罪名治罪。魏征谏劝说："贾谊在汉文帝的时候上书说'当前的国事，有一项可以令人痛哭，有两项可以令人流泪'。自古以来上书，言辞不激切，就不能使君主动心，古人所谓狂妄人说的话，圣明的人有所采择，希望陛下您考虑决定。"皇上说："我要处罚这个人，那谁还敢再说话！"于是赏赐他绢布二十四匹。有一天，魏征上奏说："陛下您近一时期不喜欢听坦率的话了，虽然勉强包含宽容，可不是以前那样的豁达大度了。"皇上于是对皇甫德参再加以优厚的赏赐，还任命他为监察御史。

魏征谏太宗勿以私爱忘公义

唐太宗贞观十年（636年）十二月

魏王泰①有宠于上，或言三品以上②多轻魏王。上怒，引三品以上，作色让③之曰："隋文帝时，一品以下皆为诸王所颠踬④，彼岂非天子儿邪！朕但不听诸子纵横耳，闻三品以上皆轻之，我若纵之，岂不能折辱⑤公辈乎！"房玄龄等皆惶惧流汗拜谢。魏征独正色⑥曰："臣窃计⑦当今群臣，必无敢轻魏王者。在礼，臣、子一也⑧。《春秋》⑨，王人虽微，序于诸侯之上⑩。三品以上皆公卿，陛下所尊礼⑪。若纪纲⑫大坏，固所不论，圣明在上，魏王必无顿辱群臣之理。隋文帝骄其诸子，使多行无礼，卒皆夷灭，又足法乎！"上悦曰："理到之语，不得不服。朕以私爱忘公义，向者之忿，自谓不疑，及闻征言，方知理屈。人主⑬发言何得容易乎！"

（《通鉴》第194卷）

【注释】

①魏王泰：李泰为唐太宗第四子，长孙皇后所生，封魏王。②或言：有人说。三品以上：指三品以上的官员。魏晋以后，官阶分为九品，最高者为一品。③作色：改变脸色。指生气。让：责备。④颠踬：跌倒。引申为凌辱。⑤折辱：屈辱，凌辱。⑥正色：表情端庄严肃。⑦窃计：估计。窃，表示谦虚的语词。⑧在礼，臣、子一也：按照礼法，大臣和皇子是平等的。⑨《春秋》：儒家经典之一。相传为孔子据鲁国史官所编《春秋》修订而成。⑩王人虽微，序于诸侯之上：王人，帝王的使者。微，指官位低下。序，按次第排列。《春秋》僖公七年："公会王人、齐侯、宋公、卫侯、许男、曹伯、陈世子款、郑世子华，盟于洮。"注："王人，王之微官也。虽官卑而见授以大事，故称人而又

称字。"⑪尊礼：尊，敬重。礼，礼遇，即以礼相待。⑫纪纲：国家的法令制度。
⑬人主：君主。

【译文】

魏王李泰受皇上的宠爱，有人说三品以上官员很轻视魏王。皇上发怒，召来三品以上的官员，满脸怒气责备他们说："隋文帝时，一品以下官员都被诸王困顿折磨，他们岂不是天子的儿子？朕独不听任诸子妄为，听说三品以上皆轻视魏王泰，我若放纵他，难道不能折磨侮辱公辈吗？"房玄龄等人皆惶恐流汗下拜谢罪。只有魏征脸色严肃地说："臣私自推测当今群臣，必无人敢轻视魏王。依礼而言，臣与子是一样的。《春秋》说，王人虽微，秩序在诸侯之上。三品以上都是公卿之位，是陛下尊重礼遇的人。若纪纲大坏，实不能论；今日皇上圣明，魏王必无困顿折辱群臣的道理。隋文帝放纵他的诸子，使他们多做无礼之事，结果都遭到诛杀灭亡，又值得效法吗？"皇上喜悦地说："有理的话，不能不服从。朕因为私爱忘了公义，刚才的生气，自认为有理，等听了魏征的话，才知道理屈。人主说话怎能随便呢！"

长孙皇后仁孝俭素

唐太宗贞观十年（636年）六月

长孙皇后性仁孝俭素①，好读书，常与上从容商略②古事，因而献替③，裨益弘多。上或以非罪谴怒宫人，后亦阳怒，请自推鞫④，因命囚系，俟上怒息，徐为申理，由是宫壶⑤之中，刑无枉滥。豫章公主⑥早丧其母，后收养之，慈爱逾于所生。妃嫔以下有疾，后亲抚视，辍己之药膳以资之，宫中无不爱戴。训诸子，常以谦俭为先，太子乳母遂安夫人尝白后，以东宫器用少，请奏益之。后不许，曰："为太子，患在德不立，名不扬，何患无器用邪！"

上得疾，累年不愈，后侍奉，昼夜不离侧。常系毒药于衣带；曰："若有不讳⑦，义不独生。"后素有气疾，前年从上幸九成宫⑧，柴绍等中夕告变⑨，上擐甲出阁问状，后扶疾以从，左右止之，后曰："上既震惊，吾何心自安！"由是疾遂甚。太子言于后曰："医药备尽而疾不瘳⑩，请奏赦罪人及度人入道⑪，庶获冥福⑫。"后曰："死生有命，非智力所移。若为善有福，则吾不为恶；如其不然，妄求何益！赦者国之大事，不可数下。道、释⑬异端之教，蠹国病民，皆上素所不为，奈何以吾一妇人使上为所不为乎！必行汝言，吾不如速死！"太子不敢奏，私以语房玄龄，玄龄白上，上哀之，欲为之赦，后固止之。

及疾笃⑭，与上诀。时房玄龄以谴归第⑮，后言于帝曰："玄龄事陛下久，小心慎密，奇谋秘计，未尝宣泄，苟无大故，愿勿弃之。妾之本宗，因缘葭莩⑯以致禄位，既非德举⑰，易致颠危，欲使其子孙保全，慎勿处之权要⑱，但以外戚奉朝请⑲足矣。妾生无益于人，不可以死害人，愿勿以丘垄⑳劳费天下，但因山为坟，器用㉑瓦木而已。仍愿陛下亲君子，远小人，纳忠谏，屏谗慝㉒，省作役㉓，止游畋，妾虽没于九泉，诚无所恨。儿女辈不必令来，见其悲哀，徒乱人意。"因取衣中毒药以示上曰："妾于陛下不豫㉔之日，誓以死从乘舆㉕，不能当吕后之地耳㉖。"己卯，崩于立政殿。

后尝采自古妇人得失事为《女则》三十卷，又尝著论驳汉明德马后㉗以不能抑退外亲，使当朝贵盛，徒戒其车如流水马如龙，是开其祸败之源而防其末流也。及崩，宫司㉘并《女则》奏之，上览之悲恸，以示近臣曰："皇后此书，足以垂范百世。朕非不知天命而为无益之悲，但入宫不复闻规谏之言，失一良佐㉙，故不能忘怀耳！"乃召房玄龄，使复其位。

（《通鉴》第 194 卷 6120 ～ 6122 页）

【注释】

①长孙皇后：唐太宗皇后，复姓长孙。俭素：节约、朴素。②商略：商量讨论。③献替："献可替否"的省略。进献可行者，除去不可行者。④推鞫：审问。⑤宫壶（kǔn）：宫中。壶，宫中道路，引申指宫内。⑥豫章公主：唐太宗之女，妃嫔所生。⑦不讳：死的婉辞。人死不可避免，无可忌讳的意思。⑧前年：贞观八年。九成宫：在今陕西省麟游县西。本为隋朝仁寿宫，贞观五年重修，改名，为避暑之地。⑨柴绍（？—638）：字嗣昌，晋州临汾（今山西临汾县）人，唐高祖女平阳公主之夫。随高祖反隋，有战功，武德元年授左翊卫大将军。从太宗灭王世充及窦建德。贞观元年，任右卫大将军；七年加镇军大将军，行右骁卫大将军。中夕：半夜。告变：报告非常事变。⑩瘳（chōu）：病愈。⑪度人：劝人离俗出家。入道：当道士。⑫庶：也许。冥福：死后之福。⑬道、释：道教、佛教。佛教始祖为释迦牟尼，故以"释"称之。

⑭疾笃：病危。⑮以谴归第：因为过失免官归家。谴，罪过，过失。⑯葭莩：芦苇秆内的薄膜。比喻疏远的亲戚，此处用为亲戚的谦称。⑰德举：以道德为标准选拔。⑱慎勿处之权要：千万不要把他们安置在掌握军政大权的职位上。⑲奉朝请：参加朝见。古代诸侯春季朝见天子叫朝，秋季朝见叫请。⑳丘垄：亦作"丘陇"。坟墓。㉑器用：器皿用具。指墓葬物品。㉒谗慝（tè）：谗言恶语。慝，邪恶。㉓作役：指兴建宫室一类事。㉔不豫：指帝王有病。㉕誓以死从乘舆：跟着皇帝死去。乘舆，古代帝王乘的车子。㉖不能当吕后之地：不能处在吕后的地位。意思是不愿像吕后那样做人。吕后，即吕雉，汉高祖的皇后。高祖死后掌实权，惠帝死后临朝称制，分封诸吕为王侯，前后掌权十六年。㉗明德马后：汉明帝的皇后，马援之女，死后谥明德太后。㉘宫司：宫官。㉙良佐：很好的助手。

【译文】

长孙皇后仁义孝敬，生活俭朴，喜欢读书，经常和太宗随意谈论历史，乘机劝善规过，提出很多有益的意见。有一次太宗无故迁怒于宫女，皇后也佯装恼怒，请求亲自讯问，于是下令将宫女捆绑起来，等到太宗息怒了，才慢慢地为其申辩，从此后宫之中，没有出现枉滥刑罚。豫章公主早年丧母，皇后将她收养，慈爱胜过亲生。自妃嫔以下有疾病，皇后都亲自探视，并拿自己的药物饮食供其服用，宫中人人都爱戴皇后。训诫几个儿子，常常以谦逊节俭为主要话题。太子的乳母遂安夫人曾对皇后说，东宫的器物用具比较少，请求皇后奏请皇上增加一些。皇后不允许，且说："身为太子，忧虑的事在于德行不立，声名不扬，又忧虑什么没有器物用具呢？"

皇上得了疾病，经年不痊愈，皇后在旁侍奉，日夜不离身旁。时常在衣带系着毒药，说："若有不可讳言之事，我将守义（与皇上同死），不独自生存。"皇后素来有气喘病，前年跟从皇上幸临九成宫，柴绍等人半夜报告有叛变，皇上穿甲出阁讯问叛变的情状，皇后扶病随从，左右阻止她，皇后说："皇上既受震惊，我如何能独自安心？"因此病更加深。太子对皇后说："医药已尽而疾病不能痊愈，请奏闻皇上，赦免罪人，并且度人皈依道释，也许可获得荫福。"皇后说："死生有命，不是人的智慧力量可以改变的。如做善事可以得福，则我不为恶；如果不然，妄求有何神益！大赦是国家的大事，不可屡次施行。道、释是异端的教义，害国害民，皆是皇上素来不为的，如何因我一个妇人而使皇上做他不愿做的事！一定要照你的话去做，我不如快死！"太子不敢上奏，暗中告诉房玄龄，玄龄报告皇上，皇上哀怜她，要为她举行大赦，皇后坚决阻止。

等到皇后病重，与太宗诀别时，房玄龄已受谴回家，皇后对太宗说："玄龄侍奉陛下多年，小心翼翼，做事缜密，朝廷机密要闻，不曾有一丝泄露，如果没有大的过错，望陛下不要抛弃他。我的亲属，由于沾亲带故而得到禄位，既然不是因德行而升至高位，便容易遭灭顶之灾，要使他们的子孙得以保全，望陛下不要将他们安置在权要的位置上，只是以外戚身份定期朝见皇上就足够了。我活着的时候对别人没有用处，死后更不能对人有害，希望陛下不要建陵墓而浪费国家财力，只要依山做坟，瓦木为随葬器物就可以了。仍然希望陛下亲近君子，疏远小人，接纳忠言直谏，摒弃谗言，节省劳役，禁止游猎，我即使在九泉之下，也毫无遗憾了。也不必让儿女们前来探视，看见他们悲哀，只会搅乱人心。"于是取出衣带上的毒药示意太宗，说道："我在陛下有病的日子，曾发誓以死跟随陛下到地下，不能走到吕后那样的地步。"己卯（六月二十一日），皇后在立政殿驾崩。

长孙皇后曾经搜集上古以来妇人得失诸事编为《女则》三十卷，又曾亲自做文章批驳汉朝明德马皇后不能抑制外戚势力的发展，使他们在朝中显贵一时，而只是就他们车如流水马如龙提出警告，这是开启其祸乱的根源而防范其末流枝叶。皇后驾崩后，宫中尚仪局的司籍奏呈《女则》一书，太宗看后十分悲痛，展示给身边大臣，说道："皇后这本书，足以成为百世的典范。朕不是不知上天命数而沉溺无益的悲哀，只是在宫中再也听不见规谏的话了。失却了贤内助，所以不能忘怀呀！"于是征召房玄龄，官复原职。

柳范面折唐太宗

唐太宗贞观十一年（637年）十月

安州都督吴王恪①数出畋猎，颇损居人；侍御史柳范②奏弹之。丁丑，恪坐③免官，削户④三百。上曰："长史权万纪⑤事吾儿，不能匡正，罪当死。"柳范曰："房玄龄事陛下，犹不能止畋猎，岂得独罪万纪！"上大怒，拂衣而入。久之，独引范谓曰："何面折我⑥！"对曰："陛下仁明，臣不敢不尽愚直。"上悦。

（《通鉴》第 195 卷 6134 页）

①吴王恪：吴王李恪。唐太宗杨妃（隋炀帝之女）所生，贞观十一年正月任安州都督。②柳范：蒲州解（今山西解县）人。贞观中为侍御史。③坐：因与乳母之子赌博犯罪。④削户：削减封邑户数。⑤长史：官名。唐制，州都督府设长史一人，在都督、别驾之下。权万纪：京兆万年（今陕西长安县）人。贞观初，由潮州刺史擢为治书侍御史。后恃宠告讦别人，为诸大臣所恨，贬为吴王长史。⑥何面折我：为何当面指责我！面折，当面指责人的过失。

【译文】

安州都督吴王李恪屡次出外打猎，给一些居民带来不少损害。侍御史柳范上奏揭发检举了他。十月二十六日，李恪因事被免官，削减他三百户的租税收入。皇上说："吴王长史权万纪辅佐我儿子，不能纠正，当处死罪。"柳范说："房玄龄辅佐陛下您，尚且不能阻止您去打猎，怎么能单单处罚权万纪呢？"皇上大怒，甩袖子就进宫了。过了好久，单独引见柳范，跟他说："为什么当着人面指责我？"回答说："陛下您仁厚英明，小臣我不敢不竭尽愚直。"皇上很高兴。

魏征上疏论人主之"十思"

唐太宗贞观十一年（637 年）

夏，四月，己卯，魏征上疏，以为："人主善始者多①，克终②者寡，岂取之易而守之难乎③？盖以殷忧则竭诚以尽下④，安逸则骄恣而轻物⑤；尽下则胡、越同心⑥，轻物则六亲离德，虽震之以威怒，亦皆貌从而心不服故也。人主诚能见可欲⑦则思知足，将兴缮则思知止，处高危则思谦降⑧，临满盈则思挹损⑨，遇逸乐则思撙节⑩，在宴安⑪则思后患，防壅蔽则思延纳⑫，疾谗邪⑬则思正己，行爵赏则思因喜而僭⑭，施刑罚则思因怒而滥，兼是十思，而选贤任能，固可以无为而治，又何必劳神苦体以代百司⑮之任哉！"

（《通鉴》第 194 卷 6128 页）

【注释】

①人主：君主。善始：开始美满。②克终：自始至终都美满。③取之：取

得天下。守之：保持和巩固统治。④殷忧：深切地忧虑。竭诚：竭尽诚心。尽下：一作"待下"，即对待臣下。⑤骄恣：骄傲放纵。轻物：轻视众人。⑥胡、越同心：胡，指北方少数民族。越，指南方少数民族。这两个民族地处南北，相隔遥远。这里以"胡、越同心"借指关系疏远的人也能齐心协力。⑦可欲：符合欲望的事物。⑧处高危：处在高而危险的地方。谦降：谦逊。⑨担损：减少。⑩撙节：节约，节省。⑪宴安：安逸。宴，安乐。⑫壅蔽：阻塞，隔绝。指君主受蒙蔽而不明下情。延纳：招贤纳谏。⑬疾谗邪：憎恶谗言恶语。⑭爵赏：以爵位俸禄为赏赐。僭(jiàn)：僭越，超出规定范围。⑮百司：百官，官吏们。

【译文】

　　夏，四月，己卯日（二十五日），魏征上疏，以为："君主有好的开始的很多，能好到结局的却很少，这难道是取得天下容易而守住天下困难吗？大概因为忧患深的时候，一定尽诚心来对待部下，安乐的时候，就骄傲任性而轻慢众人；诚意对待部下，那么北胡南越同一条心；轻慢待人，那么六亲没有恩德，虽然用威势发怒来胁迫他们，也都是表面顺从而内心不服的。人主真能看见想要的东西时，就要想到知足；打算兴建工程时，就要想到知止；顾念自己居高位有危险时，就要想到谦虚下人；遇到骄傲自满时，就要想到自我收敛克制；喜欢游乐时，就要想到有所节度；在安乐的时候，就要想到日后的灾患；防止耳目被蒙蔽，就要想到采纳臣民的意见；讨厌左右有说坏话做邪事的人，就要想到端正自己的品德；封爵赏赐时，就要想到不因一时高兴而过分；实施刑罚时，就要想到不因一时生气而滥刑。综合以上这十思的工夫，而选用有才能的人，必定可以无为而治，又何必劳苦自己的精神、体力，去替代百官管理他们的职务呢！"

唐太宗与房玄龄、魏征论创业与守成

唐太宗贞观十二年（638年）九月

　　甲寅，上问侍臣："创业与守成①孰难？"房玄龄曰："草昧②之初，与群雄并起角力而后臣之③，创业难矣！"魏征曰："自古帝王，莫不得之于艰难，失之于安逸，守成难矣！"上曰："玄龄与吾共取天下，出百死，得一生，故知创业之难。征与吾共安天下，常恐骄奢生于富贵，祸乱生于所忽，故知守成之难。然创业之难，既已往矣；守成之难，方当与诸公慎之④。"玄龄等拜曰："陛下及此言，四海之福也。"

【注释】

①守成：保持已取得的成就和业绩。②草昧：未开化的状态。借指国家草创、秩序未定之时。③臣之：使之臣服。臣，动词。④方当：正应当。慎之：谨慎对待此事。

【译文】

一次，太宗问身边大臣："创业与守成哪个难？"房玄龄说："建国之前，与各路英雄一起角逐争斗而后使他们臣服，还是创业难！"魏征说："自古以来的帝王，莫不是从艰难境地取得天下，又于安逸中失去天下，守成更难！"太宗说："玄龄与我共同打下江山，出生入死，所以更体会到创业的艰难。魏征与我共同安定天下，常常担心富贵而导致骄奢，忘乎所以而产生祸乱，所以懂得守成更难。然而创业的艰难，已成为过去的往事，守成的艰难，正应当与诸位慎重对待。"玄龄等人行礼道："陛下说这一番话，是国家百姓的福气呀！"

房玄龄问北门营缮

唐太宗贞观十五年（641 年）十二月

房玄龄、高士廉遇少府少监①窦德素于路，问："北门②近何营缮？"德素奏之。上怒，让玄龄等曰："君但知南牙③政事，北门小营缮，何预君事！"玄龄等拜谢。魏征进曰："臣不知陛下何以责玄龄等，而玄龄等亦何所谢！玄龄等为陛下股肱耳目，于中外事岂有不应知者！使所营为是，当助陛下成之；为非，当请陛下罢之。问于有司，理则宜然。不知何罪而责，亦何罪而谢也！"上甚愧之。

【注释】

①房玄龄：时为左仆射兼度支。高士廉：时为右仆射。少府少监：少府为唐朝官署，设监一人，少监二人，掌百工技巧之事。②北门：这里指太极宫的北门玄武门。③南牙：宰相官署。代指宰相。因宰相官署在皇宫南面，故称南牙。牙，同"衙"。

【译文】

房玄龄、高士廉在路上遇见了少府少监窦德素，问他："宫里北门最近有什么修建工程？"窦德素把这事上报了。皇上生气了，责备房玄龄等人说："你们只管政府里的事务，宫里小小修建，跟你们的职务无关。"房玄龄等叩头认错。魏征走上前来说："小臣我不明白陛下您为什么责备玄龄等人，而玄龄等人又认的是什么错儿？玄龄等人总理国政是陛下您的膀臂耳目，对于内外的事情怎么能有不该了解的呢？如果您所营建的工程是对的，他们应该协助陛下您来完成；要是不对，他们应该请求陛下停止进行。他们向主管人员询问，是理应如此的。所以我不明白您认为是什么罪过而责备他们，他们又自以为是什么罪过而认错！"皇上十分惭愧。

唐太宗命史官直书其事

唐太宗贞观十七年（643年）七月

初，上谓监修国史房玄龄①曰："前世史官所记，皆不令人主见之。何也？"对曰："史官不虚美②，不隐恶，若人主见之必怒，故不敢献也。"上曰："朕之为心③，异于前世。帝王欲自观国史，知前日之恶，为后来之戒，公可撰次以闻④。"谏议大夫朱子奢上言："陛下圣德在躬⑤，举无过事⑥，史官所述，义归尽善⑦。陛下独览《起居》⑧，于事无失，若以此法传示子孙，窃恐曾、玄⑨之后或非上智，饰非护短，史官必不免刑诛。如此，则莫不希风顺旨⑩，全身远害⑪，悠悠千载，何所信乎！所以前代不观，盖为此也。"上不从。玄龄乃与给事中许敬宗等删为《高祖、今上实录》；癸巳，书成，上之。上见书六月四日事⑫，语多微隐⑬，谓玄龄曰："周公诛管、蔡以安周⑭，季友鸩叔牙以存鲁⑮，朕之所为，亦类是耳，史官何讳焉！"即命削去浮词⑯，直书其事。

（《通鉴》第 197 卷 6203 页）

【注释】

①历代史官属于秘书省著作局，由著作郎掌修国史。贞观三年，始移史馆于禁中，由宰相监修国史。当时房玄龄为宰相。②虚美：虚构好事。③为心：用心，用意。④撰次以闻：把编写的情况告诉我。撰次，撰写编排。⑤圣德：至高无上的德行。多用为称颂皇帝的套语。在躬：在身上。⑥举无过事：没有做错事。举，举止，行动。过事，过错之事。⑦义归尽善：按理必然是完美的。⑧《起居》：《起居注》。皇帝日常生活的记录。⑨窃：表示自谦之词。曾、玄：曾孙、玄孙。意思是第四、五代。⑩希风：迎合一时的风尚。希，迎合。顺旨：顺从皇帝的意旨。⑪全身远害：保全自己，远离祸害。⑫六月四日事：高祖武德九年（626年）六月庚申日李世民杀建成、元吉事。⑬微隐：深奥隐晦。⑭周公诛管、蔡以安周：见《隋文帝免秦王官》注⑩。⑮季友鸩叔牙以存鲁：春秋时，鲁庄公有兄弟三人，即庆父、叔牙、季友。庄公病重，因无嫡子，欲立庶子子般为嗣。他问叔牙谁可继位，叔牙说：庆父可为君。又问季友，季友说：我至死也要拥立子般。后来，季友便毒死叔牙，立子般为鲁国国君。⑯浮词：虚浮不实的词语。

【译文】

起初，皇上对监修国史的房玄龄说："前代史官所记的内容，都不让国君看，为什么？"玄龄回答说："史官不随便赞美，也不隐藏恶行，如果国君看了，一定会生气，所以不敢呈给国君看。"皇上说："朕的用心，和前代国君不同。帝王要亲自观看国史，以了解以前所犯的过错，作为后来的警惕，你可以编撰好向我报告，再让我看看。"谏议大夫朱子奢向皇上进言："陛下本身德行圣美，所作所为都没有过错，史官所记述的，内容都很完善优美。陛下只要看看《起居》，就没有什么关系，如果坚持要看国史，这例一开，传给子孙，恐怕陛下曾孙、玄孙的后代，如果有不是上智的人才，文饰过错，袒护缺失，史官一定免不了遭受刑法被杀。这么一来，史官就没有不望风顺应国君旨意，为保全自身性命而远离灭害的，那么千载历史，还有什么可相信的呢？前代国君不看国史，就为这个缘故。"皇上不接受。玄龄就和给事中许敬宗等人删减国史成《高祖、今上实录》；癸巳日（十六日），书写成了，呈给皇上。皇上看到书里六月四日的事情，所用语句有很多隐晦不明，就对玄龄说："周公杀了管叔、蔡叔而安定了周朝，季友毒死叔牙而保存了鲁国，从前这些的所作所为，也像这样，史官何必忌讳呢。"就命令削除虚浮的言辞，直接书写这件事。

以人为镜可以知得失

唐太宗贞观十七年（643年）正月

郑文贞公魏征寝疾①，上遣使者问讯，赐以药饵，相望于道②。又遣中郎将李安俨宿其第，动静以闻③。上复与太子同至其第，指衡山公主欲以妻其子叔玉。戊辰，征薨，命百官九品以上皆赴丧，给羽葆鼓吹④，陪葬昭陵⑤。其妻裴氏曰："征平生俭素，今葬以一品羽仪，非亡者之志。"悉辞不受，以布车载枢而葬。上登苑西楼⑥，望哭尽哀。上自制碑文，并为书石⑦。上思征不已，谓侍臣曰："人以铜为镜，可以正衣冠，以古⑧为镜，可以见兴替⑨，以人为镜，可以知得失。魏征没，朕亡一镜矣！"

（《通鉴》第 196 卷 6183 ~ 6184 页）

【注释】

①郑文贞公：魏征封郑国公，谥文贞。寝疾：卧病。②相望于道：在路上彼此都能看到。形容派遣的使者很多。③以闻：把……告知皇帝。④羽葆：仪仗名。《礼·杂记》："匠人执羽葆御枢。"疏："羽葆者，以鸟羽注于柄头，如盖，谓之羽葆。葆，谓盖也。"隋、唐时，功勋显著的王公大臣，葬礼加羽葆。鼓吹：古代的鼓吹乐，用鼓、钲、箫、笳等乐器合奏。本为军中乐，后渐用于朝仪、婚丧。这里指演奏鼓吹乐的乐队。⑤昭陵：唐太宗的陵墓名称。自贞观十年开始建造，至二十三年完成。在今陕西礼泉县东北九嵕山上。⑥苑西楼：长安禁苑中的西楼。⑦书石：把碑文写在石碑上。⑧古：历史。⑨兴替：兴盛与衰败。指朝代的兴衰。

【译文】

郑文贞公魏征卧病不起，太宗派人前去问讯，赐给他药饵，送药的人往来不绝。又派中郎将李安俨在魏征的宅院里留宿，一有动静便立即报告。太宗又和太子一同到其住处，指着衡山公主，想要将她嫁给魏征的儿子魏叔玉。戊辰（十七日），魏征去世，太宗命九品以上文武百官均去奔丧，赐给手持羽葆的仪仗队和吹鼓手，陪葬在昭陵。魏征的妻子裴氏说："魏征平时生活俭朴,如今用鸟羽装饰旌旗,用一品官的礼仪安葬,这并不是死者的愿望。"全都推辞不受,仅用布罩上车子载着棺材安葬。太宗登上禁苑西楼,望着魏征灵车痛哭,非常悲哀。太宗亲自撰写碑文,并且书写墓碑。太宗不停地思念魏征,对身边的大臣说:"人们用铜做成镜子,可以用来整齐衣帽;将历史作为镜子,可以观察到历朝的兴衰更替;将人比作镜子,可以确知自己行为的得失。魏征死去,朕失去了一面镜子!"

当谏其渐

唐太宗贞观十七年(643年)

二月,壬午,上问谏议大夫褚遂良①曰:"舜造漆器,谏者十余人②。此何足谏?"对曰:"奢侈者,危亡之本;漆器不已③,将以金玉为之。忠臣爱君,必防其渐④,若祸乱已成,无所复谏矣。"上曰:"然。朕有过,卿亦当谏其渐。朕见前世帝王拒谏者,多云'业已为之',或云'业已许之',终不为改。如此,欲无危亡,得乎!"

时皇子为都督、刺史者多幼稚,遂良上疏,以为:"汉宣帝云:'与我共治天下者,其惟良二千石乎⑤!'今皇子幼稚,未知从政,不若且留京师,教以经术,俟其长而遣之。"上以为然。

(《通鉴》第196卷6184页)

【注释】

①褚遂良(596—658):字登善,钱塘(今浙江杭州)人。祖籍阳翟(今河南禹县)。隋末入秦王府,贞观中任起居郎,累官至中书令。受太宗遗诏辅政。高宗即位,封河南郡公,任尚书右仆射。后因反对立武则天为后,屡被贬职,忧愤而死。博涉文史,工书法。②《说苑》:"尧释天下,舜受之,作为饮器,斩木而栽之,犹漆黑之,诸侯侈,国之不服者十有三。"③不已:不停止,不制止。④必防其渐:在不好的事情刚刚发生的时候就设法防止,不让它发展。渐,事物发展的开始。⑤其惟良二千石乎:也许只有优秀的郡守吧!汉代郡守的俸禄为二千石,故以二千石代指郡守。唐代的都督、刺史与汉代的郡守、太守相当。

二月，壬午日（初二），皇上问谏议大夫褚遂良说："虞舜制造漆器，进谏的人有十多人，这又为什么要进谏禁止呢？"遂良对皇上说："奢华是危亡的根源，如果不停制造漆器，那么就要把所有的金玉拿去制造漆器了。忠臣爱护国君，一定要防止祸源逐渐地滋长；如果祸乱已成，就无从再进谏了。"皇上说："对的，我如果有过失，你也应当在乱祸还未滋长时就来进谏。我看前代的帝王拒绝进谏的人，大多都说：'我已经去做了'，或者说：'我已经允许了'，始终都不肯改过。这样，想要不会遭到危亡，哪里可以做得到呢！"

这时候，皇上的儿子做都督和刺史的，年纪大多很小，遂良因此上奏书，他认为："汉宣帝曾说：'同我共同治理天下的人，也许只有优秀的郡守吧！'现在皇子幼小，不知道从政的道理，不如暂时留在京师，用经术来教导他们，等到长大再来派遣他们。"皇上认为遂良的话很对。

唐太宗亲载房玄龄还宫

唐太宗贞观二十年（646年）十二月

房玄龄尝以微谴归第①，褚遂良②上疏，以为："玄龄自义旗之始翼赞圣功③，武德之季冒死决策④，贞观之初选贤立政，人臣之勤，玄龄为最。自非有罪在不赦，搢绅同尤⑤，不可遽弃⑥。陛下若以其衰老，亦当讽谕使之致仕⑦，退之以礼；不可以浅鲜之过，弃数十年之勋旧⑧。"上遽召出之。顷之，玄龄复避位⑨还家。久之，上幸芙蓉园⑩，玄龄敕子弟汛扫门庭⑪，曰："乘舆且至⑫！"有顷，上果幸其第，因载玄龄还宫。

（《通鉴》第 198 卷 6243 页）

【注释】

①以微谴归第：因为微小的过失被免官归家。②褚遂良：时为黄门侍郎。见《当谏其渐》注①。③翼赞圣功：辅佐崇高的功业。指创建唐朝。隋恭帝义宁元年（617年）九月，当李世民统军到达泾阳时，隰城尉房玄龄谒见，被任为记室参军。从此，房玄龄便成为李世民的亲密谋士。④指武德九年（626年）与长孙无忌决策诛太子建成。⑤搢绅：亦作"缙绅"。古代官吏的装束，

代指官吏。尤：怨恨。⑥退弃：远弃。⑦讽谕：委婉地暗示，劝告。致仕：交还官职，即辞官。⑧勋旧：有功勋的旧臣。⑨避位：离开职位。⑩芙蓉园：在长安城东南角。⑪敕：上命下之词。汎（xùn）扫：洒扫。⑫乘舆：古代帝王乘的车子，借指帝王。且至：即将到来。

【译文】

房玄龄因为微细的罪被贬而回返自家宅第，褚遂良上疏给皇上，认为："玄龄从举义旗起事开始，就辅佐圣上功业，武德末年冒生命危险参与决策，贞观初年选任贤人，立下优良的政绩，人臣的勤苦，以玄龄为最大。像这样的人，不是犯了不可赦免的罪，而使得缙绅们都埋怨的话，就不可以把他抛弃在远处。陛下如果因为他衰老，也应当暗示他让他纳还官职，按照礼节让他退休；不可以为了些微的罪过，就抛弃了有数十年功勋的老臣。"皇上听了，很快地召他出仕。没多久，玄龄又避让官位回返家门。过一段时间，皇上前往芙蓉园，玄龄命令子弟洒扫门户庭园，说："天子马上就到！"没多久，皇上果然到了他家，顺便把玄龄载回宫廷。

唐太宗论其成功之由

唐太宗贞观二十一年（647 年）五月

庚辰，上御翠微殿①，问侍臣曰："自古帝王虽平定中夏②，不能服戎、狄。朕才不逮古人而成功过之，自不谕其故，诸公各率意③以实言之。"群臣皆称："陛下功德如天地，万物不得而名言④。"上曰："不然，朕所以能及此者，止由五事耳。自古帝王多疾胜己者，朕见人之善，若己有之。人之行能⑤，不能兼备，朕常弃其所短，取其所长。人主往往进贤则欲置诸怀⑥，退不肖则欲推诸壑⑦，朕见贤者则敬之，不肖者则怜之，贤不肖各得其所。人主多恶正直，阴诛显戮，无代无之⑧，朕践阼⑨以来，正直之士，比肩⑩于朝，未尝黜责一人。自古皆贵中华，贱夷、狄，朕独爱之如一，故其种落⑪皆依朕如父母。此五者，朕所以成今日之功也。"顾谓褚遂良曰："公尝为史官，如朕言，得其实乎？"对曰："陛下盛德不可胜载，独以此五者自与，盖谦谦⑫之志耳。"

①翠微殿：翠微宫之正殿。武德八年，在终南山建太和宫。贞观十年废，二十一年重建，改名翠微宫。②中夏：中国中部地区，即黄河流域一带。③率意：随意，任意。④万物不得而名言：用天地间的万事万物也不能把它说清楚。⑤行能：品行和才能。⑥进贤：招收贤能之士。置诸怀：放在胸怀里。意为极其爱护。⑦退不肖：不任用没有德才的人。推诸壑：推进深沟里。⑧无代无之：没有一个朝代没有这种事情。⑨践阼：亦作"践祚"。皇帝即位。⑩比肩：肩并肩。形容人数众多。⑪种落：部落。⑫谦谦：谦逊的样子。

【译文】

庚辰日，皇上前往翠微殿，问侍候的大臣说："自古以来帝王虽然平定中原，但却不能使戎、狄臣服。朕的才能比不上古人，但成就的功业却超过古人，自己也不晓得原因，诸位都随意真心地加以说明吧！"群臣都说："陛下的功业德行好像天地一样浩大，万物都无法加以形容。"皇上说："不是这样。朕所以能够达到这种地步，只靠五件事罢了。自古以来帝王大多不喜欢胜过自己的人，而朕看到别人的优点，就好像自己拥有一样。一个人的品行才能是不可能兼备的，朕常常抛弃人家的缺点，而采用人家的长处。一般国君常常看到贤人时就想放在怀抱里（比作亲近），退不肖的人时，又要把对方推到沟壑里（比喻其死），而朕看到贤人就加以尊敬，看到不肖的小人就加以怜悯，使贤、不肖都能获得适当的任用。一般国君都不喜欢正直的人，对于正直的人加以暗戮或明杀，是没有一个朝代不发生的，但朕自从即位以来，正直的士人，并列在朝廷，从来就没有黜退或责备一个人。自古以来一般国君都珍贵中华，看不起夷、狄，但朕却爱护夷、狄，和爱护中华一样，所以夷、狄的种族、部落都归依朕，好像儿女归依父母一样。这五件，就是朕所以能成就今天的功业的原因。"回头对褚遂良说："你曾经做过史官，朕所说的这些话，你认为是不是实情？"褚遂良回答说："陛下的美德记载不完，只把这五件作为自己长处，是陛下在谦虚罢了。"

唐太宗诫太子

唐太宗贞观二十二年（648 年）

　　春，正月，己丑，上作《帝范》十二篇以赐太子，曰《君体》《建亲》《求贤》《审官》《纳谏》《去谗》《戒盈》《崇俭》《赏罚》《务农》《阅武》《崇文》；且曰："修身治国，备在其中。一旦不讳①，更无所言矣。"又曰："汝当更求古之哲王②以为师，如吾，不足法也。夫取法于上，仅得其中，取法于中，不免为下。吾居位已来，不善多矣，锦绣珠玉不绝于前，宫室台榭屡有兴作，犬马鹰隼无远不致，行游四方，供顿③烦劳，此皆吾之深过，勿以为是而法之。顾我弘济苍生④，其益多；肇造区夏⑤，其功大。益多损少，故人不怨；功大过微，故业不堕⑥，然比之尽美尽善，固多愧矣。汝无我之功勤而承我之富贵，竭力为善，则国家仅安；骄惰奢纵，则一身不保。且成迟败速者，国也；失易得难者，位也；可不惜哉⑦！可不慎哉！"

（《通鉴》第 198 卷 6251 页）

【注释】

　　①不讳：死的婉称。人死不可避免，无可忌讳的意思。②哲王：贤明的君主。③供顿：供应食宿和行程所需之物。④弘济：广泛救助。苍生：草木生长之处。借指百姓。⑤区夏：诸夏之地。指中国。⑥堕（huī）：通"隳"。毁坏。⑦可不惜哉：能够不珍惜吗！

【译文】

　　春季，正月，己丑（初八），太宗完成《帝范》十二篇赐给太子，各篇名是《君体》《建亲》《求贤》《审官》《纳谏》《去谗》《戒盈》《崇俭》《赏罚》《务农》《阅武》《崇文》。太宗说道："修身治理国家的道理，都在这十二篇之中了。我一旦逝去，就没有别的话可说了。"又说："你应当以古代的先哲圣王为师，像我，则不足效法。古人说效法上等的，仅得其中，效法中等的，不免得其下。我即位以来，过失之处不少，锦绣珠玉不断于身前，又不停地修筑宫室台榭，犬马鹰隼无论多远也要罗致来，游幸四方，使各地供给烦劳，这些都是我的大过失，千万不要认为正确而效法。回顾起来我普济苍生效益多，创建大唐基业功劳大。好处多损害少，所以百姓没有怨言；功劳大过失小，所以王业稳固；然而若是要求尽善尽美，实在是多有惭愧。你没有我这些功劳勤苦而承继我的富贵，竭力行善举，则国家仅得安定；如果骄奢懒惰，则自身都难保。而且成功来之不易，败亡却可迅速招致，是指国家而言；失去容易得之较难，是指皇位；能不珍惜吗！能不谨慎吗！"

房玄龄临终上表谏太宗

唐太宗贞观二十二年（648 年）七月

司空梁文昭公①房玄龄留守京师，疾笃②，上征赴玉华宫③，肩舆④入殿，至御座侧乃下，相对流涕，因留宫下，闻其小愈则喜形于色；加剧则忧悴。玄龄谓诸子曰："吾受主上厚恩，今天下无事，唯东征⑤未已，群臣莫敢谏，吾知而不言，死有余责。"乃上表谏，以为："《老子》曰：'知足不辱，知止不殆⑥。'陛下功名威德亦可足矣，拓地开疆亦可止矣，且陛下每决一重囚，必令三复五奏⑦，进素膳，止音乐者，重人命也。今驱无罪之士卒，委之锋刃之下，使肝脑涂地，独不足愍⑧乎！向使高丽违失臣节，诛之可也；侵扰百姓，灭之可也；他日能为中国患，除之可也。今无此三条而坐烦⑨中国，内为前代雪耻，外为新罗⑩报仇，岂非所存者小，所损者大乎！愿陛下许高丽自新，焚陵波之船⑪，罢应募之众，自然华、夷庆赖⑫，远肃迩安。臣旦夕入地，傥蒙录此哀鸣⑬，死且不朽！"玄龄子遗爱尚上女高阳公主，上谓公主曰："彼病笃如此，尚能忧我国家。"上自临视，握手与诀，悲不自胜。癸卯，薨⑭。

（《通鉴》第 199 卷 6260 页）

【注释】

①司空：太尉、司徒、司空为唐代三公，皆正一品。梁文昭公：房玄龄封梁国公，死后谥文昭。②疾笃：病危。笃，病势沉重。③上：皇上。指唐太宗。征赴：征召前往。玉华宫：贞观二十年造。故址在今陕西宜君县西南。④肩舆：轿子。唐宋大臣骑马，老病者得乘轿子。⑤东征：指征伐高丽。贞

观十九年（645年），太宗亲征高丽，经年而止，未果而还，损失惨重。二十一年三月，又派兵征伐高丽。此时，战事尚未结束。⑥不殆：不会有危险。⑦三复五奏：三复奏、五复奏。贞观五年，太宗下令，判死刑，州郡要上奏三次，京都要上奏五次。⑧愍（mǐn）：哀怜，怜悯。⑨坐烦：白白烦扰。⑩新罗：朝鲜半岛南部的国家。当时臣服唐朝，受到高丽的侵扰。⑪陵波之船：能在海上行驶的战船。⑫庆赖：庆幸和依赖。⑬傥：同"倘"。倘若，如果。录：采纳。哀鸣：临死前的话。《论语·泰伯》："鸟之将死，其鸣也哀。"⑭薨（hōng）：唐代二品以上官吏之死曰薨；三品至五品称卒；六品以下至百姓称死。

【译文】

司空梁文昭公房玄龄在京师留守，病得很严重，皇上征召他前往玉华宫，坐在抬着的轿子上进入宫殿，到了皇上座位旁边才停下，两人面对流泪，就留在宫里，皇上听说他病稍转好，脸色就表现得高兴；如果病情加重，皇上就很忧心。玄龄对儿子们说："我蒙受主上深厚恩典，现在天下太平无事，只是一直不停止的东征，大臣们都不敢劝告，我知道而不说的话，死了也有责任。"就呈上奏表劝告，认为："老子说：'知道满足就不会受到侮辱，知道适可而止才不会有危险。'陛下的功名威德也可以满足了，开辟边境土地也可以停止了，而且陛下每次判决一死刑犯，一定要命令下属再三查验奏报，然后进食素饭，停止音乐的弹奏，这些都是为了表示注重人命。现在要东征，驱使没有犯罪的士兵，把他们的生命付在锐利的刀刃下，让他们肝脑涂地而死亡，这不够陛下的哀悯吗？如果高丽一向就违背丧失了做臣子的礼节，杀他们是可以的；如果他们侵扰中国百姓，消灭他们也可以；如果他们以后成为中国的祸患，除掉他们也可以。现在他们并没有犯这三件事，却要无故烦劳中国，对内说是为以前朝代复仇雪洗耻辱，对外说是为了替新罗报仇，这不是利益少而损失大的一件事吗？希望陛下允许高丽自新改过，把能陵波前进的船舰烧掉，停止招募兵众，那么华、夷自然就很高兴仰赖，远近平静安定。臣早晚要死，如果能够蒙皇上接受臣临死前的这一番话，那么臣死了，感恩之情也永不朽减。"玄龄儿子遗爱娶皇上女儿高阳公主，皇上对公主说："他病得这么严重，还能够忧虑我的国家。"皇上亲自前往探视，和他握手诀别，悲伤得不能自止，癸卯日（二十四日），去世。

来济论养人之道

唐高宗显庆元年(656年)四月

己未，上谓侍臣曰："朕思养人^①之道，未得其要，公等为朕陈之！"来济^②对曰："昔齐桓公^③出游，见老而饥寒者，命赐之食，老人曰：'愿赐一国之饥者。'赐之衣，曰：'愿赐一国之寒者。'公曰：'寡人之廪府安足以周一国之饥寒^④！'老人曰：'君不夺农时，则国人皆有余食矣；不夺蚕要^⑤，则国人皆有余衣矣！'故人君之养人，在省其征役而已^⑥。今山东役丁^⑦，岁别数万^⑧，役之则人大劳，取庸^⑨则人大费。臣愿陛下量公家所需外，余悉免之。"上从之。

(《通鉴》第 200 卷 6296～6297 页)

【注释】

①养人：养育人民。②来济(？—662)：扬州江都(今江苏扬州市)人。进士及第。贞观中，官至通事舍人；十八年，为太子司议郎兼崇贤馆直学士。永徽二年，任中书侍郎兼弘文馆学士，监修国史；六年，升为中书令，检校吏部尚书。③齐桓公：春秋时期齐国的君主，姓姜，名小白。任用管仲为相，进行改革，国势日强。多次大会诸侯，订立盟约，成为春秋时第一个霸主。④廪府：贮藏粮食的地方称廪；贮藏财物的地方称府。安：疑问副词，如何，怎么。周：通"赒"。周济，救济。⑤蚕要：养蚕的季节。要，切要之时的意思。⑥省：减省。征役：赋税和徭役。⑦山东：泛指崤山或华山以东地区。役丁：应服徭役的成年男子。⑧岁别数万：每年各有好几万。⑨取庸：不服劳役者，国家按规定向其收取一定的财物。唐制，成年男女每年应服役二十天。若不服役，每天交绢三尺。

【译文】

四月二十五日，皇上跟侍臣说："我考虑养民的道理，没有得到要点，你们给我说说。"来济回答说："从前齐桓公出外游览，看见一个年老而挨饿受冻的人，命令赏给他食物，老人说：'希望您赏赐全国挨饿的人。'赏赐他衣服，老人说：'希望您赏赐全国受冻的人。'齐桓公说：'我的仓库怎么够周济全国人的饥寒呢？'老人说：'您不侵占耕耘的季节，那么全国人就都有余粮了；您不夺去养蚕的时机，那么全国人就都有富余衣服了。'所以国君养民的要点，只在于节省民力的征用而已。而今山东役使壮丁，每年各有好几万。支使他们干活吧，人民就太辛苦了；叫他们出钱吧，人民的花费可就大了。我希望陛下您估量公家必需的征役之外，其他各种征用民力的项目全都免掉。"皇上听从了他的意见。

王义方奏弹李义府

唐高宗显庆元年（656 年）八月

李义府恃宠用事①。洛州妇人淳于氏，美色，系大理狱②，义府属大理寺丞毕正义枉法出之③，将纳为妾，大理卿④段宝玄疑而奏之。上命给事中刘仁轨等鞫之⑤，义府恐事泄，逼正义自缢于狱中。上知之，原义府罪不问。

侍御史涟水王义方欲奏弹之⑥，先白其母曰："义方为御史，视奸臣不纠则不忠，纠之则身危而忧及于亲为不孝，二者不能自决，奈何？"母曰："昔王陵之母，杀身以成子之名⑦。汝能尽忠以事君，吾死不恨！"义方乃奏："义府于辇毂⑧之下，擅杀六品寺丞⑨；就云正义自杀，亦由畏义府威，杀身以灭口。如此，则生杀之威，不由上出，渐不可长，请更加勘当⑩！"于是对仗⑪，叱义府令下；义府顾望不退。义方三叱，上既无言，义府始趋出，义方乃读弹文。上释义府不问，而谓义方毁辱大臣，言辞不逊，贬莱州司户。

（《通鉴》第 200 卷 6298 ~ 6299 页）

【注释】

①李义府（614—666）：瀛州饶阳（今属河北）人，迁居永泰（今四川盐亭）。太宗时对策中旨，任门下省典仪。高宗即位，任中书舍人。永徽六年，与许敬宗助高宗立武则天为后，擢为中书侍郎，参知政事。因为人狡诈，笑里藏刀，被称为李猫。显庆二年任中书令。后因罪流放巂州。用事：当权，执政。②系：拘禁。大理狱：大理寺所属的监狱。大理寺为朝廷掌管刑狱的官

署。③属（zhǔ）：通"嘱"。嘱咐。大理寺丞：官名。职责是根据法律判定犯人的罪。枉法：为个人目的歪曲法律。④大理卿：大理寺卿，大理寺的长官。⑤给事中：唐代为门下省的重要官职，在侍中和门下侍郎之下，负责纠正政令之违误。鞫：审讯。⑥侍御史：唐代为御史台的官员，在御史大夫、御史中丞之下，职责为举劾非法、督察郡县等。涟水：县名。今属江苏省。王义方：泗州涟水人。太宗时为晋王府参军，后贬为吉安丞。显庆元年擢为侍御史，因奏弹李义府，被贬为莱州司户参军。⑦王陵：沛（今属江苏）人。秦末聚众起义，汉高帝元年八月始归刘邦。项羽把王陵母捉至军中。王母私下会见王陵派来的使者，让使者告诉王陵，要好好跟随刘邦打天下，不要为老母分心，之后便伏剑而死。⑧辇毂：天子的车舆。代指天子。也代称京师。⑨寺丞：大理寺丞。唐代大理寺丞从六品上。⑩更加：重新，再次。勘当：为唐、宋公文中的用词，含有议定、审核的意思。⑪对仗：唐代皇帝上朝，正殿设仪仗，官员奏事、御史弹劾都是当着仪仗，故称对仗奏事。后许敬宗、李义府等擅权，奏事者不顾他人闻知，多待仪仗下殿，史官和谏官退朝，才独自在皇帝面前密奏。

【译文】

李义府因得尊宠而专权用事。洛州妇人淳于氏容貌美好，被拘禁在大理寺监狱里，义府嘱咐大理寺丞毕正义违法开脱淳于氏，准备收纳为妾。大理卿段宝玄怀疑而奏报皇上。皇上命令给事中刘仁轨等人加以审查，义府担心事情外泄，逼迫毕正义在监狱中自缢。皇上知道后，原谅义府的罪不加过问。

侍御史涟水人王义方要奏报弹劾李义府，先告诉他母亲说："义方身为御史，眼看奸臣为恶而不纠正，那就是不忠，但如加以纠正却会有被害的危险，而使母亲忧虑，那是不孝，这两件事自己不能决定怎样做才好，怎么办？"母亲说："以前王陵的母亲牺牲自己而成就儿子的名声。你能够竭尽忠心侍奉国君，我就是死了也不感到遗憾。"王义方就向皇上奏报说："李义府在皇帝车驾之旁，擅自杀害了六品寺丞；纵使正义是自杀而死，也是害怕义府靠权势杀他灭口才自杀的。这么一来，对臣子生杀的大权，不从皇上颁出，这种情势不能让它慢慢增长，请求皇上再加勘验，以求确当！"于是王义方面对仪仗，呵斥李义府要他退下；李义府观望着不愿退下。王义方呵斥三声，皇上都没有说话，李义府才快步退出，王义方就开始诵读弹劾李义府的奏文。但皇上还是释放李义府不加追问，而反说王义方毁谤侮辱大臣，言语文辞不恭逊，贬为莱州司户。

赵持满不自诬

唐高宗显庆四年（659年）五月

凉州刺史赵持满，多力善射，喜任侠①，其从母为韩瑗妻②，其舅驸马都尉长孙铨，无忌之族弟也，铨坐无忌，流巂州③。许敬宗④恐持满作难，诬云无忌同反，驿召⑤至京师，下狱，讯掠⑥备至，终无异辞，曰："身可杀也，辞不可更！"吏无如之何，乃代为狱辞结奏⑦。戊戌，诛之，尸于城西，亲戚莫敢视。友人王方翼叹曰："栾布哭彭越⑧，义也；文王葬枯骨⑨，仁也。下不失义，上不失仁，不亦可乎！"乃收而葬之。

（《通鉴》第200卷6315页）

【注释】

①任侠：以侠义自任。即好打抱不平，乐于助人等。②从母：母亲的姐妹。韩瑗：字伯玉，京兆三原（今陕西富平县西南）人。贞观中，为兵部侍郎。永徽年间，官至侍中。显庆二年，为许敬宗、李义府诬陷，贬振州刺史，逾年卒。③永徽六年（655年），高宗欲废王皇后而立武则天为后，太尉长孙无忌、右仆射褚遂良、侍中韩瑗、中书令来济等大臣均反对。显庆二年（657年）七月，许敬宗、李义府迎合武后意旨，诬韩瑗、来济和褚遂良谋反，韩等均被贬官。显庆四年四月，又诬长孙无忌谋反，无忌被削官，流放黔州。又诬褚遂良、韩瑗为无忌同谋，再削官。长孙铨也受株连，流放巂州。④许敬宗（592—672）：字延族，杭州新城（今浙江富阳西南）人。隋末参加李密起义军，任记室。太宗时，由著作郎升至中书侍郎。永徽中，为礼部尚书。与李义府助高宗立武则天为后。又助武则天贬黜褚遂良等，擢为侍中。显庆三年任中书令，与李义府同掌朝政。咸亨元年致仕。⑤驿召：用驿马传召。⑥讯掠：审讯拷打。⑦狱辞：犯人的供词。结奏：把案件结束而后奏之。⑧栾布哭彭越：参见《栾布哭彭越》。⑨《吕氏春秋》："周文王使人掘地，得死人骸。文王曰：'更葬之。'吏曰：'此无主。'文王曰：'有天下者，天下之主，今我非其主耶？'遂令吏以衣棺葬之。天下闻之，曰：'文王贤矣。泽及枯骨，又况人乎！'"枯骨，白骨。

【译文】

凉州刺史赵持满，有勇力善于射箭，喜欢做任侠的行为，他的姨母是韩瑗的妻子，舅舅驸马都尉长孙铨是无忌的堂弟，长孙铨因为无忌犯罪的关系，也被流放到巂州，许敬宗担心赵持满发难反抗，就诬告他和无忌一起谋反，以驿马召他到京师，讯问拷打都做了，始终没有作乱的口供，说："性命可以不要，口供不可以改。"执法的官吏也无可奈何，就替他编造口供以完结他的罪，而向皇上奏报。戊戌日（二十二日），赵持满被杀，暴尸在城西，亲戚没有人敢探视。友人王方翼感叹说："栾布痛哭彭越，是义的表现；文王埋葬枯骨，是仁的表现。在下位的臣子不失义，在上位的国君不失仁，这不是很好的现象吗！"就收赵持满的尸体加以埋葬。

武后擅权

唐高宗麟德元年（664 年）

初，武后①能屈身忍辱，奉顺上意，故上排群议而立之；及得志，专作威福，上欲有所为，动为后所制，上不胜其忿。有道士郭行真，出入禁中，尝为厌胜②之术，宦者王伏胜发之。上大怒，密召西台侍郎、同东西台三品上官仪③议之。仪因言："皇后专恣④，海内所不与⑤，请废之。"上意亦以为然，即命仪草诏。

左右奔告于后，后遽诣上自诉。诏草犹在上所，上羞缩⑥不忍，复待之如初；犹恐后怨怒，因绐之曰："我初无此心，皆上官仪教我。"仪先为陈王咨议⑦，与王伏胜俱事故太子忠，后于是使许敬宗诬奏仪、伏胜与忠谋大逆。十二月，丙戌，仪下狱，与其子庭芝、王伏胜皆死，籍没⑧其家。戊子，赐忠死于流所⑨。右相刘祥道坐与仪善⑩，罢政事，为司礼太常伯⑪，左肃机⑫郑钦泰等朝士流贬者甚众，皆坐与仪交通⑬故也。

自是上每视事，则后垂帘于后，政无大小，皆与闻⑭之。天下大权，悉归中宫⑮。黜陟、杀生，决于其口，天子拱手⑯而已，中外谓之二圣⑰。

（《通鉴》第 201 卷 6342 ～ 6343 页）

【注释】

①武后：武则天。名曌（zhào），并州文水（今山西文水东）人。十四岁时，被唐太宗选入宫中。太宗死后，出为尼。高宗复召入宫，永徽六年（655年）立为皇后，参与朝政。高宗死后，先后废中宗、睿宗，于天授元年（690年）自称圣神皇帝，改国号为周。前后执政四十余年，在政治上有一些革新，如开创殿试制度等，但排斥元老勋旧，任用酷吏，严刑峻法，宗室朝臣被冤杀者颇多。晚年好佛，豪奢专权。神龙元年（705年），宰相张柬之等实行政变，拥中宗复位，复国号唐，而尊武后为则天大圣皇帝。是年冬，卒。②厌（yā）胜：古代一种骗人的巫术，妄言能以诅咒制伏人或物。③西台侍郎：官名。龙朔二年（662年），改百官名，以门下省为东台，中书省为西台，尚书省为中台，侍中为左相，中书令为右相，仆射为匡政，左右丞为肃机，尚书为太常伯，侍郎为少常伯，等等。咸亨元年（670年），官名皆复旧。西台侍郎，即中书侍郎。同东西台三品：犹同中书门下三品。唐制，以中书省长官中书令及门下省长官侍中为宰相，其他官职任宰相，则加"同中书门下三品"。乾元（758年）以后，改为"同中书门下平章事"。上官仪：字游韶，陕州陕县（今属河南）人。贞观进士。曾任弘文馆学士、西台侍郎等职。曾建议高宗废武后，为武后所怀恨。后因梁王忠被诬谋反，受牵连，下狱死。擅长诗歌，多为应制、奉和之作，婉约华丽，适合宫廷需要，士大夫纷纷仿效，称为"上官体"。④专恣：专横放任。⑤不与：不赞成。⑥羞缩：因惭愧而畏缩。⑦陈王：故太子李忠原为陈王，永徽三年立为皇太子。永徽六年，武则天立为皇后，次年即废太子忠，立其子代王李弘为皇太子。咨议：官名。即陈王府咨议参军。⑧籍没：登记并没收所有财产。⑨流所：流放之地。显庆元年，太子李忠被废为梁王，五年又废为庶人，流放黔州。⑩右相：同中书令。坐：因……获罪。⑪司礼太常伯：同礼部尚书。⑫左肃机：同尚书左丞。⑬交通：交往，勾结。⑭与闻：参与闻知，即过问的意思。⑮中宫：皇后住处，代指皇后。⑯拱手：两手合抱，即无所事事的意思。⑰二圣：二位皇帝。圣，封建统治阶级对帝王的讳称。

【译文】

当初，皇后武则天能屈身忍辱，顺从唐高宗的旨意，所以唐高宗排除不同意见，立她为皇后；等到她得志之后，恃势专权，唐高宗想有所作为，常为她所牵制，唐高宗非常愤怒。有道士叫郭行真，出入皇宫，曾施行用诅咒害人的"厌胜"邪术，太监王伏胜揭发了这件事。唐高宗大怒，秘密召来西台侍郎、同东西台三品上官仪商议。上官仪于是进言说："皇后专权任意妄为，天下人都不说好话，请废黜她。"唐高宗也认为应当这么办，立即命令上官仪起草诏令。

皇帝左右的人跑去告诉武后，武后赶忙来到唐高宗处诉说。当时废黜的诏令草稿还在唐高宗处，他羞惭畏缩，不忍心废黜，又像原来一样对待她；恐怕她怨恨恼怒，还哄骗她说："我本来没有这个想法，都是上官仪给我出的主意。"上官仪原先任陈王咨议，与王伏胜都曾侍奉已被废黜的太子李忠，武后于是便指使许敬宗诬奏上官仪、王伏胜与李忠阴谋背叛朝廷。十二月，丙戌（十三日），上官仪被逮捕入狱，和他儿子上官庭芝以及王伏胜都被处死，家财被查抄没收。戊子（十五日），赐李忠自尽于流放处所。右相刘祥道因与上官仪友善，被免去相位，降职为司礼太常伯，左肃机郑钦泰等朝廷官员被流放贬谪的很多，都因与上官仪有来往的缘故。

此后，唐高宗每逢临朝治事，武后都在后边垂帘听政，政事无论大小，她都要参与。天下大权，全归于武后，官员升降生杀，取决于她一句话，皇帝只是拱拱手而已，朝廷内外称他们为"二圣"。

狄仁杰谏高宗勿以一柏杀二将军

唐高宗仪凤元年（676 年）

九月，壬申，大理奏左威卫大将军权善才、左监门中郎将范怀义误斫昭陵柏①，罪当除名；上特命杀之。大理丞太原狄仁杰②奏："二人罪不当死。"上曰："善才等斫陵柏，我不杀则为不孝。"仁杰固执不已，上作色，令出，仁杰曰："犯颜直谏，自古以为难。臣以为遇桀、纣③则难，遇尧、舜则易。今法不至死而陛下特杀之，是法不信于人也，人何所措其手足！且张释之④有言：'设有盗长陵一抔土，陛下何以处之？'⑤今以一株柏杀二将军，后代谓陛下为何如矣！臣不敢奉诏者，恐陷陛下于不道，且羞见释之于地下故也。"上怒稍解，二人除名，流岭南。后数日，擢仁杰为侍御史。

（《通鉴》第 202 卷 6380 ~ 6381 页）

【注释】

①大理：大理寺。掌刑狱的官署。左威卫大将军：官名。唐设十六卫，

即左右卫、左右骁卫、左右武卫、左右威卫、左右领军卫、左右金吾卫、左右监门卫、左右千牛卫。各卫置上将军一人，大将军一人，将军二人。掌宫禁宿卫等。左监门中郎将：官名。属左监门卫。昭陵柏：唐太宗陵园中的柏树。②大理丞：大理寺（管刑狱）中的官员。狄仁杰（630—700）：字怀英，太原（今山西太原市西南）人。以明经中举，任汴州参军。后为并州法曹参军，转大理丞。又任侍御史、文昌右丞、豫州刺史等职。天授二年，以地官侍郎同凤阁鸾台平章事。后为来俊臣诬害下狱，贬为彭泽令。神功元年，复相。久视元年为内史，九月卒。生平治狱平正，不畏权势，爱惜人才，所荐张柬之等数十人，后都成为名臣。③桀、纣：夏桀、商纣。中国古代两个暴君。④张释之：西汉文帝时任廷尉，掌刑狱，执法极严，并要求文帝严格按法律判刑。⑤汉文帝三年（前177年），有人盗高庙（汉高祖的神庙）座前玉环，张释之按法判为弃市，文帝大怒，认为判得轻，应判灭族。张释之说："法就是这样，并没有轻判。现在盗宗庙的器物就灭族，假如有人盗长陵（汉高祖的陵墓）的一捧土，陛下如何处置呢？"

【译文】

九月，壬申日（初七），大理上奏左威卫大将军权善才、左监门中郎将范怀义误砍了昭陵的柏树，所犯的罪应当除去官名，皇上特别下令要加斩杀。大理丞太原狄仁杰上奏说："两人的罪不应当处死。"皇上说："善才等人砍伐昭陵柏树，我如果不杀就是不孝。"仁杰仍然固执请求不杀，皇上变了颜色，命令仁杰出去，仁杰说："冒犯皇上威颜，正直劝谏，自古以来都认为很困难。臣却认为遇到桀、纣当然困难，但遇到尧、舜却很容易。现在法令所规定的，并不至于判处死刑，而陛下却特意杀了他们，这使得法令不为人所信任，人们要怎么办才好呢，况且张释之有句话说：'假设有人盗窃长陵（汉高祖坟墓）的一捧土，陛下要怎样处理？'现在以一株柏树之故就杀了两位将军，后代人要说陛下是怎样的人物呢？臣不敢接受皇上诏令的原因，是害怕陷陛下于不仁道的境地，而且在九泉之下还羞于见到张释之啊。"皇上听了之后怒气稍微缓解，二人除去官名，流放岭南。几天后，升擢狄仁杰为侍御史。

武太后盛开告密之门，滥杀无辜

唐则天后垂拱二年（686年）三月

太后①自徐敬业之反②，疑天下人多图己，又自以久专国事，且内行③不正，知宗室大臣怨望，心不服，欲大诛杀以威之。乃盛开告密之门，有告密者，臣下不得问，皆给驿马④，供五品食⑤，使诣行在⑥。虽农夫樵人，皆得召见，廪⑦于客馆，所言或称旨⑧，则不次除官⑨，无实者不问⑩。于是四方告密者蜂起，人皆重足屏息⑪。

有胡人索元礼。知太后意，因告密召见，擢为游击将军，令案制狱⑫。元礼性残忍，推⑬一人必令引数十百人，太后数召见赏赐以张其权。于是尚书都事长安周兴⑭、万年人来俊臣⑮之徒效之，纷纷继起。兴累迁至秋官侍郎，俊臣累迁至御史中丞，相与私畜无赖数百人，专以告密为事；欲陷一人，辄令数处俱告，事状如一。俊臣与司刑评事⑯洛阳万国俊共撰《罗织经》数千言，教其徒网罗无辜，织成反状，构造布置，皆有支节。太后得告密者，辄令元礼等推之，竞为讯囚酷法，有"定百脉""突地吼""死猪愁""求破家""反是实"等名号。或以椽关手足而转之，谓之"凤皇晒翅"；或使跪绑枷，累甓⑰其上，谓之"仙人献果"；或使立高木，引枷尾向后，谓之"玉女登梯"；或倒悬石缒其首，或以醋灌鼻，或以铁圈毂⑱其首而加楔，至有脑裂髓出者。每得囚，辄先陈其械具以示之，皆战栗流汗，望风⑲自诬。每有赦令，俊臣辄令狱卒先杀重囚，然后宣示。太后以为忠，益宠任之。中外畏此数人，甚于虎狼。

（《通鉴》第203卷 6438～6440页）

【注释】

①太后：武则天。高宗弘道元年（683年）十二月，中宗即位，尊武后为武太后。②徐敬业之反：徐敬业即李敬业，李勣之孙。李敬业历任太仆少卿、眉州刺史，袭封英国公。光宅元年，贬为柳州司马，与唐之奇、骆宾王等在扬州起兵反对武则天当权，被削官，复姓徐。兵败，被部下杀死。③内行：指在家庭生活中的言行。④驿马：驿站之马。驿站是古代供传递公文之人或来往

官员途中歇宿、换马的地方。⑤供五品食：提供五品官阶的伙食标准。⑥行在：帝王所到之处。⑦廪：廪食。由官府供给食用。⑧称旨：符合皇帝的意旨。⑨不次除官：不按平常的次序授予官职。⑩无实者不问：对诬告者也不治罪。⑪重足：叠足而立，不敢移动。形容心情十分恐惧。屏息：憋着气，不敢出声。形容心情十分紧张。⑫案：审判。制狱：奉皇帝命令监禁犯人的监狱。⑬推：推究，审查。⑭尚书都事：官名。唐代各部都事负责收发文书、稽察缺失、监印等事。周兴：见《魏玄同宁死不作告密人》注①。⑮来俊臣（651—697）：雍州万年（今陕西西安）人。因告密，为武则天所信任。历任侍御史、左台御史中丞等职。设立推事院，大兴刑狱，与其党徒作《罗织经》，专用酷刑逼供，前后被其族杀冤死者一千余家。后因得罪武氏诸王及太平公主，被处死。⑯司刑评事：司刑寺评事。官名。掌出使推劾。武后光宅元年，改大理寺为司刑寺。⑰䠥（pǐ）：砖。⑱䡾（xuè）：紧束。⑲望风：观察形势、动向。自诬：自己屈从认罪。

【译文】

太后自从徐敬业反叛之后，怀疑天下人都图谋反叛自己，而且长久以来专掌国政，宫廷内的行为也不端正，知道宗室大臣都在怨恨她，内心不服她，所以想大肆诛杀，加以威吓。因此就大开密告的门户。有人告密的话，臣下不过问告密者的一切，都供给驿马，以五品官的食物款待，让告密者造访主管官府；就是农人樵夫，官府都要召见，招待在客馆里，所说的和太后旨意相合，就破格任用为官吏，不真实的话也不问罪。因此四方告密的人蜂拥出现，大家都害怕得紧张恐惧得不敢呼吸。

有一个胡人名叫索元礼，知道太后的心意，就因为告密而被太后召见，升擢为游击将军，命令他审理太后下令办理的狱讼。元礼生性残忍，讯问一个人一定要牵连几十上百人，太后屡次召见他，加以赏赐，以扩大他的权力。于是尚书都事长安周兴、万年人来俊臣之类的人，都加以效法，纷纷地兴起了。周兴升迁到秋官侍郎，俊臣升迁到御史中丞，彼此都私下培养了几百个无赖，专门以告密为主；要陷害一个人，就命令好几处一起告，所告的事状都一样。俊臣和司刑评事洛阳万国俊一起撰写《罗织经》，共有几千字，教导他们党徒网罗无辜的人，给这些人编造谋反的罪状，加以安排设计，都弄得有枝有节。太后得到告密的案件，就命令元礼等人审问，元礼等人抢着设计审问犯人的方法，有"定百脉""突地吼""死猪愁""求破家""反是实"等各种名称；或者用木板扭住手足，加以转动，叫作"凤凰晒翅"；或者命令犯人跪着，用手捧住枷锁，把砖头堆垒在上面，叫作"仙人献果"；或者命令犯人站在很高的木头上，把枷锁的尾部往后拉，叫作"玉女登梯"；或者倒挂着，用石头敲打着头，或者用醋浇灌鼻子，或者用铁圈束紧脑袋，再往里加木楔，以至于有脑壳破裂脑髓流出的人。每次捉得犯人，常常先把刑具放在犯人眼前让犯人看，犯人观此形势，都吓得颤抖流汗，只好平白无据地自己屈从认罪了。每次有赦免令时，俊臣常常命令狱卒先把重犯杀了，然后再宣布赦令。太后认为他很忠心，更加宠信他。朝廷内外都害怕这几个人，比对虎狼还畏惧。

魏玄同宁死不做告密人

唐则天后永昌元年（689 年）九月

　　初，高宗之世，周兴①以河阳令召见，上欲加擢用，或奏以为非清流②，罢之。兴不知，数于朝堂俟命。诸相③皆无言，地官尚书、检校纳言魏玄同④，时同平章事⑤，谓之曰："周明府⑥可去矣。"兴以为玄同沮⑦己，衔⑧之。玄同素与裴炎⑨善，时人以其终始不渝，谓之耐久朋⑩。周兴奏诬玄同言："太后老矣，不若奉嗣君⑪为耐久。"太后怒，闰月，甲午，赐死于家。监刑御史房济谓玄同曰："丈人⑫何不告密，冀得召见，可以自直⑬！"玄同叹曰："人杀鬼杀⑭，亦复何殊，岂能做告密人邪！"乃就死。

（《通鉴》第 204 卷 6460 ～ 6461 页）

【注释】

　　①周兴（？—691）：雍州长安（今陕西长安）人。少习法律，由尚书省都事累升为司刑少卿、秋官侍郎。武则天当权，掌管刑狱，妄杀数千人。武则天称帝，任尚书左丞，上疏请除去李氏宗正属籍。后被人控告谋反，流放岭南，途中为仇人所杀。与索元礼、来俊臣同为唐代武则天时期的著名酷吏。②清流：指负有时望，不肯与权贵同流合污的士大夫。③诸相：诸位宰相。④地官尚书：同户部尚书。光宅元年，改户部为地官。检校纳言：散官名称。即根据皇帝诏令封给的纳言官阶，而非正式的纳言官职。纳言，宣达皇帝命令的官，后改侍中。魏玄同：字和初，定州鼓城（今河北晋县）人。进士及第，官

至司刑大夫。后获罪,流放岭南。上元初赦还,为岐州长史。垂拱元年,由文昌左丞擢为鸾台侍郎,同凤阁鸾台三品,后改为地官尚书、检校纳言。永昌元年为周兴诬害,赐死。⑤同平章事:为"同中书门下平章事"的略语。⑥明府:唐时称县令为明府。⑦沮(jǔ):阻止。⑧衔:怨恨。⑨裴炎:字子隆,绛州闻喜(今属山西)人。高宗时官至侍中、中书令,受遗诏辅佐中宗。中宗即位后,欲以后父韦玄贞为侍中,裴炎不从,与武后定计废中宗,立睿宗。后武后临朝称制,他欲乘武后出游时用兵劫持,逼其还政,未果。徐敬业起兵反对武后时,又奏请武后归政,被杀。⑩耐久朋:能长久保持友谊的朋友。⑪嗣君:继位的君主。⑫丈人:这里是对前辈的尊称。⑬自直:自己申诉冤情。⑭鬼杀:指老死、病死。

【译文】

起初,在高宗时代,周兴以河阳令的身份受召见皇上,皇上要加以升擢任用,有人奏报说周兴不是出身清流,皇上就不用他。周兴不知道,好几次在朝堂等候皇上的任命。各丞相都默默不讲话,地官(户部)尚书、检校纳言魏玄同当时是同平章事,对他说:"周明府你可以离去了。"周兴以为玄同从中破坏,怀恨在心。玄同一向和裴炎友善,当时的人因为他们友情始终不变,称他们是"耐久朋"。周兴奏告太后,诬陷玄同说过:"太后年老了,不如奉立中宗,时间较为持久。"太后很生气,闰月,甲午日(十五日),赐玄同死在家里。监刑御史房济对玄同说:"老丈你为什么不上书告密,希望获得太后召见,可以自我表白,而得正直。"玄同感叹说:"被人杀被鬼杀,又有何不同,怎么能做告密人呢?"就接受死亡。

来俊臣诬害狄仁杰

唐则天后长寿元年(692年)一月

左台中丞来俊臣罗告①同平章事任知古、狄仁杰、裴行本②、司礼卿崔宣礼、前文昌左丞卢献、御史中丞魏元忠、潞州刺史李嗣真谋反。先是③,来俊臣奏请降敕,一问即承反者得减死④。及知古等下狱,俊臣以此诱之,仁杰对曰:"大周革命⑤,万物惟新,唐室旧臣,甘从诛戮。反是实!"俊臣乃少宽之。判官王德寿谓仁杰曰:"尚书⑥定减死矣。德寿业受驱策，欲求少阶级[7]，烦尚书引杨执柔[8]，可乎？"仁杰曰："皇天后土遣狄仁杰为如此事！"[9]以头触柱，血流被面；德寿惧而谢之。

狄仁杰既承反，有司待报行刑，不复严备。仁杰裂衾[10]帛书冤状，置绵衣[11]中，谓王德寿曰："天时方热，请授家人去其绵。"德寿许之。仁杰子光远得书，持之告变[12]，得召见。则天览之，以问俊臣，对曰："仁杰等下狱，臣未尝褫其巾带[13]，寝处甚安，苟无事实，安肯承反！"太后使通事舍人周綝往视之，俊臣暂假仁杰等巾带，罗立于西，使綝视之；綝不敢视，惟东顾唯诺而已。俊臣又诈为仁杰等谢死表[14]，使綝奏之。

乐思晦[15]男未十岁，没入司农[16]，上变[17]，得召见，太后问状，对曰："臣父已死，臣家已破，但惜陛下法为俊臣等所弄，陛下不信臣言，乞择朝臣之忠清、陛下素所信任者，为反状[18]以付俊臣，无不承反矣。"太后意稍寤，召见仁杰等，问曰："卿承反何也？"对曰："不承，则已死于拷掠矣。"太后曰："何为作谢死表？"对曰："无之。"出表示之，乃知其诈，于是出此七族[19]。庚午，贬知古江夏令，仁杰彭泽令，宣礼夷陵令，元忠涪陵令，献西乡令；流行本、嗣真于岭南。

俊臣与武承嗣[20]等固请诛之，太后不许。俊臣乃独称行本罪尤重，请诛之；秋官郎中徐有功驳之，以为"明主有更生之恩，俊臣不能将顺[21]，亏损恩信"。

殿中侍御史贵乡[22]霍献可，宣礼之甥也，言于太后曰："陛下不杀崔宣礼，臣请陨命于前。"以头触殿阶，血流沾地，以示为人臣者不私其亲。太后皆不听。献可常以绿帛裹其伤，微露之于幞头[23]下，冀太后见之以为忠。

（《通鉴》第 205 卷 6479 ～ 6481 页）

【注释】

①左台：左肃政台。光宅元年（684年），武则天改御史台为左肃政台，增置右肃政台。左台知百官，监军旅，并承诏出使；右台察州县，省风俗。左右肃政台的长官为大夫，中丞为其副。来俊臣：见《武太后盛开告密之门，滥杀无辜》⑮。罗告：罗织诬告。虚构罪状，陷害无辜，谓之罗织。②任知古：时为凤阁侍郎（同中书侍郎）。狄仁杰：时为地官侍部（同户部侍郎），见《狄仁杰谏高宗勿以一柏杀二将军》注②。裴行本：时为冬官侍郎（同工部侍郎）。此三人并同平章事（宰相）。③先是：在此以前。④一问：第一次审问。承

反：承认谋反。减死：减刑免死。⑤大周革命：指载初元年（690年），武则天废睿宗，自称"圣神皇帝"，改国号为周，改元为天授。⑥尚书：当时狄仁杰为地官侍郎，在尚书之下。王德寿故意称尚书，是为了讨好。⑦少：少许，一些。阶级：官位和俸禄的等级。⑧引：牵连，揭发。杨执柔：武则天母亲杨氏的亲属，当时任夏官尚书（同兵部尚书）、同平章事。⑨这句话的意思是：老天爷，竟叫我干这种（诬陷他人的）事！皇天后土，古代对天地的称谓。⑩衾（qīn）：被子。⑪绵衣：用丝绵做的冬衣。⑫告变：向上报告突然发生的事情。⑬褫（chǐ）：剥去衣服。巾带：头巾、衣带。即帽子、衣服。⑭谢死表：请死表。承认自己犯了大罪，请求处以死刑的奏章。⑮乐思晦：天授二年为鸾台侍郎、同平章事，被来俊臣诬陷杀害。⑯没入：没收罪犯的财产及家属入官。司农：司农寺。掌管粮食积储、京官禄米供应等事务的官署。⑰上变：向朝廷密告谋反、叛乱的事。⑱为反状：写成谋反的诉状。⑲出此七族：由监狱放出狄仁杰等七人及其被囚的亲属。⑳武承嗣：武则天同父异母兄武之爽之子。历任尚衣奉御、礼部尚书、文昌左相等，封魏王。经常指使周兴、来俊臣等诬陷忠良。㉑将顺：顺旨助成。㉒贵乡：县名。在今河北大名县东北，为霍献可之籍贯。㉓幞头：包头软巾。

【译文】

左台中丞来俊臣罗织罪名告发同平章事任知古、狄仁杰、裴行本、司礼卿崔宣礼、前文昌左丞卢献、御史中丞魏元忠、潞州刺史李嗣真谋反。这以前，来俊臣曾奏请太后下命令：一经审问即承认谋反的人可以减免死罪。等到任知古等入狱，来俊臣便用这道命令引诱他们认罪。狄仁杰回答说："大周改朝换代，万物更新，唐朝旧臣，甘愿听任诛戮。谋反是事实！"来俊臣便对他稍加宽容。来俊臣的属官王德寿对狄仁杰说："您一定能减免死罪了。我已受人指使，想略找一个升迁阶梯，烦您牵连杨执柔，可以吗？"狄仁杰说："天神地神在上，竟要狄仁杰干这种事！"说完一头撞在柱子上，血流满面；王德寿害怕，因而向他道歉。

狄仁杰已承认谋反，有关部门只等待判罪执行刑罚，不再严加防备。狄仁杰便从被子上撕下一块帛，书写冤屈情况，塞在绵衣里面，对王德寿说："天气热了，请将绵衣交给我家里人撤去丝绵。"王德寿同意。狄仁杰的儿子狄光远得到帛书，拿着去说有事要报告，得到太后召见。武则天看了帛书，质问来俊臣，他回答说："狄仁杰等入狱后，我未曾剥夺他们的头巾和腰带，生活很安适，假如没有事实，怎么肯承认谋反？"太后派通事舍人周綝前往查看，来俊臣临时发给狄仁杰等头巾腰带，让他们排列站立在西边让周綝验看；周綝不敢向西看，只是面向东边唯唯诺诺而已。来俊臣又伪造狄仁杰等的谢死罪表，让周綝上奏太后。

乐思晦的儿子未满十岁，被籍没入司农寺为奴，他要求上告特别情况，获得太后召见。太后问他有什么情况，他回答说："我父亲已死，我家已破，只可惜陛下的刑法为来俊臣等所玩弄，陛下如果不相信我说的话，请选择朝臣中忠诚清廉、陛下一贯信任的人，提出他们谋反的罪状交给来俊臣，他们没有不承认谋反的。"太后心中稍有醒悟，召见狄仁杰等，问道："你承认谋反，为什么？"回答说："不承认，便已经死于严刑拷打了。"太后说："为何作谢死罪表？"回答说："没有。"太后出示所上的奏表，才知道是伪造的，于是释免这七个家族。庚午（初四），任知古降职为江夏县令、狄仁杰降职为彭泽县令、崔宣礼降职为夷陵县令、魏元忠降职为涪陵县令、卢献降职为西乡县令；流放裴行本、李嗣真于岭南。

来俊臣与武承嗣等仍坚持请求处死他们七个人，太后不答应。来俊臣便又特别提出裴行本罪恶尤其严重，请处死他；秋官郎中徐有功予以反驳，以为"英明君主有使臣下再生的恩惠，来俊臣不能顺势促成，有损君主恩信"。

殿中侍御史贵乡人霍献可是崔宣礼的外甥，对太后说："陛下不杀崔宣礼，我请求死在陛下眼前。"他一头撞在官殿台阶上，流血浸湿地面，用以表示做臣下的不袒护自己的亲戚。太后都不听从。霍献可时常用绿帛包扎伤口，略微显露于帽子下面，希望太后看见认为他忠诚。

武太后不罪沈全交

唐则天后长寿元年（692年）

春，一月①，丁卯，太后引见存抚使所举人②，无问贤愚，悉加擢用，高者试凤阁舍人、给事中③，次试员外郎、侍御史、补阙、拾遗、校书郎④。试官⑤自此始。时人为之语曰："补阙连车载，拾遗平斗量；欋⑥推侍御史，碗脱⑦校书郎。"有举人沈全交续之曰："𩥫⑧心存抚使，睊目圣神皇⑨。"为御史纪先知所擒，劾其诽谤朝政，请杖之朝堂，然后付法，太后笑曰："但使卿辈不滥⑩，何恤人言！宜释其罪。"先知大惭。太后虽滥以禄位⑪收天下人心，然不称职者，寻亦黜之，或加刑诛。挟刑赏之柄⑫以驾御天下，政由己出，明察善断，故当时英贤亦竞为之用。

（《通鉴》第 205 卷 6477 ~ 6478 页）

【注释】

①一月，永昌元年（689 年）十一月，武后改国号为周，改永昌元年为载初元年，以十一月为正月，以十二月为腊月，以正月为一月。直至久视元年（700 年），才恢复原来的制度。②存抚使：官名。奉命到各地巡视抚恤的使臣。天授元年（690 年），武后派史务滋等十人巡抚诸道。所举人：所荐举的人。③试：试用，任用。凤阁舍人：同中书舍人，负责起草诏令的官。给事中：唐代为门下省之要职，在侍中及门下侍郎之下，负责驳正政令之违失。④员外郎：唐代各部均设员外郎，在郎中之下。侍御史：官名。唐代属御史台，掌纠察百官及入阁承诏等事。补阙：官名。武则天时置，职责为向皇帝规谏，并荐举人员。拾遗：唐代谏官。武则天时置。校书郎：唐代秘书省及弘文馆均置此官，掌校勘书籍，订正讹误。⑤试官：试用待录之官。⑥耰（qú）：四齿耙。⑦碗脱：同一个碗模脱出。讽刺授官太多，就像用同一个碗模脱碗那样容易。⑧糊：同"糊"。稠粥。这句话是讽刺存抚使像稠粥糊了心。⑨眯：灰沙入眼。圣神皇："圣神皇帝"。载初元年（690 年），武则天废睿宗，自称"圣神皇帝"。⑩不滥：不过度。这里是合格的意思。⑪禄位：官职。禄，俸禄。位，职位。⑫挟刑赏之柄：掌握刑罚和封赏的大权。

【译文】

春季，一月丁卯（初一），太后接见存抚使所荐举的人员，无论有才能与否，都加以任用，才高的试任凤阁舍人、给事中，其次的试任员外郎、侍御史、补阙、拾遗、校书郎。试任制度从此开始。当时人编顺口溜说："补阙接连用车载，拾遗平常用斗量；耙子推成堆的侍御史，模子脱出的校书郎。"有个被荐举的人沈全交补充说："面浆糊心的存抚使，眯了眼睛的圣神皇。"御史纪先知将他擒获，弹劾他诽谤朝政，请求在朝堂上对他施杖刑，然后依法治罪。太后笑着说："只要使你们自己称职，何必怕人家说话！应该宽免他的罪。"纪先知大为惭愧。太后虽然滥用禄位以笼络天下人心，但对不称职的人，也随即撤职，或加以判刑或处死。她掌握着刑罚和赏赐的权柄以驾驭天下人，政令由自己做出，明察事理，善于决断，所以当时的杰出人才也竞相为她所用。

安金藏剖胸以明实况

唐则天后长寿二年（693年）一月

　　甲寅，前尚方监①裴匪躬、内常侍范云仙坐私谒皇嗣②腰斩于市。自是公卿以下皆不得见。又有告皇嗣潜有异谋者，太后命来俊臣鞠其左右，左右不胜楚毒③，皆欲自诬④。太常工人京兆安金藏⑤大呼谓俊臣曰："公既不信金藏之言，请剖心以明皇嗣不反。"即引佩刀自剖其胸，五藏⑥皆出，流血被地⑦。太后闻之，令舆⑧入宫中，使医内五藏。以桑皮线缝之，傅以药，经宿始苏。太后亲临视之，叹曰："吾有子不能自明，使汝至此。"即命俊臣停推⑨。睿宗由是得免。

（《通鉴》第205卷）

【注释】

　　①尚方监：光宅元年（684年），改少府监为尚方监。为制造皇室刀剑兵器的官署。②皇嗣：皇位继承人。指睿宗李旦。③楚毒：泛指苦刑。④自诬：本无罪，被迫承认有罪。⑤太常工人：官职名。太常寺为主管礼乐、祭祀的官署。安金藏：京兆长安（今陕西西安）人。原为太常寺工人。他剖腹以明睿宗不反，受人称赞。睿宗景云时，任右卫中郎将。玄宗把他剖腹救睿宗的事告诉史官，提升他为右骁卫将军，封代国公，并下令把他的名字刻于泰山、华山的石碑上。⑥五藏：即五脏。指心、肝、肾、脾、肺。藏，同"脏"。⑦被地：满地。⑧舆：抬。⑨停推：停止审查，不再追究。

【译文】

　　甲寅日（二十四日），前任尚方监裴匪躬、内常侍范云仙犯了私谒皇储的罪被处死。从此公卿以下都不能见皇储。又有人报告太后，说皇储暗中有非常的举动。太后召来俊臣审问皇储左右的人，都受不了酷刑拷打，要屈认。太常工人京兆人安金藏大声对俊臣说："大人既不信我的话，愿意剖心来证明皇储的不造反。"便用佩刀自剖开胸腹，内脏都出来了，血流满地。太后听到，教人抬进宫中，教医师把内脏放回胸腔，用桑皮线缝合，敷上药，经过一夜才醒过来。太后亲自去看他，叹息说："我的儿子自己不能来解说，而让你到这步田地！"立刻令俊臣停止审问。睿宗因此保住了性命。

来俊臣之覆灭

唐则天后神功元年（697年）六月

司仆少卿来俊臣①倚势贪淫，士民妻妾有美者，百方取之；或使人罗告其罪，矫称敕②以取其妻，前后罗织诛人，不可胜计。自宰相以下，籍③其姓名而取之。自言才比石勒④。监察御史李昭德⑤素恶俊臣，又尝庭辱⑥秋官侍郎皇甫文备，二人共诬昭德谋反，下狱。

俊臣欲罗告武氏诸王及太平公主⑦，又欲诬皇嗣及庐陵王与南北牙同反⑧，冀因此盗国权，河东人卫遂忠告之。诸武及太平公主恐惧，共发其罪，系狱，有司处以极刑。太后欲赦之，奏上三日，不出。王及善⑨曰："俊臣凶狡贪暴，国之元恶，不去之，必动摇朝廷。"太后游苑中，吉顼⑩执辔，太后问以外事，对曰："外人唯怪来俊臣奏不下。"太后曰："俊臣有功于国，朕方思之。"顼曰："于安远告虺贞反⑪，既而果反，今止为成州司马。俊臣聚结不逞⑫，诬构良善，赃贿如山，冤魂塞路，国之贼也，何足惜哉！"太后乃下其奏。

丁卯，昭德、俊臣同弃市，时人无不痛昭德而快俊臣。仇家争啖俊臣之肉，斯须⑬而尽，抉眼剥面，披腹出心，腾踏成泥。太后知天下恶之，乃下制数其罪恶，且曰："宜加赤族⑭之诛，以雪苍生之愤，可准法籍没⑮其家。"士民皆相贺于路曰："自今眠者背始帖席⑯矣。"

（《通鉴》第206卷6518～6519页）

【注释】

①司仆少卿：同太仆少卿。光宅元年（684年），改太仆寺为司仆寺。太仆寺为主管舆马及牧畜的官署，置卿一人，少卿二人。来俊臣：见《武太后盛开告密之门，滥杀无辜》注⑮。②矫称敕：假托皇帝的命令。③籍：登记。④石勒：十六国时期后赵的建立者。字世龙，上党武乡（今山西榆社北）人。羯族。⑤李昭德：雍州长安（今陕西西安）人。以明经擢第，累官至御史中

丞。永昌元年，贬为陵水尉。如意元年，为凤阁侍郎、同平章事。谏罢武承嗣文昌左相，又谏止其为皇太子。又杖杀来俊臣党徒侯思止。后为人弹劾，贬至钦州。不久召还，任监察御史。万岁通天二年（697年），为来俊臣诬以逆谋，下狱。与来俊臣同日被诛。⑥庭辱：同"廷辱"。在朝廷上当面侮辱人。⑦罗告：罗织罪状，诬告别人。武氏诸王：指武承嗣、武三思等人。太平公主：唐高宗女，武则天所生。⑧皇嗣：指唐睿宗李旦。庐陵王：唐中宗李显。嗣圣元年（684年）二月，武则天废中宗为庐陵王。南北牙：南牙、北牙。即南衙、北衙，也称南司、北司。唐代宰相官署设在宫禁之内，故称南衙或南司。也以南衙指宰相。内侍省设在皇宫之北，与南衙相对而言，故称为北衙或北司。北司专用宦官，故又以北司指宦官。⑨王及善：原为益州长史。致仕后，契丹作乱，山东不安，起为滑州刺史。神功元年（697年），武后召见，陈治乱之要十余条，留为内史。⑩吉顼：原为观堂县尉，因密告箕州刺史刘思礼谋反，得到武则天的重用。⑪虺（huǐ）贞：越王李贞。垂拱四年（688年），李贞与其子琅邪王李冲起兵反武则天，被杀，改其姓为虺。⑫不逞：不满意，不得志。也指为非作歹的人。⑬斯须：片刻，一会儿。⑭赤族：诛尽全族。⑮籍没：登记并没收所有的财产。⑯帖席：同"贴席"。背贴席，睡得安稳的意思。

【译文】

司仆少卿来俊臣仗势贪求女色，官民妻妾有漂亮的，千方百计夺取；有时指使人罗织罪名告发某人，然后假传太后命令夺取他的妻妾，前后罗织罪名杀人无数。自宰相以下，他登记姓名按顺序夺取他们的妻妾。他自称才能可比石勒。监察御史李昭德一贯憎恶来俊臣，又曾经在朝廷侮辱秋官侍郎皇甫文备。这二人便共同诬告李昭德谋反，将他逮捕入狱。

来俊臣想罗织罪名诬告武氏诸王及太平公主，又想诬告皇嗣及庐陵王与南北衙禁卫军一同谋反，希望借此窃取国家权力，河东人卫遂忠告发他。武氏诸王及太平公主恐惧，共同揭发他的罪恶，将他关进监狱。有关部门判处他死刑。太后想赦免他，处死的奏章送上已经三天，仍不批下。王及善说："来俊臣凶残狡猾，贪婪暴虐，是国家的大恶人，不除掉他，必然动摇朝廷。"太后游览宫廷园林时，吉顼牵马，太后向他询问宫外的事情，他回答说："外边的人只奇怪处死来俊臣的奏章没有批下来。"太后说："来俊臣有功于国家，我正在考虑这件事。"吉顼说："于安远告虺贞谋反，后来真的反了，于安远现在只任成州司马。来俊臣聚集为非作歹的人，诬陷好人，贪赃受贿的财物堆积如山，被他冤屈而死的鬼魂满路，是危害国家的坏人，有什么可怜惜的！"

太后于是批准处死他。

　　丁卯（六月初三日），李昭德、来俊臣一同在闹市被处死并暴尸，当时人无不痛惜李昭德，而为处死来俊臣拍手称快。仇家争相吃来俊臣的肉，片刻之间便吃光，挖眼睛，剥面皮，剖腹取心，辗转践踏成泥。太后知道天下人憎恨他，才下诏指责他的罪恶，而且说："应该诛灭他全家族，以申雪百姓的愤恨，可依法查抄他的家产。"官吏和百姓在路上相见时都互相庆贺说："以后睡觉可以睡得安稳了。"

狄仁杰为国荐贤

唐则天后久视元年（700年）九月

　　太后信重内史梁文惠公狄仁杰①，群臣莫及，常谓之国老而不名②。仁杰好面引廷争③，太后每屈意从之。尝从太后游幸，遇风吹仁杰巾坠，而马惊不能止，太后命太子追执其鞚④而系之。仁杰屡以老疾乞骸骨⑤，太后不许。入见，常止其拜，曰："每见公拜，朕亦身痛。"仍免其宿直⑥，戒其同僚曰："自非军国大事，勿以烦公。"辛丑，薨，太后泣曰："朝堂⑦空矣！"自是朝廷有大事，众或不能决，太后辄叹曰："天夺吾国老何太早邪！"

　　太后尝问仁杰："朕欲得一佳士用之，谁可者？"仁杰曰："未审陛下欲何所用之？"太后曰："欲用为将相。"仁杰对曰："文学蕴藉⑧，则苏味道、李峤⑨固其选矣。必欲取卓荦⑩奇才，则有荆州长史张柬之⑪，其人虽老，宰相才也。"太后擢柬之为洛州司马。数日，又问仁杰，对曰："前荐柬之，尚未用也。"太后曰："已迁矣。"对曰："臣所荐者可为宰相，非司马也。"乃迁秋官侍郎；久之，卒用为相。仁杰又尝荐夏官侍郎姚元崇⑫、监察御史曲阿桓彦范⑬、太州刺史敬晖⑭等数十人，率为名臣。或谓仁杰曰："天下桃李⑮，悉在公门矣。"仁杰曰："荐贤为国，非为私也。"

（《通鉴》第 207 卷 6550 ～ 6552 页）

【注释】

①内史：光宅元年，改中书省为凤阁，中书令为内史。梁文惠公：狄仁杰

死后，赠文昌右相，谥文惠。睿宗时又封梁国公。狄仁杰：见《狄仁杰谏高宗勿以一柏杀二将军》注②。②国老：古代统治阶级对告老退职的卿大夫的称呼。这里是对德高望重的老臣的尊称。不名：不称呼姓名。③面引廷争：忠言直谏的意思。面引，当面规劝。廷争，在朝廷向皇帝谏诤。④鞚（kòng）：马笼头。⑤乞骸骨：古代官吏因年老请求退职，常称乞骸骨。意思是使骸骨能够归葬故乡。⑥宿直：在宫中轮流值夜班。直，通"值"。⑦朝堂：古代帝王与大臣讨论政事的地方。⑧文学蕴藉：文学，指文章学识；蕴藉，指人品宽和，有涵养。⑨苏味道（648—705）：赵州栾城（今属河北）人。少时与同乡李峤以文辞知名，号为"苏李"。圣历元年（698年）任凤阁侍郎、同平章事。在相位几年，遇事不决，依阿取容，常说："处事不宜明白，但模棱持两端可矣。"时人谓之"苏模棱"。李峤（644—713）：字巨山，赵州赞皇（今属河北）人。麟德元年进士。历仕高宗、武后、中宗三朝，官至中书令。玄宗即位，贬为庐州别驾。善诗文。⑩卓荦（luò）：卓绝，突出。荦，通"荦"。⑪张柬之（625—706）：字孟将，襄州襄阳（今湖北襄阳）人。永昌元年，以贤良征试，擢为监察御史，后出为合州刺史。久视元年，由狄仁杰推荐任秋官侍郎。长安四年，任宰相。次年（705年），乘武后病重之机，与桓彦范、敬晖等发动政变，恢复中宗帝位，任天官尚书。但不注意排除武后势力，不久为武三思排挤，罢相，贬为新州司马，含恨而死。⑫姚元崇：姚崇。见《伴食宰相》注②。⑬桓彦范：（653—706）：字士则，润州曲阿（今江苏丹阳）人。原为司卫主簿，因狄仁杰推荐，任监察御史。神龙元年（705年），参与张柬之等拥立中宗事件，升任侍中。武三思掌权后，出为洺州刺史。又被诬陷，贬为泷州司马，流放瀼州，惨遭杀害。⑭敬晖：字仲晔，绛州平阳（今山西临汾西南）人。明经举第。圣历初，为卫州刺史。长安二年，为中台右丞。参与张柬之等拥立中宗事件，任侍中。武三思掌权后，被贬官，流放琼州，遭杀害。⑮天下桃李：以桃李比喻所栽培的后辈或所教育的学生。"桃李满天下"的典故，即出于此。

【译文】

武则天十分信任和推重内史梁文惠公狄仁杰，没有哪一个大臣能比得上。她常常称狄仁杰为国老，而不是直呼其名。狄仁杰习惯于在朝堂上当面直言规谏，武则天则常常采纳他的建议，即使在这样做违背了自己的本意时也是如此。有一次狄仁杰陪同武则天巡游，途中遇到大风，狄仁杰的头巾被风吹落在地，他的坐骑也因受惊而无法驾驭，武则天让太子李显追上惊马，抓住它的笼头并将它拴好。狄仁杰曾屡次因年老多病的缘故而提出退休的请求，武则天都没有答应。武则天在狄仁杰入朝参见的时候，还常常阻止他行三跪九叩的大礼，说："每当看到您行跪拜之礼的时候，朕的身体都会感觉到痛楚。"武则天还免除了狄仁杰晚上在宫中轮流值班的义务，并告诫他的同僚们说："如果没有十分重要的军国大事，都不要去打扰狄老先生。"辛丑，狄仁杰去世，武则天流着泪说："朝堂上再也没有可以依靠的师长了！"此后朝廷一有大事，如果群臣无法决断，武则天就会叹息道："老天为什么这么早就把我的国老夺走呢？"

武则天曾经问狄仁杰："朕希望能找到一位杰出的人才委以重任，您看谁能够称职呢？"狄仁杰问道："不知道陛下想让他担任什么职务？"武则天说："我想让他出将入相。"狄仁杰回答道："如果您所要的是辞章含蓄风雅的人的话，那么苏味道、李峤本来就是当然的人选。如果您要找到的一定得是出类拔萃的奇才，那就只有荆州长史张柬之了，他的年纪虽然老了一些，但却实实在在的是一位宰相之才呀！"武则天于是提拔张柬之做了洛州司马。过了几天之后，武则天又要求狄仁杰推荐人才，狄仁杰回答说："前几天推荐的张柬之，您还没有任用呢！"武则天说："我已经给他升了官了。"狄仁杰回答说："我所推荐的张柬之是可以做宰相的人才，不是用来做一个小小的司马的。"武则天乃任命张柬之为秋官侍郎。过了很长时间，终于任命他为宰相。狄仁杰还先后向武则天推荐了夏官侍郎姚元崇、监察御史曲阿人桓彦范、太州刺史敬晖等数十人，后来这些人都成为唐代名臣。有人对狄仁杰说："治理天下的贤能之臣，都是出自您的举荐啊！"狄仁杰回答说："举荐贤才是为国家着想，并不是为我个人打算。"

郭元振治凉州

唐则天后长安元年（701 年）十一月

以主客郎中郭元振为凉州都督、陇右诸军大使[①]。

先是，凉州南北境不过四百余里，突厥、吐蕃频岁奄至[②]城下，百姓苦之。元振始于南境硖口[③]置和戎城，北境碛中置白亭军[④]，控其冲要，拓州境千五百里，自是寇不复至城下。元振又令甘州刺史李汉通开置屯田，尽水陆之利。旧凉州粟麦斛[⑤]至数千，及汉通收率[⑥]之后，一缣籴[⑦]

数十斛,积军粮支数十年。元振善于抚御⑧,在凉州五年,夷、夏⑨畏慕,令行禁止,牛羊被野,路不拾遗。

(《通鉴》第 207 卷)

【注释】

①郭元振:名震,字元振,魏州贵乡(今河北大名东南)人。咸亨四年进士,为通泉尉。后升任右武卫铠曹参军。长安元年,任凉州都督、陇右诸军大使。后又迁任安西大都护及朔方大总管。开元元年(713 年),任兵部尚书,同中书门下三品,玄宗讲武骊山,因所部军容不整,流放新州。后起为饶州司马,病死途中。凉州:唐代辖境,相当于今甘肃永昌以东、天祝以西一带。陇右:泛指陇山以西地区。约相当于今甘肃陇山、六盘山以西,黄河以东一带。②奄至:突然到来。③硖口:在今甘肃古浪县。④碛中:沙漠中间。白亭军:军队名称。白亭,即白亭海,在今甘肃民勤县东北,今称鱼海子。⑤斛:古代以十斗为一斛。⑥收率:收容百姓并率领他们耕种。⑦一缣:一匹缣。双丝织成的绢称为缣。籴:买进粮食。⑧抚御:安抚而控制之。⑨夷:指各少数民族。夏:指汉族百姓。

【译文】

任主客郎中郭元振为凉州都督、陇右诸军大使。

此前,凉州南北境不过四百余里,突厥、吐蕃连年突至城下,百姓受害。郭元振才在南边硖口设立和戎城,北边沙漠中设立白亭军,控制险要的交通。开拓了州的面积一千五百多里,从此敌寇不再到城下。元振又命令甘州刺史李汉通开辟设立屯田,开发了水利和田土的功能。原来凉州粟、麦一斛卖到几千钱,到了汉通集民耕作之后,一匹缣可买几十斛,准备的军粮可用几十年。元振善于安抚统御军民,在凉州任职五年,夷人、国人都敬畏他,下令则行,施禁便止,牛羊满山野,道路失物自己能找到。

武太后用岑羲

唐则天长安四年(704 年)十月

太后命宰相各举堪为员外郎①者,韦嗣立荐广武令岑羲②,曰:"但恨其伯父长倩为累。"太后曰："苟或有才，此何所累！"遂拜天官员外郎。由是诸缘坐者③始得进用。

【注释】

①员外郎：官名。唐代于尚书省各司设员外郎一人，为各司之次官。②韦嗣立：字延构，郑州阳武（今河南原阳）人。进士及第，为双流令。后代兄为凤阁舍人。长安四年（704年），由天官侍郎升任凤阁侍郎、同平章事。广武令：原为广武公，误。岑羲擢为天官员外郎之前为氾水令，氾水为旧名，垂拱四年（688年）七月，武后改氾水为广武。岑羲：字伯华，邓州棘阳（今河南南阳）人。进士及第，官至太常博士。因受伯父岑长倩反对立武承嗣为皇太子而被诛的连累，贬为郴州司马。后因韦嗣立的推荐，由广武令擢为天官员外郎。睿宗延和元年，任侍中。开元元年（713年），因与太平公主谋反玄宗，被杀。③缘坐者：因受牵连而获罪的人。

【译文】

太后命令宰相各推荐能任员外郎的人，韦嗣立推荐广武令岑羲，说："只可惜为他的伯父长倩所牵累。"太后说："如真是有才干，这有什么受牵累！"便任命他为天官员外郎。从此受连坐的人才得进用。

张柬之等谋复唐室

唐中宗神龙元年（705年）

春，正月，壬午朔，赦天下，改元。自文明①以来得罪者，非扬、豫、博三州②及诸反逆魁首，咸赦除之。

太后疾甚，麟台监张易之，春官侍郎张宗昌居中用事③，张柬之、崔玄暐与中台右丞敬晖、司刑少卿桓彦范、相王府司马袁恕己谋诛之④。柬之谓右羽林卫大将军李多祚曰："将军今日富贵，谁所致也？"多祚泣曰："大帝⑤也。"柬之曰："今大帝之子为二竖⑥所危，将军不思报大帝之德乎！"多祚曰："苟利国家，惟相公处分，不敢顾身及妻子。"因指天地以自誓。遂与定谋。

初，柬之与荆府长史阌乡杨元琰相代⑦，同泛江，至中流，语及太后革命事，元琰慨然有匡复之志。及柬之为相，引元琰为右羽林将军，谓曰："君颇记江中之言乎？今日非轻授也。"柬之又用彦范、晖及右散骑侍郎李湛皆为左、右羽林将军，委以禁兵。易之等疑惧，乃更以其党武攸宜为右羽林大将军，易之等乃安。

俄而姚元之自灵武至⑧，柬之、彦范相谓曰："事济矣！"遂以其谋告之。彦范以事白其母，母曰："忠孝不两全，先国后家可也。"时太子于北门起居⑨，彦范、晖谒见，密陈其策，太子许之。

癸卯，柬之、玄晖、彦范与左威卫将军薛思行等帅左右羽林兵五百余人至玄武门，遣多祚、湛及内直郎、驸马都尉安阳王同皎诣东宫迎太子。太子疑，不出，同皎曰："先帝以神器⑩付殿下，横遭幽废⑪，人神同愤，二十三年矣。今天诱其衷⑫，北门、南牙⑬，同心协力，以诛凶竖，复李氏社稷，愿殿下暂至玄武门以副众望。"太子曰："凶竖诚当夷灭，然上体不安，得无惊怛⑭！诸公更为后图。"李湛曰："诸将相不顾家族以徇社稷，殿下奈何欲纳之鼎镬⑮乎！请殿下自出止之。"太子乃出。

同皎扶抱太子上马，从至玄武门，斩关而入。太后在迎仙宫，柬之等斩易之、昌宗于庑⑯下，进至太后所寝长生殿⑰，环绕侍卫。太后惊起，问曰："乱者谁也？"对曰："张易之、昌宗谋反，臣等奉太子令诛之，恐有漏泄，故不敢以闻。称兵⑱宫禁，罪当万死！"太后见太子曰："乃汝邪？小子既诛，可还东宫。"彦范进曰："太子安得更归！昔天皇以爱子托陛下，今年齿已长，久居东宫，天意人心，久思李氏。群臣不忘太宗、天皇之德，故奉太子诛贼臣。愿陛下传位太子，以顺天人之望！"李湛，义府之子也。太后见之，谓曰："汝亦为诛易之将军邪？我于汝父子不薄，乃有今日！"湛惭不能对。又谓崔玄晖曰："他人皆因人以进，惟卿朕所自擢，亦在此邪？"对曰："此乃所以报陛下之大德。"

于是收张昌期、同休、昌仪⑲，皆斩之，与易之、昌宗枭首天津⑳南。是日，袁恕己从相王统南牙兵以备非常，收韦承庆、房融及司礼卿崔神庆系狱，皆易之之党也。初，昌仪新作第，甚美，逾于王主，或夜书其门曰："一日丝能作几日络？"灭去，复书之，如是六七，昌仪取笔注其下曰："一日亦足。"乃止。

甲辰，制太子监国，赦天下。以袁恕己为凤阁侍郎、同平章事，分遣十使赍玺书宣慰诸州。乙巳，太后传位于太子。

丙午，中宗即位。赦天下，惟张易之党不原㉑；其为周兴等所枉者，咸令清雪，子女配没㉒者皆免之。相王加号安国相王，拜太尉、同凤阁鸾台三品，太平公主加号镇国太平公主。皇族先配没者，子孙皆复属籍，仍量叙官爵。

丁未，太后徙居上阳宫㉓，李湛留宿卫。戊申，帝帅百官诣上阳宫，上太后尊号曰则天大圣皇帝。

庚戌，以张柬之为夏官尚书、同凤阁鸾台三品，崔玄暐为内史，袁恕己同凤阁鸾台三品，敬晖、桓彦范皆为纳言；并赐爵郡公。李多祚赐爵辽阳郡王，王同皎为右千牛将军、琅邪郡公，李湛为右羽林大将军、赵国公；自余官赏有差。

唐中宗神龙元年（705年）二月

二张之诛也，洛州长史薛季昶谓张柬之、敬晖曰："二凶虽除，产、禄㉔犹在，去草不去根，终当复生。"二人曰："大事已定，彼犹机上肉耳，夫何能为！所诛已多，不可复益也。"季昶叹曰："吾不知死所矣。"朝邑尉武强㉕刘幽求亦谓桓彦范、敬晖曰："武三思㉖尚存，公辈终无葬地；若不早图，噬脐㉗无及。"不从。

上女安乐公主適三思子崇训。上官婉儿，仪之女孙也，仪死㉘，没入掖庭㉙，辩慧善属文㉚，明习吏事㉛。则天爱之，自圣历以后，百司表奏多令参决㉝；及上即位，又使专掌制命㉜，益委任之，拜为婕妤㉝，用事于中㉞。三思通㉟焉，故党于武氏，又荐三思于韦后㊱，引入禁中，上遂与三思图议政事，张柬之等皆受制于三思矣。上使韦后与三思双陆㊲，而自居旁为之点筹㊳；三思遂与后通，由是武氏之势复振。

张柬之等数劝上诛诸武，上不听。柬之等曰："革命之际，宗室诸李，诛夷略尽；今赖天地之灵，陛下返正，而武氏滥官僭爵㊴，按堵㊵如故，岂远近所望邪！愿颇抑损其禄位以慰天下！"又不听。柬之等或抚床叹愤，或弹指出血，曰："主上昔为英王㊶，时称勇烈，吾所以不诛诸武者，欲使上自诛之以张天子之威耳。今反如此，事势已去，知复奈何！"

唐中宗神龙元年（705年）五月

敬晖等畏武三思之谗，以考功员外郎崔湜为耳目，伺其动静。湜见上亲三思而忌晖等，乃悉以晖等谋告三思，反为三思用；三思引为中书舍人。湜，仁师之孙也。

先是，殿中侍御史南皮郑愔诌事二张㊷，二张败，贬宣州司士参军，坐赃[43]，亡入东都，私谒武三思。初见三思，哭甚哀，既而大笑。三思素贵重，甚怪之，憕曰："始见大王而哭，哀大王将戮死而灭族也。后乃大笑，喜大王之得憕也。大王虽得天子之意，彼五人[44]皆据将相之权，胆略过人，废太后如反掌。大王自视势位与太后孰重？彼五人日夜切齿欲噬大王之肉，非尽大王之族不足以快其志。大王不去此五人，危如朝露，而晏然尚自以为泰山之安，此憕所以为大王寒心也。"三思大悦，与之登楼，问自安之策，引为中书舍人，与崔湜皆为三思谋主。

三思与韦后日夜谮晖等，云"恃功专权，将不利于社稷"。上信之。三思等因为上划策："不若封晖等为王，罢其政事，外不失尊宠功臣，内实夺之权。"上以为然，甲午，以侍中齐公敬晖为平阳王，桓彦范为扶阳王，中书令汉阳公张柬之为汉阳王，南阳公袁恕己为南阳王，特进、同中书门下三品博陵公崔玄暐为博陵王，罢知政事[45]，赐金帛鞍马，令朝朔望[46]；仍赐彦范姓韦氏，与皇后同籍。寻又以玄暐检校益州长史、知都督事，又改梁州刺史。三思令百官复修则天之政，不附武氏者斥之，为五王所逐者复之，大权尽归三思矣。

唐中宗神龙二年（706年）七月

武三思阴令人疏[47]皇后秽行，榜[48]于天津桥，请加废黜。上大怒，命御史大夫李承嘉穷核其事。承嘉奏言："敬晖、桓彦范、张柬之、袁恕己、崔玄暐使人为之，虽云废后，实谋大逆，请族诛[49]之。"三思又使安乐公主[50]谮之于内，侍御史郑愔之于外，上命法司结竟[51]。大理丞三原李朝隐奏称："晖等未经推鞫，不可遽就诛夷。"大理丞裴谈奏称："晖等宜据制书[52]处斩籍没，不应更加推鞫。"上以晖等尝赐铁券[53]，许以不死，乃长流晖于琼州[54]，彦范于瀼州[55]，柬之于泷州[56]，恕己于环州[57]，玄暐于古州[58]，子弟年十六以上，皆流岭外[59]。擢承嘉为金紫光禄大夫，进爵襄武郡公，谈为刑部尚书；出李朝隐为闻喜令。

三思又讽太子上表，请夷晖等三族；上不许。

中书舍人崔湜说三思曰："晖等异日北归，终为后患，不如遣使矫制[60]杀之。"三思问谁可使者，湜荐大理正周利用。利用先为五王[61]所恶，贬嘉州司马，乃以利用摄右台侍御史，奉使岭外。比至，柬之、玄暐已死，遇彦范于贵州，令左右缚之，曳于竹槎[62]之上，肉尽至骨，然后杖杀。得晖，剐而杀之。恕己素服黄金，利用逼之使饮野葛[63]汁，尽数升不死，不胜毒愤[64]，捬地[65]，爪甲殆尽，仍捶杀之。利用还，擢拜御史中丞。薛季昶累贬儋州司马，饮药死。

三思既杀五王，权倾人主，常言："我不知代间⑩何者谓之善人，何者谓之恶人；但于我善者则为善人，于我恶者则为恶人耳。"

（《通鉴》第 207 卷 6578 ～ 6582 页，第 208 卷 6586 ～ 6588、6590 ～ 6592、6604 ～ 6606 页）

【注释】

①文明：唐睿宗李旦第一次即位（684 年）的年号。②这里是指光宅元年（684 年），徐敬业在扬州举兵反对武则天；垂拱四年（688 年），越王李贞在豫州，琅邪王李冲在博州起兵反对武则天。③麟台监：同秘书监。垂拱元年，改秘书省为麟台。监为麟台的长官。张易之：定州义丰（今河北安国）人。由其弟张昌宗推荐入宫奉侍武则天，历任控鹤监、麟台监等职。则天晚年，与其弟昌宗专朝政。张昌宗：武则天的宠臣，官至春官侍郎。居中用事：在朝廷中掌权。④张柬之：时为秋官侍郎，同平章事。见《狄仁杰为国荐贤》注⑪。崔玄暐（638—706）：本名晔，武后时有所避，改名玄暐。博陵安平（今山东益都西北）人。举明经，为高陵主簿。后以库部员外郎累官至凤阁舍人。长安元年，为天官侍郎；三年，任鸾台侍郎、同平章事；四年为凤阁侍郎、同平章事。参与张柬之等拥立中宗事件，擢为中书令。后贬职，流放古州，途中病死。敬晖、桓彦范：见前《狄仁杰为国荐贤》注⑭、⑬。袁恕己：沧州东光（今河北东光）人。神龙元年（705 年），参与张柬之等拥立中宗事件，由相王府司马升任中书侍郎，同中书门下三品。不久，调任中书令。后贬官，流放环州，被杀。⑤大帝：指唐高宗。高宗死后谥天皇大帝。⑥二竖：指张易之、张昌宗兄弟二人。竖，竖子，鄙视的称谓，犹小子。⑦荆府：荆州都督府。相代：互相替代职务。⑧俄而：同"俄尔"。忽然，顷刻。姚元之：姚崇，时为春官尚书、同凤阁鸾台三品兼灵武道行军大总管。见《伴食宰相》注②。⑨太子：唐中宗李显。光宅元年（684 年），武后废中宗为庐陵王，立睿宗李旦为皇嗣。圣历元年（698年），皇嗣逊位，立庐陵王李显为皇太子。次年，封皇嗣李旦为相王。北门：洛阳宫之北门，亦称玄武门。太子不从端门而从北门入宫问起居，取其近便。⑩神器：帝位。也指帝王符玺之类。⑪幽废：囚禁废黜。⑫天诱其衷：上天启发了人们的的心思。⑬北门、南牙：北门，指羽林军诸将；南牙，指宰相。⑭怛（dá）：畏惧。⑮鼎镬：古代一种酷刑，用鼎镬烹人。⑯庑：殿堂周围的走廊或廊屋。⑰长生殿：唐代寝殿皆称长生殿。这里是指洛阳宫之长生

殿，而非长安大明宫之长生殿，或华清宫中的长生殿。⑱称兵：兴兵，举兵。⑲张昌期：张易之之弟，曾任汴州刺史。同休：张易之之兄，曾为司礼少卿。昌仪：张易之之弟，曾任尚方少监。⑳天津：天津桥。在今洛阳市西南。㉑不原：不原谅，不赦免。㉒配没：配流籍没，即流放和抄家。㉓上阳宫：在洛阳皇城西南禁苑内。故址在今洛阳城西约二公里之洛水北岸。㉔产、禄：吕产、吕禄。汉高祖刘邦之妻吕雉，于惠帝死后临朝执政，掌权八年，排斥刘邦旧臣，封诸吕为王，以其侄吕产、吕禄分掌南北军。吕雉死后，周勃、陈平诛灭诸吕，拥立文帝，恢复了刘氏政权。此处产、禄，借指武三思等。㉕武强：县名，在今河北武强西南。㉖武三思：武则天之侄。武后掌权后，任夏官尚书、春官尚书等职，封梁王，参与军国政事。中宗复位后，授司徒，加开府仪同三司，私通韦后，排斥张柬之等人。神龙三年（707年），谋废太子重俊，被杀。㉗噬脐：自咬肚脐。不可及的意思。㉘唐高宗麟德元年（664年），上官仪因请废武后，被杀。㉙没入：没收罪犯的家属、财物入官。掖庭：皇宫中的旁舍，妃嫔居住的地方。㉚辩慧：机智聪敏。属（zhǔ）文：写文章。㉛明习吏事：通晓官场的事情。㉜制命：草拟诏令。㉝拜：授以官职。婕妤：宫中女官。也为妃嫔的封号。㉞用事于中：在宫中掌权。㉟通：通奸。㊱韦后：唐中宗皇后。㊲双陆：古代的一种博戏。㊳点筹：记点数。㊴滥官僭爵：超越名分占有官职和爵位。㊵按堵：同"安堵"。安居，不受干扰。㊶英王：仪凤二年（677年）八月，李显由周王徙为英王，更名哲。永隆元年（680年），废太子贤为庶人，立英王哲为皇太子。㊷二张：张易之、张昌宗。㊸坐赃：犯贪污罪。㊹彼五人：指张柬之、敬晖、桓彦范、崔玄暐、袁恕己。㊺罢知政事：不让主持政务。㊻朝朔望：在每月的初一、十五上朝。这是对年老或有特殊功勋的大臣的一种优待。初一为朔日，十五为望日。㊼疏：分条陈述。㊽榜：张贴。㊾族诛：诛灭全族。㊿安乐公主：唐中宗之女，下嫁武三思之子崇训。51结竟：结其罪，竟其狱。结，结断，裁决。竟，穷究。狱，罪案。52制书：古代帝王诏令的一种。唐代凡行大赏罚，授大官爵，改革旧政，宽赦俘虏，皆用制书，并规定由中书舍人起草。53铁券：古代帝王颁发功臣授以某种特权的铁契。神龙元年（705年）五月，中宗赐予张柬之、武三思等十六人铁券，"自非反逆，各恕十死"。54长流：长期流放。在此之前，敬晖曾先后贬为滑州刺史、朗州刺史，崖州司马。55在此之前，桓彦范已先后贬为洺州刺史、亳州刺史、泷州司马。56在此之前，张柬之已先后贬为襄州刺史、新州司马。57在此之前，袁恕己已先后贬为豫州刺史、郢州刺史、窦州司马。58在此之前，崔玄暐已先后贬为梁州刺史、均州刺史、白州司马。(59)岭外：五岭山脉以南地区。(60)矫制：假托皇帝命令。(61)五王：指张柬之等五人。(62)竹槎：用竹编成的筏。(63)野葛：一种毒草。(64)毒愤：由于毒性发作而引起的郁闷不适。(65)掊地：用手指扒地。掊，用手扒土。(66)代间：世间。唐代因避李世民讳，“世”字改用“代”字。

【译文】

春，正月，壬午朔日（初一）赦免天下，改年号为神龙。自文明年以来，获罪的人如果不是在扬、豫、博三州举兵的以及各叛军的首领，都赦免。

武则天病得非常严重，麟台监张易之和春官侍郎张昌宗居宫中执政，张柬之、崔玄暐与中台右丞敬晖、司刑少卿桓彦范以及相王府司马袁恕己谋划杀掉张易之和张昌宗。张柬之问右羽林卫大将军李多祚说：“将军今日的荣华富贵，是谁给的？”李多祚流着眼泪回答说：“是高宗大帝给的。”张柬之说：“现在大帝的儿子受到张易之和张昌宗这两个小子的威胁，难道将军不想报答大帝的恩德吗？”李多祚回答说：“只要对国家有利，我一切都听相公安排，不敢顾及自身以及妻儿的安危。”于是自己指天发誓，并且与张柬之、崔玄暐等人一同定下了铲除张易之和张昌宗的计谋。

当初，张柬之接替荆州都督府长史阌乡人杨元琰的职务，二人一同泛舟于长江之中，当小船漂到江心时，谈到了武则天以周代唐的事，杨元琰慷慨激昂，有匡复大唐的志向。张柬之入朝做了宰相后，便推荐杨元琰担任右羽林将军，并且提醒他说：“您大概还记得我们当初在江心泛舟时所说的话吧？今天这项任命可不是随便给您的呀。”张柬之还任用了桓彦范、敬晖以及右散骑侍郎李湛，都让他们担任左、右羽林将军，把禁军交给他们指挥。这件事引起了张易之等人的怀疑和忧虑，张柬之于是又任用他的党羽武攸宜为右羽林大将军，张易之等人才放了心。

不久，姚元之从灵武回朝，张柬之和桓彦范交谈说：“大事就要成功了！”于是把商量好的计谋告诉姚元之。桓彦范将这事禀告了他的母亲，母亲勉励他说：“忠孝不能两全，应当先为国家大事着想，然后再考虑自家的小事。”当时太子李显都从北门入宫向天子问安，桓彦范和敬晖前往拜见，秘密地把他们的计策告诉太子，太子允许他们这样去做。

癸卯（正月二十二日），张柬之、崔玄暐、桓彦范与左威卫将军薛思行等人率领左右羽林兵五百余人来到玄武门，派李多祚、李湛及内直郎、驸马都尉安阳人王同皎到东宫去迎接太子李显。太子有所怀疑，没有出来，王同皎说：“先帝把皇位传给殿下，殿下无故遭到幽禁废黜，皇天后土、士民百姓无不义愤填膺，已经有二十三年了。现在上天诱导人心，北门的羽林诸将与南牙朝臣得以同心协力，立志诛灭凶恶的小人，恢复李氏的江山社稷，希望殿下暂时到玄武门去以满足大家的期望。"太子回答说："凶恶的小人的确应该剪除，但是天子圣体欠安，你们这样做能不使天子受惊吗？请诸位日后再图此事。"李湛说："诸位将帅宰相为了国家不顾身家性命，殿下为什么非要让他们面临鼎镬的酷刑呢？请殿下亲自去制止他们好了。"太子这才出来。

王同皎将太子抱到马上，并陪同太子来到玄武门，斩断门栓进入宫中。此时武则天在迎仙宫，张柬之等人在迎仙宫的走廊里将张易之和张昌宗斩首，然后进至武则天居住的长生殿，在她周围环绕侍卫。武则天吃惊地坐起来，问道："是谁作乱？"张柬之回答说："张易之、张昌宗阴谋造反，臣等已奉太子的命令将他们杀掉了，因为担心可能会走漏消息，所以没有向您禀告。在皇宫禁地举兵诛杀逆贼，惊动天子，臣等罪该万死！"武则天看见太子李显也在人群之中，便对他说："这件事是你让干的吗？这两个小子已经被诛杀了，你可以回到东宫里去了。"桓彦范上前说："太子哪能还回到东宫里去呢？当初天皇把心爱的太子托付给陛下，现在他年纪已大，却一直在东宫当太子，天意民心，早已思念李家。群臣不敢忘怀太宗、天皇的恩德，所以尊奉太子诛灭犯上作乱的逆臣。希望陛下将帝位传给太子，以顺从上天与下民的心愿！"李湛是李义府的儿子，武则天发现了他，对他说："你也是杀死张易之的将军吗？我平时对你们父子不薄，想不到竟然有今天的变故！"李湛满面羞惭，无法回答。武则天又对崔玄暐说："别的人都是经他人推荐之后提拔的，只有你是朕亲手提拔的，你怎么也在这里呢？"崔玄暐说："我这样做正是为了报答陛下对我的大恩大德。"

接下来逮捕了张昌期、张同休、张昌仪等人，将他们全部处斩，并在神都天津桥的南边将上述人犯与张易之、张昌宗二人一道枭首示众。在这一天里，为防范突然事变的发生，袁恕己随从相王李旦统率南牙兵马，他们将韦承庆、房融及司礼卿崔神庆等逮捕下狱，这些人都是张易之的同党。先前，张昌仪新建起一幢非常豪华的宅第，规模比诸王及诸位公主的宅第还要宏大，有人晚上在他的门上写道："一日的丝能织几日的薄纱？"张昌仪让人把字迹除掉，结果又被人写上，这种情况总共出现了六七次。张昌仪用笔在门上写道："即使是只织一天，我也感到满足。"此后便没有再出现这种情况。

甲辰（二十三日），武则天颁下制书，决定由太子李显代行处理国政，大赦天下。任命袁恕己为凤阁侍郎、同平章事，派遣十位使者分别携带天子的玺书前往各州进行安抚工作。乙巳（二十四日），武则天将帝位传给太子李显。

丙午（二十五日），唐中宗李显即皇帝位。中宗下诏大赦天下，只有张易之的党羽们不在赦免之列；那些被周兴等人冤枉的人，都让进行清理和昭雪，他们的子女中如有被发配流放或者被没入官府做奴婢的，都予以赦免。唐中宗还加相王李旦封号为安国相王，并任命他为太尉、同凤阁鸾台三品；加太平公主封号为镇国太平公主。此外，皇族先前被发配或没入官府为奴的，他们的子孙都恢复皇族身份，并且根据具体情况封授官爵。

丁未（二十六日），武则天搬到上阳宫居住，李湛留下负责警卫。戊申（二十七日），唐中宗带领文武百官来到上阳宫，上武则天尊号为则天大圣皇帝。

庚戌（二十九日），任张柬之为夏官尚书，同凤阁鸾台三品；崔玄暐为内史，袁恕己为同凤阁鸾台三品；敬晖、桓彦范都为纳言，并且都赐爵为郡公。李多祚赐爵为辽阳郡王；王同皎为右千牛将军、琅邪郡公；李湛为右羽林大将军、赵国公；其余各官赏赐不等。

张易之、张昌宗被诛灭后，洛州长史薛季昶对张柬之和敬晖说："张易之、张昌宗这两个元凶虽然已被铲除，但吕产、吕禄这样的人还在朝中任职，锄草时不铲掉草根，终究还会长出草来。"张柬之、敬晖回答说："现在大局已定，你说的那些人不过是案板上的肉罢了，还能有什么作为？现在杀的人已经够多的了，不能再多杀了。"薛季昶叹口气说："我不知道将死在哪里了。"朝邑尉武强人刘幽求也对桓彦范和敬晖说："武三思还没有受到惩处，你们这些人终究会死无葬身之地；如果现在不及早做准备，等到大祸临头再后悔就来不及了。"桓彦范和敬晖也没有采纳他的建议。

唐中宗的女儿安乐公主嫁给了武三思的儿子武崇训。上官婉儿是上官仪的孙女，上官仪被杀后，她被没入后宫。上官婉儿聪明伶俐，能言善辩，写得一手好文章，又熟悉官府事务，武则天十分喜欢她，自圣历年间以后，经常让她参与对各衙门所上表章奏疏的处理；唐中宗即位后，更加信任她，又让她专门负责草拟皇帝的命令，封她为婕妤，让她执掌宫中事务。上官婉儿与武三思私通，所以偏袒武氏，她又向韦后推荐武三思，将武三思领进宫中，唐中宗于是开始与武三思商议政事，张柬之等人从此都受到了武三思的遏制。唐中宗让韦后与武三思一起玩一种叫作双陆的游戏，自己则坐在一旁为他们数筹码；武三思于是又开始与韦后私通，武氏的势力因此又强大起来。

张柬之等人屡次劝告唐中宗诛灭武氏集团，唐中宗都不听。张柬之等人说："武则天改唐为周的时候，李唐宗室被诛杀殆尽；现在多亏天地神灵的庇佑，陛下又重登帝位，但武氏却像以往一样安稳地把持着他们所窃取的官爵职位，这种情形难道是朝野之士所希望看到的吗？希望陛下减少他们的俸禄，削夺他们的官爵，以告慰天下之人！"唐中宗仍然没有采纳他们的建议。张柬之等人有的拍着几案叹息，有的弹击手指以致出血，纷纷说："皇上过去做英王时，在人们眼里是一个勇武刚烈的人，我们之所以没有诛灭武氏集团，是为了让皇上能亲自诛杀他们以扩大天子的声威罢了。现在皇上却反过头来重用武氏集团成员，大势已去，谁知以后又会怎么样！"

敬晖等人害怕武三思的谗言陷害，便把考功员外郎崔湜当作自己的耳目，以便随时刺探武三思的消息。崔湜见中宗亲近武三思而猜忌敬晖等人，便把敬晖等人的全部打算告诉了武三思，反而成了为武三思效劳的人。武三思推荐崔湜做了中书舍人。崔湜是崔仁师的孙子。

在这以前，殿中侍御史南皮县人郑愔巴结张易之和张昌宗，二张败死之后，被贬为宣州司士参军，又因犯贪赃罪的缘故，逃到东都，私下拜见武三思。郑愔刚见到武三思时，哭得很悲哀，一会儿又放声大笑。武三思向来位尊任重，对郑愔的悲喜无常感到非常奇怪。郑愔解释道："我在刚刚见到大王时之所以痛哭失声，是在为大王将被戮尸灭族而感到悲哀。悲哀之后又放声大笑，是在为大王能得到郑愔的帮助从而得以免祸而感到高兴。大王您虽然深得天子的欢心，但张柬之、敬晖、桓彦范、崔玄暐和袁恕己五人手中都掌握着将相大权，并且个个胆略过人，以至于废掉太后的帝位都易如反掌。大王您自己考虑您与太后相比哪一个权势地位更重一些？那五个人对您恨之入骨，日夜都想吃下您的肉，如果不能把大王灭族，他们是不会称心如意的。大王您如果不尽快除掉这五个人，您的生命安全就会像早晨的露水一样没有保障。可是您却还是怡然自乐，自以为像泰山一样安然无羔，这就是我郑愔为大王您感到痛心的原因。"武三思十分高兴，与郑愔一起上楼，向他请教使自己平安无祸的办法，并荐举他做了中书舍人，与崔湜一道成为自己的谋主。

武三思与韦后天天在唐中宗面前诬陷敬晖等人，说他们"倚仗功劳专擅朝政，将对大唐的江山社稷不利"。中宗相信了他们两人的谗言。武三思等人趁机为中宗出谋划策，"不如封敬晖等人为王，同时罢免他们所担任的职务，这样的话，表面不失为尊宠功臣，而实际上又能剥夺他们的权力"。唐中宗认为这样做很好。甲午（十六日），唐中宗封侍中、齐公敬晖为平阳王，谯公桓彦范为扶阳王，中书令、汉阳公张柬之为汉阳王，南阳公袁恕己为南阳王，特进、同中书门下三品、博陵公崔玄暐为博陵王，同时免去他们的宰相职务，赏赐上述五人金帛鞍马，只要求他们于每月初一、十五朝见天子；又赐桓彦范姓韦氏，让他与韦后同族。不久唐中宗又任命崔玄暐为检校益州长史、知都督事，后来又改任他为梁州刺史。随后武三思便下令文武百官重新恢复执行武则天时期的政策，凡是拒不趋附武氏集团的人都被排斥，那些被张柬之、桓彦范等人贬逐的人又重新得到起用，朝政大权全部落入武三思之手。

武三思暗地里派人分条列出韦后的肮脏行为，将这些文字张贴在东都洛阳的天津桥上，文中还请求中宗下诏废黜韦后。唐中宗勃然大怒，下令御史大夫李承嘉彻底追查此事。李承嘉上奏说："这些文字是敬晖、桓彦范、张柬之、袁恕己和崔玄暐派人书写和张贴的，虽然上面所写的只是请求废黜皇后，但他们实际上是图谋叛逆，请陛下允许将这五个人灭族。"武三思又指使安乐公主在宫中对五人横加诬陷，还指使侍御史郑愔在外朝对五人大加弹劾，唐中宗于是下令司法部门将他们结案判刑。大理丞三原人李朝隐上奏说："敬晖等人还没有经过详细审讯，不能急于将他们处死。"大理丞裴谈上奏说："对敬晖等人应当按皇帝的制命处以斩刑，没收财产，不需要再经过审讯了。"唐中宗考虑到曾赐给敬晖等人铁券，许诺过不对他们处以死刑，便下令对他们处以长期流刑，将敬晖流放到琼州，将桓彦范流放到瀼州，将张柬之流放到泷州，将袁恕己流放到环州，将崔玄暐流放到古州，五人的子弟中凡十六岁以上的都流放到岭外。中宗提升李承嘉为金紫光禄大夫，将其爵位晋升为襄武郡公，大理丞裴谈也被提拔为刑部尚书，又将李朝隐外放为闻喜令。

武三思又暗示太子李重俊上表，请求将敬晖等人夷三族，唐中宗没有同意。

中书舍人崔湜对武三思说："日后如果敬晖等人又回到朝中，最终还是要成为祸患，您不如派使者诈称皇帝的命令把他们杀掉。"武三思问他谁可以做使者，崔湜向他推荐了大理正周利用。在这以前周利用因受到敬晖等人的憎厌，被贬为嘉州司马。武三思于是让周利用代理右台侍御史职务，奉命出使岭外，等到周利用到达岭外时，张柬之和崔玄暐已经去世，周利用在贵州遇到桓彦范，便命令手下人将桓彦范捆绑起来，放倒在竹筏子上拖着走，直到身上的肉被磨掉露出骨头时，才将他用杖打死；在抓住敬晖后，便将他剐死；袁恕己平素服食丹药，周利用硬逼着他喝有毒的野葛汁，袁恕己喝下好几升之后还没有被毒死，但毒性发作难以忍受，疼得他用手扒土，几乎把手上的指甲都磨掉，然后周利用才用棍棒将他活活打死。周利用回朝后，唐中宗将他提升为御史中丞。薛季昶多次被贬，一直到被贬为儋州司马时服毒自杀。

武三思害死张柬之、敬晖、桓彦范等五人之后，权势已经超过唐中宗，他常常说："我不知道世上什么样的人是善人，什么样的人是恶人；我只知道只要是对我好的人就是善人，对我不好的人就是恶人罢了。"

李成器让李隆基为太子

唐睿宗景云元年（710 年）六月

上^①将立太子，以宋王成器嫡长，而平王隆基有大功^②，疑不能决。成器辞曰："国家安则先嫡长，国家危则先有功；苟违其宜，四海失望。臣死不敢居平王之上。"涕泣固请者累日。大臣亦多言平王功大宜立。刘幽求^③曰："臣闻除天下之祸者，当享天下之福。平王拯社稷之危，救君亲之难，论功莫大^④，语德最贤，无可疑者。"上从之。丁未，立平王隆基为太子。隆基复表让成器，不许。

（《通鉴》第 209 卷 6650 页）

【注释】

①上：指唐睿宗李旦。②唐中宗死后，韦后临朝摄政，与宗楚客、安乐公主等谋效武则天故事，革李唐之命而自立为帝。临淄王李隆基得知其谋，先发制人，乘夜带兵入宫，诛尽韦后党羽。他也由临淄王改封为平王。③刘幽求：冀州武强（今河北武强西南）人。参与临淄王李隆基诛韦后谋，以功授中书舍人，参知机务。④莫大：没有更大于此者。又言最大。

【译文】

唐睿宗要立太子，但由于宋王李成器是嫡长子，而平王李隆基有大功，所以在太子的人选上犹豫不决。李成器推辞道："国泰民安则应当先立嫡长子，国家多难则应当首先将有功的人立为太子；如果在这个问题上违反时宜，就会让普天之下的人大失所望。臣宁可去死也不敢位居于平王之上。"为此他接连几天一直流着眼泪向睿宗坚决请求将太子之位让给平王李隆基。大臣们也大多认为平王李隆基有大功于社稷，应当被立为太子。刘幽求说："臣听说铲除天下祸患的人应当享有天下的福分。平王使大唐社稷免遭倾覆，拯救君亲于危难之中，讲功劳没有谁比他更大的，论德行又最为贤良，立他为太子是没有什么可怀疑的。"唐睿宗听从了他的建议。丁未（二十七日），唐睿宗将平王李隆基立为太子。李隆基又上表请求将太子之位让给李成器，唐睿宗没有同意。

伴食宰相

唐玄宗开元三年（715年）

　　春，正月，癸卯，以卢怀慎①检校吏部尚书兼黄门监。怀慎清谨俭素，不营资产，虽贵为卿相，所得俸赐，随散亲旧，妻子不免饥寒，所居不蔽风雨。

　　姚崇②尝有子丧，谒告③十余日，政事委积，怀慎不能决，惶恐，入谢于上。上曰："朕以天下事委姚崇，以卿坐镇雅俗耳。"崇既出，须臾，裁决俱尽，颇有得色，顾谓紫微舍人④齐澣曰："余为相，可比何人？"澣未对。崇曰："何如管、晏⑤？"澣曰："管、晏之法虽不能施于后，犹能没身⑥。公所为法，随复更之，似不及也。"崇曰："然则竟如何？"澣曰："公可谓救时之相耳。"崇喜，投笔曰："救时之相，岂易得乎！"

　　怀慎与崇同为相，自以才不及崇，每事推之，时人谓之"伴食宰相"。

　　臣光曰：昔鲍叔之于管仲⑦，子皮之于子产⑧，皆位居其上，能知其贤而下之，授以国政；孔子美之。曹参自谓不及萧何，一遵其法，无所变更⑨，汉业以成。夫不肖用事，为其僚者，爱身保禄而从之，不顾国家之安危，是诚罪人也。贤智用事，为其僚者，愚惑以乱其治，专固⑩以分其权，媢嫉⑪以毁其功，慭戾⑫以窃其名，是亦罪人也。崇，唐之贤相，怀慎与之同心戮力，以济明皇⑬太平之政，夫何罪哉！《秦誓》⑭曰："如有一介臣⑮，断断猗⑯，无他技；其心休休⑰焉，其如有容⑱；人之有技，若己有之，人之彦圣⑲，其心好之，不啻若自其口出，是能容之，以保我子孙黎民，亦职有利哉。"怀慎之谓矣。

（《通鉴》第211卷6708～6709页）

①卢怀慎：滑州（今属河南）人。进士及第。历任监察御史、侍御史、黄门侍郎等职。开元初，与姚崇同为宰相。②姚崇（650—721）：本名元崇，改名元之，又避开元年号，改名崇。陕州硖石（今河南三门峡南）人。历任武后、睿宗、玄宗朝宰相。参与张柬之等拥立中宗事件。睿宗时，奏请太平公主出居东都，以削弱其权力，被贬职。玄宗即位，复为宰相，抑制宦官贵戚，提倡节俭，政绩显著。掌政的五年，被称为"开元之治"。后引宋璟自代，史称"姚宋"。③谒告：请假。④紫微舍人：开元元年（713年），改中书省为紫微省，中书令为紫微令，中书舍人为紫微舍人。五年，恢复旧称。⑤管、晏：管仲，晏婴。春秋时期的著名宰相。⑥没身：终身。⑦鲍叔：鲍叔牙，春秋齐国大夫。少年与管仲友善。鲍叔事公子小白，管仲事公子纠，曾互相敌对。小白胜公子纠，即位为齐桓公，任鲍叔为宰相，鲍叔辞谢，荐管仲。齐国在管仲的治理下，日渐富强。⑧子皮：春秋时郑国罕虎之字。郑简公二十二年（前544年），郑国上卿子展死了，子皮继位。过了一年，子皮把政权交给子产，子产辞谢。子皮说："我率领他们听从命令，谁敢触犯您？您好好辅佐国政吧。"又过了一年，经过实践考查，子皮认为子产忠诚，便把政权全部交给他了。子产治理郑国很有成绩。子产：公孙侨、公孙成子。郑国贵族子国之子。郑简公十二年（前554年）为卿，二十三年（前543年）执政，实行改革。⑨参见《萧规曹随》。⑩专固：专断固执。⑪媢嫉：妒忌。⑫愎戾：刚愎暴戾。⑬明皇：唐玄宗李隆基。因他死后谥至道大圣大明孝皇帝，故称。⑭《秦誓》：《尚书·周书》篇名。鲁僖公三十三年（前627年），秦穆公伐郑，被晋襄公在崤山打败，归来悔过，作《秦誓》。⑮一介臣：一心耿直之臣。⑯断断：专诚守一貌。猗：语助词，通"兮"。⑰休休：心胸宽广，气量宏大。⑱如有容：像是能有所涵容。⑲彦圣：才能出众，品行高尚。

【译文】

春季，正月，癸卯（二十日），唐玄宗任命卢怀慎为检校吏部尚书兼黄门监。卢怀慎为官清廉谨慎，生活节俭朴素，从不谋求资财产业。虽然做了卿相的高官，但常将得到的俸禄和赏赐随手周济亲朋故旧，因而他自己的妻子儿女的生活不能免于饥寒。他所住的房子也因长期失修而难以遮风挡雨。

姚崇曾有一次为儿子办丧事请了十几天的假，从而使得应当处理的政务堆积成山，卢怀慎无法决断，感到十分惶恐，入朝向玄宗谢罪。唐玄宗对他说："朕把天下之事委托给姚崇，只是想让您安坐而对雅士俗人起镇抚作用罢了。"姚崇假满复出之后，只用了一会儿工夫便将未决之事处理完毕，不禁面有得意之色，回头对紫微舍人齐澣道："我做宰相，可以与历史上哪些宰相相比？"齐澣没有回答。姚崇继续问道："我与管仲、晏婴相比，谁更好些？"齐澣回答说："管仲、晏婴所奉行的法度虽然未能传之后世，起码也做到终身实施。您所制定的法度则随时更改，似乎比不上他们。"姚崇又问道："那么到底我是什么样的宰相呢？"齐澣回答说："您可以说是一位救时之相。"姚崇听后十分高兴，将手中的笔扔在桌案上说："一位救时宰相，也是不容易找到的呀！"

卢怀慎与姚崇同时担任宰相，自认为才能不及姚崇，所以每遇到一件事，都要请姚崇处理，当时的人将他称为"伴食宰相"。

臣司马光说：从前鲍叔与管仲，子皮与子产间的关系，都是地位在后者的上面，因能知道他们的贤能而甘为他们的僚属，把国政让他们掌理，孔子赞美他们。曹参自认比不上萧何，完全守着萧何的办法，不能变更，汉代的帝业得以完成。那些不贤的执政，为他僚属的人，自私保住禄位而附从他，不计国家的安危，便实在是罪人了。贤能才智的人执政，做他僚属的人，愚笨惑乱而干扰他办事，自专固执而分散他的权力，嫉妒他而毁谤他的成就，刚愎乖戾而害他的名誉，这也是罪人了。姚崇是唐代的贤宰相，怀慎与他同心努力，以达成明皇太平之治，哪有罪呢，《秦誓》说："如有一个臣子，诚恳一心，并不见他的特长，然而他心肠善良，宽大能容人，别人有特长，视为自己有的一样，别人聪明智慧，他的内心喜慕他，别人有嘉言，无异是自己所说的一样重视，这是有雅量容物的人，可保护我的子孙和百姓，则他在职位上是有利于国的。"便是说怀慎这类人的吧。

姚崇力主捕蝗

唐玄宗开元三年（715 年）六月

山东①大蝗，民或于田旁焚香膜拜设祭而不敢杀，姚崇奏遣御史督州县捕而瘗之②。议者以为蝗众多，除不可尽；上③亦疑之。崇曰："今蝗满山东，河南、北④之人，流亡殆尽，岂可坐视食苗，曾⑤不救乎！借使除之不尽，犹胜养以成灾。"上乃从之。卢怀慎⑥以为杀蝗太多，恐伤和气。

崇曰："昔楚庄吞蛭而愈疾⑦，孙叔杀蛇而致福⑧，奈何不忍于蝗而忍人之饥死乎！若使杀蝗有祸，崇请当⑨之。"

开元四年（716年）五月

山东蝗复大起，姚崇又命捕之。倪若水⑩谓："蝗乃天灾，非人力所及，宜修德以禳之⑪。刘聪⑫时，常捕埋之，为害益甚。"拒御史，不从其命。崇牒⑬若水曰："刘聪伪主，德不胜妖；今日圣朝，妖不胜德。古之良守⑭，蝗不入境。若其修德可免，彼岂无德致然！"若水乃不敢违。夏，五月，甲辰，敕⑮委使者详察州县捕蝗勤惰者，各以名闻⑯。由是连岁蝗灾，不至大饥。

（《通鉴》第 211 卷 6710～6711、6717 页）

【注释】

①山东：古代地区名。指崤山或华山以东地区。②姚崇：时为宰相。见《伴食宰相》注②。瘗（yì）：埋。③上：指唐玄宗李隆基。④河南、北：指河南道、河北道。前者辖境约当今山东、河南两省黄河故道以南，江苏、安徽两省淮河以北地区。后者辖境约当今北京市、河北省、辽宁省大部，河南、山东古黄河以北地区。⑤曾：竟然。⑥卢怀慎：时为宰相。见《伴食宰相》注①。⑦楚庄吞蛭而愈疾：楚庄，即春秋时的楚庄王。事见贾谊《新书》。⑧孙叔杀蛇而致福：孙叔，即孙叔敖，春秋时楚国的令尹。事见刘向《说苑》。⑨当：判罪，处以相当的刑罚。⑩倪若水：时为汴州刺史兼河南采访使。⑪修德：修养德行。禳（ráng）：消除灾难。⑫刘聪：十六国时汉（前赵）的君主。公元310—318年在位。⑬牒：公文。⑭良守：优秀的州郡长官。守，郡守、太守、刺史的简称。⑮敕：皇帝的命令。⑯各以名闻：把各州县捕蝗勤惰的官员姓名上报朝廷。

【译文】

山东出现特大蝗虫灾害，有些灾民在受灾田地的旁边焚香膜拜设祭祈福，却不敢下手捕杀蝗虫。姚崇奏请派遣御史督促各州县捕杀埋葬蝗虫。有些人认为蝗虫数量太多，无法尽行除灭，玄宗也对此举能否奏效感到疑惑。姚崇说："现在山东蝗虫漫山遍野，黄河南北两岸百姓逃亡殆尽，岂可坐视蝗虫吞噬禾苗，却不动手灭蝗救灾呢！即使这样做没能将蝗虫全部杀灭，也要比养蝗虫造成灾害强。"唐玄宗于是同意按他的意见去办。卢怀慎认为如果杀灭的蝗虫太多，恐怕会对天地阴阳之气的调和造成妨害，姚崇道："当年楚庄王吞吃了水蛭，他的病就痊愈了；孙叔敖杀死了两头蛇，上天降福给他。为什么不忍心看到蝗虫被杀死却忍心看着百姓被饿死呢？倘若杀死蝗虫会招来灾祸，那么我姚崇请求一人承担责任。"

开元四年（716年），五月，山东蝗灾又大作，姚崇再下命捕杀。倪若水说："蝗是天灾，不是人力所能阻止，应修德来禳解它。刘聪时代，常捕蝗而掩埋，为害更大。"抗拒御史，不遵命令。姚崇致公文给若水说："刘聪是非法的君主，道德不能制妖；今日圣人在位，妖不敌圣德。古代的好太守，蝗虫不入他的守区，如果是修德可免蝗灾，你难道是无德而致蝗灾吗？"若水才不敢违抗。夏，五月，甲辰日（二十九日），下敕书委任使者详察州县捕杀蝗虫勤惰的人，各把名册报上来。从此连年蝗灾，不至于大饥荒。

吴兢坚不改史

唐玄宗开元九年（721年）十二月

著作郎吴兢①撰《则天实录》，言宋璟激张说使证魏元忠事②。说③修史见之，知兢所为，谬曰："刘五殊不相借④！"兢起对曰："此乃兢所为，史草⑤具在，不可使明公枉怨死者。"同僚皆失色。其后说阴祈兢改数字，兢终不许，曰："若徇公请，则此史不为直笔，何以取信于后！"

（《通鉴》第212卷6748页）

【注释】

①吴兢（670—749）：汴州浚仪（今河南开封市）人。武则天时任史官。编修国史。中宗时，历任右补阙、起居郎、水部郎中等职。玄宗时，任卫尉少卿，兼修文馆学士等职，继续参与国史编撰工作。曾与刘知几等撰《武后实录》，自撰有《贞观政要》等书。②长安三年（703年），宰相魏元忠为张昌宗所谮，下狱。张昌宗以官爵贿赂凤阁舍人张说，让他证明魏元忠的罪状。武后召张说入朝作证。宋璟对他说：名义最重要，不可和坏人勾结陷害好人，如果有不测，我一定努力挽救。张说在宋璟等人的劝说下，在朝廷上说出了张昌宗贿赂他作假证的事，使诬陷魏元忠的阴谋破产。③说：张说。时为兵部尚书、同中书门下三品。④刘五：刘知几（661—721），字子玄，彭城（今江苏

徐州）人。排行第五，唐代习惯以行第称呼，故称刘五。永隆进士，历任著作郎、左史等职，兼修国史。著名的历史学家。借：借助。⑤史草：指《则天实录》草稿。

【译文】

著作郎吴兢撰修了《则天实录》，其中记载了宋璟激励张说为魏元忠作证的真实经过。张说在修史时见到了这段记载，心里知道是吴兢所写，嘴里却故意说道："刘五（刘知几）在修史时对我一点都不帮忙！"吴兢马上站起来回答说："这一段是我吴兢写的，所有的草稿都还在，我不能让明公您错怪了已经死去的刘子玄。"在座的同僚听了这话全都大惊失色。后来张说私下里请求吴兢将这段记载略改几字，吴兢始终没有答应，他说："我要是屈从您的要求，《则天实录》就不再是秉笔直书的信史，将何以取信于后人！"

宋璟之刚直

唐玄宗开元十三年（725年）十二月

王毛仲①有宠于上，百官附之者辐凑②。毛仲嫁女，上问何须。毛仲顿首对曰："臣万事已备，但未得客。"上曰："张说、源乾曜③辈岂不可呼邪？"对曰："此则得之。"上曰："知汝所不能致者一人耳，必宋璟④也。"对曰："然。"上笑曰："朕明日为汝召客。"明日，上谓宰相："朕奴毛仲有婚事，卿等宜与诸达官悉诣其第。"既而日中⑤，众客未敢举箸，待璟，久之，方至，先执酒西向拜谢⑥，饮不尽卮，遽称腹痛而归。璟之刚直，老而弥笃。

【注释】

①王毛仲：原为内外闲厩使，繁殖马匹有功，加开府仪同三司。②辐凑：也作"辐辏"。车辐集中于轴心。比喻人或物聚集在一起。③张说：时为中书令。源乾曜：时为侍中。④宋璟（663—737）：邢州南和（今河北南和）人。调露进士。武则天时，官至左台御史中丞。中宗时，历任吏部侍郎、黄门侍郎等职，后为武三思排挤，出任杭、相等州刺史、长史。睿宗即位后，任吏部尚书、同中书门下三品，后因奏请太平公主出居东都，被贬官。开元四年（716年）

冬,继姚崇出任宰相,注重选拔人才,随才授任,百官各称其职。开元八年,罢相。⑤既而日中:不久到了中午。⑥表示为君命而来,非为王毛仲而来。

【译文】

王毛仲深得唐玄宗的宠幸,巴结他的文武官员数不胜数。王毛仲的女儿将要出嫁,玄宗问他还缺什么东西。王毛仲叩头回答道:"臣万事均已齐备,只是没有请到客人。"玄宗问道:"张说、源乾曜这类人难道喊不来吗?"王毛仲回答说:"这些已经请到了。"唐玄宗说:"朕知道你请不动的只有一个人,那就是宋璟。"王毛仲说:"正是。"玄宗笑着说:"朕明天亲自替你请客人。"第二天,玄宗对宰相说:"朕的奴才王毛仲为女儿办喜事,你们应当与各位朝廷要员一起去他家贺喜。"直到正午时分,所有的来宾还都不敢动筷子,只等宋璟一人,过了很久,宋璟才到,他先端起酒杯向西行礼拜谢君命,然后未等喝完这一杯酒,便忽然说腹中疼痛难忍而退席回家。宋璟为人刚直,老而弥坚。

张嘉贞不营家产

唐玄宗开元十七年(729年)八月

庚辰,工部尚书张嘉贞①薨。嘉贞不营家产,有劝其市田宅者,嘉贞曰:"吾贵为将相,何忧寒馁!若其获罪,虽有田宅,亦无所用。比见②朝士广占良田,身没③之日,适足为无赖子弟酒色之资,吾不取也。"闻者是之。

(《通鉴》第213卷6786页)

【注释】

①张嘉贞:蒲州猗氏(今山西临猗县)人。以五经举第。长安年间,由御史张循宪推荐,任监察御史。后为梁秦二州都督、并州长史,有政绩,受到玄宗的慰劳。开元八年,升任中书令;十一年贬职。②比见:往往看见。③身没:同"身殁"。死亡。

【译文】

庚辰(二十二日),工部尚书张嘉贞去世。张嘉贞不经营家产,有人劝他买田地住宅,他说:"我居于将相的高位,担忧什么饥寒!如果犯了法,即使有田地住宅，也没有什么用。近来我见到朝中的士大夫大占良田，身死之后，这些只能成为无赖子弟贪恋酒色的本钱。我不做这种事。"听了他的话的人，都认为他讲得对。

裴光庭奏用循资格

唐玄宗开元十八年（730年）四月

乙丑，以裴光庭①兼吏部尚书。先是，选司注官②，惟视其人之能否，或不次超迁③，或老于下位④，有出身二十余年不得禄者⑤；又，州县亦无等级，或自大入小⑥，或初久后远⑦，皆无定制。光庭始奏用循资格⑧，各以罢官若干选而集⑨，官高者选少，卑者选多，无问能否，选满即注⑩，限年蹑级⑪，毋得逾越，非负谴⑫者，皆有升无降；其庸愚沉滞者皆喜⑬，谓之"圣书"，而才俊之士无不怨叹。宋璟⑭争之不能得。光庭又令流外行署亦过门下省审⑮。

（《通鉴》第 213 卷 6789 页）

【注释】

①裴光庭：字连城，绛州闻喜（今山西闻喜东北）人。其母有妇德，为武则天所亲宠，他也由此官至太常丞。开元中，擢为兵部郎中、鸿胪少卿。后官至侍中，兼吏部尚书、弘文馆学士。②选司：负责铨选官吏的官署，即吏部。注官：拟定官职。唐制，凡应试获选者，先由尚书省造册登记，再经考询，然后按才拟定其官职，称为注拟。五品以上，呈报皇帝授官，五品以下，由吏部授官。③或：有的人。不次超迁：不按官阶次序越级提升。④下位：低下的地位。指官职低微。⑤出身：这里指科举时代为考中录取者所规定的身份、资格。唐代举子中礼部试，称为及第，中吏部试，称为出身。禄：俸禄。⑥自大入小：指原来的大官当了小官。⑦初久后远：有的版本作"初近后远"。意思大概是，起初所任官职距京都近，以后反而放远了。⑧奏用：奏请实行。循资格：根据官吏的年资升级。⑨各以罢官若干选而集：各，指高官者和卑官者。罢官，没有实际职务而赋闲的官吏。选而集，选后集中在吏部。⑩选满：名额选满的意思。注：注官。拟定官职。⑪蹑级：升级。⑫负谴：负有罪过。

⑬庸愚：才能低下。沉滞：官位不得进升。⑭宋璟：时为尚书右丞相。⑮流外行署亦过门下省审：意思是，九品以下官吏的任职、兼职、代职，也要经过门下省的审查。流外，隋唐时对九品以下的官职的称谓。行署，即兼职、代职。兼任小官职叫行；代理或暂任官职叫署。

【译文】

乙丑日（十一日），任裴光庭兼吏部尚书。在这以前，铨选单位拟注官吏，只看他是否有才干，有的不依资历超升，有的一辈子在低职位，有的取得任官资格而二十多年都没有官职；又州县也没有一定次序，有的从高阶而发到低阶，有的初任近地，后又任远地，都没有一定的制度。光庭首先奏请用人依循资格，罢官以后，经选总计，各以多少为次序而集于吏部，官阶高的选得少，低的选得多，不管有无才能，选举满数，即行拟注，限定年资一级一级上升，不可超越；不是犯罪降官的，都有升无降；那些平庸愚笨久在低位者都喜欢，称这奏折为"圣书"，然而才俊的官员没有不埋怨叹息的。宋璟争辩反对不成功。光庭又令九品以外代理官吏也要经过门下省查实审核。

韩休峭直，不干荣利

唐玄宗开元二十一年（733 年）三月

休为人峭直①，不干荣利②；及为相，甚允时望。始，嵩以休恬和③，谓其易制，故引之。及与共事，休守正不阿④，嵩渐恶之。宋璟⑤叹曰："不意韩休乃能如是！"上或宫中宴乐及后苑游猎，小有过差，辄谓左右曰："韩休知否？"言终，谏疏已至。上尝临镜默然不乐，左右曰："韩休为相，陛下殊瘦于旧，何不逐之！"上叹曰："吾貌虽瘦，天下必肥。萧嵩奏事常顺指，既退，吾寝不安。韩休常力争，既退，吾寝乃安。吾用韩休，为社稷耳，非为身也。"

【注释】

①休：韩休。京兆长安（今陕西西安市）人。工文辞，举贤良。景云年间，任左补阙，升为礼部侍郎，知制诰。开元二十一年，升任黄门侍郎、同中书门下平章事，掌朝政。数月后，因在玄宗面前揭露萧嵩的缺点，玄宗不悦，

罢为工部尚书。峭直：严肃刚直。②不干：不谋取。荣利：名位利禄。③嵩：萧嵩。时为中书令。开元二十一年三月，裴光庭死后，他推荐韩休为相。恬和：态度和蔼。④守正：笃守正直。不阿：不屈从，不迎合。⑤宋璟：时为尚书右丞相。见《宋璟之刚直》注④。

【译文】

韩休为人严肃刚直，不追求名位利禄；等他当了宰相，很符合当时朝廷上下的期望。开始，萧嵩因为韩休恬淡平和，认为他容易控制，所以引荐了他。等到与他共事时，才发现韩休刚正不阿，于是渐渐就厌恶他了。宋璟叹道："没想到韩休竟能做到这样！"唐玄宗有时在宫中设宴行乐或到后苑游玩打猎，稍有过失，就问左右的人："这事韩休知道不知道？"话音刚落，韩休的劝谏书已经送到。唐玄宗曾经对着镜子默默不乐，旁边的人说："韩休当宰相以来，您比以前瘦多了，为什么不将他斥退？"唐玄宗叹道："我虽然消瘦，天下人必定长胖了，萧嵩上奏事情常常依顺我的旨意，可退朝后，我睡觉都不安心。韩休常常和我争辩，可退朝后，我睡觉就安心了，我任用韩休，是为了国家，不是为了我自己。"

李林甫口蜜腹剑

唐玄宗天宝元年（742年）三月

李林甫①为相，凡才望功业出己右②及为上所厚、势位将逼己者，必百计去之；尤忌文学之士，或阳与之善，啖以甘言而阴陷之。世谓李林甫"口有蜜，腹有剑"。

上尝陈乐于勤政楼，垂廉观之。兵部侍郎卢绚谓上已起，垂鞭按辔，横过楼下，绚风标清粹③，上目送之，深叹其蕴藉④。林甫常厚以金帛赂上左右，上举动必知之，乃召绚子弟谓曰："尊君素望清崇⑤，今交、广借才⑥，圣上欲以尊君为之，可乎？若惮远行，则当左迁⑦；不然，则以宾、詹分务东洛⑧，亦优贤之命也，何如？"绚惧，以宾、詹为请。林甫恐乖众望，乃除华州刺史。到官未几，诬其有疾，州事不理，除⑨詹事，员外同正⑩。

上又尝问林甫以"严挺之今安在？是人亦可用"。挺之时为绛州刺史。林甫退，召挺之弟损之，谕以"上待尊兄意甚厚，盍为^⑪见上之策，奏称风疾，求还京师就医"。挺之从之。林甫以其奏白上云："挺之衰老得风疾，宜且授以散秩^⑫，使便医药。"上叹吒久之；夏，四月，壬寅，以为詹事，又以汴州刺史、河南采访使齐澣为少詹事，皆员外同正，于东京养疾。澣亦朝廷宿望^⑬，故并忌之。

（《通鉴》第 215 卷 6853 ~ 6854 页）

【注释】

①李林甫（？—752）：唐高祖李渊的堂弟李叔良（封长平王）的曾孙。因厚结武惠妃和武三思女，迎合玄宗，逐渐得宠，于开元二十三年（735 年）任礼部尚书、同中书门下三品。为人口蜜腹剑。勾结宦官、嫔妃，排斥忠良。在职十九年，倚权弄势，败坏政事。又主张重用胡人为将，使安禄山等掌握重兵，酿成日后的安史之乱。②出己右：超过自己。古代以右为尊。③风标：风度，仪态。清粹：高洁雅致的意思。④蕴藉：含蓄宽和。⑤清崇：清高。⑥交：交州。唐代辖境限于今越南河内附近一带。广：广州。辖境相当于今广州市及其周围的县。借才：借用人才。⑦左迁：降职。古代以左为卑。⑧以宾、詹分务东洛：在东都洛阳担任太子宾客或太子詹事。太子宾客和太子詹事均为太子属官。分务，即分司。唐代分设在东都洛阳的中央官员，均称分司什么官职。东洛，即东都洛阳。⑨除：拜官授职。⑩员外同正：这里的员外，指正员之外的官。同正，俸禄与正式的官员相同。这里的意思是，授予卢绚编外詹事的官职，俸禄跟詹事相同。⑪盍：何不，为什么不。为：做，谋划。⑫散秩：闲散而无一定职守的官。⑬宿望：素负重望的人。

【译文】

李林甫为宰相后，对于朝中百官凡是才能和功业在自己之上而受到玄宗宠信或官位快要超过自己的人，一定要想方设法除去，尤其忌恨由文学才能而进官的士人。有时表面上装出友好的样子，说些动听的话，而暗中却阴谋陷害。所以世人都称李林甫"口有蜜，腹有剑"。

有一次玄宗在勤政楼垂帘观看乐舞。兵部侍郎卢绚以为玄宗已离开，于是就提鞭按辔，从楼下穿过。卢绚风度清雅，玄宗目送其远去，感叹卢绚含蓄不露的风度。李林甫常常用金钱贿赂玄宗左右的人，玄宗的一举一动，李林甫都了如指掌。于是李林甫就召来卢绚的儿子说："你父亲素来有名望，现今交州、广州需要有才能的人去治理，皇上想令你父亲去，不知是否可行？如果

李林甫口蜜腹剑 | 425

害怕远行，就应该降官，否则，只有以太子宾客或詹事的身份在东都任官。这也算是优惠贤者的任命，不知如何？"卢绚听后，十分害怕，于是就主动奏请担任太子宾客或詹事。李林甫又恐怕违背众望，就任命卢绚为华州刺史。到官时间不久，又诬陷说卢绚有病，不理州事，任命他为詹事，员外同正。

有一次玄宗问李林甫："严挺之现在在哪里任官？此人可以重用。"严挺之当时为绛州刺史。李林甫退朝后，即召严挺之的弟弟严损之，告诉他说："皇上十分器重你哥哥，为何不乘此机会，上奏说得了风疾，请求回京师治病。"严挺之就听从了李林甫的话。李林甫又因严挺之的奏言对玄宗说："严挺之衰老中风，应该授以散官，便于治病养身。"玄宗听后，感叹不已。夏季，四月，壬寅（二十八日），任命严挺之为詹事。又任命汴州刺史、河南采访使齐澣为少詹事，二人都是员外同正，一道在东京养病。齐澣也是因为在朝中素有名望，所以遭到李林甫的猜忌。

王锳以割剥求媚

唐玄宗天宝四年（745 年）十月

上以户部郎中王锳为户口色役使①，敕赐百姓复除②。锳奏征其辇运③之费，广张④钱数，又使市本郡轻货⑤，百姓所输⑥乃甚于不复除。旧制，戍边者免其租庸，六岁而更。时边将耻败，士卒死者皆不申牒⑦，贯籍不除。王锳志在聚敛⑧，以有籍无人者皆为避课⑨，按籍戍边六岁之外，悉征其租庸，有并征三十年者，民无所诉。上在位久，用度日侈，后宫赏赐无节，不欲数于左、右藏⑩取之。锳探知上指⑪，岁贡额外钱百亿万，锳于内库⑫，以供宫中宴赐，曰："此皆不出于租庸调⑬，无预经费。"上以锳为能富国，益厚遇之。锳务为割剥⑭以求媚，中外嗟怨。丙子，以锳为御史中丞、京畿采访使。

（《通鉴》第 215 卷 6868~6869 页）

【注释】

①王锳：太原祁县（今山西祁县南）人。初为鄠县尉，官至户部郎中，为玄宗赏识，兼任和市和籴、户口色役使等职。后因罪被杀。户口色役使：官

名。掌稽核田亩、户口、徭役等事。色役，各种名目的劳役。②复除：免除徭役及赋税。③辇运：车运。④广张：大大增加。⑤市：购买。轻货：不贵重的货物，指日常生活用品。⑥所输：所缴纳的钱财。⑦申牒：向上级书面报告。⑧聚敛：搜刮钱财。⑨避课：逃避赋税。⑩数：计算。左、右藏：唐代置左藏、右藏，均为国库。藏，仓库。⑪上指：皇上的旨意。指，通"旨"。⑫内库：皇宫的仓库。⑬租庸调：唐制，丁男、中男授田一顷，每年纳粮二石，称为租；纳绫、绢、絁（丝织物）各二丈（纳布者加五分之一），丝绵三两（纳布者交麻三斤），称为调。凡丁（成年男女），每年无偿服役二十天；若不服，每日交绢三尺，称为庸。有事加役二十五日，免调；加役三十日，免租调。⑭割剥：掠夺，残害。

【译文】

　　皇上用户部郎中王鉷做户口色役使，敕命准许百姓免除赋税。王鉷上奏，请向百姓征收运输的费用，以广开钱货的数量。又使百姓变卖重货，购买本郡轻货，老百姓所捐输的钱财，比不免除赋税还多。以前的制度规定，戍守边疆的人，免缴租、庸税赋，以六年为限。当时戍守边区的将官，觉得战败很可耻，所以士卒战死了都不造名册向政府申报，因此他们的户籍姓名并没有除去。王鉷一心想聚敛钱财，把有户籍而人不在的都看作逃避纳税，所以就依据户籍记载戍守边区六年以后的，都征租、庸税；有的人甚至连征三十年。人民无处申诉痛苦。皇上在位年岁久了，费用越来越多。后宫的赏赐没有节制，又不愿常常从左藏、右藏支取赏赐人的财物。王鉷很了解皇上的心意，每年贡献额外钱百亿万，贮藏在宫中的仓库里，用以供给宫中的宴乐和赏赐，说："这些钱都不是租、庸、调征来的，不影响国家的正常经费。"皇上以为王鉷能使国家富足，对待他更加优厚。王鉷一心一意剥削百姓以讨好皇上，朝中百官和全国百姓都叹息怨恨。丙子日（十月无此日），任用王鉷为御史中丞、京畿采访使。

安禄山以狡黠邀宠

唐玄宗天宝六年（747年）正月

　　戊寅，以范阳、平卢节度使安禄山①兼御史大夫。

　　禄山体充肥，腹垂过膝，尝自称腹重三百斤。外若痴直，内实狡黠。

常令其将刘骆谷留京师诇朝廷指趣②，动静皆报之；或应有笺表③者，骆谷即为代作通之。岁献俘虏、杂畜、奇禽、异兽、珍玩之物，不绝于路，郡县疲于递运。

禄山在上前，应对敏给④，杂以诙谐，上尝戏指其腹曰："此胡腹中何所有？其大乃尔！"对曰："更无余物，正有赤心耳！"上悦。又尝命见太子，禄山不拜。左右趣⑤之拜，禄山拱立⑥曰："臣胡人，不习朝仪⑦，不知太子者何官？"上曰："此储君⑧也，朕千秋万岁后，代朕君汝⑨者也。"禄山曰："臣愚，向者惟知有陛下一人，不知乃更有储君。"不得已，然后拜。上以为信然，益爱之。上尝宴勤政楼，百官列坐楼下，独为禄山于御座东间设金鸡障⑩，置榻⑪使坐其前，仍命卷帘以示荣宠。命杨铦、杨锜、贵妃⑫三姊皆与禄山叙兄弟。禄山得出入禁中，因请为贵妃儿。上与贵妃共坐，禄山先拜贵妃。上问何故，对曰："胡人先母而后父。"上悦。

（《通鉴》第 215 卷 6876 ～ 6877 页）

【注释】

①安禄山：营州柳城（今辽宁朝阳南）胡人。本姓康，名轧荦山。因随母嫁突厥人安延偃，改姓安，更名禄山。骁勇善战，被幽州节度使张守珪收为养子。历任平卢讨击使、营州都督、平卢节度使等职。后设法取得唐玄宗和杨贵妃的信任，天宝三年（744 年），身兼平卢、范阳、河东三节度使，操纵一方兵权。天宝十四年冬，在范阳起兵叛乱；次年称雄武皇帝，国号燕。至德二年（757 年）春，为其子安庆绪所杀。②诇（xiòng）：侦察，刺探。指趣：同"旨趣"。宗旨，意向。③笺表：给上级或尊长的书信称笺，给皇帝的一种奏章称表。④敏给：敏捷。⑤趣（cù）：催促。⑥拱立：拱手而立。⑦朝仪：朝廷的礼仪。⑧储君：君主的继承人。这里指太子。⑨君汝：君，动词，统治，主宰。汝，你。⑩金鸡障：以金鸡羽毛装饰的屏风。金鸡，即锦鸡。⑪榻：狭长而矮的坐卧用具。⑫杨铦、杨锜：皆杨贵妃之从兄。当时杨铦为殿中少监，杨锜为驸马都尉。贵妃：杨贵妃。小字玉环。初为寿王李瑁之妃。后为女道士，号太真。入宫后，得玄宗宠爱，天宝四年封为贵妃。三位姐姐皆宠贵，封韩国、虢国、秦国夫人。

【译文】

戊寅（正月，疑误），玄宗任命范阳、平卢节度使安禄山兼御史大夫。

安禄山身体肥胖，大腹便便，垂过膝盖，曾自言腹重三百斤。他外表看似老实，实际上内心狡猾，常令部将刘骆谷留在京师刺探朝廷的动向，一举一动都向他报告。如有事要向皇上奏表，刘骆谷就替他代写上奏。安禄山每年都向朝廷奉献俘虏、杂畜、奇禽、异兽和珍宝玩物，一路不绝，以至沿途郡县都因转运这些东西而疲乏。

安禄山在玄宗面前应对敏捷，常常还夹杂着一些诙谐幽默的言语，玄宗曾经开玩笑指着安禄山的肚子说："你这个胡人肚子中有什么东西，竟然这么大！"安禄山回答说："没有什么东西，只有对陛下的一片赤心！"玄宗听后十分高兴。玄宗又曾让安禄山去见太子，安禄山见后不礼拜。左右的人催促他礼拜，安禄山却站立着说："我是胡人，不懂得朝廷中的礼仪，不知道太子是什么官？"玄宗说："太子就是将来的皇上，朕去世之后，代朕做君王统治你的就是他。"安禄山说："我愚蠢浅陋，过去只知有陛下一人，不知还有太子。"不得已，然后才拜见。玄宗相信安禄山的这些话而更加宠爱他。玄宗曾在勤政楼设宴，百官都坐在楼下，却单独为安禄山于自己的座位东边设置了锦鸡羽毛装饰的屏风，设了床榻，使安禄山坐在前面，并命令卷起帘子以示宠爱。又命杨铦、杨锜、贵妃等都与安禄山叙兄弟之情。安禄山可以出入宫中，便乘机奏请做杨贵妃的儿子。玄宗与贵妃一起坐，安禄山却先拜贵妃。唐玄宗问他为什么先拜贵妃，安禄山回答说："我们胡人的习惯是先母而后父。"玄宗听后十分高兴。

王忠嗣不以数万人命易一官

唐玄宗天宝六年（747 年）十月

河西、陇右节度使王忠嗣以部将哥舒翰为大斗军副使[①]，李光弼[②]为河西兵马使、充赤水军使。翰父祖本突骑施[③]别部酋长，光弼，契丹王楷洛[④]之子也，皆以勇略为忠嗣所重。忠嗣使翰击吐蕃，有同列[⑤]为之副，倨慢不为用，翰捶杀之，军中股栗，累功至陇右节度副使。每岁积石军[⑥]麦熟，吐蕃辄来获之，无能御者，边人谓之"吐蕃麦庄"。翰先伏兵于其侧，虏至，断其后，夹击之，无一人得返者，自是不敢复来。

上欲使王忠嗣攻吐蕃石堡城[⑦]，忠嗣上言："石堡险固，吐蕃举国守之，今屯兵其下，非杀数万人不能克；臣恐所得不如所亡，不如且厉兵秣马，俟其有衅，然后取之。"上意不快。将军董延光自请将兵取石堡城，上命忠嗣分兵助之。忠嗣不得已奉诏，而不尽副延光所欲，延光怨之。

李光弼言于忠嗣曰："大夫⑧以爱士卒之故，不欲成延光之功，虽迫于制书，实夺其谋也。何以知之？今以数万众授之而不立重赏，士卒安肯为之尽力乎！然此天子意也，彼无功，必归罪于大夫。大夫军府充牣⑨，何爱数万段帛不以杜其谗口乎！"忠嗣曰："今以数万之众争一城，得之未足以制敌，不得亦无害于国，故忠嗣不欲为之。忠嗣今受责天子，不过以金吾、羽林一将军归宿卫⑩，其次不过黔中上佐⑪，忠嗣岂以数万人之命易一官乎！李将军，子诚爱我矣，然吾志决矣，子勿复言。"光弼曰："向者恐为大夫之累，故不敢不言。今大夫能行古人之事，非光弼所及也。"遂趋出。

延光过期不克，言忠嗣沮挠军计，上怒。李林甫因使济阳别驾魏林告"忠嗣尝自言我幼养宫中，与忠王⑫相爱狎"，欲拥兵以尊奉太子。敕征忠嗣入朝，委三司鞫之⑬。

……

三司按王忠嗣，上曰："吾儿居深宫，安得与外人通谋，此必妄也。但劾忠嗣沮挠军功。"哥舒翰之入朝也，或劝多赍⑭金帛以救忠嗣。翰曰："若直道尚存，王公必不冤死；若其将丧，多赂何为！"遂单囊而行。三司奏忠嗣罪当死。翰始遇知⑮于上，力陈忠嗣之冤，且请以己官爵赎忠嗣罪；上起，入禁中，翰叩头随之，言与泪俱。上感寤⑯，己亥⑰，贬忠嗣汉阳太守。

（《通鉴》第 215 卷 6877 ~ 6883 页）

【注释】

①王忠嗣：华州郑（今陕西华县）人。原名训。幼时，父战死沙场，玄宗收养宫中，赐名忠嗣。成长后，有战功，任左威卫将军、代北都督。后为左金吾卫将军，领河东节度使、大同军使。天宝五年，任河西、陇右节度使，代理朔方、河东节度使，佩四将印，控制万里。后为李林甫诬害，贬官至死。哥舒翰（？—757）：突厥族哥舒人。父为安西都护将军、赤水军使，故世居安西（今属新疆）。初为王忠嗣衙将。后抵抗吐蕃侵扰有功，任右卫将军，陇右副节度使、河源军使。天宝六年，代王忠嗣为陇右节度使。次年于青海击败吐蕃，后兼河西节度使，封西平郡王。十四年初入朝，得病，遂留京师家中；

十二月，安禄山反，任兵马副元帅，统军二十万，镇守潼关。因杨国忠猜忌，被逼出战，兵败被俘，囚于洛阳。后为安庆绪所杀。大斗军：大斗，地名，即大斗拔谷，在今甘肃民乐县东南甘、青两省交界处。唐代设兵戍守之地，大的叫戍军，小的叫守捉、镇，戍军、守捉的将领称使，镇、戍的将领称镇将、戍主。安史之乱后，内地也设军。②李光弼（708—764）：营州柳城（今辽宁朝阳南）契丹族人。父为契丹酋长，武后时入朝，官至左羽林大将军。袭父封，有战功，任云麾将军。安禄山反，由郭子仪推荐，任河东节度使。与郭子仪进攻河北，收复十余郡。又在太原击败史思明。乾元二年，升为天下兵马副元帅。率军与安庆绪、史思明作战，有功，加太尉、中书令。后封临淮王。与郭子仪齐名，世称"李郭"。③突骑施：西突厥十姓之一。④开元初，李楷洛封为契丹王。⑤同列：同在朝班。即同事。⑥积石军：在今甘肃临夏县西北，接青海循化县界。⑦石城堡：一名铁刃城。在今青海西宁市西南。唐时地接吐蕃，为唐、蕃交通要地。开元二十九年（741年），为吐蕃攻占。⑧大夫：称王忠嗣。唐代中叶以前，常称将帅为大夫。⑨充牣（rèn）：充足。牣，游。⑩金吾：仪仗棒。代指仪仗队。羽林：羽林军。即担任守卫皇宫的禁卫军。唐置左右羽林军，有大将军、将军等官职。宿卫：在宫中值宿，担任警卫。⑪黔中：道名。唐开元二十一年置，为十五道之一，治所在黔州（今四川彭水县），为少数民族杂居之地。上佐：州郡长官部下属官的通称。如别驾、长史、司马等，通称上佐。⑫忠王：指太子李玙。王忠嗣九岁时，父战死，唐玄宗收养于宫中，李玙当时为忠王，常与之同游玩。⑬三司：唐代以御史大夫、中书、门下为三司，受理刑狱。《新唐书·百官志》："凡冤而无告者，三司诘之。"鞫：审讯。⑭赍（jī）：以物送人。⑮遇知：同"知遇"。赏识和重用。⑯寤：通"悟"。觉悟，了解。⑰此为该年十一月己亥日。

【译文】

河西、陇右节度使王忠嗣以部将哥舒翰为大斗军副使、李光弼为河西兵马使、代赤水军使。哥舒翰的父亲祖父本来是突骑施别部酋长，李光弼是契丹王李楷洛的儿子，都因为有勇气才略，被王忠嗣所器重。王忠嗣使哥舒翰攻打吐蕃，有同官阶的做他的副将，态度傲慢不听指使，哥舒翰用杖把他打死，军中十分畏惧，积累功劳官升到陇右节度副使。每年积石军麦子成熟时，吐蕃就来收割，没有人能够抵御。边境上的人称为"吐蕃麦庄"。哥舒翰预先在旁边埋伏下军队，等吐蕃的军队来到，就切断他的后路，前后夹击他，没有一个人能够逃回。从此以后吐蕃不敢再来割麦了。

皇上想使王忠嗣攻打吐蕃的石堡城。王忠嗣向皇上说："石堡城险要坚固，吐蕃倾全国的兵力防守它。今日屯兵在城下，非得杀死数万人不能攻下，臣恐怕所得到的比不上所失去的多。不如暂时厉兵秣马，等到有机可乘，然后再攻取他。"皇上心中不愉快。将军董延光自动请求率军队攻取石堡城，皇上命王忠嗣分一部分兵力帮助他。王忠嗣不得已接奉诏书，可是不尽附和董延光的欲望，董延光心里怨恨王忠嗣。

李光弼对王忠嗣说："大夫为了爱护士卒，不想成就董延光的功劳，虽然是受迫于皇上的命令，实在是扰乱了他的计划。怎么知道的呢？现在您把数万士卒给他而没有立下重大的赏格来鼓舞士气，战士们怎么会为他尽力呢，而且进攻石堡城是天子的本意，他若是不能建功，必定会把罪过推在大夫身上。大夫军中府库充实，为什么爱惜数万匹缎帛而不用来堵塞他谗害您的口舌呢？"王忠嗣说："现在用数万军队去争夺一个城堡，得到了不足以制伏敌人，得不到也无害于国家，所以忠嗣不愿意去做。忠嗣今天受责罚，天子不过教我回去做个金吾将军或羽林将军来防卫京城；其次，不过把我贬到黔中做个长吏、司马；忠嗣怎能拿数万人的生命来换取一个官职呢！李将军，您实在是很爱护我，但是我的心意已经决定了，您不必再说了。"李光弼说："先前恐怕此事会连累了大夫，所以不敢说。现在大夫能行古人的事迹，不是光弼所能做得到的。"于是就快步走出。

董延光过了预定的期限没有能攻下石堡城，就向皇上说王忠嗣沮丧士气阻挠军事计划。皇上很生气。李林甫因而就使济阳别驾魏林告说："王忠嗣曾经自己说我自幼收养在宫中，与忠王相亲相爱。想要据兵以尊奉太子。"皇上下命令征召王忠嗣回朝，委任三司来审问他。

......

三司审问王忠嗣，皇上说："我的儿子深居在宫中，如何能够和外面的人交结图谋不轨，其中必定有虚假。只能审问王忠嗣沮丧阻挠军功的罪过。"哥舒翰被征召入朝的时候，有人劝他多带金银财帛，以救王忠嗣。哥舒翰说："如果正道还存在，王公一定不会被冤死；如果正道将要丧失，多带贿赂又有什么用呢。"因而只带着自己的行李包裹就走了。三司向皇上奏报，王忠嗣有罪该死。哥舒翰刚得到皇上的赏识，竭力陈说王忠嗣的冤屈，并且请求拿自己的官爵来赎王忠嗣的死罪。皇上起身，走入宫中，哥舒翰叩头随着进去，一面说一面流泪。皇上感动觉悟，己亥日（二十七日），贬王忠嗣为汉阳太守。

南霁云断指求救兵

　　壬子，尹子奇①复征兵数万，攻睢阳。先是，许远②于城中积粮至六万石，虢王巨③以其半给濮阳、济阴二郡，远固争之，不能得；既而济阴得粮，遂以城叛，而睢阳城至是食尽。将士人廪米日一合④，杂以茶纸、树皮为食，而贼粮运通，兵败复征。睢阳将士死不加益⑤，诸军馈救⑥不至，士卒消耗至一千六百人，皆饥病不堪斗，遂为贼所围，张巡⑦乃修守具以拒之。贼为云梯⑧，势如半虹，置精卒二百于其上，推之临城，欲令腾入。巡预于城凿三穴，候梯将至，于一穴中出大木，末置铁钩，钩之使不得退；一穴中出一木，拄之使不得进；一穴中出一木，木末置铁笼，盛火焚之，其梯中折，梯上卒尽烧死。贼又以钩车钩城上棚阁⑨，钩之所及，莫不崩陷。巡以大木，末置连锁⑩，锁末置大镮，揭⑪其钩头，以革车⑫拔之入城，截其钩头而纵车令去。贼又造木驴攻城，巡熔金汁⑬灌之，应投销铄⑭。贼又于城西北隅以土囊积柴为磴道⑮，欲登城。巡不与争利，每夜，潜以松明、干蒿⑯投之于中，积十余日，贼不之觉，因出军大战，使人顺风持火焚之，贼不能救，经二十余日，火方灭。巡之所为，皆应机立办，贼服其智，不敢复攻。遂于城外穿三重壕，立木栅以守巡，巡亦于内作壕以拒之。

　　……

　　睢阳士卒死伤之余，才六百人，张巡、许远分城而守之，巡守东北，远守西南，与士卒同食茶纸，不复下城。贼士攻城者，巡之逆顺⑰说之，往往弃贼来降，为巡死战，前后二百余人。

　　是时，许叔冀在谯郡⑱，尚衡在彭城⑲，贺兰进明在临淮⑳，皆拥兵不救。城中日蹙，巡乃令南霁云㉑将三十骑犯围而出，告急于临淮。霁云出城，贼众数万遮之，霁云直冲其众，左右驰射，贼众披靡，止亡两骑。既至临淮，见进明，进明曰："今日睢阳不知存亡，兵去何益！"霁云曰："睢阳若陷，霁云请以死谢大夫。且睢阳既拔，即及临淮，譬如皮毛相依，安得不救！"进明爱霁云勇壮，不听其语，强留之，具食与乐，延霁云坐。霁云慷慨，泣且语曰："霁云来，睢阳之人不食月余矣！霁云虽欲独食，且不下咽。大夫坐拥强兵，观睢阳陷没，曾无分灾救患之意，岂忠臣义士之所为乎！"因啮㉒落一指以示进明，曰："霁云既不能达主将之意，请留一指以示信归报。"座中往往为泣下。

霁云察进明终无出师意，遂去。至宁陵㉓，与城使廉坦同将步骑三千人，闰月㉔，戊申夜，冒围㉕，且战且行，至城下，大战，坏贼营，死伤之外，仅得千人入城。城中将吏知无救，皆恸哭。贼知援绝，围之益急。

（《通鉴》第 219 卷 7027 ~ 7030 页）

【注释】

①尹子奇：安禄山叛军将领。至德二载（757 年）一月，安庆绪以尹子奇为汴州刺史、河南节度使。尹统率叛军围攻睢阳（今河南商丘）。睢阳太守许远向真源令张巡告急，张领兵三千前来，与许远共守睢阳。尹子奇兵败，离去。三月，尹再领大军围攻睢阳，至五月未下，伤亡甚众，又离去。七月，再次征兵数万，围攻睢阳。②许远（709—757）：字令威，杭州盐官（今浙江海宁西南）人。安禄山叛乱时，被唐玄宗任为睢阳太守。与张巡协力抵抗叛军围攻，固守睢阳数月。兵绝粮尽后，城陷，被执送洛阳。在安庆绪兵败时被杀。③虢王巨：李巨为唐高祖之子虢王李凤之曾孙，袭王位。天宝五年，出任河西太守。安禄山叛乱，由太常卿张垍推荐，任河南节度使，兼统岭南、黔中、南阳三节度使。④廪米：给米。廪，官府发给粮食。合（gě）：容量单位，十合为一升。⑤死不加益：死亡减员后得不到补充。⑥馈救：援助粮食。⑦张巡（709—757）：邓州南阳（今属河南）人。开元末进士，任真源令。有人劝他晋见杨国忠以求重用，他坚决拒绝。安史之乱时，镇守雍丘（今河南杞县）。后睢阳太守许远告急，他率兵前往救援。在内无粮草、外无救兵的情况下，与许远固守睢阳达数月之久。睢阳陷落后，被杀害。⑧云梯：古代攻城用的一种器械。⑨棚阁：建筑在城上以防御敌人的城楼。⑩连锁：连环形的器物。这里指铁锁链。⑪搦：套住。⑫革车：战车。⑬金汁：金属熔液。⑭应投：被投中时随即。销铄：熔化，消除。⑮土囊：装满泥土的袋子。磴道：同"墱道"。有台阶的登高道路。⑯松明：可以点燃照明的松树条。藁：一种多年生、根茎含挥发油的草本植物。⑰逆顺：逆天与顺天，叛逆与归顺的道理。⑱许叔冀：时为灵昌太守。谯郡：治所在谯县（今安徽亳州）。唐代辖境相当今安徽亳州、涡阳、蒙城及河南鹿邑、永城等地。⑲尚衡：至德元年在濮阳起兵讨伐安

禄山。任散骑常侍、检校礼部尚书兼御史大夫。彭城：今江苏徐州市。⑳贺兰进明：复姓贺兰，鲜卑族人。开元十六年进士。历任北海太守、南海太守、岭南节度使、河南节度使，后贬为泰州司马。临淮：在今江苏盱眙之北。㉑南霁云：魏州顿丘（今河南清丰西南）人。张巡部将。㉒啮（niè）：咬。㉓宁陵：在睢阳之西四十多里。张巡原由宁陵率兵入睢阳，留部将廉坦守城。㉔闰月：为闰八月。㉕冒围：冲破包围。

【译文】

壬子日（初六），尹子奇又召兵好几万人进攻睢阳。在此以前，许远在城中积存米粮到六万石，虢王李巨把其中的一半送给濮阳、济阴两个郡。许远坚决争辩，不能取胜。济阴郡得到粮食以后，就马上率全城反叛，然而睢阳城到这时粮食已经吃光了。将士们每天每人发给一合米，和茶纸、树皮混在一起吃；而贼兵的粮食运补畅通，士兵战败了也可以再征召。睢阳城中的将士死了就不再增加，各军不来救援也不接济食米，士卒死得只剩下一千六百人，而且都饥饿生病不能作战，因而就被贼兵包围。张巡就用修治守城的器械来抵抗贼兵。贼兵做了云梯，形状像半个彩虹，放置二百个精锐的士兵在上面，把它推到城墙旁边，想叫他们跳入城中。张巡预先在城上挖凿三个洞穴，等到云梯将要来到的时候，从一个洞穴中伸出大木棒，末端绑上一个铁钩，钩住云梯使它不能后退；从另一个洞穴中伸出一根木棒，拄住云梯使它不能前进；再从另一个洞穴中伸出木棒，末端装上铁笼，铁笼里盛满了火来烧云梯；云梯从中央烧断，上面的士卒都被烧死。贼兵又用钩车来钩城上的棚架和阁楼，所钩到的地方，没有不倒塌陷落的。张巡就用一根粗大的木棒，末端装上铁链，铁链的末端装上一个大铁环，套住钩头，用裹有皮革的战车拉进城来，把它的钩头截断，再放车子回去。贼兵又制造木驴来攻城。张巡就把金属熔化成液体去浇灌他，凡是铁浆浇到的马上就熔化了。贼兵又在城的西北角用沙土袋，底下堆积木柴，作为阶梯通道，想要攻城，张巡并不和他们争锋，每天夜里，把干枯而多油脂的松木和干枯的禾藁偷偷地放在阶梯通道下面的木柴中。一连十几天，贼兵都没有发觉。接着就带兵出城大战，使人顺风拿火去焚烧阶梯通道，贼兵不能挽救，一连烧了二十多天，火才熄灭。张巡所做的，都是随机应变的对策，贼兵佩服他的机智，不敢再攻城。于是就在城外挖了三层壕沟，竖立栅栏来围困张巡，张巡也在城内挖壕沟来对抗他。

……

睢阳的士卒除了死伤的以外，只剩下了六百人。张巡和许远把城分成两部分来防守，张巡守东北，许远守西南，和士兵们一同吃茶纸，不再下城墙。贼兵有攻城的，张巡就用逆、顺的道理说服他们，常常有人背弃版贼来投降，替张巡拼命作战，前后共有二百多人。

　　这时候，许叔冀在谯郡，尚衡在彭城，贺兰进明在临淮，都拥有大兵而不去救援。城中的情况一天比一天急迫，张巡就教南霁云带领三十个骑兵突围出城，向临淮告急。南霁云出城的时候，贼兵好几万人拦截他。南霁云直向贼兵冲击，一面骑马飞驰，一面向左右射杀敌人，贼兵都败退了，自己只损失两人。到了临淮以后，见了贺兰进明。贺兰进明说："现在睢阳不知道是否已经沦陷，救兵去了又有什么益处呢？"南霁云说："睢阳如果陷落，霁云情愿以死来向大夫谢罪。而且睢阳被贼兵攻陷后，就轮到临淮；譬如皮肤和毛发是互相依附的，怎么能够不援救呢？"贺兰进明喜爱南霁云勇敢强壮，不听从他的意见，要强留他，准备好了食物和音乐，请南霁云入座。南霁云激昂慷慨哭着说："霁云来的时候，睢阳城里的人已经有一个多月没吃东西了！霁云即使想要独自吃饭，也咽不下去。大夫安坐一方拥有强兵，看着睢阳陷落，却没有分兵救患的心意，这难道是忠臣义士的作为吗？"因而咬下一个手指向贺兰进明表示决心，说："霁云既然不能达成主将的目的，请留下一根手指当作信物好回去报告。"在座的人有很多替他流泪。

　　南霁云看出贺兰进明一直没有出兵援救睢阳的意思，就走了。到了宁陵，和以前张巡留下的守城使廉坦共同率领三千步兵和骑兵，于闰八月、戊申日（初三）夜晚，冲出重围，一面作战一面前进，到达睢阳城下面，和敌兵大战，摧毁了贼兵的营垒，除去死伤的人，只带得一千人进城。城中的将军和官吏知道没有救援，都痛哭。贼兵知道睢阳城已断绝后援，围攻得更加紧急。

张巡殉难

唐肃宗至德二年（757年）十月

　　尹子奇久围睢阳①，城中食尽，议弃城东走，张巡、许远②谋，以为："睢阳，江、淮③之保障，若弃之去，贼必乘胜长驱，是无江、淮也。且我众饥羸，走必不达。古者战国诸侯，尚相救恤，况密迩群帅④乎！不如坚守以待之。"茶纸既尽，遂食马；马尽，罗雀掘鼠；雀鼠又尽，巡出爱妾，杀以食士，远亦杀其奴；然后括城中妇人食之，继以男子老弱。人知必死，莫有叛者，所余才四百人。

癸丑，贼登城，将士病，不能战。巡西向再拜曰："臣力竭矣，不能全城，生既无以报陛下，死当为厉鬼以杀贼！"城遂陷，巡、远俱被执。尹子奇问巡曰："闻君每战眦裂⑤齿碎，何也？"巡曰："吾志吞逆贼，但力不能耳。"子奇以刀抉其口视之，所余才三四。子奇义其所为⑥，欲活之。其徒曰："彼守节者也，终不为用。且得士心，存之，将为后患。"乃并南霁云、雷万春⑦等三十六人皆斩之。巡且死，颜色不乱，扬扬如常。生致许远于洛阳。

巡初守睢阳时，卒仅万人，城中居人亦且数万，巡一见问姓名，其后无不识者。前后大小战凡四百余，杀贼卒十二万人。巡行兵不依古法教战阵，令本将各以其意教之。人或问其故，巡曰："今与胡虏战，云合鸟散，变态不恒，数步之间，势有同异。临机应猝⑧，在于呼吸之间，而动询⑨大将，事不相及，非知兵之变者也。故吾使兵识将意，将识士情，投之而往，如手之使指。兵将相习，人自为战，不亦可乎！"自兴兵，器械、甲仗皆取之于敌，未尝自修。每战，将士或退散，巡立于战所，谓将士曰："我不离此，汝为我还决之。"将士莫敢不还，死战，卒破敌。又推诚待人，无所疑隐，临敌应变，出奇无穷；号令明，赏罚信，与众共甘苦寒暑，故下争致死力。

（《通鉴》第 220 卷 7038 ～ 7039 页）

【注释】

①尹子奇：安禄山叛军将领，至德二年（757 年）一月始，尹子奇率军围攻睢阳，至此已十个月。睢阳：今河南商丘。②张巡、许远：睢阳守将，见前《南霁云断指求救兵》注⑦、②。③江、淮：长江、淮河。④密迩：靠近。群帅：指接替贺兰进明为河南节度使的张镐和尚衡、许叔冀等。⑤眦裂：眼眶破裂。形容愤怒到了极点。⑥义其所为：认为他的行为是合乎大义的。⑦南霁云、雷万春：均为张巡部将。⑧临机：面对决策的时机。应猝：应付突然发生的事情。⑨动询：动辄询问。

【译文】

尹子奇围攻睢阳很久，城中的食物已经耗光了，商议抛弃城池向东逃跑。张巡和许远计划，认为："睢阳城是长江、淮河的保障，假如抛弃睢阳逃走，贼兵必然乘着胜利，长驱前进，那么江、淮一带就要丧失了。而且我们的士卒饥饿衰弱，逃走一定不能抵达目的地。古时候战国诸侯，还互相援救抚恤，何况近在咫尺的各地主帅呢！不如坚决防守以等待他们的救援。"茶纸吃光了，就吃战马。马吃完了，就用罗网捉鸟雀从地下挖老鼠。鸟雀老鼠也吃光了，张巡就把他的爱妾带出来，杀了给士兵吃；许远也杀了他的奴仆。后来又搜求城中的妇女来吃，接着又吃男人中的老人和衰弱的人。人人知道一定要死，没有一个人反叛。这时只剩下四百人。

癸丑日（初九），贼兵登上城墙，将士们衰病，不能作战。张巡向西方再拜说："臣力量用尽了，不能保全睢阳城；活着既然不能报答陛下的恩德，死后将要做厉鬼来杀贼！"睢阳城因此陷落，张巡和许远都被逮捕。尹子奇问张巡说："听说您每次作战都目眦裂开牙齿咬破，是什么缘故？"张巡说："我的志愿是要吞灭叛贼，只是力量不够。"尹子奇用刀撬开他的嘴来看，只剩下三四颗牙齿。尹子奇以为他的行为大义，想不杀他。他的部下说："他是坚守节操的人，终究不愿被我们任用。而且他能获得士卒的心意，让他活着，以后恐怕将对我们有害。"于是同南霁云、雷万春等三十六个人都被杀死。张巡将要被杀的时候，神情一点都不慌张，意气扬扬，像平常一样。许远被活着送往洛阳。

张巡刚到睢阳防守时，士卒几乎有一万人，城中的居民也将近好几万，张巡见了面，问了姓名，以后就没有不认识的。前后的大小战役共有四百多次，杀死贼兵十二万人。张巡用兵不按照古人的法则；教授作战的阵势，也教各部队的将军以自己的意思去教。有人问他缘故，张巡说："现在与胡虏作战，有如云合鸟散，变化多端没有常道；在几步之间，形势就有不同。临到时机适应突然的变化是呼吸之间的事情；如果每件事都要询问大将，事情就来不及了，这是不懂得军事上随机应变的道理的。所以我要教士兵知道主将的心意，主将知道士兵的实情。派遣他，他就去，如手使用指头。士兵和主将互相熟悉，各人自成一个战斗体，不也是可以的吗！"自从战事发生以来，军中所用的器械和武器，都是从敌人那里夺取的，自己未曾修造。每次作战，将士如果有人退后逃散，张巡站在战场上，对将士们说："我不离开这里，你们给我同去决战。"将士们没有人敢不回去，拼命作战，终能击溃敌人。又用诚心待人，没有猜疑或隐藏；临到与敌人作战随机应变，想出奇计没有穷尽。号令严明，赏罚有信用，与大家共同忍受严寒和酷暑，所以部下都争着尽死力报效。

李泌临别谏肃宗

唐肃宗至德二载（757年）九月

泌①曰："臣今报德足矣，复为闲人，何乐如之！"上曰："朕与先生累年同忧患，今方相同娱乐，奈何遽欲去乎！"泌曰："臣有五不可留，愿陛下听臣去，免臣于死。"上曰："何谓也？"对曰："臣遇陛下太早，陛下任臣太重，宠臣太深，臣功太高，迹太奇，此其所以不可留也。"上曰："且眠矣，异日议之。"对曰："陛下今就臣榻卧，犹不得请，况异日香案②之前乎！陛下不听臣去，是杀臣也。"上曰："不意卿疑朕如此，岂有如朕而办杀③卿邪！是直以朕为勾践④也！"对曰："陛下不办杀臣，故臣求归；若其既办，臣安敢复言！且杀臣者，非陛下也，乃'五不可'也。陛下异日⑤待臣如此，臣于事犹有不敢言者，况天下既安，臣敢言乎！"

上良久曰："卿以朕不从卿北伐之谋⑥乎！"对曰："非也，所不敢言者，乃建宁⑦耳。"上曰："建宁，朕之爱子，性英果，艰难时有功，朕岂不知之！但因此为小人所教，欲害其兄，图继嗣，朕以社稷大计，不得已而除之，卿不细知其故邪？"对曰："若有此心，广平⑧当怨之。广平每与臣言其冤，辄流涕呜咽。臣今必辞陛下去，故敢言之耳。"上曰："渠尝夜扣广平⑨，意欲加害。"对曰："此皆出谗人之口，岂有建宁之孝友聪明，肯为此乎！且陛下昔欲用建宁为元帅，臣请用广平。建宁若有此心，当深憾于臣；而以臣为忠，益相亲善，陛下以此可察其心矣。"上乃泣下曰："先生言是也。既往不咎，朕不欲闻之。"

泌曰："臣所以言之者，非咎既往，乃欲使陛下慎将来耳。昔天后⑩有四子，长曰太子弘，天后方图称制，恶其聪明，鸩杀之，立次子雍王贤。贤内忧惧，作《黄台瓜辞》，冀以感悟天后。天后不听，贤卒死于黔中⑪。其辞曰：'种瓜黄台⑫下，瓜熟子离离⑬；一摘使瓜好，再摘使瓜稀，三摘犹为可，四摘抱蔓归！'今陛下已一摘矣，慎无再摘！"上愕然曰："安有是哉！卿录是辞，朕当书绅⑭。"对曰："陛下但识⑮之于心，何必形于外也！"是时广平王有大功，良娣⑯忌之，潜构⑰流言，故泌言及之。

①泌：李泌。见《唐德宗与李泌论宰相》注①。②香案：放香炉的几案。唐制：朝日，殿上设粗麤蓐、蹑席、熏炉、香案。皇帝升御座，宰执当香案前奏事。③办杀：定罪处死。④勾践：春秋时越国王。文种辅佐他攻灭吴国，后听信谗言，赐文种死。⑤曩日：以前。⑥北伐之谋：至德元年（756 年），在凤翔（今陕西凤翔），李泌曾向肃宗建议派建宁王李倓北出妫、檀，攻取范阳之北。当时范阳为叛军史思明所据。⑦建宁：建宁王李倓。肃宗第三子。⑧广平：广平王李俶，后来的代宗李豫。⑨渠：他。扪：抚摸。⑩天后：指武则天。⑪黔中：地名。唐开元十五道之一。治所在今四川彭水县。⑫黄台：黄色的高而平的建筑物。⑬离离：繁茂貌。⑭书绅：把要牢记的话写在绅带上，即牢记别人的话的意思。⑮识（zhì）：记住。⑯良娣：太子妃妾的称号。这里指唐肃宗皇后张良娣。⑰潜构：暗中编造。

李泌说："臣现在报答恩德已经够了，再做一个闲散的人，是多么快乐啊！"皇上说："朕与先生连年共过忧患的生活，现在将要同享快乐，为什么马上就要离去呢？"李泌说："臣有五个不可留下的理由，希望陛下任由臣离去，以免使臣被杀而死。"皇上说："这话是什么意思？"李泌回答说："臣受陛下知遇太早，陛下任用臣太重，对臣的宠爱太深，臣的功劳太大，形迹太奇异，这就是所以不可留下的理由。"皇上说："暂时睡觉吧，明天再商议。"李泌回答说："陛下现在睡在臣的床上，尚且不能请求，何况明天上朝时在香案前面呢，陛下不让臣离去，就等于是杀臣了。"皇上说："没想到先生如此不相信朕，朕怎么会做出杀害先生的事呢，这简直是把朕当成勾践了！"李泌回答说："陛下做不出杀臣的事，所以臣才请求回山；如果陛下已经做了，臣又怎么敢再说，而且杀臣的人并不是陛下，是五个不可留下的理由。陛下以前这样对待臣，臣对于事情还是有不敢进谏的，何况天下已经安定，臣敢再谏说吗！"

皇上停了一会儿说："卿以为朕不听从卿北伐的计划吗？"李泌回答说："不是的，所不敢进谏的，就是建宁王被杀的事。"皇上说："建宁王是朕心爱的儿子，性情英明果断，在艰难的时候建立大功，朕怎么不知道，但是因此被小人教唆，想要杀害他的哥哥，图谋继嗣。朕为了国家的大计，不得已才把他除掉，卿不知道其中的详情吗？"李泌回答说："如果他有这个意图，广平王应当怨恨他。广平王每次与臣说他的冤屈，就呜咽哭泣。臣现在必须辞别陛下离去，所以才敢进言。"皇上说："他曾经在夜里摸广平王，企图杀害他。"李泌回答说:"这都是谗害他的人所说的,哪里有像建宁王这样孝顺友爱而又聪明的人,肯做这种事的呢,而且陛下从前想要任命建宁王为元帅,臣请求用广平王。建宁王如果有此种企图,应当深深地痛恨臣;可是他却以为臣很忠心,对臣更加亲近友善,陛下凭这一点就可以察知他的心意了。"皇上于是哭泣流泪说:"先生所说的是对的。事情已经过去,不必再怪罪,朕不想再听下去了。"

李泌说:"臣所以要提起这件事,并不是要怪罪以往的事情,而是要使陛下未来谨慎。从前则天皇后有四个儿子,长子是太子李弘,则天皇后正在图谋篡位,厌恶太子聪明,把他毒死,立次子雍王李贤为太子,李贤心里感到忧愁恐惧,就作了《黄台瓜辞》,希望能感动则天皇后使她觉悟。则天皇后不听,李贤终于死在贵州。《黄台瓜辞》说:'种瓜在黄台下面,瓜儿成熟了结了满地的果实。一次采摘可以使瓜长得更好,再次采摘瓜就要稀疏了,三次采摘还可以有剩余,四次采摘就只有抱着瓜秧回家了。'现在陛下已经采摘一次了,千万不要再次采摘。"皇上很惊异地说:"怎么会有这种事,请卿记录下这首《黄台瓜辞》,朕将把它抄写在绅带上。"李泌回答说:"陛下只要记在心里就好了,何必表现在外面呢!"这时广平王有大功劳,张良娣很嫉恨,暗中散布流言陷害他,所以李泌谈到这件事。

孙待封宁死不诬人以非罪

唐肃宗上元二年(761 年)

冬,十月,江淮都统崔圆署李藏用为楚州刺史①。会支度租庸使以刘展之乱②,诸州用仓库物无准,奏请征验③。时仓猝募兵,物多散亡,征之不足,诸将往往卖产以偿之。藏用恐其及己,尝与人言,颇有悔恨。其牙将高干挟故怨,使人诣广陵告藏用反,先以兵袭之。藏用走,干追斩之。崔圆遂簿责④藏用将吏以验之,将吏畏,皆附成其状⑤。独孙待封⑥坚言不及,圆命引出斩之。或曰:"子何不从众以求生!"待封曰:"吾始从刘大夫⑦,奉诏书来赴镇⑧,人谓反;李公⑨起兵灭刘大夫,今又以李公为反。如此,谁则非反者,庸有极乎!吾宁就死,不能诬人以非罪。"遂斩之。

(《通鉴》第 222 卷 7116 ~ 7117 页)

【注释】

①江淮都统：江淮，地区名，包括当时的淮南道、江南东道、江南西道。都统，官名。唐代因讨伐藩镇叛乱和农民起义，特置诸道行营都统，统率各道征讨军。署：任用。②会：适逢，正好遇到。支度租庸使：这里指负责江淮地区军费、粮饷、器物、租税的官。刘展之乱：肃宗上元元年（760 年），刘展为宋州刺史兼淮西节度副使。因他刚强，为上级所憎恶。监军使邢延恩想把他除掉，奏请朝廷授以江淮都统之职，待他赴任途中执而杀之。刘展得到授官制书及印节后，感到有诈，便尽发宋州之兵开赴广陵（江淮都统驻地）。邢延恩诬他反叛，组织六军讨伐。两军相持两个多月，刘展兵败被杀。③征验：证明，证据。④簿责：以公文责问。⑤皆附成其状：诸将吏都附和高干的诬告而使李藏用的谋反罪状成立。⑥孙待封：原为刘展部将。刘败亡后，降李藏用，为李部将。⑦刘大夫：指刘展。唐代尊称将帅为大夫。⑧奉诏书来赴镇：指上元元年，刘展得到江淮都统的授官制书和印节后，率领宋州官兵奔赴治所广陵。⑨李公：指李藏用。

【译文】

冬，十月，江淮都统崔圆任用李藏用为楚州刺史。适逢支度租庸使因为刘展作乱的时候，使各州所耗用的仓库物品没有准则，奏明皇上，请求查证检验。当时仓促招募士兵，物品大多散失，征求还是不足，各将军往往出卖产业来弥补。李藏用恐怕此事会连累到自己，曾经和人谈起，颇有悔恨的意思。他的副将高干怀藏着以前的怨恨，教人到广陵去诬告李藏用要造反，并且先派兵去进攻他。李藏用逃走，高干追赶上把他杀了。崔圆就用簿子审问李藏用的将军和官吏并且作成记录以作为证明。李藏用的将军和官吏很怕事，都附和高干的意思而证明李藏用有造反实情。只有孙待封坚决说李藏用没有造反的意图，崔圆下令把他带出去杀了。有人对孙待封说："您为什么不随从大众以求生存呢？"孙待封说："我先前随从刘大夫奉诏书到镇来上任，别人说我们造反，李公起兵消灭刘大夫。现在又以为李公造反。像这样，哪一个人不是造反的，怎么有终了呢，我宁愿被杀死，也不能把人家没有的罪过枉加在人家身上。"于是就被杀了。

段秀实责郭晞

唐代宗广德二年（764年）

十一月，丁未，郭子仪自行营入朝[①]，郭晞在邠州[②]，纵士卒为暴，节度使白孝德[③]患之，以子仪故，不敢言；泾州刺史段秀实自请补都虞候[④]，孝德从之。既署一月，晞军士十七人入市取酒，以刃刺酒翁，坏酿器，秀实列卒取十七人首注槊上[⑤]，植市门[⑥]。晞一营大噪，尽甲[⑦]，孝德震恐，召秀实曰："奈何？"秀实曰："无伤也，请往解之。"孝德使数十人从行，秀实尽辞去，选老躄[⑧]者一人持马至晞门下。甲者出，秀实笑且入，曰："杀一老卒，何甲也！吾戴吾头来矣。"甲者愕。因谕曰："常侍负若属邪[⑨]。副元帅[⑩]负若属邪？奈何欲以乱败郭氏！"晞出，秀实让[⑪]之曰："副元帅勋塞天地，当念始终。今常侍恣卒为暴，行且[⑫]致乱，乱则罪及副元帅；乱由常侍出，然则郭氏功名，其存者几何！"言未毕，晞再拜曰："公幸教晞以道[⑬]，恩甚大，敢不从命！"顾叱左右："皆解甲，散还伍伍[⑭]中，敢哗者死！"秀实因留宿军中。晞通夕不解衣，戒候卒击柝卫秀实[⑮]。旦，俱至孝德所，谢不能[⑯]，请改。邠州由是无患。

（《通鉴》第223卷7169～7171页）

【注释】

①郭子仪：时为关内副元帅兼河东副元帅、河中节度使、朔方节度大使。因回纥、吐蕃入侵，奉命镇守奉天（今陕西西安市西北之乾县）。行营：出征时的军营。②郭晞：郭子仪之第三子。时为朔方兵马使。邠州：治所在新平（今陕西彬县）。③白孝德：时为邠宁节度使。邠宁为方镇，治所在邠州，领有邠、宁、庆三州。④段秀实：字成公，陇州汧阳（今陕西千阳西北）人。玄宗、肃宗时，曾任安西府别将、判官及怀州长史等职。代宗初，任泾州刺史；不久，又为邠宁府都虞候、行军司马等。大历十二年，升任四镇、北庭行营兼泾原、郑颍节度使，军令简约，非公会不饮酒听乐，在职数年，吐蕃不敢犯塞。德宗即位，加检校礼部尚书。建中四年（783年），不从朱泚反叛，被杀。补：委任官职。都虞候：军中执法的长官。⑤列卒：排列士卒。注槊上：插在长

矛上。⑥植市门：把插着人头的长矛竖立街市的门前。⑦尽甲：都穿上盔甲。准备打仗的意思。⑧躄（bì）：同"躃"。瘸腿。⑨常侍：指郭晞。当时郭晞兼有左散骑常侍的官衔。负：辜负。若属：汝辈，你们。⑩副元帅：指郭子仪。⑪让：责备。⑫行且：将要。⑬公幸教晞以道：多亏您教给我道理。幸，幸亏。⑭伍伍：唐代兵制，五人为伍，十人为伙。伍伍，犹如今之"队伍"。⑮戒：告诫。候卒：值夜班的士兵。击柝（tuò）：打更。柝，打更用的梆子。⑯谢不能：对自己的无能表示歉意。不能，没有才能。指自己没有把军队带好。

【译文】

十一月，丁未日（十四日），郭子仪从行营入朝，郭晞留在邠州，放纵士卒暴虐百姓，节度使白孝德感到很苦恼；因为郭子仪的缘故，不敢声张。泾州刺史段秀实自动请求白孝德任用他做都虞候的官，白孝德听从了他的请求，任用一个月后，郭晞的士兵十七人到市场去拿酒，用刀刺卖酒的老人，破坏酿酒的器具。段秀实陈列士卒取下十七个人头插在长槊的顶端，竖立在市场的大门口。郭晞的整个军营中大为喧闹，都穿上铠甲；白孝德非常恐惧，把段秀实叫了去说："怎么办？"段秀实说："没有关系，我去向他解释。"白孝德派几个人跟着去，段秀实把他们都辞去，选择一个年老瘸腿的人，牵着马到郭晞门口。甲士都冲出来，段秀实笑着走进门，说："杀一个老卒，哪里用得着穿铠甲？我是顶着我的头来的。"甲士们都很惊奇。段秀实因而讥讽他们说："常侍对不起你们吗，副元帅对不起你们吗？为什么想要作乱败坏郭家呢？"郭晞出来，段秀实责备他说："副元帅功劳充满天地，应当想着有始有终。现在常侍放纵士卒做残暴的事，将要引起战乱，乱事一起就要连累副元帅获罪；乱事由常侍引起，那么郭家的功名还能够剩下多少！"话还没有说完，郭晞拜了又拜说："先生幸而用正道教训我，恩德很大，怎敢不听从教命！"回头叱责左右说："都把铠甲脱下，解散回队伍去，有敢喧闹的处死！"段秀实于是就留在军营中过夜。郭晞彻夜没有脱衣服，置备守候的士卒敲着梆子来保卫段秀实。第二天一早，一同到白孝德的办公处，谢不能治军之罪，请求改过。邠州因此没有祸乱。

郭子仪挺身往说回纥

唐代宗永泰元年（765年）十月

丙寅，回纥、吐蕃合兵围泾阳①，子仪②命诸将严设守备而不战。及暮，二虏退屯北原③，丁卯，复至城下。是时，回纥与吐蕃闻仆固怀恩④死，已争长⑤，不相睦，分营而居，子仪知之。回纥在城西，子仪使牙将⑥李光瓒等往说之，欲与之共击吐蕃。回纥不信，曰："郭公固在此乎？汝绐⑦我耳。若果在此，可得见乎？"光瓒还报，子仪曰："今众寡不敌，难以力胜。昔与回纥契约甚厚⑧，不若挺身往说之，可不战而下也。"诸将请选铁骑五百为卫从，子仪曰："此适足为害也。"郭晞扣马⑨谏曰："彼狼虎也；大人，国之元帅，奈何以身为虏饵！"子仪曰："今战，则父子俱死而国家危；往以至诚与之言，或幸而见从，则四海之福也！不然，则身没而家全。"以鞭击其手曰："去！"遂与数骑开门而出，使人传呼曰："令公⑩来！"回纥大惊。其大帅合胡禄都督药葛罗⑪，可汗之弟也，执弓注矢立于阵前。子仪免胄释甲投枪而进，回纥诸酋长相顾曰："是也！"皆下马罗拜⑫。子仪亦下马，前执药葛罗手，让之曰："汝回纥有大功于唐⑬，唐之报汝亦不薄，奈何负约，深入吾地，侵逼畿县⑭，弃前功，结怨仇，背恩德而助叛臣，何其愚也！且怀恩叛君弃母⑮，于汝国何有！今吾挺身而来，听汝执我杀之，我之将士必致死与汝战矣。"药葛罗曰："怀恩欺我，言天可汗已晏驾⑯，令公亦捐馆⑰，中国无主，我是以敢与之来。今知天可汗在上都⑱，令公复总兵于此，怀恩又为天所杀，我曹岂肯与令公战乎！"子仪因说之曰："吐蕃无道，乘我国有乱，不顾舅甥之亲⑲，吞噬我边鄙，焚荡我畿甸⑳，其所掠之财不可胜载，马牛杂畜㉑，长数百里，弥漫在野，此天以赐汝也。全师而继好㉒，破敌以取富，为汝计，孰便于此！不可失也。"药葛罗曰："吾为怀恩所误，负公诚深，今请为公尽力，击吐蕃以谢过。然怀恩之子，可敦㉓兄弟也，愿舍之勿杀。"子仪许之。回纥观者为两翼，稍前，子仪麾下亦进，子仪挥手却之，因取酒与其酋长共饮。药葛罗使子仪先执酒为誓，子仪酹地㉔曰："大唐天子万岁！回纥可汗亦万岁！两国将相亦万岁！有负约者，身陨陈前，家族灭绝㉕。"杯至药葛罗，亦酹地曰："如令公誓！"于是诸酋长皆大喜曰："向以二巫师从军，巫言此行甚安隐㉖，不与唐战，见一大人而还，今果然矣。"子仪遗之彩三千匹，酋长分以赏巫。子仪竟与定约而还。吐蕃闻之，夜，引兵遁去。回纥遣其酋长石野那等六人入见天子。

药葛罗率众追吐蕃，子仪使白元光㉗率精骑与之俱；癸酉，战于灵台㉘西原，大破之，杀吐蕃万计，得所掠士女四千人。丙子，又破之于泾州㉙东。

（《通鉴》第 223 卷 7180 ~ 7182 页）

【注释】

①回纥：唐时民族名。天宝三年（744 年），打败东突厥，在今鄂尔浑河流域建立政权。曾帮助唐朝平定安史之乱。与唐朝的关系比较密切，也经常发生战争。吐蕃：唐代藏族在青藏高原建立的政权。松赞干布时，降服苏毗等部，定都拉萨。贞观十五年（641 年），松赞干布与文成公主联婚。景龙三年（709 年），弃隶缩赞与金城公主联婚。唐朝与吐蕃的经济文化交流甚为密切，但也经常发生冲突。泾阳：在今甘肃平凉西北。②子仪：郭子仪（697—781）。华州郑县（今陕西华县）人。以武举累官至天德军使兼九原太守。安禄山反叛时，任朔方节度使，与李光弼配合，在河北击败史思明，升任兵部尚书，同中书门下平章事。肃宗即位，任关内、河东副元帅，配合回纥兵收复长安、洛阳。以功加司徒，封代国公。乾元元年，任中书令。后进封汾阳郡王。代宗时，仆固怀恩叛乱，纠合回纥、吐蕃进攻唐朝。他说服回纥与唐朝和好，联合抗拒吐蕃。德宗继位，赐号尚父，进位太尉、中书令，尽罢兵权。病卒。③北原：泾阳北方的原野。④仆固怀恩：铁勒族人。安史之乱时，随郭子仪、李光弼作战，屡立战功，官至河北副元帅、朔方节度使。广德二年（764 年）叛变，联络回纥、吐蕃攻唐。永泰元年（765 年）九月，暴病卒。⑤争长：争居上位。⑥牙将：衙前将领，统领元帅亲兵。⑦绐（dài）：欺骗。⑧安史之乱时，肃宗欲早日收复京都长安，曾与回纥约定："克城之日，土地、士庶归唐，金帛、子女皆归回纥。"至德二载（757 年），回纥怀仁可汗派其子叶护率兵助唐攻安庆绪，广平王李俶（以后的唐代宗）与叶护约为兄弟。当时李俶为天下兵马元帅，郭子仪为副元帅。⑨郭晞：郭子仪之子。扣马：拉住马。⑩令公：乾元元年（758 年），郭子仪曾任中书令，故呼"令公"。⑪药葛罗：回纥登里可汗之弟。⑫罗拜：列队而拜；围绕着下跪。⑬指助唐平安史之乱。⑭畿县：京都所

属之县。⑮弃母：仆固怀恩家住汾州。代宗广德二年（764年），其子被杀后，人告其母欲反，其母持刀把他赶走。⑯天可汗：指唐天子。贞观四年，西北各族君长请唐太宗为天可汗，表示拥戴。此后，便以天可汗尊称唐天子。晏驾：古代对皇帝死亡的讳称。⑰捐馆：又作"捐馆舍"。舍弃居住的房屋的意思。是对死亡的婉转说法。⑱上都：京师，首都。指长安。⑲吐蕃赞普与唐公主联婚，故称唐与吐蕃有舅甥之亲。舅甥，这里指岳父与女婿。⑳畿甸：京都地区。古代称京城郊区为甸。㉑杂畜：除牛马之外的牲畜。㉒全师而继好：保全军队而继续同唐朝和好。㉓可敦：古代西北各族的最高统治者叫可汗，其妻叫可敦。宝应元年（762年），仆固怀恩之女嫁登里可汗为妻，称登里可敦。㉔酹地：把酒洒在地上。表示祭奠。㉕灭绝：原为空格。别的版本作"灭绝"。㉖安隐：同"安稳"。㉗白元光：时为讨击使。㉘灵台：今甘肃之灵台县。㉙泾州：治所安定，在今甘肃泾川北。

【译文】

回纥、吐蕃联军包围泾阳，郭子仪命令诸将领加强守备而不与敌军作战。等到傍晚时，回纥、吐蕃联军退驻北原。丁卯（初九），回纥、吐蕃联军再次来到城下。正当此时，回纥和吐蕃听说仆固怀恩已经去世，便开始互争尊长，不相和睦，分别设置营帐居住，郭子仪知道了这件事。其时，回纥军队住在城西，郭子仪便派牙将李光瓒等人前去游说回纥，打算联合回纥共同攻击吐蕃。回纥人不相信李光瓒，说道："郭子仪真在这里吗？你不过是在欺骗我罢了。假如真在这里的话，我可以见见他吗？"李光瓒便回去向郭子仪回报，郭子仪说："如今我们寡不敌众，难于凭借军事力量取胜。过去我们曾与回纥缔结协约，交情甚厚。所以不如我挺身前往，去劝说他们，可以不战而胜。"诸将请求选派铁骑兵五百人作为郭子仪的警卫随从，郭子仪说："此举恰恰会害了我。"郭晞拉住郭子仪的马劝说道："他们是虎狼之辈，父亲大人你是一国元帅，怎么可以让自己成为敌人口中之食呢？"郭子仪回答道："如今要是交战的话，那么我们父子俩都会牺牲，国家就危险了。我前去真诚劝说他们，或许能侥幸使他们听从我的劝说，那就是国家的福分了！假如他们不听我的劝说，那么我虽身死而我们一家可以保全。"郭子仪扬鞭抽打郭晞拉马的手，说道："走开！"郭子仪与几位骑兵打开城门，出城而去。郭子仪又派人传呼说："郭令公来了！"回纥军队听说后大吃一惊。回纥统帅合胡禄都督药葛罗是回纥可汗的弟弟，他手执劲弓，箭上弓弦，立在军阵前列。郭子仪脱掉盔甲，放下长枪，向前走去，回纥各位酋长相互看了看，说道:"是郭子仪来了!"于是他们都下马一起围着郭子仪行礼。郭子仪也下了马,上前拉着药葛罗的手,责备他说:"你们回纥对我们唐朝是有大功劳的,唐朝报答你们也不薄,你们为何背信弃义,深入我内地,侵犯进逼京畿郊县。放弃前功,新结怨仇,违背恩德而帮助叛臣,这是多么愚蠢啊!况且仆固怀恩背叛国君,抛弃母亲,对你们国家有什么好处?今天我挺身前来,任凭你们把我抓起来杀掉,可是我的部下必定与你们作殊死搏战。"药葛罗回答道:"仆固怀恩欺骗我,说大唐天子已经驾崩,郭子仪也已经去世,中国没有做主的人了,所以我才敢同他前来。如今我已经知道天子在上都长安,您又在这里统率军队,仆固怀恩又为苍天所杀,我们难道愿意和您交战吗?"郭子仪因此劝说道:"吐蕃暴虐,乘我国有乱,不顾舅甥之国的关系,吞噬我边疆,焚毁扫荡我京畿地区,他们所掠夺的财物用车装都装不完,马牛和其他牲畜前后长达数百里,散布在荒野上,这是苍天赏赐给你们的。一方面使自己的军队完整而与唐朝重归于好,另一方面击败敌军又能取得财富。从你那方面考虑,还有比这更有利的吗?机不可失啊!"药葛罗说道:"我上了仆固怀恩的当,辜负您实在太深,如今请让我为您尽力,攻击吐蕃以向您谢罪。然而,仆固怀恩之子是回纥可敦的兄弟,愿您放过他而不要杀他。"郭子仪表示允许。这时,在两侧旁观的回纥人,逐渐向前靠近,郭子仪的部下也迎上去,郭子仪挥手让他们退后,于是取酒来与回纥酋长共饮。药葛罗让郭子仪先拿酒杯对天发誓,郭子仪便将酒洒在地上,发誓说:"大唐天子万岁!回纥可汗也万岁!两国的将相也万岁!谁要负约,就在阵前殒命,家族灭绝。"酒杯传到药葛罗手中,他也将酒洒在地上说:"我的誓言同郭令公一样!"于是回纥诸位酋长都非常高兴地说:"出发时,我们让两位巫师从军,巫师说这次行动非常安稳,不用与唐军交战,见到一位大人物就回师,如今果然如此。"郭子仪送给他们彩帛三千匹,回纥酋长分出部分彩帛,奖赏巫师。郭子仪最后与回纥订好盟约才回来。吐蕃闻讯后,夜里便率领军队逃跑了。回纥派酋长石野那等六人入朝觐见代宗。

药葛罗率领军队追击吐蕃军队,郭子仪派遣白元光率领精锐骑兵也与回纥军队共同追击。癸酉(十五日),在灵台西原与吐蕃军队交战,将吐蕃军队打得一败涂地,杀死数以万计的吐蕃士兵,截获被吐蕃掠走的士人、妇女四千人。丙子(十八日),在泾州东面又将吐蕃军队打败。

郭子仪杖子

唐代宗大历二年（767年）二月

　　郭暧尝与升平公主争言①，暧曰："汝倚乃父为天子邪？我父薄天子不为②。"公主恚③，奔车奏之。上曰："此非汝所知。彼诚如是，使彼欲为天子，天下岂汝家所有邪！"慰谕④令归。子仪⑤闻之，囚暧，入待罪。上曰："鄙谚⑥有之：'不痴不聋，不作家翁。'儿女子闺房之言，何足听也！"子仪归，杖暧数十。

（《通鉴》第 224 卷 7194 ~ 7195 页）

【注释】

　　①郭暧：郭子仪的第六子。娶代宗之女升平公主为妻。争言：口角，斗嘴。②我父薄天子不为：我父亲对天子的地位看得很微薄，还不愿意干哩！薄：微薄。③恚（huì）：愤怒，怨恨。④慰谕：用好话安慰。⑤子仪：郭子仪。见《郭子仪挺身往说回纥》注②。⑥鄙谚：俗谚。

【译文】

　　郭暧曾经与升平公主发生口角，郭暧说："你倚仗你父亲是天子吗？我父亲是不屑于做天子！"公主怨恨，乘车飞奔入宫奏报此事。代宗说："此事并非你所能知。他们真是这样，假使他们想要做天子，天下怎么会是你家的呢！"代宗安慰劝说一番，让公主回去。郭子仪听说此事后，将郭暧囚禁起来，自己入朝等待代宗的惩处。代宗对郭子仪说："有一句俗话说：'不痴不聋，当不了家翁。'儿女闺房中的话，哪值得去听呢！"郭子仪回家，打了郭暧数十大棍。

郭子仪奏除属吏未获准

唐代宗大历十年（775年）八月

　　辛巳，郭子仪还邠州①。子仪尝奏除②州县官一人，不报③，僚佐

郭子仪杖子 | 449

相谓曰:"以令公勋德,奏一属吏而不从,何宰相之不知体!"子仪闻之,谓僚佐曰:"自兵兴④以来,方镇⑤武臣多跋扈,凡有所求,朝廷常委曲从之;此无他,乃疑之也⑥。今子仪所奏事,人主⑦以其不可行而置之,是不以武臣相待而亲厚之也;诸君可贺矣,又何怪焉!"闻者皆服。

(《通鉴》第 225 卷 7231 页)

【注释】

①郭子仪:见《郭子仪挺身往说回纥》注②。还邠州:回到邠州(治所在新平,即今陕西彬县)。大历四年,郭子仪行营由河中迁到邠州。②奏除:奏请朝廷任命官吏。③不报:皇帝对臣下的奏请不答复。④兵兴:战争发生。指安史之乱。⑤方镇:镇守一方的军事长官。唐代方镇大者十余州,小者三四州,成为地方割据势力。⑥乃疑之也:是对这些方镇武臣有疑心,怕不满足他们的要求会引起麻烦。⑦人主:国君,天子。

【译文】

郭子仪返回邠州。郭子仪曾经奏请任命一名州县官员,但没有得到答复,僚属们相互议论说:"以郭令公的功勋和德行,上奏任命一名从属官员而没有得到批准,宰相就这么不知礼!"郭子仪听说后,跟僚属们说:"自从战争发生以来,方镇武臣多飞扬跋扈,凡是他们祈求的,朝廷经常委曲求全,满足他们的要求,这不是别的,是对他们抱有疑虑。如今我所奏的事,皇上认为行不通而搁置起来,是不用对待武臣的方法来对待我,而是亲近信任我;各位应当祝贺,又有什么可责怪的呢?"僚属都很叹服。

刘澡阿上被贬官

唐代宗大历十二年(777 年)十月

京兆尹黎干奏秋霖①损稼,韩滉②奏干不实;上命御史按视③,丁未,还奏:"所损凡三万余顷。"渭南令刘澡阿附度支④,称县境苗独不损;御史赵计奏与澡同。上曰:"霖雨溥博⑤,岂得渭南独无!"更命御史朱敖视之,损三千余顷。上叹息,久之,曰:"县令,字人之官⑥,不损犹应言损，乃⑦不仁如是乎！"贬澡南溥尉，计澧州司户，而不问滉。

（《通鉴》225 卷 7248 ~ 7249 页）

【注释】

①秋霖：秋雨连绵。霖，久雨。②韩滉：时为户部侍郎判度支。③按视：视察审查。④阿附：迎合，巴结。度支：户部中掌管国家财政收支的官。这里指韩滉。⑤霖雨：连绵大雨。溥博：范围广阔。⑥字人之官：育民的官吏。义同"父母官"。字，养育，爱抚。⑦乃：竟然。

【译文】

京兆尹黎干奏报说秋雨连绵，损坏庄稼，韩滉则上奏说黎干所说与事实不符，代宗命令御史前去视察核实。丁未（十月二十九日），御史回报说："所损坏的庄稼三万多顷。"渭南县令刘澡奉承依附度支韩滉，声称唯独渭南县境内的禾苗没有损坏；御史赵计所奏也与刘澡相同，代宗说："大雨连绵，分布区域又广，难道单单渭南没有！"再命令御史朱敖去视察，渭南实际上受损庄稼三千多顷。代宗长长地叹息，说道："县令是抚养人民的父母官，无损坏还应该说有损坏，但他们竟不仁到这种地步！"将刘澡贬为南浦县尉，赵计贬为澧州司户，但不问韩滉罪。

崔祐甫除官偏滥

唐代宗大历十四年（779 年）闰五月

上时居谅阴①，庶政皆委于祐甫②，所言无不允。初，至德③以后，天下用兵，诸将竞论功赏，故官爵不能无滥。及永泰④以来，天下稍平，而元载、王缙⑤秉政，四方以贿求官者相属于门⑥，大者出于载、缙，小者出于卓英倩⑦等，皆如所欲而去。及常衮⑧为相，思革其弊，杜绝侥幸，四方奏请，一切不与；而无所甄别，贤愚同滞。崔祐甫代之，欲收时望，推荐引拔，常无虚日；作相未二百日，除官⑨八百人，前后相矫，终不得其适。上尝谓祐甫曰："人或谤卿，所用多涉亲故，何也？"对曰："臣为陛下选择百官，不敢不详慎。苟平生未之识，何以谙其才行而用之。"上以为然。

臣光曰：臣闻用人者，无亲疏、新故之殊，惟贤、不肖之为察。其人未必贤也，以亲故而取之，固非公也；苟贤矣，以亲故而舍之，亦非公也。夫天下之贤，固非一人所能尽也，若必待素识熟其才行而用之，所遗亦多矣。古之为相者则不然，举之以众，取之以公。众曰贤矣，己虽不知其详，姑用之，待其无功，然后退之，有功则进之；所举得其人则赏之，非其人则罚之。进退赏罚，皆众人所共然也，己不置豪发之私于其间。苟推是心以行之，又何遗贤旷官之足病哉！⑩

（《通鉴》第 225 卷 7257～7258 页）

【注释】

①上：指德宗。代宗刚卒，年号未改。谅阴：又作"凉阴"。古代直系亲属死了要守孝，守孝期间居住的地方叫"谅阴"。②祐甫：崔祐甫，字贻孙，京兆长安（今陕西西安）人。进士及第，为寿安县尉。代宗末年任中书舍人。德宗即位，贬为河南少尹；不久，又擢为门下侍郎、同平章事。后降为中书侍郎。③至德：肃宗年号。④永泰：代宗年号。⑤元载、王缙：均为代宗后期的宰相。贪污受贿，政事腐败。⑥相属于门：在门口接连不断。⑦卓英倩：元载任宰相时的主书，即主管文书的官。⑧常衮：京兆（府名，治所在今陕西西安）人。天宝末进士。代宗十二年，继元载、王缙为宰相。⑨除官：授以官职。⑩这两句话的意思是：如果能够不置私心地去做，那么，又怎么值得为被弃置不用的贤人和不尽职的官吏而忧虑呢！遗贤，被弃置不用的有才有德的人。旷官，不尽职的官吏。足病，值得忧虑。

【译文】

德宗当时住在服丧的地方，各种政务都委托崔祐甫处理，对他所说的事没有不同意的。当时，在至德年间以后，天下用兵很多，诸位将领竞相论功邀赏，所以官爵的封赏不可能不滥，等到永泰年间以来，天下稍稍太平，然而元载、王缙执政，四面八方向他们行贿求官的人盈于门庭。官大的出自元载、王缙之手，官小的出自卓英倩等人之手，他们都如愿以偿地走了，等到常衮担任宰相，想革除这个弊端，杜绝人们侥幸得官的途径，对各地上奏请求，一概不予考虑，然而由于不加甄别，贤能和蠢材都被遗落。崔祐甫取代常衮出任宰相，想收罗当时有声望的人，于是引荐推举的人每天不断。担任宰相不到二百天，就任命了八百名官员。常、崔二人前后相互纠正，终究没有找到适当的尺度。德宗曾经对崔祐甫说："有人指责你，说你所任用的官员多沾亲带故，为什么？"崔祐甫回答说："我为陛下选择官员，不敢不审慎。假如平时不认识，我怎么能知道他的才干德行而任用他呢？"德宗认为这是正确的。

臣司马光说："我听说用人者，没有亲疏、新老之别，只以贤能和不肖作为考查对象。被录用的未必都是贤人，如果他是以亲朋好友的关系而被录用，这当然是不公道的；假如是贤人，因为亲朋好友关系被舍去，这也是不公道的。天下的贤人，当然不是一个人所能收尽的，如果一定等待平素认识，熟知他的才干德行再录用，那么所遗漏的贤人也就很多了。古代担任宰相的就不是这样。他让公众来推举，以公正来录用。公众说这是贤人，自己虽然不了解详细情况，但暂时任用他，等到他没有功绩再将他辞退，有功绩就提拔。所推举的是贤人就奖赏，不是贤人就惩罚他。晋升和辞退，奖赏和惩罚，都是大家所公认的，自己在中间没有丝毫的隐私。假如以这样的用心付诸行动，又有什么遗漏贤人和官不称职的毛病呢？"

沈既济论选用之法

唐代宗大历十四年（779年）八月

协律郎沈既济上选举议①，以为："选用之法②，三科而已：曰德也，才也，劳③也。今选曹皆不及焉④；考校⑤之法，皆在书判、簿历、言辞、俯仰而已⑥。夫安行徐言⑦，非德也；丽藻芳翰⑧，非才也；累资积考⑨，非劳也。执此以求天下之士，固未尽矣。今人未土著⑩，不可本于乡闾⑪；鉴不独明⑫，不可专于吏部。臣谨详酌古今，谓五品以上及群司⑬长官，宜令宰臣进叙⑭，吏部、兵部得参议焉。其六品以下或僚佐⑮之属，许州、府辟用⑯，其牧守⑰、将帅或选用非公，则吏部、兵部得察而举之⑱，罪其私冒⑲。不慎举者，小加遣黜，大正刑典⑳。责成授任㉑，谁敢不勉！夫如是，则贤者不奖而自进，不肖者不抑而自退，众才咸得而官无不治矣。今选法皆择才于吏部，试职于州郡。若才职不称，紊乱无任㉒，责于刺史㉓，则曰命官出于吏曹㉔，不敢废也；责于侍郎㉕，则曰量书判、资考而授之，不保其往也；责于令史㉖，则曰按由历、出入而行之㉗，不知其他也。黎庶徒弊㉘，谁任其咎！若牧守自用㉙，则罪将焉逃！必州郡之滥，独换一刺史则革矣。如吏部之滥，虽更其侍郎无益也。盖人物浩浩㉚，不可得而知，法使之然，非主司㉛之过。今诸道节度、都团练、观察、租庸等使㉜，自判官、副将㉝以下，皆使自择，纵其间或有情故，大举其例，十犹七全。则辟㉞吏之法，已试于今，但未及于州县耳。利害之理，较然㉟可观。向令诸使僚佐尽受于选曹，则安能镇方隅㊱之重，理财赋之殷乎！"既济，吴㊲人也。

（《通鉴》第 226 卷 7268 ～ 7269 页）

【注释】

①协律郎：主管音乐的官，属太常寺。沈既济：苏州吴县（今江苏苏州）人。大历十四年，由宰相杨炎荐举，任左拾遗、史馆修撰。后杨炎得罪，他受牵连，贬为处州司户参军。撰《建中实录》。上选举议：向皇帝呈送关于选择举用人才的奏章。②选用之法：选择任用官吏的办法。③劳：劳绩，功绩。④选曹：指吏部内负责选用官吏的官署。不及：没有达到。即没有按德、才、劳三条标准来选用官吏。⑤考校：考试，考查。⑥书判：书法道美，文理优长。《新唐书·选举志》："凡择人之法有四：一曰身，体貌丰伟；二曰言，言辞辩正；三曰书，楷法道美；四曰判，文理优长。"簿历：履历。指出身、经历、功过等。俯仰：低头和仰头。指人的举止的仪容。⑦安行徐言：慢慢地走路和说话。⑧丽藻：美丽的文章。芳翰：漂亮的书法。⑨累资积考：累积资格和考绩。指资格老，考试成绩好。⑩未土著：未成为土著居民。土著，世代定居在一个地方；也指这种人。⑪本：根据。乡闾：即"乡里"。家乡，同乡。这句的意思是，选用官吏，不能根据他同乡的反映。原因是"今人未土著"，同乡对他了解不深。⑫鉴不独明：镜不能独自明亮，而要借助于日月之光才能照影。借以说明，人要依靠别人的帮助才能很好发挥自己的作用。鉴，古铜镜。⑬群司：省、部所属的各个官署。⑭宰臣：宰相。进叙：荐举叙用。⑮僚佐：指州、府所管属的官吏。⑯辟用：征聘任用。⑰牧守：州的长官称牧，郡的长官称守。⑱察而举之：经过考查而后推荐。⑲私冒：徇私犯法。⑳正刑典：按法治罪。㉑责成：要求完成一定的任务。授任：授官任职。㉒无任：不负责任。㉓刺史：唐代州的长官。㉔命官：任命官吏。吏曹：官署名。东汉置。魏晋以后称吏部。㉕侍郎：这里指负责考核官吏的吏部侍郎。㉖令史：这里指吏部主管文书档案的令史。㉗由历：履历。出入：出，指出任地方官；入，指入朝任京官。㉘黎庶：民众。徒弊：受苦受难的意思。徒，白白。弊，疲困。㉙牧守自用：由牧守自己决定用人。㉚浩浩：众多貌。㉛主司：主管官吏。㉜诸道：道

为唐代所设的大行政区。贞观初分全国为十道，至开元二十一年，增为十五道。节度使：总揽大行政区军政大权的长官。辖境大小不等，多者十余州，小者二三州。各州刺史均为其下属。其所驻在之州刺史，由其兼任。都团练使：唐代中叶以后，不设节度使的地区即置都团练使、团练使，掌管本区各州军事。观察使：考查一道州县官吏政绩的官吏。租庸使：掌管赋税徭役的官吏。㉝判官、副将：均为节度使、都团练使、观察使的属官。㉞辟（bì）：征召。㉟较然：明显貌。较，通"皎"。㊱方隅：四方四隅。引申指国家的边疆。㊲吴：吴县。今江苏苏州市。

【译文】

协律郎沈既济奏上有关选任官员的议论，他认为："选拔任用官员的办法，只有三个类别，这就是德行、才华、劳绩。现今，主持选官事务的选曹对此全未涉及，所实行的考查一官员的办法，全部停留在书法文理、资历考课、言辞和对应周旋等方面。行事安稳，讲话从容，这并不就是德行；撰写文章，清词丽句，这并不就是才华；长期积累下来的资望和考课成绩，这并不就是劳绩。以此三项为标准，来延招天下之士，当然是不能尽善尽美的了。现在居官的人并不是本地人在本地任职，所以用人不可以本地的评议为依据。由一个部门单独去审查一官吏，是难以考核详明的，所以用人的权限不可专门交给吏部。我慎重详细地研究了古往今来的有关制度，认为五品以上的官员以及各部门的长官，应当让宰相提出授官与奖励的意见，而让吏部和兵部参与评论。对于六品以下的官员，或者是官佐属吏等人员，应该允许州、府自行征召任用。如有牧守、将帅选拔任用不能出于公正，吏部和兵部便可以按察和检举他们，以便对他们的偏私假冒加以治罪。对于荐举用人有失慎重者，后果轻的，予以贬官降职，后果严重的，按刑律法典治罪。如此责成百官，授以职任，谁还敢不尽力办事呢？倘若能够做到这些，那么，对于有德有才的官员来说，虽未采用奖掖手段，而他们自然会得到晋升；对于没有贤才的官员来说，虽未施以贬抑手段，而他们自然会遭受摈斥。各方面具有才华的人都得到应有的官职，就没有治理不好的事情了。现在铨选的办法，都是由吏部选择人才，而在州郡试行职任。如果该人的才能与职任不能相称，办事紊乱不堪，以此责问刺史，刺史就会说，此人是由吏部委任为官的，我可不敢自行废黜；以此责问侍郎，侍郎就会说，这是通过考量该人的书法文章和资历考课而授官的，我可不能保证他到州郡后一定能够胜任；以此责问令史，令史就会说，按察百官，是依据资历和任官升降来实行的，至于别的事情，我就不知道了。百姓徒然以此为弊端，又由谁来承担罪责呢？假如让牧守自行任用官佐，牧守的罪责又怎么会脱逃呢？假定州郡把任官搞滥了，只要撤换刺史一人，就能使情况改变过来了。如果吏部把任官搞滥了，就是换掉主持此事的侍郎，也是无济于事的。这大约因为吏部面临应该授官的人员过于繁多，不可能一一了解清楚。这是任官的制度使事情变成这样的，并不是主管部门的过错。现在，自判官、副将以下的人员，都让各道的节度使、都团练使、观察使等自行选任，即便其间也有徇私之事发生，但是大体说来，十成里有七成还是完备可取的。而由州郡自行征用官佐属吏的办法，已经试行至今，只是还没有在州县普及开来罢了。上述两种任官办法孰利孰弊的道理是显明的。倘若让诸使的官佐属吏完全听受选曹的任命，那又怎能稳定各方重地，并料理好那里繁重的财赋事务呢？"沈既济是吴地人氏。

理财能臣刘晏

唐德宗建中元年（780年）七月

荆南节度使庾准希杨炎指①，奏忠州刺史刘晏与朱泚书求营救②，辞多怨望，又奏召补州兵，欲拒朝命，炎证成之③；上密遣中使④就忠州缢杀之，己丑，乃下诏赐死。天下冤之。

初，安、史之乱，数年间，天下户口什⑤亡八九，州县多为藩镇所据，贡赋不入，朝廷府库耗竭，中国多故，戎狄每岁犯边，所在宿重兵，仰给县官，所费不赀⑥，皆倚办于晏。晏初为转运使⑦，独领陕东诸道⑧，陕西皆度支领之⑨，末年兼领，未几而罢。

晏有精力，多机智，变通有无，曲尽其妙⑩。常以厚直⑪募善走者，置递⑫相望，觇报⑬四方物价，虽远方，不数日皆达使司⑭，食货轻重之权⑮，悉制在掌握⑯，国家获利而天下无甚贵甚贱之忧。常以为："办集⑰众务，在于得人，故必择通敏、精悍、廉勤之士而用之；至于句检⑱簿书，出纳钱谷，必委之士类⑲；吏惟书符牒⑳，不得轻出一言。"常言："士陷赃贿，则沦弃于时，名重于利，故士多清修㉑；吏虽洁廉，终无显荣，利重于名，故吏多贪污。然惟晏能行之，他人效者终莫能逮。其属官虽居数千里外，奉教令如在目前，起居语言，无敢欺给。当时权贵，或以亲故属之者，晏亦应之，使俸给多少，迁次^㉒缓速，皆如其志，然无得亲职事^㉓。其场院要剧之官^㉔，必尽一时之选。故晏没之后，掌财赋有声者，多晏之故吏也。

晏又以为户口滋多，则赋税自广，故其理财以爱民为先。诸道各置知院官^㉕，每旬月，具州县雨雪丰歉之状白使司，丰则贵籴，歉则贱粜，或以谷易杂货供官用，及于丰处卖之。知院官始见不稔^㉖之端，先申，至某月须如干蠲免^㉗，某月须如干救助，及期，晏不俟州县申请，即奏行之，应民之急，未尝失时，不待其困弊、流亡、饿殍，然后赈之也。由是民得安其居业，户口蕃息^㉘。晏始为转运使，时天下见户^㉙不过二百万，其季年^㉚乃三百余万；在晏所统则增，非晏所统则不增也。其初财赋岁入不过四百万缗^㉛，季年乃千余万缗。

晏专用榷盐法^㉜充军国之用。时自许、汝、郑、邓^㉝之西，皆食河东^㉞池盐，度支主之；汴、滑、唐、蔡之东，皆食海盐，晏主之。晏以为官多则民扰，故但于出盐之乡置盐官，收盐户所煮之盐转鬻于商人，任其所之，自余州县不复置官。其江岭间去盐乡远者，转官盐于彼贮之。或商绝盐贵，则减鬻之，谓之常平盐，官获其利而民不乏盐。其始江、淮盐利不过四十万缗，季年乃六百余万缗，由是国用充足而民不困弊。其河东盐利，不过八十万缗，而价复贵于海盐。

先是，运关东^㉟谷入长安者，以河流湍悍，率一斛得八斗至者^㊱，则为成劳^㊲，受优赏。晏以为江、汴、河、渭^㊳，水力不同，各随便宜^㊴，造运船，教漕卒，江船达扬州，汴船达河阴，河船达渭口^㊵，渭船达太仓，其间缘水置仓，转相给受。自是每岁运谷或至百余万斛，无斗升沉覆者。船十艘为一纲，使军将领之，十运无失，授优劳^㊶，官其人。数运之后，无不斑白^㊷者。晏于扬子置十场造船，每艘给钱千缗。或言："所用实不及半，虚费太多。"晏曰："不然，论大计者固不可惜小费，凡事必为永久之虑。今始置船场，执事者至多，当先使之私用无窘，则官场坚牢矣。若遽与之屑屑校计锱铢^㊸，安能久行乎！异日必有患吾所给多而减之者；减半以下犹可也，过此则不能运矣。"其后五十年，有司果减其半。及咸通^㊹中，有司计费以给之，无复羡余^㊺，船益脆薄易坏，漕运^㊻遂废矣。

晏为人勤力，事无闲剧^㊼，必于一日中决之，不使留宿，后来言财利者皆莫能及之。

（《通鉴》第 226 卷 7284～7287 页）

【注释】

①希：迎合。杨炎：时为宰相。指：同"旨"。意旨。②刘晏（715—780）：字士安，曹州南华（今山东东明）人。自幼聪慧，八岁时即授太子正字。玄宗末年，举贤良方正，任侍御史。肃宗上元元年，为户部侍郎，兼御史中丞、度支铸钱盐铁等使。代宗广德元年，任吏部尚书、同平章事，兼度支、盐铁等使。不久罢相，为御史大夫，仍兼度支盐铁转运租庸使及东都、河南、江淮、山南等道转运租庸盐铁使等职。德宗即位后，被杨炎诬陷而死。朱泚：时为卢龙节度使。求营救：刘晏因被杨炎谗害，于建中元年二月贬为忠州刺史，当时湖南牙将王国良反叛，荆、黔、洪、桂诸道奉命合兵讨伐。忠州属荆南，归庾准管辖，故庾准得以诬告刘晏写信给朱泚求救。③炎证成之：杨炎作证使刘晏之罪成立。④中使：帝王宫廷中派出的使者。多由宦官充任。⑤什：通"十"。⑥不赀：不可计量。⑦转运使：负责谷物财货的转运事务的官。多由大臣兼任。⑧领：兼任较低级职务。陕东：地区名。指陕陌（今河南陕县西南）以东地区。⑨陕西：这里指陕陌以西地区。度支：度支使。主管国家财政收支的官。安史之乱后，多由户部尚书、侍郎兼任。⑩曲尽其妙：曲折细致地把问题的微妙处都研究清楚。形容办事能力高超。⑪厚直：同"厚值"。优厚待遇。⑫置递：驿站。供传递信息文书的人马住宿的地方。⑬觇报：窥测、报告。⑭使司：转运使的官署。⑮食货：国家财政经济的总称。《汉书·食货志》："《洪范》八政，一曰食，二曰货。食，谓农殖嘉谷，可食之物；货，谓布帛可衣，及金刀龟贝，所以分财布利，通有无者也。"这里指粮食、货物。轻重：价值的高低。权：秤锤。也指秤。这里指权衡或权力。⑯悉制在掌握：都控制在手中。⑰办集：办理而使之成功。集：成就。⑱句（gōu）检：检查。句，同"勾"。⑲士类：有知识的人。⑳书符牒：在公文上签字画押。㉑清修：指操行廉洁。㉒迁次：按官阶次序升级。㉓无得亲职事：不得接近他本职的事务。也就是当挂名的闲官。㉔场院：场，指货场、船场。院，巡院，即转运使在各道设立的办事机关。要剧：地位重要而事务繁多。㉕知院官：掌管各道巡院政务的官。㉖不稔：歉收。稔，谷物成熟。㉗如干：若干。蠲（juān）通"捐"。除去，减免。㉘蕃息：繁殖增多。㉙见户：现户。见，同"现"。㉚季年：末年。指刘晏任转运使的最后一年。㉛缗：成串的钱，一千文为一缗。㉜榷盐法：官府专卖食盐的办法。榷，专卖，专利。㉝许、汝、郑、邓：均唐代州名。其治所依次为今之河南许昌、临汝、郑州、邓县。㉞河东：地区名。唐以后泛指山西全省。㉟汴、滑、唐、蔡：皆唐代州名。其治所依次为今之河南

开封、滑县、沁阳、汝南。㊱关东：地区名。秦、汉、唐等定都今陕西的王朝，称函谷关或潼关以东地区为关东。㊲率：大抵，通常。斛（hú）：古代容量单位。十斗为一斛。㊳成劳：成功。㊴江、汴、河、渭：长江、汴水、黄河、渭水。㊵各随便宜：根据各自的不同情况办事。便宜，因利乘便，见机行事。㊶渭口：渭水流入黄河之入口处。㊷授优劳：给以优厚的奖励。劳，慰劳，嘉奖。㊸斑白：头发花白。㊹扬子：古津渡名。在今江苏邗江南，有扬子桥。古时在长江北岸，由此南渡京口（今镇江市）。㊺屑屑：烦琐貌。锱铢：锱和铢都是古代的微小重量单位。比喻极微小的数量。㊻成通：唐懿宗年号。成通元年相当于公元 860 年，距刘晏卒时已八十年。㊼美余：这里是盈余的意思。美，有余，余剩。㊽漕运：水道运输。唐宋以后，指东南各地水运粮食至京师或指定的公仓。㊾闲剧：清闲和繁重。也即事情少和多的意思。

【译文】

荆南节度使庾准仰承杨炎的指示，上奏诬告忠州刺史刘晏致函朱泚请求营救，说了许多怨愤不平的话，又说他征召补充州兵，想要抗拒朝廷命令，杨炎在旁证明所奏全属事实；皇上便派出一个宦官为使臣到忠州去用绳子将他勒死，己丑日（二十七日），又因而下诏赐死。天下人都叹息刘晏死得冤。

当初，安史之乱时，几年之内，天下各户人，有十分之八九不是死亡，就是流徙他乡了的。州县多半为藩镇所割据，贡品、赋税都不纳入朝廷，国家府库里的财物消耗殆尽，灾乱事故，层出不穷，戎狄每年侵犯边土，边疆驻防的大量军队，粮饷全仰赖朝廷供给，所耗费的财物，简直就没法计算，都靠刘晏筹办。刘晏初任转运使，只管陕东诸道，陕西一带则全属度支管辖，最后几年内由刘晏兼管，但没过多久就被罢除取消了。

刘晏精力过人，又机智多谋，变通财货的有无，每能多方设法，做到恰到好处。常常高薪招募一些健步善走的人，遍布于各地的消息传递站，前后相望，绵亘不绝，让他们负责侦察各地的物价，时时报告。即使再远的距离，也用不了几天的时间，就能将消息传达到转运使司。食粮货物价格涨跌的大权，全都控制在手中。国家获得许多利益，而天下也没有过富过贫的忧患。刘晏常认为："要办成任何一件事，都必须求得适当的人才，所以一定要选用通达事理、动作敏捷、精明强干、廉洁勤勉的人；至于核对稽查簿册账目，收支银钱谷物，那就必须委任士人办理，胥吏只能负责缮写文书，而不能随意加入任何意见。"常常说："士人一陷于收取赃物贿赂的罪名，就断送了他的仕宦前程，对他们来说，爵禄重于眼前的小利，所以士人多能清廉自持；胥吏即使清廉，也终无升迁机会，在他们心里，当然财利重于爵禄，所以官员难免多半会贪污。"但是也只有刘晏能做得很好，别人仿效他一样做法，却始终都赶不上他。刘晏属下的官员，虽然远居于千里之外，遵奉他的教令行事，也就像是在眼前一般，日常生活，言谈行为，从没一个敢蒙骗他的。当时一些有权有势的达官贵人，或有亲戚故旧请托刘晏安插职位的，刘晏也都答应，且能使俸给的多寡，升迁时间的快慢，都恰如所愿，但就是不让这些人亲自掌管职务。至于那些交场、船场以及巡院中特别重要的官员，便必定要选用杰出一时的人才。所以刘晏死后，掌管财赋而有声誉的，多半是刘晏的旧属。

刘晏又认为人口越多，那么赋税的收入自然也就更加增多，所以他掌管财务，以爱民为先。在诸道中分置知院官，每隔十天一月，便要将各州县下雨落雪、丰收或是歉收的情况，详细报告转运使司。粮食丰收，就高价买入，收成不好，就低价卖出。或者是拿粮食与民间交换各类物品，供应官府的需用，多余的物品就运到丰收地区出售。知院官刚看出禾谷难以成熟的征兆，就要事先申报转运使司，说明某月须免除若干租税，某月须若干补助。到时候，刘晏不等州县申请，就奏请朝廷核准执行，救助民间的危急，从未错过适当的时机，而不等民众困乏、流离、逃亡、饿死，然后再加以救济。因此人民得以安居乐业，人口繁殖增多。刘晏开始做转运使时，当时天下的户籍记录不超过二百万户，最后的几年中竟有了三百多万户；在刘晏统辖的范围内，人口就增多，不是刘晏统辖的地区内，人口就不见增多。起初财赋每年收入不超过四百万缗，末年竟收入千余万缗。

刘晏采用食盐由政府专利的方法，充分供应军队官府的费用。那时自许、汝、郑、邓州以西，都是食用河东的池盐，由度支主管其事；汴、滑、唐、蔡州以东，吃的都是海盐，由刘晏主管其事。刘晏认为官员愈多，人民受到的烦扰就愈多，所以只在产盐的地区中设置盐官，收购盐户所煮成的晶盐转售给盐商，随便他们再运到哪里去出卖；其他不产盐的州县中，就不再设官。江岭一带距产盐地区路程遥远的地方，便将官盐转运过去贮存起来。有时商贩垄断市场，抬高盐价，官盐就减价卖出，称常平盐，官府一样可赚入利润而民间也不致缺乏食盐。起初江、淮盐利收入不过四十万缗，末年竟达六百余万缗，因此国家财用充足而人民不致贫困受害。但是河东盐利的收入，才不过八十万缗而已，池盐售价反而高过海盐。

先前，主管将关东的米谷运送到长安的，因为河流急湍，一般说来，一斛稻禾能运到八斗，就算是有成效，有功劳，便可因而受到优厚的奖赏了。刘晏认为江、汴、河、渭，水流缓急并不相同，各视需要与方便，营造运船，教导水运工人，长江的运船通到扬州，汴水的运船通到河阴，黄河的运船通到渭口，渭口的运船通到太仓，并在沿途水岸设置粮仓，辗转收存发放，从此每年运输米谷的数量，有时高达一百多万斛，而没有一斗一升沉覆的。运船每十艘编为一组，派军中将领负责，运输十次而没有任何差错，才算是绩优有功，升官奖励。押运几次之后，没有不因劳累，头发都变成花白了的。刘晏在扬子县设立十所造船场，每艘付给造价千缗。就有人说："一艘船只的造价，实际上还用不到一半的价钱，加倍付给，浪费得太多了。"刘晏说："其实不然，要论及远大计划，本不当吝惜一点小钱，凡事必须作长远的考虑。现在才开始设立造船场，办事人员太多，应当先让他们私人的费用不感困乏，那么所造出的官船才会坚固耐用。如果一开始就与他们苛刻地斤斤计较一些小钱，又怎能希望官船可长久使用呢，将来必定会有人嫌我付给的造价太高而削减；若是削减一半以下的价格，那还可以，要是削减了一半以上的话，所造出的船只，就不堪使用了。"在其后的五十年中，主管官员果然降低了一半的造价。直到咸通年中，主管官员竟按照造船的实际费用付给。使造船人员一点赚头都没有，所以造出的船只，脆薄易坏，水运米谷的事务，从此就废弛不振了。

刘晏为人勤勉努力，凡事不论缓急，必定当天解决，而绝不搁置到第二天。后来经理财政的人员，没一个能赶得上他的。

李泌为韩滉辩诬

唐德宗兴元元年（784年）十一月

　　李勉①至长安，素服待罪；议者多以"勉失守大梁，不应尚为相"。李泌②言于上曰："李勉公忠雅正，而用兵非其所长。及大梁不守，将士弃妻子而从之者殆二万人，足以见其得众心矣。且刘洽③出勉麾下，勉至睢阳，悉举其众以授之，卒平大梁，亦勉之功也。"上乃命勉复其位。议者又言："韩滉闻銮舆在外④，聚兵修石头城，阴蓄异志。"上疑之，以问李泌，对曰："滉公清俭，自车驾⑤在外，滉贡献不绝。且镇江东十五州，盗贼不起，皆滉之力也。所以修石头城者，滉见中原板荡⑥，谓陛下将有永嘉之行⑦，为迎扈⑧之备耳。此乃人臣忠笃之虑，奈何更以为罪乎！

滉性刚严，不附权贵，故多谤毁，愿陛下察之，臣敢保其无他。"上曰："外议汹汹，章奏如麻，卿弗闻乎？"对曰："臣固闻之。其子皋为考功员外郎，今不敢归省其亲，正以谤语沸腾故也。"上曰："其子犹惧如此，卿奈何保之？"对曰："滉之用心，臣知之至熟，愿上章明⑨其无他，乞宣示中书⑩，使朝众⑪皆知之。"上曰："朕方欲用卿，人亦何易可保！慎勿违众，恐并为卿累也。"泌退，遂上章，请以百口保滉。他日，上谓泌曰："卿竟上章，已为卿留中⑫。虽知卿与滉亲旧，岂得不自爱其身乎！"对曰："臣岂肯私于亲旧以负陛下！顾滉实无异心，臣之上章，以为朝廷，非为身也。"上曰："如何其为朝廷？"对曰："今天下旱、蝗，关中米斗千钱，仓廪耗竭，而江东丰稔。愿陛下早下臣章，以解朝众之惑，面谕韩皋使之归觐⑬，令滉感激无自疑之心，速运粮储，岂非为朝廷邪！"上曰："善！朕深谕之矣。"即下泌章，令韩皋谒告⑭归觐，面赐绯衣，谕以："卿父比有谤言，朕今知其所以，释然不复信矣。"因言："关中乏粮，归语卿父，宜速致之。"皋至润州，滉感悦流涕，即日，自临水滨发米百万斛，听皋留五日即还朝。皋别其母，啼声闻于外；滉怒，召出，挞之，自送至江上，冒风涛而遣之。既而陈少游⑮闻滉贡米，亦贡二十万斛。上谓李泌曰："韩滉乃能化陈少游贡米矣！"对曰："岂惟少游，诸道将争入贡矣！"

（《通鉴》第 231 卷 7447～7449 页）

【注释】

①李勉：建中四年（783 年），为检校司徒、同平章事，兼永平节度使及永平、宣武、河阳都统。在与李希烈叛军的战争中，丧师失地。兴元元年（784 年）十月，罢去都统、节度使，保留检校司徒、同平章事。②李泌：时为左散骑常侍。见《唐德宗与李泌论宰相》注①。③刘洽：代宗大历年间，李勉为汴宋节度使，曾荐举刘洽为宋州刺史。德宗建中初年，刘洽任御史中丞兼宋、亳、颍节度使，大破李纳叛兵，升任检校兵部尚书兼汴滑都统副使等职。与陈少游、李勉、哥舒曜联兵攻击李希烈叛军。兴元元年（784 年）正月，加汴、滑、宋、亳都统副使，知都统事。李勉因失汴州，把所部官兵交给刘洽指挥。同年十一月初，收复汴州（大梁，今开封市）。④韩滉：时为润州刺史、浙江东、西节度使。见《韩滉用人各随其长》注①。銮舆：皇帝乘的车子。代指皇帝。⑤车驾：车。皇帝外出乘车，因以代指皇帝。⑥板荡：《诗·大雅》中有《板》《荡》二篇，均写周厉王无道，政治腐败。后世便以"板荡"代指政局

混乱，社会动荡。⑦永嘉之行：永嘉为西晋怀帝的年号。当时由于宗室争权，戎狄乘隙入侵，战乱严重。永嘉元年（307年），琅邪王司马睿任安东将军、都督扬州江南诸军事，驻建业（后改建康）。在王导的辅佐下，在江南站稳了脚跟。建兴四年（316年），汉军攻陷长安，愍帝投降。司马睿在建康即位，是为东晋。这里引永嘉之行，暗指德宗可能南渡建康。⑧迎扈：迎接扈从。借指迎接皇帝。⑨章明：同"彰明"。表明，清楚说明。⑩宣示：明白告诉。中书：中书省。⑪朝众：朝廷的官吏们。⑫留中：皇帝把臣下的奏章留在宫中，不批示，不交议。⑬韩皋：韩滉之子。归觐：归家探视父母。⑭谒告：请假。⑮陈少游：时为淮南节度使、同平章事。

【译文】

　　李勉来到长安，不穿朝服，等候问罪。议论的人多数认为："李勉没有守住大梁，不应该再做宰相。"李泌对皇帝说："李勉公平忠厚，温雅正直，但是指挥兵马不是他的长处。到大梁失陷的时候，丢下妻子儿女跟随他的将士们大约有两万人之多，充分说明李勉是深得人心的了。而且，刘洽原是李勉的部下，李勉来到睢阳的时候，把他的部众全部交给了刘洽，刘洽终于平定了大梁，这也是李勉的功劳啊！"于是德宗让李勉官复原位。议论的人又说："韩滉听说圣上的车驾出行在外，便聚集士兵修筑石头城，暗中包藏着反叛朝廷的意图。"德宗怀疑韩滉，便以此事询问李泌，李泌回答说："韩滉公正忠实，清廉俭朴，自从陛下车驾出行在外以来，韩滉进贡物资从未间断。而且，他镇守着江东十五个州，那里没有盗贼兴起，这都是韩滉做出的努力啊！修筑石头城的原因是在于，韩滉眼看着中原地区动荡不安，认为陛下将会有晋朝晋帝永嘉年间南渡长江的事情发生，他是为迎接和扈从陛下做准备而已。这乃是人臣真心忠于陛下的一种考虑，怎么能够认为有罪呢？韩滉生性刚直严正，不肯依附地位高、有权势的人，所以往往遭到诽谤非议，希望陛下查究此事，我敢担保他没有别的用意。"德宗说："外面议论嘈杂，有关韩滉的上奏多如丝麻，你难道没有听说吗？"李泌回答说："我当然听说了。韩滉的儿子韩皋担任考功员外郎，如今他不敢回家探亲，这正是由于诽谤的议论闹开了锅的缘故啊！"德宗说："连他的儿子尚且这样恐惧，怎么你却要担保他呢？"李泌回答说："韩滉的居心，我了解得很清楚。我愿意进上章疏，说明他没有别的意图，请陛下将章疏向中书省发布，使朝中群臣都能了解此事。"德宗说："担保一个人谈何容易！朕正打算重用你，希望你当心不要违背大家的意见，朕恐怕这会成为你的麻烦的。"李泌退下以后，便奏上章疏，请求以一家百口担保韩滉。后来，德宗对李泌说："你到底还是把这章疏奏上，朕已经为你留在禁中了。虽然朕知道你与韩滉是亲朋故友，但你怎么能够不自爱自重呢？"李泌回答说："我怎么会偏私亲朋故友来辜负陛下呢？但是，韩滉实在没有背叛朝廷的用心，我进上章疏，是为了朝廷，不是为了自身啊！"德宗说："为什么说你这是为了朝廷呢？"李泌回答说："如今全国发生了旱灾蝗祸，关中的粮食每斗值一千钱，粮食储备消耗已尽，但江东却是丰收的年景。希望陛下及早将我的章疏批示下来，以便解除朝中群臣的疑惑。请陛下当面晓示韩皋，让他回家省亲，使韩滉心怀感动，消除自己的疑虑之心，迅速运送粮食储备，这难道不是为朝廷着想吗？"德宗说："好吧！朕完全明白了。"德宗立即将李泌的章疏批示下来，让韩皋禀告韩滉就要回家探亲，并当面赐给他红色的朝服，告诉他："你父亲近来遭受流言蜚语，现在朕知道了其中的缘故，已经消除了疑虑，不再相信那些话了。"德宗又就势说："关中粮食缺乏，回去告诉你父亲，最好快速把粮食运来。"韩皋来到润州，韩滉感激、高兴得流下了眼泪。就在当天，韩滉亲自来到水边，发出粮食一百万斛，准许韩皋停留五天，随即回朝。韩皋与母亲告别的时候，哭声让外面听到了，韩滉大怒，叫出韩皋，用棍子打了他一顿，亲自把他送到长江上，打发他冒着风浪走了。不久，陈少游听说韩滉进贡粮食，他也进贡了二十万斛。德宗对李泌说："韩滉竟然能够感化陈少游来进贡粮食了！"李泌回答说："何止陈少游，各道也将要争着入朝进贡了！"

陆贽谏德宗辨疑释嫌

唐德宗兴元元年（784年）正月

萧复①尝言于上曰："宦官自艰难②以来，多为监军③，恃恩纵横。此属但应掌宫掖④之事，不宜委以兵权国政。"上不悦。又尝言："陛下践阼⑤之初，圣德光被⑥，自杨炎、卢杞⑦黩乱朝政，以致今日。陛下诚能变更睿志⑧，臣敢不竭力。傥使臣依阿苟免⑨，臣实不能！"又尝与卢杞同奏事，杞顺上旨，复正色曰："卢杞言不正！"上愕然，退，谓左右曰："萧复轻朕！"戊子，命复充山南东、西、荆湖、淮南、江西、鄂岳、浙江东、西、福建、岭南等道宣慰、安抚使，实疏之也。既而刘从一⑩及朝士往往奏留复，上谓陆贽⑪曰："朕思迁幸⑫以来，江、淮远方，或传闻过实，欲遣重臣宣慰，谋于宰相及朝士，佥⑬谓宜然。今乃反复如是，朕为之怅恨累日。意复悔行⑭，使之论奏⑮邪？卿知萧复何如人？其不欲行，意趣安在？"贽上奏，以为："复痛自修励⑯，慕为清贞⑰，用⑱虽不周，行⑲则可保。至于轻诈如此，复必不为。借使复欲逗留，从一安肯附会！今所言矛楯⑳，愿陛下明加辩诘。若萧复有所请求，则从一何容为隐！若从一自有回互㉑，则萧复不当受疑。陛下何惮而不辩明㉒，乃直为此怅恨也！夫明则罔惑㉓，辩则罔冤；惑莫甚于逆诈而不与明㉔，冤莫痛于见疑而不与辩。是使情伪相糅㉕，忠邪靡分。兹实居上御下之要枢，惟陛下留意。"上亦竟不复辩也。

（《通鉴》第 229 卷 7397～7398 页）

【注释】

①萧复：字履初，南兰陵（今江苏常州西北）人。时为吏部尚书、同平章事。②艰难：指安史之乱。③监军：唐代监军为朝廷派到各藩镇或出征讨伐之军中的代表，起监督、控制作用，与统帅分庭抗礼。以宦官为监军，从唐玄宗始。④宫掖：宫中。掖，掖庭，皇宫中嫔妃居住的地方。⑤践阼：帝位。⑥光被：普及天下的意思。光，广阔；被，覆盖。⑦杨炎：代宗大历十四年起为宰相，德宗建中二年罢相，贬为崖州司马。卢杞：建中二年为宰相，四年贬为新州司马。杨、卢二人均好搬弄是非，谗害别人。⑧睿志：志向。睿，通达，明智，常用为称颂皇帝的套语。⑨傥：通"倘"。依阿苟免：依阿，曲意逢迎以求显贵；苟免，以不正当手段谋求免罪。⑩刘从一：时为刑部侍郎、同平章事。⑪陆贽（754—805）：字敬与，苏州嘉兴（今浙江嘉兴）人。大历进士。德宗即位后，任翰林学士，参与机谋。贞元八年为中书侍郎、同平章事，主张废除夏秋两税以外的一切苛敛，直接以布帛为计税标准；建议积谷边境，改进防务等。十年（794年）冬，因被裴延龄谗害而罢相，贬为忠州别驾。在忠州居十年而卒。⑫迁幸：指建中四年（783年），泾源兵在京都哗变，德宗出奔奉天（今陕西乾县）。⑬佥：皆。⑭意复悔行：意，猜想；复，萧复；悔行，不愿意到新任职的地方去。⑮论奏：把自己的意见上奏皇帝。⑯复痛自修励：萧复十分注意修养勉励自己。⑰清贞：清廉正直。⑱用：用事，办事。⑲行：行为，品行。⑳楯：同"盾"。㉑回互：回环交错，曲折。有所隐瞒，不坦率的意思。㉒陛下何惮而不辩明：陛下顾虑什么而不去辨别清楚呢？辩明，同"辨明"，辨别

清楚，分清是非。㉓罔惑：没有疑惑。罔，无。㉔逆诈：主观地猜测别人欺诈。不与明：不为他辨别清楚。㉕情伪相糅：真假相混。情，真情。

【译文】

　　萧复曾经对皇上说过："宦官自国家发生祸乱以来，大部分都被派监督军事，仗着天子的恩宠而任意胡为。这一类的人，只应要他们管理宫禁中的事务，实在不该委任他们掌握兵权，干预国家大事。"当时皇上听了心里就不太高兴。又说："陛下刚登基不久的时候，圣德光耀，泽被天下，自杨炎、卢杞混乱朝政，以致弄到今天这步田地。陛下如诚能改变心志，臣敢不尽力报效。假如要我枉道服顺，苟合免罪，臣实在是做不到。"又曾与卢杞同时议事，卢杞只是一味地迎逢皇上的心意，萧复正言厉色地说："卢杞的说法根本不合正道。"皇上都感到愕然，退朝之后，对待从们说："萧复简直就没将朕放在眼里。"戊子日（十六日），命萧复充任山南东、西、荆湖、淮南、江西、鄂岳、浙东、西、福建、岭南等道宣慰、安抚使，实在是借此疏远他啊。后来刘从一及朝廷官员不断奏请将萧复留在朝中，皇上对陆贽说："朕想到自从迁徙以来，江、淮远在他方，有些事或许传说失实，因而想派一员朝廷重臣前往宣慰，也曾与宰相及朝士们商议过，大家都认为应当这样做。而今竟出尔反尔，连日来朕百思不得其解，大感惆怅遗憾。想来莫非是萧复后悔，不愿前往，而唆使他们奏请的吗？你了解萧复的为人吗？他不愿前去，到底是什么用意呢？"陆贽上奏，认为："萧复刻苦自修，砥节励行，只想洁身自好，忠贞报国，行事虽不见得尽美尽善，但是他的人品我可保证。至于像这种轻慢狡诈的事，萧复是绝对不愿做的。即使萧复是想要留下来而不肯去，刘从一又怎肯附会他，而今出言前后矛盾，但愿陛下问个明白，容他们申辩解释。如果萧复想借此另有要求，刘从一又怎会替他隐瞒，如果刘从一自有一套解释说明，那么就不该对萧复存有任何怀疑。陛下还怕弄不明白吗？又何必只为了这件事而一直耿耿于怀呢，说起来，能明白事实真相，便不致疑惑不安，让他们解释清楚，就不至于使人受冤；没有比受人欺诈还不知道更迷惑的，也没有比被怀疑而不容解说的冤枉更沉痛的了。这样一来。便使真伪相混，忠奸不辨了。这实在也是高居上位，统治臣下的关键所在。伏望陛下特别注意到这点。"但皇上一直也没让他们为此事申辩解释。

唐德宗与李泌相约

唐德宗贞元三年（787年）六月

　　李泌①初视事，壬寅，与李晟、马燧、柳浑俱入见②。上谓泌曰："卿昔在灵武，已应为此官③，卿自退让。朕今用卿，欲与卿有约，卿慎勿报仇，有恩者朕当为卿报之。"对曰："臣素奉道④，不与人为仇。李辅国、元载皆害臣者⑤，今自毙矣。素所善及有恩者，率⑥已显达，或多零落⑦，臣无可报也。"上曰："虽然，有小恩者，亦当报之。"对曰："臣今日亦愿与陛下为约，可乎？"上曰："何不可！"泌曰："愿陛下勿害功臣。臣受陛下厚恩，固无形迹。李晟、马燧有大功于国，闻有谗之者，虽陛下必不听，然臣今日对二人言之，欲其不自疑耳。陛下万一害之，则宿卫之士，方镇⑧之臣，无不愤惋而反仄⑨，恐中外之变不日复生也！人臣苟蒙人主爱信则幸矣，官于何有！臣在灵武之日，未尝有官，而将相皆受臣指画⑩；陛下以李怀光为太尉而怀光愈惧⑪，遂至于叛。此皆陛下所亲见也。今晟、燧富贵已足，苟陛下坦然待之，使其自保无虞，国家有事则出从征伐；无事则入奉朝请⑫，何乐如之！故臣愿陛下勿以二臣功大而忌之，二臣勿以位高而自疑，则天下永无事矣。"上曰："朕始闻卿言，耸然不知所谓。及听卿剖析，乃知社稷之至计也！朕谨当书绅⑬，二大臣亦当共保之。"晟、燧皆起，泣谢。

（《通鉴》第 232 卷 7489～7490 页）

【注释】

　　①李泌：此时刚由陕虢观察使调任中书侍郎、同平章事。见《唐德宗与李泌论宰相》注①。②李晟（727—793），字良器，洮州临潭（今属甘肃）人。初在西北边镇为裨将，屡立战功，升任右神策军都将。德宗时率军讨伐藩镇叛乱，收复长安，有大功。任凤翔、陇右等节度使，兼四镇、北庭行营副元帅，封西平郡王。贞元三年（787年）被解除兵权。马燧（726—795）：字洵美，汝州郏城（今河南郏县）人。德宗时，在平定藩镇叛乱中有大功。任河东保宁、奉诚军行营副元帅，兼晋、慈、隰节度使。贞元三年（787年），因赞助与吐蕃

会盟，招致平凉败盟之耻，被罢去兵权。柳浑（715—789）：字夷旷，襄州（今湖北襄阳）人。时为兵部侍郎、同平章事。因直言，为权相排挤，罢为左散骑常侍。③此官：指中书侍郎、同平章事（实际上的宰相）。至德元年（756年），肃宗曾想任用李泌为右相，李泌固辞，乃止，故有此说。④奉道：信奉道教。⑤李辅国（704—762）：宦官。肃宗时专权，排挤李泌，官至兵部尚书。肃宗临死时，与宦官程元振等杀张后，拥立代宗，被尊为尚父，加司空、中书令。后被代宗派人杀死。元载（？—777）：字公辅，凤翔岐山（今陕西岐山县东北）人。肃宗时，官至度支使并诸道转运使、同中书门下平章事。代宗时仍为宰相，与宦官李辅国相勾结，贪污受贿，荒淫奢侈。后获罪被杀。⑥率：大概，一般。⑦零落：丧败，衰亡。⑧方镇：指掌握一方兵权的军事长官。⑨愤惋：悲情惋惜。反厎：同"反侧"，辗转不安。⑩指画：指点规划。⑪李怀光（729—785）：渤海靺鞨人。本姓茹，因军功赐姓李。建中三年（782年），任朔方、邠宁节度使，加同平章事。次年，泾原兵在京师哗变，德宗逃往奉天（今陕西乾县），朱泚在长安称帝。朱泚围攻奉天甚急，他率兵救援，解奉天之围。由于奸相卢杞挑拨，德宗不许他入觐，于是心怀不满。后加官太尉，赐铁券，他疑惧更深，便反叛。兵败自缢。⑫奉朝请：定期朝见皇帝。⑬书绅：把要牢记的话写在绅带上。即记住别人的话的意思。

【译文】

李泌初入政事堂任职视事，壬寅日（二十一日），与李晟、马燧、柳浑一齐上朝拜见皇上。皇上对李泌说："卿以前在灵武的时候，就该做这个官了，是卿自己退让不肯接受的。朕今天用卿，想要与你约定，希望卿千万不要自报私仇，而对卿有恩的人，朕自然会替你报答。"李泌回答说："臣一向奉信老庄之道，从不与人结仇。李辅国、元载都是极力陷害我的人，而今都已经死了。而平日与我交情友好及对我有恩惠的人，也都已名位显达了，要不就已经去世了，臣并不再需要对谁报恩了。"皇上说："虽然是这样，但对你小有恩惠的人，也需要报答啊！"李泌说："臣今日也想与陛下有项约定，可以吗？"皇上说："有什么不可以呢！"李泌说："希望陛下不要加害有功的大臣。臣承蒙陛下厚恩，陛下对臣固然是毫无猜忌隔阂。可是李晟、马燧都是对国家立有大功的臣子，听说有人进谗言毁谤他们，虽然陛下是绝对不会听信，但是我今天还是要在陛下面前当着他们二人说出来，为的是想要他们自己也不心存疑虑罢了。陛下万一加害了他们，那么宿卫将士及四方边镇武臣，便将没有一个不愤恨惋惜，反侧不安的了，只怕朝野的变乱，不久又将发生了啊，人臣如果真能受到主上的宠爱与信任，那就是大幸了，有官无官又有什么关系。臣在灵武的时候，并没有官职，但是将相都愿听从我的指挥；而陛下委任李怀光为太尉，反而使他更加惧畏。以至于再度反叛。这些事都是陛下亲眼看到的。而今李晟、马燧已经够富贵的了，假如陛下真能坦诚地对待他们，使他们能自保身家性命而无虑忧，国家有事就派他们从戎征伐；无事便入朝参奉请安，君臣之间，这是何等安乐的现象啊。所以臣但愿陛下不要因为这两位大臣的功高业伟，而对他们有所猜忌，也请两位大臣不要因为自己的地位太高而心怀忧虑，那么天下必将永久太平无事了。"皇上说："朕初听卿言，悚然不知你是在说些什么。等听你剖析说明之后，才知全是在为社稷着想啊，朕自当将这事写在绅带上时刻自我警惕，希望两位大臣也都能长久保持这种看法。"李晟、马燧都站了起来，感动得流下眼泪，拜谢皇恩。

韩滉用人各随其长

唐德宗贞元三年（787年）二月

戊寅，镇海节度使、同平章事、充江、淮转运使韩滉薨①。滉久在二浙②，所辟③僚佐，各随其长，无不得人。尝有故人子谒之，考其能，一无所长，滉与之宴，竟席，未尝左右视及与并坐交言。后数日，署为随军④，使监库门。其人终日危坐，吏卒无敢妄出入者。

（《通鉴》第 232 卷 7481 页）

【注释】

①镇海节度使：浙江东、西二道节度使赐名为镇海军节度使。韩滉：字太冲，京兆长安（今陕西西安）人。父韩休，开元二十一年宰相。代宗大历六年，任户部侍郎、判度支，作赋敛出入之法，犯者严办，仓库积蓄开始充实。德宗即位，见滉聚敛过当，出为晋州刺史。建中二年（781年），任润州刺史、浙江东、西节度使。四年，闻朱泚作乱，筑石头城，修坞壁，加强守备。兴元元年（784年），遣使运送绫罗四十担、米百艘供应朝廷。贞元元年（785年），加检校左仆射、同中书门下平章事、江淮转运使，封郑国公。②二浙：浙江东道和浙江西道。包括润、升、常、湖、苏、杭、睦、越、明、台、温、衢、处、婺

十四州。大历十四年（779年），韩滉即为苏州刺史、浙江东、西观察使。③辟（bì）：征聘任用。④署：安排。随军：没有职位的随军人员。

【译文】

戊寅（二十三日），镇海节度使、同平章事、充江、淮转运使韩滉逝世。韩滉久在两浙，所聘请任用的幕僚辅佐，依各人的专长，没有一个不是任用恰当的。曾经有位老友的儿子来拜见他，考查之下，发现此人一无所长，韩滉设宴招待他，一顿饭直到吃完，韩滉与他并肩而坐，都没歪头看他一眼，没对他说过一句话。过了几天以后，派他为随军，让他去看守仓库，这个人从早到晚成天端端正正地坐在仓库门口，吏卒竟没一个敢随便进进出出的。

唐德宗入民家问乐苦

唐德宗贞元三年（787年）十二月

庚辰，上畋于新店①，入民赵光奇家，问："百姓乐乎？"对曰："不乐。"上曰："今岁颇稔②，何为不乐？"对曰："诏令不信。前云两税之外悉无他徭③，今非税而诛求④者殆过于税。后又云和籴⑤，而实强取之，曾不识一钱⑥。始云所籴粟麦纳于道次⑦，今则遣致京西行营⑧，动⑨数百里，车摧马毙，破产不能支。愁苦如此，何乐之有！每有诏书优恤，徒空文耳！恐圣主深居九重⑩，皆未知之也！"上命复其家⑪。

臣光曰：甚矣唐德宗之难寤⑫也！自古所患者，人君之泽壅⑬而不下达，小民之情郁⑭而不上通；故君勤恤于上而民不怀⑮，民愁怨于下而君不知，以至于离叛危亡，凡以此也。德宗幸以游猎得至民家，值光奇敢言而知民疾苦，此乃千载之遇也。固当按有司之废格诏书⑯，残虐下民，横增赋敛，盗匿公财，及左右谄谀日称民间丰乐者而诛之；然后洗心易虑，一新其政，屏浮饰，废虚文，谨号令，敦诚信，察真伪，辨忠邪，矜⑰困穷，伸冤滞⑱，则太平之业可致矣。释此不为，乃复光奇之家；夫以四海之广，兆民之众，又安得人人自言于天子而户户复其徭赋乎！

（《通鉴》第233卷7508～7509页）

①畋：打猎。新店：地名。②稔：丰收。③两税：夏秋两税。唐初赋税实行租、庸、调法（见《王铁以割剥求媚》注⑬）。到德宗建中元年（780年），采用杨炎的两税法，即把租、庸、调合并为一，规定用钱纳税，分夏、秋两季征收，夏税不超过六月，秋税不超过十一月。徭：劳役。④诛求：苛求，勒索。⑤和籴（dí）：古代官府购买民粮供军用，价钱由双方议定，称为"和籴"。实际上往往是按户摊派，限期缴纳，其害过于赋税。籴，买进粮食。⑥曾不识一钱：竟然一文钱也不给。不识，不知道。卖方一文钱也不知道，也就是说买方一文钱也不给。⑦道次：路边。⑧京西：京城西面。行营：军事长官的驻地办事处。⑨动：动不动，往往。⑩九重：指皇宫。⑪复其家：免除他家的赋税。复，复除，即免除赋税。⑫寤：同"悟"。觉悟。⑬泽：雨露。引申为恩德。壅：阻塞。⑭郁：阻滞，闭结。⑮勤恤：忧心怜惜。怀：怀念，想念。⑯固当：本来应当。按：审查，追究。有司：官吏。废格诏书：不执行皇帝的命令文告。废格，停止，搁置。⑰矜：怜悯，同情。⑱伸冤滞：使受冤枉的人得到昭雪，有才能而被闲置不用的人得到叙用。滞，淹滞，指有才能的人却得不到任用提拔。

庚辰（十二月初一），德宗在新店打猎，来到农民赵光奇的家中。德宗问："老百姓高兴吗？"赵光奇回答说："不高兴。"德宗说："今年庄稼颇获丰收，为什么不高兴。"赵光奇回答说："诏令没有信用。以前说是两税以外全没有其他徭役，现在不属于两税的搜刮大约比两税还多。以后又说是和籴，但实际是强行夺取粮食，还不曾见过一个钱。开始时说官府买进的谷子和麦子只须在道旁缴纳，现在却让送往京西行营，动不动就是几百里地，车坏马死，人破产，不能支撑下去了。百姓这般忧愁困苦，有什么可高兴的！每次颁发诏书都说优待并体恤百姓，只是一纸空文而已！恐怕圣明的主上深居在九重皇宫里面，对这些是全然不曾知晓的吧！"德宗命令免除他家的赋税和徭役。

臣司马光说：唐德宗实在太难令他觉悟了！自古以来引以为患的，就是君上的恩泽受阻而不能下及于百姓，百姓的疾苦郁积在心而无由上达；所以君主虽是深忧民间疾苦，而百姓并不感怀君上的恩德，人民内心的忧苦怨愤，君主一无所知，以至于离心叛主，而危及国家，甚至因而亡国，都是由于这种缘故啊。德宗幸能趁游猎的机会驾临民家，正好又遇到一个敢大胆直言而且深知民间疾苦的赵光奇，这实在是千载难逢的一个遇合。本当按察主管官吏违抗诏令，残虐下民，滥行溢收赋敛，盗取公财，以及左右亲近谄谀献媚、只会称道民间丰收、生活安乐的奸官，一律严加惩治；然后幡然改图，革新政令，屏除浮华，废弃虚文，谨饬号令，重视诚信，考察真伪，明辨忠奸，矜悯民穷，申雪冤苦，那么才能建立起万世太平的基业。舍此而不为，竟然只免除赵光奇一家的赋役；天下之大，百姓之多，又怎么可能人人都有机会向天子自陈，而家家都免除他们的赋役呢！

唐德宗与李泌论宰相

唐德宗贞元四年（788年）二月

泌①自陈衰老，独任宰相，精力耗竭，既未听其去，乞更除一相；上曰："朕深知卿劳苦，但未得其人耳。"上从容与李泌论即位以来宰相曰："卢杞忠清强介②，人言杞奸邪，朕殊不觉其然。"泌曰："人言杞奸邪而陛下独不觉其奸邪，此乃杞之所以为奸邪也。傥陛下觉之，岂有建中之乱③乎！杞以私隙杀杨炎④，挤颜真卿于死地⑤，激李怀光使叛⑥，赖陛下圣明窜逐之，人心顿喜，天亦悔祸。不然，乱何由弭！"上曰："杨炎以童子视朕，每论事，朕可其奏则悦，与之往复论难⑦，即怒而辞位；观其意以朕为不足与言故也。以是交不可忍⑧，非由杞也。建中之乱，术士豫请城奉天⑨，此盖天命，非杞所能致也！"泌曰："天命，他人皆可以言之，位君相⑩不可言。盖君相所以造命也。若言命，则礼乐刑政皆无所用矣。纣曰：'我生不有命在天！'此商之所以亡也！"上曰："朕好与人较量理体⑪：崔祐甫性褊躁⑫，朕难之，则应对失次，朕常知其短而护之。杨炎论事亦有可采，而气色粗傲，难之辄勃然怒，无复君臣之礼，所以每见令人忿发。余人则不敢复言。卢杞小心，朕所言无不从；又无学，不能与朕往复，故朕所怀常不尽也。"对曰："杞言无不从，岂忠臣乎！夫'言而莫予违'⑬，此孔子所谓'一言丧邦'者也！"上曰："惟卿则异彼三人者。朕言当，卿有喜色；不当，常有忧色。虽时有逆耳之言，如向来纣及丧邦之类。朕细思之，皆卿先事而言，如此则理安⑭，如彼则危乱，言虽深切而气色和顺，无杨炎之陵傲⑮。朕问难往复，卿辞理不屈，又无好胜之志，直使朕中怀已尽屈服而不能不从，此朕所以私喜于得卿也。"泌曰:"陛下所用相尚多,今皆不论,何也?"上曰:"彼皆非所谓相也。凡相者,必委以政事;如玄宗时牛仙客、陈希烈⑯,可以谓之相乎!如肃宗、代宗之任卿⑰,虽不受其名,乃真相耳。必以官至平章事⑱为相,则王武俊⑲之徒皆相也。"

(《通鉴》第 233 卷 7511 ~ 7512 页)

【注释】

①泌:李泌(722—789),字长源,祖籍辽东襄平(今辽宁辽阳北),移居京兆(今陕西西安)。唐玄宗时,曾为太子供奉。肃宗即位,欲授以官,不受,以客人身份随从左右,出谋划策。后畏祸,隐居衡山。代宗即位,召回,欲以为门下侍郎、同平章事,固辞。德宗继位,授左散骑常侍,官至中书侍郎、同平章事,封邺县侯。②卢杞:德宗建中二年至四年任宰相。忠清强介:忠诚、清廉、强干、耿直。③建中之乱:指德宗建中年间,朱滔、李希烈、朱泚先后叛乱。④建中二年(781年),杨炎与卢杞同为宰相。杨炎因卢杞无学问,轻视他;卢杞也因此而怀恨杨炎。不久,杨炎遭卢杞谗害,罢相;后又被诬"有异志",贬为崖州司马,在途中被卢杞派去的人杀害。⑤建中二年,李希烈叛乱。卢杞欲排挤太子太师颜真卿,便向德宗建议派颜真卿为宣慰使,前往劝说李希烈。后来,颜真卿被李希烈囚禁杀害。⑥建中四年十一月,朱泚围攻奉天,十分危急。朔方、邠宁节度使、同平章事李怀光率兵救援,解奉天之围。卢杞害怕李怀光在德宗面前揭露自己,便说服德宗不让李怀光入朝,并命令他马上带兵攻打长安。李怀光自以为有解奉天之围之大功,却得不到朝见天子的待遇,心有怨恨。后李怀光多次上表揭露卢杞罪恶,卢被贬为新州司马。⑦论难:针对对方提出的论点进行辩论。⑧交不可忍:彼此都不能忍受。⑨建中元年,术士桑道茂上书,说德宗不出几年就有离宫之难,奉天有天子气,请把城墙加厚加高,以备非常。⑩君相:皇帝、宰相。⑪理体:治体。治理国家的大体、纲要。⑫崔祐甫:代宗时为中书舍人。德宗即位后,任门下侍郎、同平章事。建中元年卒,在相位仅一年。褊躁:气量小而性急躁。⑬言而莫予违:讲话而不违背我。⑭理安:"治安"。国家太平安定。唐代因避高宗李治之讳,"治"字常改为"理"字。⑮陵傲:同"凌傲"。凌厉傲慢。⑯牛仙客在开元二十四年(736年)任宰相,陈希烈在天宝五年(746年)任宰相。他们都是由于李林甫的推荐才任宰相的,一切政事都取决于李林甫,他们只是"专给唯诺而已"。⑰卿:指李泌。唐代以后,天子称大臣为卿。肃宗、代宗都想

任命李泌为宰相，均被拒绝。但他却像宰相一样出谋划策，为治理国家提出很多很好的意见。⑱平章事：为"同中书门下平章事"的省略。唐代皇帝在大臣中选任数人，给以"同中书门下平章事"的名义，即为事实上的宰相。⑲王武俊：契丹族。德宗建中年间，一度与朱滔、田悦等举行叛乱，称赵王，后归顺朝廷，官至检校司空，同平章事兼幽州卢龙节度使，封琅邪郡王。

【译文】

李泌上言说自己年老体弱，独自担任宰相的职务，精神气力消耗殆尽，既然不能听凭他离开相位，于是请求再任命一位宰相。德宗说："朕深深了解你的劳碌，只是没有找到合适的人选罢了。"德宗不慌不忙地与李泌谈论自己即位以来的宰相说："卢杞忠实而清廉，强干而耿直，人们说卢杞邪恶，朕觉得他实在不是这个样子。"李泌说："人们都说卢杞是邪恶的，唯独陛下不能觉察他的邪恶，这正是卢杞堪称邪恶的道理所在啊！倘若陛下觉察了他的邪恶，难道会发生建中年间的变乱吗？卢杞因私人的嫌隙而杀了杨炎，将颜真卿排挤到必死之地，激怒李怀光，使他背叛了朝廷，全仗着陛下神圣英明，将他流放了，人们的心情顿时高兴起来，连上天也追悔所造成的灾祸。否则，变乱怎么能够消弭呢？"德宗说："杨炎把朕看作小孩子，每当议论事情的时候，朕赞成他的奏陈，他就高兴，朕与他反复辩论诘难，他便气冲冲地要辞去相位，朕看他的本意，是认为不值得与朕交谈吧！由于这个原因，朕与他相互不能容忍，这并不是由于卢杞啊！至于建中年间的变乱，道术之士预先便建议修筑奉天城，可见这恐怕是天命如此，而不是卢杞能够招致的！"李泌说："关于天命，别人都可以谈论它，只有君主和宰相不能谈论，因为君王和宰相就是制造命运的人物。如若谈论命运，礼乐行政便全然没有用场了。纣王说：'我生来不就是由天命决定的吗？'这正是商朝灭亡的原因啊！"德宗说："朕喜欢跟人比较治国的经验。崔祐甫性情狭隘急躁，朕诘问他，他回答得语无伦次，朕知道他的短处，便经常维护他。杨炎议论事情，还是有可以采纳的意见的，但是他态度粗率狂傲，朕诘问他，他动不动就勃然大怒，毫不顾及君臣的礼节。所以一看到他，就令人生气，其余的人则不敢再说话了。卢杞小心谨慎，凡是朕所说的，他没有不听从的，加上他没有学识，不与朕反复争论，所以朕想要说的话经常是没有穷尽的。"李泌回答说："卢杞对陛下的话无不听从，难道就是忠臣吗？'我讲的话是没有人敢于违背的'，这正是孔子所说的'一句话讲出来可以使国丧失掉'的意思啊！"德宗说："只有你与他们三人是不同的。朕讲得妥当，你的脸上是喜气洋洋的，朕讲得不妥当，你的脸上便常常要显出忧愁的样子。虽然你时而会说出刺耳的话来，就如刚才谈到商纣王以及使国家丧失掉这一类的话一样，但是，朕仔细琢磨过你讲的话，全是你在事情发生以前所作的忠告，按照这些话去做，就会政治清明，国家安定，而按照朕原来那些想法去做，就会招致危机，引发变乱。虽然你说的话深深切中朕的缺失，但是面色和蔼温顺，不像杨炎那样傲气凌人。朕反复对你诘责，你在言辞和道理上并不屈从，但又没有逞强好胜的意图，直至使朕内心已经完全屈服，因而不能不听从你的意见。这便是朕为得到你而自己高兴的原因啊！"李泌说："陛下任用的宰相还多着哩，如今一概不加评论，这是为什么呢？"德宗说："他们都不是人们所说的宰相啊！凡是出任宰相的，就一定要把行政事务交给他们。比如玄宗时期的牛仙客、陈希烈，能够把他们称作宰相吗？又如肃宗、代宗任用你，虽然你没有得到宰相的名称，但这就是真正的宰相了。如果一定认为官职达到平章事才是宰相，那么，王武俊一类人便都是宰相了。"

陆贽答德宗三事

唐德宗贞元九年（793 年）二月

上使人谕陆贽①，以"要重之事，勿对赵憬②陈论，当密封手疏以闻"；又"苗粲以父晋卿往年摄政③，尝有不臣④之言，诸子皆与古帝王同名，今不欲明行斥逐，兄弟宜各除外官⑤，勿使近屯兵之地"；又"卿清慎⑥太过，诸道馈遗，一皆拒绝，恐事情不通，如鞭靴之类，受亦无伤"。贽上奏，其略曰："昨臣所奏，惟赵憬得闻，陛下已至劳神，委曲防护。是于心膂⑦之内，尚有形迹之拘⑧，迹同事殊，鲜克以济⑨。恐爽⑩无私之德，且伤不吝⑪之明。"又曰："爵人必于朝⑫，刑人必于市，惟恐众之不睹，事之不彰。君上⑬行之无愧心，兆庶⑭听之无疑议，受赏安之无怍色⑮，当刑居之无怨言，此圣王所以宣明典章，与天下公共者也。凡是潜诉之事，多非信实之言，利于中伤，惧于公辩。或云岁月已久，不可究寻；或云事体有妨，须为隐忍；或云恶迹未露，宜假他事为名；或云但弃其人，何必明言责辱。词皆近于情理，意实苟于矫诬⑯，伤善售奸，莫斯为甚⑰！若晋卿父子实有大罪，则当公议典宪⑱；若被诬枉，岂令阴受播迁⑲。夫听讼⑳辨谗，必求情辨迹，情见迹著，辞服理穷，然后加刑罚焉，是以下无冤人，上无谬听^㉑。"又曰："监临^㉒受贿，盈尺有刑^㉓，至于士吏之微，尚当严禁，矧居风化之首^㉔，反可通行！贿道一开，展转滋甚，鞭靴不已，必及金玉。目见可欲，何能自窒于心！已与交私^㉕，何能中绝其意！是以涓流不绝，溪壑成灾矣。"又曰："若有所受，有所却，则遇却者疑乎见拒而不通^㉖矣；若俱辞不受，则咸知不受者乃其常理，复何嫌阻^㉗之有乎！"

（《通鉴》第 234 卷 7540 ~ 7542 页）

【注释】

①陆贽：时为中书侍郎、同平章事。见《陆贽谏德宗辩疑释嫌》注⑪。②赵憬：时为中书侍郎、同平章事。③苗粲：时为郎中。其父为苗晋卿。宝应元年（762 年），玄宗、肃宗相继去世，苗晋卿曾摄冢宰，即代理宰相。冢宰，本为周朝统领百官的官，后世以指宰相。④不臣：不忠于君主或背叛君主。⑤除外官：授以地方官。⑥清慎：廉洁谨慎。⑦心膂：心和脊骨。二者皆为人体重要部分，因以比喻亲信得力的人。⑧形迹：举止行动流露出来的迹象。拘：拘束，有所顾忌。⑨鲜克以济：很少能够达到成功。⑩爽：伤害。⑪不吝：不吝惜。指改正过失。《尚书·仲虺之诰》："改过不吝。"⑫爵人：为人加官晋爵。朝：朝廷。⑬君上：犹如"皇上"。⑭兆庶：又言"兆民"。⑮怍（zuò）色：惭愧的脸色。怍，惭愧。⑯苞：通"包"。矫诬：假托名义进行诬陷。⑰莫斯为甚：没有什么比这更为严重了。⑱公议典宪：公开地根据法律来议定罪状。典宪，也作"宪典"，即法律，法典。⑲播迁：流离迁徙。⑳听讼：审理讼事。㉑谬听：错误的判断。听，判断。㉒监临：监督临视。㉓盈尺有刑：够一尺就要受到刑罚。古代法律有规定，监临之官，受所监临财物者，一尺笞四十。㉔矧（shěn）：何况，况且。居风化之首：指宰相。㉕交私：相互谋取私利。指接受了别人的馈赠，对别人的请求也难以拒绝。㉖不通：不来往。㉗嫌阻：不满意拒绝接受赠品。

【译文】

皇上派人告谕陆贽说："重要的事，不要对赵憬说或与他商议，而当密封亲笔奏疏呈报。"又说："苗粲因为他父亲晋卿往年摄政时，曾说过一些超越臣属礼节的话，好几个儿子都与古代帝王同名，现在还不想明令斥逐他，他的兄弟应当都在京外任官，不要让他接近驻兵的地区。"又说："卿太过于清廉谨慎，对于诸道的馈赠，全都拒绝接受，只怕也有违于人情事理，如马鞭、皮靴之类，也不妨接受。"陆贽上奏，大要是说："臣昨日上奏，只有赵憬知道，就已有劳陛下烦神，而不惜受屈地极力加以防范。这就表示在陛下的内心之中，还受到许多外在的拘牵，内心受到拘牵，行事非出于心愿，就很难顺利完成了。只怕不但会有失于大公无私的德行，还会有伤于不吝改过的明智。"又说："册封爵赏，必定要在朝堂上颁赐，处人死刑，必定要在市曹执行，为的是唯恐好事不被人知，坏事不被张扬。君上嘉善惩恶都能无愧于心的话，那么天下人闻知，自然也无疑议，而使被颁赏褒扬的人，安然无愧，受刑罚惩治的人，也心服无怨，这才是圣王宣明典章，与全天下人共同遵守的做法啊。举凡有关请进谮诈诉讼的事，所说的话就未必确实可信，利于暗中伤害人，唯恐公开辨明。对于这些事，或许有人会说年代太久，已无从追究了；或许有人会说恐怕会有碍于大体，所以必须隐瞒容忍，也或许有人会说恶迹亦不显著，最好是另借他事为名；甚至或许有人会说将他斥退摒弃就好了，又何必一定要彰明罪状，加以责备羞辱呢！这些说法，听起来似乎都合情合理，但实都是些深藏矫诈诬罔的说法。残害善良而使奸计得逞，没有比这更严重的了！如果苗晋卿父子真犯有大罪，就应当众依法论罪，如果是被人诬枉构陷，又怎么能让他蒙受不白之冤而被外放？说到审理讼案，明辨奸逸，必定要采究内情，明察行迹，确实是具有邪念恶行，罪状昭著，令人心服口服，无理可诉，然后再加以刑罪惩治，那么臣下才不致有蒙冤受屈的人，而君上也不致会误信谗言，受人欺罔了。"又说："监临官接受贿赂，即使只是一尺布，依照律令的规定，也要受罚，对于卑官贱职，尚且应当严禁受贿，何况是居于移风化俗之位的宰相，怎能反而可以受贿呢？受贿的大门一开，欲望愈来愈大，马棰、皮鞭不能满足，必将收受金玉宝货。眼看着有心爱的东西可贪，有谁能不动心呢，既已接受了别人私下的贿赂，又怎么拒绝别人私下拜托，而不满足他的要求呢？因而细水长流，而汇成溪壑，终将泛滥成灾。"又说："如果是有的接受，有的推辞，那么被拒的人，一定会怀疑对他所要求的事，是不肯通融的了；如果全不接受，那么都知道不接受贿赂，是理所当然的事，又怎会对我有嫌恶疑阻呢！"

裴延龄指无为有

唐德宗贞元十年（794年）九月

　　裴延龄①奏称官吏太多，自今缺员请且勿补，收其俸以实府库。上欲修神龙寺，须五十尺松，不可得，延龄曰："臣近见同州一谷，木数千株，皆可②八十尺。"上曰："开元、天宝间求美材于近畿犹不可得③，今安得有之？"对曰："天生珍材，固待圣君乃出，开元、天宝，何从得之！"

延龄奏："左藏库司④多有失落，近因检阅使置簿书⑤，乃于粪土之中得银十三万两，其匹段⑥杂货百万有余。此皆已弃之物，即是羡余⑦，悉应移入杂库以供别敕⑧支用。"太府少卿韦少华不伏⑨，抗表⑩称："此皆每月申奏见在之物，请加推验⑪。"执政请令三司详覆⑫；上不许，亦不罪少华。延龄每奏对⑬，恣为诡谲，皆众所不敢言亦未尝闻者，延龄处之不疑。上亦颇知其诞妄，但以其好诋毁人，冀闻外事，故亲厚之。

（《通鉴》第 235 卷 7563 ～ 7565 页）

【注释】

①裴延龄：河中河东（今山西永济蒲州镇）人。贞元八年，任司农少卿判度支。官至户部尚书判度支。善于逢迎拍马，得到唐德宗的宠信。②可：大约。③开元、天宝：均唐玄宗年号。近畿：靠近京都地区的州县。④左藏：左藏署。属太府寺，掌管钱帛、杂彩及天下赋调。设令三人，丞五人，监事八人。库司：贮藏物品的仓库。⑤置簿书：设置记录物品出纳的簿册。⑥匹段：代指各种丝织物。匹，计量布帛的单位。段，泛指布帛一段。⑦羡余：唐代官员以赋税盈余的名义向皇室进贡的税款。这里指国库中的盈余财物。羡，剩余。⑧别敕：这里指不属于国库开支的皇帝诏令。⑨太府少卿：唐代设太府寺，长官为卿，一人；副为少卿，二人。掌管财货、廪藏、贸易等。左右二藏归其管辖。不伏：同"不服"。⑩抗表：犹如"抗疏"。上书直言。⑪推验：追查核实。⑫执政：主持政务的人。指宰相。三司：唐代以御史大夫、中书、门下为三司，"凡冤而无告者，三司诘之"。⑬奏对：臣僚当面回答皇帝提出的问题。

【译文】

裴延龄上奏声称官吏太多，从今以后，对于官吏中出现的缺员，请暂且不要补充，收取这部分薪俸，用来充实国家的库存。德宗打算修建神龙寺，需要五十尺长的松木，但无法找到，裴延龄说："近来我在同州看到一处山谷，谷内有好几千棵树木，都是高约八十尺的。"德宗说："开元、天宝年间在京城周围寻找上好的木材尚且无法找到，现在怎么会有这么多的木材？"裴延龄回答说："上天生出珍贵的木材，当然是等待圣明的君主出世时才会出现，开元、天宝期间，怎么能够得到这些！"

　　裴延龄上奏说："左藏库执掌的物品损失遗落很多，近来由于检阅使去放账簿，于是在垃圾中得到银子十三万两，成匹成段的布帛和零杂货物超过一百万。这都是已经丢弃的物品，也就成为额外的收入，应当全部搬到杂库去，好供给陛下另外颁敕支取使用。"太府少卿韦少华不承认这一说法，便上表直言声称："这都是每月申报上奏的现存物品，请加以推究验查。"主持政务的长官请求命令三司详细审察，德宗没有答应，但也不责怪韦少华。每当裴延龄当面回答德宗提出的问题时，任意去说怪诞的事情，都是大家所不敢说、也不曾听说过的，裴延龄却将这些事情说得无可怀疑。德宗也知道裴延龄是荒诞虚妄的，但由于他喜欢恶意诬蔑别人，希望从他那里听到外界的事情，所以亲近厚待他。

陆贽谏德宗用人之失

唐德宗贞元十年（794 年）五月

　　上性猜忌，不委任臣下，官无大小，必自选而用之，宰相进拟①，少所称可；及群臣一有谴责，往往终身不复收用，好以辩给②取人，不得敦实之士；艰于进用③，群材滞淹④。贽⑤上奏谏，其略曰："夫登进以懋庸⑥，黜退⑦以惩过，二者迭用，理如循环。进而有过则示惩⑧，惩而改修则复进，既不废法，亦无弃人，虽纤介必惩而用材不匮；故能使黜退者克励⑨以求复，登进者警饬而恪居⑩，上无滞疑⑪，下无蓄怨。"又曰："明主不以辞尽人⑫，不以意选士，如或好善而不择所用，悦言而不验所行，进退随爱憎之情，离合系异同之趣，是由舍绳墨⑬而意裁曲直，弃权衡⑭而手揣重轻，虽甚精微，不能无谬。"又曰："中人⑮以上，迭有所长，苟区别得宜，付授当器⑯，各适其性，各宣其能，及乎合以成功，亦与全才无异。但在明鉴大度⑰，御之有道而已。"又曰："以一言称惬为能而不核虚实，以一事违忤为咎而不考忠邪，其称惬则付任逾涯⑱，不思其所不及，其违忤则罪责过当，不恕其所不能，是以职司⑲之内无成功，君臣之际无定分⑳。"上不听。

（《通鉴》第 234 卷 7555 页）

①进拟：向皇帝推荐拟任用的官吏。②辩给：能言善辩。③进用：提拔任用。④滞淹：有才德而得不到提拔。⑤赞：陆赞。时为宰相。见《陆赞谏德宗辨疑释嫌》注⑪。⑥登进：加官进爵。懋（mào）庸：勉励功绩。懋，勉励。庸，功劳。⑦黜退：降级免职。⑧示惩：表示惩罚。⑨克励：克制自己，勉励自己。⑩警饬：警惕自己，告诫自己。恪居：谨慎地任职。⑪滞疑：长久的疑惑。⑫不以辞尽人：不因为一个人善于言辞就说这个人什么都好，不因为一个人不善于言辞就说这个人什么都不好。也就是不以言辞作为衡量人的唯一标准。⑬绳墨：木匠用来画直线的工具。比喻规矩或法度。⑭权衡：秤。权，秤砣；衡，秤杆。⑮中人：才德中等的人。⑯付授当器：授予的职务与他的才能相当。⑰明鉴：善于识别事物。大度：气量宽宏，能容人。⑱付任逾涯：给予的职责超过了他可能完成的程度。逾涯，超过了边际。⑲职司：职务。⑳无定分：没有固定的名分及其职责。

【译文】

德宗生性猜疑而又妒忌，不肯信任臣下。无论官职是大是小，一定要由自己选拔任用，对于宰相进呈的规划，很少称许认可。及至群臣一旦遭到斥责，往往一辈子不再收录起用；好以能言善辩为条件选取人才，不能得到敦厚忠实的人选；对官吏的提拔任用困难重重，各种人才沉抑于下，不得升进。为此陆赞上奏进谏，大略是说："提拔任用是为了勉励功劳，贬抑降职是为了惩戒过失，两方面交相为用，其中的道理就如同圆周而复始。受到进用以后又有了过失，便需要给予惩罚，受到惩罚以后又修正过来了，便应该再提升上来，这既不会荒废法度，也不会捐弃人才。即使对任何细微的过失都一定加以惩罚，但可供使用的人才仍然不会缺乏。所以，这可以使受到贬逐的人勉励自己力求恢复官职，也可以使被提升的人告诫自己恭谨地任官办事，使上面没有难解的疑虑，下面没有积蓄的怨恨。"他又说："明智的君主不会根据言辞来使用人才，也不会按照主观的臆想去选拔士子。如果对自己所亲善的人便不加选择地任用，如果喜欢一个人的言辞便不去检验他的行为，升官降职全随着个人的爱憎情感而转移，亲疏远近全凭着人们与自己的志趣相同与否而决定，这就像是舍弃墨线斗而靠心意来判断线段的曲直，丢开秤锤杆而用双手来掂量物的轻重的做法，即使极其精细，还是不能没有谬误。"他又说："中等智能以上的人们，是互有长处的。如果能够恰当地区分辨别人们的长处，交付给人们的职任与他们的才具相当，各自适应人们的性情，分别发挥他们的能力，及至将大家聚合在一起，成就了事功，这与人人都是全才也是没有区别的。要做到这一点，只在于善于识别，襟度阔达，驾驭有方罢了。"他又说："由于一句话讲得使自己惬意，便以为讲话人是有才能的，因而不再核查他的实际情况；由于一件事违背了自己的意志，便以为办事人是有罪过的，因而不再考究他是忠是邪。对讲话使人惬意的人，将超过他能力极限的重任交给他，而不去考虑这是他所难以胜任的；对于办事违背自己的意志的人，将有失允当的罪责加给他，不肯宽恕他的无能为力，这就使人在职务范围以内难得成就事功，使君臣之间没有确定的责任。"德宗没有听从他的建议。

杜黄裳论帝王之道

唐宪宗元和元年（806 年）二月

　　戊午，上与宰相论："自古帝王，或勤劳庶政①，或端拱②无为，互有得失，何为而可？"杜黄裳③对曰："王者上承天地宗庙④，下抚百姓四夷，夙夜⑤忧勤，固不可自暇自逸。然上下有分⑥，纪纲有叙⑦；苟慎选天下贤材而委任之，有功则赏，有罪则刑，选用以公，赏刑以信，则谁不尽力，何求不获哉！明主劳于求人而逸于任人⑧，此虞舜所以能无为而治者也⑨。至于狱市⑩烦细之事，各有司存⑪，非人主所宜亲也。昔秦始皇以衡石程书⑫。魏明帝自按行尚书事⑬，隋文帝卫士传餐⑭，皆无补于当时，取讥于后来，其耳目形神非不勤且劳也，所务非其道也。夫人主患不推诚⑮，人臣患不竭忠。苟上疑其下，下欺其上，将以求理⑯，不亦难乎！"上深然其言。

（《通鉴》第 237 卷 7627 ~ 7628 页）

【注释】

　　①庶政：各项政务。②端拱：端坐拱手。古代指帝王无为而治。③杜黄裳（738—808）：字遵素，京兆万年（今陕西西安）人。进士及第。永贞元年（805 年），由太常卿擢为门下侍郎、同平章事。力主削除藩镇割据势力。元和二年（807 年），出任河中、晋、绛节度使，封郛国公。④承：承奉。宗庙：天子祭祀祖先的地方。代指祖先。⑤夙夜：早晚，朝夕。⑥有分：有区别。

⑦纪纲：法制，法度。有叙：有次序，有等次。⑧求人：寻求人才，发现人才。任人：任用人才，使用人才。⑨虞舜：古帝舜。姚姓，有虞氏，名重华，史称虞舜。无为：儒家指以德政感化人民，不施行刑治。《论语·卫灵公》："无为而治者，其舜也与。夫何为哉，恭己正南面而已矣。"⑩狱市：诉讼和贸易。⑪司存：又"有司"。官吏。⑫衡石程书：同"衡石量书"。用秤来称取公文。形容批阅的公文极多。《史记·秦始皇本纪》："天下之事无大小，皆决于上，上至以衡石量书，日夜有呈，不中呈，不得休息。"衡，秤。石，重量单位，古代一百二十斤为一石。衡石，分量很重的意思。古代文书用竹简木札，重量大，所以要以石为单位。程，计量。⑬魏明帝：曹睿，曹丕之长子。自，亲自。按行，巡视，视察。太和六年（232年），魏明帝"尝卒至尚书门，陈矫跪问帝曰：'陛下欲何之？'帝曰：'欲按行文书耳。'矫曰：'此自臣职分，非陛下所宜临也。若臣不称其职，则请就黜退，陛下宜还。'帝惭，回车而反。"（《资治通鉴》第72卷2282页）⑭隋文帝：杨坚。他经常和大臣在一起讨论政事到午后两三点，午饭顾不得吃，只好由卫士送来食物充饥。⑮推诚：以诚待人。⑯求理：求治。

【译文】

戊午日（二十四日），皇上与宰相讨论："自古以来，帝王有的勤劳于政事，有的端坐拱手无为而治，两者各有得失，要怎么样才能恰到好处？"杜黄裳回答说："王者对上要奉承天地宗庙，对下要安抚百姓四夷，早晚忧心勤劳于政事，本来不可以自求闲暇安逸。然而上下各有职分，国家的纲纪也有次序；如果能谨慎地选择天下的贤才，把国事交付给他，有功劳则行赏，有罪就要加以刑罚，选拔任用公平合理，奖赏和惩罚有信用，那么谁会不尽力，有什么要求不能实现呢？圣明的君主在求贤人方面多用功夫，得到贤人后，将政事交付给他，自己就很安逸了，这就是虞舜所以能无为而治的道理了。至于狱政刑法市场交易这类烦琐细碎的事，各有官吏负责，人主不应该亲自掌管。从前秦始皇用秤和斗来衡量文书的多少，并有规定的数量；魏明帝亲自到尚书门考察公文来往的情形；隋文帝勤于政事，临朝常过正午，卫士只能站着传餐而食。像这些帝王的行事，对当时的政治并没有什么益处，反而让后人取笑，他们的耳目、形体、精神并非不勤劳，只是所从事的不是正当的途径啊。人主只怕不能推布诚心，人臣只怕不能竭尽忠诚，如是君主怀疑臣子，臣子欺骗君主，想要国家能够治理，那真是很困难呀！"皇上深深地赞许他的话。

李绛答宪宗问

唐宪宗元和二年（807年）十一月

昭义节度使卢从史，内与王士真、刘济潜通①，而外献策请图山东②，擅引兵东出。上召令还，从史托言就食邢、洺③，不时奉诏④；久之，乃还。

他日，上召李绛对于浴堂⑤，语之曰："事有极异者，朕比不欲言之。朕与郑絪议敕从史归上党⑥，续征入朝。絪乃泄之于从史，使称上党乏粮，就食山东⑦。为人臣负朕乃尔，将何以处之？"对曰："审如此，灭族有余矣！然絪、从史必不自言，陛下谁从得之？"上曰："吉甫⑧密奏。"绛曰："臣窃闻搢绅⑨之论，称絪为佳士，恐必不然。或者同列⑩欲专朝政，疾宠忌前⑪，愿陛下更熟察之，勿使人谓陛下信谗也！"上良久曰："诚然，絪必不至此。非卿言，朕几误处分⑫。"

上又尝从容问绛曰："谏官多谤讪朝政，皆无事实，朕欲谪其尤者一二人以儆其余⑬，何如？"对曰："此殆⑭非陛下之意，必有邪臣以壅蔽⑮陛下之聪明者。人臣死生，系人主喜怒，敢发口谏者有几！就有谏者，皆昼度夜思，朝删暮减，比得上达，什无二三。故人主孜孜求谏，犹惧不至，况罪之乎！如此，杜天下之口，非社稷之福也。"上善其言而止。

（《通鉴》第237卷7645～7646页）

【注释】

①王士真：时为成德节度使、同平章事。刘济：时为卢龙节度使兼侍中。②山东：一般指华山或崤山以东地区。③就食邢、洺：前往邢州、洺州谋取给养。④不时：不按时。奉诏：接受皇帝的命令。⑤李绛：字深之，赵州赞皇（今河北赞皇）人。贞元八年进士。宪宗元和二年，授翰林学士；六年，擢为中书侍郎、同平章事。后因足疾罢相。文宗即位，召为太常卿，以检校司空出为山南西道节度使，封赵郡公。大和四年（830年），在一次兵士哗变中被杀。对：回答问题。浴堂：浴堂殿。唐代宫中殿堂之一。⑥郑絪：时为中书侍郎、同平章事。上党：唐代潞州治所。即今山西省长治市。⑦邢州、洺州在山东。⑧吉甫：李吉甫。时为中书侍郎、同平章事。⑨搢绅：古时士大夫的装束，代

指士大夫。⑩同列：同列于朝班。同事的意思。⑪忌前：妒忌别人的才能声望超过自己。⑫处分：处理，处置。⑬谪：降职或流放。尤者：最突出的，最严重的。儆：警戒。⑭殆：恐怕，大概。⑮壅蔽：隔绝，蒙蔽。

【译文】

昭义节度使卢从史，在内与王士真、刘济暗中交往，在外却向朝廷进献计策，请求谋取太行山以东的魏博、恒冀等藩镇，擅自率领兵马东进，宪宗传诏命令他返还昭义，他却托称移兵前往邢州与洺州，就地获取给养，不肯按时奉行诏书的指令，过了好久，才返回昭义。

后来，宪宗在浴堂殿传召李绛前来应付咨询，对李绛谈道："有件极为异常的事情，朕完全不愿意讲到它。朕与郑纲商议敕令卢从史返回上党，接着便征召他入京朝见。郑纲却将此事泄露给卢从史，让他声称上党缺乏粮食，需要移兵太行山以东，就地取得粮食给养。作为人臣，辜负朕达到如此程度，将应当怎么处治他呢？"李绛回答说："假如确实是这个样子的话，处以诛戮整个家族的罪罚还有余。然而，郑纲与卢从史肯定不会自己说出去，陛下是从谁那里得到消息的呢？"宪宗说："是李吉甫秘密奏报的。"李绛说："我私下里听到士大夫的评论，称许郑纲是一位德才兼优的人，恐怕他不会这样做的。或许是他的同事中有人打算独揽朝廷大政，嫉妒郑纲得到宠幸，居己之先吧！希望陛下再深入验察此事，不要让人说陛下是在听信谗言啊！"宪宗停了许久才说："的确如此，郑纲肯定不至于干出这种事情。如果不是你这一席话，朕几乎要做出错误的决定来了。"

宪宗还曾从容询问李绛说："谏官往往诽谤朝廷政务，全然没有事实依据，朕打算将他们中间一两个突出人物处以罪罚，以便使其余的人有所警惕，你认为怎么样呢？"李绛回答说："这大概不是陛下的本意，肯定有邪恶臣下蒙蔽陛下视听的事情发生。臣下的死与生都是与主上的喜与怒相联系着的，有勇气开口进谏的能有几个人呢？即使有人进谏，也都是经过日日夜夜的思量，朝朝暮暮的删减，及至谏言得以送交到上面来的时候，所剩已经没有十分之三二了。所以，主上勤勉不息地寻求规谏，还怕无人进谏，何况要对谏官处以罪罚呢？倘若如此，就会让天下之人闭口不言，这可不是国家之福啊！"宪宗赞赏他的进谏，于是不再罪罚谏官。

裴垍拒故人求官

唐宪宗元和三年（808年）

垍器局峻整^①，人不敢干^②以私。尝有故人自远诣之，垍资给优厚，从客款狎^③。其人乘间求京兆判司^④，垍曰："公不称此官，不敢以故人之私伤朝廷至公。他日有盲宰相怜公者，不妨得之，垍则必不可。"

（《通鉴》第 237 卷 7655 页）

【注释】

①垍：裴垍。字弘中，绛州闻喜（今山西闻喜东北）人。宪宗元和初，为翰林学士；三年（808年），任中书侍郎、同平章事；五年（810年），因病罢相；六年（811年），病死。器局：才识和度量。这里指办事的态度。峻整：严肃庄重。②干：求取。③款狎：热情款待。④京兆：京兆府。判司：负责批判文牍的官。

【译文】

裴垍的才识气度严正而庄重，人们不敢因私事来求他。曾经有一位友人从远方来到他那里，裴垍送给这位朋友许多财物，热情而毫无拘束地接待他，此人乘机请求京兆府参军的职位，裴垍说："你不适合担任这个官职，我不敢因朋友的私情去损害朝廷至上的公道。以后若有瞎眼的宰相怜悯你，你不妨得到这个官职，我却是肯定不会同意的。"

许孟容抑制京畿豪强

唐宪宗元和四年（809年）九月

左神策军吏李昱贷长安富人钱八千缗^①，满三岁不偿，京兆尹许孟容收捕械系^②，立期使偿，曰："期满不足，当死。"一军大惊。中尉^③诉于上，上遣中使^④宣旨，付本军^⑤，孟容不之遣。中使再至，孟容曰："臣不奉诏，当死。然臣为陛下尹京畿⑥，非抑制豪强，何以肃清辇下⑦！钱未毕偿，昱不可得。"上嘉其刚直而许之，京畿震栗。

（《通鉴》第 238 卷 7666 页）

【注释】

①左神策军：神策军为唐代禁卫军中的一支，分左右两军。德宗贞元以后，均为宦官所统领，待遇较优厚，势力在其他禁军之上。缗：古时一千文钱为一缗。②京兆尹：官名。唐开元初改雍州为京兆府，以亲王遥领京兆牧，但府中政事实由京兆尹主持。京兆府管辖二十个县，治所在长安（今陕西西安）。许孟容：字公范，京兆长安（今陕西西安）人。进士及第。德宗时，累官至给事中。宪宗元和初，任尚书右丞、京兆尹。后为吏部侍郎等。械系：加脚镣手铐等刑具囚禁。械，指枷锁、镣铐等刑具。③中尉："护军中尉"。唐代自德宗以后，以宦官为护军中尉，统领神策军。④中使：皇宫中派出的使者。多由宦官充任。⑤付本军：把收捕的李昱交还左神策军。⑥尹：治理。京畿：京城及其附近地区。⑦辇下：辇，专指皇帝乘的车。因称京城为辇下或辇毂下。

【译文】

左神策军吏李昱向长安的富人借了八千缗钱，满三年不还，京兆尹许孟容把他套上刑具关在监里，定出期限教他还债，说："期满还没有还完，要你的命。"军中大惊。中尉告诉皇上，皇上派中使去宣告旨意，教他把李昱交给左神策军，孟容不肯放他走。中使再来的时候，孟容说："我不接受诏命，是死罪。然而我为陛下治理京兆，不抑制豪强的人，怎能把京师治理得好！债没有还完，谁也不能把李昱带走。"皇上赞许他的刚直，让他照自己的意思去做，京城的人都对他非常敬畏。

李绛不进羡余

唐宪宗元和六年（811 年）二月

宦官恶李绛在翰林①，以为户部侍郎②，判本司③。上问："故事④，户部侍郎皆进羡余⑤，卿独无进，何也？"对曰："守土之官⑥，厚敛于人以市私恩⑦，天下犹共非之；况户部所掌，皆陛下府库⑧之物，给纳有籍⑨，安得羡余！若自左藏输之内藏以为进奉⑩，是犹东库移之西库⑪，臣不敢踵此弊也。"上嘉其直，益重之。

（《通鉴》第238卷7682～7683页）

【注释】

①李绛：时为翰林学士、中书舍人。左神策军中尉吐突承璀统兵伐藩镇王承宗，无功，李绛奏劾，降为军器使，故他甚恶李绛。翰林：翰林院。②户部侍郎：户部长官为尚书，次官为侍郎。户部掌管全国土地户籍和赋税财政。③判本司：兼任户部属下某司的长官。户部、度支、金部、仓部为唐代户部属下的四司。④故事：旧例，先例。⑤进：上交。羡余：唐代官员以赋税盈余的名义向皇室进贡的税款。⑥守土之官：治理一个地区的地方官。⑦市私恩：买取对他本人的恩惠。也就是讨好、买好的意思。⑧府库：国家贮藏物品的仓库。⑨给纳有籍：收支都有账目。⑩左藏：唐代国库分左藏、右藏，左藏储存钱帛、杂彩等，右藏贮存金玉、珠宝、钢铁等。内藏：也称内库。皇宫中贮存物品的仓库，专供皇室使用。进奉：臣民向君主奉送礼物。⑪东库：左藏的仓库。西库：内藏的仓库。

【译文】

宦官讨厌李绛在翰林院，派他做户部侍郎，兼任户部的其他职务。皇上问他："按照老规矩，户部侍郎都要献盈余的赋税给我，只有你没有献，为什么呢？"回答说："守土的官，多收百姓的税献给皇上来换取恩宠，天下人还都认为不对；何况户部所管的，都是陛下府库里的财物，出纳都有记录，哪里来的盈余？如果把左藏库的财物移到内藏库中去作为进献，这和从东库移到西库是一样的，臣不敢继续做这种错事。"皇上嘉奖他的正直，更加器重他。

唐宪宗选公卿大夫子弟为婿

唐宪宗元和九年（814年）六月

翰林学士独孤郁，权德舆①之婿也。上叹郁之才美曰："德舆得婿郁，我反不及邪！"先是尚主②皆取贵戚及勋臣之家，上始命宰相选公卿、大夫子弟文雅可居清贯③者；诸家多不愿，惟杜佑④孙司议郎悰不辞。

秋，七月，戊辰，以惊为殿中少监、驸马都尉，尚岐阳公主。公主，上长女，郭妃所生也。八月，癸巳，成昏⑤。公主有贤行，杜氏大族，尊行不翅⑥数十人，公主卑委怡顺⑦，一同家人礼度，二十年间，人未尝以丝发间⑧指为贵骄。始至，则与惊谋曰："上所赐奴婢，卒不肯穷屈⑨，奏请纳⑩之，悉自市寒贱可制指者⑪。"自是闺门落然不闻人声。

(《通鉴》第 239 卷 7704 ～ 7705 页)

【注释】

①权德舆（759—818）：字载之，天水略阳（今甘肃秦安东北）人。少时以文章著称，由谏官累官至礼部尚书，同平章事。时已罢相，为礼部尚书。②先是：在此之前。尚主：娶公主为妻。这里是为公主选择配偶的意思。古代娶皇家的女儿为妻叫"尚"。③清贯：清贵的官职。贯，事。清贯，又"清职"。④杜佑（735—812）：字君卿，京兆万年（今陕西长安）人。历任岭南、淮南等节度使。贞元十九年，擢为检校司空、同平章事。永贞年间，任检校司徒兼度支及诸道盐铁转运使。宪宗即位，拜司徒，封岐国公。著《通典》，为我国第一部记述典章制度的通史。⑤昏：通"婚"。⑥尊行（háng）：长辈。行，排行，辈分。不翅：同"不啻"。不止。⑦卑委怡顺：态度恭敬和蔼的意思。⑧丝发间：极细微之处。⑨卒：终于，到头来。穷屈：完全顺从。⑩纳：送入宫中。⑪自市：自买。制指：控制指使。

【译文】

翰林学士独孤郁，是权德舆的女婿。皇上赞叹独孤郁的美才，说："德舆能得到独孤郁这样的好女婿，我反而赶不上他！"先前与公主婚配的都是贵戚及有功勋的臣子之家，这时皇上才命令宰相从公卿、大夫的子弟中，选择文雅可以任清职的；各家都不愿意，只有杜佑的孙子司议郎杜惊不推辞。秋，七月，戊辰日（二十三日），任命杜惊为殿中少监、驸马都尉，娶岐阳公主。公主是皇上的长女，郭妃所生的。八月，癸巳日（十九日），成婚。公主有贤德的品行，杜氏是大家族，辈分高的尊长不下几十人，公主态度谦卑，说话委婉，和颜悦色，非常柔顺，一举一动全合于做媳妇的礼法，二十年间，从来没有人用极细微的毛病指责她骄贵。刚嫁过去，就和杜惊商量说："皇上所赐的奴婢，是不肯挨穷受屈的，还是上奏请求退还，我们自己去买贫寒可以指使的来使唤。"从此闺门中寂静听不到争吵之声。

李翱上言论兴太平之政

唐宪宗元和十四年（819 年）四月

  史馆修撰李翱^①上言，以为："定祸乱者，武功也；兴太平者，文德也。今陛下既以武功定海内^②，若遂革弊事，复高祖、太宗旧制；用忠正^③而不疑，屏邪佞而不迩^④；改税法，不督钱而纳布帛^⑤；绝进献^⑥，宽百姓租赋；厚边兵，以制戎狄侵盗；数访问待制官^⑦，以通塞蔽；此六者，政之根本，太平之所以兴也。陛下既已能行其难，若何不为其易乎！以陛下天资上圣^⑧，如不惑近习容悦之辞^⑨，任骨鲠正直之士，与之兴大化^⑩，可不劳而成也。若不以此为事，臣恐大功之后，逸欲^⑪易生。进言者必曰：'天下既平矣，陛下可以高枕自安逸'，如是，则太平未可期矣！"

（《通鉴》第 241 卷 7768 ～ 7769 页）

【注释】

  ①李翱（772—841）：字习之，陇西成纪（今甘肃秦安东）人。贞元进士，官至山南东道节度使。散文家、哲学家。②唐宪宗元和十二年（817 年），宰相裴度督师破蔡州，平定吴元济叛乱，藩镇恐惧，纷纷上表表示服从朝廷，唐代藩镇叛乱的局面暂告结束。③忠正：指忠诚正直之人。④屏邪佞：屏除邪恶奸佞之人。不迩：不近。⑤不督钱而纳布帛：改以钱纳税为缴纳布帛。⑥进献：向皇帝进贡财物。⑦数：屡次。待制官：待制之官。待制为唐代实行的一种朝臣待访制度。太宗时，命五品以上的京官轮流在中书、门下两省值班，以备访问。⑧上圣：最聪明。⑨近习：君主亲近的人。容悦：苟容以求悦。即对上逢迎讨好。⑩大化：广远深入的政教风化。⑪逸欲：享受安逸的欲望。

【译文】

  史馆修撰李翱上奏，以为："能够平定祸乱的是武功，能建立太平社会的是文德。现在陛下既以武功平定海内，如果因而革除各种弊端，恢复高祖、太宗的旧制度；选用忠心正直的人而不怀疑他，摒除奸邪诣媚的人而不接近他；修改税法，不要求缴纳钱而改纳布帛；断绝进献财物，宽减百姓租赋；厚待守边的士兵，以制止戎狄的侵盗；常常访问待制官，以沟通上下的意见；这六项，是为政的根本，建立太平的方法。陛下既然能做到最艰难的，为什么不去做容易的呢？以陛下绝高的天资，如不从事这方面的努力，臣恐怕在建立大功之后，很容易产生享受安逸的欲望。进言的人必定会说："天下已经平安了，陛下可以高枕无忧自求安逸的生活。"这样一来，则不能期望天下太平了。"

唐玄宗之政为何先理而后乱

唐宪宗元和十四年（819年）九月

乙巳，上问宰相："玄宗之政，先理^①而后乱，何也？"崔群^②对曰："玄宗用姚崇、宋璟、卢怀慎、苏颋、韩休、张九龄则理^③，用宇文融、李林甫、杨国忠则乱^④。故用人得失，所系非轻。人皆以天宝十四年安禄山反为乱之始，臣独以为开元二十四年罢张九龄相，专任李林甫，此理乱之所分也。愿陛下以开元初为法，以天宝末为戒，乃社稷无疆之福！"皇甫镈深恨之^⑤。

（《通鉴》第 241 卷 7773 页）

【注释】

①理：治。指政治清平安定。②崔群：字敬诗，贝州武城（今山东武城西）人。进士及第。元和十二年，擢为中书侍郎、同平章事。十四年罢相，出为湖南观察使。穆宗即位，召回，任吏部侍郎，官至吏部尚书。③姚崇：开元元年至四年宰相。宋璟：开元四年至八年宰相。卢怀慎：开元三年至四年宰相。苏颋：开元四年至八年宰相。韩休：开元二十一年宰相。张九龄：开元二十一年至二十四年宰相。④宇文融：开元十七年宰相。"性精敏，应对辩给，以治财赋得幸于上，始广置诸使，竞为聚敛，由是百官浸失其职而上心益侈，百姓皆怨苦之。"（《通鉴》第 213 卷 6787 页）在位仅百日，即被贬流放，死于途中。李林甫：开元二十二年至天宝十一年宰相。"林甫媚事左右，迎合上意，以固其宠；杜绝言路，掩蔽聪明，以成其奸；妒贤疾能，排抑胜己，以保其位；屡起大狱，诛逐贵臣，以张其势。自皇太子以下，畏之侧足。凡在相位十九年，养成天下之乱，而上不之寤也。"（《通鉴》第 261 卷 6914 页）杨国忠：天宝初年由监察御史升任侍御史等职。天宝十一载，李林甫死，代为右相，兼判度

支、吏部尚书等，至天宝十五载。在位期间，结党营私，排除异己，贿赂公行。⑤皇甫镈：泾州临泾（今甘肃镇原）人。贞元进士。元和十三年，任户部侍郎判度支，数进羡余供宪宗享用，得宠，擢为宰相。裴度、崔群极力反对，宪宗不听。崔群这番话，也是有感于此而发的，所以皇甫镈听后深为不满。之后不久，即谗害崔群，使他被贬为湖南观察使。

【译文】

有一次唐宪宗询问宰相："玄宗朝政治，先治而后乱，是什么原因？"崔群回答说："玄宗任用姚崇、宋璟、卢怀慎、苏颋、韩休、张九龄为宰相，则天下大治；但用宇文融、李林甫、杨国忠为宰相，则朝政紊乱。所以，用人得失，关系重大。人们都认为天宝十四年（755年）安禄山叛乱是天下大乱的开端，我则认为开元二十四年（736年）罢除张九龄相位，信用李林甫主持朝政是治乱的分界线。但愿陛下效法玄宗开元初年，以天宝末年为鉴戒，如果陛下能这样做，那就是国家长治久安的福分啊！"皇甫镈知道自己是靠谄媚皇上的手段才被提拔为宰相的，所以，对崔群十分痛恨。

韩愈谏迎佛骨被贬

唐宪宗元和十四年（819年）正月

中使迎佛骨至京师①，上留禁中三日，乃历送诸寺，王公士民瞻奉舍施②，惟恐弗及，有竭产充施者③，有燃香臂顶供养者④。

刑部侍郎韩愈⑤上表切谏，以为："佛者，夷狄之一法耳。自黄帝以至禹、汤、文、武，皆享寿考⑥，百姓安乐，当是时，未有佛也。汉明帝时，始有佛法⑦。其后乱亡相继，运祚⑧不长。宋、齐、梁、陈、元魏已下，事佛渐谨，年代尤促。惟梁武帝在位四十八年，前后三舍身⑨为寺家奴，竟为侯景所逼⑪，饿死台城，国亦寻灭。事佛求福，乃更得祸。由此观之，佛不足信亦可知矣！百姓愚冥⑫，易惑难晓，苟见陛下如此，皆云：'天子犹一心敬信，百姓微贱，于佛岂可更惜身命。'佛本夷狄之人，口不言先王之法言⑬，身不服先王之法服⑭，不知君臣之义、父子之恩。假如其身尚在，奉国命来朝京师，陛下容而接之，不过宣政⑮一见，礼宾一设⑯，赐衣一袭，卫而出之于境，不令惑众也。况其身死已久，枯朽之骨，岂宜以入宫禁！古之诸侯行弔于国，尚先以桃茢^⑰被除^⑱不祥，今无故取朽秽之物亲视之，巫祝不先^⑲，桃茢不用，群臣不言其非，御史不举其罪，臣实耻之！乞以此骨付有司^⑳，投诸水火，永绝根本，断天下之疑，绝后代之惑，使天下之人知大圣人^㉑之所作为，出于寻常万万也，岂不盛哉！佛如有灵，能作祸福，凡有殃咎，宜加臣身。"^㉒

　　上得表，大怒，出示宰相，将加愈极刑。裴度、崔群^㉓为言："愈虽狂，发于忠恳，宜宽容以开言路。"癸巳，贬愈为潮州刺史。

（《通鉴》第 240 卷 7758 ~ 7759 页）

【注释】

　　①中使：皇宫中派出的使臣。佛骨：相传是佛教创始人释迦牟尼的牙齿。②瞻奉：瞻仰奉祀。舍施：捐献财物。③竭产充施：把全部家财作为捐献物品。④燃香臂顶：燃香于臂，燃香于顶。燃香为世俗礼拜神佛的一种仪式。燃香于臂顶，是佛教徒对佛教、佛祖表示极度信仰的方式。供养：这里指以食品、香烛供奉佛骨。⑤韩愈（768—824）：字退之，河南河阳（今河南孟县西）人。自谓郡望昌黎，世称韩昌黎。贞元八年进士，十九年任监察御史，后因上疏谏言宫中之弊，贬为阳山令。元和十二年擢为刑部侍郎。十四年因上书谏迎佛骨，贬为潮州刺史。穆宗时召回，官至吏部侍郎。反对骈文，提倡散文，是唐代古文运动的倡导者。⑥寿考：长寿。考，老。⑦汉明帝永平八年（65年），"帝闻西域有神，其名曰佛，因遣使之天竺求其道，得其书及沙门以来"。（《通鉴》第 45 卷 1447 页）⑧运祚：国运福祚。指一个王朝的年数。⑨元魏：北朝的魏国。公元 386 年，拓拔珪重建代国，后改为魏。493 年，孝文帝迁都洛阳，改本姓拓拔为元，故历史上称为元魏。因区别于三国时期的魏国，又称后魏；因与当时南朝相对而言，又称北魏。⑩三舍身：三次舍身。佛教徒为宣传佛法或布施，自加苦行，称为舍身。梁武帝萧衍信奉佛教，曾于大通元年三月、中大通元年九月、太清元年三月三次到同泰寺舍身。⑪侯景：字万景，羯族。原为东魏将军，后降梁，被梁武帝封为河南王。太清二年（548 年），起兵反梁，攻陷建康；次年，攻下台城（宫城）。梁武帝被囚于宫中，限制饮食，忧愤而死。之后八年（557 年），梁即为陈所取代。⑫愚冥：愚昧。⑬法言：符合儒家礼法的言论。⑭法服：符合儒家礼法规定的服装。⑮宣政：宣政殿。为唐天子接见外族使者的地方。⑯礼宾：唐有礼宾院，于此设宴招待外族宾客。一设：设一次宴席招待。⑰桃茢：桃枝与扫帚。古代迷信，认为鬼怕桃木，用以

扫除不祥。⑱袚除：古代为除灾去邪而举行的一种仪式。⑲巫祝不先：不先让巫祝举行袚除仪式。巫，古代对能降神的人的称谓。祝，祠庙中司祭祀的人。⑳有司：官吏。㉑大圣人：指唐宪宗。㉒这段文字与《论佛骨表》有很大出入。㉓裴度、崔群：当时均为宰相。

【译文】

　　中使将佛骨迎接到京城，宪宗让佛骨在宫禁中停留了三天，于是遍送各寺。上自王公，下至士子与庶民，人人瞻仰供奉，施舍钱财，唯恐不能赶上。有人将全部家产充当布施，也有人在胳膊与头顶上点燃香火供养佛骨。

　　刑部侍郎韩愈上表直言劝谏，他认为："佛是夷狄的一种法而已。由黄帝以至夏禹、商汤、周文王、周武王，都年高寿长，百姓安宁快活，那个时候，是没有佛的。东汉明帝时期，开始有了佛法。此后，中国变乱危亡接连不断，朝廷的命运与福气都不甚久长。宋、齐、梁、陈、北魏以后，对佛的侍奉逐渐恭敬起来，而这些朝代存在的年代尤其短促。只有梁武帝在位四十八年，他曾前后三次舍身去当寺院的家奴，最终却遭受侯景的逼迫，在台城饿死，不久以后国家也灭亡了。侍奉佛是为了祈求福缘，但梁武帝却反而招致了祸殃。由此看来，佛不值得使人相信，也是清楚可见的了！百姓愚昧无知，冥顽不化，容易受到迷惑，难以晓谕开导，如果看到陛下都这样去做，都说：'天子尚且专心一意地敬佛信佛，我们老百姓低微下贱，对待佛难道还能够顾惜性命吗？'佛本来就是夷狄人氏，口中不讲先代帝王留传下来的合乎礼法的言论，身上不穿先代帝王规定下来标准的中国服装，不懂得君臣之间的大义，不明白父子之间的恩情。假如佛本身尚在人世，接受本国的命令前来京城朝拜，陛下宽容地接待他，只不过在宣政殿见他一面，在礼宾院设上一宴，赐给他衣服一套，派人护卫他走出国境，是不会让他迷惑众人的。何况佛本身久已故去，剩下来的枯朽的骸骨，怎么宜于将它请进宫殿！古代的诸侯在国内举行吊唁，还要先使巫师用桃树与笤帚去驱除不吉祥的鬼魂，现在陛下没由来地拿腐朽秽浊的东西亲自观看，事先不让巫师降神祈福，不用桃树与笤帚除凶去垢，群臣不议论这种做法的错误，御史不纠举这种做法的罪责，我实在为此感到羞耻！请求陛下将此佛骨交付给有关部门，将它丢到水里火里消灭掉，永远断绝此事的本源，切断天下的疑问，杜绝后世的迷惑，使天下的人们知道大圣人做出的事情，超过平凡人物的千万倍，这难道不是盛大的事情吗！如果佛有灵性，能够制造祸福，一切灾殃与罪责，都加在我的身上好了。"

　　宪宗得到上表，非常恼怒，拿出来给宰相们传阅，准备以最严厉的刑罚处治韩愈。裴度与崔群为韩愈进言说："韩愈虽然狂妄，但他所言发自内心的忠诚，陛下应当对他宽容，以开通言路。"癸巳（正月十四日），宪宗将韩愈贬为潮州刺史。

柳公权笔谏唐穆宗

唐宪宗元和十五年（820年）三月

上①见夏州观察判官柳公权书迹②，爱之。辛酉，以公权为右拾遗、翰林侍书学士。上问公权："卿书何能如是之善？"对曰："用笔在心，心正则笔正。"上默然改容③，知其以笔谏也。公权，公绰之弟也。

（《通鉴》第 241 卷 7779 页）

【注释】

①上：指唐穆宗李恒。宪宗于元和十五年（820年）正月卒。闰正月，穆宗即位，但未改元。柳公权：字诚悬，京兆华原（今陕西耀县）人。柳公绰之弟。元和初进士。官至太子太保，封河东郡公。著名书法家。②书迹：字迹，笔迹，即所写的字。③改容：改变神色。

【译文】

唐穆宗看到夏州观察判官柳公权的书法墨迹，十分喜爱。辛酉（三月十九日），任命柳公权为右拾遗、翰林侍书学士。穆宗问柳公权："你的字为什么能写得这么好？"柳公权回答说："写字运笔在于用心，心正则笔正。"穆宗听后默然不语，神色改变，知道柳公权是以用笔作譬喻来规劝自己。柳公权是鄂岳观察使柳公绰的弟弟。

裴度谏唐敬宗勿幸东都

唐敬宗宝历二年（826年）二月

上自即位以来，欲幸东都①，宰相及朝臣谏者甚众，上皆不听，决意必行，已令度支员外郎卢贞按视②，修东都宫阙及道中行宫。裴度③从容言于上曰："国家本设两都以备巡幸，自多难以来④，兹事遂废。今宫阙、营垒、百司廨舍率已荒阤⑤，陛下傥⑥欲行幸，宜命有司岁月间徐加完葺⑦，然后可往。"上曰："从来言事者皆云不当往，如卿所言，不往亦可。"会朱克融、王庭凑⑧皆请以兵匠助修东都。三月丁亥，敕以修东都烦扰，罢之，召卢贞还。

（《通鉴》第 243 卷 7848 ～ 7849 页）

【注释】

①幸：指帝王到达某地。东都：洛阳。②按视：巡视，视察。③裴度（765—839）：字中立，河东闻喜（今山西闻喜东北）人。贞元初进士。元和六年任中书舍人，后为御史中丞。十年，擢为中书侍郎、同平章事。十二年，任门下侍郎、同平章事兼彰义节度使、淮西宣慰招讨处置使，亲自督兵平定蔡州吴元济叛乱，封晋国公。后因功高持正，不为朝臣所喜，几落几起。晚年因宦官专权，辞官，居于洛阳。④指安史之乱等。⑤廨舍：办公和住宿的地方。率：大都。荒阤（zhì）：荒废。阤，崩塌。⑥傥：倘若，或者。⑦有司：官吏。岁月间：在较长时间内。完葺：修葺。完，修治。⑧朱克融：时为幽州、卢龙节度使。王庭凑：时为成德节度使。

【译文】

唐敬宗自从即位以来，一直想到东都洛阳去巡行，宰相和百官很多人都劝阻他，敬宗一概不听，决心一定要去，并已下令度支员外郎卢贞前往巡察，修建洛阳的宫阙和长安到洛阳途中的行宫。裴度不慌不忙地对敬宗说："国家设置东、西两都，本来就是为了皇上能够巡行。但是，自从安史之乱以来，这件事实际上已经废除。现在，洛阳的宫阙、禁军的营垒和朝廷各部门办公的用房都已荒废。陛下如果一定要去巡行，应当首先命令有关部门花一段时间，慢慢加以修补，然后再去。"敬宗说："从来上言劝阻我的人，都众口一词，说不应去洛阳巡行。按照你这样所说，我真的不去倒也可以。"这时，恰好幽州节度使朱克融和成德节度使王庭凑二人，请求本道出兵和工匠帮助朝廷修补洛阳的宫阙。三月丁亥（二十日），敬宗下敕，鉴于修补洛阳的宫阙烦扰很多，宣布停罢，召卢贞回京城。

柳公绰为河东节度使

唐文宗大和四年（830年）

　　三月，乙亥朔，以刑部尚书柳公绰为河东节度使^①。先是，回鹘入贡及互市^②，所过恐其为变^③，常严兵迎送防卫之。公绰至镇^④，回鹘遣梅录^⑤李畅以马万匹互市，公绰但遣牙将单骑迎劳于境^⑥，至则大辟牙门^⑦，受其礼谒。畅感泣，戒其下，在路不敢驰猎，无所侵扰。

　　陉北沙陀素骁勇^⑧，为九姓、六州胡所畏伏^⑨。公绰奏以其酋长朱邪执宜为阴山都督、代北行营招抚使，使居云、朔塞下^⑩，捍御北边。执宜与诸酋长入谒，公绰与之宴。执宜神采严整，进退有礼，公绰谓僚佐曰："执宜外严而内宽^⑪，言徐而理当，福禄人也。"执宜母妻入见，公绰使夫人与之饮酒，馈遗^⑫之。执宜感恩，为之尽力。塞下旧有废府^⑬十一，执宜修之，使其部落三千人分守之，自是杂虏^⑭不敢犯塞。

　　　　　　　　　　　　（《通鉴》第 244 卷 7870 页）

【注释】

　　①柳公绰：字宽，京兆华原（今陕西耀县）人。历任吏部郎中、京兆尹、礼部尚书、刑部尚书、河东节度使、兵部尚书等职。河东：唐方镇名。治所在太原（今山西太原西南晋源镇）。②回鹘：唐代北方少数民族。原名回纥。曾助唐平定安史之乱。贞元四年（788 年），自请改称回鹘。互市：国家或民族间的贸易。③所过：所过之处。为变：制造事端。④镇：镇戍之所，即河东治所太原。⑤梅录：回鹘官名。⑥牙将：古代中下级军官。迎劳：迎接慰劳。⑦大辟：大开。牙门：古代军营门口挂牙旗，故营门也叫牙门。⑧陉（xíng）：陉岭，又名句注山、雁门山、西陉山。在今山西代县北。沙陀：部族名。西突厥的别部，又号沙陀突厥。本称处月，贞观中改名沙陀。⑨九姓：九姓铁勒。指唐代铁勒族九个部族，即回鹘、仆固、浑、拔野古、同罗、思结、契苾、阿布思、骨苍屋骨。（《旧唐书·铁勒传》）六州：河曲之六州：丰州、胜州、灵州、夏州、朔州、代州。《新唐书·突厥传》："初，突厥内属者分处丰、胜、灵、夏、朔、代间，谓之河曲六州降人。"胡：指突厥。⑩云、朔：云州、朔州（治所在今山西大同、朔县）。塞下：指边塞地带。⑪外严：指外貌严整。内

宽：指内心宽厚。⑫馈遗：赠送礼物。⑬废府：《新唐书·柳公绰传》作"废栅"，指废弃的营栅。⑭杂虏：指当时居住在长城以北的各民族。

【译文】

三月，乙亥朔日。任命刑部尚书柳公绰为河东节度使。此前，回鹘来进贡及互相做生意，所经过的地方怕他们作乱，常准备军队迎送防卫他们。公绰到镇，回鹘派梅录李畅带了一万匹马来交易，公绰只派一个牙将在边境迎接慰问，到就大开衙门，接受他的参见礼。李畅感动得哭泣，警戒属下，在路上不准驰骋打猎，一点也没有侵扰。

陉岭之北的沙陀人素来勇猛，受到九姓、六州胡人的敬畏。公绰上奏，任命他们的酋长朱邪执宜为阴山都督、代北行营招抚使，让他住在云、朔塞下，捍卫北方边疆。执宜和诸位酋长进去谒见，公绰和他们宴饮。执宜神情严肃，进退有礼貌，公绰对幕僚佐吏说："执宜外表严肃而内心宽大，说话从容，说理恰当，是有福禄的人。"执宜的母亲妻子进去谒见。公绰教夫人和她们一起喝酒，送礼物给她们。执宜感激对他的恩遇，肯为公绰尽力。塞下旧有十一座废弃的营栅，执宜把它们修好，分派他的部落三千人防守，从此杂虏不敢侵犯边塞。

朋党之害

唐文宗太和八年（834年）十一月

李宗闵言李德裕制命已行①，不宜自便②。乙亥，复以德裕为镇海节度使，不复兼平章事③。时德裕、宗闵各有朋党④，互相挤援。上患之，每叹曰："去河北贼⑤易，去朝廷朋党难！"

臣光⑥曰：夫君子小人之不相容，犹冰炭之不可同器而处也，故君子得位则斥小人，小人得势则排君子，此自然之理也。然君子进贤退不肖，其处心也公，其指事也实；小人誉其所好，毁其所恶，其处心也私，其指事也诬。公且实者谓之正直，私且诬者谓之朋党，在人主⑦所以辨之耳。是以明主在上，度德而叙位⑧，量能而授官；有功者赏，有罪者刑；奸不能惑，佞不能移。夫如是，则朋党何自而生哉！彼昏主则不然。明不能烛⑨，强不能断⑩；邪正并进，毁誉交至，取舍不在于己，威福⑪潜移于人。于是谗慝⑫得志而朋党之议兴矣。

夫木腐而蠹生，醯酸而蜹集⑬，故朝廷有朋党，则人主当自咎而不当以咎群臣也。文宗苟患群臣之朋党，何不察其所毁誉者为实，为诬，所进退者为贤，为不肖，其心为公，为私，其人为君子，为小人！苟实也，贤也，公也，君子也，匪徒⑭用其言，又当进之；诬也，不肖也，私也，小人也，匪徒弃其言，又当刑之。如是，虽驱之使为朋党，孰敢哉！释是不为，乃怨群臣之难治，是犹不种不芸⑮而怨田之芜也。朝中之党且不能去，况河北贼乎！

（《通鉴》第 245 卷 7899～7900 页）

【注释】

①李宗闵（？—846）：字损之。贞元进士。元和三年（808 年），在策试贤良方正时和牛僧孺一起指谪时政，被宰相李吉甫排斥。至元和九年李吉甫死后，才入朝任监察御史，同牛僧孺等结为朋党，与李德裕等互相倾轧，形成唐代延续近四十年之久的牛李党之争。太和三年（829 年），李宗闵因得宦官之助，任吏部侍郎、同平章事。次年，引荐牛僧孺为兵部尚书、同平章事，二人协力排挤李德裕之党。七年，出为山南西道节度使、同平章事。八年，又升为中书侍郎、同平章事。九年，又被贬为明州刺史、潮州司户。宣宗即位，徙为郴州司马，卒。李德裕（787—850）：字文饶，赵郡（治所在今河北赵县）人。穆宗时，任翰林学士、御史中丞等职。文宗太和三年，任兵部侍郎，不久，为李宗闵排挤，出为义成、西川节度使。六年，为兵部尚书。七年，以兵部尚书同平章事。八年，为山南西道节度使、同平章事，请留京师，任兵部尚书，但不久，即出为镇海节度使。武宗即位，任门下侍郎、同平章事，力主削弱藩镇，在位六年。宣宗即位，降为同平章事充荆南节度使。后为牛党打击，贬为潮州司马、崖州司户。制命：指唐文宗罢免李德裕的中书侍郎、同平章事而任命他为同平章事充山南西道节度使的命令。已行：已经颁布。②自便：指李德裕自请留京师。③兼平章事：兼任宰相职务。④朋党：排除异己的宗派集团。⑤河北贼：指河北的藩镇割据势力，如田悦、朱滔、王庭凑等。⑥光：司马光。见前《齐王建之亡国》注㉕。⑦人主：君主。⑧度德：衡量德行。叙位：按等级授以爵位。⑨明不能烛：观察力不能发现问题。明，视力，引申为观察力。烛，照明，引申为洞察，明察。⑩强不能断：智虑力不能做出决断。强，指智虑力强，明辨不疑。⑪威福：指刑罚和赏赐之权。⑫谗慝：恶言恶意。也指邪恶的人。慝，邪恶，恶念。⑬醯（xī）：醋。蜹（ruì）：同"蚋"。一种蚊蝇。⑭匪徒：不仅是。匪，不。⑮不芸：通"不耘"。不除草。

李宗闵说李德裕调职的命令已经发表，不应自作主张留在京师。乙亥日（二十九日），再以德裕为镇海节度使，不再兼平章事。其时德裕、宗闵各有朋党，互相排挤或援引。皇上对此忧虑极了。往往叹息说："消灭河北的强贼相当容易，排除朝廷中的朋党十分困难。"

臣司马光说：说到君子和小人的不能相容，就像冰块跟炭火不能同放在一个容器里一样。所以君子得了高位时一定排斥小人，小人得了权势时一定排斥君子，这是很自然的道理。但是君子能进用贤能摒退不肖，他的处心是公正的，他的指陈是实在的；小人赞誉的是自己偏爱的人，毁谤的是自己厌恶的人，所以他的处心是自私的，他的指陈是虚伪的。公正而实在的叫作正直，自私而虚伪的叫作朋党，它在于人主的是否能够分辨而已。所以在上位的贤明君主，能度量德行而诠叙职位，衡量才能而授予官衔；有功的人要奖赏，有罪的人要刑罚；不为奸诈的人而迷惑，不因谀佞的人而改变自己。能够如此，那么朋党又从何而生呢！至于昏庸的君主就不是这样，眼睛不能明察，内心无法判断；邪佞和正直的人，一并进用，于是毁谤和赞誉也就交相并至；取舍的权力不在自己手上，威福的气势已旁落在他人身上。于是谀佞邪恶的人得志，而朋党的争议也就兴起了。

大凡木头腐败了就会长蛀虫，醋酸了就会聚集蚊蜽。所以朝廷上有朋党，人主应该归咎于自己，而不该责群臣。文宗如果畏惧群臣的朋党，他何不去省察那些被毁谤或赞誉的人，是真的，还是假的；那些被进用或摒退的人，是贤能的，还是不贤能的；他们的居心是公正，还是自私；他们是君子，还是小人！如果是真实的、贤能的、公正的、君子的，就不仅采用他的意见，更当进用他；是虚伪的、不肖的、自私的、小人的，就不止唾弃他的言论，更当惩罚他。如此，纵使驱使他们去结为朋党，又有谁敢呢！舍弃这些不去做，反而去埋怨群臣的不容易统治，这就像不耕耘、不除草而反去埋怨田地的荒芜。朝廷中的朋党尚且不能排除，何况河北的强贼呢！

薛元赏杖杀神策军将

唐文宗太和九年（835年）十二月

时禁军[①]暴横，京兆尹张仲方不敢诘，宰相以其不胜任，出为华州刺史，以司农卿薛元赏②代之。元赏常诣李石③第，闻石方坐听事④与一人争辩甚喧，元赏使觇⑤之，云有神策军将诉事。元赏趋⑥入，责石曰："相公辅佐天子，纪纲四海⑦，今近不能制一军将，使无礼如此，何以镇服四夷！"即趋出上马，命左右擒军将，俟于下马桥⑧，元赏至，则已解衣跽⑨之矣。其党诉于仇士良⑩，士良遣宦者召之曰："中尉屈大尹⑪。"元赏曰："属⑫有公事，行当⑬继至。"遂杖杀之。乃白服⑭见士良，士良曰："痴书生何敢杖杀禁军大将！"元赏曰："中尉大臣也，宰相亦大臣也，宰相之人若无礼于中尉，如之何？中尉之人无礼于宰相，庸⑮可恕乎！中尉与国同体⑯，当为国惜法，元赏已囚服⑰而来，惟中尉死生之！"士良知军将已死，无可如何，乃呼酒与元赏欢饮而罢。

（《通鉴》第 245 卷 7922 页）

【注释】

①禁军：守卫皇宫、扈从皇帝的军队。唐代神策军为禁军中的一种。②薛元赏：文宗太和初，由司农少卿出为汉州刺史。不久，任司农卿。太和九年，为京兆尹。后出为武宁节度使。武宗会昌年间，李德裕为相，再次任京兆尹，有政绩，擢为户部尚书、判盐铁转运使。宣宗即位，贬为忠州刺史。后任昭义节度使。③李石：时为宰相。④坐听事：正在处理政事。⑤觇（chān）：窥看。⑥趋：疾走。⑦纪纲四海：治理天下。纪纲，这里是治理、管理的意思。⑧下马桥：在大明宫建福门北。大明宫建于贞观年间，自高宗后，皇帝常居于此。⑨跽（jì）：直身而跪。⑩仇士良：宦官。时为神策军护军中尉。⑪中尉：护军中尉，神策军的首领。唐德宗以后，此职由宦官担任。屈：委屈。客套语，意为召请。大尹：指京兆尹。⑫属（zhǔ）：适值，恰好。⑬行当：很快就会。⑭白服：穿着白色的衣服。古代平民穿白衣，也以白衣为丧服。这里是表示等候刑罚的意思。⑮庸：岂，难道。⑯同体：同为一体。关系密切的意思。⑰囚服：穿着囚犯的衣服。

【译文】

当时禁军残暴蛮横，京兆尹张仲方不敢过问，宰相因为他不能胜任，把他外调为华州刺史，以司农卿薛元赏来代替他。元赏时常到李石宅第，听到李石正在厅堂中和一人大声争辩，元赏教人去察看，说有神策军将在报告事情。元赏急忙进去，责备李石说："相公辅佐天子，掌理四海，如今连身边的一个军将也不能制伏，竟让他如此无礼，又如何镇服四方夷狄！"立刻快步上马离去，命令左右拿下了军将，等在下马桥，元赏到时，已经除去了客服，跪在地上。他的同党报告了仇士良，士良派宦官召元赏说："中尉有请大尹。"元赏说："正有公事，随即就到。"就杖杀了军将。于是穿上白衣服去见士良，士良说："痴书生怎敢杖杀禁军大将！"元赏说："中尉是国家的大臣，宰相也是国家的大臣，宰相的人如果对中尉无礼，该怎么办？而中尉的人对宰相无礼，怎能宽恕呢。中尉与国家是一体，应当替国家珍惜法律，元赏已经穿着囚服而来，生死任凭中尉决定。"士良知道军将已死，也没办法，于是叫来酒菜，和元赏痛饮一场而罢。

李石用人不掩其恶

唐文宗开成元年（836年）九月

李石用金部员外郎韩益判度支案①，益坐赃三千余缗②，系狱③；石曰："臣始以益颇晓钱谷，故用之，不知其贪乃如是！"上曰："宰相但知人则用，有过则惩，如此则人易得。卿所用人不掩其恶，可谓至公。从前宰相用人好曲蔽④其过，不欲人弹劾，此大病也！"冬，十一月，丁巳，贬益梧州司户。

（《通鉴》第245卷7927页）

【注释】
①李石：字中玉。宗室。元和进士。太和初，为河东节度副使，后入朝为给事中，累官至户部侍郎、判度支。太和九年，以本官同平章事。开成三年，因宦官谋害而辞职，以中书侍郎平章事为荆南节度使。后为检校司空、河东节度使，调任太子少傅、分司东都。金部：为户部属下的一个部门，掌管天下库藏出纳、贸易等事，长官为郎中，次官为员外郎。判度支案：兼任度支的文案。度支也为户部属下的一个部门，掌管天下租赋、物产、交通等事。文案，负责文书的起草和管理等工作。②坐赃三千余缗：因贪污三千余缗而犯罪。坐，因……而犯罪。赃，贪污。缗，一千文钱为一缗。③系狱：囚禁于监狱。④曲蔽：多方设法掩盖。
【译文】
李石用金部员外郎韩益兼理财政、文案（判度支案），韩益以受赃款三千余缗而下狱。李石说:"臣起初因为韩益通晓钱谷的事,所以任用他,不知道他竟如此贪污!"皇上说:"宰相只需知人才干就任用,有过错就惩罚,如此则人才就容易求到。你对所用的人能不掩饰他的过错,可说已十分公正。从前的宰相用人,大多好用曲辞掩护他的过错,不想被人弹劾,这是最大的弊病啊!"冬,十一月,丁巳日,贬益为梧州司户。

柳公权有诤臣风采

唐文宗开成二年(837 年)

夏,四月,甲辰,上对中书舍人、翰林学士兼侍书柳公权于便殿[1],上举衫袖示之曰:"此衣已三浣[2]矣!"众皆美上之俭德;公权独无言,上问其故,对曰:"陛下贵为天子,富有四海,当进贤退不肖,纳谏诤,明赏罚,乃可以致雍熙[3]。服浣濯之衣,乃末节耳。"上曰:"朕知舍人不应复为谏议[4],以卿有诤臣[5]风采,须屈卿为之。"乙巳,以公权为谏议大夫,余如故。

(《通鉴》第 245 卷 7929 页)

【注释】

①对:对答,回答别人的提问。这里是互相对答的意思,就是在一起说话,聊天。柳公权:见《柳公权笔谏唐穆宗》注①。便殿:帝王休息宴游的宫殿。②浣:洗涤。③雍熙:和谐快乐。这里指国家的太平昌盛。④舍人:中书舍人。唐代为撰拟诏令、宣旨、接呈上奏文表的清要官职。谏议:谏议大夫。唐代属门下省,掌侍从规谏。⑤诤臣:直言规谏之臣。

【译文】

夏季四月十一日,皇上跟中书舍人、翰林学士兼侍书柳公权在便殿说话,皇上举起衣袖让他看,说:"这件衣服已经洗过三次了。"大家都赞美皇上的俭朴美德,唯独柳公权不说话,皇上问他什么缘故。回答说:"陛下论尊贵嘛,是天子;论财富嘛,占有全国。您应当进用有才有德的,罢黜无才无德的,接受正直的劝谏,赏罚分明,这样才能使社会达到和乐光明的境地。穿件洗过的衣服,这不过是细微末节罢了。"皇上说:"我知道你说中书舍人不应该再当谏议大夫，因为你有正直敢言的大臣风度，需要委屈你来做这官。"十二日，任命柳公权为谏议大夫，其他官职照常不变。

李德裕论致治之要

唐文宗开成五年（840年）九月

初，上之立非宰相意[1]，故杨嗣复、李珏相继罢去，召淮南节度使李德裕[2]入朝；九月，甲戌朔，至京师，丁丑，以德裕为门下侍郎、同平章事。

庚辰，德裕入谢，言于上曰："致理之要[3]，在于辩[4]群臣之邪正。夫邪正二者，势不相容，正人指邪人为邪，邪人亦指正人为邪，人主辩之甚难。臣以为正人如松柏，特立不倚，邪人如藤萝，非附他物不能自起。故正人一心事君，而邪人竞为朋党[5]。先帝[6]深知朋党之患，然所用卒皆朋党之人，良由执心不定[7]，故奸人得乘间而入也。夫宰相不能人人忠良，或为欺罔[8]，主心[9]始疑，于是旁询小臣以察执政[10]。如德宗末年，所听任者惟裴延龄辈，宰相署敕[11]而已，此政事所以日乱也。陛下诚能慎择贤才以为宰相，有奸罔者立黜去[12]，常令政事皆出中书[13]，推心委任，坚定不移，则天下何忧不理哉！"又曰："先帝于大臣好为形迹[14]，小过皆含容[15]不言，日累月积，以至祸败。兹事大误，愿陛下以为戒！臣等有罪，陛下当面诘之。事苟无实，得以辩明；若其有实，辞理自穷。小过则容其悛改[16]，大罪则加之诛谴，如此，君臣之际无疑间[17]矣。"上嘉纳之。

（《通鉴》第246卷7945～7946页）

【注释】

①上：指唐武宗李瀍（后改名炎）。开成五年（840年）正月，文宗卒。文宗卒前与宰相杨嗣复、李珏密议，欲奉太子李成美监国，但宦官仇士良、鱼弘志则矫诏立颍王李瀍为太弟，并带兵迎颍王即帝位。立：皇帝即位。②李德裕：见《朋党之害》注①。③致理："致治"。使国家达到太平昌盛。要：要点，纲要。④辩：通"辨"。辨明，辨别。⑤朋党：排除异己的宗派集团。⑥先帝：指唐文宗李昂。⑦良由：确实由于。执心：坚持自己的主张。⑧欺罔：欺

骗蒙蔽。⑨主心：君主之心。⑩察：考查。执政：指宰相。⑪署敕：在诏令上签字，表示赞同。这里是说例行公事，没有实权。⑫立黜去：立即废免官职。⑬中书：中书省。唐代由中书省决定政策，通过门下省审查，然后交尚书省执行。⑭好为形迹：喜欢注意（别人）行动的表面迹象。⑮含容：包含容忍。⑯悛（quān）改：悔改。悛，改过，悔改。⑰疑间：猜疑和隔阂。

【译文】

起初，皇上的即位并非宰相的意思，所以杨嗣复、李珏相继罢去，召淮南节度使李德裕入朝；九月，甲戌朔日（初一），到京师，丁丑日（初四），以德裕为门下侍郎、同平章事。

庚辰日（初七），德裕入朝谢恩，对皇上说："理政的要诀，在于辨别群臣的邪佞与正直。大凡邪佞与正直两种人，绝不能相容，正直的人指邪佞的人为邪佞，而邪佞的人也指正直的人为邪佞，人主要明辨是十分困难的。臣以为正直的人像松柏，独立而不依倚他物；邪佞的人像藤萝，不攀附他物是不能直立起来的。所以正直的人一心一意侍奉国君，而邪佞的人竞相为朋党。先帝深深了解朋党的祸患，但是所用的始终是朋党之人，实在是由于心意的抉择不够肯定，所以奸人能够乘隙而入。至于宰相不可能人人忠良，或有欺骗时，君主心中先是怀疑，于是从旁询问小臣以观察宰相。譬如德宗末年，所听信的只有裴延龄辈，宰相只是签署敕命而已，这就是政事所以会日乱的原因。皇上如能确实地以谨慎贤才为宰相，有奸邪欺骗的立即罢黜，日常政令都从中书发布，诚心地委任，坚定不移，那么天下何愁不能治理呢！"又说："先帝对大臣好着重外表形迹，小过错都容忍而不说，日月累积，以至于肇祸而失败。这种事是犯了大错，希望皇上引以为戒！臣等如有罪，皇上应当面指责，事情如果不确实，应该予以辩明；如果确实，自然词穷而理亏。小过错容许他改过，大罪状就加以诛杀谴退，君主与臣子之间就没有疑虑和间隙了。"皇上嘉许且接纳了这番意见。

仇士良教固权宠之术

唐武宗会昌三年（843年）六月

癸酉，仇士良①以左卫上将军、内侍监致仕②。其党送归私第，士良教以固权宠之术③曰："天子不可令闲，常宜以奢靡娱其耳目，使日新月盛，无暇更及他事，然后吾辈可以得志。慎勿使之读书，亲近儒生，彼见前代兴亡，心知忧惧，则吾辈疏斥④矣。"其党拜谢而去。

（《通鉴》第 247 卷 7985～7986 页）

【注释】

①仇士良：字匡美，循州兴宁（今广东兴宁北）人。唐代有名的宦官。顺宗时，为太子侍从。宪宗即位，迁内给事。文宗时，擢为左神策军中尉，后加特进、右骁卫大将军。文宗卒，拥立武宗，任骠骑大将军，封楚国公。后逐渐失宠，会昌三年（843 年）辞官，不久卒。②致仕：交还官职，即辞官。③固权宠：保持权力和宠幸。术：手段，方法。④疏斥：疏远斥逐。

【译文】

癸酉（六月十六日），仇士良以左卫上将军、内侍监的职位退休。他的党羽送他返回家中，仇士良教给他们保持权力和恩宠的秘诀，说："对于天子，不能让他有闲暇的时间。应当经常变换花样，供他游戏玩乐，以使其沉湎于骄奢侈靡的生活之中，无暇顾及朝政。这样，我们才可以得志。千万不要让他读书，亲近读书人。如果天子喜爱读书，明白了以前各个朝代兴亡更替的经验教训，惧怕丧失政权，就会励精图治，那么，我们就会被斥责疏远。"他的党羽都下拜感谢，然后离去。

杜悰拒选倡女入宫

唐武宗会昌四年（844 年）七月

上闻扬州倡女善为酒令①，敕淮南监军②选十七人献之。监军请节度使杜悰③同选，且欲更择良家美女，教而献之。悰曰："监军自受敕，悰不敢预闻④！"监军再三请之，不从。监军怒，具表其状，上览表默然。左右请并敕节度使同选，上曰："敕藩方选倡女入宫，岂圣天子所为！杜敕不徇⑤监军意，得大臣体，真宰相才也。朕甚愧之！"遽敕监军勿复选。甲辰，以悰同平章事，兼度支、盐铁转运使。及悰中谢⑥，上劳之曰："卿不从监军之言，朕知卿有致君⑦之心。今相卿，如得一魏征⑧矣！"

（《通鉴》第 247 卷 8001～8002 页）

【注释】

①倡女：以歌舞为业的女子。酒令：古代饮酒时，宣布某种游戏规则，即为酒令。推一人为令官，其他人依令做游戏，违令者受罚。②淮南：唐方镇名。治所在扬州（今江苏扬州市）。监军：官名。唐代后期皇帝派往各镇及出征讨叛军队中监督统帅和军事行动的宦官。③杜悰：字永裕，京兆万年（今陕西长安县）人。杜佑之孙，宪宗女婿。文宗时，官至工部尚书、判度支。武宗四年，任左仆射、门下侍郎、同平章事；五年，罢相，出为剑南西川节度使。宣宗时，先后任淮南、剑南西川节度使。懿宗即位，召为右仆射、判度支。咸通二年，为左仆射、判度支兼门下侍郎、同平章事。后出为凤翔节度使，迁荆南节度使。④不敢预闻：不敢参与。意思是说，选倡女的事是监军接受皇帝的命令，我未接到同样命令，不敢参与做这件事。预，参与。⑤不徇：不屈从。⑥中谢：唐代官吏受职以后入朝谢恩，叫作中谢。⑦致君："致君于尧舜"的省略。意为"使君王成为好君王"。一般是对大臣的要求。⑧魏征：唐太宗时的著名大臣。

【译文】

　　皇上听说扬州的倡女最善于酒令，命令淮南监军选十七人进献。监军请节度使杜悰一同来选，并且想选择更多的美女，经过教导后再献上。悰说："监军已经自行接受敕命，悰不敢参与！"监军再三请他，他还是不从。监军愤怒，把情状详细地上表报告，皇上看了奏表后一句话也没说。左右之人请一并敕命节度使来共同选择。皇上说："敕命藩镇选倡女入宫，岂是圣明的天子所该做的，杜悰不顺从监军的意思，很得大臣的体统，真是宰相的人才呀，我非常惭愧。"立即下令监军不再选歌女。甲辰日（二十三日），任杜悰为同平章事，兼度支、盐铁转运使。到杜悰受命后入宫致谢时，皇上慰劳他说："你不照监军的话去做，我已知道你有辅佐君王为尧舜的用心了。今日我以你为相，就如同得到了一位魏征。"

唐宣宗责万寿公主

唐宣宗大中二年（848 年）

　　十一月，庚午，万寿公主适起居郎郑颢①。颢，纲②之孙，登进士第，为校书郎、右拾遗内供奉③，以文雅著称。公主，上之爱女。故选颢尚④之。有司循旧制请用银装车⑤，上曰："吾欲以俭约化天下，当自亲者始。"令依外命妇以铜装车⑥。诏公主执妇礼，皆如臣庶⑦之法，戒以毋得轻夫族，毋得预时事⑧。又申以手诏曰："苟违吾戒，必有太平、安乐之祸⑨。"颢弟颛，尝得危疾，上遣使视之，还，问："公主何在？"曰："在慈恩寺观戏场。"上怒，叹曰："我怪士大夫家不欲与我家为婚，良有以也⑩！"亟命召公主入宫，立之阶下，不之视。公主惧，涕泣谢罪。上责之曰："岂有小郎⑪病，不往省视，乃观戏乎！"遣归郑氏，由是终上之世⑫，贵戚皆兢兢守礼法，如山东衣冠之族⑬。

（《通鉴》第 248 卷 8036 页）

【注释】

①万寿公主：唐宣宗李忱之女。适：女子出嫁。②绷：郑绷。唐宪宗元和初宰相。③校书郎：官名。掌校理典籍。右拾遗：官名。属中书省，掌供奉讽谏。内供奉：在皇宫内侍候皇帝。④尚：婚配。专指娶帝王之女为妻。⑤银装车：用银装饰的车。⑥外命妇：古代称公卿大夫之妻为外命妇。后来因夫或子而得封号的妇女，也称之。铜装车：用铜装饰的车。⑦臣庶：群臣百姓。⑧预：参与，干涉。时事：政事。⑨太平：太平公主。唐高宗之女。开元元年（713 年），谋废唐玄宗，事败，赐死。安乐：安乐公主。唐中宗之女。景龙四年（710 年），欲拥其母韦后临朝听政，自为皇太女，合谋毒死中宗，被临淄王李隆基（唐玄宗）诛杀。⑩良有以也：确实是有缘故的。以，名词，缘故，因由。⑪小郎：晋朝以后，嫂称叔为小郎。⑫终上之世：直到唐宣宗逝世。⑬山东衣冠之族：唐代指崤山、华山以东地区为山东。衣冠之族，犹如衣冠之家，即权贵缙绅之家。唐代山东地区的官僚贵族，互相通婚，讲求礼法。

【译文】

十一月，庚午（十四日），万寿公主下嫁起居郎郑颢。郑颢是郑绷的孙子，举进士第，任校书郎、右拾遗内供奉，以文才风度儒雅而著称。而万寿公主是唐宣宗的爱女，所以唐宣宗选郑颢娶公主。有关官员请求遵循旧制度用银装饰马车，唐宣宗说："我想要以俭朴节约来教化天下人，应当从我的亲人开始。"于是命令礼官依照一品外命妇的标准用铜装饰车辆。唐宣宗又颁下诏书令万寿公主要执守妇人的礼节，一切规矩都依照臣下庶民的法律，并告诫万寿公主不得轻视丈夫家族的人，不得干预政事。唐宣宗自写诏书告诫万寿公主说：

"如果违背我给你的告诫，必然会有当年太平公主、安乐公主那样的祸患。"郑颢之弟郑颛，曾患有重病，十分危急。唐宣宗派遣使者去探视，回宫后，唐宣宗问道："万寿公主在什么地方"使者回答说："在慈恩寺观戏场。"唐宣宗听后勃然大怒，感叹地说："我奇怪士大夫家族不想与我家结亲，确实是有原因的！"立即命令召万寿公主入禁宫，让她站立在廷殿台阶之下，看也不看她一眼。万寿公主感到恐慌，泪流满面，向父皇谢罪。唐宣宗责备女儿说："哪有小叔子病危，嫂子不去探望，却去看戏的道理呢！"派人将万寿公主送回郑颢家。于是，直到唐宣宗死，终其朝，皇亲贵戚都兢兢遵守礼法，不敢有违逆，像崤山以东以礼法门风相尚的世族一样。

愿相公无权

唐宣宗大中二年（848年）五月

门下侍郎、同平章事崔元式罢为户部尚书；以兵部侍郎、判度支、户部周墀[①]、刑部侍郎、盐铁转运使马植并同平章事。

初，墀为义成节度使，辟韦澳为判官[②]，及为相，谓澳曰："力小任重，何以相助？"澳曰："愿相公无权。"墀愕然，不知所谓。澳曰："官赏[③]刑罚，与天下共其可否，勿以己之爱憎喜怒移之，天下自理，何权之有！"墀深然之。澳，贯之[④]之子也。

（《通鉴》第 248 卷 8033 页）

【注释】

①周墀：字德升，汝南（今属河南）人。进士及第。文宗时，任考功员外郎、翰林学士等职。武宗即位，出为华州刺史，后为义成节度使。宣宗时，官至兵部侍郎、同平章事。②辟（bì）：征召，聘任。韦澳：字子斐。进士及第。曾为义成节度使周墀的幕僚。宣宗大中初，擢为考功员外郎，史馆修撰；不久，任翰林学士，知制诰。大中十年，为京兆尹。次年，出为河阳节度使。懿宗即位，入为吏部侍郎，后出为邠宁节度使。判官：唐代中期以后，节度使、观察使自己聘任的非正式的官职。③官赏：公家的赏赐。④贯之：韦贯之。唐宪宗元和中宰相。

门下侍郎、同平章事崔元式罢职而为户部尚书；以兵部侍郎、判度支、户部周墀以及刑部侍郎、盐铁转运使马植一并同平章事。

起初，墀是义成节度使，征召韦澳为判官，等到做了宰相，对澳说："能力小责任重，用什么来帮助我呢？"韦澳说："希望相公不要权势。"墀一时愣住了，不知说什么才好。澳说："封官赏赐或正刑处罚，都和天下人的可否一致，不要以自己的爱憎喜怒而有所改变，天下自然得到治理，何必需要权势呢！"周墀十分赞同。韦澳是韦贯之的儿子。

唐宣宗顺民意擢用李行言和李君奭

唐宣宗大中八年（854 年）九月

上猎于苑北①，遇樵夫，问其县，曰："泾阳②人也。""令为谁？"曰："李行言。""为政何如？"曰："性执。有强盗数人，军家索之，竟不与，尽杀之。"上归，帖其名于寝殿之柱。冬，十月，行言除海州刺史，入谢，上赐之金紫③。问曰："卿知所以衣紫乎？"对曰："不知。"上命取殿柱之帖示之。

唐宣宗大中九年（855 年）

二月，以醴泉④令李君奭为怀州刺史。初，上校猎渭上⑤，有父老以十数，聚于佛祠⑥，上问之，对曰："醴泉百姓也。县令李君奭，有异政，考满当罢⑦，诣府⑧乞留，故此祈佛，冀谐⑨所愿耳。"及怀州刺史阙⑩，上手笔除君奭⑪，宰相莫之测⑫。君奭入谢，上以此奖厉⑬，众始知之。

（《通鉴》第 249 卷 8054 ~ 8055、8056 页）

【注释】

①苑：饲养禽兽的园林。②泾阳：今陕西泾阳县。③金紫：金鱼袋及紫衣。唐制，二三品以上官吏穿紫衣，佩金鱼（饰物）。《新唐书·车服志》："自是百官赏绯、紫，必兼鱼袋，谓之章服。"④醴泉：在今陕西礼泉县北。⑤校猎：设栅栏遮阻，猎取野兽。渭上：渭水附近。当在礼泉境内。⑥佛祠：寺庙中奉佛像的厅堂。⑦考满：考核结束。唐代官吏每年一考，政绩优异者升官。罢：指免去本官。⑧府：唐代京都和陪都所在的州称府。醴泉县属京兆府。

⑨冀：希望。谐：和合，符合。⑩阙：空缺。⑪手笔：亲手写诏令。除：授官。
⑫莫之测：没有谁料到此事。⑬以此：用父老赞赏李君奭的话。厉：同"励"。

【译文】

皇上在禁苑以北打猎，遇见一位樵夫，问他是哪县人，樵夫说："泾阳人。"又问："县令是谁？"回答："李行言。"又问："这人政务搞得怎样？"回答："他性格固执。有几个强盗，军方来要，他竟不给，全给杀了。"皇上回宫，把李行言的名字连同这事写个条子贴在寝殿的柱子上。冬季十月里，任命李行言为海州刺史。他进宫谢恩，皇上赏赐他金印紫绶。问他："你知道为什么能穿上紫色官服吗？"回答："不知道。"皇上让人把殿柱上的条子拿给他看。

二月，唐宣宗任命醴泉县令李君奭为怀州刺史，起初，唐宣宗于渭水上游猎，看见几十个父老聚在一个佛祠前，唐宣宗上前讯问其缘故，父老们回答说："我们是醴泉县百姓，县令李君奭有优异的政绩，任期届满当免去本官，我们到官府乞求他留住，为此而祈祷于佛祠，希望都能如我们所愿。"后来怀州刺史空缺，唐宣宗亲手写诏敕任命李君奭，宰相们对李君奭的升迁摸不着头脑，李君奭入朝向唐宣宗谢恩，唐宣宗以所得父老之言来奖励李君奭，众人才知道李君奭被提升的缘故。

翰墨国学馆
HANMO GUOXUEGUAN